Sigi Sommer Wanderer, kommst du nach München . . .

Sigi Sommer

Wanderer, kommst du nach München...

74 Gschichtln aus der heimlichen Hauptstadt

Mit 20 Zeichnungen von Ernst Hürlimann

Süddeutscher Verlag München

Gestaltung von Kassette und Umschlag:
Design Team, München,
unter Verwendung der Zeichnungen
von Ernst Hürlimann

1.–10. Tausend dieser Ausgabe August 1976

Fotomechanischer Nachdruck

Gesamtherstellung: J. Ebner, Ulm
ISBN 3-7991-5879-0

Meiner Vaterstadt München gewidmet,
die ich so liebe

Sigi Sommer

Inhaltsverzeichnis

Zuerst eine Brotzeit

Wanderer, kommst du nach München, dann schimpfe nicht gleich über die »Seppl« und die ungezählten Umleitungsschilder. Sondern mach zuerst eine Brotzeit. Die Brotzeit ist nämlich nach altbayerischer Meinung nicht nur die schönste, sondern vor allem auch eine Zeit, zu der man sich unbedingt Zeit nehmen soll. Denn der Gott, der Eisen wachsen ließ, tat dies nicht, damit man Aufschlagzünder daraus mache, sondern zuvörderst einmal Messer und Gabel. Und er schuf schließlich zum Besteck auch noch das Tellerfleisch und den Schnittlauch, die Milzwurst, das Bries und die Weißwurst.

Die Weißwurst wurde nicht vom weltbekannten Komiker Weiß Ferdl, sondern Anno Domini 1857 von dem tugendsamen Metzgergesellen Sepp Moser im Gasthaus »Zur Ewigen Lampe« zufällig erfunden. Für den Verzehr der Weißwurst gelten seit dieser Zeit folgende ehernen Gesetze: Die Weißwurst soll das Zwölfuhrläuten nicht hören, weil sonst das Wurstbrat unansehnlich und fad wird, was den Genuß sehr beeinträchtigt, da nach einheimischen Vorstellungen auch das Auge mitißt. Weißwürste werden nicht paar-, sondern stückweise bestellt. Man ißt sie entweder, indem man die Haut vom Ende her mit Daumen und Zeigefinger halb abzieht und die Wurst dann in den Senf taucht, oder man kann sie mitsamt der »Montur«, der Haut, verzehren. Auch das Auszuzzeln ist absolut tafelfähig. Wenn man die Weißwurst hingegen zum Zweck des Tranchierens in der Mitte durchschneidet, muß die Schnittfläche als Qualitätsbeweis ein »Häuberl« machen. Sie muß aus der Haut schlüpfen.

Wer die Weißwurst der Länge nach aufschneidet oder einen französischen Senf dazu nimmt, ist ein Barbar. Sagen die Münchner. Zur Weißwurst wird weder Sauce noch Salat gegessen, sondern süßer, beziehungsweise Meerrettich-Senf. Außerdem gehört das leider in München immer seltener werdende riesige »Riemische Weckerl« oder das »Maurer-Loawe«, aus dem bekannten »Loawedoag« gemacht, dazu. Oder die resche Brez'n. Jedoch nicht die ins Bayerische zugewanderte »Schrippe« oder gar der Aschinger »Knüppel«.

Als Weißwurstgetränk empfiehlt sich das Weiß- oder Weizenbier, mit einer ganzen Scheibe Zitrone als Einlage drin. Merke dir jedoch, Tourist, Gast oder Zuagroaster, daß der größte Feind einer frischen Maß oder Halben das Fett ist. Verwehre also deiner blonden Reifenpanne, der Sekretärin, der Urlaubsmieze und sogar der leibeigenen Gattin – sofern sie ihren Rosenmund mit dem in Stangenform gegossenen Scharlach bemalt hat – strikt den schäumenden Kelchesrand und bestelle ihr eine eigene Halbe. Denn selbst die geringste Berührung mit Öl oder Fett läßt das Bier entsetzt zusammenfallen, so daß es dich hernach mit einem beleidigten, tückischen Auge trüb anblickt. Jeder Ureinwohner und gelernte Brotzeitmacher wird sich deshalb, ohne Verletzung der Tafelsitten, nach dem Wurstgenuß mit dem Handrücken über den Mund fahren, bevor er obengenannte Flüssigkeit zu sich nimmt.

Wer aber glaubt, er sei vom »Thekenwart«, der bei uns Schenkkellner heißt, beim Einschenken schlecht bedient worden, blase zuerst einmal langsam einen Kontrolltrichter in den weißen Schaum und lasse dann gegebenenfalls von der Bedienung nachschenken. Eine Münchner Kellnerin wird das nicht übelnehmen, denn sie ist an solche Aufträge gewöhnt. Oder aber sie tröstet den Gast mit dem ortsüblichen Spruch: »Der Schenkkellner braucht wieder amoi a neie Hos'n.«

Der Preis der Herrlichkeit

Als die stolze Kunde an die Isar drang, daß der sozialdemokratische Münchner Oberbürgermeister in Rom den vielen anderen Bewerbern die Olympischen Spiele aus den Zähnen gerissen hatte, da meinte mancher Einheimische, dafür müßte dem roten Rathausadler mindestens die Goldmedaille im Zehntausendmeter-Vorausschauen verliehen werden. Und auch nachdem die ersten baulichen Vorbereitungen im Zeichen der fünf Ringe München zur »Hauptstadt der Erdbewegung« machten, sagten die meisten Isarathleten noch: »Was macht das schon. Viel Dreck, viel Ehr.« Erst aber, als schließlich sechzigtausend zusätzliche Verkehrshinweis- und Umleitungsschilder in der bayerischen Metropole aufgestellt wurden und die Fremden bereits witzelten, München läge nicht an der Isar, sondern an der Umleitung, da begann mancher leise zu ahnen, wie groß der »Preis der Herrlichkeit« für dieses Happening der weiten Welt vielleicht werden

könnte. Und da machten die guttrainierten Pessimisten und Grantler schnell wieder eine Kehrtwendung und malten sich die Kehrseite der Medaille in den schwärzesten Farben aus. Und diese Seite sieht nach ihrer Meinung etwa so aus: Zuerst einmal, so prophezeien die mißtrauischen Bierdimpfl, wird ganz bestimmt wieder schlechter eingeschenkt. Denn die Schenkkellner sagen sich wohl zu Recht: »Geh, wos vaschteht denn so a Singhalese scho, wiavui a Maß is.« Und drum ist in den Angstträumen aller Sportfreunde, denen das Einarmig-Reißen, wie die Disziplin des Maßkrugstemmens, die wichtigste Freizeitbeschäftigung hierzulande, heißt, die Vision entstanden, daß in ihrem geliebten Krug womöglich überhaupt nichts mehr drin sein wird als der Daumen der Kellnerin. Ebenso bange Erwartungen bewegen die gelernten Brotzeitmacher angesichts der Völkerscharen, welche sich da alle eine Scheibe von den bayerischen Würsten herunterschneiden wollen. Sicher werden zahlreiche schurkische Metzger und Wirte für die olympischen Wochen eigene Kurse absolvieren, damit sie die Salami dann so hauchdünn hobeln können wie frischgeschliffene Rasierklingen. Ja, manche bringen vielleicht sogar das Kunststück fertig, die Hartwurstradln so sparsam herunterzusäbeln, daß die überhaupt nur mehr eine Seite haben. Während den rührigen Münchner Weißwurstproduzenten die Hände beim Bratmachen vor lauter Aqua-Zusatz womöglich direkt an die Wasserhähne anwachsen. Bei solchen Vorstellungen ist es den passionierten Leberkäs-Schluckern wohl nicht zu verdenken, daß sie da von Herzen gerne auf den olympischen Lorbeer verzichten würden, den sie sowieso lieber im Sauerkraut sehen als auf den feuchten Stirnen gewisser Staatsathleten.

Daß natürlich auch die Höflichkeit unter diesen Aspekten leidet, bekommt der Ortsansässige sowieso jedes Jahr zur Zeit der Fremdensaison genügend zu spüren. Denn in diesen Wochen kann er noch von Glück sagen, wenn beispielsweise ein Münchner Friseur, welcher die Mitbürger mit ihren Grammophonnadelbärten gar nicht sehr schätzt, beim Rasieren nur auf den Pinsel spuckt. Und nicht direkt ins Gesicht.

Was aber die Kosten anbelangt, die ein solches Mammuttreffen verursacht, so hat der echte Münchner wohl schon an vielen Tagen nachdenklich in die bisherigen U-Bahn-Löcher geblickt, in denen sein schönes Steuergeld verschwunden ist. Und vielleicht auch in echter Trauer darüber sinniert, was man für das viele Geld für nützliche Dinge hätte kaufen können. Zum Beispiel eine Milliarde Bierbrezen. Oder dreihundert Millionen Laubfrösche von der allerkräftigsten Sorte. Von den Starfightern ganz abgesehen.

Daß die Bedienungen, Taxichauffeure, Gepäckträger, Ordnungsmänner und auch die schnellen Bräute durch viel zu hohe Zuwendungen und Trinkgelder für den Ureinwohner in alle Ewigkeit verdorben werden, ist keine Frage. Und drum stöhnen die Münchner: Die Fremden werden wieder gehen. Ihre Sitten aber und die hohen Preise werden bleiben.

Was außerdem noch bleiben wird, das geben die Moralisten und Sittlichkeitsapostel der bayerischen Metropole mit unanständig nacktem Zeigefinger warnend zu bedenken. Nämlich mindestens fünftausend uneheliche Kinder. Herzallerliebste Endprodukte der großen Völkerverständigung. Und die werden dann nicht mehr Sepperl oder Fannerl heißen, sondern am Ende gar »Zimprabimba« oder »Iglanghi«. So wie der Herr Papa halt auch. Die national und rassisch unverbesserlichen Zeitgenossen gehen sogar so weit, zu behaupten, daß zu einem solchen babylonischen Kräftemessen bekanntlich nicht nur Negerstämme importiert werden, sondern auch noch viele Millionen Mini-Teilhaber vom riesigen Stamm der Trichomonaden. Die wahrscheinlich schon längst so abgebrüht sind, daß sie über die weltbekannte Erfindung eines gewissen Alexander Fleming nur mitleidig den Kopf schütteln. Und schließlich befürchten die fest vergatterten bürgerlichen Ehemänner auch noch einen rapiden Verfall der Sitten- und Schlafzimmerpflichten. Weil sie halt glauben, die deutsche Frau könnte nach dem Besuch so vieler Spezialisten und Parterreakrobaten aus allen Ländern dieser Erde mit der germanischen Tour »zweimal kurz, dreimal lang« nicht mehr recht zufrieden sein. Sondern plötzlich auf die koreanische Art »Barfuß mit Anlauf« mehr Appetit haben. Oder gleich gar jedesmal auf einen raffinierten Fallrückzieher.

Etwas aber wird mit Bestimmtheit noch lange an diese Wochen der Siege und Niederlagen erinnern. Das Schicksalswörtchen »wenn«. Ein Wörtchen, von dem bekanntlich tausend auf ein Kilo gehen. Und von dem ein schöner Spruch auch sagt: »Ja, ›wenn‹ meine Tante Räder hätte, dann wäre sie ein Omnibus.« Darum wird das »wenn« auch sicher wieder die Hauptentschuldigung für mangelndes Glück, für falsche Schiedsrichterentscheidungen und anderes Mißgeschick sein. Aber eine gewisse Bedeutung kann man ihm auf keinen Fall ganz absprechen. »Wenn« nämlich manches Münchner Madl, das 1972 besonders kontaktfreudig war und eine aufregend lustige Unterwäsche besitzt, mit kühler Stirn weissagen wird: »Wartet nur bis 1992. Wenn dann unsere Negerbabys, die wir kriegen werden, auch schon groß sind. Dann gewinnen wir nämlich die Olympischen Spiele ganz allein.«

Blick von oben

Nach überschlägigen Schätzungen kraxeln jährlich etwa eine halbe Million Touristen, Reisende und Einheimische auf die Türme der Münchner Stadt, um das bayerische Weißwurst-Paradies auch einmal von oben zu betrachten. Und sei es auch bloß deshalb, weil man sich dabei so gut vorstellen kann, wie der liebe Gott, der doch auch ein Münchner ist und mit dem Vornamen Schorsch heißt, die kleine bunte Welt um den Alten Peter aus höchster Warte sieht. Dort im Süden beispielsweise das rote Andachtshaus, das manche Leute wegen seiner Bauweise auch »Martin Luthers Achterbahn« nennen. Oder drüben im Nordosten den Friedensengel. Der goldene Optimist, der mit seinem Palmenzweig im eingeschlafenen Arm noch immer den Weltrekord im Dauer-Mahnen hält. Gemütlich pafft im Nordwesten dagegen der Leuchtgas-Vesuv von Moosach, der Gaskessel, kleine Dampfkringel in die Luft. Direkt unter dem Beschauer aber ragt der mürbe Löwenturm wie ein vergessener Stockzahn aus uralter Zeit aus dem halbrunden Häuserkiefer des Rindermarktes. Und draußen die große Schiffsschaukel-Prärie zu Füßen der Buntmetall-Großmutter Münchens, der Bavaria, erinnert fast ein wenig an einen Fußabstreifer aus Sisalfaser. Während sich die grüne Isar ringelnd und schlängelnd durch das Häusergewirr durchfragt: »Sie, bittschön, wo geht's denn da nach Deggendorf? Ich muß nämlich schleunigst in die Donau münden.«

Kreischende Möwen ziehen pausenlos wie schneeweiße Adler um den hohen Ausguck. Und wenn sie weiter weg sind, schauen sie fast aus, als hätte irgendein Engel einen Liebesbrief an München wieder zerrissen, weil er viel zu schwach war, und würde die Schnitzel jetzt auf die rotblonden Ziegelköpfe streuen. Greifbar nahe steht der trutzige Watzmann vor dem Betrachter, und man könnte direkt versucht werden, das Leberkäs-Messer an seinen schartigen Graten zu wetzen. Sollten die Glocken der Stadt jedoch gerade elf Uhr geschlagen haben, dann klappen auf dem

Marienplatz viele hundert Neugierige die Köpfe zurück und öffnen den Mund wie bei einer Reihenuntersuchung auf Angina. Und alle warten sie geduldig darauf, bis der böse Turnierritter des berühmten Glockenspieles mit knarzenden Scharnieren aus dem Sattel gestoßen wird.
Wie ein Spielkarten-As liegt die Altstadt da. Oder wie ein Bilderbuchherz, unter dem nur noch die Worte fehlen: »Ewig Dein.« Von den Dächern des sündigen Schwabylons weht der leise Duft von Chanel Nummer Fünf und Gebot Nummer Sechs herüber. Und auf dem Karolinenplatz hebt der Obelisk unentwegt seinen schwarzen Zeigefinger, der aus erbeuteten Kanonen gemacht ist, zum weißblauen Föhnhimmel empor, als wollte er vermelden: »Herr Lehrer, bitte, ich muß einmal.« Wem es vergönnt ist, das vielgeliebte Millionendorf einmal so in der Dämmerung zu sehen, wenn die Silhouette seiner Türme langsam auf dem seidigen Firmament verwischt, der spürt schnell, daß es in dieser Stadt, wo sich der Knödldampf und der Bierdunst so innig mit dem Duft der großen weiten Welt vermischen, immer schön sein wird.

Das Goldene Buch

Immer wieder liest man, daß sich einer der vermutlich Unsterblichen in das Goldene Buch der Stadt München eingetragen hat. Nun, dem neugierigen Einheimischen wurde es gestattet, im Rathaus diese alte Kolossalschwarte einmal zu besichtigen und darin zu blättern. Warum es ausgerechnet »Goldenes Buch« heißt, weiß sicher niemand ganz genau. Denn es hat so wenig Goldgehalt wie etwa ein Goldbarschfilet, die goldene Abendsonne oder ein Goldhamsterweibchen. Im Format ähnelt es vielleicht der biblischen Bundeslade etwas. Nur, daß es von den vielen Händen, die an ihm herumfummelten, so schäbig und abgegriffen ist wie ein williges Mädchen aus dem Imex-Haus. Milde lächelt auf der ersten Seite im Großformat Sankt Benno, der Schutzpatron der kleinen Welt um den Alten Peter, dem Betrachter entgegen. Und die Jahreszahl 1888 darunter schaut aus wie ein preußischer Gefreiter, der mit drei dicken bayerischen Rekruten einen Spähtrupp anführt. Der Überzug stammt vermutlich von einer längst verdauten niederbayerischen Sau. Und der Interessent schlägt die erste Seite auf.

Früher hätte er wahrscheinlich sofort eine respektvolle Glaspapierhaut bekommen vor prickelnder Ehrfurcht. Und seine Hammelbeine hätten ganz von selbst »Habt acht« gemacht. Denn als erste Eintragung marschiert ihm der Servus vom Kaiser Wilhelm entgegen. Der Neugierige ist zwar kein Graphologe, aber wie er das aufgeblasene »W« Seiner Wichtigkeit so anschaut, da weiß er endlich auch, woher der Ausspruch kommt: »Das ist aber ein dikker Wilhelm.« Seltsamerweise hat der Herrscher aller Preußen seinen erlauchten Namenszug jedoch nur ganz zaghaft an den linken oberen Rand des riesigen Blattes gesetzt. So, wie sich eine Wirtin in angedeuteter Bescheidenheit vielleicht schnell mit einer halben Backe auf dem Stuhl ihrer Stammtischgäste niederläßt. Als ob die Münchner so notig wären, daß sie für einen Kaiser nicht einmal eine ganze Seite Papier übrig hätten.

Und die nächste Kritzelei stammt vom ersten Turnfest 1897. Doch entdeckt der Leser nicht einen einzigen Namen eines Läufers oder Athleten. Es scheint also auch seinerzeit schon die Diktatur der Funktionäre geherrscht zu haben. Da sich nur »Oberturnwarte«, »Organisationsleiter«, »Zeitabnehmer« und sonstige Bauchaufschwung-Manager verewigt haben. Lauter Wichtelmänner, deren Namen so wenig in die Geschichte eingehen werden wie jene der Mörtelrührer von der Chinesischen Mauer.
Aus Anlaß der großen Manöver hat sich dann der gesamte preußische Generalstab in Münchens Renommierfibel eingraviert. In der Mitte wieder der Willem. Der diesmal seine Anwesenheit mit dem lateinischen Kommentar versah: »Suprema lex regis voluntas«, was zu deutsch ganz schlicht heißt: »Das oberste Gesetz ist der Wille des Königs.« Und diese Bemerkung erregte bei vielen bayerischen Patrioten großes Ärgernis und erhöhten Blutdruck. Zahlreiche weißblaue Eigenbrötler sollen sich daraufhin ihren bereits stark nach oben geringelten »Es-ist-erreicht«-Bart wieder abrasiert und beim abendlichen Dämmerschoppen den in Hirschleder verpackten Kofferraum demonstrativ in Richtung Berlin gedreht haben.
Endlich, 1889, auch ein Name, der dem Ortsansässigen in seiner frühesten Kindheit schon ein Begriff war. Frithjof Nansen, der Forscher und Menschenfreund. Der Vater des Nansen-Passes. Seine Unterschrift ist mindestens genauso abenteuerlich wie sein Leben. Andere Bekannte folgen. Freiherr von Gebsattel, der Entdekker des gleichnamigen Münchner Berges. Die Buchstaben sind weit nach vorne gebeugt, wie wenn sie den Gebsattelberg selbst mühsam bestiegen hätten. Bayernprinzessin Pilar hat aus ihrem Anfangsbuchstaben ein komisches Männchen gebaut und darunter ein Grasgekritzel gemacht, so daß das ganze ausschaut wie ein Osterhäschen im Nest. 1913 dann zum letztenmal der strahlende Hohenzoller. Wieder mit geschwollener »W«-Brust und flankiert von zahlreichen Generälen, die ihren Namenszug so schlampig auf das teure Papier hauten, als hätten sie mit den Säbeln unterschrieben. Auf diesem Blatt findet der Betrachter auch so etwas

wie einen fetten Daumenabdruck des erlauchten Sesseldrückers. Und er könnte sich vorstellen, daß seine Exzellenz vielleicht vorher beim Weißwurstessen weilte und sein Adjutant, an dessen Rockschößen er sich sonst die Finger abzuwischen pflegte, gerade nicht greifbar war. Es folgen noch Richard Strauss, Graf Zeppelin und der Erfinder des Stiftenkopfes, Paul von Hindenburg. Und dann Erich Rademacher, der Wunderschwimmer. Das Idol aller minderjährigen Wasserpantscher aus des Beschauers Barfußtagen. Damals, als noch jeder Randsteinläufer sich den Namen irgendeines Sporthelden zulegte und »Nurmi« hieß, oder gar Jack Dempsey. Da gab es unter den Spezln des jetzigen älteren Herrn auch so einen frühen Fan, den Lumpen-Karli. Und weil das der »Rademacher« war, sprang er zum Beweis seiner Echtheit einmal mit dem ganzen Gewand in die Isar und wäre unweigerlich ersoffen, wenn ihn nicht der Hausmeister Herrlich herausgezogen hätte. Der brachte ihn dann zu seinem Vater, einem Altwarenhändler. Dieser bedankte sich für die Rettung seines Sprößlings in mageren Worten. Und weil er ein sparsamer Mensch war, fügte er seinem »Vergelt's Gott« auch noch die gemurmelte Frage hinzu: »Ja, aba wo is'n sei Kapperl?«
Siehe da, 1926 auch schon Gustav Fröhlich. So jung noch und schon berühmt, muß der Leser denken. Ferner entdeckt er viele exotische Fürsten, deren Faksimile meistens ausschaut wie eine zerdrückte Stechmücke. Den seltsamsten Namenszug aber hat zweifellos Gerhart Hauptmann hinterlassen. Dieses Langstrekken-Autogramm, das eigentlich nur aus Punkten und Strichen besteht, schaut fast aus wie ein Funkspruch aus dem Jenseits. Und dann fehlen plötzlich tausend Jahre in dem alten Münchner Erinnerungsbuch. Dabei hätte der Neugierige so gerne wieder einmal jene unglückselige Namensrune des großen Verführers mit den seltsamen Buchstaben gesehen, die alle auf dem Gesicht liegen. Als er jedoch dann genau hinschaut, entdeckt er, daß gerade an dieser Stelle manche Blätter auf der Seite des Einbandrükkens einen weißen langen Klebstreifen haben. So, als hätte irgend jemand an der Vergangenheit herumgebastelt. Es hätte ja schließ-

lich sein können, daß auf den fehlenden Seiten einige Namen von Prominenten standen, die heute nicht mehr dort stehen möchten. Damit es halt nicht von ihnen heißt: »Er schrieb an seiner Seite.« Nun ja, meint der alte Münchner, das wird wohl nicht alles so wichtig sein. Wen interessiert das schon noch, wo die tausend Jahre geblieben sind. Und der, der es wirklich wissen muß, der weiß es ja sicher. Denn von dem heißt es ja, daß bei ihm schon immer tausend Jahre wie ein Tag waren. Und ein Tag wie tausend Jahre.

Windjammer

Gemeint ist diesmal nicht jenes stolze Segelschiff, das in der Phantasie der Romantiker immer noch auf allen Meeren herumfährt. Sondern jener Windjammer, der den Münchnern in willkürlichen Zeitabständen in sämtliche Glieder fährt und der im Lexikon oder anderen gescheiten Nachschlagewerken »Föhn« heißt. Dieser Teufelstaifun ist eine Münchner Erfindung. Und es ist unfair, daß sich neuerdings auch schon verschiedene andere Gemeinwesen anheischig machen, ihn für sich zu reklamieren. Denn, den richtigen Föhn gibt es wirklich nur in München. Alles, was anderswo vielleicht auch als Föhn bezeichnet wird, ist nämlich bloß ein ganz normaler warmer Wind. Nur unsere Stadt ist tatsächlich föhnig. Das übrige Abendland dagegen windig. Und dieser schelmische Schirokko weht nicht nur zur Sommerszeit. Nein, auch im Winter, wenn es nicht schneit.

Was kann gegen ihn schon ein umfangreiches Azorenhoch ausrichten! Oder die Wettervorhersage eines amerikanischen Satelliten. Gar nichts. Denn wie das Wetter bei uns wird, das bestimmt kein Barometer und kein Laubfrosch, sondern lediglich der Föhn. Dieser Fimmel-, Fummel-, Fuchtelwind.

Und er ist auch sonst noch an allem anderen schuld. Da gibt es sogar vor Gericht vielfach mildernde Umstände, wenn sich irgendein armer Sünder darauf hinausredet, es hätte zur Zeit seiner Missetat so eine böse Bö geweht. Es soll sogar beim Kultusminister schon ein Antrag eingebracht worden sein, bei stärkerem Föhn schulfrei zu geben. Weil die windgestörten Herren Lehrer an diesen Tagen viel zu schnell mit dem Tatzensteckerl zur Hand seien.

Am meisten befallen werden von dieser flüchtigen Seuche unglücklicherweise gerade die treuesten Söhne unserer Stadt. Die nachgewiesenen Ureinwohner nämlich. Und sie unterscheiden sich in drei exakte Gruppen. In die »Vorföhner«, die schon viele Stunden, bevor Beelzebub seinen lauwarmen Odem von den Ber-

gen herunterbläst, leiden müssen. Dann in die »Hauptföhner«, denen die böse Brise direkt ins Gesicht wehen muß, daß sie was spüren. Und in die »Nachföhner«. Eine besonders unglückliche Sorte von Spätzündern, die erst dann befallen werden, wenn die anderen schon wieder normal sind.

»Am liebsten morgens ich sterben mag«, stöhnt der Föhnbruder mit dem Dichter. Schon beim Aufstehen tun ihm nämlich alle Haare einzeln weh. Dem Kahlköpfigen sogar jene, die ihm längst ausgefallen sind. Und er fühlt sich so elend, als hätte man ihn mit dem Reibeisen frisiert. Im Kopf aber trägt er einen uralten, grauen Kartoffelknödel herum, den kein Mediziner mehr als Hirnsubstanz bezeichnen möchte. Und die Luft ist überall wund, weh und gereizt. Man möchte sie am liebsten in Fläschchen ab-

füllen und bösen Menschen auf Weihnachten schenken. In den Straßen scheppert und klirrt es unentwegt. Denn auch Gottfried Daimlers blecherne Erben sind vom Föhn befallen. Mit tückisch gesenkten Stoßstangen gehen sie aufeinander los und nehmen sich gegenseitig völlig grundlos auf die Hörner. Während die Wagenlenker selber so lange an ihren bleichen Köpfen bohren, bis sie den Zeigefinger kaum mehr aus den Schläfen herausbringen. Und den Schutzleuten gehen fast immer ihre Bußgeldblöcke aus. Wenn der warme Wahnwind weht, passiert einfach alles, was nicht passieren soll. Die Kellnerin schüttet dem Gast die Suppe in den Schoß, statt in den Teller. Der Koch verwechselt das Mehl zum Gulaschstäuben mit dem Gips für die Mauslöcher. Der Schneider verwechselt das Maß und der oberbayerische Bua das Kammerfenster und steigt irrtümlich bei der hocherfreuten gropfatn Zenzi ein.
Wenn man in diesen Zeiten aber auch noch normale, lachende und ungereizte Menschen antrifft, so kann es sich bei ihnen lediglich um Touristen, Reisende oder frisch eingebürgerte Bewohner handeln. Diese haben dann meist nur ein müdes Lächeln für einen »Föhner« übrig. Und sie feixen, frozzeln und flachsen auch noch über die Opfer des mörderischen Monsuns. Doch ihnen, die sich vor dieser Heimsuchung so sicher fühlen, sei vielleicht ein kleines Gedicht in ihre unbefleckten Tagebüchlein über den Föhn geschrieben, das mit den Zeilen enden könnte: »Noch läßt er dich kalt, doch warte nur, bald föhnest auch du.«

Krokuszeit

»Frühling läßt sein blaues Band wieder flattern durch die Lüfte«, zitieren lyrische Leute, wenn es lenzt. Und sie meinen wohl jenes blaue Band, von welchem ganz sicher auch der Ausdruck »anbandeln« herkommt. Allerdings wird dieses Bandl für manche dann zu einem handfesten Ehestrick und zu einer Schlinge, in welcher sie vielleicht arg zappeln werden. Aber immer wieder sagt halt die Natur um diese Jahreszeit fröhlich und unbekümmert: »Auf ein Neues.« Grün ist wieder Trumpf, doch Herz sticht alles. In diesen Wochen, wo der Krokus und andere Küsse gleichermaßen begehrt sind. Denn wie schnell ist doch die Zeit der Kniestrümpfe und der Treueschwüre vorbei. Und dann nahen wieder die Monate der Herbstzeitlosen und der knöchellangen Unterhosen.

Drunten am Schwabinger Meer und auf den Serpentinen um den kleinen Hügel der Sehnsucht, den Monopteros, drehen Liebespaare, Jünglinge, alte Träumer und stille Hagestolze ihre Runden. Schüchterne Studenten mit feuchten Händen sind hinter kühlen Blondinen her, die den Kopf so hoch und unbeweglich tragen wie ein frisches Glas Helles, das Angst hat, überzulaufen. Und auf den Bänken sitzen bereits die ersten Schwiegermütter und strikken für den neuen Jahrgang. Sie stricken ganze Schafherden kahl, und der Faden geht ihnen nie aus. Weder der auf dem Schoß noch jener ein Stockwerk höher. Märchenbuchmädchen tänzeln im Ringelreihenschritt auf dem Kies und singen: »Dreimal drei ist neune, du weißt ja, wie ich's meine.«

Und drüben in Wahnmoching werden die Unterröcke unruhig. Vor den Bistros rekeln sich auf den makkaronibeinigen Faulenzerschemeln die Schönen von Schwabylon. Oder sie gehen auf Beinen, die bis unter die Ohren reichen, vorüber, und unter ihren Batist- und Seidenblusen ist irgendwas los, was eigentlich angebunden sein müßte. Wipp, wipp, hurra. Manche still gewordenen Botaniker und Apfelfreunde, die heute keine nasse Zeitung mehr zerreißen können, denken beim Anblick all dieser Pracht und Herrlichkeit gewiß schmerzlich an das wahr gewordene Wort: »Von allen Bäumen des Paradieses kannst du essen, von diesem aber nicht mehr.« In den Randsteincafés, die sich trotz aller Hindernisse zwischen mürrischen Kränen, gähnenden Baugruben und heftig sprossenden Pappeln immer wieder einnisten, wird in der Mitte eine hohle Gasse freigelassen. Eben jene, durch die sie kommen müssen, aber keine gestrengen Landvögte, sondern Starlets, Sternchen und Studenten, halbzornige Zimmerherrn, Kopfkissenvertreter und langhaarige Heizkissen. Manche nehmen den Weg so energisch zwischen die Beine, wie riesige Schneiderscheren den Stoff. Andere gehen ganz exakt und langsam wie ein Sekundenzeiger auf teueren Stoppuhren. Der Peppino aus Kalabrien ist auch wieder da zum Bedienen. Er hat schwarze Anthrazitaugen, schwarze Haare und kurze, aber ebensolche Fingernägel. Und er arbeitet immer mit demselben Trick. Gefällt ihm eine sündige Nachmittagsschraube ganz besonders, so stellt er ihr wortlos ein Kännchen und eine Tasse hin. In der kleinen Silberurne befindet sich aber kein Kaffee, sondern ein gerollter Zettel. Darauf ist eine Zeichnung vom nächsten Hauseck, die Zahl 8 und das Wörtchen »amore«. Der angepeilte Zahn braucht dann nur noch »sì sì« darunter zu kritzeln. Aber auch vornehme Ladys rekeln sich dezent und gekonnt im milden Licht. Sie reichen hin und wieder mit spitzen Fingern ihrem tintenblütigen Pudel ein Kekschen und schreiben irgendeine Ansichtskarte an irgend jemand. Sie haben meistens blasse Nylonlippen und einen Mund wie ein herzkranker Karpfen, dem soeben die Geliebte weggeangelt wurde. Und es ist immer sehr still, wenn sie dann gehen. Wenig indes freut sich der alte Kellner Christian, der unter den jungen Hofgarten-Linden die Schlappertörtchen und den verlangten Capuccino serviert. Er hat in seinem Kellnerleben wohl dreimal die Erde umkreist und im Grunde genommen ebenso sinnlos wie die zweite Stufe einer Apollo-Kapsel. Denn außer einem halben Dutzend Hühneraugen, die sich ausnehmen wie die Knöpfe einer Ziehharmonika, vier versehentlichen Hundebissen, zwei geschiedenen Ehefrauen und einem Kopf, der einem Renngaul immer ähnlicher wird, hat sein langes Trinkgeldleben keine besonders erfreuliche Bilanz aufzuweisen. Der Christian ist nämlich ein arger Tierliebhaber, und er füttert seit Jahrzehnten fleißig und brav die vereinigten Gestüte von Riem und Daglfing, wie seine Freunde behaupten. Tatsächlich aber finanziert er mit seiner Wettleidenschaft auch noch den Winterhafer für französische und italienische Gäule. Wenn er aber wirklich manchmal gewinnt, so hat er sich am Abend todsicher aus Freude über sein Glück und seinen Pferdeverstand beim Kassa-Machen saftig verrechnet. Dann wiehert er beim Heimgehen mißmutig vor sich hin und zieht verdrossen den linken Hinterhuf nach.

Kleine Bettgeschichten

Es gibt in München ein riesengroßes Bett, in dem an schönen Tagen und in ebensolchen Nächten viele hundert Jünglinge und Männer zusammen mit einer ungemein kurvenreichen, aber kühlen Dame manch herrliche Stunde verbringen. Nämlich das Isarbett mit seiner harten, aber sauberen Steinmatratze. Und an manchen Tagen, wenn die meisten Asphaltmenschen das Reisefieber befällt, verkriechen sich die Daheimgebliebenen hier wohlig und zufrieden unter den grünen Weidendaunen, oder sie rekeln sich auf der Sandbanksteppdecke, die von der Marienklause bis hinab zum Kabelsteg reicht. Für sie bleibt die leise vor sich hin murmelnde und immergrüne Isar auf ewig die Geliebte ihrer Jugend.

Für die alten Spaziergänger jedoch, die mit dem Schnauzl und dem Hacklstecken die Gefilde ihrer versunkenen Bubenwelt durchstreifen, ist der Isardschungel immer noch so interessant und abenteuerlich wie in den Karl-May-Tagen. Und besonders, wenn das jährliche Hochwasser war, ziehen diese alt gewordenen Hühnerfeder-Komantschen in ganzen Scharen isaraufwärts, um zahlreiche Eindrücke von der allerwinzigsten Sorte zu sammeln. Die frisch gebadeten Weidenbüsche sehen so zottelköpfig aus, als hätten sie alle den Kamm vergessen. Um die Stämme der Bäume schmiegen sich Nester aus Zweigen und Schlinggewächsen wie unmoderne Frisuren um den müden Nacken alter Weiber. Und tatsächlich kommen auch ein paar Muadderl mit Kindern, kleinen Sägen und ausgedienten Leiterwägelchen daher, die noch immer in glaubhafter Armeleutemanier die angeschwemmten Äste sammeln. Und auf einmal entdeckt einer von den kleinen Strandläufern im Schlamm auch noch eine verbeulte Trompete. Er hebt sie vorsichtig auf, und da schnalzt vorne aus der Mündung ein daumenlanger Stichling heraus. Sicher fragt sich der Bub jetzt, was das Fischerl bloß in diesem Blasinstrument tat. Vielleicht wollte es gleich gar Musik studieren. Direkt unter der

Brücke liegt ein großes gelbes Schild mit der Aufschrift: »Umleitung.« Das zeigt haargenau in die nahen Mietgärten hinüber, die der Fluß so bösartig verwüstet hat wie ein wild gewordener Betrunkener. Zwei starke Männer treiben nebenan seufzende Eisenkeile in einen Wurzelstock, den die Wellen liegen gelassen haben. »Eäkh« macht der eine Mann bei jedem Schlag. Und der getroffene Stock stöhnt in derselben Tonlage zurück. Nahe am Uferrand liegt ein Berg Buchenäste, und ein großes Holzscheit ist auch dabei. Auf einem Pappendeckel ist zu lesen: »Gesammelt von Maria Magenschwer, Freibadstraße. Bitte liegen lassen.«
Hinter jedem Strauch schaut der junge Beach-Bomber nach, ob da nicht vielleicht die geheimnisvolle Kiste aus Indien angespült wurde, wie die Konterbande an einen fernen Meeresstrand. Gefüllt mit König Salomons Diamanten womöglich. Die würden ihm dann ganz allein gehören. Und er könnte mindestens hundert Radlrutsch dafür kaufen. Vorerst jedoch findet er nur ein leeres Medizinflaschl, auf dem zu lesen ist: »Dreimal täglich zwanzig Tropfen.« Dann entdeckt sein Schwesterlein, das hinter ihm nachtrippelt, ein Papier mit großer verwaschener Handschrift. Das Brüderlein meint, dies wäre vielleicht ein Testament, oder mindestens ein geheimnisvoller Plan von einem vergrabenen Dukatenschatz. Die beiden zeigen es der verhärmten Handwaglmutter. Und die stellt schnell fest, daß es sich lediglich um den Lieferschein einer Försterei bei Bad Tölz handelt.
Später prüft der Bub eine Malzmilchbüchse aus Chikago, ob das Blech vielleicht stark genug wäre für ein Kriegsbeil. In dem kleinen Altwasser sucht er nach einem großen Hecht, der sich verirrt hat und den er seinem Papa abends auf den Tisch legen möchte. Tatsächlich findet er zwischen den Wurzeln auch ein fingerdikkes Fischlein, das das Maul weit auf hat. Der kleine Abenteurer bläst hinein als Wiederbelebungsversuch. Aber sein Schwesterchen sagt entsetzt: »Bäbäbäbä.« Die Mutter hat indes schon zum drittenmal einen Arm voll schöner dicker Prügel zum Handkarren getragen. Da gräbt das Schwesterlein plötzlich einen Puppenkopf aus dem Sand. Leider fehlt ihm der Kopfdeckel, aber man

kann die Bleigewichte bewegen, dann rühren sich die Augen. Das probiert das Brüderlein öfters, aber die Schwester protestiert sofort: »Tu ihr ja nicht weh!« Und etwas später streichelt sie das verwaschene Porzellangesicht und sagt: »Darfst schon bei mir bleiben, gell.« Nacheinander fördert der kleine Vorstadt-Robinson noch eine hölzerne Krautgabel, einen französischen Stahlhelm und ein kleines Rehgeweih mit der Aufschrift: »18. 9. 1894 Hohenpeißenberg« aus den angeschwemmten Wülsten. Er hebt das Geweih an seine Stirn und stößt einen schaurigen Kriegsruf aus. Der Indianer-Kopfschmuck ist gesichert.
Und dann sehen die zwei den toten Hansi liegen. Gelbballig und den Kopf ganz eingezogen, als ob das gegen das Ertrinken was nützen würde, liegt er da. Da graben sie dem Hansi ein kleines Loch, und der Bub steckt oben in den winzigen Hügel die Krautgabel hinein. Memento mori.

Stiller Sonntagnachmittag

Das Franzosenviertel draußen beim Ostbahnhof ist schläfrig und ausgestorben wie zur gleichen Zeit vielleicht das romantische spanische Städtchen Aranjuez oder der Balladenort Cosenza. Wo die Goten einst ihren Alarich im Busento begruben. Nur die Straßennamen erinnern ganz alte Leute noch an Schlachtenlärm und verklungene Heldenlieder. »Gravelotte«, »Orleans«, »Metz« und »Belfort« steht auf den blauen Schildern an den Häuserekken. Und dort auch »Sedanstraße«. Bei der Nennung dieses Namens muß der Witwer Martin Maulschwer immer an das Lied denken, das ihm sein Großvater manchmal vorgesungen hat. »Bei Sedan wohl auf den Höhen.« Weiter weiß der Martin den Text auch nimmer. Aber er summt die Melodie jedesmal, wenn er am Sonntagnachmittag durch diese stille Gegend wandert, wie der dritte Mann eines versprengten Spähtrupps.

Vor dem Haus Nummer vierzehn in der Pariser Straße fallen dikke Tropfen auf das warme Trottoir, wie wenn ein kleines Mädchen um einen verlorenen Hausschlüssel weinen täte. Doch die zerplatzenden Zähren kommen aus der kleinen Gießkanne der braven Frau Hagen, die im dritten Stock ihre Geranien wieder einmal viel zu stark gewässert hat. Und dann wie immer sofort ins Zimmerdunkel zurückflüchtet. Denn sie weiß es ja selber, was da alles passieren kann. Mein Gott, wenn jetzt die böse Schedlin vom Hochparterre ihre Plumeaus gerade herausgehängt hätte. Das gäbe ein schönes »Hofkonzert im Hinterhaus«. Weil die Schedlin doch ein Maul hat wie ein Schwert und Haare auf den Zähnen. Die verschüchterte Frau Hagen hat sich einmal erzählen lassen, daß dieser Ausspruch eigentlich ganz anders heißt, nämlich: »Die oder der hat Haare auf den Zehen«, nicht auf den Zähnen. Das soll nämlich von einer ganz besonders tückischen Affenart herstammen, die große Büschel Haare auf ihren zehn Fußgliedern besitzt. Sicher hatte die Schedlin auch solche. Man müßte sie halt einmal barfuß laufen sehen.

Seit einer Viertelstunde schaut der Geflügelhändler Schmetterer aus dem ersten Stock in den kleinen Hof hinab. Dort sitzen ein paar echte Spatzen um eine Handvoll Käsespatzen herum, die von der Hausmeisterin einfach vom Balkon hinuntergeworfen wurden. »Für d' Vögerl.« Maximilian Schmetterer hat oben herum sein Sonntagshemd an, aber untenherum nur eine lange Unterhose und schlappe Ringelsocken. Er sieht nicht besonders einladend aus von hinten her, doch seine Frau schaut sowieso schon lange nicht mehr hin. Der langsam verdauende Gänsewürger blinzelt immer wieder aufmerksam auf die graue Hauskatze hin, die von Zeit zu Zeit so flach wird wie die Edelmarder, welche sein Weib am Sonntag zum Kirchgang umlegt. Und wenn dann der kleine Wurstzipfel-Tiger auf Plüschpfoten an die schreienden Sperlinge heranschleicht und auf Sprungweite dort ist, wobei er sich im Geiste bereits die Serviette zur wohlschmeckenden Mahlzeit umbindet, dann macht der Maximilian schadenfroh »gsch, gsch«. Und dann fliegen die erschreckten Brotbrösel-Adler auf die Hofmauer hinauf. »Ja, so ist halt der Mensch«, denkt womöglich der rote Gartenzwerg in dem Terrarium dazu, das im zweiten Stock gegenüber der Trambahner Glötzl aufgebaut hat. »Selber jeden Tag schlachten. Aber an kloana Katzerl nix vergönnen.«

Indes zieht der Wittiber Martin Maulschwer weiter seine Kreise. Wie immer bleibt er an den Schaukästen des Hochzeitsphotographen stehen und betrachtet lange das rührende Glück hinter Glas. Zwei neue Paare sind diesmal drin. Und auf jedem Bild blickt der frische Hochzeiter an der geschickt retuschierten Nasenspitze seines Myrtenkranz-Frauchens vorbei auf ein unbekanntes Ziel zu. Im Aufgebotskasten der neugotischen Kirche hängen auch schon wieder ein paar Versprochene. Eine Walburga Lobgesang ist darunter. Walburga, so hat doch auch die Selige vom Martin geheißen. »Geborene Bös«, was sie aber gar nicht war. Und er denkt an das ovale Bild daheim im verwitweten Schlafzimmer. Wie aus einem Fenster der Ewigkeit schaut dort die Walli auf seine einsame Bettstatt herab. Seit achtzehn Jahren

schon. Doch der Martl kann dem sanften Untersuchungsrichterblick mit klarem Auge standhalten. Er hat längst nichts mehr zu verbergen. Gott sei Dank, meint er selber.
Gegen sechs Uhr abends geht der alte Mann wieder heimwärts. In der Weißenburger Straße bleibt er noch kurz stehen und liest die handgeschriebene Speisenkarte seiner Stammwirtschaft. »Nudelsupp mit Huhn«, das »e« der Suppe hat die neue Kassiererin Olga nicht mehr ganz draufgebracht, weil sie immer so groß schreibt. Oder sie hat es vergessen. Witwer Martin wird aber lieber daheim essen. Es ist noch ein Rest Rindfleisch auf einem Teller vor dem Fenster da. Und auch ein bißchen Bohnengemüse. Hoffentlich ist es nicht sauer. Nachher wird der stille alte Mann vielleicht noch auf eine Halbe an den Stammtisch gehen, der auch immer kleiner wird. Das heißt, wenn er nochmal in seine Schuhe hineinkommt. Denn von seinem Rundgang hat er schon wieder dicke Füße gekriegt. Ausgerechnet er, wo er doch einmal Streckengeher war auf der Isartalbahn. No ja, wenn's wirklich nicht geht, bleibt er halt daheim bei seinem Flascherl Bier. Und unterhält sich ein bisserl mit seiner eingerahmten Walli.

Heimweg im Frühling

Der Spaziergänger ist ihn schon hundertmal gegangen. Den Weg vom dunkelgrünen Preßsack-Hain des Augustinerkellers nach Hause. Doch jedesmal ist es wieder ein neuer Film oder Titel, der dabei im Vorübergehen vor ihm abrollt.

Das beginnt bereits beim großen Postamt in der Hopfenstraße. Die Fenster sind meistens halb offen wie die Augenlider eines Beamten, und der Spaziergänger schaut eine Zeitlang zu, wie die hunderttausend Briefsachen sortiert werden. Dankschreiben aus Dinkelsbühl, Bittbriefe aus Bitterfeld, Zahlungsbefehle aus Zusmarshausen und Treueschwüre aus Traunstein. Hoppla hopp, schwupp di wupp und ab damit. Und schon landen sie in den Versandsäcken, die ihre Mäuler fast so weit aufgerissen haben wie die Wahlredner vor dem Tage X. Eine bildhübsche Miß Nachnahme ist auch bei den Sortiermädchen. Sie scheint eine Drucksache unter der Blümchenschürze empfangen zu haben. Aber mindestens schon vor sechs Monaten. Voller Bastlerstolz ruht der Blick des Kollegen Gustl auf dem strammen Paket. Er kennt diese Zustellung. Er ist ja schließlich der Absender.

An der Marsstraßen-Ampel trifft der Schlenderer fast jede Nacht dieselbe miese Figur. Irgendein schäbiger Liebediener ist es, der mitten in der Nacht den Straßenverkehr kontrolliert und zahlreiche Autonummern aufschreibt. Wahrscheinlich kennt er keinen anderen Verkehr mehr. Sonst würde er doch im Bett sein und sich um Mitternacht nicht auf der Kreuzung einer Straße amüsieren.

Im Alten Botanischen Garten bewegen sich überall die Sträucher, obwohl es doch windstill ist. Die schnellen deutschen Bräute sind wieder einmal unterwegs. Und sie greifen unter Rhododendron und verschwiegenen Farnkräutern die Azzurris an. So sparen sie wohl das Fahrgeld für die Omnibusse nach Jesolo und Rimini. Sie denken sich halt: »Ein Stück Gastarbeiter in der Hand ist mir lieber als eine leere Bettstatt an der Wand.« Auf dem

Beckenrand des Neptunbrunnens sitzt ein Mann und bläst auf einem Kamm das Lied »Wozu ist die Straße da, zum Marschieren«. Er hat die Hose hochgekrempelt und beide Beine im Wasser. Als der Wanderer näher kommt, sieht er, daß da gar keine Beine mehr sind.

Im Parkcafé indes wird noch getanzt. Zwei Pärchen wiegen sich auf dem Steinparkett, als würde der Kapellmeister gerade die Weise spielen: »Ja, was machst du mit dem Knie, lieber Hans.« Der aber geigt bereits die letzte Melodie und summt dazu leise mit: »Zum Abschied wasch' ich mir die Hände.« Und der Großstadtbummler blickt noch einmal scheu auf den Invaliden und murmelt im Weitergehen: So oder so ist das Leben.

Wer wohl ganz oben in der Turmspitze des Künstlerhauses wohnt? In dem genauso wenig Künstler zu finden sind wie Kaiser in einem Kaiserschmarrn. Denn bis zum Morgengrauen brennt dort oben immer Licht. »Feuerschiff Elbe I« denkt der nächtliche Wanderer. »Guggi«, die Dame vom Dienst, begrüßt den Nachtschwärmer wie immer in den Regina-Anlagen. Sie hat einen Rock, der hört bereits zwei Handbreit unter dem Kehlkopf auf. Gleich jammert sie wieder über ihr Personal. Aber jetzt hat sie einen wirklich braven Ludwig ergattert, erzählt sie. Der will sogar demnächst ein Reisebüro aufmachen. »Wohl mit dem Stemmeisen«, denkt der Zuhörer. Dann zeigt ihm die Guggi ein Bild von ihrem neuen Liebesingenieur. Er hat ein Gesicht, das schlimmer ausschaut wie die Vorderfront von Stadelheim. Doch der Beobachter sagt zur Guggi: »Direkt wie der Lewis Day.« Da ist das alte Stehaufmädchen zufrieden. Sie weiß ja auch nicht, daß der Day gehängt wurde.

Auf den Schlachtenbildern unter den Hofgartenarkaden tranchiert auch in dieser Nacht ein tapferer Bayer einen lautlos wimmernden Türken. Von den sechzig Autos auf den Durchgangsstraßen beginnen plötzlich zwei zu quietschen. Vermutlich probieren die Insassen die Federung aus. Unter der Türe eines bekannten Nachtlokals verteilt ein Manager gerade die Weiber und verfrachtet sie in die Wagen. Aber nicht nach dem System, »wer mit wem«, sondern »wer mit wem noch nicht«. Und das ist gar nicht so einfach. Eine armlange Ratte sitzt auf dem nahen Ruinensims und blinzelt mit Zyankali-Augen tückisch zu einem lächerlichen Schoßhündchen hinunter, das überhaupt kein Problem wäre. Gerade als der Tritschler in die Zielgerade einbiegt, schleppt ein öliger Fremdländer die »Königin der Nacht« persönlich zum Portier des vornehmen Hotels hin. Ein Zimmer will er haben, und es wäre sehr notwendig, meint der Sportsmann. Der reich verzierte Torwart aber winkt nur lässig ab. Vielleicht glaubt er nicht an die Dringlichkeit des Anliegens.

An den Wassern von Schwabylon

Nun schmurgeln sie endlich wieder. An den kühlen Wassern von Schwabylon. Die Nackten und die Roten, die braunen Witwen und die camembertbleichen Nichten der Frau Oberst. Und der Spaziergänger muß kopfschüttelnd denken, wie sich doch die Sitten geändert haben. Früher war braun nur immer die Farbe der Gewöhnlichen. Nur Knechte, Kulis, Kolchosenbauern oder Kanoniere waren sonnenverbrannt und kupferhäutig. Kokotten, Königskinder, Kameliendamen oder Kardinäle aber waren selbstverständlich blaß. Bleich war die Farbe der Vornehmen. Das ging sogar so weit, daß eine wirklich edle Lady auch an Bleichsucht starb. Doch heute ist nur mehr der Kümmerling oder ein Schreibstubenhengst bläßlich und unterbelichtet. Der andere dagegen, der es sich leisten kann, demonstriert schon mit seinem Winnetou-Teint, daß er die Sache, die man Arbeit nennt, zutiefst verachtet. Manchmal rechtfertigt er seinen Bronzeüberzug aber auch mit dem religiös-philosophischen Hinweis: »Wenn der liebe Gott schon eigens die Sonne anzündet, ist es einfach ein Frevel, das nicht zur Kenntnis zu nehmen.«
Solcherlei Gedanken bewegen den Badegast, der selber ein eifriger Verehrer des Zentralgestirns ist, immer außerordentlich, wenn er beispielsweise das Familienbad Floriansmühle, oder, wie es auch im lässigen Schwabinger Slang genannt wird, die »Flohmühle«, besucht. Wenn er nicht gerade lieber das »Hurlet-Aquarium«, wie sie das feuchte Herz von Wahnmoching, das Ungererbad, auch heißen, bevorzugt. Nun, die Flohmühle ist wohl die schönste Plätscher-Küste Münchens. Wenn das Wasser nicht wäre. Das sieht nämlich manchmal so aus, als hätte es irgend jemand auf seinem langen Anmarschweg schon einmal getrunken gehabt. Und im Herbst ist der »Floh« leider auch noch der Einsatzhafen von unzähligen viermotorigen Bremsen-Geschwadern. Die alle Dreiviertel-Nudisten dann bis auf die feinsten Kapillaren aussaugen. Wie das Finanzamt. Allerdings sind die Liegewiesen

andererseits auch immer dicht mit strahlgetriebenen Luxusbrummern bevölkert. Die schon früh am Tage in schicken Restaurants einen Zahn voll rotem Sekt zu sich nehmen und jetzt den Fernsehbossen, die hier in großer Zahl verkehren, mit flinken Petting-Augen ein bißchen gefällig sein wollen.

Im Ungerer dagegen treffen sich hauptsächlich Studenten und Studentinnen. Vorausgesetzt, daß sie nicht gerade protestieren müssen oder Transparente malen. Und dazu jede Menge Minimäuschen, Modelle, Midinetten und auch Gewerbslose unter der ultravioletten Hitzedusche. Und haben ein Auge mit Silberpapier abgedeckt. Wie die Nofretete. Denn mit dem anderen müssen sie doch die Bräunungsfortschritte der Konkurrenz beobachten.

Manchmal geht auch tatsächlich eine unter die Brause. Aber nur, um ein Beutelchen mit Magerquark oder ein Netz voll Supermarkt-Tomaten in den nassen Strahl zu hängen. Ihre Bäuchlein sind nunmehr fast alle mit dem goldenen Keuschheits-Kettchen verziert, das irgend ein Sugar Daddy stiften mußte. Dafür durfte er es natürlich auch selber anlegen. Ganz verrucht ist es aber, sich diese fadendünnen, güldenen Breitengrade ohne Verschluß direkt auf den Bauch schmieden zu lassen. Der Neugierige sah auch eine reifere Lady, die eine weißliche Liebesschlinge trug. Als er jedoch genauer hinschaute, mußte er feststellen, daß es nur eine Querfalte war. So was scheint ihm natürlich weniger reizvoll zu sein.

Der letzte Schrei jedoch ist augenblicklich ein bleistiftbreiter Streifen aus dicker, weißer Creme, den die hingestreckten Schönheiten beim Bruzzeln auf der Nase tragen. Das verhindert nicht nur, daß ein solchermaßen präparierter Zinken nachher ausschaut wie eine gebratene Debreziner. Sondern durch die abgedeckte Zone erhält der zarte Schnüffler auch noch ein ganz besonders schmales Profil. Die Erfinderin dieses Nasen-Looks ist die Schwabinger Tänzerin und Psychologin Gisela. Eine langbeinige Party-Sphinx, Nachfolgerin der sagenhaften Gräfin Reventlow und die eigentliche Entdeckerin der Faulheit. Ein aufregendes Männerschafott, sagen die Interessenten. Und man erzählt sich auch, wer dieses blonde Gerüst einmal erklettert hat, kommt nachher völlig kopflos wieder herunter.

Doch noch eine kesse Neuheit entdeckte der Betrachter. Die Beschriftung der Bikini-Slips nämlich. Da haben sich doch ein paar besonders schiefe Schwestern auf ihre Kaltwasser-Zwickel einige freche Sprüche draufmalen lassen. Wie zum Beispiel: »Achtung Hochspannung – Ehegefahr«. Oder auch nur schlicht: »Parken verboten«. Der Badegast sah unter dem röstenden Angebot viele köstliche Steaks von rosarot gebraten bis ganz durch. Doch auch ein paar zähe, schwerverdauliche Lendenschnitten waren darunter. Aber auch die blieben nicht übrig. Denn da nahte mit Bestimmtheit der Gastarbeiter Mustafa Iglanghi aus dem fernen

Balkandorf Mirgraustvorgornix, und er grub im Geiste bereits sein herrliches Gebiß in so ein Knautschlack-Modell. Denn er war ja schließlich an Bergziegen und Juchtenleder gewöhnt.
Die wirklichen Party-Mädchen aber, die schmal und appetitlich sind wie Weißbrotscheiben, die grillen sich mit großer Vorsicht und Überzeugung. Denn sie wissen es ja aus langjähriger Erfahrung, wie groß die Konkurrenz abends bei dem riesigen Büfett auf dem Boulevard Leopold ist. Und daß da nur die allerreschesten Toasts vielleicht eine Chance haben, auch belegt zu werden.

Straße der Gelegenheiten

Es gibt viele berühmte und interessante Straßen auf der Welt. Von der Via Appia bis zur Grande Corniche und von der Straße der Ölsardinen bis zum Broadway. Auch der Münchner Boulevard Leopold, so meint der Ortsansässige, kann sich allmählich in diese Rangliste einreihen. Denn er ist nicht nur die Hauptverkehrsader vom »sündigen Dorf«, sondern auch eine Straße der »Gelegenheiten«. Das beginnt schon gleich hinter dem Siegestor mit der riesigen Gebrauchtwagenschau, die zu einer ständigen Einrichtung der Avenue d'amour geworden ist. Hunderte von Schäserln, Flitzern, Gasolinkühen, Asphaltwanzen und Familienarchen stehen dort und warten mit flehentlichen Scheinwerferaugen auf einen neuen Herrn. Manche stehen wohl schon länger dort als die Pappelbäume am Wege und sind längst so verlottert, daß sie nicht einmal der Rost, der sie ursprünglich überall angebissen hat, noch aufessen mag. Einige sind auch bunt mit Blümchen bemalt wie Miesbacher Barockkommoden.

Und in einer Nebenstraße entdeckt der Spaziergänger eine ganz besondere Okkasion. Auf einem Zettel hinter der Windschutzscheibe ist folgendes zu lesen: »Einmaliges Angebot! Wir haben uns nach schwerem inneren Ringen entschlossen, unser Fannerl herzugeben. Es ist stadtkundig und verschwiegen, aber leider protestantisch. Jedoch mit großer Vergangenheit. Mädchen aus bestem Hause sowie die sündigsten Filmsternchen sind nachweislich schon drin gesessen. Kleiner Schönheitsfehler muß in Kauf genommen werden.« Und als dann der Interessent um das seltsame Gefährt herumschleicht, sieht er, daß das linke Hinterrad fehlt und durch drei Ziegelsteine ersetzt ist. Ein höchst seltsamer Pferdefuß. Auch direkt vor dem »Cadore« steht so ein verwahrloster Mustang mit Gummihufen. An ihm klebt ein Plakat, auf dem es heißt: »Strafzettel und Bußgeld-Bescheide völlig zwecklos. Besitzer unbekannt verzogen.« Bei einem dritten Wrack kommt der Schlenderer gerade dazu, wie der Eigentümer einem

eventuellen Käufer die Liegesitze vorführt. Dazu muß seine Freundin auf den Polstern entsprechend in Stellung gehen, und fünf lachende Typen schlagen allerhand Korrekturen bei dem Rücksitz-Mannequin vor. Es ist eine schöne Wäscheschau.
Zu den ausgesprochenen »Gelegenheiten« gehören auch schon lange die Parkplätze. Jede Lücke wird millimeternah ausgenützt. Und wenn der freie Spalt auch nur so schmal ist, daß selbst ein Pfannenkuchen bloß hochkant darin Platz hätte. Die smarten Boys schaffen es immer wieder, ihre Feuerstühle dort abzustellen. Freilich kommt es dann manchmal vor, daß die Vorderräder direkt in einer Kaffeetasse der »Città 2000« landen. Während die Hinterachse in dem dunklen Schoß einer frühvollendeten Kommunardin ruht. Weiter unten, direkt im Hahnhof, entdeckt der Bummler ferner eine einmalige Gelegenheit für Photographen. Da sitzen doch tatsächlich die leibhaftigen zwölf Apostel herum. Ratlos, verschlafen und bärtig. Als hätte der Hahn gerade zum drittenmal gekräht. So scheinen sie auf die Rückkunft ihres Ernährers, den man ihnen soeben weggenommen hat, zu warten. Auch ein rothaariger Judas ist dabei. Unter dem Mund hängt ihm ein kolossaler Kinnbesen in Richtung Westen. Dann offeriert ein dunkler Ehrenmann Hasch. Aber der Betrachter hält diese Substanz für zerbröselten Tee, mit dem Ohrenschmalz eines alten Ziegenbocks vermischt. Sicher kann einer an einer Zigarette, die mit diesem Stoff präpariert ist, so lange ziehen, bis der Bandwurm seinen Hemdzipfel im Mund hat. Und er wird davon so wenig »high« werden wie ein Kilometerstein.
Selbstverständlich gibt es in Klein-Babylon nicht nur die erwähnten Wagen aus zweiter Hand, sondern auch jede Menge Untersätze mit Stöckelschuhen, die schon mehrere Besitzer im Kraftfahrzeugbrief aufweisen. Vor dem Straßburger Keller sieht der Spaziergänger zwei sichtlich Verdrossene, die sich hartnäckig anschweigen. Und es ist ganz klar zu sehen, daß er sie nicht mehr will und daß sie »umständehalber« abzugeben wäre. Wer dann genau hinschaut, braucht nicht mehr zu fragen, welche Umstände das sind. Leider nämlich die sogenannten anderen.

Dann erzählt man dem Neugierigen, daß neuerdings auf dem Boulevard auch eine junge Dame aufgekreuzt sei, die genauso wie jene seinerzeit von allen Gazetten erwähnte Protest-Lady als sogenanntes Tast-Kino herumstehe. Gegen eine Gebühr von zwei Mark könne jeder Passant diese Gelegenheit beim Schopf bzw. bei ihren Salzburger Nockerln nehmen. Leider aber soll das Programm schon ziemlich alt sein und die Hauptdarsteller so flach und nichtssagend wie zwei Leberflecken. Und der Geschäftsgang demgemäß sehr flau. Dagegen hat ein pfiffiger Pflastermaler eine ganz besonders simple Gelegenheit gewinnbringend ausgenützt. Nämlich einen ganz gewöhnlichen Sprung im Zement. Genau um diesen dunklen Riß herum hat dieser Asphalt-Rubens die Totalansicht einer nackten Schönheit gemalt, und viele Männer lassen kichernd ihre Münze in jene Öffnung fallen, in der schon ganze Vermögen verschwunden sind.
Zum Schluß entdeckt der aufmerksame Wanderer auch noch eine Sandkiste, auf der viele Ankündigungen und handschriftliche Inserate kleben. Und er liest schmunzelnd: »Biete zweihundert Mark, auch als Arbeitsleistung, gegen Bude.« Oder: »Müdes Ehepaar sucht ebensolches zum gemeinsamen Aufpassen auf die Kleider.« Und auf einem besonders großen Plakat steht in charakterfesten Buchstaben geschrieben: »War jahrelang Angehöriger des Studenten-Schnelldienstes. Biete Arbeit. Such' das Weite.«

Vierhundertjähriger Hinterhof

Ein halbes Dutzend stille Hinterhöfe, steile Himmelsleiter-Stiegenhäuser und dämmrige Spitzbogengewölbe haben die nimmermüden Baggergebisse in der Münchner Altstadt gerade noch verschont. Drunten in der Westenrieder Straße, im Tal, im Sternekkergasserl oder beim Luginsland hinten. Und ein Vaterunser weit vom Zentrum entfernt sitzt die verflossene Zeit direkt noch unter einer riesigen Kastanie, dreht die schrumpeligen Daumen und kichert leise ins Fäustchen, weil man sie ganz einfach vergessen hat.

Drei Seiten des verschlafenen Dornröschen-Gartens werden von der Fassade eines ehemaligen Palais gesäumt. Die vierte bildet eine lautlos verbröselnde Ziegelmauer. Und in der Mitte des Gevierts steht eine wuchtige Biergarten-Palme. Viele hundert Kerzen leuchten im Mai in ihrem dunklen Blätterhimmel. Im Herbst aber, wenn der Gevatter Wind um den gewaltigen Stamm taumelt, rascheln die Blätter durch den Hof wie geröstetes Inflationsgeld. Von dem Mast einer Trauerweide, die gleich nebenan ihre Zotteln wie eine grünhaarige Loreley im Wasser des großen runden Brunnens wäscht, hängt eine Schaukel. Und gewiß werden gleich Schneeweißchen und Rosenrot kommen, um auf ihr zu hutschen.

Vor dem spitzmäuligen Hausgang, der ein bißchen verstohlen in die Gegend gähnt, liegt eine rote Marmorkugel. Eine von jener Sorte, wie sie der Münchhausen zum Reiten benutzte. Mehrere Ölfarbenheilige verlöschen langsam auf drei braunen Bretterbildern, die im gotischen Treppenhaus hängen. Gleich hinter der Tür zum Hof aber steht der Brunnen, von dem die ganze Straße schon immer ihren Namen hat. Aber im Rücken der brüchigen Marmorsäule, aus dem einmal silbriges Quellwasser in das rotgeränderte Becken plätscherte, ist nun ein trister Hahn aus Messing angebracht. Durch die bestäubte Werkstatt-Türe, die auf der Nordseite in den stillen Hof mündet, kommt ein Geruch von

Leim, Holzwürmern und Jahrhunderten. Auf dem Platz davor, auf dem der Boden weich ist wie geknetetes Hausbrot, stehen ein paar ehrwürdige Möbel. Ein pfeifender Lehrbub schleift mit Glaspapier an einem verschnörkelten Beichtstuhl herum, in dem gewiß noch ein paar vergessene läßliche Sünden nisten. Mit schläfrigen Augen schaut ihm dabei eine graue Hausmaus unter dem verwitterten Holzstapel zu.

Der kreisrunde Springbrunnen springt nur mehr ganz selten. Doch in der Mitte des Bassins reitet noch immer ein nacktes Buberl auf einem Fisch. Der steinerne Barsch macht dazu ein komisches Gesicht. Gerade so, als ob er jeden Augenblick niesen müßte. Wenn er's tatsächlich einmal täte, würde der freche Sandsteinreiter bestimmt herunterfallen. Und ertrinken. Weil er doch nicht schwimmen kann. Bei seinem spezifischen Gewicht.

Ein zartes Mädchen in rotem Kleid und einer schrecklich altmodischen weißen Schleife im Dünnhaar-Zöpfchen tadelt ihre Puppe und füttert sie dann mit köstlichem Schweißsand. Der Bub, der auf sie aufpassen soll, geht zum modernisierten Wasserleitungsbrunnen, dreht auf und läßt sich den Strahl haargenau, und ohne daß er irgendwo anstößt, in den zartrosa Schlund hinunterlaufen. Da sagt das Mädchen ganz zaghaft zu ihm: »Wer daraus trinkt, der wird ein Reh.« Der Bub schluckt noch zweimal nach, dann entgegnet er sachlich und kühl: »Geh, du spinnst ja.« Nachher macht er sich mit seinem Taschenmesser an der Baumrinde zu schaffen. Er will wohl seinen Namen hineinschnitzen. Früher wurde auch schon etwas in diesen Baum geschnitten. Ein Herz nämlich, das aber nun längst runzelig geworden ist und ausschaut wie ein uraltes Gesicht.

Wie durch einen Wattefilter dringen die Großstadt-Geräusche zu dieser Insel des Friedens herüber. Hinter einem Fenster im ersten Stock bewegt sich die lange Gardine mit dem Rüscherlsaum ein wenig. Von da her blickte einmal der Dichter Heinrich Heine auf den alten Hof hinab. Er hatte dort gewohnt und darauf gewartet, daß ihn der Bayernkönig berufen möge. Später wurde der große Dichter bitter und sagte nichts Gutes von dem stolzen Monarchen. Nun öffnet sich der gläserne Ausguck, und eine junge Frau mit langen glatten Haaren hängt sich suchend heraus. Bis sie den schnitzenden Buben sieht und dann laut hinunterruft: »Heini, hab' ich dir nicht schon hundertmal gesagt, daß du das nicht tun darfst!«

Da geht der Getadelte mürrisch weg und echot nur ein paarmal leise vor sich hin: »Ollawei Heine, Heine, Heine.«

Seifenblasen

Irgendwo hat der alte Mann einmal gelesen, woher die Felsensteine am Portal des verschlafenen Kirchleins in der Sendlinger Straße stammen. Zwei Brüder nämlich fuhren vor vielen, vielen Jahren auf einem Kahn die Donau hinunter, kamen in einen Strudel und leerten um. Da manche Menschen in solchen Momenten sofort an den lieben Gott denken, versprachen sie dem Herrn aller Steine und Gewässer, sie würden ihm zu Ehren die großen Granitbrocken, die sie in der Nähe sahen, in die ferne Stadt fahren und vor einer Kirche, die sie selber erbauen wollten, einmauern. Das war nun wohl für den Schöpfer ein so imponierendes Angebot, daß er die beiden errettete. Und deshalb liegen nun die grauen Brocken zu München vor der Asamkirche.

Als der sinnierende Grauschimmel an ihnen vorbeitrabt, um in die ehrwürdige Gottesvilla ein bißchen hineinzusehen, lehnt ein kleines Mädchen an den winzigen Karawanken. Es hat eine gelbe Pralinenschleife im Haar und schaut fast aus wie ein Zitronenfalter, der sich in eine Einbahnstraße verirrt hat. Gerade holt das Kind eine Blechhülse aus der Tasche des altmodischen Schürzleins, schraubt sie auf und beginnt, durch einen runden Ring Seifenblasen in den Himmel hinaufzuhauchen. Und wenn die schillernden Zauberkugeln dann in die Luft entschweben wollen, sticht sie die Kleine mit ihrem Zeigefinger tot. Dazu trällert die verträumte Hängezopf-Marile das Lied von der schönen Lilofee. »Es freit ein wilder Wassermann auf der Burg wohl über dem See . . .«, singt das Mädchen mit dünner Mundharmonikastimme. Und auf einmal sagt es zu dem einsamen alten Herrn: »Grüß Gott, Mann.« Da lächelt dieser und schenkt dem naseweisen Schneewittchen ein paar Zehnerl. Damit läuft das Märchenkind im Dreisprung davon. Hinüber zum Eisautomaten.

Dann ist der kühle Friede der herrlichen Altbauwohnung des Allmächtigen um den Träumer. Der alte Mann ist kein bißchen fromm, aber ganz schön gläubig. Doch er glaubt nicht nur, daß fünf Pfund Fleisch eine gute Suppe geben, wie die Leute so witzeln. Selbst der Herr Stadtpfarrer, der zu seinem grauen, etwas bockigen Pfarrei-Schaf manchmal sagt: »Nun, Sie kommen ja überhaupt nicht mehr in meine Firma«, weiß, daß der Getadelte gläubig ist. Tatsächlich hat er nämlich einen abgrundtiefen Respekt vor jemandem, der einen Kirschbaum machen kann, oder ein Gewitter, oder das linke Hinterbein einer Biene. Von all dem anderen, von der Milchstraße bis zum Krebserreger gar nicht zu reden.

Der stille Nachmittagsgast im Gotteshaus steht jetzt vor dem schwer versilberten Jesuskind, das sich am Pflegevater Joseph festhält, der eine goldene Pelerine trägt, die einem Zimmermann natürlich gar nicht zusteht. Und er denkt, warum man eigentlich so wenig weiß von diesem heiligen Knaben und was er in seiner Lausbubenzeit und in seiner Jugend getan hat. Hat er vielleicht einen Hund gehabt als Freund? Oder einen Spezl, mit dem er zusammen auf die Ölbäume kletterte und Oliven stibitzte? Vielleicht aber hat er am Ende gleich gar gezeichnet und gemalt. Mein Gott. Was würde da wohl heute ein echter Jesus wert sein? Dann entdeckt der Beschauer daneben die hohe Frau Maria mit dem barocken Nackedei. Als Kleinstkind und nachher dessen bitteres Ende am Querbalken. Da sagt der Mann zu sich selber halblaut: »Ach wie schnell ist der Mensch doch kein Kind nicht mehr und muß leiden.« Er weiß schon selber, daß dies eine doppelte Verneinung ist, aber er sagt sich, als so alter Mensch, wie ich einer bin, braucht man nicht mehr schriftdeutsch zu denken, oder? Überall sieht er nur Leid abgebildet und nachgeformt, in Stein gehauen oder in Holz geschnitzt. Und Schmerz und Schuftigkeit der Menschen. Hier der Heiland mit dem Stacheldrahtstreifen um den Kopf, den er für seine Ebenbilder hingehalten hat. Und dort der grinsende Sensenmann, diesmal mit einer Schere, wie er einem unschuldigen Kind bereits den Lebensfaden abschneidet. Und weiter vorn die unheimliche Mumie in dem Glassarg. Das ist ja zum Frieren. Und dennoch riecht es hier so versöhnend nach den Gebetsworten »Der du bist im Himmel«.

Und die Nase des alten Mannes hat gar keine Angst. So wie sie es damals im Krieg jedesmal bekam, wenn es nach angezogenen Knien, nach Herzschüssen und nach dem Sanktnimmerleinstag roch. Was dem sanften Sinnierer gerade einfällt, wie er das Bildnis eines römischen Soldaten gewahrt. »Ach ja, Werden und Vergehen halt«, murmelt er, als er die dunkelschwere Türe wieder hinter sich zuzieht. Und er beschließt, dem kleinen Mädchen nochmals ein Fünfzigpfennigstück zum Verschlecken zu schenken.

Aber das ist längst nicht mehr da. Ein altes Blumenweiberl lehnt jetzt an den Felsen. Das sagt ohne jede Überzeugung: »Astern, Reseden, Chrysanthemen.« Da kauft sich der alte Mann eine Chrysantheme und steckt sie ins Knopfloch. Das wirkt vielleicht ein bißchen lächerlich für so einen betagten Hirschen. Aber weil es doch ein Septemberstern ist und die Blume des friedlichen Abschieds. Drum kann er sie gerade noch tragen.

Am Bach entlang

Dort wo der Stadtbach aus dem Häusermeer herauskommt, streiten die Möwen um ihn. »Mei ghert a.« »Naa, mei, mei, mei.« Dann stoßen sie von oben auf ihn herab und hacken daran herum wie an einem riesigen grünen Wurm. Der Bach scheint das zu spüren, denn er windet sich ein wenig. Weiter vorne schwimmen Enten auf dem Wasser und schnattern sehr. »Die A-anten, die A-anten, das war'n die Musik-anten. Fidirallalla«, sang einst der Karl Valentin in der Vogelhochzeit. Zwei alte Tritschler schauen zu, und der eine sagt: »Siegst, de mit de weißn Ringerl um an Hois, des san d'Manderl.« Und der andere erwidert erinnerungsbitter: »Aha, do wern s' nacha mit da Leine oghängt, wann s' mit da Oidn ausgenga.« Aber dann muß er lachen, wie er den ruppigen Spitz sieht, der vom Ufer aus mit feuchten Lefzen den ambulanten Braten anbellt. »Do bleibt da da Schnobi aba sauba«, meckert der Alte und wischt sich in Gedanken selber den Mund ab. Doch der Spitz schaut den Mann verächtlich an, als wollte er sagen: »Dir scho aa.«

Vor der kleinen Brücke ist ein winziges Gefälle eingebaut. Und das schaut aus, als müßte sich das Wasser bücken, damit es unter dem Steg durchkommt. Ein Schuhkremschachterl kommt geschwommen, ein braunes. Jetzt schwimmt es in einem kleinen Strudel, taucht wieder auf und hüpft hurtig von Welle zu Welle. Freilich, es ist ja auch ein Frosch darauf. Auf der Brücke steht ein junges Pärchen, und er sagt: »Ins Wasser muß man hineinspukken, das bringt Geld.« Dann spucken sie beide. Aber aus dem kleinen Mäusemund der jungen Braut kommt halt gar nichts heraus. Da wird es freilich lange dauern, bis das Birkenschlafzimmer abgezahlt ist. Gleich nachher beugt sich ein blasser Mann mit rotem Bart über das Geländer. Er liest einen langen rosaroten Brief. Zweimal. Dann wird er selber rosarot. Und sagt halblaut: »Von wegen.« Und zerreißt den Brief. Vierundvierzig Mal. Die Schnitzel streut er langsam in das Wasser. Blitzschnell kommt ein dum-

mes Fischlein geschwommen und schnappt nach dem seltsamen Köder. Und beinahe wäre es auch noch am Haken von einem scharfen »ß« hängen geblieben.
Wo der Bach ein kleines Knie macht, hat er schon ein zartes Eiskrüstlein angesetzt. Kokett, wie wenn ein keusches Spitzenhöschen unter dem Rock herausschauen würde. Dann macht er eine ganze Anzahl Bogen und Krümmungen und wird kurvig wie ein berühmter Filmstar. Bis er durch die große Wiese fließt. Da geht er dann ganz leise. Er hat die Schuhe ausgezogen. Aber schließlich muß er durch ein kleines Wehr. Ein eiserner Gitterrechen strähnt die Wellen. Der Matrosenbub, der mit seiner Mutter spazieren geht, sagt altklug: »Gell, Mami, da wird das Wasser gekämmt.« Dann schauen die zwei lange auf das blaßgrüne Fließband, das alle Gedanken mitfortnimmt. Und kriegen Schlaf, soviel Schlaf. Der Bub kann gerade noch denken: »Himmimama, soviel Wasser. Das tät' ja mindestens tausend Jahre langen zum Halswaschen. Brr.« Und auch die Mutter sinniert. Es fällt ihr ein Liedlein ein, das ihr einst die Oma oft vorsang: »Am Bache, der so rauschend floß, saß ein Mägdelein so reizend und so schön. Sie band Kränzelein und warf sie in die wogenden Wellen. Sie band Kränzelein ...« Weiter weiß es die Mama leider nimmer. Am Ufer hat ein Sonntagsmaler seine klapprige Staffelei aufgebaut und bemüht sich, den kleinen Mississippi auf seinem Papier festzuhalten. Aber es wird nichts Rechtes daraus. Der Bach ist einfach zu schnell. Er läuft ihm immer wieder unter dem Pinsel weg. Ein Eichkatzl kommt auch und schaut zu. Das hat schon einen ganz schönen Winterspeck angesetzt. Mindestens vierzehn Gramm.
Der grüne Bach aber beginnt nun mit einemmal zu murmeln. »Sie, bittschön, wo geht's denn da zur Donau?« fragt er den einsamen Spaziergänger. Doch der kann ihm keine Antwort geben. Wer versteht denn auch schon einen Bach. Mit Ausnahme vom Johann Sebastian. Vielleicht. Ach, da schwimmt ja auch das Schuhkremschachterl wieder. Glückliche Reise. Vom Bach in den Fluß. Dann in den Strom. Und schließlich hinab in das

Schwarze Meer. Aber was tut denn ein braunes Schuhkremschachterl im Schwarzen Meer? Niemand weiß das so genau. No ja, vielleicht kann sich der Neptun damit seine Sonntagsschuhe putzen. Wenn er einmal auf Landurlaub geht.

Auf der Liegewiese

Eingebettet in den sanften Dschungel der Isarwildnis oder in die grünen Lungen unserer Stadt, den Englischen Garten und die anderen Anlagen, befinden sich ein paar ganz besondere Oasen. Die städtischen Liegewiesen, von Spaßvögeln auch Kalbfleisch-Anger oder Jungfern-Bleichen genannt. Weil nämlich viele blasse Schönheiten hier ihren ersten Sonnenbrand beziehen. Auch zahlreiche Bürozähne, gutriechende Friseurmädchen und vornehm gestreifte Kindernursen aus den nahen Herrschaftsvierteln bevölkern die grüne, kurzgeschorene Faulenzer-Pampa. Die meisten haben die Blusen geöffnet und lassen die Sonne hineinspazieren. Aber sonst niemand. Vor allem nicht die Blicke des blinzelnden alten Rentners, der so tut, als würde er mit der Spitze seines Spazierstocks Papier sammeln. Dabei sammelt er etwas, was er längst nicht mehr verkraften kann. Manche der Nachmittags-Circen liegen aber auch seltsamerweise mit hochgeschlossenen Rollkragen-Pullis und schmoren im eigenen Saft. Und einige haben sich einen Liegestuhl geschnappt und versuchen, sich einen sanften Bronzebrand zu ergattern, den sie dann abends auf dem Boulevard als Riccione-Bräune lächelnd zur Debatte stellen.

Unter einer alten Buche spielen vier alte Schafsköpfe Schafkopf. Sie machen ein Geschrei wie die Großen Vier, als ginge es auch bei ihnen um Sprengköpfe. Dabei geht es doch nur um armselige Pfennige. Um Opferstock-Dollars. Der älteste der Spieler hat gerade ein Solo gewonnen und somit Kupfer genug für eine mittlere Grünspan-Vergiftung. Sein Gewinn veranlaßt ihn, aus dem Boxcalf-Hals ein völlig unpassendes Triumphlied auszustoßen: »In Hallstadt, in Hallstadt, da fand einst ein Ball statt.«

Bei den verblühten Fliederbüschen hockt ein Mann auf einem Patentsessel. Breitbeinig und mit bleichem, nacktem Oberkörper. Sein Bauch erinnert verblüffend an den Erdalfrosch, und er ist auch von der Sonne genau so rot. Lange starrt dieser Mann auf seinen Nabel, als wäre ein zehnkarätiger Brillant darin. Und auf

einmal wetzt ein richtiger Feldhase über die kleine Pampa. Und Urinstinkte werden wach. Mädchen, gewesene Jungfräulein, bürgerliche Herren und kreischende Frauen springen auf. Coca-Cola-Flaschen, Schuhe und Verwünschungen werden dem armen Meister Lampe nachgeschleudert. Auch der Rotfrosch springt auf und wirft seinen Patentstuhl hinter dem verspäteten Osterhäschen her. Obwohl er sicherlich gar kein Hasenfleisch mag. Doch der langohrige Partisane schlägt ein paar Haken, und dann sieht man nur noch sein weißes Schlußlicht wie eine Einladung auf Kirchweih durch die Büsche leuchten.
Hinter dem Maulwurfshügel gräbt indes ein Hund unter den anfeuernden Rufen seines kichernden Herrn »Such's Mausi« ein tiefes Loch. Bald ist nur mehr sein kleiner wedelnder Stutzel sichtbar. Ein zufriedener Pensionist, der auf einem Baumstumpf kauert, hat Schuhe und Strümpfe ausgezogen und rollt seine Ze-

hen im lauen Nachmittagslüftchen. Dann holt er seine große Eisenbahneruhr aus der Westentasche, öffnet sie hinten und repariert das Werk. Und zwar mit einem Zahnstocher und einem Grashalm. Obwohl diese Uhr ruhig einmal unter die Straßenbahn kommen dürfte, wird sie nach dieser Behandlung um einige Monate nachgehen.

Vierzehnmal hat der blinzelnde Hüne, der ein zufriedenes Nachmittagsschläfchen machen will, die fünf Buben, die mit einem Plastikfußball spielen, schon ersucht, sie möchten sich endlich trollen. Aber die kommenden Vertragsspieler geben ihm keine Audienz. Da erwischt er ihren Ball und befördert ihn mit einem gewaltigen Spitz weit in die Umgebung. Geht da nicht der winzigste von den fünf Knirpsen zu dem hingestreckten Bullen, stemmt die Arme in die Seite und sagt im gelassenen Texaston: »Den Boi mogst fei wieda hoin.« Worauf der Goliath dem Knirps eine schmiert. Doch dieser ergreift nicht etwa die Flucht, sondern fordert mit langsam anschwellender Backe energisch: »Hau nomoi her.« Der Riese tut's. Da sagt der Zwerg neuerdings: »Wennsd da traust, haust noamoi her.« Der Große lacht und schenkt ihm eine dritte ein. »So«, sagt darauf der Gnom, »jetzt host dreimoi herghaut.« Und dann geht er vollkommen gelassen und mit einseitigem Kopf und holt sich den Ball selber.

Unter dem Goldregenstrauch aber wirbt ein wirrhaariger Muselmann um eine mandeläugige orientalische Schönheit. Und er wirbt mit allen Mitteln um die Gunst der Auserwählten. Er ist eigentlich kein Muselmann, sondern eher ein Schmuselmann. Doch erst als sich die Dunkelheit niedersenkt, folgt sie ihm widerstrebend bis willig auf einen Seitenpfad. Wie sollte sie auch wissen, daß es in der zwölften Sure des Korans heißt: »Du sollst nicht willens sein, eine Pforte zu überschreiten, hinter der die Finsternis dich umgibt.«

Ruhiges Platzerl

So wie der gehetzte Ausflügler heute oft ergebnislos nach einem freien Platzerl im Grünen fahndet, so sucht auch der Großstadtwanderer häufig vergeblich nach einem stillen Fleckerl in seiner Zementlandschaft. Denn auf einer versteckten Bank im Park sitzt ganz bestimmt ein junger hoffnungsvoller Mann mit einem Transistorgerät und heißgespieltem Kurzwellenteil. Droben, hinter Thalkirchen, wo verschwiegene Wegerl durch den Isardschungel führen, pfeifen ihm heute die Golfbälle um die enttäuschten Schlappohren. Und auf jenen einsamen Pfaden beim Flaucher wird er von heulenden Mopeds gejagt. Nur eine einzige Oase der Beschaulichkeit wurde vorläufig noch nicht vom General Unruh eingenommen: der verwilderte alte Friedhof nämlich, in dem alle Wege enden und der hinter seinen roten Festungsmauern verschlafen vor sich hindöst. Dorthin flüchtet der Asphaltnomade an manchen Tagen, wenn das Pflaster unter der Bestrahlung des übereifrigen Planeten heiß wird wie eine frisch gebackene Pizza. Und die Luft in der Stadt flimmert wie ein uralter Stummfilm. Auf dieser Insel des Friedens hat man das schöne, tröstende Gefühl, im Notfall auch gleich aufgeräumt zu sein.

Da kommen mit grünem Gießkandl und kleinem eisernen Rechen die freudlosen Witwen und kratzen ein bißchen wie versprengte Hühner auf den schwarzen Hügeln herum. Und manche streicheln auch mit müden Fingern das Fleckchen Erde, das vielleicht schon bald ihr letztes dunkles Kanapee sein wird. Auch kleine scheue Gespräche führen sie wohl mit ihrem Seligen, der schon lange in der Rückenlage liegt. Vielleicht erzählen sie ihm den kleinen Tratsch vom Hinterhaus oder die verzagte Litanei von dem Leben einer Alleingebliebenen. Gern benützen auch die Hausfrauen die Abschneider durch den alten Gottesacker. Mit wiegendem Gang kommen sie vom Viktualienmarkt oder von der Großmarkthalle, bleiben stehen, seufzen ein bißchen und schaukeln dann wieder weiter. Manchmal hängt eine auch das Netz mit den buschigen Porree-Schwanzln gleich gar an die gußeisernen Zehen eines hingestreckten Feldherrn, der in voller Lebensgröße auf niedrigem Sockel schläft und über den berühmten Ausspruch sinniert: »Sic transit gloria ...« Auf wuchtigem Marmor steht da auch eingemeißelt, was er alles eroberte. Das tat er jedoch nur für sein Vaterland. Denn für ihn selber blieben, hochgerechnet, bloß drei Kubikmeter übrig.

Hinten in der Ecke, in der die Fürsten und die Wissenschaftler, die großen Brauereibesitzer und die Patrizier die Kartoffeln in stiller Demut von unten betrachten, ist es am allerruhigsten. Dort sitzen auf warmen Carrarasteinen, die von manchen Ruhestätten übrigbleiben, junge Mütter und wiegen ihre weißen und rosa Bündel mit leisem Singsang im Schatten der Erlen und Linden. Etwas abseits davon steht der Engel mit den grünen Augen, ein großer bronzener Schutzengel mit schweren Flügeln, der die Hand ausgestreckt hat und in seinen klammen Fingern noch das abgerissene Ärmchen eines Kindes hält. Sein Schützling wurde ihm von einem Bombentreffer weggerissen, und jetzt schaut er mit grünspantraurigen Augen ratlos vor sich hin und traut sich wahrscheinlich nicht mehr heim, weil er so schlecht aufgepaßt hat.

Ein riesiger Basaltblock liegt auf dem Grab eines sagenhaft reichen Fabrikanten. Und der Besucher muß sinnieren. Er denkt, daß die Angehörigen des Gestorbenen vielleicht in ihren letzten Grußworten sagten: »Möge ihm die Erde leicht werden.« Und dann wälzten sie den halben Wendelstein über seine stumm gewordene Brust. Wird sich da der Schlummernde am Tage der Auferstehung nicht etwas schwer tun, wenn er sich aus seinem steinernen Tresor wieder erheben soll?

Zwei alte Penner nehmen nun Platz auf einer kühlen Grabeinfassung und machen Brotzeit. Es sind zwei Tippelbrüder, wie sie der Högfeld so schön malte. Zuerst zieht der eine sein schartiges Taschenmesser an einem grauen Sandsteinsockel ab. Aber es schneidet noch immer nicht recht, so daß er sich für den weit stärkeren Granit entschließt. Dann schneiden die beiden einen linoleumfarbigen Preßsack und ein Brot, das vor lauter Altsein knarzt, in Streifen. Nach dem Essen holt der Ältere eine winzige Mundharmonika aus dem Sack. Und spielt leise. Der andere singt dazu mit kindischer Kopfstimme: »A bissal lebn, a bissal schterbn. A bissal gebn, a weng verderbn.«

Napoli am Neptunbrunnen

So ungefähr über den Daumen gepeilt mögen es wohl an die zweitausendeinhundertvierunddreißig Wirtschaftswunderlakaien, Pflasterpfleger, Zementmixer und Halbkreis-Ingenieure, wie die Straßenkehrer wegen ihrer Besenbewegung auch genannt werden, sein. Jene Konjunktur-Helfer nämlich, die man im Amtsdeutsch auch Gastarbeiter nennt und die sich an schönen Sonntagen und nach Feierabend um den Neptunbrunnen im Alten Botanischen Garten regelmäßig ein Stelldichein geben. Die meisten von ihnen sind wie treuherzige Kinder. Sie drehen verlegen ihre Akkordarbeiterdaumen, zeigen sich gegenseitig die verwackelten Gruppenaufnahmen der Familien und hocken zufrieden auf den fünf Dutzend gestanzten Stühlen, welche die Stadt München in einer Anwandlung von rückwärtiger Entwicklungshilfe kostenlos dort hinstellte.

Viele sitzen allerdings auch auf dem Rand des schönen Brunnens, der sie irgendwie anzuheimeln scheint. Weil doch der steinerne Neptun in der Mitte des Bassins eine riesige Fischgabel über der Schulter trägt und also eigentlich einer der Ihren ist. Freilich werfen sie deshalb nicht gleich Münzen in diese »Fontana di Treffi«. Dazu müssen sie sich das Kleingeld wohl viel zu hart verdienen. Aber dafür schmeißen immer wieder einige besonders gemütvolle Exilrömer gerne leere Colaflaschen, Spreizfußeinlagen, Lohnstreifen und Kippen, Kippen, Kippen in die wehrlosen Fluten. Einige hängen wohl auch ihre unteren Flossen in den kühlen Zwerg-See, der dadurch nicht gerade klarer wird.

Den Spaziergänger erinnert das ganze Stilleben immer wieder ein bißchen an jene anderen Zugvögel, die sich auf den einstigen Stachus-Kastanien versammelten, um dort ihre Reisepläne nach dem Süden zu beschwatzen. Und die aber deshalb ziemlich gefürchtet waren, weil sie ihren zwitschernden Disput meistens von den Zweigen und Leitungsdrähten herab mit willkürlichen Scharfschüssen auf die flüchtenden Passanten würzten. Nun, diese Nummer versuchen leider auch ein paar hinterhältige Azzurris immer wieder. Doch natürlich nicht von den Ästen herunter. Nein, hinter Rosen, Tulpen und Narzissen. Und das nicht nur am Montagmorgen. Dafür zeigen ein paar heimwehsüchtige Neapolitaner auch wieder eine versöhnliche Schau. Indem sie, Männerbrust an Männerbrust, einen sanften Wiegentango aufs Kiesparkett legen. Sie tanzen zu der schmeichelnden Melodie des nahen Parkcafés ohne Eintritt und Verzehr auf den schmalen Wegen.

Auf den grünen Bänken unter den schattigen Büschen treffen sich schon am frühen Nachmittag die schnellen Bräute mit den heißblütigen Casanovas. Diese haben meist einen kleinen Tenor in der Schachtel dabei, den sie so lange strapazieren, bis die Batterie völlig erschöpft ist. Sie selbst sind das fast immer erst gegen Mitternacht. Und es ist ein großes Geriß um diese Papagalli. Wobei manche Bewerberin, die so die Reise nach Rimini spart, oft auch nur einen Papa erwischt. Auf den zu Hause sieben Bambini und eine strammgenudelte Pasta-Mama warten. »Max nix, max nix.«

Brunnengeplätscher

Dem ehrwürdigen Sandstein-Heiligen, der den alten Brunnen mit dem kleinen Leitungswasser-Pazifik bewacht, haben ein paar Lausbuben zwei dicke rote Doppelkirschen über die Ohren gehängt. Aber trotz dieses Frevels lächelt er milde auf sein Volk hernieder. Er war ja selber einmal jung. Und außerdem haben die Stare aus der nahen Anlage bereits beschlossen, ihm die saftigen Ohrklips wieder wegzupicken. Sie wollen nur noch warten bis zur blauen Stunde, wo alles ein bißchen schläfrig wird. Sogar der harte Schutzpatron selber auch.

Schon um neun Uhr früh sind die Bänke und Stufen rund um das städtische Plätscherwerk so gut besetzt wie die hinteren Reihen eines Theaters. Als hätte jemand »Abonnement grün« aufgerufen. Seufzende Hausfrauen kommen vom Einkaufen und stellen ihre dicken Taschen ein bißchen vor sich aufs aufgewärmte Pflaster, um schnell noch ein Auge voll Sonne mit in ihre Wohnküchen zu nehmen. Rentner mit Rucksäcken, die sie aus rätselhaften Gründen »für alle Fälle« dabei haben, trippeln langsam daher. Kindermädchen schieben hochnäsige Ehestandslimousinen zum Brunnen. Ein paar Handwerker, das Papier mit dem Aufschnitt auf den Knien und das grüne Flascherl mit dem sanften Feuerwasser der Schloßbrauerei daneben, ruhen sich aus, und ein uralter Oberst, der mit der Spitze seines Spazierstockes noch einmal den Angriffskeil der Russen bei Tannenberg in den geduldigen Kies kritzelt, wird mit gütigem Lächeln begrüßt.

Mittags sind dann Parkett und Sperrsitz völlig ausverkauft. Ein Hund kommt dahergelaufen, dem die Zunge heraushängt wie einem alten Bergstiefel, und er schlappert das herrliche Naß. Alles schaut ihm blinzelnd zu, doch ein alter Witzbold kichert: »Der Dackel liest wohl kein deutsches Liederbuch, da heißt's doch ganz anders, nämlich: ›Jetz gang i ans Brünnele, trink aber net.‹«

Die zwei Friseusen, die auf der untersten Stufe sitzen, haben ihre engen Röcke etwas gerafft, so daß ein genauer Beobachter direkt sehen kann, daß die linke Schönheit statt des Knopfes an ihrem Straps aushilfsweise ein Fünferl eingeklemmt hat, damit der Strumpf festhält. Der alte Hagestolz, der vorüberstelzt, schüttelt lange den Kopf und murmelt: »Höher geht's nimmer.« Man weiß aber nicht recht, hat er nun die Unmoral gemeint oder die Röcke.

Langsam humpelt ein Mädchen mit einem Gipsbein daher und füllt die letzte Lücke auf der langen Sitzbank aus, weil alle etwas nachrücken. Aber was steht da doch alles auf der weißen Hülse mit verblaßtem Lippenstift und Tintenkuli geschrieben: »Manche lernt's nie«, kann man entziffern. Und »Hinfallen ist keine Sünde, aber liegen bleiben«. Unterschrift »Heinz«, »Otto«, und »Joschi«.

Drüben auf dem Stein an der Hecke ist einer eingeschlafen. Doch jedesmal, wenn sein Kopf nur mehr drei Millimeter weit von dem niederen Eisengitter entfernt ist, reißt er ihn wieder hoch. Der muß direkt einen Präzisions-Schutzengel dabei haben. Auf dem Becken sitzen zwei Möbeltransporteure und machen Brotzeit. Ein langes blasses Rautendelein, das vorher zwei grüne Abmagerungspillen inhaliert hat, schluckt bei jedem Bissen mit, so daß ihr zarter Adamsapfel in dem dünnen Hals gar nicht mehr zur Ruhe kommt.

Ganz am äußersten Rand der kleinen grünen Insel aber sitzt der Knabe an der Quelle. Er hat die Braut des Jahres im Arm, und die zwei sehen sich an wie Jorinde und Joringel. Und sie flüstern sich zärtliche Dinge in die minderjährigen Ohren. Ein Mensch mit Phantasie könnte meinen, daß sie jetzt zu ihm sagt: »Meine Liebe zu dir ist so zart, daß sie auf Strümpfen geht.« Und daß der entwicklungsfähige Casanova darauf erwidert: »Ich habe dich ganz fest in mein Herz eingeschlossen. Und den Schlüssel verschluckt.«

Auf dem Monte Misere

Manche von den jungen Bergvagabunden wissen es oft gar nicht mehr. Daß beispielsweise der Gipfel der Bierseligkeit, der Nockherberg, gar nichts anderes ist als das ehemalige rechte Isarufer. Daß der kleine Buckel im Maßkrugparadies des Augustinerkellers einst der Münchner Hinrichtungsplatz war. Oder daß der Monopteros-Hügel im Englischen Garten keineswegs eine natürliche Bodenerhebung darstellt, sondern daß er lediglich aus dem Aushub des künstlichen Kleinhesseloher Sees entstand. Und daß sie selbst bei der Erklimmung des »Monte Misere«, wie der grüne Hügel in Schwabings Norden von den Alten noch manchmal genannt wird, mitnichten über Granit, Nagelfluh oder anderen Fels wandern. Sondern über die zerborstenen Einfamilienhäuser, die zertrümmerten Mietskasernen und die zermahlenen Schlafzimmer ihrer Eltern und Ahndl steigen. Der Schwabinger Schuttberg, der heute längst als Ausflugsort und Verdauungshimalaja beliebt ist, ist genaugenommen nur ein riesiger Haufen Unglück, von hunderttausend Lastwagenfuhren aufgeschüttet. Doch wie halt über jede Sache Gras wächst, so deckt der grüne Rasen auch längst schon wieder den totalen Konkurs von Deutschlands größter Schwindelfirma zu. Ahorn- und Birkenbäumchen wachsen aus den zerfransten Wohnzimmer-Büfetts und Küchenkästen hervor. Bald haben ihre Stämmchen wieder Furnierdicke erreicht, und »neues Sperrholz wächst aus den Ruinen«.

Wie auf einer Kinderzeichnung oder auf der Leinwand eines Sonntagsmalers, so heben sich die verschwommenen Seilschaften der behaglich kletternden Familien vom blauen Föhnhimmel ab. Die ganz gescheiten Abc-Schützen, die meistens voran marschieren, haben es längst genau errechnet, daß der Schuttberg viertausendzweihundertneunundneunzig Schritte hoch ist. Obwohl sie doch in der Schule erst bei der Zahl acht angekommen sind. Liebespärchen spazieren manchmal mit suchenden Blicken gipfelaufwärts. Doch fahnden sie am grünen Wegrain natürlich nicht nach Almenrausch und Edelweiß, sondern höchstens nach einem vierblättrigen Kleeblatt. Um es nachher in einem Buch zu pressen und zu vergessen. Und die fleißig mitwedelnden Dackel und Wadlbeißer legen schnüffelnd ihren Leistungsschein für verhinderte Lawinenhunde ab.

In harmlosen Spitaler-Serpentinen geht es bergauf, und der Wandersmann kann einen zufriedenen Blick auf die gebückten Männer in der Gärtnerei da drunten tun. Wie die sich immer von Zeit zu Zeit aufrichten und geradebiegen. Wohl damit sie abends in ihre hölzernen Traumkoffer passen. Manchmal hört man direkt ihre Wirbelsäule knarzen. Auch auf dem Tennisplatz neben dem großen Krankenhaus gibt es eine kleine Wegzehrung für die Augen. Mädchen mit Beinen so lang wie die Reise nach Tilsit flitzen hinter der haarigen Gummikugel her. Und zwei alte Eheleute schutzen sich gegenseitig erbittert den weißen Kartoffelknödel zu, als wollten sie zueinander sagen: »Do, friß'n doch du!« Rechts vom Oberwiesenfeld riecht es ein bißerl nach Koppelschlössern und Gewehrläufen. Und manchmal marschiert auch eine Abteilung uniformierter Bürger am Horizont auf. Die Soldaten machen den Mund ganz regelmäßig auf und zu. Aber kein Ton ist zu hören. Vielleicht üben sie gerade das Lied vom stummen Fisch. Aha, und da sind sie ja auch alle. Die Zeigefinger der Gottesfurcht. Der schlanke Turm des Alten Peter, die gemütlichen Maßkrugsäulen der Frauenkirche und die zwei spitzen Wolkenkitzler von St. Ludwig. Und im Hintergrund steht das nadeldünne Olympia-Mahnmal wie ein gigantischer Blitzableiter, der sich anschickt, das Unwetter der drohenden finanziellen Katastrophe abzuleiten.

Dann schwebt gleich gar ein Segelflugzeug über die Kuppe. Lautlos und lauernd wie der sagenhafte Vogel Roch. Dem Kinde, das staunend aus der ehelichen Kommune-Kutsche in den Himmel schaut, singt die junge Mutter dazu ganz leise vor: »Der Geier kreist über die Berge, die Möwe zieht stolz einher.« Der Kurzhaar-Bastard »Fünferl« aber bellt furchtlos und aus sicherer Entfernung den seltsamen Geisteradler an und läßt sich nur ganz schwer davon abhalten, nicht wenigstens den Schatten, den der Flieger auf das Bergwieserl wirft, heftig in die Tragflächen zu beißen.

Ein leiser tätschelnder Wind weht um das schlichte Kreuz herum, streichelt beruhigend über ein paar zufriedene Glatzköpfe, tändelt ein bißchen mit dem Rocksaum der Mädchen, bis er merkt, daß es bei dieser Kürze nichts mehr zu heben gibt, und treibt dann ein silbernes Kaaspapierl vor sich her. Doch dann riecht es ihm wohl zu schlecht, und er läßt es wieder liegen.

Weit hinten im Süden aber grüßen im matten Graublau die großen, gewaltigen Brüder des Mini-Matterhorns herüber. So als wollte der liebe Gott den schweigsamen Betrachtern in stummer Mahnung zu verstehen geben: »Schauts as euch nur genau an, das Karwendelmassiv und die Zugspitze. So macht man nämlich richtige Berge. Und nicht mit Bomben und Granaten.«

Trauriger Samstag

Draußen vor dem Zementdschungel der Stadt stehen die vierzehnstöckigen Wohnmaschinen wie nachgemachte Dolomiten. Nur, daß diese Zinnen viel schäbiger, hohler und vergänglicher sind als ihre gewachsenen Verwandten. Im Appartement 1043 in einem dieser Silos wohnt die Privatsekretärin Karin Stolzenfels von Montag bis Freitag. Samstag und Sonntag aber *lebt* sie auch noch drinnen. Denn das bereits etwas verblühte Mädchen Karin erträgt das Dasein gewissenhaft gegen einen recht beachtlichen Betrag fünf Tage in der Woche zwischen den vier Wänden eines nüchternen Vorzimmers. Worauf Karin dann den Lohn ihres Bienenfleißes auf 42 Quadratmetern Grundfläche am Wochenende genüßlich auskosten darf.

Und das sieht etwa so aus: Sorgfältig hat sie wieder einmal die Fingernägel gefeilt und auch die anderen zehn Brüder im Tiefparterre leuchtend rot bepinselt. Wie die Druckknöpfe eines Feuermelders. Dann werden die Brauen gezupft und zwei ebenso winzige wie beharrliche Mitesser an den bleichen Nüstern ausgedrückt. Das Badewasser ist schon eingelaufen, und Fräulein Stolzenfels steigt nicht ganz ohne eine kleine Wollust in die Schaumwolken, mit denen sie nachher ganz spielerisch ihre Anatomie hier etwas aufbessert und dort etwas verdeckt. Im guten alten Frotteemantel, in dessen Taschen sie noch einen Fingernagel voll Sand von San Remo aufspürt, sitzt sie schließlich auf der Couch, auf der sie manchmal viel lieber liegen würde, und kürzt zum drittenmal den Rock ihres geduldigen Tweed-Kostüms. Nachdem sie etwas später die Haare eingerollt hat, was ihr ein Aussehen verleiht, als wäre ihr braver Kopf mit Rindsrouladen garniert, holt sie die Zeitung und schlägt die Rubrik »Suche nach dem Glück« auf. Einhundertsechsundachtzig einsame Herzen zählt sie diesmal. Und nickt manchem vertrauten Text wie einem alten Bekannten zu. Einmal hat es die Karin natürlich auch schon selber probiert. Und sie stand dann mit einer Margerite im

Knopfloch bei der bekannten Uhr des Versatzes. Der bestellte Freizeitgestalter war auch tatsächlich da, aber ach, kein Sieger trat da auf sie zu. Sondern ein Kümmerling, der nach dem gemeinsamen Kaffeetrinken die Zehnerl für ihren Zwetschgendatschi aus allen drei Fächern seines Geldbeutels zusammensuchte. Mit einem säuerlichen Grapefruit-Lächeln gingen sie wieder auseinander. Und er schaute nicht einmal mehr um, als sie aus Verlegenheit auch noch in die falsche Trambahn einstieg.

Der kleine Seufzer der kleinen Karin deckte sich haargenau mit dem Quietschen des Schiebefensters, das sie jetzt öffnete, um ein bißchen auf die Autoschlange hinunterzublinzeln. Sicher wäre da in manchem Wagen bei einem passenden Herrn noch ein verwaister Vordersitz frei. Man müßte natürlich schon einen Galan erwischen, der sie nicht gleich bei Kilometer fünfundzwanzig bereits auf den Hintersitz bitten würde. Denn ein bis zwei Kinobesuche, einmal Abendessen und etwa vierzehn Tage Karenzzeit möchten da bei einer Chefsekretärin mit tadellosem Leumund und nur einem einzigen Aufenthalt in der Frauenklinik schon drin sein. »Mein Gott«, denkt sie bei diesen Überlegungen immer wieder, »das ganze Problem heißt doch eigentlich nur ›gewußt wo‹. Ach, ist es denn nicht immer nur das alte Lied von den zwei Königskindern, die nicht zusammenkommen können?«

Ob sie es wohl einmal mit dieser neuzeitlichen Computermaschine versuchen sollte? Die doch garantiert auf Anhieb den richtigen Partner errechnen kann, und dann braucht man nur noch die Pärchen zusammenlegen wie ein doppeltes Butterbrot. Fräulein Stolzenfels würde da unter Umständen sogar die untere Scheibe machen. Ach ja.

Und dann überkommt sie wie immer dieselbe Schwermut. Und als sie den Kopf wieder einzieht und das Fenster herabläßt, denkt sie, so ein Schiebefenster ist doch fast wie eine Guillotine. Sie trennt die Wirklichkeit brutal von allen Träumen. Und vielleicht war das gar nicht so schlimm, was mit der schönen Maria Stuart und der unglücklichen Marie Antoinette einst geschah. Warten muß man ja sowieso darauf.

Nun weiß die Karin, daß es längst Zeit ist für einen kräftigen Schluck Wermut. Und dann nimmt sie auch noch ein Auge voll Life aus zweiter Hand vom Kanal drei aus dem Glotzophon. Ganz mechanisch legt sie schließlich die nagelneue Spitzenkombination im sündigen Lila auf die Schlafcouch. Gleichzeitig aber auch das lange, warme Flanellnachthemd. Den Mitternachtstalar der Verzagten und Verschmähten. Auch ein bißchen Madame Rochas wird in den stillen Raum gesprüht. Das hatte doch der Richard so gerne, der vor Jahren fast zwei Wochen lang bei ihr einstand. Bis sie dann das Bild von seiner Frau in seinem Trambahnausweis entdeckte. Nun kommt leider samstags nicht einmal so ein Richard mehr, muß sie denken. Sondern nur noch die Resignation.

Mit einem Seufzerchen huscht die unentbehrliche Sekretärin Karin Stolzenfels nun unter die Steppdecke. Und sie nimmt den treuesten aller Wochenendtröster mit zu sich ins Bett. Den stummen, weißen Frieden aus dem Röhrchen. Zwei Schlaftabletten. Und im Hinüberwaten in das gute Dunkel denkt sie noch ganz verwischt und schwach: Der nächste Montag kommt bestimmt. Und Gott sei Dank.

Nun hängen sie wieder

Der riesige Lindenholz-Christus im Vorraum des Münchner Kunstbahnhofes breitet resigniert seine astfreien Arme aus, als wollte er sagen: »Herr, vergib ihnen, denn sie wußten nicht, was sie taten.« Nämlich die fünfhundert Gips-Konditoren, Bronze-Ingenieure und Pinselschwinger, die ihre Knetwaren und die viereckigen Ölkuchen wieder zur großen Debatte stellen.

Freilich könnte der simple Besucher sagen, er wüßte von der ganzen Malerei vielleicht nur, daß gelb und blau grün ergibt. Aber nachdem er drei Stunden durch diese »Ich weiß nicht, was soll es bedeuten«-Galerie gewandelt war, haben seine an sich recht strapazierfähigen Augen halt leider einen Wadlkrampf. Und vom Kopfschütteln ist ihm das Gewinde am Hals so locker geworden, daß er befürchten muß, seine Osram-Birne zu verlieren. Und er kann abschließend nur noch halbwegs zitieren: »O Maler, dein Bild – das unbekannte Wesen.«

Nun, in der Abteilung Rost, Rätsel und Patina fällt eine Komposition ganz besonders auf, die der Laie für ein Pferd halten möchte, das einen seiner Reiter abgeworfen hat. Und mit was? »Mit Recht«, würde der Betrachter sagen. Denn den gestürzten Buntmetall-Hunnen hätte wohl auch die pflastermüdeste Schnallendame abgeschüttelt. »Kleiner Meteor« heißt das Produkt nebenan, das wie eine Zangengeburt aus Lavateig anmutet. Der rätselhafte Batzen schaut auch fast ein bißchen aus wie ein ausgespuckter Pfriem vom Kriegsplaneten Mars. Während sich eine Bleistudie ohne Augen, ohne Ohren, ohne Nase und Lippen schlicht als »Kopf« bezeichnet. Vermutlich ist es ein Selbstbildnis seines unglücklichen Erschaffers. Und die »Liegende Kuh«, die anscheinend von einem überschweren Stier so entsetzlich niedergedrückt wurde, daß sie nur noch zum Kilopreis verkäuflich sein wird, ist das Eintrittsgeld leicht allein schon wert.

Bei den Malern darf man natürlich den Saal mit den Sau- und Innereien nicht übersehen. Hier hat auch ein Berliner Amateur-

Schlächter ein ungemein geschmackvolles Problem angeschnitten. Das heißt eigentlich aufgeschnitten. Denn vor der Silhouette des Petersdomes hängt direkt vom Himmel hernieder eine notgeschlachtete Römerin, der die ganzen Innereien über ihr Gesicht baumeln, wie anderen, glücklicheren Signorinas die Hutbänder. Angeblich ist dies das letzte Produkt des erst einunddreißigjährigen Zerfleischers. Der Betrachter vermutet, daß er den Rest seines Künstlerlebens wahrscheinlich auf der Couch eines Psychotherapeuten verbringen wird. Ferner wäre als recht appetitanregend auch noch ein »Schleuderbusen auf der Wanderschaft« zu empfehlen. Sowie eine »Weibliche Figur«, bei deren Anblick sicher auch der ausgehungertste Knastbruder die Hosenträger fester binden würde. Dagegen ist der Kolossal-Akt »Terpsichore« anzusehen wie der Sexualproviant für ein Atom-U-Boot, das vier Jahre unter Wasser bleiben will.
Es folgt die Nummer achthundertsechsundsechzig. Eine Arbeit von denkbar dunklem Sinn. Sie nennt sich einfach »Schichten«. Und der naive Beschauer meint, es sollte dann doch wenigstens »Nachtschichten« heißen. Ein anderer Pfiffikus hatte lediglich ein graues Stück Hinterhausverputz ausgestellt. Wohl eine Arbeit von Professor Mauerschwamm. Und der Monumental-Schinken »Klammer« zeigt einen Eisenbügel, der zwei Dinger zusammenhält. Die man für alles mögliche halten kann. Nur nicht für die Große Koalition. Was dem kritischen Besucher noch besonders auffällt, sind diesmal die Namen, welche die ratlosen Väter ihren Kindern der Muse gegeben haben. Denn sie heißen in überschäumender Phantasie: »Bild«, »Form«, »Guß«, »Nummer« oder auch noch einfacher »Ding«.
Nun, der Ausstellungsbummler muß trotzdem zugeben, daß ihm ein paar von den hängenden Leinwandparzellen in gewisser Hinsicht gut gefallen haben. So die »Frau mit roter Katze«. Diese hätte er gern einmal gestreichelt. Beide natürlich. Und ein herrliches Stilleben in dieser Ölfarbenwüste, auf dem unter einem blühenden Rosenstrauß eine große Weintraube liegt. Die ist so saftig und echt, daß sich der Ordnungsmann beim Vorübergehen jedes-

mal eine Perle abzupft. Da wird wohl der Teller bald leer sein. Lange steht der Gast zum Abschluß noch vor dem unheimlichsten Konterfei der ganzen vierzehn Säle namens »Luzifer«. Die Vision eines amerikanischen Malers. Sie ist tatsächlich böser als ein Bazillenkrieg. Und der Besucher tastet unwillkürlich nach seinem Rosenkranz. Den er aber leider wieder einmal vergessen hat.

Sonst aber kann er als Gesamtbilanz nach dem Besuch der Mammutschau im Münchner Talent-Mausoleum nur sagen: Das Beste daran sind immer noch die zwei Ausgangstüren.

Immer, wenn die Mauern fallen

Das alte graue Haus draußen in der Vorstadt hat wohl gemeint, es könnte ewig so stehen bleiben. Wie der Watzmann vielleicht oder die Zugspitze. Nur weil es den Bomben widerstanden hat. Von wegen.

Eines Tages nämlich kommen zwei Männer. Sie haben drei Drehbleistifte oben in ihren Sakkotaschen stecken und stellen einen Dreifuß auf mit einer Art gläsernem Maschinengewehr darauf. Dann nimmt der eine Mann eine rotweißgestrichene Stange, steckt sie in den Boden, und sein Kollege zielt lange danach mit der optischen Waffe. Etwas später kommt dann noch ein dritter Mann. Er hat einen runden, eingedrückten Hut auf dem Kopf und gleich vier Kugelschreiber in der Sakkotasche. Auch er schaut durch das drohende Rohr, sagt dann plötzlich laut und militärisch »guddd«, und damit ist das Todesurteil für das alte Haus gesprochen.

Bald beginnen seine Bewohner auszuziehen. Und obwohl sie die alte Zinsburg viele Jahrzehnte lang gewissenhaft vor Regen, Blitzstrahl und Gerichtsvollziehern geschützt hat und das geflickte Ziegeldach über sie ausbreitete wie eine Bruthenne ihre Flügel, sagt nicht ein einziger der Scheidenden »danke schön« dafür. Nein, der größenwahnsinnige Waschmaschinen-Vertreter vom ersten Stock schimpft das alte Haus sogar eine »oide Bruchbude«, als er geht. Er hat wohl völlig vergessen, daß er einmal sieben Monate lang die Miete schuldig war. Auch die Hausmeisterin bedankt sich in keiner Weise, obwohl es doch ohne Haus auch keine Meisterin gegeben hätte. Und nicht einmal dem Dachs-Bastard Zampano, der frech und ungeniert ein Abschiedsstenogramm an die Hausecke hinnässelt, schmeißt sie den langen Besen nach, was sie früher immer tat. Da kann es auch niemanden wundern, daß der gekränkte Wirsing-Silo jedesmal, wenn einer der undankbaren Mieter geht, mit der Eingangstür verächtlich knarzt: »Die Ratten verlassen das sinkende Schiff.«

Und dann naht der Tag, an dem der Bagger kommt. Mit gläsernen, wehrlosen Augen starrt ihm das Haus entgegen. Wie das Kaninchen die Schlange anbangt. Und der eiserne Nimmersatt macht auch gleich den ersten Probebiß. Das kleine Erkerchen mit dem verwaschenen unförmigen Sandstein-Heiligen schnappt er von der Fassade weg und spuckt es dann großkotzig auf den wartenden Lastwagen. Wie einen Zwetschgenkern. Dem Haus bricht jetzt der kalte Schweißmörtel aus. Als dann drei Mann ein dickes Drahtseil um das Obergeschoß winden und »fertig« melden, da zieht der langhalsige Scharfrichter die Schlinge zu. In dem Krachen, Poltern und Stürzen quillt überall roter Ziegelstaub aus den Trümmern hoch. Das Blut von geschlachteten Häusern. So aber, wie auch beim Menschen in der allerletzten Sekunde noch einmal blitzschnell der Film seines Lebens abrollt, so ist das auch, wenn die Mauern fallen, bei alten Häusern.
Verwegen wie der Gamsbart auf dem Hute eines Wildschützen schwankte vor vierundsiebzig Jahren bei der Hebefeier ein geschmückter Tannenbaum auf der hölzernen Dachhaube des Miethauses. Dreihundertachtundzwanzig Maß Freibier flossen damals. Aber auch ein paar Tränen. Weil die Mörtelrührer-Zenzi ihren geliebten Zementsack-Toni mit der Kellnerin Nina direkt im Hausgang erwischt hatte, als er dem strammen Biermöpserl gegen einen kleinen Vorschuß pfeilgrad die Ehe versprach. Zweiundsechzig Jungmieter hatten in dieser Zeit in den viereckigen Steinwaben den Leimfarben-Himmel der Schlafzimmer erblickt. Und achtundsiebzig Inwohner machten die Augen für immer zu. Der älteste von ihnen war der Säufer Ägid Faltenreich gewesen. Genau neunzig Jahre wurde er alt. Und seine größte Abschiedsfreude war es, daß er an einem Diesel-Kipper starb, der ihn rasch hinwegputzte von dieser Welt, und nicht an der Leber, was ihm das ganze Haus sehnlichst gewünscht hätte. Und die Frau Glaubauf bekam doch tatsächlich mit vierundfünfzig Jahren noch Drillinge. Und als Dreingabe auch noch Venenentzündung. Schade übrigens um das schöne Linoleum in ihrem Wohnungsgang, für das sie zwanzig Jahre Trittgarantie hatte. Und jetzt lag es mit vie-

len Knickbrüchen wie ein viel zu trockener Pfannenkuchen unter dem Schutt. Ihre Schwiegertochter hatte sich übrigens das Speisekammerl in einen Duschraum umbauen lassen und lief dann aus Angabe monatelang nur mehr im Bademantel herum. Ach ja, und nun waren sie plötzlich alle auseinandergegangen wie die gespreizten Finger einer Hand. Gern hätte übrigens das sterbende Haus seinem verhaßten Mieter, dem Büroboten Holzwadl, zum Abschied noch einen Türstock ins Kreuz geschleudert. Denn der war mindestens viermal im Monat bei der Hausverwaltung und beschwerte sich über die matte Treppenbeleuchtung, die tröpfelnden Brunnenhähne, die rostigen Balkongeländer oder den undichten Waschhauskessel. Und jetzt hatte er auch noch stumm und dumm zugeschaut, wie seine steinerne, mürbgewohnte Herbergsmutter in die Knie gebrochen war. Pfui Teufel.

Und genau dieser ekelhafte tückische Mieter Holzwadl war sich nachher ein paarmal über die feuchte Nase gefahren. Und hatte einen winzigen Ziegelbrocken seiner toten Vorstadt-Heimat heimlich in die Tasche gesteckt. Zur Erinnerung.

Die letzten Kellnerinnen

»Jetzt wird's boid so weit sei«, sagen die paar noch verbliebenen alten Münchner Großwirte. Und sie meinen damit, daß die letzten Kellnerinnen den Maßkrughenkel für immer auslassen werden. Denn Nachwuchs für diese Dreiquartel-Mutterschiffe gibt es schon längst keinen mehr. Und die paar Biermöpserl, die sich schließlich doch noch immer melden, haben bald genug von dem »Vorsicht Soß« und dem Wassergepritschl beim Ausspülen der Krüge. Auch schmeichelt es ihnen keineswegs, wenn nach dem Dienst der wartende Jungfreund in ihren toupierten Haaren schnuppert und dann auf Anhieb weiß, welches Tagesmenü es gegeben hat.

Deshalb sind, neben den Straßenbahnschienenritzenreinigungsdamen, den Dienstmännern mit den Messingschildern an den roten Mützen, den Nußweiberln und den weiß gewickelten Toilettenfrauen auch die braven Schaumwalküren nun mit dem Aussterben an der Reihe. Dabei ist die Münchner Kellnerin aus der Biergemütlichkeit doch genausowenig wegzudenken wie der Henkel vom Maßkrug. Und ein halbes Jahrtausend lang waren sie sogar oft auf den Bildern berühmter Meister zusammen mit Herzögen, Königen, frischen Jagersbuam und hochwürdigen Herren zu sehen.

Meistens hat die Kellnerin schon im zarten Alter von vierzehn Jahren und einem Nettogewicht von guten hundert Pfund als wackeres Wassermadl ihre Laufbahn begonnen. Eine Laufbahn, die sie dann in fünfzig Jahren etwa dreimal um die Erde führte, obwohl sie selber nur ganz selten, nämlich bei einem Volksfest oder als Aushilfe beim Leonhardiritt, über München hinauskam. Anfänglich war sie das »Annerl«. Später dann, wenn sie strammer und rescher wurde, hieß man sie schäkernd das »Annamirl«, und wenn ihr Haar dann weiß wurde wie der Schaum einer frisch eingeschenkten Maß, beförderten sie ihre Gäste feierlich zur »Anna«. Wobei freilich auch manche Kostgänger aus dem norddeutschen Flachland »Frau Gasthof«, »Werte Hebe« oder gleich gar nur »Hesieda« zur ihr sagten. Aber auf diesem Auge hörte dann die Anna immer sehr schlecht.

Eine richtige Münchner Kellnerin hat nicht nur weiche Stiefel, sondern fast immer auch ein solches Herz. Vielleicht bleibt sie deshalb auch vielfach ledig. Denn schon als blutjunge Handlangerin hat sie einen lieben Freund, der sie ein bißchen schüttelt. Und es fallen ihr dann meistens auch mühelos die paar Trinkgelder aus der traditionellen Geldtasche, die sowieso nur ganz leicht verschlossen ist. Später vertraut sie mit Gewißheit irgendeinem scheuen Studiosus, der halt gar so arm dran ist, daß sie sich das genossene Schweinsbratl einfach nicht zahlen lassen kann. Und so füttert dann eine Minna oder Thea gut und gern in ihrem Zubringerdasein drei bis vier Studenten bis zum Doktor durch, um dann schnell mitsamt den lauten Versprechungen eines späteren Lebensbundes vergessen zu werden.

Einen schwarzen Bischof aus Uganda hat die Anna wohl auch einmal bedienen dürfen und die Dingsda, die Filmschauspielerin Henny Porten, von der heute fast niemand mehr was weiß. Ferner kamen auch indische Damen mit schwarzen Konfettiplättchen auf der Stirne, vielleicht auch der Löwenmensch vom Oktoberfest, dessen Lieblingsspeise ausgerechnet Salzburger Nockerl waren, die ein echter Leu doch niemals fressen würde. Und in den braunen Jahren hätte sie einmal beinahe »ihm selber« servieren müssen. Aber ein blondgelockter Parteikellner nahm ihr die bestellte Limonade aus der Hand und gab ihr mit abgewandtem Blick im allerhöchsten Auftrag eine Mark Trinkgeld.

Im Alter ist dann für die Münchner Kellnerin fast immer irgendein Kusinchen oder Nichterl da, für welches die gute ehrliche Fischhaut ihren kleinen Geldregen sammelt und auf »d'Sparkaß« tut. Da bleiben so einem Brotzeitdampfer am Ende seiner Tage eben meistens nicht viel mehr als ein paar ausgelatschte Ringkämpferstiefel, zwei zerquälte Spreizfüße, eine Hand voll falscher Geldstücke und die Erinnerung, die jedoch genau so grau geworden ist wie sie selber.

Glück im Krug

Wieder einmal pilgert der Spaziergänger hinauf zum Nockherberg. Und wie er's erlernt von seinen Vätern, geht er natürlich zu Fuß, überquert den freundlich glucksenden Canale Grande, den Auer Mühlbach, und schnauft dann die sechsundsiebzig Staffeln hinauf, unter denen einst der »Kuckuck« hauste. Nämlich jener Unglücksvogel, der als Zeichen eines angreifenden Luftgeschwaders seinen tödlichen Lockruf durch das Radio erschallen ließ. Und der vom idiotensicheren Bunker des Herrn Gauleiters aus, der sein Rattenloch ausgerechnet in den Monte Salvatore gegraben hatte, betätigt wurde.

Oben bleibt der Spaziergänger ein bisserl stehen und blinzelt zurück auf seine sportliche Leistung und auf die alten, schiefen Vorstadtherbergen der Au. Dann geht er, mit nichts als einer glücklichen Vorfreude im Bauch, die letzten hundert Schritte auf die Pforte des geliebten Starkbier-Wigwams zu. Beim Steckerlfischbrater, zu dem ein Bierseliger gerade sagt: »Sie, von Eahna gibt's fei a Liad, kenna S' des net? ›Im Brater blühn wieda die Bäume‹ hoaßt's«, nimmt der Bergsteiger eine Nase voll würzigen Geruchs mit und kauft sich bei der alten Radifrau seine erste weiße Brotzeit-Kartoffel. Denn nach althergebrachtem Rat ist ein frisch geschnittener Rettich mit mindestens achtundzwanzig Blättern das einzige Buch, in dem man im Frühling lesen soll. Freilich, sündteuer sind sie ja schon noch, die zarten Rülps-Rüben. Aber die Verkäuferin meint, die Starfighter und die Schützenpanzerwagen sind noch viel teurer. Und nicht so gesund. Am Lattenbüfett gibt es dann noch ein warmes »Beamtenripperl«, wie der Leberkäs hierzulande auch heißt. Und als Vorspeise einen Bismarckhering. Wobei der Gast sinniert, ob es wohl später auch einmal »Strauß-Sprotten« geben wird.

Auf der Suche nach einem schönen Platzerl mit Rückendeckung begegnet er einem großen Ärgernis. Nämlich einer Ansichtskartenverkäuferin mit zahlreichen Porträts von Münchner Bierdimpfln. Die abgebildeten Seppln schauen natürlich wieder einmal alle aus wie der Übergang vom Neandertaler zum Schwachsinnigen oder wie jene erstaunt blickenden Robben, die man in der Beringsee mit schweren Knüppeln erschlägt. Dabei ist ein Bierdimpfl mindestens genauso friedlich wie diese harmlosen Pelzmantellieferanten. Weil nämlich die köstliche Suppe vom Faß bekanntlich wesentlich gemütlicher macht als das völlig harmlose LSD. Bei dem es höchstens zu einer anschließenden Hollywood-Hausschlachtung kommen kann.

Durch das hohe Fenster, an dem er Platz nimmt, kann der Besucher auch den Riesenmaßkrug bewundern, den kolossalen Säufer-Ballon, der an die hundert Meter über dem Münchner Bier-Himalaja schwebt. Und auf einem Bierfilzl rechnet er umständlich aus, daß ein Mensch, wenn er, ohne abzusetzen, so einen Mammuthumpen voll Bier austrinken müßte, dazu etwa achtunddreißig Jahre brauchen würde. Immer wieder tätschelt dazwischen der Durstige die kühle glatte Hüfte seiner alten Liebe, des hohlen Steines.

Und als er die erste Maß ausgeschleckt hat, kommt eine große selige Gelassenheit über ihn. Und er läßt sie im Geiste gemächlich aufmarschieren, »die ihn alle miteinander können«. Wenn sie wollen. Dann horcht er lange, schmunzelnd und manchmal auch kichernd wie ein alter Narr, der ein Aluminiumfuchzgerl in seiner Lodenjoppe gefunden hat, in das Gebrabbel, Geschwafel und Geschwätz rund um ihn hinein. Immer wieder muß er dabei feststellen, daß das Bier unmöglich dumm machen kann, denn einige von den Aussprüchen, die er da auffängt, könnten in ihrer Weisheit direkt vom Laotse sein. Der Mann neben ihm, zum Beispiel, der zuerst seinem Gegenüber saftig auf den Fuß getreten ist und ihn dann auch noch aus Versehen mit einer umgestoßenen frischen Maß einweicht wie ein Knödelbrot, sagt zu seiner Rechtfertigung nur: »Entschuldign S' schon, Herr Nachbar, zwegen meiner Ungeschicklichkeit. Wissn S', wo i bin, is nix. Und überoi ko i net sei.« Oder wie ein Spezl seinem Freund, der ihn dauernd quält, »geh, laß mi wieda raus«, den guten Rat gibt:

»Woaßt wos, bleib liaba glei im Häusl draußn, und komm nur zum Dringa rei.« Ferner die blonde Vorstadtschönheit, die ihren Kavalier ermahnt: »Sauf doch net wieda so vui, Michi. Nacha konnst wieda net geh auf'm Hoamweg, und i muaß di hoibat trogn.« Sie kriegt einfach sachlich zur Antwort: »Du, de schaug o, geh' daad i nimma kenna, wo i's doch eigns vor fünfavierzg Johr glernt hob.«

Doch als der stille Genießer dann von zwei molligen Salvator-Walküren in die Mitte genommen wird, um zu schunkeln, und als diese lieben Schwestern zur Walzerweise auch noch heftig den tröstlichen Refrain singen: »Es geht alles vorüber, es geht alles vorbei, auch der Herr Hitler mit seiner Partei«, löst sich der Kavalier langsam aus dem beginnenden Nahkampf. Schon deshalb, weil er halt befürchtet, das herrliche Wonnesüpplein in seinen Innereien könnte infolge allzu heftiger Bewegung zu Malzzucker werden, der ihm dann aus dem Mund wieder herausfallen würde. Dann geht er gemütlich und hocherhobenen Kopfes, damit er nichts von der genossenen Köstlichkeit verschüttet, den Monte Suri wieder bergab. Nicht ohne dem Ordnungsmann im tiefen Mitgefühl ein Nickelstück in die Hand zu drücken. Denn wie wird dem mäßig besoldeten Erzengel, der dieses Paradies bewachen muß, wohl zumute sein, wenn er täglich immer nur zuschauen muß, wie viele hundert Räusche an ihm vorbeigetragen werden. Und nicht ein einziger davon gehört ihm selber.

Hochsaison im Hofbräuhaus

Den »Stammtisch der Völker«, die »Tränke des Abendlandes« oder das »Feuchte Herz der Welt« nennen manche Enthusiasten die alte Hopfenburg am Platzl: das Münchner Hofbräuhaus. Und die halbe Million Besucher, die jährlich dort einkehren, nehmen in ihrer Begeisterung nicht nur die besten Eindrücke mit heim, sondern auch noch zehntausend Maßkrüge, hunderttausend Bierdeckel und mehrere Doppelzentner Speisenkarten sowie die köstlichen Sprachsouvenirs »Oachkatzlschwoaf« und »Loawedoag«. Ferner tragen sie ungezählte Räusche aller Handelsklassen vom harmlosen »Nickl« oder »Stich« bis zum »Sau-Bomben«- und »Fetzen«-Rausch durch die gutmütig knurrenden Eingangstüren wieder hinaus.

Jetzt in der Hochsaison ist auch der Festsaal vollgefüllt mit Fremden, Fremdenführern, Filmstars, Firmlingen, Freilassingern und fröhlichen Fraternisiererinnen aus Frankreich. So daß man höchstens noch auf dem Knie eines Ordnungsmannes einen Sitzplatz kriegen kann. Und die blitzenden Trübsal-Abwehrkanonen der Blasmusik schmettern ganze Breitseiten hinauf in den vom Bierdunst gebeizten Himmel.

In der Trinkstube aber, in welcher sich die gehobenen Wandervögel und Travellers gerne niederlassen, schauen die hochwillkommenen Gäste mit stummem Staunen die Haxen der Kellnerinnen ebenso gerne an wie jene, welche diese Brotzeit-Walküren auf riesigen Tellern an ihnen vorübertragen. Und die kaum mehr von einer Sau stammen können, sondern höchstens noch von einem Saurier. Auf dem Gipfel dieser Fleischberge ist dann auch noch ein kleines weißblaues Fähnlein aufgepflanzt wie im Himalaja, wenn wieder einmal ein Siebentausender erobert wurde.

Nicht weniger lustig geht's in dem kleinen behaglichen Kastaniengarten zu. Dort wo in der guten alten Zeit schlagflüssige Privatiers, rotnasige Dienstmänner, hoffnungsvolle Studentlein und ratschende Rentner um die Stehbanzen herumstanden und große

Politik zu kleinen Käsewürfeln oder reschen Weckerln machten. Der mürbe alte Sandsteinlöwe hört diesem plappernden Säuferesperanto auch heute noch aufmerksam zu, und er hat sein Maul dabei halb geöffnet, als hätte man ihm seinerzeit bei der Entmilitarisierung seine Zahnprothese herausgenommen und vergessen, sie je wieder zurückzugeben.

Das eigentliche Mekka aller Durstigen ist jedoch immer noch die Schwemme. In den stockwerkhohen Regalen warten viele Hunderte von Henkelvasen beharrlich auf ihre Inbetriebnahme.

Und hier können ortsfremde Zecher mit einem leisen Schaudern verfolgen, wie die überschweren Schenkkellner immer wieder einen der dickleibigen Banzen entjungfern und ihre Maßen mit winzigem privaten Schanknutzen verteilen. Ein zugewanderter Tramp kann nicht wissen, daß der Vater Staat selbst schon seine fünf Liter Bier von einem Faßl als »Überschank« für sich beansprucht. Manche Wanderer bleiben wohl auch an dem Stammtisch der »Woipatinger« stehen und betrachten lange das darüber schwebende seltsame Fabeltier, das sie vielleicht für die Halla vom Hans-Günther Winkler halten mögen. Oder sie verfolgen mit ungläubigem Gesicht, wie ein winziger bayerischer Bub, der eigentlich noch ein Flaschenkind sein müßte, bereits einen eigenen Krug hingestellt kriegt und immer wieder mit Inbrunst daraus zuzzelt. Würde aber so ein Unkundiger dann den freundlich nickenden Herrn Papa womöglich einmal zur Rede stellen und sagen: »Aber wie kann man denn so ein Kind schon einen ganzen Liter Bier trinken lassen?«, so würde er möglicherweise zur Antwort kriegen: »O mei – was woaß denn so a kloans Wutzerl scho, wiavui a Maß is!«

Nachruf auf einen Bräugaul

Jetzt ist er allein, der Lenz. Gestern haben sie den Jackl abgeholt. Fünfundzwanzig Jahre ist er alt geworden. Das ist recht viel für einen Brauereigaul. Der Lenz, sein Pflastergefährte über zwei Jahrzehnte, auch schon grau und abgewetzt wie ein lebenslanger Handlungsreisender, schaut mit matten Augen manchmal in die leere Box nebenan, und niemand weiß, was er denkt. Zwei Jahrzehnte waren die zwei Deichselkameraden.

»Der Jackl ist da Gscheider, aber der Lenz is da Fleißiger«, sagte der Bierführer Sepp jedesmal, wenn man sich nach seinen braven Traktoren mit Ohren erkundigte. Der Sepp ist ja nun auch schon wieder an die sieben Jahre am »anderen Ufer«. Und ein Junger, Bartl heißt er, hat seinen hohen Sitz auf dem altmodischen Bierfuhrwerk eingenommen. Aber auch er ist ein guter Kutscher und mochte sein Gespann. Und meistens pfiff der Bartl ein lustiges Liedl; schon in der Früh, wenn er die zwei Apfelschimmel einspannte, fing er damit an. Jeden Tag zogen sie an die dreitausend Maß Bier fünfzehn Kilometer weit durch die Stadt. Mit einer Höchstgeschwindigkeit von vier Kilometern in der Stunde.

Die Freunde vom Jackl behaupteten sogar, er würde die Verkehrszeichen kennen und könnte auch lesen. Wenn die Ampel Gelb zeigte, stieß er mit seiner Samtschnauze den Lenz an, der manchmal an der Kreuzung träumte. Aber dafür ließ er ihn auch kräftig anziehen, bevor er sich selber ins Geschirr legte. Ging's nach rechts, gab der Jackl ein Zeichen. Weil er aber den Vorderhuf nicht hinaushalten konnte als Winker, schlug er mit seinem langen buschigen Schwanz in diese Richtung. Und der Lenz zog immer, was er nur konnte. Er war eben der Fleißigere. Die Bierreise der Zwei war stets voller Abwechslung und ungemein interessant. Schon an der Tafernwirtschaft »Zum Nibelungenhort« warteten ein paar kleine Kinder auf ihre geliebten »Ferdilein«. Sie brachten jedesmal eine Schachtel voll Gras mit, das sie in einem Hof ausrupften. Gnädig und sanft wiehernd fraßen es die zwei Cavallos auf. Auch die Zeitungsfrau, die genau zur selben Zeit ihren Weg kreuzte, hatte fast jedesmal ein mürbes Eierweckerl dabei, das sie exakt in zwei Hälften aufteilte und verfütterte. Dann kam der lächerliche Dackel der Frau Hagerzopf und bellte den riesigen Jackl an, der ihn mit gutmütigen dunklen Spiegeleieraugen betrachtete. Mitsamt der Leine hätte er natürlich diesen Zwerg Nase einschnaufen können. Aber der Jackl war halt von der Gemütlichkeit einer großen schweren Kreatur.

Beim alten Wachszieher in der Wiener Straße gab es manchmal einen ganz besonderen Leckerbissen. Dieser betagte Kindskopf strich nämlich, wenn's auf die Lebkuchenzeit hinging, die Deichsel mit Honig ein, und das war natürlich ein Kirchweihfest für die beiden Leckermäuler. Einmal sind die beiden Gäule mit einem richtigen Fetzenrausch heimgekommen. Als dem Kutscher Sepp ein Faßl herunterfiel und zerbrach, waren die Apfelschimmel so frei und schleckten die bittersüße Suppe fein säuberlich zusammen, bevor sie in den Gully lief.

Jetzt war das eben alles aus, vorbei und vorüber. Gerade kommt der Bartl wieder daher, und als wenn er die Gedanken des Lenz erraten hätte, versucht er ihn mit einer saftigen gelben Rübe zu trösten. Das Pferd nimmt die Gabe mit schlaffen Lippen und kaut sie, um dem Bartl einen Gefallen zu tun, mit den gelben, lang gewordenen Zähnen. Dann pfeift der wackere Rosselenker noch ein Liedl vor sich hin. Aber nicht aus Taktlosigkeit, sondern um dem einsamen Gaul einen kleinen Trost zu spenden. Wer die alte Melodie kennt, der kennt auch den Text, den der Bartl nachher ein bißchen kindisch vor sich hinsummt: »Wia da Schimmi tot is gwen, / ham ma eahm an Schippi Heu higebn, / net daß d'Leut sagn: zwengs da Not / is da Schimmi tot.«

Trost im Glas

Früher sagte man einfach »Schnapsler« zu diesen Laderln, in welchen das kleine Glück im Glas ausgeschenkt wird. Und neben der Stammkundschaft kamen auch Leute aus den Nachbarhäusern, Hausfrauen und Gassenkinder mit einem Zettel, auf dem stand »ein Quartel Rumverschnitt«. Für den Tee, weil die Schwiegermutter zu Besuch kam. Sie holten auch »um a Fuchzgerl an Arrak«, wenn der Papa eine Grippe ausschwitzen wollte, oder vielleicht auch bloß ein bißchen Alkohol zum Einreiben von der Oma. Die meisten Schnapsler führten damals noch einen selbstangesetzten Enzian, einen Hagebutten- oder einen Johannisbeerwein, der nach einem Geheimrezept aus der betriebseigenen Heimgartenernte fabriziert wurde und in großen Glasballons vor sich hin gluckerte. Alte Rentner, die sich nach dem wärmenden Schlückerl zufrieden die steifen Fingerknöchel rieben, mehrere körndlgefütterte Marktfrauen, ein Dienstmann, der im Vorbeigehen schnell einen Rachenputzer inhalierte, wozu er eine kräftige Prise Schneeberger aus dem Schmalzlerglaserl des Ladeninhabers nahm, oder ein paar Obsthausierer, die ihre leeren Radikarren vor der Tür parkten, suchten hier einen gemütlichen Ratsch und ein bisserl Lebensmut zu kleinen Preisen.

Auch heute, wo der Schnapslerladen zum Stehausschank geworden ist und sich »Beim Simmerl«, »Zum stillen Zecher« oder »Kleine Liebe« nennt, ist dieser Ort noch immer die Cocktailbar des bescheidenen Mannes. Schrullige Käuze, kleine Eierdiebe, pflastermüde Vertreter, filmreife Bettler und manchmal auch eine farbenfroh geschminkte Randstein-Lady, die sich einen Stiftzahn voll Trost für ihr verpfuschtes Leben kauft, bilden die bunte Familie, die sich meistens schon am frühen Vormittag an der Hartfaser-Theke trifft. Der erste Gast und auch der letzte ist seit Jahr und Tag ein winziges Männchen mit einem Gesicht wie eine nasse Faust, den sie den »Schopenhauer« nennen. Er investiert fast sein ganzes Ruhegeld in preiswertem Wein, der ihm an der äußersten Ecke der Theke hingestellt wird. Denn der Schopenhauer, ein ungemein pfiffiger Philosoph, hat seinen Namen nicht nur von dem großen Kollegen, sondern auch davon, daß er mindestens einen von den fünf Schoppen, die er täglich schluckt, umhaut. Doch alle mögen ihn gern, und hin und wieder wird ihm auch ein Römer voll Südtiroler spendiert, den er sich dann gutschreiben läßt. Er kennt eine Unmenge von kleinen Sprüchen und Liedern, von denen er auf Wunsch ohne weiteres eins zum besten gibt. Zum Beispiel das schöne Poem vom »Dudelquack-quack«, oder jenes, das mit der geistreichen Strophe schließt: »Und der Herr Pfarrer / mit Namen Scharrer / verspeist den Frosch / samt der Soß / diqualiquack.« Fragt man ihn zu irgendeinem Thema nach seiner Meinung, so sagt er gern: »Ganz recht, ganz recht. Was nützt schon dem toten Hund ein Beefsteak.«

Ebenso bekannt ist in der von Virginia- und Zigarettenrauch gebeizten Kajüte auch der »dritte Mann«. Er wird deshalb so geheißen, weil er immer genauso zittert wie der berühmte Zithervirtuose Anton Karas. Deshalb muß er auch das erste Glas mit beiden Händen auf dem Schanktisch festhalten und sich dazu hinunterbeugen. Dann saugt er den Stoff mit seinem grauhaarigen Igel-Rüssel an. Erst nach dem dritten »Hieb« geht es ihm schließlich besser. Obwohl er auch da noch beim Griff nach dem Glas wackelt, als wäre er an den städtischen Wechselstrom angeschlossen. Ein seltsamer Heiliger ist ferner der narrische Maxl. Ein ehemaliger Lokomotivführer, der sich am liebsten mit sich selber unterhält. Dazu schaut er in den fleckigen Wandspiegel, nimmt seinen Hut ab und begrüßt sich jedesmal mit einer tiefen Verbeugung. Alsdann prostet er dem Spiegelbild sehr feierlich zu. Manchmal aber scheint der Maxl auch in Geldschwierigkeiten zu sein, dann pumpt er sich selber vor dem rauchblinden Reflektor an und bettelt: »Aba geh, wirst doch deinem alten Freund an Fünfer leicha. Kriagst'n morgn gwiß wieda zruck.« Und in der Tat, anderntags erfolgt pünktlich vor der gläsernen Schwachsinnswand die feierliche Begleichung der spinnösen Schuld.

Ach ja, es ist lustig, schön und gemütlich in dieser Oase des kleinen Vergessens. Und wenn der Herr der vielen Flaschen schließlich seine Rollos als letzte Aufforderung bereits zwei Drittel heruntergezogen hat, dann schlüpft wie eine kleine graue Maus der Schopenhauer rasch in die dämmrige Straße hinaus und murmelt den völlig schizophrenen Reim vor sich hin: »Es war amoi a Bua – und der Bua hod an Hund ghabt – und wiara den Hund gwogn hod – da hod da Hund a Pfund ghabt.«

Das Abgründige in einem Hendlbrater

Zum erstenmal kam Bartholomäus Balthasar Siegschwert mit gebratenen Hühnern in näheren Kontakt, als er Hose und Weste noch in einem Stück trug. Denn bereits mit vier Jahren wurde er von seinem Onkel Balduin Siegschwert an die schmiedeeiserne Kurbel seines Hühnerofens verpflichtet. Der kleine Bartl, wie sein Gebrauchsname lautete, bewegte vornehmlich auf Volksfesten zwanzig durchweg bayrische Brotzeit-Adler täglich sieben Stunden lang mit der Hand. Und am liebsten zu den sanften Walzermelodien der Karusselle, die mit asthmatischem Gedudel den »Himmelblauen See« oder »Freut euch des Lebens« in die warmen Spätsommertage zitterten. Manchmal dachte der Bub auch daran, warum sein Onkel, die Geschwister Barbara und Bonifaz sowie seine Tante Babette alle Namen hatten, die mit »B« angingen. Viel später erfuhr er dann einmal, daß der »Onggi« ein leidenschaftlicher Anhänger des Pferdesports war, wo es bekanntlich der Brauch ist, daß ganze Generationen von Mustangs den selben Anfangsbuchstaben tragen.
Es war eine schöne Zeit, wie sich der Bartl, der jetzt schon selber seine halbmillionste Grill-Amsel geröstet hat, gerne gesteht. Früher mußten sie zwar die Hendl fast alle noch selber rupfen. Denn sie kamen aus dem Bayrischen und hatten ungemein lange Beine, weil sie doch jedem Wurm kilometerweit über die Äcker nachjagen mußten und nicht wie ihre heutigen Nachkommen vollmechanische Atzung erhielten. Manche Gäste brachten seinerzeit sogar ihren eigenen Heimgarten-Kikeriki mit, den sie dann für dreißig Pfennig an den Spieß stecken durften. Da kam dann in den Bauch, mitten in die frische Petersilie, die der Herr Siegschwert in zwanzig Gartenbeeten selber pflanzte, ein Zettel mit dem Namen des Besitzers hinein. Die Email- und Eisentöpfe der Fierantenfamilie aber waren in diesen Jahren immer zum Überlaufen voll. Mit köstlicher Hühnersuppe oder gedünsteten Hühnermägen oder würzigen Leberschmankerln gefüllt. Das war den

kleinen Muskelkater leicht wert, den der winzige Jüngling am Feuerofen jeden Abend zusammen mit einem entsetzlichen Brand nach Hause trug. Denn wenn er zum Onkel unter der Arbeit sagte: »I hob so an Durscht«, so wurde er von seinem Prinzipal, der täglich selber seine sieben Maß Bier aus den mitgebrachten Flaschen schluckte, lediglich mit Wasser angespritzt. Und so wuchs also der Bartl langsam im beißenden Holzkohlenrauch heran und erlebte auch noch den ersten Elektromotor, den sie bekamen, was ein großer Luxus war. Denn einige Jahre vorher wurde sogar ein gewaltiger Ochs am Spieß noch von einer pfauchenden Dampfmaschine bewegt.

Eines Tages jedoch, bei einem Gastspiel auf einem Kirchweihmarkt, brachten sie den »Onggi« daher. Auf eine ausgehängte Tür gelegt, wie weiland den toten Siegfried auf seinem Schild. Er war hinübergegangen. Mit dem Maßkrug in der Hand und einem sauberen Infarkt in der Brust.

Bartholomäus war alsbald sein Nachfolger, und er erzählt heute noch, nach sechzig Jahren Tätigkeit an der zwei Meter langen Glut, gern von den guten alten Holzkohlenzeiten. Denn heute brät er natürlich auch längst mit Infrarot. Stolz denkt er auch an seine berühmte Kundschaft zurück, an den Kommerzienrat Krauss von der Lokomotivfabrik, den ehrwürdigen Maßkrug-Monarchen Schottenhamel, den König der Wies'n, oder an den spitznasigen Karl Valentin, der aus irgendeinem rätselhaften Grund immer nur ein »protestantisches Brathendl« wollte. In jener Zeit kam auch oft ein Blindenhund mit einem Körbchen im Maul zum Bartl gelaufen. Und da lag ein Zettel drin: »Bittschön, ein paar Hendlkrägen.« Als der Bartholomäus dem braven Hund schließlich einmal nachging, fand er ihn bei einem bettelarmen Mann vor einer Bank auf der Spitalerrennbahn sitzen. Und der Alte kaute mit sichtlichem Genuß an dem Hühnerabfall herum. Da legte dann der Herr Siegschwert zum Saisonschluß ein ganzes Hendl in das Körberl und dazu auch noch ein Fünfmarkstück. Seine Spezl aber erzählen auch noch eine andere Geschichte vom Bartl. Im Sommer briet er nämlich immer in einem großen Bierkeller. Und da war einmal in seiner Hütte eine reizende Mäusefamilie, die sich im Lauf der Zeit mit ihm so sehr anfreundete, daß sie der Bartl anlocken konnte, um sie mit Käs und Brotbröseln zu füttern. Als dann die Stoßzeit kam, versammelte der Hendlbrater seine Mäusesippe vollzählig um sich, nahm die große schwere Bratpfanne und sagte: »Es tut mir leid, aber wenn euch der Bezirksinspektor sieht, ist der Teufel los.« Und mit einem einzigen Schwung beförderte er seine kleinen Kostkinder in den Mäusehimmel. Das Abgründige in einem Hendlbrater.

Das Ende der Tischdamen

Manche haben ihn noch persönlich gekannt, den schönen Gigolo, von dem es dann in dem alten Song so traurig hieß: »Es ging dem jungen Leutenant die schöne Welt in Fransen. Und jeden Abend muß er nun mit Donna Clara tanzen.« Damals gab es in Deutschland noch ein paar hundert windschlüpfige schmale Jünglinge, die davon lebten, daß sie in den Bars und beim Fünfuhrtee böse alte Krokodile im Zweivierteltakt vor sich herschoben oder unbefriedigte dicke Schraubendampfer durch die brausenden Wogen des Nachtlebens bugsierten. Bis dann der große Heldenmacher Adolf kam und ihnen den bekannten Fußlappen-Foxtrott beibrachte, den sie zu den Melodien der Stalin-Orgel bis zum Umfallen tanzen mußten.

Als das vorüber war, kamen ein paar findige Besitzer von Nahkampfdielen auf die Idee, »Taxiboys« einzuführen. Das waren Portokassen-Bübchen, die für dreißig Pfennig Salär jede x-beliebige Dame einmal schwenkten und, wie es in der Hausordnung stand, »von diesen auch an die Bar gebeten werden« durften. Gleichzeitig wurden zahlreiche Läden mit Tischdamen und Telephonverbindung aufgemacht. Dort konnten die Notwendigen beiderlei Geschlechts vorerst einmal fernmündlich miteinander verkehren, um sich später dann noch bedeutend näher zu kommen.

Der Spaziergänger bekam mindestens einmal in der Woche von zweifelhaften Jungfrauen, die bei Tageslicht aussahen, als würden sie nachts auf ihren Gesichtern sitzen, rote Zettel in die Hand gedrückt, mit der Nachricht: »Vierundzwanzig schöne Frauen erwarten Sie dringend im Laila!« Und natürlich besah sich dieser Mann die zwei Dutzend Mitternachtsmatschakerl auch einmal näher.

Nun ja, es waren halt die üblichen wilden Orchideen, die sich sofort um jeden Gast ranken wie der zähe Efeu seinerzeit um das Dornröschenschloß. Die Zettelmamsellchen waren übrigens auch darunter, und die arbeiteten nachher bei fortgeschrittener Tuchfühlung mit einem ganz besonders schmutzigen Trick: Sie drückten den Freiersmännern hübsche kleine Schlüssel in die erwartungsfeuchten Vorderhufe. Die sollten angeblich in ihren Appartements in der Dingsdastraße sperren, und die angeheizten Galane sollten mit Gewehr über nur ruhig vorausgehen, sie würden dann schon nachkommen in ihr stilles Kämmerlein. Der kleine Sesam-öffne-dich sperrte jedoch höchstens das Siegestor auf, das aber bekanntlich sowieso Tag und Nacht geöffnet ist. Denn die lieben Maiden kauften doch die falschen Eisenbärte gleich kiloweise beim Kustermann.

Nun sind sie ganz still und heimlich von uns gegangen, die Gammelgeishas der Spekulationsspelunken. Einige haben sich wohl gesagt: Ich habe jetzt das ewige Arbeitnehmerleben endgültig satt. Ich kaufe mir eine Couch und mache mich selbständig.

Der geladene Gast aber hat sich über das Ende der Tischdamen auch noch ein paar Gedanken gemacht. Und er kam zu dem Schluß, daß wahrscheinlich die bürgerliche Konkurrenz zu groß war für diese Halbprofis. Denn in einer Zeit, wo es längst überall Orangen ohne Kerne gibt und Ölsardinen ohne Gräten, da gibt es sicherlich auch Rosen ohne Dornen. Drum hat die züchtige Jungfrauen-Hymne »Röslein sprach, ich steche dich« längst nur mehr Inflationswert. Denn stechen tun doch lediglich noch die Knaben.

Außerdem halten es die jungen Schönheiten glücklicherweise einfach für unmoralisch, sich an der Sektflasche ihres Samstag-Bräutigams zuerst vollzusaugen wie ein griechischer Badeschwamm, um dem erwartungsvollen Begleiter dann nichts anderes dafür zu geben als nur die nackte Hand. Wenn er sie nämlich schon betränkt und befuttert hat, dann ist es doch mehr als recht und billig, daß er sie auch be-schützen darf. Das gehört sich nämlich so für ein anständiges Mädel, das sich nichts schenken lassen will – sagen die Schönen der Vorstädte.

Und überhaupt haben jene Mädchen mit den kurzen Röcken darunter meistens auch noch sehr lustige nervöse Hemdchen an.

Und zum dritten halten sie es halt alle liebend gerne mit dem berühmten Dudelhoferlied vom Graser James, in dem es so nekkisch heißt: »Und die Münchner Madln / ja de san ned a so / de woin a Zuadeck hom / doch ned aus Hei und Stroh. / Die muaß lewendig sei / und auf und nieda geh / und tamteramtamtam.«

Tango mit dem Bananen-Edi

»So Leit, gehts raus heit – vierzehnkarätige Meraner Goldtrauben hamma heit. Mordsdrümmer Lackl – drei Pfund nur a Makl.« An diesen Werbegesang, der früher regelmäßig jeden Vormittag von den Hinterhöfen der Vorstädte die grindigen Mauern bis zu den eisernen Miethauskanzeln emporkletterte, mußte der Einheimische denken, als er das Sommerfest der Münchner Tomaten-Nomaden, der Obsthausierer, draußen in der Waldwirtschaft besuchte. Auch erinnert sich der Münchner noch gerne an jene Tage, da die wackeren Obstler ihre Rikscha noch persönlich in die Großmarkthalle schoben, dort hoch beluden und dann den kleinen Berg in die Innenstadt nicht mehr mit eigener Kraft hinaufkamen, so daß zahlreiche Barfußläufer ihre Dienste als Hilfsmotoren anboten. Weil aber die schwer schnaufenden Jünger von Sankt Citrus vielfach nur »vom Stamme Nimm« waren und ihre minderjährigen Schrittmacher auf der Hügelhöhe bloß mit einem »Merssä« entlohnten, zahlten sich die pfiffigen Apshaltjunioren meistens selber aus. Nämlich, indem sie kurz vor Erreichung der Höhe einfach zwei Orangen oder eine Handvoll Zwetschgen einschoben und dann mit platschenden nackten Fußsohlen eilig über das handwarme Pflaster entflohen. Der schimpfende Kohlrabi-Dandler konnte seinen grüngestrichenen Sulky ja nicht auslassen, sonst wäre er wieder zurückgerollt in das städtische Südfrüchte-Mekka. Die Gassenbuben aber dichteten die Parole: »Oschiam, eischiam, davoschiam.«

Ach ja, einen unter diesen Obstfellachen mochten sie auch noch besonders gern. Denn immer hatte der »Bewährungs-Max«, wie sie ihn hießen, einen angefaulten Apfel für sie, eine schwarz gewordene Banane oder wenigstens zwei Kirschen, die am Stengel zusammengewachsen waren und, über die Ohren gehängt, einen herrlichen Renommierschmuck darstellten. Samstags aber, wenn der Karren vom Max leer war, dann ging er nachher in die Gast- und Tafernwirtschaft »Alte Zeit« zum Watten. Und wenn dann die bleiche Säufersonne, der Morgenmond, am fahlen Himmel stand, holte ihn seine Braut, die rote Giggi, ab, legte ihn auf sein Wagerl und fuhr ihn wie einen gefallenen Trojaner heim in ein kümmerliches Mietgartenhäuserl, in dem der Maxe hauste und schlief.

Vielleicht besucht der Asphalt-Latscher gerade aus dieser Erinnerung heraus die bodenständige Gala der Münchner Kopfsalat-Komantschen gar so gern. Und weil es dort auch immer so »altdeutsch« zugeht, wie der Herr Vorstand bei der Begrüßungsansprache ausdrücklich erwähnt. Tatsächlich trifft er dort jedesmal viele der bekannten Figuren, die vom Straßenkreuzungswind gegerbt und verwittert sind und die sonst das ganze Jahr hinter ihrem Kleingeld-Kaufhaus stehen. Der Trauben-Lutte, der Gfuide Scholle, der Bananen-Edi und die herbe Sellerie-Margot, die diesen Namen deshalb hat, weil sie eine »Büxlmadam«, die nur ein Viertel von einem Knollen kaufen wollte, einmal an einem schlecht bestrahlten Tag mit ihren nahrhaften Gnomenköpfen bis in den vierten Stock eines vornehmen Hauses hinauf bombardierte.

An ihrem Sommerfest aber sind sie alle friedlich, die »Ambulanten«, und ihre Herzen sind weich wie die preiswerten Williamsbirnen, die sie sonst mit geringem Nutzen verkaufen. Die Festkapelle ist angewiesen, mindestens zur Hälfte Lieder und Schlager aus längst vergangenen Zeiten zu spielen. Und so hört man sogar noch den »Bummel-Petrus«, den »Kleinen Meier vom Himalaja« oder die »Valencia«, die der Herr Schriftführer und sein Kompagnon, der Kokosnuß-Ferry, mit dem untergelegten Text mitsingen: »Valänzia, schönste aller Rosen, laß dich kosen vom Hausierer ohne Hosen, eine Nacht.« Und als besondere Einlage legt der Bananen-Edi mit der Suppengrün-Sofie einen original Pariser Apachen-Tango aufs staubige Zementparkett.

Selbstverständlich kommen auch die zahlreichen Obstlerkinder beim Vergnügen nicht zu kurz. Da wird ein »echtes Münchner Eierlaufen« veranstaltet, das der hoffnungsvolle Sprößling vom Dattel-Erich mit Abstand gewinnt, weil er von seinem Vater persönlich gemanagt wurde, und der hatte ihm angeraten, vorher kräftig auf den Löffel zu spucken, weil dann das wackelnde Ei besser halten würde. Aus dem übervollen Krabbelsack ergattert der Besucher selber auch zwei Tüten Erdnüsse und eine künstlerisch hochwertvolle Figur aus Gips, die den als Hochzeitsgeschenk einst so gefürchteten »Dornauszieher« darstellt. Den eigentlichen Haupttreffer jedoch angelt sich der achtjährige Pablitschek Gaggi heraus: einen Gutschein über fünf Maß Bier, die er mit seinen Spezln bis zum Einbruch der Dunkelheit heimlich gegurgelt hat, worauf er seinen Vater einen »wurmigen Morgenduft« heißt. Das Schmerzensgeschrei des übergelegten Stammhalters vermischt sich harmonisch mit dem Geläute der Abendglocken vom Pullacher Kircherl.

Etwas später hat sich dann auch noch eine kleine Gruppe gebildet, die herzergreifende Lieder singt. Darunter auch die schöne Hymne des fahrenden Obstlervolkes: »Ein Obstlerkarrn auf allen Wegen, mehr hab' ich nicht, ich bin ja nur ein armer Hund.« Zur selben Zeit aber naht auch da und dort ein Kavalier von der grünen Deichsel und bugsiert sein Liebchen sachte in den nahen Tann. Um dort nachzusehen, wie es um das Limonenwachstum seiner Sommerfestbraut bestellt ist. Und wenn diese Pärchen dann zurückkommen und sich lächelnd gegenseitig die Tannennadeln abzupfen, dann ist sich alles in stummer, glücklicher Eintracht darüber klar, daß die ehrsame Gilde der Münchner Obsthausierer bei solcher Brauchtumspflege so schnell nicht aussterben kann.

Das Gartenfest

Links und rechts an der maurischen Pforte, die zum »Garden« führt, sitzen zwei riesige Porzellanhunde. Sie bellen nicht und beißen nicht und blinzeln nur blöd mit keiner Wimper. Der Rasen ist streng militärisch geschoren, wie der Stiftenkopf eines alten Generals, dem man aus Versehen die Haare grün gefärbt hat. In der Mitte kränkelt eine völlig überzüchtete Trauerweide unheilbar vor sich hin. In ihrer mittelbaren Nachbarschaft wiehert lautlos ein Karussellpferd ein bißchen höhnisch und schadenfroh, weil es zweitausend Mark gekostet hat.

Auf das Dach des Bungalows hat der Hausherr gleich gar ein altes Wagenrad montieren lassen, für ein eventuelles Storchennest. Dabei weiß doch die ganze Umgebung, daß Freund Adebar hier nicht mehr zu liefern braucht, weil die gnädige Frau längst in den diesbezüglichen Ruhestand getreten ist und nur noch zum Renommieren in ihrer monumentalen Hornbacktasche die Pillenschachtel mit herumträgt.

Rund um den Swimming-pool, auf dessen müden Wellen riesige Plastikblüten schaukeln, warten kleine, spinnenbeinige Stühlchen auf ihren Ballast, und beim Rhododendron steht eine Hammondorgel neben einem unendlich bleich geschminkten Virtuosen mit einer hochmütigen Köchelverzeichnisnase.

Gegenüber auf dem kalten Büfett nässeln viel kleine Brötchen, und grüne Oliven und nackte Heringe, ein meterlanger Rehrükken, Forellen in Aspik, ein langer Lachs von den Lofoten, harpunierte Würstchen, ein Korb mit Artischocken und anderes Vogelfutter künden weithin vom Reichtum des Gastgebers.

Für die ankommenden Gäste zum vornehmen Gartenfeste steht ein ausgehöhlter alter Dorfheiliger als Schirmständer sowie ein umgebauter Beichtstuhl als Garderobe zur Verfügung. Die Herren picken zur Begrüßung beim Handkuß gierig nach den Brillantwarzen der Madame wie alte Gockel nach den Weizenkörnern. Die Damen aber turteln »Ei, ei« bei der Hausfrau, sagen »Herz-

chen« und »Meine Liebe« zu ihr und schnuppern verächtlich, wenn das Parfüm der Gastgeberin nicht von Joy stammt.
Aus rätselhaften Gründen wird der Drink grundsätzlich nur im Stehen eingenommen, obwohl natürlich überall Affenschaukeln und Korbstühle auf ihre Inbetriebnahme warten. Weil die Geladenen in der einen Hand meistens einen Cocktail und in der anderen das Sandwich haben, können sie sich nur verbeugen wie die Lipizzaner in einem Zirkusprogramm.
Geht der Neuankömmling dann zur nächsten Gruppe, so schauen ihm die anderen Plauderer meist ein bißchen höhnisch und schadenfroh nach, als hätte er auf dem Rücken ein Schild, wie man es manchmal einander in der Jugendzeit anheftete: »Ich bin blöd.« Handelt es sich um einen weiblichen Neuzugang, so wird der lieben Mitschwester von den anderen Damen nach dem säuerlichen »Guten Abend« sofort mit schnatterndem Verleumdungsbiß der Leumund übel eingesäumt. Was übrigens die Cocktails auf so einem Oliven-Derby anbetrifft, so schmecken die meisten auch genauso, wie sie heißen. Nämlich nach Hahnenschwanz. Manchmal möchte man sogar glauben, es wäre noch das Hinterteil vom Gockel drangewesen. Später erfolgt dann auch noch eine Lampionpolonäse. Und die Damen treten flugs Tausende von tiefen Absatzlöchern in den unschuldigen Rasen, von dem sonst jeder krabbelnde Roßkäfer mit einem Elektroschock verjagt wird. Bei solchen Gartenfesten gibt es auch eine ganz bestimmte Sorte von Partygästen, die sich vor jeder Einladung den Magen auspumpen lassen und die Anzugtaschen mit Wachstuch gefüttert haben. Zum Heimtransport der übriggebliebenen Hummerschenkel. Diese Mitesser dürfen nirgends fehlen und gehören zur Society wie der Henkel zum Maßkrug. Sie ziehen von Fest zu Fest und fressen sich unaufhaltsam durch wie konzentrierte Schwefelsäure. Und sie ruhen und rasten nicht, bis die Tafel mit dem kalten Büfett so leer und kahl geworden ist, als wäre sie vom Schreiner abgehobelt worden.

Amerikaner, Boxer und Bärendreck

Lange und kopfschüttelnd steht der einfache Ureinwohner in seinem grünen, wallenden Lodenmantel vor der Auslage einer modernen Bäckerei. Aber er hat sich nicht verschaut. Unter der kleinen Pyramide aus frischem Weizengebäck steht tatsächlich das Wort »Schrippen«. Und im Weitergehen murmelt der rückständige Münchner dann vor sich hin: »Da fehln eigentlich bloß mehr ›Aschinger Knüppel‹ oder ›Schmalz-Stullen‹ in dem Sortiment, des heit die Bäcker bei uns ham.«

Anschließend, nachdem der Ärger des grimmigen Brotzeitspezialisten über den Einbruch nordischer Lebensart in die bayerischen Belange wieder langsam verweht ist, zieht vor seinen Augen eine lange Reihe längst vergessener Schmankerl und heimischer Genüsse vorbei.

Er denkt zuerst einmal an sein Brot der Kindheit, das er beim Bäkker Nebengaul in der kleinen Vorstadtstraße um ein Fünferl für die Schulpause kaufen durfte. Es war der heißgeliebte »Warschauer«. Ein »Zusammengekratztes«, in dem freilich auch manchmal ein längerer Holzsplitter, wenn nicht gar ein allzu früh dahingeschiedener Backstubenkäfer zu finden war. Doch gab es für das Fünferl von dieser köstlichen Labe ein Trumm, das mindestens so groß wie zwei Kinderfäuste war und das spezifische Gewicht von Uran besaß. Wenn die mehlbleiche Bäckermeisterin besonders gut aufgelegt war, stäubte sie möglicherweise auch noch ein bißchen Puderzucker darüber. Heute würde ein Gebäck von solch zweifelhafter Zusammensetzung, wie es der »Warschauer« war, wohl von jeder Bezirksinspektion und Gesundheitsbehörde »unter schwerste Strafe gestellt« werden, und der Bäcker hätte vielleicht sogar mit einer Anzeige bei der Liga für Menschenrechte zu rechnen.

Neben dem »Warschauer« war es vor allen Dingen das herrliche Fünferl-Gebäck, das dem alten Mann im Geiste noch einmal auf der Zunge zergeht. Die »Boxer« mit Haferflockenzusatz und die großfladigen »Amerikaner«, ein kegelförmiges Gebäck, das auf der Unterseite mit einem nässelnden Zuckerguß überzogen war. Auch der Waffelbruch kostete nur ein halbes Zehnerl, ebenso wie die Schaumrollen, die Negerküsse oder die mürben Schokoladebrezen. Außerdem hatte der kleine Kunde auch noch die Möglichkeit, beim Bäcker für seine handwarme Grünspan-Münze eine »Überraschung« zu erstehen. Eine goldene Tüte, in der dann vielleicht ein grüner Blechlaubfrosch war, mit dem man seinem Schulspezl stundenlang in die Ohren schnackeln konnte. Ferner stand noch zur Wahl ein Spritz-Dietzel, den man am Wasserhahn im Schulabort füllte, um dann beim Heimgehen die in der Sonne hängenden Plumeaus braver Parterre-Mütter ausgiebig einzunässen.

Im kleinen Bahnhof des Millidistel-Expreß, wie der Vorortszug auch genannt wurde, fanden sich immer automatische Münzschlucker, wie zum Beispiel die große eiserne Bruthenne, die nach dem Einwurf eines Zehnerls zu gackern anfing und ein richtiges Blechei legte, das mit Liebesperlen gefüllt war. Und an einem Guatl-Automaten konnten finanzkräftige Vorstadtbamsen gleich gar ein Schachterl mit Veilchenpastillen herauswerfen, die beim Lutschen die Zunge so lila färbten wie die eines Chow-Chow-Hundes.

Wie der alte Großstadtbummler dann in die Marktgegend hinüberkommt, denkt er auch daran, daß hier ganz in der Nähe einmal die Kronfleischküche war. Ein Schmankerlkeller, in dem es Brotzeiten gab, die heute fast kein Mensch mehr kennt. So das saure »Krös«, die »Kuttelfleck«, ein Tellergericht für ärmere Konsumenten, oder gebackenes Euter, von Witzbolden auch »Kuhbusen« genannt. Außerdem einen herrlichen, würzigen Ochsenmaulsalat, hausgemacht und von Lästermäulern »Stadtrats-Lippen« betitelt. Damals hießen auch die Roten Rüben auf den Speisenkarten noch »Ranen«, und man schrieb noch »Gröste«. In der Omelette-Suppe schwamm ein geschnittener Pfannenkuchen, das »deutsche Beefsteak« kannte jeder nur als »Fleischpflanzerl« und das Rotkraut als »Blaukraut«.

Die Großmutter erzählte ihren Enkelkindern, die sie um einen »Zwoaring für Guatl« anbettelten und dann mit Pfefferminzkugeln oder dem strapazierfähigen Bärendreck zurückkamen, daß sie selber noch in ihrer Jugend richtiges Süßholz gekaut hatte. So wie die Kinder heute den Kaugummi aus Amerika im Munde herumjonglieren. Und diese Märchengroßmutter konnte auch noch Fingernudeln machen, die sie »Drahdiwix-Pfeiferl« taufte. Oder eine »Grimmiteigsuppe«, von der der alte Münchner als Bub immer geglaubt hatte, sie wäre aus besonders »grimmigem« Teig gemacht, bis er später als Abc-Schütze dann draufkam, daß dieses Gericht eigentlich »geriebene Teigsuppe« heißt. Noch einmal läuft ihm das Wasser im Munde zusammen, wenn er an die »aufgschmalzne Brotsuppn«, an die Brennsuppe oder an die selber gemachten breiten Nudeln in der Milch denkt, die daheim zum Küchenzettel gehörten. Und im Sommer hatte die Oma immer im Speisekammerl draußen eine »Gstöckelte« in braunen, irdenen Weidlingen aufgestellt.

Sicher, so überlegt der sinnierende Wiederkäuer, gäbe es noch viele andere, verschwundene Magentratzerl und Gaumenkitzler zu erwähnen. Doch ist seine Erinnerung allmählich müde geworden, und das kam wohl von dem langen Weg, den sie zurückgelegt hatte. Aber weil es vom Alten Peter gerade zwölf Uhr läutet, denkt er nur noch rasch an die Weißwürste, die ja heute längst dauerhaft gemacht, mit einer blechernen Haut überzogen und bis nach Hinterindien verschickt werden. Da schüttelt der Wanderer ins Vorgestern lächelnd seinen etwas verbrauchten Kopf. Weil er daran denken muß, wie der Moser Sepp vor mehr als hundert Jahren diese bayerischen Bananen entdeckte, von denen es hieß, sie dürften nimmermehr das Zwölfuhrläuten hören. Und er brabbelt den etwas abgeänderten Märchenspruch vor sich hin: »O Sepp, wenn du wüßtest, das Herz im Leib möcht' dir zerspringen.«

Bikini-Zeit

In der Badeabteilung des großen Kaufhauses geht es in diesen Tagen zu wie bei der Einkleidung einer Kompanie Froschmänner. Auf Dutzenden von Wühltischen liegen die Ganzteiligen und die Bikinis herum. Wie auf der Insel Sylt. Doch seltsam, je weniger an so einem Kaltwasser-Anzug dran ist, um so mehr kostet er. Einige sind darunter, die sind fast so teuer wie eine vierzehntägige Badereise nach Zoppot vor fünfzig Jahren. Das sind ausgerechnet die, die überhaupt nur aus ein paar großen Löchern bestehen, die außen herum ein bißchen eingesäumt wurden. Und klein zusammengelegt hat so ein Keuschheitsfutteral bestimmt in einer Puderdose Platz.

Ach, was war das doch einst für ein tiefstes Mittelalter, wo ein Büstenhalter auf einer Wäscheleine ein ganzes Hinterhaus rebellisch machen konnte. Heute halten sich die Mädchen und Madamen die Kunstfaser-Fruchtschalen in den Kaufhäusern ungeniert vor ihre Oberweite hin. Und sie gleichen damit jenen russischen Bauernmädchen, die solche Textiltütchen einst von den deutschen Landsern gegen ein paar Eier eintauschten. Weil sie sich aber infolge ihres strammen natürlichen Wachstums nicht genau über den Verwendungszweck im klaren waren, banden sie sich die eingehandelten BHs einfach lächelnd über ihre wattierten Sonntagsjacken.

Es hat den Anschein, als würden in dieser Saison bloß jene Badeanzüge kreiert, die, genaugenommen, nur aus dem Preisetikett bestehen. Dafür sind sichtlich die Farben so aufregend, daß sie bei jedem, der öfter als zweimal hinschaut, sofort eine Bindehautentzündung hervorrufen. Veilchenblau in Himbeereis gespült und Vergißmeinnicht in Milch gekocht sind noch die bescheidensten Tönungen. Manche schocken mit dem giftigen Lila von Chow-Chow-Hundezungen. Und andere tragen Spiralen, Wahnsinnskreise und optische Effekte, von welchen die Augen des Betrachters Wasserblasen bekommen. Zahlreiche raffinierte Ver-

schlüsse, Spangen, Schließen und Ringe geben dem Unkundigen obendrein beim Anziehen ebenso viele Rätsel auf wie das Aufklappen eines Liegestuhls.

Und das wühlt und zerrt und vergleicht und schätzt ab. Junge knochige Kleidergalgen krabbeln mit ringbestückten Popart-Fingern in den Angebotskisten und -kasten herum. Schwere Endvierzigerinnen, die durch regelmäßigen Tortengenuß bereits Fundamente bekommen haben wie das Hauptgebäude der Städtischen Sparkasse, und barocke Mütterlein, auf welche der Kinderreim so gut paßt: »Oben spitz und unten breit, durch und durch voll Süßigkeit«, wühlen vergebens im Twensortiment. Und einige wuchtige Walküren haben sich bestimmt verlaufen, sie könnten höchstens von der Säcklerei einer Kunstmühle bedient werden. Oder vielleicht sollten sie es doch einmal in einem Sporthaus versuchen mit jenen Windsäcken, die beim Segelflug

auf langen Stangen aufgezogen werden. Und nicht immer gelingt es deshalb auch den Verkäuferinnen, das Lächeln ganz zu unterdrücken, wenn so eine bombige Lady versucht, ihre Reize in ein Oberteil zu zwängen, das aber mindestens so groß sein müßte wie die Mündungskappen von einem schweren Schiffsgeschütz. Manchmal sieht das direkt aus, als würde jemand versuchen, einen Eisberg in eine Waffeltüte abzufüllen.
Andererseits haben es natürlich auch die superschlanken Spargelmädchen nicht leicht, ein wirklich passendes Freizeitkleid zu finden. Denn in der Minizeit trägt man auch nur ein Minimum von dem, was man früher unter weiblichen Reizen verstand. So haben denn heute manche Jet-Set-Schönen tatsächlich nur mehr einen Busen, der nicht viel größer ist, als wenn eine Maus eine Faust macht. Und darum tun sie sich auch in der reichhaltigen Bademodenschau schwer, etwas zu ergattern. Eigentlich müßten sie zum Optiker gehen, um sich ein Paar Haftschalen zu kaufen.

Der Weg ins Grüne

Eigentlich müßte doch der Weg ins Grüne mit Fröhlichkeit, Frohsinn und Freude gepflastert sein. Aber die Straßen vom staubigen Zementdschungel und den Hohlblockhöhlen der Stadt, hinaus zum idyllischen Fleckerl, das man irgendwo noch entdeckt hat, sind zuerst einmal mit Tausenden von Markierungsnägeln verziert. Von der Peripherie an aber dann mit Verwünschungen bedeckt. Später mit herrenlosen Radkappen eingesäumt und, wenn's durch die schönen Wälder geht, schließlich mit flachgewalztem Kleinvieh, überfahrenen Hasen und Igeln verschönt.

Meistens beginnt die Misere für den Sonntagsfahrer schon gleich bei den mechanischen Lichtsignalen an der Stadtgrenze, die von irgendeinem Roboter bedient werden, dem wahrscheinlich das Zahnradgehirn zum letztenmal von Edison persönlich geölt wurde. Denn plötzlich leuchtet an diesem vierteiligen Behelfsmast die Zahl »70« auf. Aber darunter auch sofort der schlichte Hinweis »schneller«. Preisfrage: Was ist wohl schneller als siebzig km? Einundsiebzigtausendeinhundertsiebzig oder eintausendsiebenhundert km? Der humorvolle Gasolinverbraucher denkt bei dieser geistreichen Blinkerei womöglich an jene Witzblattzeichnung, auf welcher ein gemütlich dahinstrampelnder Radler abgebildet ist, der plötzlich ein rotes Schild mit der Überschrift »50 km« entdeckt und darum als folgsamer Untertan sofort zu kurbeln beginnt, daß er die Pedale verliert.

Und dann kommt der Ausflügler an die berühmte Kreuzung an der ersten Ausfall-Ortschaft. Und während man doch bisher brav auf der Grünen Welle dahinschwimmen konnte, leuchtet zur Abwechslung jetzt einmal ein strenges rotes Auge auf. Daraufhin stauen sich die anrollenden Automobile bis zur tschechischen Grenze an. Und was geschieht nun auf der Kreuzung selbst? Da stolziert zuerst einmal ein völlig bedienter Dorfgockel, der gerade vom Eierstempeln auf dem nahen Misthaufen kommt, über diese Klagen-Furt. Nachher vielleicht auch noch ein Besoffener, den man in der Wirtschaft »Zum schrägen Hieb« mit einem Stuhlbein frisiert hat und der nun zum Dorfbader zum Verbinden muß. Und zum Schluß wird die Schleuse auch noch von drei Kilometer bayerischem Wald passiert, der aber nicht einmal weißblau angestrichen ist.

In dieser Wartepause hat dann der zähneknirschende Autler wenigstens reichlich Zeit, die Nummernschilder seiner Leidensgenossen zu studieren. Und weil doch sein Unterkiefer voller Bosheit ist, übersetzt er die wehrlosen Buchstaben FFB in den hämischen Satz: Fährst fort, Bauer, deutet das Zeichen EBE in den Slogan um: Esel bleibt Esel. Und würde sich trotzdem sehr wundern, wenn sein eigenes M schließlich von den anderen als Anfangsbuchstabe des Rindviecher-Alphabets mit Muh übersetzt wird. Gegen den schönen blauen Ausflugssee zu wird dann die Fahrbahn noch etwas gemütlicher. Zuerst schleppt ein pfauchender Wimmerschinken – wie die Dampfbarkasse eines Hafenlotsen den Ozeanriesen – einen ungeheuren Wohnwagen hinter sich her. Dieses rollende Familiengefängnis verdirbt dem Nachfahrer nicht nur die Aussicht von der Maas bis an die Memel, sondern auch den schäbigen Rest seiner guten Laune. Bis das Gespann schließlich doch noch in eine Waldschneise einbiegt und einen Drachenschwanz voll schmutziger Wünsche hinter sich nachschleppt.

Gleich anschließend aber ist es ein Langholzfuhrwerk, welches das Überholungsherz höher schlagen läßt. Der Bulldog selbst, der die geschlachteten Weichholzriesen zieht, wird vermutlich mit dem getrockneten Ohrenschmalz alter Zuchthammel betrieben. Wenigstens riecht es genauso aus dem Auspuff. Und nach zehn Minuten Nasen- und Nervenpein überlegt der Schiebedach-Chauffeur, ob er sich nicht freiwillig auf den riesigen Zahnstocher aufspießen lassen sollte, nach Schaschlik-Art. Plötzlich, auf der Höhe irgendeines Militärflughafens, beginnt es auch noch so gräßlich zu heulen, als hätte der liebe Gott erneut den schuftigen Erzengel Luzifer hinausgeworfen. Und zu guter Letzt überholt den Cabriolet-Kavalier auch noch ein Konvoi von Bundeswehr-

Amphibien-Wagen. Die den Auspuff haargenau so hoch tragen, daß ihn der zivile Verkehrsteilnehmer mühelos in den Mund nehmen könnte.

Wäre es da nunmehr verwunderlich, wenn sich mancher Ozonhungrige bei der Vorstellung des bevorstehenden Heimweges überlegt, ob er sich nicht besser auf dem untersten Tannenast seines geliebten Wochenendfleckerls einfach das verpfuschte Lenkradlleben nehmen soll? Leider jedoch wird ihm das gar nicht möglich sein. Denn endlich am Ziel seiner Wünsche, der winzigen, streng geheimen Insel des Friedens, angelangt, muß er feststellen, daß dieselbe bereits von seinem besten Freund, dem er sie in einer Anwandlung von Bewußtseinsspaltung verraten hat, voll besetzt ist. Und mit entblößten gelben Augenzähnen wird ihm dieser Halunke ausgerechnet auch noch seinen Leib- und Lieblingsspruch zurufen: »Ja ja, wer zuerst kommt, der mahlt halt zuerst.«

Am Rheumatismus-See

Draußen im Voralpenland, mitten im geheimnisvollen Moor, über dem nachts gespenstische Lichtlein schweben, so wie über den Häuptern der Aposteln auf den Pfingstbildern, liegt der idyllische, dunkelhäutige Waldweiher, der Rheumatismus-See. Einst wurde er nur ganz selten von gitarrespielenden Wandervögeln oder von uralten Schwammerlweiberln in seiner Verträumtheit gestört. Und im Herbst kam vielleicht auch noch die Kräuterfrau bei ihm vorbei und schnitt aus dem wispernden Schilf die samtenen Moorkolben heraus, die aussehen wie antiquarische Ladestöcke für Mörser. Auch das flockige Wollgras nahm sie mit für die kommenden Allerseelentage. Und ein Körberl voll Moos für die Gräber. Öfters zog auch ein Fischreiher lautlos seine Kreise über dem vergessenen Teich und hielt Ausschau nach dem schiefmäuligen Gevatter Hecht oder nach ein paar dummen, dösenden Brachsen. Doch sonst brachte niemand Unruhe in diese Märchen-Lagune, auf deren Grund ganz gewiß der Froschkönig hauste.

Bis plötzlich jemand von der Wunderkraft dieses Moorweihers erzählte, und wie schnell der weiche, milde Schlamm an den Ufern den bösen Onkel Rheumatismus und die Tante Gicht aus den Gliedern vertreiben würde. Da änderte sich das versponnene Bild gar bald. Ischias- und Hexenschuß-Inhaber, leidende Zipperlein-Brüder und Bandscheiben-Vettern kamen zu vielen Hunderten. Und selbst die viermotorigen Bremsengeschwader, die sofort von allen Stützpunkten des Oberlandes starteten und sich laut schmatzend auf die Eindringlinge stürzten, konnten die gewaltige Invasion nicht bremsen. In wenigen Wochen hatten die Wehdam-Hunnen, zum Dank dafür, daß ihnen die guten Wasser Linderung verschafften, die Gegend mit weggeworfenen Limonadenflaschen, silbernen Kaaspapierln, den Trauerstreifen ihrer Kodakfilme, vergessenen Socken, Plattfußeinlagen, Streichwursthäuten und ausrangierten Autoreifen gar lustig belegt.

Und an schönen Sonntagen liegen jetzt viele Hunderte von schwitzenden und schlafenden Menschen am Gestade. Direkt zum Aussuchen, wie in einem Auslieferungslager des lieben Gottes, sind sie in Reihen ausgerichtet. Als würden sie nur darauf warten, daß der Herr selbst vorbeikäme und zu ihnen sagte: »Der ist fertig und der auch.« Und sie mit seinem göttlichen Zeigefinger in den Bauch stupft, woher doch bekanntlich auch das menschliche Nabelgrübchen stammt. Statt dessen aber kommt meistens nur irgendein Gemeindediener, der in einem Dialekt, der an gerissene Vorderzähne und verschluckte Heuschrecken erinnert, eine saftige Kurgebühr von ihnen eintreibt. Die meisten der Heilungheischenden und Sonnesuchenden haben sich wegen der Insektenplage auch noch mit Essenzen eingerieben, die beim Warmwerden so ähnlich riechen wie ein alter Tippelbruder aus seinen Schnürstiefeln. Und auch an den jungen Bäumchen in den nahen Schonungen, die infolge erschreckend geringer Botanikkenntnisse von den vielen Badegästen für ein einziges WC gehalten werden, hinterlassen die rabiaten Kurgäste ihre Spuren. Fast alle halbwegs erwachsenen Tannenbäume und Fichten haben in Augenhöhe deutliche Strangulationsmerkmale, als wäre ein teuflischer Lustmörder durch den Wald geschlichen. Dabei rühren diese Würgemale doch lediglich von dem halben Hundert Hängematten her, die gar emsig zwischen den ächzenden Stämmen schaukeln.

In einer kleinen Bucht des Seeleins befindet sich die stark frequentierte Suhl-Ecke. Dort wühlen immer zahlreiche Gestalten im Schlamm herum, wie die Wildsäue im Spessart. Manche tragen auch regelrechte Baaz-Duelle nach Art einer Schneeballschlacht aus. Nur, daß die Bälle halt schwarz sind, als wären sie alle todtraurig, weil sie der guten Mutter Erde aus dem Schoß gerissen wurden. Ein paar besonders gierige Hexenschuß-Apostel tragen auch das Moormus schön gleichmäßig auf die Haut auf und legen sich dann zum Trocknen hin. Der eingedörrte Schlamm aber läßt sich nachher weder mit Benzin noch mit grobem Glaspapier entfernen. Höchstens vielleicht noch mit einer

Spargelschälmaschine oder einem Preßluftbohrer. So kann sich die mißhandelte Natur auch ein kleines bißchen an ihren Quälgeistern rächen.

Abends aber, wenn die Frösche im Schilf allmählich die Noten für das Nachtkonzert verteilen, wird es endlich still am kleinen Waldsee. Und wenn dann die milde Tante Dunkelheit mit ihren sanften Fingern die Gegend geglättet hat, ist es fast wieder so märchenschön wie einst an den Ufern des träumenden Teiches. Und dann hüpfen im seichten Wasser viele, viele blitzende Fischlein vor Freude am wiedergewonnenen Frieden fröhlich durcheinander. Und das schaut fast so aus, als hätte die müde Eisverkäuferin eine ganze Schürze voll kleiner Silberlöffel zum Abspülen ins Wasser geworfen.

Gruß aus der Zeltstadt

Von allen Naturaposteln, Grasfressern, Nackedeis, Luftschnappern, Sandalenlatschern und Waldläufern sind die Campinesier nicht nur die zahlreichsten, sondern auch die hartnäckigsten. Für sie hat Hilton völlig umsonst gelebt. Ihre Vorbilder sind der Hunnenkönig Attila und die edle Rothaut Winnetou. Doch weil sich diese Chemiefaser-Nomaden fast genau so fleißig vermehren wie die Asiaten, geht der ursprüngliche Sinn des Zigeunerlebens allmählich völlig verloren. Es ist nämlich anzunehmen, daß der Erfinder des Zeltes, der Kaukasier Wigwamowitsch, diese ambulanten Eigenheime deshalb erdachte, um in den ganz besonders einsamen oder idyllischen Fleckchen mit sich, seiner Natascha, dem lieben Gott und der Genossin Natur allein zu sein. Die Tante Entwicklung aber sagte nein zu dieser romantischen Vorstellung. Denn auf so einem Campingplatz kann wohl in unserer Zeit von Beschaulichkeit und Ruhe keine Rede mehr sein.

Nicht nur, daß die gummierten Bungalows so eng aneinander kleben, daß dem lieben Nachbarn kein noch so zaghaftes Knurren aus Darmstadt, kein Kosewort und kein Sockenduft verloren geht, auf diesen Ischiaswiesen ist auch von der erhofften Freiheit keine Spur mehr zu finden. Denn schon am Eingang der Zeltplätze empfängt den Gast eine riesige Verbotstafel, an welcher ein halbamtlicher Moses haargenau die zwölf Campinggebote detailliert notiert hat. Demnach ist außer der Entrichtung des Platzgeldes, dem Jagen der Mückenschwärme und dem Einebnen der Maulwurfshügel nichts mehr erlaubt. Dabei kostet so ein komfortabler Wandervogelschuppen heute schon beinahe soviel, daß der Besitzer mit seiner Sippe ein volles Jahr lang für den Kaufpreis an der Riviera im ersten Hotel übernachten könnte.

Außer der Finanzierung der einhundertvierunddreißigteiligen Zeltausrüstung ist natürlich auch das Lagerleben selbst noch ganz besonders lustig. Da gibt es zum Frühstück bei einem zünftigen Zeltbürger zuerst einmal drei tiefe Züge Morgenluft und

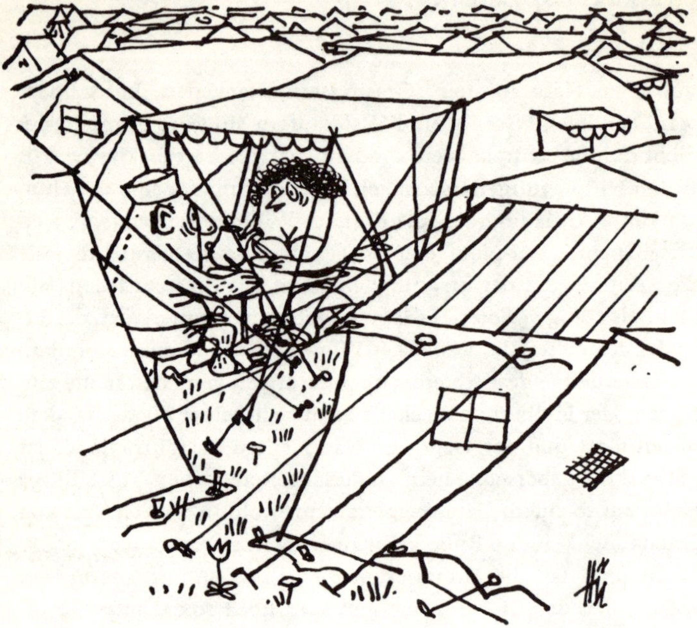

etwas »Gigantenspeise« aus der Tube. Dann beginnt gewöhnlich das gegenseitige Absuchen nach Graszecken und Sandflöhen. Sind diese Partisanen beseitigt und zerschmettert, so geht es ans Aussaugen der Wundmale und anschließendes Einpinseln mit linderndem Jod. Nach einer solchen Behandlung sieht eine Campingfamilie fast immer aus, als wäre sie von den schwarzen Blattern heimgesucht worden. Ganz besonders korrekte Zeltler machen am frühen Vormittag auch bereits Jogaübungen, oder sie treiben den neuesten, sanft idiotischen Modesport und spielen mit einem Rad zwischen den Vorderfüßen Schubkarren. Bei den indischen Kasteiungen kommt es leider manchmal vor, daß sich der Amateurfakir, wenn er auf dem Scheitel steht, etwas verschluckt und bei dem anschließenden Hustenanfall seine ganze Behausung einreißt.

Mittags wird in einem Patentgeschirr mit vierundfünfzig verschiedenen Verwendungsmöglichkeiten eine würfelförmige Suppe gekocht und aus graugrünem Pulver die Nachspeise. Lustig jedoch wird das Wanderleben erst dann, wenn der Regen an die straff gespannte Nordwand der Rheumatismusscheunen prasselt. Dann kann sich der Gast, sofern er der Unbill der Natur und dem Schlamm auf den Lagerwegen erfolgreich trotzt, eine wunderschöne Lektüre aus der Gemeinschaftsbibliothek holen. Vielleicht den zweiten Band von dem Kolossalwerk »Die Gewinnung der Sisalfaser im dunklen Mittelfranken« oder den lüstern anmutenden Roman »Die gefährliche Nonne«. Der sich allerdings dann lediglich als Leitfaden für die Schädlungsbekämpfung herausstellt.

Meint es der Planet aber gut, so darf sich der Zeltler auch den Horden von Bremsen, die mit gierigem Saugrüssel auf den Ästen der nahen Bäume lauern, selbst zum Fraße vorwerfen. Dem allzu sonnenhungrigen Robinson kann es dabei allerdings geschehen, daß ihn die viermotorigen Brummer so aussaugen, daß er schließlich infolge des hohen Blutverlustes gerade noch mühsam auf den Augenbrauen die nächste Sanitätsstation erreicht.

Selbstverständlich sind auch Besuche der Stadt mit ihren Kulturgütern zu empfehlen. Zu diesem Zweck kleidet sich ein richtiger Naturmensch in die gefürchteten Bermudashorts und stellt sich in Pfarrer-Kneipp-Sandalen hinein, welche bei einem ausgesprochenen Wanderer manchmal die Größe eines Nudelbretts erreichen.

Besondere Wonnen jedoch erwarten den Zeltler, wenn sich der Abend über »Gallensteins Lager« herniedersenkt. Dann geht durch die ganze Siedlung ein begeistertes Händepatschen, als hätte der Karajan gerade ein Konzert beendet. Es handelt sich aber leider nicht um Beifall, sondern nur um die Exekution der unschuldig singenden Schnaken. Was etwa bis Mitternacht andauert. Für den Rest der Dunkelheit beginnt anschließend ein pausenloses Wälzen, weil sich die Schlafgäste den Unebenheiten des Bodens anzupassen versuchen. Leider haben die Gemeindeverwaltungen den Gebrauchswert dieser lebendigen Nudelwalker noch immer nicht ganz begriffen. Sonst würden sie vorwiegend auf jenem Gelände, auf welchem Flugzeug-Rollfelder und Autobahnen entstehen sollen, ihre Campingplätze abstecken. Denn in einer einzigen Saison wäre dann das benötigte Brachfeld bestimmt durch das Rollieren der ruhelosen Ruhenden einwandfrei und kostenlos planiert.

Heimkehr vom Hang

»Auf Gleis 28 läuft in wenigen Minuten der Sonderzug ein«, sagt eine unsichtbare Dame aus der eisernen Flüstertüte im Starnberger Bahnhof. Etwa zweihundert Mütter, Tanten, Kindermädchen, Bräute und zwei Sanitäter stehen am Bahnsteig und warten auf den Knieschwamm-Rapido, der die Anhänger des weißen Wahns wieder zurückbringt an den heimischen Herd und den vertrauten Busen. Langsam rollt er endlich heran, der Schwartling-Expreß. Vorn dran sind fünf Waggons mit Butzelware. Freudig reißen die winzigen Alpinisten hinter den Scheiben ihre Milchzahnmäulchen auf, und der hagere Bahnarbeiter, der gleich nachher mit einem nassen Schrubber über die Fenster fährt, schaut aus, als wollte er den grinsenden Gnomen die Zähne putzen. Dann sprudeln die Wintersport-Wichte aus dem pauschalen Pullman heraus wie Selterswasser aus einer warmen Flasche. Und die Angehörigen öffnen die Wintermäntel, die mitgebrachten Thermosflaschen und ihre strapazierten Herzen, um ihre Lieblinge an die gut gepolsterte Brust zu nehmen. Die meisten der Schnee-Säuglinge haben ganz wie die Alten ihre ledernen Trittlinge schon aufgeschnürt und kommen so schleppend daher wie fußkranke Flöhe. Ein besonders lustiger Langlauf-Lauser haut seine kleinen Gleitschienen aus Chemiefaser sofort der strahlenden Oma ausgerechnet um jenen Mund, von welchem sich die gute Haut die Ausrüstung für den vielgeliebten Enkel abgespart hat. Jetzt wird das Zwergenvolk aussortiert. »Irmiii«, tönt es wie das Heulen eines gefangenen sibirischen Wolfes über die Geleise. »Muschilein, da is dei Wuggi-Babba.« Eine junge Mami nimmt die winzigen geröteten Griffel ihres Herzibobberls zum Anwärmen so tief in den weit geöffneten Mund, als wollte sie die gefrorenen Fingerlein abbeißen. Im Hintergrund schwingt ein mächtiger Mann eine riesige weiße Fahne, auf der lediglich in großen Buchstaben »Huber« draufsteht. Dem Zaungast ist es zwar klar, daß es sich dabei um das Familienbanner handelt, unter dem sich

nach und nach elf Figuren von diesem Clan versammeln. Aber er meint halt, »Huber« allein ist ein bißchen wenig. Wenn wenigstens »FC Huber« draufstehen würde. Eine Dame mit New Yorker Gesicht und blütenweißen langen Fingerhandschuhen sprüht sofort ihrem Sprößling ein Antibazillenspray über Gesicht und Hände. So, als wäre der Mini-Max nicht gerade von der »Lyra«-Abfahrt gekommen, sondern von einer Leprastation. Und weiter vorne ertönt als Erkennungssignal ein grelles Trillerpfeiferl wie das Kommando: »Antreten zum Busserlfassen.« Besorgt tasten die Erwachsenen nicht nur die vielen zarten Knöchelchen der kleinen Schleppliftschelme ab, sondern auch die Liliputrucksakkerl und die Hüfttaschen. Und siehe da, die mitgegebenen Orangen haben die braven Kleinen durch viele Purzelbäume tatsächlich in »Hohes C« verwandelt und die Äpfelchen zu köstlichem Kompott. Und dann nahen die ausgewachsenen Pistenhunnen aus den hinteren Wagen. Schon beim Aussteigen gibt es da ein Geschepper und Geklirre, wie es sicher nur noch in der Waffenkammer der Nibelungen zu hören war, als der Attila kam. Vermischt mit zünftigen Aussprüchen und Hinweisen: »Sie, san S' so guad und dean S' Eahnane Schi aus dieser Dame nehma. De Dame is nämlich meine Braut.« Oder: »Gell, wenn Sie Ehanane Schischtecka suacha, de san in meine Ohrwaschl.« Dann schlurfen sie den Bahnsteig entlang und singen dazu »Bergvagabunden sind wir«. Genau so sehen sie auch aus.
Alle haben sie ihre vierteiligen Schlafzimmer für Frostbeulen bereits weit geöffnet, und die Schuhbandenden, die sie hinten nachschleifen, verlieren sich irgendwo im fernen Sudelfeld. Zwei tragen den Arm in der Schlinge, und einer hinkt daher wie ein Zweitakter, bei dem die Zündkerze aussetzt. Ein anderer hat nur einen einzigen Ski geschultert. Der Beobachter stellt sich mühelos vor, wie sich der andere beim Anschnallen der raffinierten Sicherheitsbindung plötzlich selbständig machte und nach längerer Irrfahrt wie ein Lufttorpedo das reichbemalte Fenster einer ehrwürdigen Dorfkirche durchschlug, um anschließend ausgerechnet im Wandbild des heiligen Sebastian zu landen, der

sowieso schon von oben bis unten durchbohrt ist. Die Damen tragen vielfach Hosen mit weißen Generalstreifen, wie der Feldmarschall Unschuld. Sie hoffen heftig, daß sie bald aus diesen Todsünden-Futteralen herausgeheiratet werden.
Langsam leert sich schließlich der Perron wieder. Im allerletzten Wagen allerdings sucht eine schon etwas verblühte Schneerose nach irgendeinem Zettel auf dem Boden herum. Vier ganze Urlaubstage hatte sie gebucht. Und bereits am ersten Tag verlor sie dann ihr Herz. Am zweiten das Gleichgewicht, am dritten ihre Tugend und jetzt auch noch die Adresse dieses Herrn. So phantasiert wenigstens der stille Zuschauer in dieser Situation. Da kommt aber doch tatsächlich noch ein später Schigolo den Bahnsteig entlanggeschlichen und steuert auf eine Dame zu, die ihn am Ausgang mit bösen kleinen Steckkontakt-Augen erwartet. Der Schlimme hat sich anscheinend irgendwo ganz hinten von seinem frisch eroberten Skihaserl verabschiedet. Wenigstens prangt ein signalrotes Lippenstift-Brandmal auf der rechten Wange. Das entdeckt die zürnende Abholerin natürlich sofort. Und ohne weiteres Verhör erklärt sie dem schuldbewußten Spätheimkehrer rigoros: »Bloß daß d'as woaßt, mit deine Wintafreidn is ab sofort aus. Und de Schi wern heit no vabrennt.« Es nützt auch nichts mehr, daß der zerknirschte Sünder ganz leise noch zu bedenken gibt: »Aba Oide, de konn ma doch net vabrenna, i hob ja Metallski.« Weil nämlich der langhaarige Racheengel sofort schlagfertig darauf erwidert: »Sooo, aus Metall san s'. Guad, nacha wern s' hoid eigschmolzn.«

Fahre, fahre, Zug

Der alte gebückte Mann ist nicht sehr glücklich, als er auf der schwarzen Tafel des Bahnsteigs vierzehn liest: »D 28, aus Richtung Verona kommend, hat voraussichtlich dreißig Minuten Verspätung.« Und seine Emmi, die er vom Kuraufenthalt in Abano abholen soll, wird wahrscheinlich auch schon öfter auf ihre ovale Armbanduhr geschaut und dann ein bißchen mit dem Kopf gewackelt haben, weil sie doch weiß, daß ihm das Stehen gar nicht mehr leicht fällt.

Zuerst überlegt der stille Warter, ob er nicht doch in die Bahnhofsrestauration gehen soll, aber auf einmal kommt irgendeine kleine Fröhlichkeit über ihn. Das mag vielleicht die altmodische Vororts-Lokomotive ausmachen, die auf dem letzten Gleis asthmatisch vor sich hin pafft. Denn sie erinnert ihn an das Kinderspiel, das ihm immer eines der liebsten war. Und ganz leise brabbelt der alte Mann jetzt vor sich hin: »Fahre, fahre, Zug – der letzte muß alles bezahlen.« Dann denkt er auch wieder an den verschlafenen Lokalbahnhof, an das rote Sandsteingebäude, das heute noch steht und ausschaut wie eine übriggebliebene Kulisse aus einem Westernfilm. Einmal, das weiß er noch ganz genau, war dort das Abfahrtssignal kaputt gegangen, und die Frau Stationsvorsteher gab mit einer großen Pfanne und einem Schöpflöffel das Gongzeichen. Später stellte sich dann heraus, daß lediglich in dem Räderwerk der Signalglocke ein Vogelpärchen genistet hatte, und die Frau Vorstand brachte es nicht übers Herz, die junge Brut zu verjagen. Auch erinnern ihn die Rauchstöße, die aus dem Kamin der Lokomotive kommen und eigentlich verdaute Kilometer sind, an den Obstler Isemann, der dem Rauchclub »Vesuv« angehörte und die schönsten Ringerl im ganzen Viertel blasen konnte. Wenn sie dann in der Luft schwebten, stieß er mit seinem zerschundenen Zeigefinger genau in die Mitte des Rauchkreises, ohne daß dieser zerstört wurde.

»Achtung, Achtung, der Schnellzug aus Emden über Köln,

Frankfurt, Stuttgart fährt in wenigen Minuten auf Gleis zwölf ein.« Der unsichtbare Ansager, der diese Nachricht durchs Mikrophon gibt, röchelt noch ein bißchen nach. Und der Rest seiner Meldung prallt als Widerhall von Bahnhofswand zu Bahnhofswand. Unter den Aussteigenden fällt dem Beobachter gleich ein Mann auf, dessen Eierkopf ausschaut wie eine riesige Seifenblase, die in die Zugluft gekommen ist. Auch eine nordische Reisegesellschaft zwängt sich aus dem Personenwagen. Die Männer tragen alle seltsame Wanderstäbe bei sich, die mit vielen Plaketten benagelt sind. Hinter ihnen trottet ein alter, ausgeschlachteter Vagabund den Bahnsteig entlang, setzt sich auf den schmierigen Randstein hin und legt seinen Hut mit der Öffnung nach oben neben sich. Nachher holt er einen abgebrochenen Kamm aus der Tasche, zieht ein Stück Papier darüber und spielt auf dieser Handwerksburschen-Flöte das Lied »Lustig ist das Zigeunerleben«. Außer den verirrten Strahlen der Nachmittagssonne fällt aber in seinen aufgestellten Filz nichts Blinkendes hinein. Als ein Beamter im Blaukittel naht, sucht der Mann das an diesem Platz ganz besonders preiswerte Weite.

»Fahre, fahre, Zug – der letzte muß alles bezahlen.« Sieben Mark und achtzig Pfennig wird der gute Onkel auf Bahnsteig sieben noch schnell los für Zeitungen, Obst und Schokolade, die er dem abreisenden Besuch durch das Fenster hineinreicht. Verlegen schaut daneben der Verliebte auf den Boden, ob er dort vielleicht noch ein paar Worte finden kann, denn er selber hat schon alles gesagt. Die Liebste wird so rot wie das Haltesignal, das weiter vorne erglüht, als ihr der Galan einen Abschiedskuß gibt und dabei vom Mund etwas abrutscht und das junge Ohr trifft. Dann setzt sich der rußige Rapido langsam in Bewegung. Und auf einmal ist der Zug weg, als wäre er nie da gewesen. Zurück bleiben drei Coca-Cola-Kapseln, zwei Schienen und eine rasch verdunstende mittelgroße Träne.

Und der alte Mann geht zum D 28, der gerade einläuft.

Fliegende Menschen

Heiser räuspert sich eine ehrwürdige Flugmaschine der Landepiste zu. Man sagt, sie sei schon so müde und alt, daß die Passagiere zweiter Klasse mittreten müßten, wenn es über einen Berg geht. Dann setzt die dicke Wolkentante auf, macht noch ein bißchen hepp und plepp mit den lahmen Propellern, und schließlich spuckt sie ein halbes Dutzend lebensmüder Passagiere auf den Zement. Die Zöllner erzählen sich, daß dieser Donnervogel der ganze Stolz eines kleinen arabischen Landes sei. Aber beim letzten Besuch in München habe man leider vergessen gehabt, im Heimatflughafen die Klappen der Gepäckräume unten zu schließen. So daß die paar Habseligkeiten der Reisenden weit über die Schluchten des Balkans verstreut wurden. Wo sie nicht einmal mehr der pfiffige Effendi Kara ben Nemsi finden würde.

Zwanzig Meter neben dem grauen Luftveteranen verabschiedet ein Reiseleiter gerade eine Ferien-Fuhre nach Mallorca. Er wischt sich den leichten Profitschweiß von der Stirne und fächelt dann winkend mit dem Taschentuch hinter der verfrachteten Erholungs-Kommune her. Es sieht fast aus, als hätte er ein heimliches Kreuzzeichen gemacht. Dann addiert er noch einmal unhörbar in den röhrenden Start-Taifun hinein. Vierundzwanzig mal fünf Mark fünfzig. Das macht zusammen einhundertzweiunddreißig Mark. Und als der jaulende Vogel schon halb im Äther verschwindet, zieht er noch rasch einen langen weißen Kondensstreifen hinter sich her. Als wollte er bestätigen: Strich darunter, die Rechnung stimmt.

Behutsam senkt ein anderer Düsenriese die Leichtmetallschnauze, als wollte er schnuppern, ob es unter ihm auch wirklich nach Riem riecht. Vom Himmel hoch, da kommt er her. Und das muß wohl stimmen. Denn es entsteigen seinem mächtigen Siebengeißlein-Bauch gezählte vierundzwanzig Figuren in schneeweißen Erzengelhemden. Es ist wahrscheinlich der Häuptling Zimbrabimba mit seinem weiblichen Mitternachtsgeschwa-

der. Die Damen tragen alle dicke Spiralfedern an den Unterarmen. So wie sie beim Aufrichten des west-östlichen Diwans Verwendung fanden. Am Ende hatten die Ebenholz-Ladys sogar dieses strapazierte Möbel aus Eifersucht selber zerlegt und dann aufgeteilt. Rasch ersteht der Harem-Herodes am Touristen-Bazar noch zweiundzwanzig schwer verchromte Handtaschenhalter, die er dann trotz der beigefügten eindeutigen Gebrauchsanweisung seinen Lieblingsfrauen einzeln ans rechte Ohrläppchen klemmt. Und dann geht es mit einem anderen Ozon-Omnibus auch schon wieder weiter. Möglicherweise nach Bonn, wo man dem Herren über zwei Dutzend Unterröcke als Entwicklungshilfe vielleicht zweitausend handgestrickte Pulswärmer anbieten wird.

Etwas später trudelt ein Touristen-Mutterschiff aus Glasgow ein, mit dem Ziel Athen, wie eine unsichtbare Kommandeuse über die Lautsprecher ansagt. Wahrscheinlich handelt es sich dabei um den Betriebsausflug einer Kartonagenfabrik. Wegen der vielen alten Schachteln, die jedoch mit lauter bunten Bändern wie kostbare Bonbonnieren verschnürt sind. Gekonnt schaufeln die Damen in wenigen Minuten drei Tabletts voller Holländer Kirschkuchen in sich hinein und spülen mit schwarzem Kaffee reichlich nach. Beim Weiterflug hängt ihr Himmels-Saurier deshalb ganz deutlich nach links, wo die Ladys alle sitzen.

Und im Luftbahnhof selbst schwirren Touristen und Travellers rat- und hilflos um die Boden-Stewardessen herum. Meistens kleine, mollige Lustraketen, die sich zwar noch nie höher als auf einen Barhocker in die Luft erhoben haben, aber unter ihren Blüschen immerhin mehr Wind besitzen, als eine zweimotorige Turbo-Prop-Maschine mit ihren Strahltriebwerken erzeugen kann. An den Theken und auf den Barhockern rekeln sich indes gelangweilt die Air-Bus-Bübchen. Ein ganz neuer Typ von Edel-Strizzis. Sie warten in beharrlichem Aberglauben auf reiche Salpeter-Witwen aus Chile, denen sie gerne die Stadt und auch noch persönliche Kleinigkeiten zeigen möchten.

Der im Propellerwind ergraute Abfertigungsbeamte an der Gangway lächelt zu dem allen nur. Er schmunzelt über das winzige Filmsternchen, das von einer wuchtigen Blaskapelle abgeholt wird, über die Witwe Eigenschink, die im Preisausschreiben einen Europaflug gewann, und auch über die zwei ratlosen amerikanischen Kinder, die ein Schild mit der Aufschrift um den Hals tragen: »To Munich, Hotel Bayerischer Hof, please help us.« Auch jene James-Bond-Gestalten mit ihren schwarzen Geheimdienst-Koffern und den düsteren Mienen können ihn kaum aufregen. Und immer wieder amüsiert sich dieser Mensch noch über die einfallsreichen Slogans, mit welchen die verschiedenen Luftfahrtgesellschaften für ihre Linien werben. Zum Beispiel jene dänische, die lakonisch behauptet: »Bei uns ist noch niemand oben geblieben.« Oder die Engländer mit ihrem Hinweis: »Schnell am Ziel mit der angelsächsischen Allround-Association. Auch der liebe Gott ist ein Brite.«

Am meisten gefällt ihm jener Reim, den er sich selbst auf gewisse Chartermaschinen gemacht hat. Und der lautet: »Benutzen Sie unsere zuverlässige Direktverbindung München – Chicago. Start in Riem, Verspätung in London, Gepäck in New York und Landung in Kuba.«

Erstklassige Regenwürmer

An Tagen, wenn Sankt Petrus den mißratenen Erdbewohnern riesige nasse Wolkenfetzen wie Putzlumpen um die Ohren haut und wenn hunderttausend Engel graue Tränen über die unglückselige Menschheit weinen – da lassen dann viele Kreaturen den Kopf, die Ohren und die Unterlippen hängen. Nur eine Gattung der sogenannten niedrigen Geschöpfe jubiliert, wenn auch lautlos, vor sich hin. Die Regenwürmer nämlich. Und sie schwänzeln und ringeln sich, kommen zu Tausenden aus ihren Löchern, brechen immer wieder in begeisterte Bravorufe aus und stellen fest: »Was für ein herrliches Ausflugswetter!« Ganze Safaris ziehen dann über die Kieswege der Anlagen, über schmale Wiesenpfade und manchmal leider auch in ihrem Übermut übers Großstadtpflaster und die Asphaltstraßen, wo sie still und ergeben irgendwo ihre winzigen Wurmseelchen aushauchen.

Nun gibt es bei solchen Massenausflügen aber auch immer andere Wesen, die nur auf so was warten, um ihren Vorteil wahrzunehmen. So wie beispielsweise auch bei den großen Lachsanwanderungen schon die Bären und die Feinkostlieferanten am Ufer der betreffenden Flüsse stehen und sich kräftig bedienen, so lauern auch auf den Regenwurm nicht nur Amsel, Drossel, Fink und Star, sondern sogar die Herren der Schöpfung mit kleinen Kübeln, Aluminiumschachteln oder Plastiktüten, um die unbesonnenen Ringelmänner dem alsbaldigen Endzweck zuzuführen. Und auch solchen erfahrenen Wiesen-Nattern, die vielleicht nur die spitzen Rüssel ein wenig aus ihrem dunklen Appartement herausstrecken und dann von Schnäbeln oder mit Daumen und Zeigefinger ergriffen werden, nützt es nur wenig, daß sie in ihrem unverständlichen Dialekt flehen: »Ach, bitteschön, lassen Sie mich doch noch ein einzigesmal aus, ich möchte ja bloß meiner Frau sagen, sie braucht heute mit dem Essen nicht auf mich zu warten.« Denn diese faulen Ausreden sind natürlich den Verbrauchern längst bekannt, und da lächeln die bloß darüber.

Wie begehrt die kleinen blaßbraunen Schwänzlein schon immer waren, das bewies einst in München ein pfiffiger Sport- und Naturfreund, der von dem Geschäft mit den Regenwürmern samt zwei ausgewachsenen Gehilfen gut leben konnte. Es war dies ein Mann namens Ernst Micheli, und sein Auslieferungslager befand sich in einem uralten Wohnhaus in der Westenriederstraße. Die Fischer aus nah und fern kamen zum Ernstl, um bei ihm ihren Bedarf an der schönen, dicken handelsüblichen Ware zu decken. Vier Pfennig kostete das Stück Wurm in der soliden alten Goldwährungszeit. Und an manchen Tagen setzte der Micheli bis zu zweitausend Exemplare ab. Seine Münchner Regenwürmer genossen übrigens einen erstklassigen Ruf auch im Ausland. Weil sie immer frisch waren und das richtige Maß besaßen. Unter den Stammkunden vom Ernstl war sogar ein Kommerzienrat, der mit einem Daimler-Auto und mit einer hochnoblen Braut zum Einkaufen kam. Als er aber dabei einmal die angebotenen Exemplare fachmännisch durch die Finger gleiten ließ, warf ihm seine Verlobte voller Grauen den Ring vor die Füße. Ein Teil der Ausbeute ging regelmäßig per Postversand von der Westenriederstraße nach Paris für die Seine-Fischer, die schon sehnsüchtig darauf warteten. Dieser Export war zollfrei.

Der größte Regenwurm-Freier aber war ein bekannter Münchner Geschäftsmann und Isarfischer. Auch in der geldknappen Zeit kaufte dieser nasse Nimrod bei Micheli jährlich für mindestens fünfzig Mark ein. Mit diesen Ködern fing er dann ein einzigesmal in sechs Jahren einen Weißfisch im Wert von vierzig Pfennig.

In achtzig Minuten um die Welt

Die Uhr im verschlafenen Milchladen der Anna Kampf zeigt auf fünf Minuten nach zwei, als der Lulu Würfel mit dem Hausschlüssel dreimal ans gußeiserne Abflußrohr schlägt und dazu energisch zählt: »Vier, drei, zwei ab.« »Tschsch« macht er dann durch die obere Milchzahnlücke und startet zur Reise um seine kleine Welt. Zu einer Aufklärungsrunde einmal um den Block herum. Schon nach fünfzig Metern bleibt der Lulu stehen. Das alte Eisenbahnerhaus ist abgerissen worden, und ein himmelhoher Block wird gebaut. Er ist schon sechs Stockwerke gewachsen. Und das Kind muß daran denken, wie ihm der Onkel Karl einmal erzählt hat: In Amerika ist ein Wolkenkratzer gebaut worden, der war so hoch, daß ein Maurer, der oben den Hammer hat fallen lassen ... Also, bis der Hammer halt unten angekommen ist, war der Stiel verfault. Nun, ganz glaubt das der Lulu nicht. Halb höchstens.

Jetzt schaut er zu dem Riesenkran hinauf. Ein Mann sitzt drinnen in einem winzigen Häuschen und befehligt das eiserne Untier. Da ein Maul voll Kies, dort einen Happen Bretter oder ein Rohr, eine eiserne Rohsalami. Der Lulu ertappt sich dabei, wie er jedesmal selber den Mund auf- und zumacht. Ob der Kran auch einen Namen hat? »Eisenbeiß« vielleicht? »Sie, bittschön, brauchen S' koane Zigaretten?« schreit er auf einmal zu dem Mann in der Befehlskanzel hinauf. Er hätte sie ihm gerne gebracht, die sechsundsechzig Eisensprossen hoch. Das wäre was. Da fällt ihm ein Sprichwort ein: »Wer im Glashaus sitzt, soll nicht mit Steinen werfen.« Ob der Kranführer das tut? Nur ein einzigesmal möchte der Lulu an den Hebeln sitzen. Aber er würde dann keine Balken greifen. Sondern bloß aus Jux einmal die Hausmeisterin. Ganz zart hinten am Genick. Weil die jedesmal sagt, wenn was los war: »Das kann nur der Würfel-Balg gewesen sein.« Darum würde er diese grantige Minna einmal hochheben und vielleicht eine Zeitlang über den Kamin von ihrem Haus halten. Nein, aus-

lassen würde er sie natürlich nicht. Übrigens will der Lulu jetzt kein Büchsenmacher mehr werden. Sondern Kranführer.
Schnell hebt er noch ein Stückchen Kupferdraht auf, denn einen Draht kann man immer brauchen. Am Obsthändler geht's vorbei. Der hat Spinat ausgestellt. Er schüttelt sich. Aber sagt nichts. Vor dem Versicherungsblock bleibt er kurz stehen und pfeift. Den Siegfriedspfiff. Im vierten Stock schaut blitzschnell der Kopf vom Freund Benedikt heraus, seine Hand winkt ab, und weg ist er wieder. Und der Lulu weiß, daß er Hausarrest hat. Da schaut er eine Weile beim Bierabladen zu. Zwei Pferde sind vor dem Fuhrwerk, und der Bub grüßt freundlich: »Servus, Gaulus Pferdibus.« Das rechte Roß lacht und zeigt die Zähne. Gelb und groß wie bei einem Heurechen. Da reißt es ihn selber. Drei müssen bei ihm heraus, hat der Schularzt gesagt. Den Zettel für daheim hat er verschwinden lassen. Der ist fort. Aber der Schmerz wird wiederkommen.

Rechtsum marsch. Leise vorbei an der Bruderbergerstraße. In dieser Gegend schreibt die alte Krämerin noch in einem blauen Büchlein auf, weil manche Kunden bargeldlos einkaufen. Der Lulu probiert die Knospen von irgendeinem Strauch. Schmeckt nicht schlecht. Den Hund der Witwe Haas hinter dem Zaun bellt er an. Knurrend. Und bückt sich tief. Lange schaut er ihm in die Augen. Aber er kann ihn einfach nicht hypnotisieren. Er streckt ihm die Zunge heraus. Der Schnauzer versteht das. Weiter vorne hängt ein Schild am Zaun »Frisch gestrichen«. Das wird mit fünf Fingern geprüft. Stimmt. Der Preßluftbohrer rattert und rumpelt so schnell, daß der Mann mit dem Zittern kaum nachkommt. Ein anderer Mann stellt ein Zelt auf, hebt einen Kanaldeckel und verschwindet im gähnenden Schacht. Allerlei Vorstellungen kommen über den Lulu. Da drunten könnte man vielleicht bis nach Rom gehen. Und dann einen anderen Deckel aufheben und die Leute einfach beim Fuß packen, wenn sie vorbeigehen. Nichts ist's mit dem Kranführer. Kanalarbeiter wird er. Ganz klar.

Der nächste Haken. Heimwärts geht's wieder. Das Parterrefenster vom verstorbenen Schneider Münch, von dem die Leute behaupten, er hat seine Kundschaft einfach auf den Tisch gelegt und ist mit einer Kreide außenherum gefahren beim Maßnehmen, ist offen. Der Bub sieht die alte Oma. Über das Bett von der Rosi gebeugt. Die hat es so arg im Hals, daß man schon sagt, sie muß vielleicht sterben. Jetzt macht die Großmutter ein Kreuz. Der Lulu seufzt. Hoffentlich hilft es. Und wenn die Rosi nur ein paarmal schlucken kann darauf. Der Lulu schaut auf die Uhr. Drei Uhr fünfundzwanzig ist es. Er rechnet. Ganze achtzig Minuten hat er also gebraucht. Für den Ausflug um seinen winzigen viereckigen Globus. Haargenau so lange wie ein richtiger Astronaut auch, der die Erde umkreist. Aber ob der wohl dabei auch so viel sieht wie er? Nie im Leben!

Kindergarten-Kinder

»Städtischer Kindergarten« steht auf dem verblaßten Jugendstilbild über einer verschnörkelten Türe im alten dämmrigen Schulhaus. Und auf dem Gemälde tanzen kleine Mädchen mit Borsdorfer Apfelbäckchen und gelben Margarinezöpfen Ringelreihen. Ihre heute ernährungswissenschaftlich völlig undiskutablen Mastköpfchen sind fast so breit wie hoch, und mit den halb offenen Karpfenmäulchen sehen sie alle aus, als würden sie das schöne Lied vom stummen Fisch singen. Drinnen in der großen Stube mit den unmodernen Rundbogenfenstern ist gerade Mittagspause. Und während der Stingelbeck Micherl mit verdrehten Glasschusseraugen nach dem Batzerl Kartoffelbrei auf seiner Nasenspitze schielt und es mit flinker Laubfroschzunge immer wieder abzuschlecken versucht, brabbeln die anderen vierunddreißig Kostgänger mit leisem Singsang ihr Tischgebet herunter: »Lieber Gott, ich will dir sagen – vollgefüllt ist nun mein Magen – und der Teller ist jetzt leer – dafür danke ich dir sehr.«

Nach dieser Vollzugsmeldung geht es in die Garderobe zum Bettzeugfassen. Und dann in Seitenschwumm-Stellung auf die geflochtenen Liegen. Ein paarmal wischen einige von den Gnomen noch die flüchtigen Gedanken weg, die auf ihren Kindergesichtern herumkrabbeln; dann schlafen sie alle.

Das Fräulein, eine schürzenweiße Tankstelle für Geduld und Güte, hat jetzt auch ein wenig Ruhe vor ihrer Kundschaft. Sie schreibt in ein Heft. An den Wänden hängen viele frühe Picassos. Bratenbraune Vögel eines unbekannten Baumusters zum Beispiel. Die ausschauen wie gefiederte Kalbshaxen und im lautlosen Rätselflug eine siebenzackige Sonne mit beleidigtem Chinesengesicht umkreisen. Oder das Gemeinschaftswerk der kleinen Wasserfarben-Surrealisten: ein tresorgroßer Engel mit winzigen Flügelchen, mit denen er nimmermehr wird starten können. Er bewacht eine Kirche, die ihm kaum bis zur Hüfte geht. Aber Kindersünden sind ja auch nicht groß.

Wenn die schlafzerzausten Kegel wieder aufgestellt werden, findet das Make-up statt. Und die hefezöpfige Lorelei Marili kämmt sich mit eigenem Kamme. Der Micherl auch, aber seine Borstei sagt »nein«. Dann ist Freispiel. Jedes Kind darf tun, was es will. Malen, bauen, träumen, schneidern, bilderbüchern, einen Einzelhandel eröffnen, Sprechstunden abhalten oder Puppen tadeln.

Der Dorian ist ein Held der Arbeit. Er hat sich schon drei Holzschiefer eingezogen. Und eigentlich wäre sein Daumen ganz blau. Man sieht es nur nicht so. Denn der Dori ist ein wenig dunkler ausgefallen als die anderen Buben. Er arbeitet seit Wochen an einem Flugzeug. Es ist zweifellos eine aufsehenerregende Konstruktion. Ohne Propeller. Es fliegt schon mit Düsen.

Und den Motor liefert der Erfinder selbst mit seinen Brumm-Lippen. Nebenan spinnt die kleine Susi sanft und leise vor sich hin. Zuerst ist sie ein Osterhase, stellt die Hände-Ohren steif an den Kopf. Hüpft in den Winkel, macht ein Phantasienest und bleibt eine Weile drin sitzen. Als sie jedoch enttäuscht feststellt, daß nachher doch keine farbigen Eier drin liegen, wechselt sie rasch den Beruf. Susi malt auf einem Stück Papier ihren linken Fuß ab und sagt: »Da wern ma aber viel Leder blauchen, liebe Flau Singerl, für so eine gloße Nummer!« Der Vater ist Schuster. Abermals sattelt Susi um. Ein Aquarell entsteht auf DIN A 4. Dreimal muß das Fräulein raten: »Ein Stachelbeerstrauch?« — »Nein.« — »Ein Karussell?« — »Nein, auch nicht.« »Oder ein Ziegenbock?« — »Neieiein. Des is unsere Sonntagstante, wo immer zum Essen kommt. Äällabätsch!« — »Dornröschen, schlafe hundert Jahr, hundert Jahr«, singt die Christl. Der pfiffige Robert hat gesagt, sie müsse das singen und die Hände vor die Augen halten und den Kopf in den Schoß tun. Dann nimmt er ihr sachlich den Struwwelpeter weg. In einer stillen Ecke schüttelt er manchmal mißbilligend den Kopf beim Betrachten der Vierfarben-Schicksale. Manchmal nickt er aber auch mit großer Befriedigung. Das erwachte Dornröschen hat sich schnell mit einer Puppe getröstet und sagt: »Sei bloß nicht immer so wehleidig, sonst kriegst ein paar hinten drauf.« Und »Rohrnudl sind nicht mehr da, iß das Stückerl Brot, und dann denkst dabei an recht was Gutes!« sagt sie auch noch.

Abends kommen die Eltern mit ihren Werktagsgesichtern und holen die Kleinen, die sie zu früher Stunde mit semmelwarmen Bettköpfchen anlieferten, wieder ab. Aber wenn es schön ist und die Kinder sich draußen im spärlich grünen Hof tummeln, wartet der Vater oder die Mutter wohl auch ein wenig allein in der Spielstube. Dann geht die Kindergärtnerin mit extra starkem Geräusch auf die bemalte Tür zu, ehe sie aufmacht. Denn sie weiß schon, was die erwachsenen Leute manchmal tun. Jaja, da sitzen sie auf den lächerlichen Kinderstühlchen und trällern leise vor sich hin: »Dort auf jenem Berge, simserimsimsim.«

Die Zwerge proben den Aufstand

Es gab tatsächlich einmal Zeiten, in welchen der junge Sprößling immer erst die Kleider des älteren Brüderleins auftragen mußte, bevor es »was Neues« gab. Und manchmal steuerte sogar die ganze Verwandtschaft für die Garderobe eines ärmeren Patenkindes bei. Ebenso wie es auch Jahre gegeben haben soll, in welchen das Christkindl regelmäßig das alte Schaukelpferd neu lackiert wieder brachte. Und eine alte Puppe, die der Nikolaus drei Wochen vorher geholt hatte, unter Freudentränen wieder in die minderjährigen Arme genommen wurde. Ging es aber dann wirklich einmal in die Stadt zum Einkaufen, so wurde der Nachwuchs mit der Sachlichkeit, wie sie auf den Kleidungskammern in einer Infanteriekaserne üblich war, und unter dem berühmten Wort »paßt« eingekleidet.

Aber wie sieht das alles heute aus! Zuerst einmal wird der winzige Sir Schnullerkiller oder die Prinzessin Purzelbaum daheim durch entsprechenden Lezithin-Zusatz im Sauerbruch-Kraftfutter in eine günstige Einkaufsstimmung gebracht. Vor dem ausgewählten Baby-Bazar wartet indes schon ein schwer verchromtes Schaukelpferd auf die kühlen, bleichen Spargel. Nach Einwurf von mehreren Geldstücken gelingt es damit den Eltern vielleicht, ihren Thronfolger in ein passendes seelisches Gleichgewicht zu wippen. Selbstverständlich ist der Rhythmus so eines Cavallos von Sigmund Freud haargenau berechnet worden.

In der Maßkonfektions-Abteilung des »Little Gentlemen Shop« nimmt anschließend der jeweilige Elternteil geduldig am Illustrierten-Tischchen Platz, indes der winzige Steiß beginnt, den beflissenen Textilberater auf die Nehmer-Qualitäten seiner Nervenstränge zu testen. Denn was ein echter deutscher Wunderknabe ist, der kennt zwar meistens den Unterschied zwischen Dienstag und Donnerstag nicht so genau, dafür aber jenen von »Homespun« oder »Harris Tweed« um so besser. Ist dann der Liliput-Ausstatter endlich so bedient, daß er nervlich auf den

Augenbrauen läuft, gibt sich Klein-Wulff-Dieter-Eckehard vielleicht zufrieden. Er hat die Wahl seines Blazers mit dem eingewebten Wappen der Nasenbohrer-Dynastie getroffen und sagt zu seinem Paps noch anschließend, mit dem Daumen gönnerhaft auf den ruinierten Verkäufer deutend: »Hallo, Alter, gib dem Buddy ein bißchen Münze.«

Es gibt auch nur mehr sehr wenig Schneewittchen, die unter hundert vorhandenen Kleidchen nicht auf Anhieb das teuerste am Wickel hätten. Wenn dann die Mutter schüchtern einwendet: »Weibilein, das ist aber doch viel zu gelb«, kann sie leicht zur Antwort kriegen: »Mamsi, man soll nicht gelb sagen, wenn man Geld meint. Du hast mir selbst gelernt, daß man immer ehrlich sein muß. Also, liebe Mutsch, bitte, bleib sauber.« Manche von den Liliput-Ladys versuchen auch noch mit der etwas veralteten Methode des Schmollmündchens und Karpfenmäulchens ihre Wünsche durchzudrücken. Daneben aber strampfeln andere wieder einen Eigensinns-Step aufs Ladenparkett wie Fred Astaire in seiner Glanzzeit.

Und da fragt sich mancher rückständige Erzeuger vielleicht ganz bescheiden, wohin denn dieser Aufstand der Zwerge eigentlich führen wird. Wenn in naher Zukunft beispielsweise so ein Nagelbeißer zu Hause seine Schulaufgaben machen sollte und das familieneigene Elektronengehirn versagt, so wird der kleine Missetäter doch bestimmt nicht mehr übers Knie gelegt werden. Sondern die gute Mutter verkocht die dumme Maschine womöglich zu Hirnsuppe mit Zahnrad-Einlage. Und auch der Tag wird sicher nicht mehr allzu ferne sein, an dem der Herr Wichtelmann und das Fräulein Schneewittchen in ihre Spielschürzchen kleine Rückstoßraketen eingebaut bekommen. Wie ein Weltraumfahrer. Damit sie selbst nicht mehr zu laufen brauchen. Sondern auf eine schwerelose Umlaufbahn gebracht werden. Beim Ringelreihenspielen.

Bub im Hof

»Vier Wochen war der Micherl krank, jetzt ißt er wieder, Gott sei Dank.« Und der ernste Doktor Kaltwasser hat ihm sogar erlaubt, daß er zum erstenmal im Hof drunten spielen darf. Nein, noch nicht Fangermandl natürlich oder turnen auf der Stange zum Teppichklopfen. Aber halt so ein bißchen »sumserum-sumsum« machen und luftschnappen. Nun steht der Michael Wenig also wieder in seiner geliebten Hinterhofprärie, die sonst so voller Abenteuer ist. Aber heute weiß er gar nicht recht, was er anfangen soll, weil doch die Gefährten seiner glückhaften Stunden alle in der Schule sind, und allein spielen ist gar nicht so leicht.
Also fährt der Micherl zuerst einmal mit leisem Singsang und einem Steckerl an der grindigen Hausmauer entlang. Halt, jetzt da schau her, der abgesprungene Verputzfleck schaut ja haargenau aus wie der Kapitän vom Fernsehraumschiff Orion. Der Michael hält sich die Nase zu. Ob er sich später auch einmal zum Raumfahrer eignen tät' und ohne Sauerstoff auskommen könnte? Aber nach einiger Zeit hat er lediglich einen roten Kopf und einen feuchten Zeigefinger. Nein, ohne Atemmaske wird's also kaum gehen. Nun bückt er sich und hebt eine leere Tomatenmarkdose auf. Das ist doch ein Mikrophon. Ganz klar. Und drum redet er natürlich auch hinein: »Hier Bordfunker Wenig«, sagt er, »hallo, Orion, bitte kommen.« Es rührt sich aber nichts im All. Da bricht er seine Funkverbindung wieder verdrossen ab. Plötzlich entdeckt er eine kleine seidige Maus vor dem hölzernen Schuppen, wo der Hausmeister seinen Feuerstuhl eingestellt hat, wie sie diesen zweisitzigen Wimmerschinken nennen. Das Mäuschen blickt den Michael starr und entsetzt aus schwarzen Stecknadelaugen an, die ausschauen wie ein Doppelpunkt. Und fort ist es, gerade als der Bub den Spruch hersagen will: »Maus, Maus, komm heraus.« Nachher weiß er gar nimmer recht weiter. Da fällt ihm die alte schwachsinnige Gesangslehrerin vom vierten Stock ein, die ihm jedesmal, wenn sie ihm auf der Treppe begeg-

net, ein Liedchen vorsingt. Eins davon hat er ganz gern. Das Lied von der Abendsonne. Und er trällert es wieder einmal vor sich hin. »Goldene Abendsonne, wie bist du so schön – nie kann ohne Wonne deinen Glanz ich sehn.«
Vom Balkon des dritten Stockes tropft es plötzlich auf den Kopf des minderjährigen Caruso. Er schaut hinauf und sieht eine frisch gewaschene Unterhose vor dem Geländer baumeln. Da droht er mit dem Finger empor und sagt den Märchenspruch auf: »O Falada, der du da hangest, wenn das deine Mutter wüßt'.« Dann merkt er aber, daß das ein glatter Schmarrn ist, und er beginnt lieber mit der Trainingsarbeit für die Olympischen Spiele 1980, an denen er doch als Rechtsaußen bei der deutschen Fußballmannschaft teilnehmen wird. Kieselsteine liegen ja genug herum, und das Tor ist natürlich das vergitterte Fenster von der Waschküche. Es steht in kürzester Zeit schon sieben zu null für die deutschen Farben, da öffnet sich hoch oben im Juchhe das Mansardenfenster des alten Junggesellen Kern, und ein Rest Kartoffelsalat klatscht neben die Aschentonnen hin. Na ja, der betagte Hagestolz hat halt auch schon ein bisserl eine Streuung in seinem Visier. Aber extra die fünf Treppen heruntergehen, das ist ihm viel zu hart.
Indes tut sich die Hoftüre auf, und die Schneeweiß Muschi kommt vom Kindergarten heim. Sie hat einen großen Pfirsich in der Hand, an dem sie mit dem viel zu kleinen Weißfischmäulchen herumzuzzelt. Der Micherl schaut ihr lang interessiert zu und überlegt, von welcher Seite er selber den saftigen Burschen benagen täte. Endlich ist nichts mehr als der Kern übrig, und da fällt dem Micherl was Kluges ein. «Gib ma'n», sagt er zur Muschi, und die tut's. Der Bub macht hinten bei der Hausmeistergarage ein Loch in den weichen Boden und versenkt den Kern. Dann sucht er längere Zeit in seiner viel zu großen Bundlederhose herum und schließlich sagt er zum Schneeweiß-Kind: »Schaug weg.« Ein warmer Regen rieselt bald hernach auf das frische Pfirsichgrab hernieder. Der Micherl sieht im Geiste schon einen Baum mit herrlichen Früchten an dieser Stelle sprießen.

Hüaho, alter Schimmel

Brav hebt das alte Karussellpferd den linken Vorderhuf, als wollte es den Kindern, die es besteigen, vorher noch rasch den Fuß geben wie ein folgsamer Spitz das Pfoterl. An seinem mürben Zaumzeug, das der Besitzer des unmodernen Fahrgeschäftes aus dem Schulranzen seiner eigenen Jugendzeit geschnitten hat, baumelt ein kleines Namensschild. »Susi« steht darauf. Und weil der bleiche Lindenholzmustang doch immer nur im Kreis herumgeht, heißt der stumme Traber vielleicht mit seinem ganzen Namen »Susi Chrysler«.

Einst vor vielen, vielen Jahren, als der friedliche Mann, dem das Ringelspiel gehört, noch mit Kübel und Schauferl hinter den echten Rollfuhr-Gäulen herlief, um die Roßäpfel als begehrten Dünger für den kleinen Heimgarten einzusammeln, wurde das Karussellpferdchen von einem schlichten Bildhauer namens Siebenherz geschnitzt. Das Material stammte von einem der alten schönen Bäume, die energische Menschen auch damals schon abholzten, weil sie irgendeinem Fortschritt im Wege standen. Weil aber das Holz noch nicht ganz trocken war, bekam der stolze Cavallo am Bauch eine lange Narbe, die dann mit Fensterkitt ausgespachtelt wurde. Sie sieht aber trotzdem immer noch aus wie die Wunde vom Siebengeißlein-Wolf. Seit Jahr und Tag hausen im Inneren des Rößleins auch ein paar mürrische Holzwürmer, die man besonders an den Wintertagen in der dunklen Lagerhalle deutlich schmatzen hören kann.

Susi war ursprünglich ein feuriger Rapphengst gewesen, weil sein Erschaffer, der nebenbei auch die Schreinerei betrieb und viele letzte hölzerne Hemden für die stumme Kundschaft zimmerte, immer genug schwarze Farbe besaß. Im Verlauf seines längeren Rundherumlebens wurde das Pferdchen dann auch einmal ein bunter Schecke und später ein leuchtendes Füchslein. Doch als die Zeit kam, wo sich kein anständiger Mensch mehr auf ein braves Pferd setzen wollte, verhalf ihm der Emaillackrest von einem Türstockanstrich zum Schimmelkleid.

Seit Jahrzehnten finden nun die Kinder laut Sprichwort das höchste Glück der Erde auf dem Rücken der Susi. Nachmittags und bei Regen auch zu halben Preisen. Doch manchmal kommen auch ein paar Besoffene und steigen trotz ihrer bierschweren Hintern auf das Karussell. Zwängen sich in den aufseufzenden Schwan und den ausgehöhlten Strauß und schwingen sich natürlich auch auf die Susi. Dann zittert das entsetzte Rößlein bis in die mit Stabeisen verstärkten Fesseln hinab. Dem Schwan zersplittert das Gefieder, der Vogel Strauß steckt seinen langen Staubsaugerhals verstört in den Holzboden, der Treibriemen des Motors raucht weithin, die Herren wiehern vor Vergnügen, und die mechanische Drehorgel spielt zu allem Elend auch noch den längst vergessenen Schlager in den Spätsommerwind: »Hüaho, alter Schimmel, hüaho.«

Gott sei Dank aber hat die brave Rosinante auch andere Kundschaft. Die ihr sogar Türkischen Honig um das rotlackierte Maul schmiert. Mit dicken Puddinghändchen halten sich dann die winzigen Mini-Amazonen an der zerzausten Stirnlocke des geliebten »Ferdileins« fest, und der gute Drehorgelwart macht extra die Steigbügel kürzer, damit die Apfelstrudelbeinchen der Schneewittchen auch ja einen sicheren Halt finden. Die kleinen Asphalt-Cowboys aber flüstern der Susi gleich gar das geheimnisvolle Kosewort Old Shatterhands, das außer ihnen kein Sterblicher kennt, in die Ohren. Doch ein Karussell-Mustang hat halt leider eine Geschwindigkeitsbegrenzung und kann deshalb nicht schneller laufen.

Und eines nahen Tages wird die kuriose Drehscheibe am Rand der großen Sensationsprärie wohl überhaupt nicht mehr da sein. Und die Susi kommt auf vielen Wegen vielleicht in den Vorraum eines hochmodernen Bungalows. Weil der Hausherr selber eine große Sehnsucht nach seiner Jugendzeit hat und auch den gelben Briefkasten seiner Kindheit, die graue gußeiserne Gaslaterne von der Straßenecke und sogar die eigene schmale Schulbank, in welcher er einst die Einmaleinsqualen abwetzte, mit vieler Mühe aufkaufen konnte. Nun hört die Susi aber leider kein Drehorgelgedudel mehr, sondern bloß noch Stereomusik, Cocktail-Gekicher und schwarze Witze. Manchmal klopft ihr auch wohl eine der aufgebrezelten Ladys auf die immer noch strammen Hinterbacken und denkt wehmütig an die eigenen, in strenge Hüftmieder abgefüllten Reize.

Das etwas lebensmüde Schaukelpferd jedoch ist froh, daß die Holzwürmer in ihm so fleißig am Werk sind. Und es hat bloß noch einen kleinen sentimentalen Wunsch. Man möchte nämlich aus seinen wenigen Schweifhaaren dereinst einen Fiedelbogen machen und ihm zum Abschied damit das schöne Lied spielen: »Da oide Schimmi is im Himmi.«

Geliebtes Schundheftl

»Schundheftl«, sagten die harten Erwachsenen oft zu den sanft idiotischen Zehnerl-Romanen früherer Zeiten. Dabei hat diese Sorte Literatur fast seit Erfindung der Druckerschwärze alle Zeiten, viele Klassiker und einige Welterneuerungs-Schwarten mühelos überdauert. Nur, daß heute die kleinen Sorgenbrecher halt von Phantomen, von Supermännern und Fabelgestalten handeln. Während in jener Zeit, als die Phantasie noch zu Fuß ging, Buffalo Bill, der Räuber Rinaldo Rinaldini, Frank Allan, «Der Rächer der Enterbten«, oder der unzerstörbare Sherlock Holmes die minderjährigen Herzen höher schlagen ließen.
Ohne Einspruch des Kultusministeriums durften damals die gleichen Schulartikelgeschäfte, die auch die ernsthaften Lesebücher, den Katechismus und ehrwürdige Schiefertafeln feilboten, die Räuberheftl in ihr Sortiment aufnehmen. Allerdings hatten die Barfußläufer dieser Ära im Gegensatz zu den heutigen wohlbestallten Mini-Abenteurern erst die schwierigsten Finanzierungsprobleme zu lösen, bis sie die zweiundsiebzigste Fortsetzung von der »Eiskalten Hand am Hinterkopf des blinden Bahnwärters« in ihren eigenen dunkelweißen Händchen hielten. Da mußten also erst einmal Radl geputzt, Maikäfer gefangen und an blasse Herrschaftskinder verkauft, Lumpen, Flaschen und Knochen gesammelt oder Zeitungen ausgetragen werden. Und diese Jagd nach dem Zehnerl war manchmal fast noch abenteuerlicher als eine Büffeljagd von Buffalo Bill. Der übrigens in der Jahrhundertwende auf seinen Streifzügen sogar bis nach München kam und im Rahmen einer großen Indianerschau jeden Tag ein Spielkarten-As durchschoß. Nicht durch die Breit-, sondern durch die einen halben Millimeter dünne Schmalseite. Bayernherzog Max, der es ihm gleichtun wollte, traf dabei leider nur dreimal den Spätsommernachmittag.
Bedauerlicherweise hatten nun in jener grauen Vorzeit auch die meisten strengen Älteren keine Meinung von dieser prächtigen

Literatur. Und so sah man dann abends um die Gaslaterne viele junge Nachwuchs-Pfadfinder stehen und den »Wildtöter« lesen. Zusammen mit der Gänsehaut bildete sich dabei fast immer bei jedem dieser Zeilenfresser der unumstößliche Vorsatz, spätestens am nächsten schulfreien Nachmittag endgültig aufzubrechen. Nach »Arizona und Arkansas, wo damals noch der rote Mann saß«.

Daß der gesamte Lehrkörper selbstverständlich gegen die Zweckentfremdung eines sowieso nicht allzu aufnahmefähigen Bubenhirns war, verstand sich am Rande. Trotzdem gehörte in jeden Bildungstornister eines Randstein-Läufers natürlich mindestens ein zerfledderter »Bill Jenkins« oder »Komanchen-Joe«. Zum Täuscheln nämlich. Wobei irgendein pfiffiger Schreinermeister, der in seiner Jugend sicher selbst ein großer Täuschler war, in alle Schulbänke einen Schlitz in das lange Ablagefach gemacht hatte, durch das man den ausgelesenen »Räuber Kneißl« unbemerkt seinem Hintermann zuschieben konnte. Bei der hin und wieder angesetzten Heftl-Razzia jedoch kam es nicht selten vor, daß an die fünfzig zerlesene Schicksale auf dem Katheder des Herrn Lehrer landeten, die dann unter Bewachung des Klassenprimus zum Schul-Offizianten hinuntergetragen wurden, der sie mit grinsendem Gesicht in den gierig danach leckenden Heizungskessel stopfte. Erfreulicherweise gab es aber auch ein paar verständnisvolle Einmaleins-Pauker, die ein Auge zudrückten. Natürlich kam es auch vor, daß der durch eine Frage von seiten des Lehrers unversehens in den Unterricht einbezogene Träumer mit einem überraschten »Uff, uff« antwortete. Oder daß er den harten Tadel, er habe schon wieder nicht aufgepaßt, mit einem ehrlichen »Well, Sir« entschärfte.

Schlimm wurde es jedoch erst, wenn dann die jugendliche Lesewut so weit ausartete, daß ein Hefterl-Narr auch noch während des Heimgehens auf dem Schulweg seinen »Colorado-Bill« nicht losließ. Denn dann konnte es passieren, daß er mit seiner gerunzelten Wellblech-Stirn direkt an eine der gußeisernen Laternen hinrannte, die bei dem wuchtigen Aufprall höhnisch zu kichern begann. Dann blitzte es vor den Augen des winzigen Asphalt-Cowboys fast genauso heftig, als wäre er direkt in die Garbe eines sechsschüssigen Colts hineingelaufen. Und da konnte die besorgte Mama daheim, die den entstehenden Ast auf dem Haupt ihres Sorgenkindes mit der kühlen Breitseite eines Tafelmessers zurückzudrängen versuchte, nur mehr seufzend sagen: »Siehgst, Buwi, das ist der Fluch vom bösen Buch.«

Der Sieger von morgen

Jedesmal, wenn der Mann von sechzig durch den Englischen Garten wandert, bleibt er an dem schönen großen Schulsportplatz beim Eisbach stehen und schaut eine Zeitlang den Siegern von morgen zu. Wie sie laufen und hüpfen und all die neckischen Spielchen betreiben, die der wackere Papa Jahn so sehr empfohlen hat. Lächelnd denkt der ältere Herr dann auch an jene Zeit, als noch jeder seiner Spezl irgendeinem großen Vorbild der damaligen Sportära nacheiferte und auch dessen Namen für sich beanspruchte.

Da war beispielsweise der Hausierer-Lulli, der immer das schöne Lied sang: »I bin a Schtemma aus Obergiasing – i schtemm an Wirsching mit oana Hand.« Und das tat er dann auch immer, wenn sein Vater auf der grünen Hinterhof-Rikscha Weißkraut oder andere Kohlköpfe spazieren fuhr. Deshalb hieß er selbstverständlich nach dem seinerzeitigen Münchner Olympiasieger im Beidarmig-Drücken auch »der Straßberger«. Ein anderer wiederum war der Torwart Zamorra, und der Käsbach Dori, weil ihm der Hausmeister vergeblich wegen eines eingeschossenen Kellerfensters nachgelaufen war, nannte sich von da an ganz selbstverständlich »Nurmi«. Amüsiert schaut der schmunzelnde Wandersmann jetzt dem Fünfzigmeter-Rennen zu, das der Herr Lehrer, der natürlich nur mit den Augen mitläuft, gerade arrangiert hat. Schon am Start scheiden sich dabei wieder einmal die Temperamente und Charaktere. Da ist einer dabei, dem hängt die schwarze Turnhose völlig teilnahmslos wie eine Trauerfahne auf halbmast weit über die Knie herunter. Es ist ihm auch völlig wurscht, als ihm der Turnlehrer nachher eröffnet, er sei 18,5 gelaufen. Denn dieser Phlegmatiker sagt sich wahrscheinlich ganz zu Recht: »Eine tadellose Zeit. Zum Milchholen reicht's leicht.« Ein kleiner molliger Nudelbampfer zockelt zufrieden grinsend über die Bahn. Er gibt sicher einmal einen guten Beamten ab. Und das Lehrerpopperl, das die Stoppuhr halten darf und immer recht

hat, läßt heute schon lieber die anderen für sich laufen. Er wird später einmal Schiedsrichter. Ein anderer hat vielleicht einmal irgendwas von dem sagenhaften Tschechen Zatopek gehört. Denn er läßt auf der ganzen Strecke die Zunge heraushängen, als müßte er ein riesiges Briefkuvert abschlecken. Also tauglich fürs Büro. Während der Klassendümmste scheinbar überhaupt nicht weiß, um was es eigentlich geht. Von dem sagen seine Schulkameraden jetzt schon: »Der kriegt einmal den ersten Preis im Tausendmeter-Blödschauen.«
Nebenan übt eine kleine Schar mit einem Bambusstangerl Speer-

werfen. Das sind wohl die jungen Minus-Athleten vom FC Milchreis. Vorsichtig prüft der zwinkernde Turnwart vorher die Oberarmmuskeln seiner zukünftigen Zehnkämpfer. Sie sind blaß und nachgiebig wie frisch gerollter Apfelstrudel. Stark darf der Herr Trainer deshalb auch nicht hindrücken, sonst geht vielleicht die Dulle nicht mehr heraus. Bei jedem Wurf aber hat der Betrachter die grausame Vorstellung, es könnte den übereifrigen Rekordjägern womöglich die dünnen Weißwurstärmchen ausreißen, und dann würden die statt der Lanze durch die Gegend fliegen.

Ganz am Rande der friedlichen Wettkampfpampa aber sitzt ein junges Mütterlein im Gras und schaut voller Stolz zu, wie sich auch bereits ihr krähender Windelnässer vorolympisch betätigt und verunglückte Purzelbäume schlägt. Vielleicht träumt diese deutsche Mama auch schon ein bißchen davon, daß der kleine Schnullerchampion einmal ein Sieger im Zeichen der fünf Ringe werden könnte. Vorerst allerdings hat er nur einen einzigen aufzuweisen. Und den trägt er hinten. Vom Haferlsitzen.

Eis macht die Liebe heiß

Der Sportsfreund steht an der Barriere des großen Kunsteisstadions beim Fernsehturm. Und er wundert sich nicht nur über die Schnelligkeit der Eisflitzer, sondern auch wieder einmal über die Schnelligkeit der Zeit. Wie war das doch in seiner Kniehosen-Ära mit dem Schlittschuhlaufen? Endlich hatte das Christkindl die längst gewünschten Schlittschuhe gebracht. Sie hatten hinten zum Anschrauben eine Flügelmutter, wie man sie bei alten Küchenuhren zum Aufziehen findet, und ein stählernes Gebiß, das sich tief ins Leder der zweckentfremdeten Kommunionstiefel bohrte und ausschließlich von den Absätzen solcher Schuhe lebte. Und weil sich die garantiert bei der dritten Spitzkehre sanft vom übrigen Boxcalf-Futteral lösten, hatten die jungen Kameraden damals meistens auch einen Schulatlas oder ähnliche Isolierungsmittel im Hosenboden. Denn mit dem Absatz in der Hand kam man seinerzeit nicht durchs ganze Land, wie das Sprichwort sagt, sondern mit Gewißheit aufs väterliche Knie oder über den Küchenhocker.

Ferner gehörten zur Ausrüstung eines zukünftigen Maier-Labergo, wie damals der größte Star auf dem kalten Parkett hieß, auch noch eine Beißzange und ein Trumm Schnur. Wenn alle Stricke rissen. Auch gab es natürlich nirgendwo so ein gepflegtes sibirisches Linoleum wie heute auf den täglich gespritzten und gehobelten Kunsteisbahnen. Sondern da ging's halt im Zockelschritt über das mit einer gewalzten Schneerinde glasierte Kopfsteinpflaster. Bis dann unversehens ein Pferdeknödel auf dem Wege lag und man darüber zu Fall kam. Doch was tat's schon! Wenn ein Gassenbub stürzt, ist doch bekanntlich immer der Schutzengel vom Dienst in der Nähe. Und der schiebt dann schnell seinen Heiligenschein zwischen den Lausbuben und das harte Pflaster.

Hingegen der heutige Betrieb auf so einer zahmen Feierabend-Tundra! Schon die jüngsten Spargel, die einen Schlittschuh noch kaum von einem Handschuh unterscheiden können, tragen weiße, pelzgefütterte Saffian-Stiefelettchen mit schwedischem Silberstahl unten dran, die fast den halben Wochenlohn eines Fliesenlegers kosten. Hallo, und erst die Boys! Wenn sie mit wetzenden Scherenschritten über das Eis huschen, so daß ihre Arme fast den Boden streifen, erinnern sie den Betrachter immer wieder an die gefrorene Wäsche in seinem Hinterhof, bei der die erstarrten Ärmel ebenso gespenstisch im Winde schwankten. Zum Wiehern des Tonbandgerätes tanzen sie dann einen seltsamen Kommunarden-Tango oder sie benützen die alten Gesundheitsfahrer als willkommene Slalomstangen wie die Abfahrtsläufer am Hahnenkamm. Beim Bremsen schließlich schaben sie ihrer augenblicklichen Dauerschraube eine schöne Portion Geriebenes vor die steilen Beine.

Seltsam, muß sich der Sportsfreund denken, was mögen doch diese blutjungen, halbzarten Rautendelein schon für eine Menge Temperatur unter ihren knospenden Pullovern haben, denn sie lutschen auf dem Kunsteis auch noch ein Speiseeis. »Eis, Eis macht die Liebe heiß«, sagt ein junger Galan und bremst wie ein Rallyefahrer vor seiner Auserwählten. Er hat diesen Spruch damals in Rimini gehört, als er mit seinen Eltern wegen der vier Zweier, die er im Zeugnis hatte, mit in den Urlaub fahren durfte. Und wenn die kleine Fanny ein wenig an ihrem süßen Seim genagt hat, dann schiebt sie ihrem Galan genau jene Stelle des kleinen Vanillehügels in den mürrischen bartflaumigen Mund, an dem sie gerade mit ihrer kleinen Zunge herumwetzte. Ein Busserl auf Umwegen sozusagen.

Beschaulich hingegen ist es beim Abendlauf. Gemächlich hoppeln da auch ein paar bemooste Böcke über die gefrorene Prärie. Ein gut abgelagertes Fräulein gleitet vor ihnen her. Und man schleift nach. Doch die betagten Herren, die manchmal mit ihren dünnen spätgotischen Beinen von hinten ein bißchen an die uralte Toreinfahrt von Rothenburg ob der Tauber erinnern, knarzen halt beim Übersetzen schon recht bedenklich in den Gelenken. Auch der Hofrat Geiger ist da und fährt einen streng wissenschaftlichen Gesundheitsstil mit Schlittschuhen, die sich vorne noch ringeln wie das verchromte Schwänzlein eines Ferkels. Die Hände hat er dabei hinten auf dem Rücken, und somit erinnert er entfernt an ein Denkmal oder einen Oberlehrer. Ein anderer Hagestolz versucht immer wieder, den Stern von Jopa, wie die junge Eisprinzessin in der Mitte der Bahn allgemein genannt wird, nachzuahmen. Doch wenn er sein Bein hebt, so sieht das weit eher aus, als ob ein verhärmter Polarwolf im ewigen Eis endlich ein Bedürfnis-Bäumchen gefunden hat. Und in der Altherrenecke probiert ein pensionierter Oberlehrer immer wieder, ob es ihm nicht gelingt, den Anfangsbuchstaben seiner Jugendliebe Melanie in das weiche Eis zu ritzen. Und auf einmal liegt er dann auch schon da, und sein Hosenboden saugt sich ausgiebig in den kleinen Wasserlachen voll.

Da schaut er sich empört um, ob ihm nicht vielleicht jemand den Fuß gelegt hat. Der Zuschauer aber denkt sich, der Dumme weiß ja nicht, daß ihm schon die ganze Zeit seine selige Emma von hoch oben her zugeschaut hat. Und als ihr das Gekritzel endlich zu dumm wurde, zog sie ihm einfach die Eisdecke unter den Füßen weg.

Kripperlmarktbericht

Als der Großstadtbummler den Münchner Kripperlmarkt besucht und den Geruch von Magenbrot, Myrten und Morgenland schnuppert, ist seine Nase im Nu wieder zehn Jahre alt. Und gleich beim Würstlbrater am Eingang, der den Vorübergehenden mit seiner Grillzange unter den roten Minusgesichtern herumfuchtelt, als wollte er ihre frierenden Zinken auf den Rost legen, fällt ihm der Froschhammer Ferri wieder ein. Sein ständiger Begleiter aus der Marmeladebrotzeit. Denn mit ihm ging der Spaziergänger nicht nur sechs Jahre lang in die gleiche gräßliche Einmaleinsburg, zum Fliederstehlen und nachher auch zusammen zur Blau Mausi. Sondern jedes Jahr auch pünktlich auf den glitzernden Märchenmarkt der Vorfreude. Und da hatte seinerzeit, als ständiger Vorposten auf der Lamettadult, der Pferdemetzger Hieb seinen Wurstkübel stehen. Die Vorstadt-Trapper schlichen lauernd um sein zahmes Lagerfeuer herum, auf dem ein riesiger schwarzer Hafen stand, in welchem pflastermüde Rollfuhrmustangs, in fingerlange Portionen abgeteilt, melancholisch herumschwammen.

Herr Hieb war an sich ein grundguter Zeitgenosse mit einem gewaltigen Schnurrbart, der ausschaute wie der Schweif eines Haflinger Hengstes, aus dem man mühelos die Fiedelbogen für ein ganzes Streichorchester hätte machen können. Nur wenn man bei dem wackeren Cavallo-Killer auf seinen Beruf anspielte, wurde er kritisch. Und gerade deshalb taten es natürlich die meisten Bürscherl. Sie stellten sich dann in respektvoller Entfernung hin, und wenn Herr Hieb nicht herschaute, begannen sie laut zu wiehern und mit den Schnürstiefelfüßen zu scharren. Bei einer solchen Pantomime wurde der alte Mann stocknarrisch und der Ferri schließlich auch einmal von ihm erwischt. Der fuchsteufelswilde Schimmelschlächter steckte die Sünder jedoch nicht in den heißen sprudelnden Sudhafen, sondern er legte ihnen eine ganz andere Buße auf. Sie bekamen nämlich je eine leicht aufgeplatzte

Pfälzerwurst und mußten damit laut schmatzend und sich den minderjährigen Bauch klopfend zwei Stunden lang reklameessen, damit die reichen Herrschaftsbamsen, die doch alles haben müssen, auch einkaufen würden. Was sie dann angesichts der bampfenden Werbeschlucker auch taten.

Im übrigen war der Froschhammer Ferri nicht nur ein Schlitzohr, sondern auch ein begehrter Ministrant. Der besonders um die Weihnachtszeit auf den Spuren des Kindes wandelte und für seine Weihrauch- und Dominus-vobiscum-Zehnerl außer Bärendreck und heißen Maroni auf dem Christkindlmarkt auch für sein Kripperl daheim fleißig einkaufte. Zum Beispiel einen zwanzig Zentimeter langen Kiesweg mit einer Kurve oder einen halben Meter grauen Watterauch. Und einmal, da sollte er für das Schulzimmerkripperl jenes Stroh besorgen, auf welches dann das frierende Kindlein gelegt würde. Der Herr Kaplan hatte ihm jedoch gesagt, da dürfe er nur Strohhalme bringen, die er sich durch eine gute Tat verdient hätte. Für jedes gefällige Werk einen Halm.

Da begann der Ferri, nach längerem Nachdenken, alte Leute über die Straße zu führen, ob sie wollten oder nicht. Sie mußten einfach rüber. Trotzdem bekam er schließlich nur fünf Halme zusammen. Als dann der damalige Schüler meinte, daraus könne er doch unmöglich ein Bettchen machen, erwiderte sein begabter Spezl: »Ja, du bist doch der Allerdümmste! Da nimm i doch fünf Strohhalm, an jedn mit oan Meter Läng, und schneid s' einfach kloa zamm, nacha liegt's schee woach, 's Kinderl.« Leider wurde dem Ferri selbst kein weicher Platz beschieden, sondern ein steinharter. Im Kaukasus, wo er unter eine gesprengte Brücke zu liegen kam.

Und dann bummelt der Tritschler halt wieder einmal durch das kleine Glimmer-Glitzer-Paradies. Vorbei an den Standln mit den Zwetschgenmanndln und dem Kletzenbrot. Jener Adventspeise, die manchem Verbraucher sicher so schwer im Magen liegt wie ein Vaterschaftsprozeß. Und mit den vielen, vielen Lebkuchen, mit denen man fast die ganze Sahara pflastern könnte. Die Beth-

lehem-Statisten in den zahlreichen Figurenständen sind hart umringt von großen und kleinen Interessenten. Dreihundert heilige Dreikönige schauen stur nach links, obwohl ein kleiner Bub unbedingt einen Balthasar mit rechter Blickwendung bräuchte. Und Simba, dem König der Wüste, hängt eine lange rote Zunge heraus, als hätte er nebenan von dem Hustenonkel seinen herrlichen Malzguatln genascht. Ein Herr im Lodenmantel mißt ein Kamel mit dem Meterstab nach und dann einen Esel. Schließlich erklärt er der alten Standlfrau, die selber wie eine biblische Erscheinung wirkt: »Naa, der is ja um d'Hälfte z'kloa, der schaugt ja neba meim handgschnitztn Josef direkt aus wia a Dackl.«
Auf einmal beginnt irgendwo eine Spieluhr mit lächerlich dünner Stimme zu leiern: «Es ist ein Reis entsprungen.» Und da erinnert sich der stille Träumer schmunzelnd, daß sein bissiger, königstreuer Onkel zu dieser Melodie immer den selbsterfundenen Text unterlegte: »Es ist ein Preiß zersprungen.«
Nachher macht der Bummler auch noch einen kleinen Besuch bei dem wunderschönen Kripperl am Bunker, direkt unter dem geschweiften Glühlampenstern. Alles will dort Anteil nehmen an dem Wunder. Hasenfell-Hirten eilen mit Zentimeterschritten herbei.
Ein winziger Libanon-Schnauzl beißt ganz kleine Löcher in den kalten Nachmittag, Und Allgäuer Kühe, indische Elefanten, bayerische Oberlandler, maurische Sklaven und afrikanische Palmen stehen in demütiger Hartfasergeduld um das Mirakel herum. Direkt vor dem Stall aber freuen sich zwei alte Münchner Ansichtskarten-Bierdimpfl über das Panorama ihrer Kindheit, und der eine stellt seinem Dreiquartel-Spezl eine komische Frage: »Woaßt du aa, warum d'heilige Maria gar so traurig auf ihran kloana Buam obischaugt?« Und wie sein Dämmerschoppenkamerad darauf den Kopf schüttelt, erwidert er kichernd: »So, des woaßt du net. Nacha muaß i da's hoid sogn. Sie häd nämlich vui liaba a Maderl ghabt!»

Drei Freunde

Der Mann weiß es noch ganz genau. Vierundsiebzig Kinder wohnten in jenem Armeleute-Silo, in dem er aufwuchs. Und sieben davon kennt er heute noch. Die anderen sind gegangen mit dem Wind. Verzogen, ausgewandert, gestorben, verdorben. Und von seiner Schulklasse, die sechsunddreißig Wasserscheitel zählte, leben noch sechs. Sechs von sechsunddreißig. Wie seltsam. So heißt doch auch ein bekanntes Lotteriespiel. Vielleicht ist auch das Leben so ein ähnlicher Glückshafen. Ob der gute Lehrer Gerber vor vierzig Jahren wohl erraten hätte, welche sechs das halbe Jahrhundert vollenden würden.

Das waren also die Gefährten seiner Jugend, muß er denken. Und ganze drei davon waren seine wirklichen Freunde. Der erste hieß Michael Seltsam. Eines Tages waren seine Eltern in das riesige Mietshaus zugezogen, und der Micherl mußte sich zum Kampfe stellen, damit die Verhältnisse ein für allemal geklärt waren. Er unterlag durch einen tückischen Griff, den man »Mops« nannte. Von da an war alles sauber geregelt: Wer beim Bäumeklettern als Untermann fungierte, wer auf dem Schulweg, der auf dem Randstein zurückgelegt wurde, die Lokomotive machen mußte – mit dem Schulranzen als Puffer vor der Brust –, und wer von wem abschreiben durfte. Eine lange Bubenseligkeit begann. Aber mit zwölf Jahren sagte der Michael auf einmal zum Freund: »Schau her, ich kann rot spucken, das kann keiner in der ganzen Klasse.« Und er hustete helles Blut in den weißen Schnee. Der spätere Mann gehörte zu den acht damaligen Buben, die dann den kleinen Sarg tragen durften. Der Michael Seltsam wog um diese Zeit nur mehr achtundzwanzig Pfund, als er sein bißchen Leben verbellt hatte. Der Herr Lehrer aber sprach von der bösen, tückischen Tuberkulose, gegen die es nie ein Mittel geben würde.

Dann kam der Scherupp Hansi. Sohn des Bahnbeamten Adolf Scherupp. Der Hansi ließ den Kameraden jedesmal, wenn er kam, von der kalten Milch in ihrer Speisekammer trinken, weil sie doch ein bißchen mehr Geld hatten. Und dann schüttete der Hansi genau bis zum verräterischen Rahmrand Wasser nach. Auch wenn er das Bier holte, bekam der Micherl seinen Schluck. Schüler Scherupp korrigierte die fehlende Menge mit dem Hausschlüssel, mit dem er in der geschändeten Maß umrührte. Sein Vater hatte noch einen Bruder bei der Bahn mit genau demselben Dienstgrad, jedoch mit dem Vornamen Sebastian. Eines Tages kam eine Versetzungsverfügung nach Dresden, und zu spät bemerkte man, daß der Adolf versetzt worden war und nicht der Sebastian, weil der Beamte in der Kartei halt nach dem Alphabet ging, was jeder gute Beamte tut. Und so kam denn der Hansi in eine wildfremde Stadt hinein und dort nach Jahr und Tag auch noch in einen Bombenteppich, so daß der Witwe außer den Pensionsansprüchen nichts mehr von ihren Lieben blieb.

Der dritte Freund im Leben des Mannes war sein bester und letzter. Er schrieb sich Max Malachias Helfgott. Hieß aber nur der Biwi. Die Helfgotts waren eine ganz ungewöhnliche Familie. Denn sie besaßen zu viert nur fünf Augen. Dem Vater war sein Auge auf dem Felde der Ehre ausgelaufen. Die Mutter, mager wie eine Leiter und ebenfalls einäugig, hatte ihn in der Sehschule kennengelernt. Und der Biwi verlor sein linkes Licht bei der Geburt, als ihn die uralte und meistens besoffene Hebamme falsch erwischte. Wenn der junge Malachias den Hausmeister oder sonst jemanden erschrecken wollte, nahm er manchmal sein künstliches Auge heraus und setzte dafür einen großen feuerroten Glasschusser ein. Seine schöne Schwester war die einzige Helfgott mit kompletten Scheinwerfern. An irgendeinem Maientag ging sie dann plötzlich ins Wasser. Wegen eines unehelichen Kindes. Wie sich doch die Zeiten ändern, denkt der Schreiber. Heute gehen junge Mädchen nicht mehr ins Wasser, wenn sie keine Babys wollen. Heute gehen sie in die Apotheke.

Der Biwi war weitaus der härteste Nehmer im ganzen Viertel. Und wenn einer seiner Freunde etwas angestellt hatte, konnte es vorkommen, daß der Schüler Helfgott sich aus reinem Sportsgeist für den wahren Missetäter meldete und sich wortlos überlegen ließ. Der Biwi und der sich heute erinnernde Mann hatten vieles miteinander. Einen gemeinsamen Pfiff, einen gemeinsamen Sonntagsanzug, eine gemeinsame Freundin und einmal sogar ein gemeinsames Anerkennungs-Dokument beim Vormundschaftsgericht.

Dann kam der Krieg, und der Schreiber mußte zum Gehsport-Verein des Ostmark-Napoleons. Kurz vor dem Endsieg aber mußte auch der Biwi noch zu den Helden. Obwohl er bei der Musterung des letzten Aufgebots seinen roten Glasschusser gebrauchte. Zum Abschied pfiff er vor dem Fenster seines Freundes noch einmal das Signal aus ihrer Jugendzeit, und dann fiel er schnell und ohne Aufhebens bei Wien, wo er nie hingewollt hatte. Der Volkssturmführer schrieb: durch Kopfschuß. Aber ein Heimkehrer sagte, der Max Malachias Helfgott sei in einen russischen Flammenwerfer gelaufen, und da konnte ihm überhaupt kein Gott mehr helfen. Er sei zusammengebraten gewesen wie ein vergessener Hefezopf in einem Backrohr.

Seiner mageren Mutter brachte man das Eiserne Kreuz vom Biwi mit, das sie in ihrer Verwirrung zum Anstecken des Schlüsselbundes an ihrer Schürze verwendete, denn sie war Hausmeisterin geworden.

Hauptwachtmeister Wiegetritt

Etwas schmerzlich lächelnd schaut die bleiche Gräfin von der Wand des goldenen Saales im Schloß Haimhausen herab. Aber nicht etwa, weil ihr ein besonders tapferer Besatzungs-Ami ein Neun-Millimeter-Loch ins zarte Biedermeierkleid schoß. Sondern, weil in dem verträumten Raum augenblicklich fünfundvierzig Münchner Polizisten sitzen, die man hier einquartiert hat, damit sie sich mit den Herren Marx und Mao beschäftigen und auch den Unterschied zwischen »Barock«, »Tarock« und »Untarock« möglichst klar erkennen lernen. Denn in dieser neunzackigen Villa befindet sich das Fortbildungsinstitut vom Münchner Obersheriff, der den lobenswerten Ehrgeiz hat, seine Polizisten mindestens so populär zu machen wie die Münchner Weißwürste und die Münchner Erdaufbrüche.

Regelmäßig alle zwei Jahre erhalten deshalb in Haimhausen die blauen Handlanger des rührigen Polizeipräsidenten eine kostenlose Abreibung in Psychologie, Strafrecht und Sprechtechnik für den Umgang mit dem Publikum und sonstigen Spitzbuben. Denn unsere schwarzgelben Polypen sollen über den Handkuß genauso gut Bescheid wissen wie über die Handschellen und über den Sigmund Freud nicht weniger gut informiert sein wie über die Freudenmädchen in ihrem Revier. Und die Verkehrspolizisten werden wohl demnächst nur mehr Gebührenzettel mit einwandfreien Bügelfalten hinter die Scheibenwischer stecken. Während die Kriminaler bei der Vernehmung der Kundschaft schmollend mit dem Zeigefinger drohen und sie sanft tadelnd mit den Worten zurechtweisen werden: »Ja derf ma denn des doa, 's Großmuadderl mit'n Hackerl daschlogn?«

Nun, der Neugierige hat diese Bildungsfarm mit Interesse besichtigt und sich mit den Blaukittelschülern ein bißchen unterhalten. Mit Genugtuung hat er vernommen, daß beispielsweise ein Beamter, wenn er einen Verkehrssünder zur Rede stellt, denselben auf keinen Fall mehr mit der dummen Frage anschnauzen darf:

»Hä, kenna Sie net lesn?« Andererseits scheint aber auch das Lehrfach Toleranz seine Früchte zu tragen. Denn auf die Erkundigung, bis zu welchen Spezialausdrücken und Bezeichnungen ein Münchner Schutzmann stillhalten würde, erwiderten acht von zehn Befragten, den Götz von Berlichingen würden sie notfalls noch hinunterwürgen, wenn sie allein wären. Und auch ein »Rindviech«. Einen »Deppen« oder sogar einen »blöden Hund« täten sie unter gewissen Umständen verdauen, nämlich falls sie solches von einem Bayern geheißen würden. Dagegen waren sich alle einig, daß die Anrede »Nazischwein«, »Gestapohengst« ebenso wie die nordgermanischen Betitelungen »Sie kleener Kakker, Sie«, »Dämlicher Laffe« oder »Trübe Pflaume« auch beim größten Wohlwollen von einem weißblauen Ordnungshüter als Beleidigung empfunden würden und gerichtsmaßig gemacht werden müßten. Jedenfalls hat der Besucher einen prima Eindruck von diesem Bildungsbunker mitgenommen. Gleichzeitig mußte er mit einer späten Gänsehaut aber daran denken, was der Schandi doch in jener Zeit, als er selber noch mit einem Marmeladebrot hinter dem Spritzwagen herlief, für eine unsympathische Gruselerscheinung war.

Sicher ist es wahr, daß damals diese Figuren hauptsächlich aus einer Gegend kamen, wo die Gemeinde so arm war, daß sie ihren Polizisten den Säbel an die Hose hinmalen ließ, und wo die Dorfbäche aus Sparsamkeitsgründen nur ein einziges Ufer hatten. Während die meisten Menschen, die dort hausten, nicht einmal die Uhr kannten. Sondern einen nassen Putzlumpen vors Fenster hingen, und wenn der trocken war, dann war's zwölf Uhr. Dem »Blitzableiter«, wie die Wachtmeister damals wegen ihrer spitzen Helme hießen, mußten meistens auch noch auf Gemeindekosten die Zehennägel geschnitten werden, wenn sie nach München kamen. Weil sie sonst auf dem Straßenpflaster ausgerutscht wären.

Nie wird der Sinnierer den Vorstadtschreck, den Hauptwachtmeister Wiegetritt, vergessen. Unter seiner dunklen Lodenpelerine hauste das chemisch reine Grauen. Wenn er sprach, zitterte sein gewaltiger Schnurrbart, der ausschaute, als hätte sein Besitzer ein Oachkatzl geschnupft und den Schweif nicht mehr hineingebracht. Und wenn er mit seinem Säbel auf die Zinskaserne des damaligen Sprößlings zurasselte, in der achtundvierzig Gassenbuben wohnten, so bieselten bestimmt vierzig davon vorsichtshalber gleich einmal in die Hose. Obwohl meistens keine größeren Delikte als Stachelbeerstehlen oder Kastanienschütteln vorlagen. Schon die kleinsten Windelnässer verstummten allein bei der Nennung seines Namens, und die ärmeren Mütter malten das gefürchtete Bild von Herrn Wiegetritt auf ihre Brotkästen, damit ihnen die hungrigen Bamsen nicht an die Wecken gingen. So kam es dann, daß auch der Autor schon in seiner Frühzeit nicht »Gott und sonst nichts auf der Welt« fürchtete, wie es ein guter Deutscher tun soll, sondern zuerst einmal den Schandi Wiegetritt, dann den »Wuwu« und erst zuletzt eine Lungenentzündung. Wenn aber in einem veralteten Witz erzählt wird, ein Münchner Schutzmann hätte einmal ein gestürztes Pferd zum Protokollaufnehmen von der Pestalozzistraße in die Holzstraße gezogen, weil er Pestalozzi nicht schreiben konnte, so kann es sich bei dieser Amtsperson gewiß um keinen anderen gehandelt haben als um den Hauptwachtmeister Wiegetritt.

Frau sucht Mann

Fleißige und gescheite Leute haben errechnet, daß es in der Bundesrepublik 1 585 217 heiratswillige Frauen zuviel gibt. Das heißt also, daß auf jeden Mann eine und ein Fünftel Frau treffen. Was er allerdings mit dem Fünftel anfangen soll, wird nicht gemeldet. Unter diesen Aspekten ist es verständlich, daß die Jagd nach den Hosenträgern spannend und aufregend wird.

Von der Statistik wurde ferner errechnet, daß jährlich etwa 17 000 000 Mark für Heiratsinserate ausgegeben werden. Die Erfolgsaussichten, auf diesem Wege einen Beiwagen zu finden, beziffern die Gelehrten mit 38 Prozent. Am erfolgversprechendsten sind dabei, was die Hinweise anbelangt (in der Reihenfolge): Geld, Einheirat, äußere Reize, Kameradschaft, häusliche Tugenden und ganz am Schluß die inneren Werte. Ein Schweizer Institut hat sich außerdem mit der Frage befaßt, inwieweit die Kandidatinnen bereit sind, gewisse Zugeständnisse zu machen. Nach einem sogenannten Selectron-Verfahren, bei dem ein mechanisches Gehirn mit den entsprechenden Daten gefüttert wird, lassen die Damen, besonders wenn sie sich bereits in der Torschlußpanik befinden, fast in jedem Fall mit sich reden. Demnach werden Schnarcher, Kahlköpfe, falsche Zähne, große Füße, Sprachfehler, kleinere Gefängnisstrafen und Zeugen der Vergangenheit bis zum Alter von zwölf Jahren noch in Kauf genommen. Die gleiche Maschine hat im übrigen auch die Reihenfolge herausgekriegt, nach der sich die Pärchen kennenlernen. An erster Stelle rangiert hier der Betrieb. Dann kommt das Tanzen vor dem Sport, dem Fasching, Abendkursen und Schulen, und das Schlußlicht bildet die Bekanntschaft auf der Straße.

Nicht berücksichtigt sind allerdings die Heirats- und Ehevermittlungsbüros, die ihrerseits für sich die größten Chancen in Anspruch nehmen. Dies mag manches späte Leberblümchen vielleicht schon gelesen haben. Und darum geht das brave Mädchen Johanna Seidenzahn, das früher leider allzu oft allzu spröde gewesen ist, wohl zuerst einmal zum Ball der einsamen Herzen, um dort vielleicht noch im Saisonschlußverkauf einen wärmenden Inhalt für ihr stilles Kämmerlein zu finden. Aber an dieser Stätte beherrschen die Witwen, die dezent nach Naphthalin und kleiner Rente riechen, das Feld. Und im übrigen besitzen diese Rivalinnen neben ausgedehnten Kenntnissen in der Herstellung von Knöcherlsulz auch noch ein halbes Dutzend solider Anzüge und ein zweites Ehebett aus ihrer jüngsten Vergangenheit und bedeuten somit für ein unerfahrenes Jüngferlein eine schwere Konkurrenz. Die nächste Station führt das Rapunzelchen vielleicht in das Café Torschluß. Aber hier wird ebenfalls kein Neuzugang erwünscht, denn was tatsächlich an diskutablen Männern in dieser Heiratsfalle da ist, reicht nicht einmal für die alteingesessenen Damen.

Also kommt die Johanna schließlich doch nicht auf das richtige Geleise und landet im Heiratsbüro. Zuerst schaut sie die Kataloge durch und läßt sich gegen einen saftigen Zuschlag über alle Details und eventuelle Schadensersatzansprüche informieren. Der Mann, der dann von der rührigen Nachhilfe-Walküre für sie bereitgestellt wird, hat überhaupt nichts vom Thomas Fritsch. Trotzdem kommt es zu einem Rendezvous an der Normaluhr mit Kennzeichen »Margerite im Knopfloch«. Doch als sich die zwei dort aus der Ferne erspähen, sind sie gegenseitig so erschüttert, daß sie ihre Blumen schnell zerrupfen und ohne jede Rauchentwicklung verschwinden.

Jetzt bleibt noch der Zeitungsverkäufer Johann Sebastian Siebengeist, von dem sich das späte Mädchen Johanna regelmäßig die Illustrierten mit dem dicksten Heiratsmarkt kauft. Und dann sitzt sie zu Hause und liest. »Gut aussehende, selbständige Kaufleute, einsachtzig groß, ordnungsliebend und des Alleinseins müde« werden hier in größerer Anzahl angeboten. Und das Hannchen sieht vor ihrem geistigen Auge einen stattlichen, dezent nach Tarr riechenden Hünen, der korrekt und gerecht zu seinen Angestellten ist und abends mit treuen Hundeaugen haargenau in jene Richtung schaut, in der das schmachtende Fräulein

Seidenzahn sitzt. Und wie soll sie auch wissen, daß der Inserent in Wirklichkeit ein gehetzter Staubsaugervertreter ist. Und erst als sie die zweihundertste 40-Pfennig-Marke mit langsam etwas pelzig werdender Zunge abgeleckt hat und insgesamt siebenundfünfzig Charakteraufnahmen nicht mehr zurückbekam, beginnt sie allmählich das Lied der Kapitulation anzustimmen. Und der Olympia-Sieger, den sie immer auf die Tapete projizierte, kriegt die große Schrumpfkrankheit. Weil sie doch selber einsieht, daß er für sie um mindestens drei Nummern zu groß wäre.

So wird denn auch aus dem schmucken Häuschen schließlich eine bescheidene Zweizimmerwohnung, aus dem langen Auto ein Motorroller und aus dem Tarzan ein kleiner, aber braver Schmächtling mit schmaler Fischgrätbrust. Und dann nimmt die Johanna Seidenzahn voll kleinen Glücks und mit einem Triumphgefühl der bescheidensten Handelsklasse den Zeitungshändler Johann Sebastian Siebengeist, denn sie sagt sich natürlich ganz richtig: »Ein Kümmerling in der Hand ist eben doch besser als ein Sieger an der Wand.«

Per Fließband in den Ehestand

In Deutschland gibt es schätzungsweise zehntausend Ehefabriken. »Standesamt« steht über diesen Montagehallen des Schicksals. In denen so vieles seinen Anfang nimmt. Glück und Gram, Freude und Friedlosigkeit, Wonne und Weh. Offenbar kommt das Wort Standesamt vom Stehen. Lästerer behaupten jedoch, es sei nur verstümmelt und käme daher, weil die meisten Menschen ihren Ver-stand dort lassen. Eigentlich sieht die Trauung mehr nach einem Trauerfall aus. Das wird zweifellos auch dadurch zum Ausdruck gebracht, daß alle Beteiligten mit Ausnahme der siegestrunkenen Bräute in schwarzen Trauerhäuten erscheinen. Dazu spielt auch die Musik fast immer todernste Weisen, und im Hintergrund weinen die Mütter, oder auch nur ein paar uralte, wildfremde Weiblein, die täglich, genau wie bei den Beerdigungen, auch an diesen Stätten zum »Anteilnehmen« dabei sind. Gerade kommt so ein kleiner Geleitzug. In der Mitte ein sichtlich erschöpfter junger Mann. Die angejahrte Braut kann trotz ihrer Sonnenbrille den flimmernden Triumph in ihren Augen nur schlecht verbergen. Und auch ihre Verwandtschaft macht erwartungsvoll schmatzende Gesichter. Es ist, als ginge es zu einem Schlachtfest. Nur, daß sie, die hungrigen Mitläufer, die Servietten noch nicht umgeknüpft haben und mit dem Eßbesteck klappern. – Eine neue Runde rollt heran. In einem Kombiwagen. Sie, eine emmentalerblonde Sparbüchse, ist korsettiert und gewikkelt wie ein Rollschinken. Na ja, da wird es auf der Hochzeitsreise wohl größere Augen geben, denkt der Beobachter, wenn der glückliche Besitzer die Schnürl alle durchschneidet. Die Mitgift hat sie auch gleich mitgebracht. Ein herzallerliebstes Buberl. Aus einer früheren Versuchsreihe. Der kleine Prinz trägt die lange weiße Schleppe, und der Zaungast muß denken: Das weiße Hochzeitskleid ist anscheinend die Robe der »Repetier-Bräute« geworden. – Die nächste Nummer. Sie und er können vor Glück kaum laufen. Und man kann es ihm am überglück-

lichen Gesicht ablesen, was er sich jetzt denkt. Nun gehört ihm alles ganz allein. Die Grübchen, die neckischen, die Ohrwascherl, die zierlichen, die Fußerl, die kleinen, und das Schwiegermutterl, das brave. Dabei hätte er doch nur einen einzigen Blick auf diese Jubiläumsausgabe zu werfen brauchen, um sich auszumalen, was ihm selber einmal bevorsteht.
Am Ausgang des Standesamts aber, dort, wo die Photographen darauf warten, aus dem Unglück ihrer Mitmenschen auch noch Kapital zu schlagen, steht manchmal ein pfiffiger kleiner Spitaler oder Rentenempfänger. Und jedesmal, wenn ein neues Ehepaar vom Fließband kommt, zückt der kleine Abstauber dann ein verwittertes altes Plüschhütchen und wünscht mit einem lächerlichen Kratzfuß: »Alles, alles Gute und recht viel Glück.« Dabei hält er seinen Scheitelschoner so geschickt unter die glückstrahlende Nase der Brautleute, daß es diesen sehr schwer fällt, die Auffangtüte für Kleingeld zu übersehen. Wenn aber der Erfolg trotzdem ausbleibt, so zückt der Berufsgratulant blitzschnell eine Kleiderbürste und fummelt damit am Anzug des frischen Ehemanns herum. Er murmelt dabei irgendwas von dem schlechten Anstrich der Wände, an die der Bräutigam unvorsichtigerweise hingekommen ist. Mit diesem psychologischen Stemmeisen wuchtet er auch den filzigsten Geldbeutel auf.
Nur so setzt er die alte Binsenweisheit wieder einmal in die praktische Tat um: »Es ist kein Schaden so groß, daß nicht auch ein kleiner Nutzen dabei herauskäme.«

Gebrauchtes Glück auf kleinen Rädern

»Wer die Wahl hat, hat die Qual«, heißt ein altes Sprichwort aus den Lesebuchtagen. Jeder Mensch hat seine Erfahrungen damit, denn solang er lebt, wird er immer wieder vor eine Wahl gestellt. Und das nicht nur, ob es um die Frage geht: SPD oder CSU. Und ob er den »Löwen« oder den »Rothosen« seine Sympathie schenken soll. Nein, auch in den winzigsten Dingen spielt das Wörtchen »oder« schon eine ungeheure Rolle. »Kopf oder Wappen«, heißt es bei den Kinderspielen. »Entweda oda, Katz oder Koda«, sagen die alten Tritschler, wenn sie sich entscheiden sollen. Und der Münchner Bierdimpfl am Wegkreuz der Meinungen wiegt seinen im Virginiadampf ergrauten Kopf und fragt sein treues Eheweib scherzhaft: »Was moanst jetz du, Oide, mach ma Knödl oder eß ma an Doag a so?« Hunderte von Argumenten, Theaterthemen und geschichtlichen Ereignissen beschäftigen sich mit der angeblichen Willensfreiheit und dem Wörtchen »oder«. »Sein oder Nichtsein«, sagt der Dichter, »Krieg oder Frieden« der Feldherr. »Rechts oder links«, der Knobelfreund an der Bartheke. Und »jetzt oder nie«, der Verliebte.

Drum wird auch das blutjunge Ehepaar neben anderen Entscheidungen, die es zu fällen hat, bereits in den Wochen des ersten Glücks vor die Kernfrage gestellt: »Kaufen wir uns jetzt einen Untersatz mit Kernfedermatrazen oder einen mit Rädern?« Und wenn er in seiner nimmermüden Entdeckertätigkeit vielleicht meint, so ein Schlaraffiabett hätte natürlich eine ganz andere Federung als ein kleineres Wagerl, so entgegnet das strapazierte Jungweiberl darauf streng logisch: »Aber mit einer Bettstatt kann man ja kaum bis nach Hohenschäftlarn fahren.« Damit ist dieses Problem auch schon gelöst.

Und als erstes wird zugleich das Büchlein »Nackelbergers Wechsel- und Finanzierungslehre Band III«, erstanden, denn man muß sich doch informieren. Dann wird der häusliche Magenfahrplan radikal geändert, und eine blaugraue Graupenzeit bricht an.

Manchmal besteht das Menü unter Berücksichtigung der vorgeschriebenen Anzahlung aber auch aus vier Gängen. Nämlich einem Wurstbrot und dreimal um den Tisch herum. Doch eines Tages ist es geschafft. Dann steht er draußen vor der Tür, der leicht schäbige Wimmerschinken. Zu dem auch die wuchtige Schwiegermutter ihren Anteil beigetragen hat, wofür sie den winzigen Rücksitz jeden Sonntag voll ausfüllen darf. Und dabei die ängstliche Hinterachse so strapaziert, daß diese es bitter bereut, nicht zu einer Haarnadel verarbeitet worden zu sein. Mit goldenen Augenzähnen, von denen der blanke Neid herabtröpfelt, verfolgen die anderen Hausbewohner den ersten Start des gebrauchten Kredit-Porsches. Und der ferne Blick des glücklichen Pärchens reicht mindestens bis nach Verona. Das Benzin allerdings nur bis nach Vaterstetten.

Der Prospekt, der dem Schäserl noch aus seinen fabrikneuen Tagen beilag, zeigt ein strahlend junges Mädchen an einem Bach zwischen Dotterblumen kniend und dem Geliebten auf einer weißen Serviette das üppige Mahl bereitend. Dahinter grüßt der

Wendelstein. Die Rast des Viertwagerl-Fahrers aber findet leider nicht vis-à-vis vom Wendelstein statt. Sondern auf einem schäbigen Kilometerstein, auf welchem das enttäuschte Frauchen sitzt wie weiland das Mariechen in dem bekannten Lied. Denn seit zwei Stunden sieht sie nur mehr die Brandsohlen ihres Mannes, der mit verschmierten Händen unter dem Stiefkind Gottfried Daimlers auf dem Rücken liegt.
Endlich kommt er wieder hervor und erklärt mit hängenden Schultern seinen technischen Bankrott. Dann verzehren die zwei mit müden Lefzen und leise knirschenden Flugsandzähnen das mitgenommene doppelte Tomatenbrot. Sie halten es mit dem zerknüllten Pergamentpapier. Denn alles in der nächsten Umgebung riecht stark nach angeräuchertem Treibstoff mit der Oktanzahl fünfhundertvier. Ein mitleidiges Ochsenfuhrwerk schleppt das Wagerl schließlich an den rasch abmontierten Hosenträgern des Jungfahrers zur nächsten Tankstelle ab. Wobei die beiden Ausflügler ernüchtert feststellen: »Schaut fast so aus, als wären wir doch zum Z'fußgehen geboren.« Und daheim wird dann sofort inseriert.
Atemlos, leise transpirierend horchen sie am nächsten Samstag hinter der Wohnungstür, wie der neue Besitzer den mürrischen Anlasser tritt und das verkaufte Dunlop-Rößlein dem glücklichen Herrn höhnisch im Zweitakterdialekt zuröchelt: »Ghertdascho, ghertdascho.«
Dann fährt der erlöste Herrenfahrer sein junges Glück zärtlich zur weichen, weißen Ehewiese im Schlafzimmer hin. Denn er kennt da noch eine ganze Menge lohnender Ausflugsziele. Die er auch fast mühelos erreicht.

Lustige Witwe

Eigentlich müßte über der verwitterten Wirtschaft beim alten Friedhof »Pietät« stehen, oder »Abendfrieden«. Doch irgendein Schelm hat sie nicht ohne Grund »Gasthof zur lustigen Witwe« getauft. Denn in ihr treffen sich mindestens dreimal am Tag die tieftrauernden Hinterbliebenen zum Leichenschmaus, zur Abschiedsmaß und zum Vergißmeinnicht-Stamperl. Weil es eben hierzulande üblich ist, den Geschmack der bitteren Leichenreden und die paar verlaufenen Tränen mit dem tröstlichen Hopfentee wegzuwaschen. Außerdem besagt ein Sprichwort: »Spaß muß sein, und wenn's bei der Beerdigung ist.« Drum geht es bei so einem Gedächtnisumtrunk auch oft weit vergnüglicher zu als vielleicht auf mancher Hochzeit, wo anschließend auch noch gerauft wird. Oder bei jenen Kindstaufen, bei welchen der Herr Papa durch lebenslange Abwesenheit glänzt.

Und zur Entschuldigung wird bei einem zünftigen Leichenmahl vielfach auch angeführt: »Ja, des hätt der Anderl ja sowieso net meng, wenn ma alle d'Lätschn hänga lassn daadn. Der hot do allaweil schon gsagt: Freßts und saufts, solang's eich schmeckt, zwoamoi is scho's Geld varreckt. Und, hat er no gsagt, wenn ma amoi dod is, dann glangt oan selba a Zehnerl lang.« Der Wirt zur kleinen Einkehr aber bestätigt jedem Neugierigen gern, daß manche Verstorbene eigens ein Kuvert für ihre Spezln, ihre Arbeitskollegen oder den Stammtisch hinterlassen, mit dem ausdrücklichen letzten Willen, daß der Inhalt ehrlich versoffen werden müßte. Freilich, wenn manche von jenen, die den Löffel für immer weggelegt haben, dann noch sehen könnten, wie ihre Witwen, die sich am Grabe mit ihren Tränen fast selber in den dunklen Schacht hinabspülen, schon ein paar Stunden später die Hauptrolle in der Operette »Die lustige Witwe« übernehmen könnten, würden sie sich in ihrem hölzernen Eigenheim vor Verwunderung wie ein Ventilator herumdrehen.

Es kommt aber auch gleich gar noch vor, daß der Busenfreund des

Seligen nicht nur sein Fannerl tröstet, sondern bereits auf der Beerdigung seines besten Spezls dessen blaugestreiften Sonntagsanzug trägt. Und die alleingelassene Ehehälfte kommentiert diesen kleinen Stilbruch mit der sachlichen Feststellung: »Guat steht a dir, da Zwoareiha von eahm, i hob ja allaweil scho gwußt, daß ihr fast de gleiche Figur habts.« Und der gramgebeugte Freund erwidert dann darauf: »Hätt ma'n ebba hänga lassn soin, bis'n d'Mottn gfressn ham? Bloß d'Fiaß hätt da Anderl scho a weng grässa hobn derfa, seine Schuach drucka mi nämli narrisch.«

Auch von der entfernten Verwandtschaft fragen sich schon Stunden nach dem großen Verlust ein paar Interessenten bis an die Kragenweite 42 der hinterlassenen Textilien heran. »Woaßt», sagen sie zur schwarzgekleideten Haupterbin, die jedoch den Trauerflor bereits bei den Weißwürsten mit einer Sicherheitsnadel hinten am schwarzen Strohhut festgesteckt hat, »für des Zeigl kriagst ja heit sowieso fast nix, wennst as vakaffst. Und herschenga an fremde Leit konnst as doch aa net, du woaßt ja, wia schnell daß ma ausgricht wead.« Jene stillen Anteilnehmer wiederum, die den Vorangegangenen schon seit Jahren nicht mehr besucht haben, wissen noch haargenau, daß in den oberen Schubladen seines Vertikos die goldene Uhrkette vom gemeinsamen Großvater liegen muß. Und die sollte nun doch eigentlich die Nichte Susi kriegen. Weil sie doch ihren »Onggi« brav zu jedem Weihnachtsfest besucht hat. Um sich ihr Geschenk abzuholen.

Schließlich aber sitzen sie dann doch alle friedlich um die lange Tafel herum wie bei einer Vorstadthochzeit und halten die Bestecke unter dem Tisch längst angriffslustig in den knöchelweißen Fäusten. Und keiner von ihnen ißt weniger, als was ein kräftiger Bub mit aller Gewalt auf den Giesinger Berg schieben kann. Beim Schmatzen gelingt es ihnen aber immerhin, noch ein kleines Loch im dampfenden Quetschwerk frei zu lassen, durch das sie ein paar passende Kommentare abgeben können, wie zum Beispiel: »Liaba an Mong varrenkt, ois wie am Wirt wos g'schenkt.« Nachher stochern sie lange und nachdenklich mit den kleinen

Fingernägeln, mit rasch zugespitzten Streichhölzern oder einem abgerissenen Eckerl von der Speisekarte auch die winzigsten Reste der Mahlzeit zwischen den Zähnen heraus, um sie mit doppelten Bommerlundern in ihr aufgewühltes Innenleben hinabzuwaschen.

Ganz hinten bei der Radioecke aber riskiert der Stellvertreter mit der allein gelassenen Hälfte seines Busenfreundes gleich gar ein paar schüchterne Walzerschritte. Obwohl aus dem Wechselstrommaul des Lautsprechers gar keine Musik kommt, sondern der Straßenzustandsbericht. Und der Wirt, dem nichts Menschliches mehr fremd ist, schmunzelt beim Einschenken vor sich hin und zitiert seinen Standardvers für solche Feste: »Der Hausfreund lacht, die Witwe kichert, er war bei Univers versichert.«

Die Wohnmaschine

»Es geht nirgends so zu wie auf der Welt«, möchte der Grantler wieder einmal sagen. Da explodieren auf der einen Seite unseres Planeten pausenlos die himmellangen Raketen. Und auf der anderen Seite ganze Völker. In einem Maß, daß die amerikanischen Astronauten, als sie den Mond betraten und dort bereits eine Menge grinsender Chinesen antrafen, auf die Frage, wie sie denn heraufgekommen wären, zur Antwort bekamen: »Ja mei, einer über dem andern halt.«

Und die modernen Raumgestalter haben andererseits längst jene Wohnmaschinen entworfen, die einst als Luxusappartements in einem Eigentumskrater auf dem Mars zu finden sein werden. Denn in einem bekannten Möbelgeschäft im Tal ist dieser Zukunfts-Wigwam schon ausgestellt. Ein italienischer Professor hat ihn entworfen und auf den Namen »Visiona« getauft. Er ist wohl bereits für jene Geschöpfe gedacht, die sein Landsmann und Kollege in der Retorte gerade entwickelte. Und die demnächst als Soldaten, Alleinmädchen oder Manager direkt aus der Tube geliefert werden sollen.

Nun, dem Betrachter dieses Schaumgummilaboratoriums wird es wohl schnell klar, daß die Zeit der hellblauen Himmelbetten und der Kanapees endgültig passé ist. Und daß es halt heute statt Plüsch und Pleureusen leider hauptsächlich Hasch und Neurosen gibt. Und dabei ist das sicher erst der Anfang des unaufhaltsamen Fortschrittes. Vielleicht werden die Damen im Jahre zweitausend längst keine Antibaby-Pillen mehr schlucken. Sondern Antisex-Tabletten. Denn wer wird sich da noch mit so unhygienischen Sachen wie dem Kinderkriegen abgeben. Da schicken die Ladys einfach ihre Maße ein und bekommen den bereits angebrüteten Nachwuchs. Der in sterilen Frischhaltetüten direkt vom Versandhaus geliefert wird. Und wenn die Frau Nachbarin dann ein paar besonders gelungene Exemplare erhalten hat, wird sie vielleicht von der neidischen Freundin gefragt: »Ach Suse, du hast ja da zwei ganz besonders entzückende Spargel bekommen, sag mir doch bitte, wo läßt du denn augenblicklich lieben?«

So weit, so gut. Der Großstadtbummler hat sich also die »Visiona« einmal genau angesehen. Die Wohnung von übermorgen ist in vier Zonen eingeteilt. So wie einst das Deutsche Reich, muß der Besucher dieser Schau denken. Und er hat kein gutes Gefühl dabei. Der Abschnitt Nummer eins heißt Ruhezone. Mit einem kreisrunden Bett. Dieses erinnert an jene Zeit, in der die Menschen noch glaubten, die Welt wäre eine Scheibe, von welcher sie herunterfallen würden, wenn sie zu weit segelten. Nun wird aber im »Visiona«-Schlafzimmer natürlich nicht gesegelt. Eine Schiebetüre ist so raffiniert konstruiert, daß sie den Vordereingang automatisch verschließt, wenn die Hausfrau den Hausfreund hinten herausläßt. Der ist übrigens durch einen magnetischen Vorhang, der gewiß auch kugelsicher ist, noch einmal idiotensicher abgeschirmt. Ein kleiner Behelfsstand, in bequemer Reichweite der hingestreckten Dame, ermöglicht ihr das Einschalten einer Sauerstoffanlage, sofern die Liebesbemühungen des Herrn Gemahls etwas nachlassen. Und ein rotes Telefon verbindet sie, wohl aus demselben Grund, direkt mit dem Roten Kreuz, Abteilung Erste Hilfe.

Neben der Schlafzone befindet sich die Naßzone. (In der früheren Bronzezeit auch simpel Bad genannt.) Die ist eigentlich nur eine riesige Brause-Kugel, aus welcher der Gast, selbst wenn er vom finstersten Kongo kommt, so sauber und weiß wieder heraustritt wie ein frisch geschältes Ei. Auf dem Boden befindet sich auch noch ein großes Sieb, damit man das Badewasser vor dem Abfließen noch einmal durchseihen kann.

Die dritte Abteilung heißt die »Daseins-Zone«. Auch ihr Kernstück bildet eine sündige Hobelbank, über welcher ein Fernseher so angebracht ist, daß die Dame des Hauses jederzeit feststellen kann, ob ihr Mann auch fleißig arbeitet und brav Staubsauger verkauft. Eine Stereoanlage mit Hunderten von Geräusch-Konserven ermöglicht es der eventuell nackten Maja schließlich, daß sie im Augenblick des Glücks nicht einmal mehr selber zu seufzen braucht. Für eventuelle Hohlkreuze oder die Etagen tiefer liegen Dutzende von passenden Keilpolstern und Kissen herum. Wie sagte schon Karl Valentin: »Kissen ist keine Sünd.«

Schließlich ist als Zone vier auch noch eine winzige Koch-Kombüse angebracht. Zur Herstellung von Röntgenstrahlen-Gulasch und Ultraschall-Schnitzeln. Was aber die textile Ausgestaltung anbetrifft, so kommt die längst nicht mehr aus den emsigen Hintereingängen der Seidenraupen oder aus Großmütterchens Spinnstube am Kamin. Sondern aus den eifrigen Düsen der Tante Bayer aus Leverkusen. Und an diesem Dralon-Leinen beißen sich bestimmt die Motten und der böse Gilb auch noch die letzten Augenzähne aus. Hi-hi-hi.

Obwohl nun der Mann schon sehr bedauert, daß nirgends in diesen Appartements mit den Wegwerf-Möbeln eine Busserl-Box oder eine Knautsch-Kabine berücksichtigt ist, muß er andererseits wieder zugeben, daß diese sterile Suite zumindest sehr hygienisch sein kann. Denn es werden die Bazillen und Bakterien, wenn sie an den Kunststoffflächen emporklettern wollen, um den Hausherrn zu verseuchen, gewiß zu Millionen ausrutschen und sich das Genick brechen.

Von den vielen anwesenden Zuschauern ud Neugierigen hat sich der Besucher zwei Aussprüche notiert. Ein hinreichend verdächtiger Bursche meinte beispielsweise, in dieser Wohnung möchte er nicht einmal als Photographie drin stehen. Dann schon lieber noch im Fahndungsbuch der Interpol. Während der zweite, ein mürrischer Münchner, grantelte: »Schad, daß ma in so an trautn Heim ned amoi an Nagl neischlagn kann, an dem ma si aufhänga kon.« Aber dieser verbitterte Zeitgenosse war sicherlich ein rückständiger Schreinermeister.

Ko ma oiwei braucha

Der Neugierige steht in der Turnhalle des alten traditionellen Vereinshauses, in dem heute allerdings keine Kniebeugen und Riesenwellen dargeboten werden, sondern Kniehosen und Rasenmäher. Denn hier veranstaltet ein privates Pfandhaus eine Versteigerung. Und ein weißhaariges Manderl direkt neben der Türe sagt munter zum neuen Zaungast: »I woaß gor ned, warum manche oidn Leit oiwei jammern, daß's eahna z'langweilig is. Bei mir müaßt da Dog glatt zwoahundert Schtundn habn, damit i mid mein Programm durchkomm. Schaugn S', im Grichtssaal soit ma sei und an U-Bahn-Bau ko ma aa ned alloa lassn. Nacha soi ma wieda nochschaugn, ob's am Hundemarkt wos Neis gibt, und d'Voglschau derf i aa ned auslassn. Olle Augnblick kracht's bei de Autofahrer, da braucha S' di nacha ois Zeign. Dann muaß ma wieda midschimpfa, wenn d' Fußgänga recht ogschpritzt wern, und bei de fünfhundert Auktionen und Versteigerungen des ganze Johr über soi ma aa mitdoa, sonst rührt se doch gar nix. Sixt as do, du konnst as ned alloa lassn«, sagt der vollbeschäftigte Lebensphilosoph noch und rennt auf seinen Spezl zu, der mit schüchternem Zeigefinger gerade dabei ist, hundert Pakete Entwurmungsmittel für Bernhardinerhunde einzusteigern.

Sie sind alle wie von einem sanften Wahn befallen, die Besucher hier. Männer und Frauen jeder Altersstufe, Freischwimmer, Protestanten, Selbstrasierer, Untermieter, Steilschläfer oder Weißnäherinnen. Wenn es um einen Posten überlanger Schuhlöffel geht oder um eine herrliche Ansicht von Marktredwitz, auf eine Birkenholzscheibe gemalt. Brave Hausfrauen, die eigentlich nur ihre Lichtrechnung einbezahlen wollten, und biedere Rentner, denen die Frau Gemahlin aufgetragen hat, zwei Pfund preiswertes Rehragout auf dem Markt zu holen, haben den gelben Ankündigungsplakaten im Vorbeigehen einfach nicht widerstehen können und halten plötzlich spottbillige Geflügelscheren, Spargelschälmaschinen, erblindete Trompeten oder eine Prachtausgabe von »Hirnpinslers Leitfaden zum Anlegen einer Waschbär-Farm« in den schweißnassen, aber überglücklichen Händen.

Mitten durch den Raum führt ein richtiger Laufsteg, auf dem ein rüstiger Endfünfziger als Dressman fungiert. Der Gast schätzt ihn als einen ehemaligen Fluraufseher ein, oder als einen Pferdepfleger, weil er manchmal, wenn er sein tadelloses Gebiß zeigt, einem lautlos lachenden Derbysieger sehr ähnlich sieht. Leider hat er aber eine etwas unreine Gangart und schlägt mit dem rechten Hinterhuf ein bißchen aus. Nun, das wird halt das Zipperlein sein. Aber sonst führt dieses frischrasierte Mannequin tadellos vor. Hosen, Frackanzüge, Windjacken oder heißbegehrte Pelzstutzer. Gerade winden ihm zwei rabiate Rivalinnen eine Streifenhose aus den Händen und stecken ihre Nase lange in die dunklen Röhren, ob vielleicht vom Vorbesitzer noch ein kleines Stückerl drin wäre. Auch jener Sportsfreund, der ein paar wuchtige Skistiefel ergattern kann, schaut lange oben hinein, als hätte er erwartet, für vier Mark fünfzig müßte doch eigentlich der Jean-Claude Killy mitgeliefert werden. Doch dann dringt sein neugieriger Schnorchel wohl ein bißchen zu tief in diese Abfahrtskähne ein, und entsetzt prallt er zurück. Ein zarter Hauch aus Hindelang hat ihn angeweht. Eine vierköpfige Pensionistenkommune, die ein sechzehnteiliges Likör-Service erworben hat, prostet sich sofort mit den verstaubten, leeren Gläsern in großer Herzlichkeit zu. Von allen Seiten wird gleich nachher einem mageren Manderl gratuliert. Trotz härtester Konkurrenz ist es ihm nämlich gelungen, einen riesigen Medizinball einzusteigern. Sorgfältig packt er den kolossalen Athleten-Knödel in einen altersschwachen Rucksack, den er ganz und gar ausfüllt. Und noch lange streichelt er seine rätselhafte Beute heimlich in überwältigendem Besitzerstolz.

Ein Abendkleid wird aufgerufen, das ausschaut, als hätte es sämtliche Nächte der Cabiria auf einmal mitgemacht. Kein Angebot. Nachher ein Pelzgehänge, vermutlich Makrelen auf Zobel geschunden. Geht weg. Der dicke Herr jedoch, der sich verzweifelt in die ihm zugesprochene Lederjacke quält, wird sich wohl oder übel einer Abmagerungskur unterziehen müssen, wenn ihm dieses Schlechtwetterfutteral jemals passen sollte. Wenig Freude prophezeit der nachdenkliche Besucher auch dem älteren Steigerer, der für einen Spottpreis ein Paar Bergstiefel erhaschen konnte. Denn die Sohlen sind eisenhart und krumm wie ein Tintenlöscher. Und wenn der Wandersmann vielleicht tatsächlich in diese Alpinistensärge hineinkommen sollte, wird er sich höchstens im Rhythmus eines Schaukelstuhles fortbewegen können. Beim Schmuckangebot befällt den Zuschauer dann eine kleine Traurigkeit. Und er denkt, wen mögen wohl die zwei breiten abgewetzten Eheringe, die für ganze sechs Mark weggehen, verbunden haben. Wieviel Liebesschwüre und Treuegestammel haften noch an dem Ringlein mit dem dunkelblauen Stein? Und jenes rührende Biedermeierherzchen mit der verblichenen Kinderlocke. Wer hat es einst verschenkt, wer getragen und wer versetzt?

Dann geht ein Raunen durch den Raum. Der Auktionator schwingt eine Säge. »Zweihundert Fuchsschwänze zum ersten.« Kein Angebot. »Fünfzig Fuchsschwänze zum ersten.« Schweigen im Walde. »Sechsundzwanzig.« Jetzt interessiert sich ein uralter Bilderbuch-Tritschler dafür. Ohne Gegenwehr überläßt man ihm die Beute. Und dann wird begutachtet. »Dadellos«, »pfenningguad« und »ko ma oiwei braucha«, lauten die anschließenden Kommentare. Und jedermann darf die metallenen Sperrholz-Fresser auch noch in die Hand nehmen und ein paar Probeschnitte in die Luft hinein tun. So großzügig und stolz ist der neue Sägewerksbesitzer. Es schaut im Hintergrund bald aus, als würden die begeisterten Austragler schon Kleinholz schneiden fürs Fegfeuer.

Als der Betrachter dann schließlich geht, zeigt ihm ein grimmiger, pensionierter Trambahnschaffner auch noch verstohlen seine Beute. Einen Operngucker hat er sich herausgetaucht. Und er erklärt dazu mit großer Überzeugungskraft: »Mit dem schaug i jetzt dahoam mein oidn Dracha o. Aba mit'm umdrahtn Glasl. Was moana S', wia weit weg da mei Lindwurm auf oamoi is und wia winzig kloa. Net größer ois wia a Eidachsl. So a Anblick is doch no vui schöna ois wia an Grimschek sei ganze Menascherie im Fernsehen. Und dabei braucht mei Fernglasl net amoi an Schtrom. Is des vielleicht nix?«

Zaungastspiel am Tennisplatz

»Für den Reichen rollt die Kugel, und für den Armen pfeift sie«, heißt ein Sprichwort. Und dann gibt es noch welche, für die ist sie nur weiß. Für den Tennisspieler nämlich, für den dieses runde Stückchen Luft, in Gummi eingewickelt, die glückhafte Seifenblase der Kindheit und des Herbstes ganze Seligkeit bedeutet. Drum ist es eigentlich auch schäbig, so meint der Sportsfreund, daß man diese Kugeln immer nur schlägt. Man sollte sie vielleicht auch streicheln, was manche auch tatsächlich unnachahmlich machen. Man nennt dann so was einen »Stop«. Und die abgespielten Bälle, die Akteure der frohen Stunden, gehörten eigentlich auch nicht in das Maul fetter Dackel, als Knochenersatz, in die Aschentonnen oder in den Tivolibach, wo sie ohne jede Chance dem gefräßigen Rachen der mechanischen Mühle zuschwimmen, sondern in ein gemütliches Altersheim für Sportveteranen. Und wenn der Autor nicht selber gerade jenseits des Netzes steht und die gesamte Druckerschwärze vergißt, die kriminellen Lohnsteuersätze und den nächsten Zahnarzttermin, dann sitzt er gerne auf der schmalen Terrasse des Tivoliplatzes und schaut den Kämpfen der großen Kindsköpfe zu.

Hallo, Freunde, der Mann mit dem eckigen Frankensteingesicht dort unten, ist das nicht der oberste Münchner Sheriff? Wenn er den Spitzbuben genauso schnell nachrennen würde wie dem weißen Knödel, dann hätte er bestimmt schon heute die Gauner von übermorgen erwischt. Der Zuschauer weiß, daß dieser städtische Handschellenverwahrer einer der hartnäckigsten Ball-Beatles sein kann. Denn er hat ihn selbst schon ein paarmal zentimeterweise zusammengesägt. Wenn der Oberschandi aber in ganz große Verlegenheit kommt, dann macht er das, was die alten Indianer und Lederstrümpfe taten. Er stellt sich tot. Doch wenn der Gegner gerade seinen Fuß auf seinen schwer schwitzenden Schutzmannsbauch stellen will, dann steht er plötzlich vom Boden auf und siegt. Doch so was nennt man halt schmutzige

Lorbeeren, meint der nachdenkliche Zaungast. Well, Mister President.

Da ist der berühmte Sechziger-Torwart wieder ein ganz anderer. Er kämpft beim Tennis wie immer mit offenem Visier und offenem Mund. Aber wenn jemand womöglich glaubt, daß dieser Witzbold so dumm wäre, wie er lang ist, und daß man ihm eigentlich das Mittagessen mit der Flak hinaufschießen müßte, so muß der Kritiker selbst dem größten Bayern-Fanatiker sagen: Mitnichten. Denn der Zaungast hält den Torwart auch beim Tennisspielen für das bedeutendste Schlitzohr aus dem Knoblauchland, außer Karl Mays Hadschi Halef Omar. Und er kann dem Antrag von seinem Trainer, seinem ungeküßten Liebling den Titel »Dr. h. c. Tennis« zu verleihen, nur beistimmen.

Herzerfrischend wird die Szene jedesmal, wenn der Schauspieler die eckige Arena betritt. Denn der spielt eigentlich nicht Tennis, sondern Theater. Seine Lieblingsrolle scheint dabei der Martin Luther zu sein. »Hier stehe ich, ich kann nicht anders.« Manchmal reißt er sich vorne an der Brust das Hemd auf wie Andreas Hofer zu Mantua in Banden, bevor man ihn erschoß. Dann brüllt er beim gegnerischen Angriff wütend dazwischen: »Draußen is er, draußen.« Er meint aber dabei nicht den Ball, sondern seinen Meniskus. Und für die ganze Vorstellung bekommt er keine einzige Mark Gage. Nur manchmal schallenden Beifall.

Eine köstliche Schau zieht der Tragöde auch ab, wenn er mit dem immergrünen Senator die Keule kreuzt. Aufrecht wie die Stange, auf der man dem Gessler einst den Hut vorausgetragen hat, ficht der Mime. Während sich der Senator mit tückischen Korkenzieher-Schlägen zur Wehr setzt. Häufig untersucht er auch die Bälle und behauptet dann, sie seien gezinkt, oder es handle sich um unerlaubte Überlängen. Und statt »Einstand« schreit er selbstverständlich auf paragraphendeutsch »Einspruch«. Ging die Partie ebenso lächelnd wie liebenswürdig verloren, so erklärt er mit runzeliger Stirn, das käme nur daher, weil er falsch gewachst hätte.

Und alle sind sie wie die kleinen Kinder auf der roten Spielwiese. Nur wenn das bekannte schöne Filmsternchen zum Zuschauen kommt, werden sie wieder zu Erwachsenen. Dann setzt sich die sündhafte Schmetterballschönheit, die wahrscheinlich ebensowenig Tennisspielen wie Abspülen kann, immer besonders verführerisch hin, weil sie doch weiß, wie gern die Herren alle mit ihr spielen möchten. Besonders natürlich, wenn sie ihre eigenen zwei Bälle zur Verfügung stellen würde. Und einmal war ihr zartes Sittlichkeitsfutteral vielleicht wirklich um eine bis zwei Nummern zu klein. Und da hoben die Kämpfer in der tiefliegenden Tivolimanege blinzelnd die Köpfe und ließen die Schläger langsam sinken. Doch rasch hatte diese Minimaid ihre Blöße entdeckt und seitdem immer ihre Beine ineinander verdreht wie eine Laugenbrezn.

Der letzte Freibad-Hecht

Müd hinkt die käsegelbe Sonne himmelabwärts. Dem nahen Abend und dem Sommerende zu. »Abgeschlafft ist sie und ausgeflippt«, sagt der einsame Goldbarsch in der Badehose, der noch als letzter im Familienbad-Restaurant sitzt. Er versucht schon zum dritten Mal, mit einem Brennglas ein Loch in ein Heiratsinserat zu brennen. Es geht nicht. »Sie hat halt keine Kraft mehr, die Alte«, brummelt der Mann vor sich hin und geht nachher zum kleinen Brünnlein hinüber, das seinen silbernen Märchenstrahl verzagt in den Altweibersommerhimmel empornässelt. Dann trinkt er lange aus der hohlen Hand. Im Restaurant hat er nämlich nichts mehr gekriegt. Weil die Kellnerinnen schon beim Maßkrugspülen sind. Die Rosa wäscht sie, die Susi schlenzt sie ein wenig aus, und die Klara, das asphaltmüde Dreiquartelpferd stellt sie in die Regale des dämmrigen Gastraumes.

Weil aber die Stubenfliege Maja gerade mit ihren Verdauungsträumen beschäftigt ist, stülpt ihr die Klara den Krug direkt über den vierzehnäugigen Kopf. Nun ist die Fliege gefangen. Sie summt und summt, doch viel zu spät. An was mag so ein eingesperrtes Insekt wohl denken? Daß es die vielen Beine vorher noch auf ein vergammeltes Rindsfilet stellen konnte? Oder etwa an die haarige Wurstnase des Gastwirtes, die immer ein bißchen schwitzte, so daß sie als Landeplatz für eine Fliege sowieso kaum in Frage kam? Oder gar an die Hersteller von Fliegenfängern? Kaum, kaum. Denn die Menschen sagen, Fliegen können nur fliegen und nicht denken. Woher sie das bloß wissen? Doch was brummt die Maja eigentlich so? Wo sie doch jetzt einen so schönen gläsernen Sarg bekommen hat. So, wie ihn nur noch das Schneewittchen einst bekam.

Aber unzufrieden sein. Ja, ja.

Der einsame Badegast sitzt jetzt auf den Liegebrettern, die ihm einen heißen Sommer lang die Welt bedeuteten. Er hat ein kleines Reisenecessaire vor sich liegen und schneidet sich die Fingernägel. Das letzte Mal hat ihn eine schnelle Braut aus Sigmaringen manikürt. Sie hatten sich im Warmwasserbecken kennengelernt. Als sie ihm dann vier Tage später die Nägel feilte und er so zum Spaß ein bißchen an ihr herumprobierte, schlug sie ihm die Schere lachend auf die Finger und sagte den völlig blödsinnigen Vers dazu: »Das Berühren der Figüren mit den Pfoten ist verboten.« Nach diesem Geistesblitz hat er leider nichts mehr mit ihr anfangen können.

Bürgerliche Haushaltsware halt. Lustgewinn gleich Null. Aber Nägel schneiden konnte sie.

Überhaupt hatte sich nur sehr wenig gegeigt in dieser Freiluft-Saison. Und die Gesamtstrecke war lausig gewesen. Die Sigmaringerin, dann eine Jugendfreundin aus der alten Vorstadt-Straße, mit der er ein lauwarmes Gedächtnis-Match machte, und später ein dunkelblonder Bomber zu Fuß. Die hatte ihm dann im keuschen Bad seines kleinen Appartements heimtückisch zwei rote Zigarettenkippen in den Patent-Aschenbecher gezaubert, den er nie benutzte, und ein hautnahes Wäschestück in den Wäschepuff geschmuggelt. Mit diesen faulen Tricks wollte sie wohl einen Zopf mit seiner ständigen Fanni heraufbeschwören. Da hatte er ihr aber schnell die Bremsklötze weggezogen und die Startsignale klargemacht.

Nach dieser Bilanz schlüpft der alte Freibad-Hecht ein letztes Mal ins zweite Element. Husch, husch, war das schon schattig. Und wie er auf dem Rücken den kleinen Gänsehautkanal hinuntertreibt, fällt ihm ein, daß er das auch vor ein paar Wochen, ach nein, das waren ja schon über fünfzig Jahre, immer gerne getan hat. Allerdings mit einer zugelöteten Maggibüchse als Schwimmhilfe auf dem mageren Schulspeisungsrücken. Da klettert der Wassersportler, ein bißchen steif und nachdenklich geworden, wieder ans Ufer und streift sich mit der Handkante die vielen glänzenden Wassertropfen vom betagten Fell wie die hundert schönen, verflossenen Sonnentage.

Schließlich steht der alte Träumer vor dem kleinen Spiegel bei den Ankleidekabinen und schaut in den halbblinden, viereckigen Kontrolleur hinein. Nun, schöner ist er auch in diesem Sommer nicht geworden. Nur vielleicht etwas reicher. Faltenreicher nämlich, wenn das überhaupt noch ging. Doch er liebt alle seine Furchen und Runen sehr. Und möchte nicht eine einzige davon missen. Denn jede hat ihre Geschichte. Maßkrug und Weltkrieg haben sie hinterlassen. Und überdeutlich hat das Leben seine Notizen darauf gemacht. Ein bißchen was von Glanz und Gloria geschrieben und vom Glück im Glas. Und natürlich auch etwas »von der Lore und der Dore, von der Trude und Sophie, von der Lene und Irene und der Annemarie«, wie es so schön in einem Vagabundenlied heißt. Allerdings, nun ist das zerknitterte Pergament halt doch schon bald ganz vollgeschrieben. Darauf ist der Mann vor dem Spiegel auch noch ein bißchen stolz. Denn in Anbetracht dessen, daß er nur diesen einzigen Kopf hat, ist er ihm jedenfalls noch immer der liebste. Wenn er nämlich daran denkt, daß manche Leute auf ihrem oberen Ende doch nur eine Prothese herumtragen. Bloß damit es ihnen nicht in die Innereien hineinstaubt.

Nun schlüpft der sanfte Spinner also zum allerletztenmal in seine Textilien. Er bedankt sich bei der alten Buche für den gespendeten Schatten und schüttelt ihr den unteren Ast. Das Wasser lobt er für seine Feuchtigkeit, und er beschließt sogar, der mageren Billetten-Abreißerin am Ausgang noch ein Abschieds-Trinkgeld zu geben. Dieser alte Wasserspeier ist zwar so böse wie ein durchgebrochener Blinddarm, und den ganzen Sommer hat ihr niemand was recht machen können. Doch eine müde Mark Anerkennungsgebühr möchte trotzdem sein. Der Mann findet aber in keiner Tasche eine Münze, und drum drückt er sich mit schlechtem Gewissen rasch durch die kleine, eiserne Drehtür. Gott sei Dank, denkt er, kennt ihn das Schandmaul vom Dienst wenigstens nicht. Doch da hat ihn das Zitronenköpferl auch schon entdeckt und schreit ihm mit schriller Mundharmonikastimme nach: »Do schaugts hi, do schleicht a si davo. Genauso wia da Sommer.«

Dem Bauch zu Leibe gerückt

Angesichts des zunehmenden Wohlstandsspecks und des dreißigjährigen Krieges gegen die germanischen Überpfunde ist die Münchner Stadtverwaltung dazu übergegangen, ausgedehnte Freizeitprogramme und Kurse für Leibesübungen abzuhalten. Und der Ruf des Turnvaters Jahn blieb keineswegs ungehört, so daß in vielen Turnhallen und Sportsälen sowie auf Spielplätzen und Wiesen zu bestimmten Stunden ehrsame Witwen, wuchtige Oberinspektorinnen, runde Hausfrauen und zahlreiche Anfangsdicke die Keule schwingen, die Beine grätschen und den widerspenstigen Rumpf beugen. Und die blitzenden Perlen, die als Lohn des Eifers von transpirierenden Nasen oder anderen Körpervorsprüngen tropfen, rollen dann auf dem frisch gewachsten Boden der Gymnastiksäle hurtig von dannen oder werden von den durstigen Wiesen ohne jedes Nebengeräusch aufgesaugt.

»Tempo eins«, kommandiert der gestrenge Ertüchtigungs- und Abmagerungswart. Und ein beleibter Agent, mehrere drüsenkranke Importeure, ein molliger Studienrat sowie ein halbes Dutzend weiblicher Tortenmutterschiffe fallen in den Liegestütz. Einem Importeur hängt dabei der Bauch bis auf den Boden. Schwer und bleich wie ein verregnetes Bettplumeau. Während der Agent überhaupt nur ein mäßiges Schaukelpferdkreuz zustande bringt. Verzweifelt bemühen sich die Damen, welche dem gemischten Kursus sowieso mit sehr gemischten Gefühlen beitraten, nachher wieder hochzukommen. Schließlich rollt sich eine der Walküren verschmitzt auf die Seite und beendet diese Nummer der Bodenkür mit einem Überroller und einer dreiteiligen Auferstehung.

»Tempo zwei – den Rumpf beugt.« Das Bemühen der Feierabend-Riege, mit den Fingerspitzen den Boden zu berühren, ist ebenso hoffnungslos wie schweißtreibend. Immerhin sehen einige der Artisten dabei zum erstenmal seit Jahren ihre eigenen Zehen wieder. Nur ein einziges mageres Männchen klappt

mechanisch wie ein Taschenmesser nach vorne. Böse Zungen behaupten, der Herr sei Portier im Bundestag. Als die Köpfe dann nach einem weiteren Kommando wieder hochkommen, sind sie durchweg rot wie der berühmte holländische Geheimratskäse.

Nun folgen Lockerungsübungen. Begeistert schlenkern die zukünftigen Parterre-Akrobaten mit Händen und Füßen, als ob sie dieselben loshaben wollen. Beim Kopfrollen knirschen die abgenutzten Wirbel des Rückgrates dezent, aber deutlich. Und ein paar Witzbolde ziehen sich auch noch zusätzlich die Finger aus den Gelenken, was zwar eine lustige Schnacklerei ergibt, doch will zum Schluß ein ausgerenkter Däumling um keinen Preis mehr in seine Knochenpfanne zurück, sondern hängt beleidigt nach unten.

Nach der Boden- und Atemgymnastik steht die gesamte Schwadron schließlich auf einem Bein wie ein Rudel Maststörche, und anschließend tritt die langersehnte Pause ein. Mit kollegialem Respekt greifen sich die hummerroten Jahn-Jünger gegenseitig an die gutdurchwärmten Gelee-Muskeln der Oberarme und beglückwünschen sich zu ihrem eisenharten Training. Der satte Agent aber zieht nach Beendigung der ersten Stunde ein Wachstuchbüchlein aus der Tasche und trägt haargenau die Resultate seiner Messungen ein, die er mit einem Schneidermaß vorgenommen hat. Am Ersten schickt er die ermittelte Tabelle dann seiner Zweitfreundin Monika nach Burglengenfeld. Die wird sich aber freuen.

Und diejenigen Dicken, die dann auch nach vier Wochen langer harter Fron noch immer keine Veränderung an ihrer Anatomie feststellen können, geben ihre Laufbahn als Olympiaanwärter und Abmagerungsapostel schließlich resigniert wieder auf. Sie gehen dann statt in die Turnstunde lieber zum Schneider und lassen sich bequeme Erweiterungszwickel, die vorher schon fällig gewesen wären, in ihre Hosen einsetzen.

Bei Durchsicht der Stunden

Zu den ältesten Träumen der Menschheit gehört zweifellos auch die Vorstellung, daß man die Zeit stillstehen lassen könnte. Das Liebespaar im Augenblick des Glücks, der Sieger in den Sekunden seines Triumphes oder der Diktator angesichts der gebeugten Untertanen haben alle den gleichen Wunsch. Daß diese Tage erstarren sollten und die Sekunden verweilen.

Der Sinnierer muß schon auch sagen, allmählich könnte wohl die Forderung erhoben werden, daß jene Ingenieure, welche die Scheibenbremsen und den Rückwärtsgang konstruiert haben, auch eine Zeitbremse basteln sollten oder einen Schalthebel zum Arschlings-Fahren, wie der Bayer sagen würde. Oder wenigstens einen Computer, den man mit den kleinen Ereignissen und flüchtigen Begebenheiten eines ganzen Jahres füttern kann und der sich dann am Silvesterabend eine Pfauenfeder in seinen Chromnickel-Hals steckt, wie es weiland der Römer Lukullus tat, damit er alles, was er in seinem Bauch aufgespeichert hat, wieder von sich gibt. Bis es jedoch soweit ist, hat der Nachdenker einmal versucht, auch ohne Daten-Aufbereitungs-Maschine eine kleine Bilanz zu ziehen und rückblickend in Tagen, Minuten, Litern, Zahlen und anderen Maßeinheiten zu rechtfertigen, was er mit den verflossenen zwölf Monaten angestellt hat. Denn es ergeht ihm genauso wie jedem älter werdenden Nachbarn, daß er sich halt immer wieder kopfschüttelnd sagen muß: »Sag mir, wo die Stunden sind, wo sind sie geblieben.«

Leider wird er es nämlich nicht mehr erleben, was die Eierköpfe bereits theoretisch angekündigt haben. Nämlich, daß man sich einige Lichtjahre lang in das Weltall schießen lassen kann. Und wenn man dann wieder auf die Erde zurückkommt, ist man tatsächlich um ein paar Jahrzehnte jünger geworden. Wobei der Mann auf eine Wiederherstellung seines Erdenwallens gar nicht einmal so neugierig ist, sondern es weit eher mit dem vorletzten Ausspruch des alten Hemingway hält, daß das Leben ein kleiner, schmutziger Trick ist. Aber der war ja auch nicht in München zu Hause, was seine Bitternis vielleicht ein bißchen verstehen läßt. Doch nun zum zwanglosen, unlogischen Rechenschaftsbericht. Bei Durchsicht seiner Tage stellt also der Sinnierer fest, was er in den letzten 8760 Stunden alles getan, unterlassen oder erlebt hat: dreihundertzwanzigmal sich nach Mädchen umgedreht (1969 vergleichsweise siebenhundertsechzigmal). Etwa zwanzig Millionen Worte gesprochen (davon etwa zweihundertzwölf Fremdworte falsch). Zweimal schwarze Johannisbeeren gepflückt. Fünfmal jemandem den Vogel gezeigt (nämlich neugierigen Fremden den Münchner Oberbürgermeister). Achthundertzehn Maß Bier getrunken und einen Liter Wasser geschluckt (beim Baden im Ammersee). Siebenhundertzwölfmal die Zähne geputzt (macht bei je dreißigmal hin- und herbürsteln rund einen Kilometer Gebißfummeln aus). Einmal Studentenfutter gegessen. Achtzehneinhalb Stunden vor der roten Ampel gestanden. Sechzehn Meter Bleistifte verschrieben. Sieben Meter Fingernägel geschnitten. Zweiunddreißig Stunden Hunde gestreichelt. Acht Minuten Weiblichkeiten gestreichelt. Zweiundsechzigmal die Trambahn verpaßt (macht bei einer durchschnittlichen Wartezeit von sechs Minuten rund sieben Stunden aus). Achtmal auf zwei Fingern gepfiffen. Sechsunddreißigmal versucht, das Aussterben der Menschheit zu verhindern (Simultan-Versuche). Mit dem lieben Gott unterhalten (manchmal). An die Jugendzeit gedacht (unentwegt). Brombeeren gegessen (nie). Achtundvierzigmal »Merde« gesagt (auf deutsch). Kanalisation strapaziert (zu oft). Einundzwanzigmal im Traum das Fliegen probiert (dreimal beinahe geschafft). Bei Parkplatzsuche zehn Megatonnen Energien verbraucht. Siebenmal einem Preußen den falschen Weg zum Hofbräuhaus gezeigt. Zweimal Handküsse gegeben (Ausschlag gekriegt). Einmal vier Richtige im Lotto gehabt, einen roten Strafzettel gekriegt und einundvierzig Grad Fieber. Vierzig Kreuzworträtsel gelöst und drei feste Verhältnisse. Insgesamt zweihundertzwölf Pfund beim Tennisspielen abgenommen und zweihundertvierzehn im Augustinerkeller zugenommen. Zwölfhunderteinundfünfzig Telefonnummern gewählt und einmal die SPD. Im April das Finanzamt betrogen und im August die Helga. Achtunddreißigmal beim Friseur gewesen und zwei Pfund Haare gelassen. Das also, denkt der Bilanzzieher, wär's nun in etwa gewesen, was das vergangene Jahr ausgemacht hat. Doch beim wiederholten Addieren aller dieser Einzelposten fehlen ihm immer wieder drei Sekunden, die er einfach nicht unterbringen kann. Bis es ihm schließlich doch noch einfällt, was er in diesen fraglichen drei Augenblicken getan hat. Nämlich an Kurt Georg Kiesinger gedacht.

Karl Valentin und das Christkind

»Papa, der Franzl schaugt scho wieda durchs Schlüsselloch«, greint das siebenjährige Hannerl, aber nur, um selbst einen Blick in das Zimmer zu erhaschen, wo schon seit einer halben Stunde das Christkindl rumort. Der Vater ist gerade dabei, das frisch abgezogene Fell eines Stallhasen auf einen Kistendeckel zu nageln. Da ertönt das Bimmeln einer Fahrradglocke, und die Tür geht auf. »Aaaah«, sagen die Kinder, und ihre Augen glänzen noch mehr als der dürftig geschmückte Christbaum, dessen winzige Kerzenflammen mit der Zugluft kämpfen. Die Zweige sind mit Silberfäden behangen, welche die Mutter aus dem Stanniolpapier der Käsezuteilungen geschnitten hat, und auf dem untersten Ast baumelt noch, aus Großmutters Zeiten herübergerettet, ein Pappschiffchen mit Watterauch.

Strahlend nimmt der Franzl das vom Vater gezimmerte »Radlrutsch« in Empfang, und das Hannerl drückt die frisch angestrichene Puppe, die das Christkind vor sechs Wochen plötzlich geholt hat und nun neu eingekleidet wieder brachte, an ihre schmale Kinderbrust. »Und des is für di, Vadda«, sagt die Mutter und schiebt ihrem Mann die drei Paar Einlegsohlen und ein Paar selbstgestrickte Pulswärmer zu. »Geh zua, Walli, des hätt's doch net braucht«, bedankt sich verlegen das Familienoberhaupt, dreht am alten Standgrammophon und legt die Platte »Stille Nacht« auf. Leise singt das Hannerl mit. Der Franzl hat einen Fuß auf dem Radlrutsch und hält sich mäuschenstill. Durch die angelehnte Küchentür dringt der Duft vom Hasenjung herüber.

Dieses kleine Geschichterl verfaßte der ältere Herr vor fünfundzwanzig Weihnachtsfesten. Und der magere Karl Valentin, der damals ebenso hungrig wie vergeblich versuchte, bei Bäckern und Metzgern selbstgefertigte Nudelwalker und Kochlöffel gegen ein bißchen Essen einzutauschen, schrieb dem Verfasser dieser Geschichte daraufhin: »Ich habe bei diesem Artikel geweint wie ein kleines Kind. So arm mußten wir Deutsche werden, um wieder zur Besinnung zu kommen.« Nun, der Graubart erinnert sich selber nicht allzu gern an jene Jahre, wo ihm mancher Befreier auf die »nicht betroffenen« Finger trat, wenn er sich nach einer halb aufgerauchten Zigarette bückte. Und wo manches blasse Eipulverkind der geliebten Oma zum Fest der Nächstenliebe in Ermangelung des nötigen Taschengeldes einen reichbemalten Gutschein »für fünfmal unaufgefordertes Schuhputzen« unter den gestohlenen Christbaum legte. Während sich die lieben Eltern gegenseitig im milden Schein ranziger Hindenburg-Lichter das Vertrauen schenkten.

Doch wenn der Schreiber der damaligen Geschichte heute die Geschenkvorschläge und Weihnachtsangebote der großen Warenhäuser betrachtet, so fragt er sich doch auch mit einem leisen Zweifel, ob es seinerzeit vielleicht nicht doch mehr Weihnachtsgefühl gab als heute. Denn wie schaut ein Wohlstandstisch bei vielen Leuten in unseren Tagen aus? Schon die winzigen Mini-Snobs stellen heute ihre berechtigten Ansprüche an Opas Christkindl. Denn was würde beispielsweise der Enkel Wulf Dieter Eckebrecht sagen, wenn er nur einen simplen Malkasten bekäme? Wo doch so ein Wunderkind von heute längst nicht mehr malen mag. Und wie bitter wäre die zarte Susilo beleidigt, würde sie nicht mindestens eine vollautomatische Striptease-Puppe auf dem Gabentisch vorfinden, die in drei Sprachen mit piepsender Stimme »O du fröhliche« singen kann. Den Erwachsenen aber nimmt die Weihnachtseinkaufsfibel das Nachdenken ab. Da überschlagen sich die Angebote in seltsamen Präsenten zum Feste der Liebe geradezu wie die berühmte Trapez-Nummer »Die drei Codonas«.

Für Madame beispielsweise wäre doch eine Handtasche aus der Haut des Ungeheuers von Loch Ness ganz besonders apart. Geschenkgutscheine zum Einfrieren in einem Tiefkühlsarg sind allerdings schon wieder passé. Dagegen müßten die neuen Chromstahlröhren zur Senkrecht-Beerdigung unbedingt ein ausgezeichneter Lametta-Gag sein. Kleinigkeiten und nette Aufmerksamkeiten sind in diesen Katalogen der Superlative auch noch Cocktail-Krücken für Steh-Partys oder handverlesener russischer Kaviar, wobei beim Öffnen der Dose Musik von Tschaikowski erklingen würde. Ein Dutzend weiße Nerze, vom Hausfreund eigenhändig blau geprügelt, müßten von manchem Retorten-Weibchen doch sicher wohlwollend aufgenommen werden. Ebenso wie die Hausschuhe eines Himalaja-Schneemenschen für die Après-Ski-Stunde. Als außergewöhnlich schick empfehlen die supermodernen Bescherungs-Institute auch einen vierzehntägigen Erholungsurlaub unter Wasser auf dem versunkenen Flaggschiff des Christoph Columbus. Inklusive eines gastlichen »Sit in« mit dem Klabautermann. Mondgestein für die blassen Ohrläppchen sticht natürlich alle anderen Brillantenwarzen mühelos aus. Und alles würde gewiß vor Neid zerplatzen, wenn jemand einen Eintrag in das Fahndungsbuch von Interpol mit dreiteiligem Porträt als Weihnachtsüberraschung vorweisen könnte. So was würde vielleicht überhaupt nur mehr übertroffen werden von einer Lizenz für ein zwölfstündiges Probesitzen auf einem richtigen elektrischen Stuhl.

»O du fröhliche, o du selige . . .«, möchte da der Kritiker nur mehr leise mitsummen. Und dabei kopfschüttelnd denken: Wenn das der komische Karl Valentin wüßte! Vielleicht täte er da zum zweitenmal weinen wie ein kleines Kind.

»Das gilt jetzt nix mehr«, sagt die Zeit auf einmal wieder. Und sie wischt einfach einiges aus. Die Liebesschwüre vom Mai und das Zahngeschwür vom Juni. Oder beispielsweise den Metzgermeister Georg Gaul, dem mitten im Juli die Eisen heruntergerissen wurden, kurz bevor er beim großen Schafkopf-Rennen seines Stammtisches Erster geworden wäre. Und auch die brave Witwe Stanglmaier, die im August vom Stangerl fiel, ist ausgelöscht. Obwohl sie doch so gern im September noch den Holler von ihrem Heimgarten eingemacht hätte. Die Gläser waren schon bereitgestellt. Doch nun läßt der zerrupfte Strauch die schwarzen Perlen einfach sinnlos wie dunkle Tränen in die verwaisten Beete hinabtröpfeln. Auf die es das junge Ehepaar Wackelzahn schon lange abgesehen hat.
Da kann der Gastarbeiter Michelangelo Peruggi ja direkt von Glück sagen, daß er gerade noch dableiben durfte. Eigentlich stand er nämlich schon auf der Heimreiseliste. Da entdeckte ihn rein zufällig die alte Baugeschäftsbuchhalterin Dreiheilig. Und setzte einen anderen auf die Entlassungsvorschläge. Weil sie der Michelangelo nämlich so unglaublich an den Ben Hur erinnerte. Nein, sonst wirklich aus keinem anderen Grund. Nur deshalb gab man dem Peruggi noch einmal eine Chance und einen langen Besen in die Hand mit einer zwei Meter breiten Bürste. Mit der putzt er jetzt jeden Morgen dem Stachus die Zähne. Doch manchmal summt er dabei leise vor sich hin: »Wo sind die Bräute von gestern? Und die Löhne vom vergangenen Jahr?«
Die Mutter Natur ist wieder einmal am Abräumen. Draußen im Bierkeller schiebt sie das Laub auf den Tischen hin und her wie ein unschlüssiger Spieler die Jetons. »Nichts geht mehr«, sagt der mürrische Wind, und vom schäbig gewordenen Kastanien-Himmel fallen plump und aufdringlich ein paar braune Rheumatismus-Äpfel herab. Irgendwie fiel in den riesigen runden Maßkrug-Bottich auch eine kleine Maus. Die saust jetzt in irrsinnigem

Tempo wie die Oktoberfest-Steilwandkitty immer im Kreise auf den senkrechten Dauben herum. Der große junge Schäferhund des Wirtes, der sie lange verwundert anschaute, beschließt dieses Rennen schließlich mit einem einzigen Wischer seines Vorderlaufs. »Brav«, sagt sein Herrchen dazu, doch die Maus stirbt wie ein Mann. Und macht schnell noch eine winzige drohende Faust hinter seinem Rücken. Sie wird sich's merken.

Die Bierkellnerinnen sind meist alle schon unterwegs nach Meran zur Kur. Dort essen sie täglich sieben Pfund Trauben, erzählen sich die intimsten Geheimnisse über ihre Hammerzehen und sagen verschämt: »Geh, genga S' zua«, wenn man sie mit »Gnä' Frau« anredet. Nur die alte Wally ist dageblieben. Sie braucht das verdiente Gerstl nämlich für ganz andere Zwecke. Und sie erzählt der weißhaarigen Rosa, die sowieso schon lange nicht mehr fortfahren mag, weil sie in einem fremden Hotel die gewohnte Traummulde ihrer alten Birnbaumbettstatt vermissen würde, ihren ganzen Haushaltsplan: »Am Fannerl miaßn d'Mandln rauskumma. Erschta Klaß, weil's sovui Angst hat. Da Bua wui a Kletterausrüstung, weil a doch bei de Naturfreinde is, und i soiba brauch neie Zähn. Mei oids Tellafleisch-Piano is nämli hi«, sagt sie, und sie zeigt es. »Aba a Krankenkassen-Klavier daugt hoid nix«, meint sie noch. Und drum bleibt halt wieder einmal Nullkommanull. Dazu macht die Wally zwei tief erstaunte ovale Augen. Und die Nase zwischen diesen Nullen ist dann das Komma. »Aber«, so meint sie noch, »i gib gern, solang i no ko. Denn, wenn ma amoi nimmer ko, muaß ma ja do ois dolassn.«

Und dann sagt sie noch was, die alte Kellnerin Wally: »Woaßt, Rosa«, sagt sie ganz leise, »ma soi imma mit warme Händ gebn und ned mit koide.«

Ein Tag wie jeder andere

Längst kennt der alte Mann keine roten oder schwarzen Kalendertage mehr. Für ihn sind sie alle grau geworden. Grau wie die Katzen in der Nacht, muß er denken. Oder wie die Haferschleimsuppe, die er sich öfter selber für seinen ruinierten Magen kocht. Manchmal vergißt er auch, die Blätter von der papierenen Jahresuhr abzureißen. Und wenn er dann das Datum mit der Zeitung vergleicht, sagt er müde lächelnd zu sich selber: »Mei Kalenda geht wieda amoi nach.« Heute reißt er auch drei Tage auf einmal ab und quetscht sie in der Hand zusammen. »Nie gelebt und nie gewesen«, murmelt er. Dann liest er doch wenigstens noch die Speisenfolge auf der Rückseite. »Aha, Grießsuppe, Krautwickerl mit Kartoffelpüree und Zwetschgenkompott als Nachspeise tät's geben. Nicht schlecht, Herr Specht«, brummelt er dazu in Erinnerung an den Lieblingsausspruch von seinem verstorbenen Stammtisch-Spezl, dem Wastl.

Auf dem Fensterbrettl draußen steht noch ein Haferl mit kaltem Bohnengemüse. Er macht es am Gas warm und hält die Hände drumrum. Richtige Kaffeebohnen wären vielleicht schon besser in der Früh. Aber die gibt's nicht mehr, seit die Genoveva gestorben ist. Aus einem ovalen Rahmenfenster schaut sie direkt aus der Ewigkeit auf ihren Franz Xaver herab. Und wie er nachher in den novemberfarbigen Überzieher schlüpft, lächelt sie fast ein wenig. Hat er also immer noch keine gefunden, die ihm den Aufhänger annäht.

Der alte Mann knarzt über die Stiege. »Koid is heid, Strobl-vadda«, meldet die kleine Hausmeister-Leni. Wie er auf der Straße geht, duckt er sich, als wollte er unter der Kälte durchschlüpfen. Mit dem Hacklstecken schiebt er ein paar Orangenschalen über den Randstein. »Orantschn«, sagt er. Ja, als Bub hatte er immer das Weiße unter der Schale mit den Zähnen herausgeschabt. Wie ein Haserich. Und jetzt soll's sogar Orangen ohne Kerne geben. Langsam geht er an der frostgrünen Bank vorbei. Da rechts außen ist sein Sommersitz. Neben dem Fendt Franze. Der wird die Bank nun auch nicht mehr drücken. Den drückt jetzt die Haidhauser Erde. Möge sie ihm leicht werden, hat der Herr Pfarrer gesagt. Hoffentlich.

Ein Schutzmann führt ihn über die Straße. »Dankschee, dankschee, hätt's net braucht, so oid san ma aa wieda net.« Unter dem Plakat »Lernt stenographieren« sitzt der einarmige Schwägerl auf dem rundgewetzten Schalterhallensofa. »Frisch is, frisch.« »Ja, ja, schattig is.« Das reicht für die nächste Viertelstunde. Was Neues sollte man halt wissen. Aber woher nehmen und nicht stehlen. Zum Glück kommt der Bartl mit seinem Schnauz. Der erzählt lang vom verschundenen Herz-Zehner des Valentin Leisegang im Frühjahr anno sechsundfünfzig. Sein Hund gähnt dem wortlosen Nachmittag mitten ins verschwommene Gesicht. Gegen sechzehn Uhr landet der vergessene Wanderer in der Schwemme des großen Bräuhauses. Eine Lunge mit Knödel ißt er. Oder Königinsuppe mit Einlage. Die Frauen am Büfett kennen ihn schon, und ihr Schöpflöffel wird vom Mitgefühl dirigiert. Der Alte ißt stehend an einem Fensterbrett. »Naa, dankschee, geht scho. I nimm Eahna doch koan Platz net weg», sagt er zur Kassiererin. Und zu einem anderen Kostgänger: »Unseroana braucht ja nimma so vui zum Essn.« Aber seinen Teller wischt er sauber aus. Mit weichem Schwarzbrotmark. Und trägt ihn auch selber zurück.

In der Dämmerung kehrt der alte Mann wieder heim. Vorbei an lichtgrellen Auslagen mit Offerten an den Magen, an Eitelkeit und Wohlergehen. Nur ein gläserner Vorhang trennt die zwei Welten. Vielleicht hätte der Mann jetzt denken sollen, ob Glas wohl härter ist als Herzen. Aber er denkt halt nur an die fünf steilen Treppen, die hinauf in seine Kammer führen. Lange und sinnend horcht die Leni den Schritten nach, die immer leiser und leiser werden. Und auf einmal weiß sie es. Der brave Stroblvater wohnt deshalb im fünften Stock, damit er's nachher nicht mehr so weit in den Himmel hat. Da läuft die Leni, was sie kann. Denn das muß sie gleich der Mama sagen, bevor sie es wieder vergißt.

Der Baum vor dem Haus

Wie der Soldat am Wolgastrand aus dem Zarewitsch. Genauso einsam, stolz und ein bißchen zum Himmel flehend stand der einzelne Baum jahrzehntelang vor der blatternarbigen Proleten-Pyramide. Und als sie ihn gepflanzt hatten, wurde vielleicht gerade der Karl Valentin geboren, mit dem der Baum eine große Ähnlichkeit hatte. Das alles muß der Mann denken, der sich jetzt langsam dem mürben Vorstadthaus nähert. Er geht auf dem Randstein und vermeidet es peinlich, auf eine der Fugen zu treten, wo die schmalen, langen Begrenzungssteine zusammengefügt sind. Das weiß er noch aus seiner Bubenzeit, daß man das nicht darf. Warum, wußte er allerdings noch nie. Dann denkt er daran, wie oft sie doch auf die staubige, rachitische Mietshaus-Palme hinaufgeklettert waren. Er und seine Spezl. Von denen immer einer eine »Kraxen« machen mußte, damit der andere den untersten Ast des runzeligen Patriarchen erwischte. Und gleich fällt ihm auch noch ein, wie der bitterböse Hausmeister, der den seltsamen Namen Quirian Vornedran trug, immer schimpfte, wenn einer von ihnen schließlich im Geäst des Baumes saß. »Gehst net gleich runter, Saugribbi, mistiger«, hieß es da. Was die Erwachsenen bloß immer schimpften, wenn ein blutjunger Tarzan auf den alten Baum vor dem Haus hinaufstieg, sinniert der Mann. Vielleicht, weil sie selbst nicht mehr so hinauf konnten mit ihrer Gicht und ihren dicken Bäuchen. Und weil die Großen wahrscheinlich einem Kind immer neidig waren, daß sie selber nicht mehr barfuß laufen durften, daß sie nicht mehr mitten auf der Straße weinen konnten, wenn sie sich weh getan hatten, und daß sie auch nie mehr »Fahre, fahre, Zug« spielen würden. Ja, das war wahrscheinlich der Grund für ihre Mißgunst und ihr ewiges Gezeter.

Immer war der Stammbaum der Kindheit für die vielen Bamsen, die im Vorder- und Hinterhaus der gräßlichen Wohnmaschine herumzockelten, ein Treffpunkt, eine Wendemarke und ein lieber alter Kamerad gewesen. Beim Anschlagspiel drückten die Kinder ihre Stirnen fest an die schrundige Rinde, beim Ringelreihen tänzelten die kleinen Zopflieseln um den zerschundenen Veteranen herum, und später, als sich die Bürscherl und die Madln der näheren Umgebung schon die Hand zur Begrüßung gaben, traf man sich einfach »am Baam«. Einmal hat ihnen der gute Pensionist Rührig mit einer langen Staffelei sogar einen Strick an einen der stärkeren Äste gebunden und eine richtige Schaukel daraus gemacht. Aber der Hausmeister schnitt das Seil glatt durch, obwohl ihm der Biwi Leisegang aus sicherer Entfernung hochdeutsch zurief: »Das dürfen Sie gar nicht, der Strick ist ja nicht Ihnen Ihr Eigentum!«

Manchmal, wenn irgendwas im Haus geschehen war, was auch die größere Öffentlichkeit interessierte, wurde der Stammbaum als Nachrichtenvermittler zweckentfremdet. Wenn die Witwe Schnee wieder einmal ihr Zimmer zu vermieten hatte, das so furchtbar nach altem Kater roch. Wenn ein Kanarienvogel entflogen war. Oder auch, wenn die zwölfköpfige Familie Niederleitner ein nicht mehr benötigtes Kommunionkleid verkaufen wollte, so stand das mit schöner Charakterschrift in Augenhöhe am »Baam«. Natürlich wurde er auch als Marterpfahl fleißig benutzt und ebenso zum Einschnitzen von Namen und Herzen, die jedoch infolge der rauhen Rinde meistens wie pelzige Rettiche aussahen. Eines Tages hing auch ein Zettel dort: »Der Hansi schiebt mit der Irmi.« Gemeint waren damit der Hansi Schlagintweit und die Irmgard Heumacher, deren Eltern die große Wirtschaft »Zum steinernen Schild« besaßen und die der törichte Johann schon mit vierzehn Jahren heiraten wollte. Dann aber tat er es Gott sei Dank doch nicht. Denn die Irmi wog mit neunzehn Jahren bereits einhundertvierundachtzig Pfund. Jetzt muß der alte Mann ganz fest schmunzeln, wie er an diese längst versunkene Episode denkt. Denn er selber schreibt sich nämlich Johann Schlagintweit.

Ach ja, warum er eigentlich den alten Baum noch einmal aufsuchte? Weil ihm nämlich ein Bekannter erzählt hatte, sie hätten den Baum umgesägt. Und das muß erst vor ein paar Tagen gewesen sein, denn der Stumpf steht noch, und der melancholische Grauschimmel kann genau die Jahresringe zählen. Er zählt achtundsiebzig, aber er kann sich auch verzählt haben. Da sieht er neben dem Wurzelstock noch ein Stück Rinde von dem hölzernen Freund seiner frühen Jahre liegen. Er steckt es schnell und heimlich in seine Sakkotasche, wirft es aber dann auf dem Heimweg nach einiger Zeit doch wieder weg. Weil es ja seine Rosa daheim sicher gleich finden würde, und dann müßte er ihr mit vielen Argumenten erklären, warum er ein altes Trumm Baumrinde in der Tasche hätte, und das würde sie nie und nimmer verstehen. Denn Frauen sind da manchmal genauso komisch wie die Erwachsenen.

Blick zurück im September

Den »blauen Mond« nannte Bert Brecht das neunte Kind des Jahres, den September. Den Monat der Hagebutten, der Melancholie, der Fliegenpilze, der Schlaftabletten, der Strumpfhosen, Abendkurse und der »Helfgott«-Sager. Und singen die Amseln im Mai verzückt »es ist prachtvoll«, so singen die Schwalben im September leise »es ist vollbracht«. Tatsächlich gehen in diesen Wochen von hundert jungen Liebschaften fünfzehn in die Binsen und ein Teil davon auch in die Klinik. Die Seelen mancher Menschen nässeln jetzt ein bißchen in sich hinein und werden weinerlich. Und der stille Genießer sitzt allmählich zum letztenmal im Bierkeller unter den Brotzeitpalmen, die mit den welken Blättern rascheln wie verschmähte Jungfrauen mit ihrer Unterwäsche. Und er blickt wieder einmal zurück.

Natürlich könnte man auch im Februar oder April zurückblikken. Aber da ist halt das Jahr noch nicht lange unterwegs und hat erst einen Teil seiner Strecke abgeklappert. Gerade kippt die Kellnerin Anni vom benachbarten Service den letzten Stuhl schräg. Und da fällt es dem Bierdimpfl wieder ein, wer fast immer auf diesem Dreiquartel-Schemel saß. Nämlich der alte Schusserfreund, Rennfahrer, Freiheitskämpfer, Saufaus und Bierkeller-Münchhausen, der Olympiasieger und Europameister im Flaxen, Lenz Nieberl. Wie strahlte doch sein gutmütiger Lampionkopf jedesmal, wenn er seine Frau vorstellte und mit den Worten auf sie hindeutete: »Gestatten, Frau Weltmeister.« Und auf einmal gilt das alles nix mehr, muß da der Sinnierer denken. Nimmer da und nie gewesen. Ein paar vergoldete Medaillen, ein Dutzend halbblinde Pokale und ein Nachruf: »Wir werden dich nie vergessen«. Und der leere schräge Stuhl dort drüben. Hoppla!

Und da taucht auch schon ein anderer Sportskamerad vor der Mattscheibe des Nachdenkers auf. Der lange Woiferl. Garmischer, Kurzwellendoktor, himmellanger Funkturm und Tennisprofessor. Wenn er am Netz stand, war er wie ein siebenfacher

Leuchter. Wie ein gewaltiger Brotfruchtbaum, auf dem lauter Tennisschläger wuchsen. An ihm war so wenig vorbeizukommen wie an einer Klapperschlange im Schnellzugsgang. Doch dann machte sich eine gewaltige Armee auf, um ihn zu besiegen. Leukozyten oder wie die traurigen Helden heißen. Und da stand es dann eins zu einer Milliarde. Da hatte der Woiferl natürlich keine Chance. Doch er streckte sich willig. Als ihn sein Freund zum letztenmal besuchte, sagte er nur ein bißchen bitter: »Sie gehen bereits an meinen Schreibtisch, die schlimmen Ratten. Und ich bin doch noch gar nicht fertig mit dem Sterben.« Und dann meinte er auch noch: »Nein, ich schau' gar nicht zurück im Zorn. Ich bin halt der Mann, der sterben muß. Aber es ist doch ein bißchen komisch. Ich weiß es nämlich, daß meine Frau es weiß. Aber sie weiß nicht, daß ich es weiß, daß sie es weiß.« — »Wir werden ihn immer in Erinnerung behalten«, sagten nachher seine Kollegen. Und man setzte sich schnell entschlossen auf seinen Stuhl, der noch gar nicht kalt war.

Und der dritte war ein Prinz. Jahrelang saß er mit dem Betrachter als Lohnschreiber für die Zeitung beisammen. Dann kam er nach Bonn. Und vor ein paar Wochen rief er seinen ehemaligen Kollegen an und fragte: »Magst nicht für meine Wahlzeitung ein bißchen was schreiben, für mich?« Der Angesprochene aber entgegnete: »Weißt, Prinz, ich glaube, das nehmen uns die anderen nicht ab, daß ich plötzlich für die Weihwasser-Demokraten kritzle.« Da sagte die Stimme aus Bonn: »Wenn du magst, dann reden wir in unserer Heimatstadt noch einmal darüber. Ich flieg' sowieso in drei Tagen hinunter.« Und in genau drei Tagen flog er tatsächlich herunter. Aber nicht von Bonn in seine Heimatstadt, sondern vom Himmel. Sein Freund kriegt noch jetzt eine Gänsehaut, wenn er an dieses Gespräch denkt. Doch hofft er, daß der Enkel der Könige wenigstens auch wieder hinaufgeflogen ist. In sein weißblaues Walhall.

Ach ja, mußte der Träumer wieder einmal denken. Was soll's. Daß alles eitel ist, wußte ja schließlich schon der weise Salomon. Also ist es auch völlig unwichtig, wenn man die braunen Schuhe beim Ausverkauf und die blonde Friseuse von der Ecke vorn nicht bekam. Ein paar Spezl, ein paar Räusche und ein paar Falten noch. Und dann die Abmeldung beim Finanzamt und beim Gschpusi bitte nicht vergessen.

Was sagte doch schon der herrliche Schwabinger Vagabund und Kleistpreis-Dichter Hans Reiser, den man im Armenhaus krepieren ließ, so friedlich und tröstlich: »Zuerst eine Gaudi, ein Lärm und ein Krach, vor Übermut bringst dich fast um, dann haut dir das Leben eine aufs Dach, und im Handumdrehen ist alles rum.«

Das Café von Vorgestern

Es ist, als wäre das alte Café von der gefräßigen Zeit nur deshalb übersehen worden, weil es sich tot stellte. Manchmal ist es so still in den dämmrigen Räumen wie im Tresor einer Bank, in dem nur lauter Papiergeld aufbewahrt wird. Selbst wenn zwei Gäste einmal miteinander diskutieren, so klingt das auch nicht lauter, als wenn sich zwei Stubenfliegen streiten. Auch die verträumten Liebespaare, die sich manchmal hierher verirren, schweigen sich an. Alte Rittmeister und Hagestolze hingegen schweigen sich aus. Das Servierfräulein Simone huscht völlig lautlos über den verblichenen Smyrna-Teppich. Ihre kleinen Füße berühren den Boden überhaupt nicht. Sie hängt gewiß an unsichtbaren Fäden wie die Kammerzofe einer Königin im Marionettentheater. Und wenn jemand in diesem Café laut lachen würde, schickte ihn die vornehme Freifrau, der es gehört, bestimmt auf Geschäftskosten zum Halsarzt.

Ein Geruch verstorbener Rosen zieht durch den Raum. Keiner der geflochtenen und geschnitzten Sessel würde sich erlauben zu knarzen. Der Feuertod wäre ihm sicher. Und niemand käme wohl auf die schaurige Idee, dieses Mokka-Mausoleum mit Nagelschuhen zu betreten. Gewiß würden sich sofort die Haare sämtlicher Teppiche sträuben, um den eingedrungenen Wüstling zu Fall zu bringen. Manchmal aber, wenn die zerbrechliche, einst so berühmte Stummfilm-Lady kommt, um einen einsamen Portwein mit Biskuit »zu nehmen«, da ist es, als würden die kostbaren Kristall-Leuchter an der Decke mit ihren Glasperlen, die wie die versteinerten Tränen der unglückseligen Maria Stuart ausschauen, leise und dezent Beifall klingeln. »Und in dem feinen Café – trink' ich jeden Nachmittag meinen Tee – und Simone flüstert leise, Monsieur – mit was kann ich noch dienen.« So lautet ein kleines Liebeslied für solche Inseln des vornehmen Friedens. Der schweigsame Bilderbuch-Greis, der sich täglich um drei Uhr fünfzehn unter dem firnisdunklen Ölbild niederläßt, paßt genau zu dem Poem. Wenn er die kleine Karte liest, auf der »Darjeeling Tea«, »Tom Collins«, »Gin Tonic« und »Meringues« stehen, nimmt er aus einem grauen Wildleder-Futteral ein Monokel ohne Band, das er jedoch nicht ins Auge klemmt, sondern etwas von sich weghält, als wollte er sagen: »Bißchen Abstand nehmen, ja!« Er trägt über den Schuhen beige Gamaschen, immer einen gerollten Regenschirm mit sich und ein kleines Silberdöschen. Aus dem fingert er zwei weiße geheimnisvolle Tabletten und läßt sie vorsichtig in das Teeglas gleiten, wo sie sofort folgsam zergehen. Es ist aber nur Saccharin. Denn der alte Mann mit dem schönen Stahlstich-Kopf leidet an Zucker. Und zu allem Unglück heißt er auch noch so. Wulff-Dieter mit Vornamen. Zwischen vier und fünf kommen die Frau Apothekerin, die Konsistorialratsgattin, die Gräfin mit dem Krückstock, von der respektlosen Garderobiere heimlich »der Alte Fritz« genannt, zwei Schwestern in schrecklich unmodernen Nerzmänteln und sieben andere Damen eines unbekannten Baumusters. Sie weisen sich durch einen weich gebetteten güldenen Witwen-Reifen als solche hinreichend aus. Alle plappern zum lieben guten Kaffee. Doch kaum lauter als die Deckel der Sterling-Kännchen. Und die Gräfin hält dann in ihrer mürben Blätterteig-Hand auch noch eine Zigarettenspitze, einen langen, silbernen Mondstrahl. Gegen siebzehn Uhr steht der Chauffeur der beiden Schwestern unter der Tür. Er hält die Mütze vor die Brust und den Kopf in mittelalterlicher Demut gesenkt. So, als warte er darauf, mit der Kante des blauen Entlassungsbriefes enthauptet zu werden.

Um diese Zeit erhebt sich auch ein stiller Monokel-Mann. Und jetzt erkennt man ganz deutlich den alten Militär in ihm. Er riecht auch tatsächlich nach Juchtenleder, nach Moltke und roten Hosenstreifen. Einen Augenblick schaut er mit schmalen Augen nach Osten hinüber. Dort, wo sein Regiment, sein Ruhm und sein Reitpferd verblieben sind. Und dann geht er ein wenig steif, stramm und vorsichtig weg. Doch niemand marschiert mehr mit ihm. Nur ein völlig überflüssiger, alter treuer Bursche begleitet ihn. Sein Rheumatismus.

Heimkehr der Heiligen

Es war einmal eine Zeit, da ging es den Menschen in der Stadt sehr schlecht. Und damit es ihnen wieder etwas besser gehe, trugen sie ihre Ölgemälde, Hinterglasbilder, porösen Lindenholzheiligen, den Granatschmuck von Urgroßmutters Hochzeitstag und das schöne Silberbesteck, das ja sowieso nur in blausamtenen Futteralen und dunklen Birnbaum-Schubladen daheim verdämmerte, hinaus aufs flache Land. Und der Ökonom und die blut-und-boden-ständige Bäuerin gaben ihnen dann für einen echten Frans Hals ein Haferl voll Schmalz, für Großmutters Geschmeide ein Sackerl voll Getreide und für eine alte Bibel vom Martin Luther dreiviertel Pfund saure Butter. Und weil die Odelbarone und die Millibauern alle diese Schätze in ihren guten Stuben nicht aufstellen konnten, so stopften sie auch noch die Kuhställe, die Schupfen oder den Heuboden bis unter die mürrisch knarzenden Dachsparren damit voll.

Nun dreht sich aber, wie der Dichter so schön sagt, das Rad gemächlich weiter, und was oben ist, bleibt nicht immer oben. Und siehe da, jetzt nach einem Vierteljahrhundert ist die Rückführung der evakuierten Schutzpatrone, der hölzernen Heiligen und der biblischen Hinterglaspropheten fast vollständig wieder abgeschlossen. Denn seit Jahrzehnten schafften Tausende von gewerbsmäßigen Altertumsschnüfflern, Tandlern und Antiquitätenhändlern den ganzen Plunder wieder in die Stadt zurück. Und deshalb gab es auch in den letzten Jahren in keinem Teil der Welt so viele Kunst-Basare und überfüllte Ramscherias wie gerade in Deutschland. Weil aber die Aufkäufer nun schon einmal unter den ländlichen Dachfirsten herumflatterten wie die Fledermäuse, brachten sie auch gleich waggonweise längst erloschene Stallaternen, morsche Bauernschränke, schartige Sensen aus der Sendlinger Bauernschlacht, grünspangrüne Kerzenleuchter, vergammelte Pferdekummete und wackelige Spinnräder mit. Denn die Nachfrage nach den von Holzwürmern und dem Zahn der

Zeit schwer angebissenen bäuerlichen Kulturgütern war ja kaum zu stillen.
Und in noblen Kreisen kursierte ein gültiges Wort, das, salopp hingeworfen, sofort als Legitimation bei der Beurteilung irgendeines zerfressenen Blasengels galt. Man brauchte nämlich nur zu sagen: »Er ist aus der Zeit.« Auch ausgediente Beichtstühle hielten Einzug in den »Halls« der vornehmen Bungalows. Und es gehörte zum guten Ton, einen eigenen Hausaltar mit wuchtigen Silberleuchtern zu besitzen, auch wenn der Erwerber dieser zweckentfremdeten Raritäten kaum mehr das »Jesukindlein« vor sich hinmurmeln konnte. Ländliche Spinnräder flankierten in großer Anzahl die nachempfundenen Marmorkamine, als würde sich die Lady des Hauses in einsamen Stunden daran betätigen. Heilige Floriane als Garderobenständer, an welche die Eintretenden Persianer und verschwitzte Hüte hängen können und denen alte Baroninnen lässig die Zobelstolen in die ausgebreiteten Hände legen, sind sowieso eine Selbstverständlichkeit. Weniger Fuß fassen konnten hingegen alte Ritterrüstungen auf den Treppenabsätzen der Luxusvillen. Weil sich die aufsässigen Domestiken solidarisch dagegen wehrten, diese Heimhelden mit Sidol zu bearbeiten. Eine Zeitlang waren wuchtige Truhen, geschnitzt, schwer beschlagen und mit der dumpfen Luft aus der Schlacht von Ampfing frei Haus angeliefert, sehr in Mode. Doch als sich herausstellte, daß ein schnell versteckter Hausfreund aus diesen moderigen Eigenheimen nur mehr halbtot herausgeholt werden konnte und der Truhengebrauchswert also sehr gering war, verzichteten die Gnädigen auf diese hölzernen Tresore sehr schnell.
Immerhin jedoch sind sich die Besitzer dieses Society-Gerümpels darüber einig, daß man im Falle der Not wenigstens wieder etwas »zum Abhängen« haben würde. Leider aber haben sie dabei aus der Vergangenheit nicht viel gelernt. Denn sonst müßten sie doch wissen, daß sie in Zeiten, in denen die Luft wieder eisenhaltig wird, für einen echten Holbein höchstens wieder ein Eisbein kriegen werden.

In der feuchten Hölle

Der ganz alte Stammgast hat ausgerechnet, daß er eigentlich schon dreimal total verdampft sein müßte. Denn nach jahrzehntelangen Besuchen der griechisch-römischen feuchten Hölle und einer jeweiligen Gewichtsabnahme von zwei Kilo konnten von ihm längst nur noch die Gummipantoffeln übrig sein. Jene Sandalen, die mancher Anfänger verächtlich beiseite schiebt, wenn er in die Grillerei des Karl-Müller-Volksbades geht, um sich dann sofort auf den glühenden Bodenfliesen die Füße zu verbrennen wie Schneewittchens böse Schwiegermutter, als sie in die angeheizten Schnabelschuhe steigen mußte.

Überhaupt sind die alten Profis unter den Transpirierenden mühelos zu erkennen. Da gibt es beispielsweise die Systemschwitzer. Die sitzen vorgebeugt auf ihren hölzernen Büßerstühlchen und zählen die einzelnen Tropfen, die leise platschend zu Boden fallen. Haargenau haben sie errechnet, daß 750 Schweißperlen auf ein Pfund gehen. Und sie sagen ihr Gewicht auch vorher aufs Gramm genau an, wenn sie den unerbittlichen stummen Kontrolleur, die große Personenwaage, besteigen. Zur zweiten Kategorie gehören die Spachtler, die ihr feuchtes Fell pausenlos mit einer Kunststoffspachtel beschaben, wie brave Mütter die Kuchenteigschüssel. Nach ihrer Theorie muß nämlich der nachdrängenden Feuchtigkeit das Verlassen der Poren möglichst leicht gemacht werden. Eine besondere Sorte bilden ferner die Kassen-Schwitzer. Das sind jene Gäste, die mit einem ärztlichen Rezept statt mit Bargeld bezahlen. Und weil sie das alte Dampfbad auch noch meistens während der Arbeitszeit aufsuchen dürfen, sind diese Näßler besonders fröhlich. Fast allen Gästen geht übrigens das Mundwerk durch den erhöhten Blutdruck so fleißig, daß man bei ihnen mit Recht von »Dampfplauderern« spricht. Gestiftet hat diese Schweißtreiberei ein gewisser Baugeschäftsinhaber Karl Müller, der sie um die Jahrhundertwende an der Ludwigsbrücke erbauen ließ und der Münchner Bevölkerung schenkte. Daher auch der Name Volksbad.

Zuerst geht der Besucher des hochtemperierten Jugendstiltempels in eine kleine, wohlige Kabine, in der er sich seiner Textilien entledigt. Wenn er dann bloß mehr den dämmrigen Nachmittag am Leibe trägt, ist er eigentlich nur noch an den vier gräßlichen Impfnarben als Deutscher zu erkennen. Dann geht's auf die Waage. Ein besonders stabiles Modell, das meistens die wüstesten Beschimpfungen über sich ergehen lassen muß: »Glump vareckts«, »Giasinga Heiwoog« oder »Schwindel-Tachometer«. Nicht selten wird die brave Gewichtsmaschine auch noch mit Fausthieben und gut gezielten Aufwärtshaken traktiert.
Dann steigt der Gewissenhafte mit den Hufen in einen kleinen Bottich und säubert seine treuen Untermänner, damit die anderen Kollegen nachher nicht glauben, sie hätten sich in ein Emmentaler Bergwerk verirrt. Anschließend folgt die eigentliche Dampfkabine. Sie wird von einer knarzenden alten Kerkertüre abgeschlossen, die in jedem Fernsehkrimi die Hauptrolle spielen könnte. Drinnen zischt aus einer Düse glühend heißer Odem wie aus dem Auspuffrohr von Beelzebubs Lieferwagen. An der Wand

befinden sich außerdem noch vier Ruhesofas. Echte Marmormatratzen mit felsigem Kopfkissen. Auch auf diesen Fakir-Kanapees wälzen sich keuchende Delinquenten im eigenen Saft. Und der Abfluß in der Mitte des Raumes schlürft die Rinnsale mit gierigem Eisenrüssel auf.

Nach fünfzehn Minuten ist jeder Gast schließlich so durchweicht wie ein Allerseelenzopf im Kaffeehaferl einer Marktfrau. Jetzt geht's hinaus in den Hauptraum und unter die Wechseldusche. Und dann kommt die kalte Liesl, eine Martermaschine, die den entblößten Freier mit zwanzig tiefgekühlten Armen umfängt. Von da aus rasch durch die Klagenfurt, ein Bassin, das wahrscheinlich nur geschmolzene Gletscher enthält. Endlich kommt dann der Elefantenweiher dran. Diese runde kolossale Wanne hat ihren Namen daher, weil sie fast immer mit älteren Sauriern und Mammuts angefüllt ist, die sich erst bei näherer Betrachtung als rüsselhaarige Bierdimpfl entpuppen.

Leider aber gibt es auch einige versteckte Dampfbadbesucher, die selbst nach dieser Prozedur weder Gewicht noch Schweiß gelassen haben. Das sind diejenigen, die Angst haben, es könnte ein Tropfen Bier darunter sein. Diese Schlitzohren haben aber trotzdem ein Rezept gefunden, das ihnen das Gefühl der Schlankheit genauso vermittelt wie dem ausgepichten Sauna-Fakir. Die gehen nämlich einfach alle drei Monate zum Schneider und lassen sich die Knöpfe an ihren Hosen und Wämsern versetzen.

Verblaßte Zeilen

Immer wieder benzt der kleine Tonerl mit seiner dünnen Laubsägenstimme: »Gell, Oma, jetzt gehst nacha amoi auf'n Speicher nauf und schaugst wega de Briafmarkn.« Der Anton hat nämlich bei dem Preisausschreiben »Wieviel Erbsen gehen auf ein Pfund?«, das der örtliche Konsumverein veranstaltete, ein Briefmarkenalbum gewonnen, und jetzt hetzt er die ganze Verwandtschaft auf die Jagd nach den kleinen gezackten Plagegeistern. Nun ist gerade die Großmutter dran, die in einer leichtsinnigen Viertelstunde so beiläufig geäußert hatte, in der gelben Birnbaumkommode müßte noch ein Bündel gut abgelagerter Briefe von ihr sein. Also nimmt sie halt mit einem geseufzten »Ingodsnam« den passenden Eisenbart vom Schlüsselbrett und schlappert mit ihren kamelhaarigen Leisetretern hinauf zum Rastplatz der Vergangenheit. Als sie die Lattentüre der »anteilmäßigen Bodenbenützung«, wie ein Miethausspeicher im Vertragsdeutsch heißt, aufgesperrt hat, kitzelt sie zuerst einmal ein Spinnwebfaden an der Nase. Sie schaut zwar gleich in die helle Kerzenflamme, damit sie »Hatschi« machen kann. Jedoch kommt nur ein zweimaliges Kopfnicken heraus, das sich ausnimmt, als würde die alte Frau die Zeugen des Vorgestern, den Kinderschlitten, die Schneiderbüste und das dreibeinige Schaukelpferd in der dunklen Ecke, freundlich grüßen.

Dann schlüsselt sie lange an der mattgelben Kommodenschublade herum, bis dieser Tresor der verflossenen Jahre schließlich unmutig knarzend nachgibt. Und neben einem Ridikül aus ihrer längst entschwundenen Ballsaison, der innen mit Papier ausgestopft ist, dem eingewickelten Hängezopf der Schwägerin Emeli und einem Marmorschreibzeug mit eingetrocknetem Tintenfaß findet sie tatsächlich das gesuchte Papierbündel. Eine zerschlissene Schleife aus ihren eigenen Trotzköpfchentagen hält es zusammen. Leise Neugier unter der selbstgestrickten Wollweste tragend, geht sie nun mit ihren viereckigen Erinnerungen wieder hinab in die warme Wohnküche. Dort wartet der Tonerl schon mit gezückter Schere wie das tapfere Schneiderlein.

Ganz obenauf als letzte Nachricht aus dem Gewesenen liegt ein Brief, auf dem anstelle der Marke nur ein Stempel mit dem verbogenen Kreuz des Unheils prangt. Die Oma weiß es schon, es sind die Zeilen eines Hauptmanns, die mit dem Satze schließen: »Es lebe Deutschland.« Und dabei meldet das unselige Dokument doch den Tod des Pflegesohnes Christian. Dann kommt ein Kuvert, dessen Postwertzeichen das Bild des Mannes zeigt, der den Christian auf dem Gewissen hatte. Auf grauem Kriegsbogen teilt ihr darin ihre Jugendfreundin Sophie Wogegang mit, daß sie als einzige der ganzen Familie einen Bombenangriff auf Celle überlebt habe und sie deshalb mit diesen Zeilen gleichzeitig als Universalerbin ihrer verbliebenen Habe einsetze. Ansichtspostkarten aus Deggendorf und Bad Tölz von der Firmpatin Marlene Siebenmaus folgen. Nachher hat sie ein winziges Brieflein in der Hand mit dem Lübecker Holstentor als Markenbild. Es stammt von der Nichte Annemarie, die schon mit sechzehn Jahren ertrank.

Schließlich strahlt der Tonerl über eine Riesenmarke aus dem fernen Somaliland. Viele sauber beschriebene Seiten mit komischen Schreibfehlern enthält das Kuvert. Und die Oma muß immer wieder lächeln über die spaßigen Sätze und die spitze Berg-und-Tal-Schrift. Es ist nämlich der Briefwechsel mit einer Missionsschülerin am sagenhaften Ulanga. Das war in der Jugendzeit der Großmutter einmal sehr modern, solche Bekanntschaften über Land und Meer hinweg zu pflegen. Ziemlich wertlos jedoch erscheint ein Gekritzel der Tante Erika, mit dem sie der Empfängerin ein geheimes Rezept für Krautwickerl übermittelt hat.

Nun kommt noch ein eigener Umschlag, und die Frau mit dem Silberhelm der graugestrafften Haare schiebt den neugierigen Tonerl sanft etwas zur Seite. Die Marken mit dem Dreier kriegt er dann schon. Flache, knappe Fingernägel lösen eine rote Schleife, und gleich aus der ersten Hülle bröselt ein zerriebenes Kräutlein heraus. Ist das jetzt Majoran oder gedörrte Petersilie? Nein, die Oma weiß es noch ganz genau. Das war einmal ein Lavendelsträußchen. Verstohlen schnuppert sie sogar ein bißchen daran, aber es riecht einfach nach »Gar nichts mit Welk«. Über ein halbes Jahrhundert, so rechnet die Frau neben dem still gewordenen Buben, ist das also jetzt schon her. Das mit den Treueschwüren, mit dem verschnörkelten Anfangsbuchstaben ihres Vornamens und den kringeligen Randmalereien außen herum, die ihr heute recht kindisch vorkommen. Und auf jedem Bogen immer derselbe Schluß. So wie man seinerzeit halt sagte und schrieb, entschuldigt die Großmutter und liest es doch mit nachformenden Lippen ein paarmal vor sich hin: »Karl Albert.« Auf einmal beginnt das alte Mütterlein dann zu lachen. Ein wenig aus Resignation, ein bißchen aus Verlegenheit und einfach auch wegen der komischen Situation.

Und als der kleine Enkel sein Ahndl so sieht, wie sie sich in später Lustigkeit über die Augen fährt, und sie fragt: »Omi, sog, wos host denn?«, da dreht sich die nur stumm um und deutet auf das Kanapee hin. Denn dort liegt er ja nun schon seit vier Uhr nachmittags. Und schläft mit dem kleinen Glück des Spätherbstes um die Nase herum. Der Karl Albert.

Alte am Ofen

Die alte Frau wickelt noch einmal zwei Briketts ganz fest in Zeitungspapier, weil sie doch so viel länger herhalten, fingert mit dem schweren Schürhaken nach den zwei innersten Ofenringen und füttert ihren alten eisernen Freund mit den präparierten Koteletts. Dann rückt sie den Stuhl mit den verwetzten Armlehnen wieder zurecht und auch das Fußschamerl, legt die Hände mit den braunen Altersflecken gefaltet in den Wickelschurzschoß und träumt weiter.

Jetzt, wo war sie doch gleich stecken geblieben? Ach so, beim Bratröhrl, das sie gerade selber geöffnet hatte, damit die Wärme auch richtig heraus kann. Was hat sie doch schon alles in dem schwarzen Maul gebacken und gebraten! Guglhupf und Weihnachtsplatzerl, und ganz früher auch öfters einen »Bettlmo«, ein mageres Armeleuteessen. Zartbrüstige Täuberl, die der Opa selber im Heimgarten hielt, aber sie zum Schlachten jedesmal dem Gartlernachbarn gab, der ihnen rasch die erstaunten Köpferl abschlug. Und einmal eine polnische Gans, vom Stefan aus Warschau im Urlaub mitgebracht. Die war so groß, daß sie als Ganzes einfach nicht ins Röhrl paßte. So daß man ihr die Schenkel abschneiden mußte, um sie extra zu braten. Das nächste Mal wollte dann der Steffi gleich gar einen zwanzigpfündigen Truthahn schicken. Aber statt dessen kam ein Brief vom Hauptmann, und zum Fest gab's keinen Biebgockel, sondern schwarze Florstrümpfe auf Abschnitt C der Reichskleiderkarte. »In stolzer Trauer«, wie seinerzeit in der Zeitung stand!

Ach, und jetzt fällt der alten Frau noch ein, daß sie doch vor wahrscheinlich hundert Jahren als kleines Kind schon mit ihrem winzigen Puppengeschirr süße Apfelstrudel neben der Reine der Mama gebacken hat für die sieben Zwerglein. Und lächerliche Liliputknödel für den Bären Bumba. Wenn aber die Mama gar keinen Teig hergab, dann hatte das Kind einfach zwei oder drei Kieselsteine genommen, fleißig mit Wasser begossen und mitge-

braten. Weil sie nachher der Bumba jedoch, wenn man sie ihm auch noch so oft vor den strapazierten Plüschmund hielt, einfach nicht essen wollte, kriegte er ein paar hinten drauf und wurde zur Strafe in den Gang hinausgeschoben.
Die Frau am Ofen ist nun schon ein bißchen erschöpft, und ihrer Erinnerung tun direkt die Füße weh, weil sie doch so weit zurückgehen mußte. Und sie beginnt auf einmal mit offenen Augen zu schlafen, wie es angeblich die Hasen auch können. Damit sie aber nicht vielleicht beim Einnicken mit dem Kopf auf die Ofenplatte fällt, stützt sie sich an der blanken Messingstange auf, die lautlos um den Küchenherd herumläuft. Als sie noch eine ganz kleine Seifen-Marile war, hatte sie an diesem Reck immer Klimmzüge gemacht, und nachher mußte die Mama ihre Oberarme anlangen, ob sie auch schon stark wäre. Der Michl Haberstock von der Nachbarwohnung hatte damals auch immer mitgetan. Derselbe Haberstock, von dem die Zeitungen später meterlange Berichte brachten, weil er über den Ärmelkanal geschwommen war. Dick eingefettet und in zweiunddreißig Stunden.
»Plups.« Der mittlere Herdplattenring, der einen kleinen Sprung hat, hebt sich, und es riecht nach Kohlengas, das die alte Frau gar nicht mag, weil eine Nichte von ihr damit vergiftet wurde. Eines von den Briketts hatte sich wohl jetzt erst befreit von dem fünffachen Papierhaus, das geplatzt war.
Wo bloß der Anderl heute so lange bleibt, denkt der verbrauchte Mensch am warmen Ofen. Das Urenkelkind. Sie wird ihm heute das Märchen von der Rapunzel fertigerzählen müssen, das ihr aber einfach ums Sterben nicht mehr einfällt. Und außerdem will sie auch ein bisserl an seinen zwei unteren Schneidezähnen nakkeln, weil die raus sollen. Und je lockerer sie werden, um so leichter können sich die neuen nachschieben. Der Anderl war der Bub von ihrer Enkelin Anneliese und dem jungen Werkmeister Max Karlstätter. Und die zwei hatten noch immer keine Wohnung, sonst hätten sie doch längst geheiratet, und so lebten sie halt bei der Oma in einem Bratkartoffelverhältnis. Wie die Urgroßmutter, den Kopf wiegend, über die ewige Wohnungsmi-

sere nachdenkt, schläft sie nun doch tatsächlich ganz ein. Da geht die Wohnungstüre auf, und die Anneliese kommt mit dem Max in die Wohnküche. Die zwei unterhalten sich halblaut, damit die Frau am Ofen nicht geweckt wird. Der Max nickt zu der Gestalt am milden Feuer hin, und das Annerl weiß schon, was er sagen möchte.

Wenn sie nämlich nimmer sein wird, würden sie doch die Wohnung kriegen, und der junge Mann meint halt, für die alte Frau wär's eigentlich schön langsam Zeit. Das ist natürlich schon recht hart, wenn man einen Menschen auch noch schubsen möchte, der sowieso schon im Gehen ist, denkt er dabei. Aber selbst wenn die Alte das gehört hätte, wäre sie bestimmt nicht mehr böse gewesen. Denn sie hat längst nichts mehr dagegen, wenn sie der mit der kalten Hand vom warmen Ofen wegführt. Und sie will sich auch nicht ein bisserl wehren dagegen.

Schlaf in der Sonne

Nur ein kleiner Bub blieb stehen. Zuerst waren schon ein paar Dutzend Menschen vorbeigegangen, und es war ihnen nichts aufgefallen an dem alten Mann auf der Bank. Der Bub jedoch spreizte die Beine, steckte beide Hände in die Hosentaschen und betrachtete die altmodische Ludwig-Thoma-Pfeife, die dem Mann in der Sonne aus dem Mund gefallen war und genau auf den eisernen Fuß der Anlagenbank. Da war sie zerbrochen. Der stille Raucher jedoch lehnte halb schräg auf dem Sitz und schien mit offenen Augen zu schlafen. Wie ein Has, mußte der Bub denken, weil er doch in irgendeinem Kinderbuch gelesen hatte, daß die Hasen beim Schlafen auch die Augen auf haben. Wie ein alter Has, ging es ihm noch einmal durch den Kopf, und dann stupfte er den Mann an und sagte laut: »Hä, Sie, Herr, Eahna is d'Pfeifn runtergfalln.« Er meinte, da müßte der Greis doch aufwachen aus seiner Träumerei. Er tat aber ganz was anderes.

Obwohl nämlich die Berührung durch den besorgten Buben gar nicht fest gewesen war, hatte sie doch gereicht, daß der Körper des seltsamen Rauchers langsam ins Gleiten kam und von der Bank herunterrutschte. Jetzt lief der Bub zu Tode erschrocken zum nahen Obsthändler hinüber, den er gut kannte. Er zog ihn aus dem Laden, deutete zu der Bank hin und jammerte: »Schaun S' bloß hin, Herr Scheller, jetzt is er umgfalln, der Mann. Aba i hab'n fei net kaputt gmacht. I hab'n bloß odupft.« Der Obstler nahm den Buben an der Hand, und sie gingen die paar Schritte zum Gasteigberg hin, und jetzt standen auch schon etliche Neugierige um den liegenden Alten herum. Und einer aus der Menge sagte ganz eindeutig: »Der is doch dod.« Und das stimmte.

Dabei hatte es so harmlos angefangen. Der Mann war der Invalidenrentner Maurizius Siebengang und seit vielen Jahren Insasse im uralten Spital, das nun auch bald abgerissen werden sollte. Und weil wieder einmal die milde Gnadensonne gar so schön auf das Kiesfleckerl der kleinen Anlage schien, hatte es den fried-

lichen Austragler hinausgetrieben aus den feuchten, grauen Ölfarben-Zimmern der großen städtischen Feierabend-Kaserne. Und es gelang ihm auch nach fünfmaligem zögernden Anlauf, die Straße zu überqueren. Drüben setzte er sich so hin, daß ihm die Sonne nicht direkt ins Gesicht schien, sondern hauptsächlich auf die Knie und die Füße. Weil man die doch bekanntlich warmhalten soll, wenn man hundert Jahre alt werden will.
Und dann hatte er auch noch die etwas lächerliche Kapitänsmütze über die Augen gezogen und zu duseln begonnen. Ein verfließendes Erinnern, bei dem ihm diesmal besonders viel Interessantes eingefallen war. Wie die Niederleitner Anni geheiratet hatte, zum Beispiel. Und die kleinen Mädchen vom ganzen Hinterhaus mußten als Kranzljungfrauen mitwirken. Die Buben mußten Spalier stehen. Weil aber dann der Bräutigam nicht kam, kriegten die Stallhasen vom Sattler Zech die ganzen schönen Vergißmeinnicht-Sträußerl und Margeriten-Kränzlein der enttäuschten Kinder zu fressen. Aber auch, daß er beim letzten Rentnergeld lauter nagelneue Fünfmarktaler bekommen hatte, fiel ihm wieder ein. Weil der Schalterbeamte ein entfernter Verwandter von der Schwester seiner Frau selig war. Und dann, was er ja nicht vergessen durfte: seinem Enkelkind Nini, wenn es das nächste Mal zu Besuch kam, die alte Kaffeemaschine aus Messing zu schenken, die angeblich aus Indien stammte und die er seinerzeit billig ersteigert hatte und die das Kind sicher recht freuen würde. Vielleicht gab ihm die Nini sogar ein Busserl dafür. Auf seine stoppelige Nadelkissen-Wange. Ach ja, da würde er sich dann vielleicht am Samstag schon mittags rasieren, bevor die Kleine mit seiner Tochter Eva-Maria zu Besuch kam.
Und wie er mit dem Denken gerade hier angekommen war, riß es ihn zum erstenmal. Er hätte eigentlich wissen sollen, daß das ein Schlagerl war. Sie hatten doch schon so viel davon geredet, im Heim. Auf einmal fiel ihm ganz ohne Übergang noch ein Gedicht ein, das er eigentlich längst vergessen haben sollte: »Mei Bruada, mei Schwesta san beide scho fort, / bluatjung nahm ihr Leben a End. / Gschprocha ham ma oft kaam a Wort, / als hätt

ma uns gor net kennt.« Und dann kam der zweite Hieb, der ihm auch die Pfeife aus dem Mund schlug. Es kann kein Mensch sagen, ob es ihm weh getan hat. Seine Zeit war halt zu Ende, wie ein Eisenbahngleis, das irgendwo einmal aufhört.

Im Polizeibericht standen am anderen Tag ganze zwei Zeilen über den Tod auf der Bank. Und fast alle Leute lasen natürlich darüber hinweg. Bis auf etwa siebenhundertvierundachtzig Invaliden, Rentner und alte Pensionisten. Die doch die »Verstorbenen« immer am meisten interessieren. Und fast alle dachten sie beim Lesen mit leisem Neid dasselbe: »So einschlafa deafa in da Sonna, hm, hm, dz, dz, ach ja.«

In einer kleinen Stadt

Es ist Sonnabendnachmittag in der kleinen Stadt. Vom weißen Kirchlein auf dem nahen Hügel tröpfelt das Feierabend-Gebimmel der kleinen Glocke herunter. Hell und sauber wie geschmolzenes Messing. Der Bäckerlehrling Matthias Wiegetritt sprengt mit einer Gießkanne das Trottoir vor dem meisterlichen Laden. Haargenau zieht er dabei einen nassen Strich auf das Pflaster, dort, wo das Anwesen der Gemischtwarenhandlung Wenig beginnt, die bei der Konkurrenz einkauft. Der Schrippen-Chef selbst steht indes in Schlappschuhen beim schlußlichtnasigen Fleischer und unterhält sich ausgiebig über dessen schmerzhafte Hammerzehe.

Mit einem Schweif, der so stark eingezogen ist, daß er zwischen den Vorderbeinen wieder herausschaut, wetzt gleich nachher ein heulender Bastard aus dem Laden des lamentierenden Preßsack-Architekten. Der langhaarige Dieb wollte sich verruchterweise an zarten Kalbslendchen vergreifen. Ein armlanger Ochsenknochen fliegt hinter dem Wüstling her und landet vor dem ehrwürdigen Kriegerdenkmal. Der Löwe, der darauf abgebildet ist, wirft jedoch keinen einzigen Blick auf diese lausige Vesper. Ganz an der Wand entlang geht der neue Elektrolehrling vom Installateur Zuck heim. Er hat heute bereits die erste Ohrfeige und zwölf Mark achtzig in bar bekommen. Feurig leuchtet sein linkes Wechselstrom-Ohr noch jetzt. Gerade als der minderjährige Niki Tausendpfund zu seinen im Kreis versammelten Freunden sagt: »Unser Lehrer ist der momentan dümmste Mensch«, kommt dieser vorbei. Am Montagmorgen wird sich's ja herausstellen, ob er den frechen Gedankensplitter gehört hat. Dann naht ein Mönch in Reform-Sandalen, die auf das warme Pflaster klatschen wie Fliegenpatschen. Ein kleines Mädchen läuft schnell hin, macht einen Knicks und bekommt von dem frommen Mann ein heiliges Bildchen zum Anhauchen.

Etwas später trägt die Witwe Geis einen langen, weiß bedeckten Rosinenstollen heim. Denn gegen Abend wird der Bräutigam ihrer obergärigen Tochter Sabine zum Kaffeebesuch kommen. Ein grundanständiger Mensch übrigens, dieser Herr. Er hat noch nicht ein einziges Mal versucht, Vorschuß auf Sabinen zu nehmen. Nein, erst bei der Hochzeit. Da wird er dann das ganze stattliche Konto auf einmal abheben.

Im niedlichen Vorgarten der Frau Veterinär stehen drei Damen in der Sonne. Zwei davon bewundern das neue Kleid ihrer Freundin, die eine Figur hat wie der runde Badeboiler der städtischen Brauseanstalt. So ebenmäßig. Ihre neue Sommer-Robe aber ist mit hundert kleinen Segelschiffchen bedeckt, die nun in pausenloser Kette den Äquator der stark beneideten Dame umschiffen. »Um wenigstens fünf Kilo macht dich das schlanker, Margotchen«, süßeln die zwei Freundinnen. Ihre falschen Augen jedoch zwinkern sich gegenseitig schadenfroh nässelnd zu: »Der reinste Windjammer ist ja sowas.«

Im Gasthaus »Zum jähen Ende« aber scheppert schon die Kegelbahn, und die ersten Skatbrüder des Rauchclubs »Alpengrün« sitzen bereits am runden Tisch. »Kassa links und Kassa rechts«, sagt der Kanzlei-Assistent Redlich und verliert sofort einen idiotensicheren »Null-Ouvert«. Sein Gesicht ist scharlachrot von der rücksichtslosen Selbstrasur, obwohl er seinen Kopf nachher lange in Essig legte.

Abends ist im Jungbräu Stiftungsfest mit Tanz, und alles schwenkt die Schönen. Unverdrossen klaviert der spitzbrüstige Musikus zur blassen Pächterstochter hinüber, die weit vorgebeugt den Apfelsaft einschenkt. Direkt neben dem Büfett sitzt die Papierwaren-Verkäuferin Olga Bruch. Sie hat noch echte Brennscherenlocken und einen weithin bekannten Moralingehalt. Immer geht sie mit ihrer Tante aus. »Doch wer will denn das?« sagte der Friseur Egon Kieselher schon vor einem guten Jahr einmal. Und seitdem wurde sie auch nie mehr zum Tanzen geholt.

Und dann schaukelt der gelbe Mond mit scharfer Sichel über der kleinen Stadt. Wenn er einen Charakter hätte, würde er wenigstens der verrufenen Klatschbase Malwine Wirsing endlich einmal den Kopf abschlagen. Denn der entgeht auch lange nach Mitternacht noch nichts, wenn sie böse wie der Rheumatismus-Erreger hinter ihrem Mansardenfenster lauert. Dagegen hat das hübsche Kindermädchen Susi Blei ihr Schlafzimmerfenster weit geöffnet. Und schaut träumerisch in jene Richtung, in welcher der lockige Zeitschriftenvertreter vor ein paar Tagen für immer verschwand. Nachdem er sie als Abonnentin und auch sonst noch ein bißchen gewonnen hatte. Ob sie ihn wohl jemals wieder sieht, denkt das liebe Kind. Denn nicht ein einziges Andenken hat er ihr zurückgelassen. Doch da singt vom Dach der Star: »Susi, wart dreiviertel Jahr' «.

Indianer-Sommer

»Gottlob, jetzt sind wir übern Berg. Jetzt geht's wieder abwärts«, sagt der Pensionist Widerschein und schlurft langsam zur alten Bank hin, die unter den Anlagenbäumen steht. Seine stille Begleiterin, die alte Wiedman Rosa, nickt mit ihrem gutmütigen Lederapfelkopf dazu und auf einmal fällt ihr ein längst vergessenes Wiegenlied wieder ein, das sie nun mit kindischer Stimme leise vor sich hinträllert: »Schniebel, Schnabel, Schnebel, kommt der Herbst mit Nebel.«

Aber noch ist es nicht ganz so weit. Wenn auch die Sonne langsam wie eine gelbe Dahlie verwelkt, und der Indianer-Sommer durch die Stadt humpelt mit einem kleinen Es-ist-vollbracht-Lächeln im Gesicht. So, wie der große Apachen-Häuptling Winnetou in Band zwei, wo er doch auch schon ahnt, daß er bald sterben muß. Auf den Telephondrähten sind schon die schwarzen Perlen der Schwalben aufgereiht. Rosenkranzgleich. Alles ist also schon bereit zum Amensagen.

Hoch droben am zerschlissenen Seidenhimmel schwänzeln zwei rote Papierdrachen. Der eine dreht jetzt einen herrlichen Looping, steigt noch einmal hoch empor und begeht dann Selbstmord. Er wird wohl noch viele Tage in der Hochspannungsleitung hängen, bis ihn der nasse Nebelwind mit grauer Zunge wegschleckt. Den zweiten Herbstvogel aber holt eine sorgende Bubenhand mit langsamem Schnurgehaspel vorsichtig ein. »Immer diese Unterschiede«, sagt der alte Spötter, der das Luftdrama beobachtete. Und er rückt sein Katzenfell zurecht, das ihm hinten unter der Strickweste hervorschaut.

Die kleinen Mädchen mit dem sanften Blick gehen etwas langsamer durch die Straßen. Es eilt alles nicht mehr so. Die Hauptsache ist ja schon vorüber. Manchmal bleibt eine vor einer Auslage stehen. Wo einst Bikinis und seidene Kopftücher lagen, sind es jetzt die Läden mit Kochgeschirr, die sie anlocken. Auch die Juwelierschaufenster mit den güldenen Ringlein der Geborgenheit werden gerne in Augenschein genommen. Überall in der Luft wehen dünne Nylonfäden herum und kitzeln die Leute an der Nase. So daß sie plötzlich »Hatschi« zueinander sagen statt »Guten Tag«. Auch weiche, schmeichelnde Baumwollflocken kommen im Spätsommerwind dahergeflogen. Wo die bloß wieder herstammen. Vielleicht direkt aus der Nähstube der himmlischen Heerscharen. Es könnte ja sein, daß die Schutzengel, die häufig auf die Erde müssen, bereits an ihren »Knielangen« herumhäkeln. Denn der nächste Winter kommt bestimmt. »Stell auf den Tisch die duftenden Reseden. Die letzten roten Astern trag herbei«, summen die Heimgartler in die vergehende Pracht ihrer Blumenrabatten hinein. Und der Herr Wechselschritt, der in seinem kleinen Rettichparadies zur Arbeit immer noch eine altersbleiche Majorhose trägt, pflückt von den langen Stangen fleißig und zufrieden die grünen Schoten. Er ist ja endlich ganz von selber darauf gekommen, daß es glücklicher macht, Bohnen zu ernten statt Orden. An der Rückwand des Gartenhäuschens aber tritt der Enkel Wunibald zum letztenmal in dieser Saison auf den falsch hingestellten Kiesrechen. Sein Wehgeheul vermischt sich mit dem solidarischen Jaulen des Kurzhaarbastards Jackl, bis die gemischte Serenade schließlich in einem letzten schläfrigen Mundharmonikaton verklingt.

Unter den Kastanien auf der Bank wird es abends immer stiller. Als plötzlich drei glänzende Mahagonifrüchte herunterprasseln, schauen die alten Leute ungemein erstaunt nach oben, als wenn es Frikadellen geregnet hätte. Dann zieht der Fluraufseher Zirngiebel seine schwer vernickelte Eisenbahneruhr auf und sagt: »Zeit wird's allmählich.« Die zwei Witwen von der sechsköpfigen Bankbesatzung stehen umständlich auf und gehen noch ein bißchen zum nahen Friedhof hinüber. »Zum Einschmeicheln«, kichert der boshafte Widerschein. Die anderen nicken bloß und machen »hmm«. Dann falten sie die verarbeiteten Hände und schauen lange die Finger an, durch die ihnen Glück und Leid geronnen sind. Und langsam beugen sich die Gestalten auf der alten Bank der Erde zu.

Sigi Sommer Meine 99 Stories

Sigi Sommer

Meine 99 Stories

Mit 19 Zeichnungen von Ernst Hürlimann

Süddeutscher Verlag München

Gestaltung von Kassette und Umschlag:
Design Team, München,
unter Verwendung der Zeichnungen
von Ernst Hürlimann

1.–10. Tausend dieser Ausgabe August 1976

Fotomechanischer Nachdruck

Gesamtherstellung: J. Ebner, Ulm
ISBN 3-7991-5879-0

Inhalt

1 | Stille Wünsche

Nun ist die Zeit der Glückwunschkarten und Briefe zu herabgesetzten Postgebühren sowie des herzhaften Händeschüttelns wieder einmal gekommen. Während die goldumrandeten Drucksachen, mit denen sich die kultivierten Menschen unserer Breitengrade gegenseitig die Briefkästen vollstopfen, gewiß eine schwere Hypothek sind, ist der persönliche Glückwunsch noch einigermaßen zu ertragen. Gewiß gibt es Menschen, auf deren diesbezügliche Worte man keinen allzu großen Wert legt, da man ihnen während des ganzen Jahres eine freundliche Bemerkung fast mit einem Strick aus dem Halse ziehen muß. Auch jene, welche die Freundlichkeit um diese Jahreszeit öffentlich um den Mund geschmiert haben wie böse Kinder ihre Frühstücksmarmelade, könnte man gut entbehren. Denn sie reichen überall nur ihre feuchtwarmen Hände herum, die sich anfühlen wie kleine Silvesterkarpfen, die das Maß nicht haben, und wünschen »von Herzen alles, alles Gute«, wobei sie die linke Hand beteuernd auf die Brust drücken, doch versehentlich jene Stelle erwischen, in der sich nicht das Herz, sondern weit eher die Milz befindet. Da lobt man sich schon lieber noch die paar Freunde, die schlicht und einfach über die Straße herüberrufen: »Einen guten Rutsch!«

Obgleich nun die Leute zum Jahresschluß ihre Glückwünsche verschleudern wie Ausverkaufsware, behält jeder für sich doch noch eine stille kleine Reserve zurück. Es sind meistens jene geheimen kindlichen Wünsche, die der Zeitgenosse von der Wiege bis zum Grabe heimlich unter scinem Zwerchfell mit sich herumträgt.

Diese Hoffnungen und Eingaben an das Schicksal unterteilen sich in sogenannte Gruppenwünsche und in Einzelerwartungen. Die Kollektivwünsche streben meistens alle ein und dasselbe Ziel an. Sie wollen vielleicht »im Fußball-Toto« gewinnen, hundert Jahre alt werden und »nie wieder einen Krieg erleben«. Oder auch nur bescheidenerweise einen »Grand mit vieren«. Ferner gehören zu

dieser Gruppe auch noch jene, die zu ihrer Lebzeit noch ein großes Ereignis miterleben möchten.
Möglicherweise »eine Landung auf dem Mond«, die »Erfindung eines Westentaschen-Flugzeuges« oder »die Verminderung der Beamtenschaft«. Vielfach beziehen sich die kleinen Hoffnungen aber auch auf die Alltagsbeschäftigungen oder die winzigen Sehnsüchte der stillen Wünscher. Diese Individualisten wünschen sich beispielsweise einen Fisch mit vierzehn Pfund, einen Preis in der Vogelausstellung, die Nase von der Sophia Loren oder zwei Meter drei im Hochsprung. Andere wollen »Neapel sehen und nicht sterben«, sich acht Tage einmal ausschlafen können, rote Ohrringe aus Korallen und vierzehn Haare mehr rechts vorne.
Der Herr Staatsminister beispielsweise, der seinem Lande Glück und eine große Zukunft zum neuen Jahre wünscht, hat für sich selbst womöglich nur das lächerliche Anliegen, daß endlich sein Sodbrennen vergehen möchte. Der hoffärtige, malzkaffeefarbene Sunshineboy begehrt nichts inniger als glatte Haare anstelle des Persianerfelles, das ihm die Natur verpaßt hat. Der Jüngling Johann Jämmerlich hingegen fleht das Schicksal heimlich an, daß es ihm doch einen anderen Namen bescheren möge. Wenn möglich vielleicht Max Jämmerlich. Der schäbige Geizhals, der immer leise vor sich hinrechnet, bittet das Geschick, es möchte den lieben kranken Geschäftsfreund wenigstens nicht um die kalte Jahreszeit sterben lassen, weil da doch die Blumen so teuer sind. Die Braut wiederum stellt an die höheren Mächte das verständliche Ansinnen, daß der Bräutigam ihren kleinen niedlichen Satthals wenigstens noch bis zur vollzogenen Eheschließung entzückend findet. Einen verständlichen Vorschlag macht auch der Straßenkehrer Kümmerlich seiner kleinen Zukunft. Er meint halt, wenn wenigstens der Stiel an seinem Besen etwas länger geliefert werden könnte, dann wäre er doch ein kleines Stückchen weiter von seiner schmutzigen Arbeit weg. Und mit der rätselhaften Logik der Kinderphantasie bittet auch der Volksschüler Tobias Zipp des Geschickes Mächte mit einem kleinen Gedicht, ihm seinen Herzenswunsch zu erfüllen. Das diesbezügliche Poem lautet: »Ja,

wenn's nur grad schnieb, daß der Schnee in d'Höh stieb. Und das Schulhaus verbrannt, und der Lehrer verschwand – und zu Kraut wur . . .« Schließlich hat auch der Greis im Silberhaar noch einmal den Wunsch, hinter dem Spritzwagen herlaufen zu dürfen, das hoffnungsvolle Biermädchen Zenta bittet inständig, daß sie doch wenigstens keine so große Schuhnummer kriegen möge wie die Kellnerin Minna, und der vernünftige Mann um die Fünfzig würde es schon als Glück empfinden, wenn ihn kein Unglück träfe. Es wünscht eben der Mensch, solang er strebt. Drum hat auch der sogenannte wunschlos Glückliche mindestens noch den einen Wunsch: nämlich, daß es immer so bliebe, daß es immer so bliebe.

2 | Erste Liebe

Die erste Liebe sitzt etwa eine Handbreit unter dem Brustbein. Dort, wo auch der Hunger und das schlecht gelernte kleine Einmaleins zu Hause sind. Denn erst später verschieben sich bekanntlich die menschlichen Gefühle. Etwas höher hinauf oder auch hinunter. Dafür sind sie dann jedoch lange nicht mehr so chemisch rein und ungetrübt wie in der Kindheit. Denn mit der Länge der Dauer nützen sich doch alle Eindrücke und Empfindungen stark ab. So daß der Erwachsene längst nicht mehr so aufmerksam schauen, so scharf hören, so schnell denken oder so köstlich riechen kann wie ein wacher Dreikäsehoch.

»Ene bene subtrahene – divi dave domino« heißt doch einer der Zaubersprüche aus der Zeit des allerersten Händchenhaltens mit der Jugendgespielin Mimi Donnerschlag. Die sich einst im sanften Ringelreihen-Wind mitdrehte und aus unerklärlichen Gründen immer etwas gerner gemocht wurde wie die anderen Schneewittchen. Und irgendwann schenkte ihr der erste frühe Freier womöglich sogar einen güldenen, wenn auch geklauten Schusser. Und sie ließ den blutjungen Bräutigam dafür an einem Samstagnachmittag vom Streuselkuchen beißen. Das alles geschah noch in jenen Tagen reinster Unschuld, in denen sich Buben und Mädchen noch nicht ohne Kleider beim gemeinsamen Baden auseinanderkannten. Sondern lediglich erst, wenn sie angezogen waren. Durch ihre Hosen und Röckchen.

Etwas später, in der Abc-Schützen-Zeit, nimmt der frühgeliebte Tonerl dann die Hausmeister-Mimi auch schon manchmal in Schutz, wenn ihr ein kleines Leid geschehen könnte. Indem sie bei einer Schneeballschlacht auf dem Schulweg vielleicht mit dem eiskalten Puder Frau Holles eingerieben werden soll. Auch nach dem schmerzhaften Stich einer bösen Wespe ist er schnell zur Stelle und saugt den heimgesuchten Ort mit ehrlichen und leicht rissigen Bubenlippen aus. Oder er holt den versprungenen roten Gummiball unter tollkühnem Einsatz seiner gesamten Rückseite aus dem

Heimgarten des gefürchteten Verwalters. Durfte der Tonerl jedoch ein Rundschreiben ins Schulzimmer für Mädchen tragen, so ging ein leises Geglückse durch die nach weichen Bleistiften riechenden Bankreihen. Die jungen Squaws pufften sich gegenseitig sehr in die grünen Seiten, und der verschämte Hausbote verschluckte sich viele Male und begann stotternd zu spucken wie ein kleines Kamel im Zoo. Um diese Zeit war dann auch plötzlich auf irgendeinem Mauersims zu lesen: »Di mimi schihb mit den andon.«

Dann kommt doch auch schon bald der erste Kuß. Haargenau zielt der minderjährige Kavalier mit verkniffenen Lippen nach dem Mund seines jungen Glücks. An ihrem zarten, leicht transpirierenden Profil gleitet er jedoch ab und trifft sie knapp hinter dem linken Ohr am Kinnwinkel, wo sonst die Boxer ausgeknockt werden. Es naht die Zeit des Wochenend-Tanzes. Da spielt die Kapelle den zärtlichen Mayonnaisen-Schlager »Melancholie im September«. Und die Mimi legt ihren tadellos gereinigten Unterarm zärtlich um den Henker-Haarschnitt des düster blickenden Gigolos. Am Tisch aber sitzt Tonis Freund, Hans Karl Eierling, der wegen seines aufgerauhten Teints auch kurz der »Streuselkuchen« genannt wird. Und der immer nur bescheiden lächelt und der Mimi gelegentlich das abgerissene Uhrenarmband repariert. Deshalb sagt sie öfters, der Hans Karl sei ein Pfundskerl. Was sich später tatsächlich auch herausstellt. Denn plötzlich macht die junge Liebe eine Krise durch. Nur deshalb vielleicht, um zu spüren, wie so was tut, gehen die beiden mit wortlosen Katarrhaugen grundlos auseinander. Dann schreiben sie sich sehr schmerzhafte Gedichte, in denen es heißt: »Lebe wohl und laß mich still verbluten. Denk an mein Elend nie zurück.« Und auf einmal schiebt sich tatsächlich noch ein kleiner echter Trotz dazwischen und vor allem auch der liebe Freund Hans Karl. Und aus dem Spiel wird Ernst. So kommt es denn eben häufig vor, daß die erste Liebe meistens nicht auch die wahre ist. Stattgefunden hat sowieso kaum was. Wegen technischer Schwierigkeiten. Und den vielen Schleifen, Bändern und Haken, die der Anton niemals zu lösen verstand. Dieses Problem löste indes spielend der duckmäuserische Streuselkuchen. Da er doch als Lehrling im dritten Jahr bei der bedeutenden Firma Mieder-Meier im Versand arbeitet. Und deshalb ungemein »ortskundig« ist.

3 | Der Bücherwurm

Zu den bekanntesten Bildern des unvergleichlichen Spitzweg gehört neben dem armen Poeten, dem Briefboten, dem strickenden Vorposten, dem ewigen Hochzeiter oder dem Postkutschenbild zweifellos auch der Bücherwurm. Während jedoch die übrigen Idylle des berühmtesten aller deutschen Sonntagsmaler mehr oder weniger verblaßt und ausgestorben sind, hat sich der Bücherwurm beharrlich durch alle Gezeiten hindurchgefressen. Er lebt auch heute noch drunten in den handtuchschmalen Himmelfahrtsgassen der zusammengepferchten Altstadt und arbeitet sich genüßlich schmatzend durch die hölzernen Kisten und Kästen durch, die vor den letzten Münchner Tandlereien stehen und Gutenbergs viereckige Enkelkinder beherbergen. Und er schnüffelt und blättert und brümmelt und schaut schräg über die Brillengeländer seiner vernickelten Spekuliermaschine hinweg, beißt hier einen lederbleichen Band von Kants »Kritik der reinen Vernunft« an und verschmäht dort einen Band bräunlicher Jugendblätter. Und immer findet er auch gleichgestimmte Kollegen, die heute noch fast genauso aussehen, als hätte sie der große Meister selber gepinselt; lediglich sein Namenszug fehlt vielleicht am rechten Hosenbein.

Schau nur bloß, wie der dort die »Nana« von Emile Zola zart und vorsichtig am mürben Leinen-Genick anfaßt. Auf dem Einbanddeckel versucht ein gurrender Täuberich gerade ein süßes Kropftäublein mit untergehaktem Schnabel energisch zum Standesamt zu transportieren. Aber innen steht dann gleich ein ernstes Motto: »Wenn Bücher auch nicht gut oder schlecht machen — besser oder schlechter machen sie doch. Der Verfasser.« Den Interessenten für die »Nana« jedenfalls machen sie um eins zwanzig ärmer, weil er sich stehenden Fußes zum Kauf entschließt. Und er nimmt seinen Schatz unter den Arm und lächelt im Gehen manchmal zu ihm hinunter. Ganz wie ein Verliebter.

Ei der Daus, in einer Kiste wimmelt es nur so von Heldensagen,

Mären, Rittern, Recken und rostigen Rüstungen. Der blätternde Gast soll bloß aufpassen, daß er sich nicht irgendwo an Harnisch oder Hellebarde ritzt. Könnte eine schöne Blutvergiftung geben. Potzblitz, diese Gebinde stammen ja aus einer Zeit, wo die deutsche Sprache noch am Stock ging. Und die Buchstaben sind so groß, daß sie sogar ein Blinder mit dem Haklstecken lesen könnte. »He, was heischt du, Geliebter? Was zaust du mich am Ohr? Mich deucht, dir frommts, allein und mitnichten!« Ganz am Rand aber hat irgendeine trutzige Bubenhand mit Bleistift hineingeschrieben: »Warum nicht auch mit Tanten?«

Zensoren und harte Kritiker scheint es aber schon in allen Zeiten gegeben zu haben. Manche Liebhaber lesen Bücher wohl überhaupt nur mit einer Hand, damit sie in der anderen den Bleistift führen können. Da steht beispielsweise ganz simpel: »Und sie gab ihm ihre zarte Rechte in die seine und er führte sie über die Heide.« »Aha, aha«, mit drei Ausrufezeichen, hat ein strenger Leser dazu vermerkt. Politische oder weltanschauliche Schriften werden häufig mit lautlosem »Pfui!« oder »Hört, Hört!«-Rufen garniert. Doch auch viel Liebe und Rührendes findet der junge Forscher zwischen den Seiten. Da, die brüchige Stirnlocke einer längst verblaßten Jugendliebe. Oder dort, gepreßte Kleeblätter, vierteilig, aber majoranbröslig. Und hier malzkaffeefarbige Stockflecken, die leicht von den geplatzten Tränen tiefgerührter Herrschaftsköchinnen stammen können.

Und dann die Widmungen erst! »Für Dich« steht oft nur schlicht auf dem ersten Innenblatt. Auch »Für Trudi-Trutscherl« oder »Kucki von Nickelzahn zugeeignet«. In dem Kolossalschmöker »Helgie, eine nordische Liebesmär« findet sich gleich gar der sinnige Vorspann: »Für meine unvergeßliche Senta mit meinen nächtlichen Tränen geschrieben.« Das Buch hat sechshundertvierzig Seiten. Der muß ja glatt ausgelaufen sein.

Eine alte Waschtischschublade dient als Behältnis für die Abteilung »Blut, Schweiß und Tränen«. Zahlreiche Jungleser suchen darin herum. »Das Höllengelächter« fördern sie zutage. »Auf der Suche nach Laster« und Werke mit rätselhaften Reißertiteln. Etwa

»Diebe, Mörder und Tomaten« oder »Schieß her – wenn du noch eine Mutter hast«. Aber auch viel Vergangenheit und praktisches Wissen ruht in den hölzernen Schatztruhen, besonders für Spätlese-Gäste. »Sofie Weckerleins Universalkochbuch« zum Beispiel. Die prächtigen Sammelbände »Vom Fels zum Meer«, »Pfarrer Heumanns Erkenntnisse« und der Halblederband »Sittlichkeit und Moral« mit zahlreichen Abbildungen, von denen die gewagteste einen Mann ohne Hosenträger zeigt. Ein aufrechter Herr mit einem schnurgeraden Wasserwaagenschnurrbart entdeckt den »Weltkrieg, dritter Teil«, findet ein Bild von seinem Regiment, geht in Stellung und singt tadellos: »Ja, an der Somme, da kann man beten lernen.« Kaufen tut er nix.
Dagegen der Witwer Baldaus. Eigentlich wollte er zum Markt und ein Rehragout holen. Aber er kommt an dem geistigen Schnellimbiß einfach nicht vorbei. Schon hat er ein Schmankerl entdeckt: »Leitfaden zum Anlegen einer Waschbärfarm, Band II.« Der muß her. Aber dann denkt er an sein möbliertes Zimmer, ob es nicht doch ein wenig zu klein ist dazu. Schließlich findet er einen jungen Schnitzler. Ja, das ist was für seinen verwöhnten Magen. Nein, das Rehragout wird jetzt natürlich gestrichen. Aber er hat ja noch ein Püree daheim. Da gibt's eben heute abend Schnitzler mit Kartoffelstampf. Er reibt sich die Hände und freut sich schon.

Gestalten kommen und gehen. Geheimnisvolle Burschen sind darunter. Dunkle Ehrenmänner, Männer mit Sonnenbrillen und narbige Sizilianer. Aber auch alte Stummfilmdamen mit Lorgnon und Spitzenhäubchen oder schnelle Bräute. Manche schreiben unaussprechliche Namen auf kleine Zettel. Andere zeigen mit der hohlen Hand versteckt einen vielfach gestempelten Ausweis her wie bei der Einlaßpforte zum Amt Gehlen.

Es wird nicht viel geredet. Die ganze Unterhaltung mit dem Mann, der auf der anderen Seite des Schalters steht, beschränkt sich meistens auf ein Grußwort. »Buena notte«, kann man da vielleicht hören, »Good evening«, »Bon soir«, »Griaß Eahna« oder »Doswi danje«. Über dem viereckigen Fenster zur Welt aber steht in drei Landessprachen: »Postlagernde Sendungen«, »Poste restante« und »Fermo in posta«.

Fast immer ringelt sich eine Schlange der Ungeduld dort. Denn die Erwartung hat Ameisen in den Schuhen. Da drängelt sich gerade das Alleinmädchen Anna vor. Schnell und heimlich öffnet sie die erhaltene Botschaft mit zerschundenen Abspülfingern und kichert mit roten Blutdruckohren. Er hat also Wort gehalten und geschrieben. Nun muß sie wohl das ihre auch halten.

Der Student Castillia ist an der Reihe. Den Brief rasch aufgerissen. »Kein Geld, Caramba!« Er bläst in das leere Briefkuvert wie in eine Tüte, schnalzt darauf, daß es kracht, und wirft es in den Papierkorb.

Alexis Almafi ist da schon besser daran. Bei ihm stimmten die Finanzen immer. Die dicke Lettera schlitzt er blasiert und nimmt die gebündelte »Marie« heraus. Nachlässig, als handle es sich um Toilettenpapier. Das Geschriebene wirft er einfach fort. Dafür kann man ja schließlich nichts kaufen. Amüsiert schaut der gemütliche Beamte dem kleinen Schwäblein zu, das ein Päckchen abholt und gleich entschnürt. Sechs eiskalte Knödel kommen zum Vorschein. Der wackere Schwabenmann freut sich sehr; er wird sie warm machen, sagt er zu dem postalischen Blaukittel. Sie sind von der Mutter daheim. Da spart er sich sechs Tage das Abendessen.

Ach, was freut sich doch der nigrinfarbene Louisianaboy! Von Mami aus dem lieblichen New Orleans hat er Nachrichten gekriegt. Und im Kuvert ist auch noch ein hauchdünnes Kettchen mit einer Madonna aus Goldblech daran. Sofort entblößt er seinen Mokkahals und die Brust, um es umzulegen. Jetzt kann ihm nichts mehr passieren. Freudestrahlend schaut er schon im Gehen auf das kleine glänzende Amulett hinunter, das an seinem Herzen baumelt. Und rennt mit dem Kopf an die schwere Mittelsäule, daß der Mörtel abplatzt.

Pakete mit frisch gewaschener Wäsche werden abgeholt, halbmeterlange Postkarten aus Florida, schmalzvertappte Botschaften aus Niederbayern und Liebesbriefe aus dem Engadin. Ja, was hat denn jetzt der kleine Turkmene in dem winzigen Beutel, den man ihm aushändigt? Ist's Goldstaub, was er sich so andächtig und mit feuchten Fernwehaugen durch die Finger rinnen läßt? Nein, eine Handvoll ganz gewöhnlichen Heimatsand hat man ihm geschickt. Dreimal verbeugt sich der Muselmann vor dem Schalter und murmelt ein »Vergelt's Gott« in rätselhaftem Hindustanisch.

Und da wäre auch noch das lustige Fräulein Steinbeißer zu erwähnen. Was glaubt man wohl, was sie tat? Sie kam täglich bis zu dreimal und holte kleine Briefchen ab, die sie sich selber schrieb. Weil sie den Beamten Kurzlechner gar so gerne sah. Nun kommt sie schon lange nicht mehr. Sie hat ihre Post ja nun zu Hause. Denn sie heißt schon länger selber Kurzlechner.

5 | Die erste Stunde

Höflich, aber doch mit einer geheimen Vorahnung, so wie der Entwicklungsminister, wenn er einen unterbelichteten Scheich empfängt, begrüßt der Fahrlehrer die neue Schülerin. Und dann bittet er die füllige Endvierzigerin, die sich entschlossen hat, im Herbst ihres Lebens doch noch unter das fahrende Volk zu gehen, zwar nicht gerade um ihre Hand, sondern mit artiger Verbeugung an den Platz hinter dem Steuerrad, das die Elevin sofort mit verkrampften weißen Knöcheln umfaßt.

Nachdem die freundlich lächelnde Walküre beim Starten rasch und mühelos den Zündschlüssel abgebrochen hat und der Herr Instrukteur mit dünnem Lächeln einen »Reservisten« aus dem Handschuhkasten holt, tritt das Fräulein also zum erstenmal den sechzig genormten Rössern mit dem Gashebel wuchtig ins Kreuz. Dabei erwischt sie leider versehentlich den linken Vorderhuf ihres Lehrmeisters und erzeugt anschließend nach höflicher Korrektur durch viel zu radikale Behandlung der Drosselklappe ein Geräusch wie bei einem jähzornigen Düsenjäger. Doch schließlich macht der mißhandelte Urenkel Gottfried Daimlers einen ersten langen Sprung, wie ihn der brave Soldat Schwejk beim Infanterieangriff gelernt hat.

Als der Herr Ausbilder den gequälten Übungsesel einigermaßen wieder durch sanfte Regelung der Tourenzahl beruhigt hat, geht's nun direkt hinein ins volle Menschenleben. Doch schon beim ersten Lichtsignal, das auf Gelb steht, scheint die Schülerin die Regel »Kreuzung freimachen« dahingehend auszulegen, daß sie wie ein Schneepflug die erschreckten Passanten vom Zebrastreifen räumen will. Wie der Herr Fahrlehrer daraufhin mit sanftem Schmunzeln fragt, ob sie wohl die »Gelbsucht« haben würde, erwidert die Führerscheinaspirantin mit kühler Stirne: Nein, nein, ihr fehle überhaupt nichts auf der Leber.

In einer engen Seitenstraße streift sie etwas später zuerst mit der tadellos lackierten Limousine ein gutgehendes Milchgeschäft, und im Anschluß daran gelingt es der resoluten Anfangsamazone auch noch, einen entsetzten Obsthausierer mit ihrer verblüffenden Fahrkunst direkt unter seine zweirädrige Pfirsichrikscha zu jagen. Dazu erklärt sie gelassen, doch nicht ohne jeden Humor: »Na ja, jeder hat einmal klein angefangen.«

Im weiteren Verlauf scheint der energischen Brunhilde das Fahren immer mehr Spaß zu machen, denn sie beginnt bei jeder kitzeligen Situation lustig zu gluckern und vor Heiterkeit überzuschäumen wie ein viel zu warmes Überkinger. Diese Fröhlichkeit steigert sich auch noch jedesmal, wenn es ihr gelingt, statt den Blinker zu betätigen, durch den daneben befindlichen Schalter den Zigarrenanzünder in Betrieb zu setzen.

In einer Haarnadelkurve, die sie mit einem schwungvollen und herzhaften »Hoppla« nimmt, fällt die Lady Chevrolet ihrem Vorfahrtspädagogen, der bestimmt demnächst mit dem Nobelpreis für Langmut ausgezeichnet wird, endlich mit einem leisen, glücklichen Seufzer in die Arme. Nur auf Grund seiner jahrzehntelangen Erfahrung in solchen Situationen vermag sich der gewitzigte Nachwuchsdompteur mühsam aus den zärtlichen Hummerscheren seiner anhaftenden Kundschaft zu entwinden. Und dann ist die erste Stunde auch schon zu Ende, und der Herr Fahrlehrer nimmt heimlich unter dem vorgehaltenen schweißnassen Tempotuch zwei winzige rosarote Beruhigungstabletten zu sich. Nach der Faustregel jedoch, nach der es heißt, daß ein normaler Fahrschüler etwa bis zur Prüfung genausoviel Übungsstunden braucht, als er Lebensjahre zählt, kann sich der Herr Lehrer mühelos ausrechnen, daß diese Dame, wenn man die Norm einmal umdrehen würde, mindestens 200 Jahre alt werden müßte.

6 | Erster: Pferd Nummer vier

Man kann Geld verdienen, erben, finden, stehlen oder auch nachmachen. Man kann es aber auch »anschaffen«. So behaupten wenigstens jene Zeitgenossen, die das Glück der Erde nicht direkt auf dem Rücken der Pferde suchen, sondern mehr in deren Beinen. Doch weil sie meistens selber schon ein bißchen pflastermüde sind, hoppeln sie nicht auf ihren eigenen Hufen auf die Turfplätze, sondern sie treffen sich lieber bei Regen und Sonnenschein, geraden oder ungeraden Kalendertagen in den rund 5000 Buchmacherfilialen, die es in bundesdeutschen Landen gibt.

In den alten, dumpfgrauen Wettbüros riecht es immer ein bißchen nach Gummistiefeln, Messinggeld und schlechten Erfahrungen. An den Wänden hängen ein paar schwarze Tafeln mit vielen Tabellen, die rätselhafte Kursdaten aufweisen. Von einem hackenden Regulator fällt die Zeit in winzigen Stücken auf den grindigen Fußboden. Und neben dem Ofen schläft ein Mann, der lang, schmal und grau ist wie das Handtuch in einem Interzonenzug.

An den nackten Tischen sitzen Männer und Frauen und multiplizieren fleißig Pferdealter, Abstammung, Bodenverhältnisse und Rennstrecken miteinander. Von Zeit zu Zeit unterhalten sie sich auch flüsternd wie die Außendienst-Angestellten vom Amt für Verfassungsschutz über die Situation in Long Champs, Auteuil oder Iffezheim. Denn was ein echter Turffreund ist, füttert mit seinen paar Kröten nicht nur die Cavallos der nächstgelegenen Rennbahn. Nein, auch auf der berühmten Anlage von Baden-Baden geht er baden, wenn die monotone Stimme hinter dem Schalter vermeldet: »Erster: Pferd Nummer vier.« Während der Fachmann mit seinen Tabellen und Systemen die Wunderstute »Schnuferl« errechnet hat, welche die Unglücksnummer 13 trägt. Und wie sehr doch der dauernde Umgang mit Rössern abfärbt. Da steht ein Mann vor dem Wettschalter, der hat eine verblüffende Ähnlichkeit mit dem berühmten Rekordtraber Walter Dear. Beim Gehen schlägt er leicht mit der linken Hinterhand aus, und unter den geblähten Nüstern seines verwitterten Schaukelpferdkopfes hängt ein grauer Schnurrbart wie ein vergessenes Heubüschel. Wenn er spricht, geht ein leichtes Wiehern durch den Raum. Und draußen auf der Straße hüpfen bestimmt die Sperlinge erwartungsvoll hinter ihm her wie hinter einem ganz echten Gaul.

Professionelle Wetter sind ewige Optimisten. Sie erklären sich laufend bereit, Besenstiele zu fressen, wenn ihr Favorit nicht gewinnen sollte. Freilich, wenn die Schicksalsglocke hinter dem Auszahlschalter dann ertönt und die anderen Sportfreunde zu dem angepriesenen Tip ein höhnisches »Ferner liefen« meckern, dann wünschen die Geprellten ihrem lahmen Mustang aus übervollem Herzen, er möge doch recht bald ein unrühmliches Ende in einer abgepaßten Kilodose nehmen.

In jedem Wettbüro gibt es anerkannte Koryphäen, die selbst mit verbundenen Augen allein am Geläufe erkennen würden, ob es sich um eine französische Stute oder einen italienischen Wallach handelt. Jeder passionierte Rennbahnfreund beteuert in großen Worten, daß diese Gestalten das Problem »Geld ohne Arbeit« längst gelöst hätten. Und allein vom Wetten leben würden. Der unbefangene Gast allerdings fragt sich, warum sie es denn dann nicht täten. Denn meistens sehen die Kragen ihrer speckigen Überzieher aus, als wären sie aus der Schwarte eines niederbayerischen Geräucherten gearbeitet. Und die Hosenbeine sind mindestens so gleichmäßig ausgefranst wie die Schlafzimmervorhänge der Maria Stuart.

Künstler, Krankenkassenkontrolleure, Kaminkehrer oder Keramiker kommen täglich gleichermaßen zu den Buchmachern. Und auch der alte Kellner vom Café nebenan, der selber wohl schon zweimal in seinem Leben um den Globus gelaufen ist, legt sein Trinkgeld fleißig in erstklassigem Winterhafer für edle Rösser an. Und wenn er dann mit schöner Regelmäßigkeit wieder einmal verloren hat, so sagt er zur versammelten Mannschaft mit grimmiger Endgültigkeitsmiene: »Na, mir g'langt's jetzt. Mei Leb'n lang wett i nimma. Wos, des g'labt's ihr mia neet? Na? Ja wos woi ma denn glei wett'n . . .!«

7 | Viel Lärm um nichts

Es ist wieder einmal Zeit, zurückzuschauen. Vielleicht im Zorn, vielleicht im Zimmer oder auch im Zug, in Zusmarshausen, in Zehlendorf, Zeismering oder gar im Zuchthaus. Und wenn der Mann auch nicht zu dem Kinder-Verslein neigt »Schau nicht um, der Fuchs geht 'rum«, hat er trotzdem eine kleine Inventur in der letzten Vergangenheit gemacht. Nämlich in der Schublade seines Schreibtisches, um sie halt auszumisten für all die spaßigen, lausigen, wichtigen und nichtigen Dinge, die da sicher wiederkommen werden. In jenen Tagen, die noch kein Gesicht haben.
Und da hat er unter all dem Ramsch und Kruscht auch ein kleines Büchlein gefunden, das ihm prächtig in unsere überkandidelte Zeit zu passen scheint. Denn wie er es studiert, kommt er schnell zu der nüchternen und irgendwie auch recht tröstlichen Erkenntnis, daß doch alles nicht so wichtig ist und das ganze bißchen Mensch eigentlich unter dem Motto betrachtet werden müßte: »Viel Lärm um nichts«. Denn ist es etwa nicht irgendwie gut zu wissen, daß nach Abzug der Seele der komplette Homo sapiens noch ganze einhundertsieben Mark fünfzig wert ist. Oder die Tatsache festzustellen, wenn man selber wieder zwölf Monate mehr auf dem Buckel hat, daß auch der Heilige Vater um ein Jahr älter wurde und die Claudia Cardinale allerdings nur um zweiundfünfzig Wochen. Die Sache, die man Leben nennt, hängt also wohl auch im wesentlichen vom Auge des Beschauers ab und von der jeweiligen Perspektive, aus der man sie betrachtet. Dies erkennt im wesentlichen auch der Autor des Büchleins »Der Mensch in Zahlen«, das im Pfeiffer-Verlag von Eugen Rucker erschien.
Da liest man nämlich beispielsweise: Die ganze jetzt lebende Menschheit könnte bequem auf einem Platz, so groß wie der Bodensee, stehen. Und ein Düsenjäger bräuchte nur eineinhalb Minuten, um das aufgestellte Karree zu überfliegen. Ferner: bei jedem unserer Herzschläge werden auf der Welt drei Menschen geboren und zwei müssen sterben. Das Gewicht aller lebenden

Menschen beträgt etwa einhundertdreißig Milliarden Kilogramm, alle Tiere jedoch wiegen fünfunddreißig Billionen Kilo. Daß das Ebenbild Gottes zu achtzig Prozent aus Wasser besteht, ist meistens bekannt. Unter den drei Kilogramm Mineralstoffen, die er außerdem noch beinhaltet, sind aber nur vier Gramm Eisen dabei, eventuell noch vorhandene Granatsplitter natürlich ausgeklammert. Verliert man ein Drittel seiner Haut, so holt der »Knochenmann« umgehend auch den anderen Rest noch ab. Das menschliche Herz wiederum schlägt in der Minute hundertmal. Der winzige »Wecker« eines Sperlings dagegen sechsmal so oft. Nur Verliebte im Augenblick der Wahrheit können manchmal die doppelte Schlagfolge vom Zentralmuskel eines städtischen Oberinspektors erreichen.

Unser Gehirn besteht gleich gar zu neunzig Prozent aus Aqua destillata. Es wiegt etwa fünfzehnhundert Gramm. Da blieben also lediglich hundertfünfzig Gramm reine Denksubstanz, ohne etwa noch abzugsfähiges Stroh. Und wenn Bertolt Brecht sagt: »Der Mensch lebt durch den Kopf«, so sagen die Gelehrten: »Er stirbt auch durch den Kopf.« Denn wenn durch irgendeine Störung die Zentrale fünf Minuten nicht durchblutet wird, kommt unweigerlich der große Feierabend. Was aber die Reaktion der Nerven anbelangt, so ist der Herr der Schöpfung darin zwar hundertmal schneller als beispielsweise die bekannte Mimose, wird aber von einem modernen Computer um das Dreimillionenfache geschlagen. Auch mit den menschlichen »Lusern« ist es nicht allzu weit her. Denn sie können überhaupt nur ein Zehntel aller anfallenden Geräusche wahrnehmen. Hundeohren sind da schon sechzigmal hellhöriger, von Heuschrecken oder Nachtschmetterlingen ganz zu schweigen. Und für seine Nase gilt fast das gleiche. Tausendmal ist die Schnauze eines Dackels dem Riechkolben seines Herrn überlegen. Ein Aal aber vermag gleich gar einen einzigen Tropfen Parfüm in einem kleinen See zu erschnuppern. Was schließlich die sportlichen Leistungen des aufrechten Zweibeiners angeht, so sind sie lächerlich, gemessen an denen der niedrigen Lebewesen. Denn verglichen mit der Körpergröße eines

Olympioniken springt ein Floh fast bis zur obersten Plattform des Eiffelturms hinauf. Und ein Frosch etwa dreißig Meter weit. Selbst auf seine Raumschiffe braucht der Herr der sieben Meere nicht gar so stolz zu sein mit ihren vierzigtausend Kilometern Stundendurchschnitt. Denn die riesigen, fernsten Körper in unserem Kosmos legen da einen Zahn vor, der um das Hunderttausendfache größer ist. »Der Mensch kann also den Weltenraum nie erobern«, erklären die Wissenschaftler. Es sei denn, Neckermann macht's möglich.

8 | Begegnung mit IHM

Die erste Begegnung mit IHM hatte der Mann im Alter von fünf Jahren. Es war die ungemein gutmütige, aber ebenso runde Kolonialwarenhändlerin Schmöller gestorben. Da lag sie dann, wie das damals noch so üblich war, im altdeutschen Wohnzimmer neben ihrem Minzenkugel-Bergwerk inmitten von Blumenstöcken, Buchsbaumkübeln und vielen Schwertlilien aus den nahen Heimgärten und schlief gar nicht unfreundlich vor sich hin.
Eine einsame Stubenfliege umkreiste ihre altmodische Schneckenfrisur, tuschelnde Wildlederweiblein murmelten Gebete, die sich anhörten, als würde feuchter Malzkaffee gemahlen. Und aus dem kleinen Weihwasserkessel am Türstock wurde die Ruhende von jedem Neueintretenden vorsichtig benässelt.
Der kleine Bub aber fragte seine Oma ganz leise: »Oma, schenkt mir jetzt die Frau Schmöller keine Zuckerln mehr?« »Pst«, erwiderte darauf die Großmutter, »die Frau Schmöller ist doch jetzt ein Engel und kommt in den Himmel.« Da dachte sich der winzige Wicht: »Wenn die Frau Schmöller jetzt davonfliegt, da wird sie sich aber schwer tun bei ihrem Gewicht, wo sie doch immer schon so schnauft, wenn sie zu den Zichoriepäckchen auf das obere Regal hinauf muß.«
In diesem Stadium lernte der Bub dann den zahnlosen, hohläugigen Kahlschädel auch beim Kasperltheater kennen. Wenn er mit gruseligem Tuscheln aus der Versenkung heraufkam und zum Larifari sagte: »Ich bin der Tod, der Menschenfresser.« Worauf der lustige kleine Nasenkönig unter dem Gejohle seiner minderjährigen Kundschaft regelmäßig antworten mußte: »Friß Bratwürst', die schmecken besser.«
Zwei Jahre später war der junge Mann Ministrant auf dem Lande. In einer Gegend, wo die Hunde nachts drei Tage vorher schon heulten, wenn ER kam, um jemand zu holen. Weil sie ihn doch rochen, den Knochenmann. Da wurde ER bald ein alter Vertrauter. Denn Werden und Vergehen waren in dem vergessenen

Dorf keine Affäre. Da hieß es noch hart und schlicht: »Oje, das Licht brennt herunter und die Bäurin stirbt noch nicht.« Wenn draußen die Heuernte eingefahren werden mußte und eine Hauserin lag in den letzten Zügen, da schien es, als wollte sie sich extra beeilen und alles möglichst rasch hinter sich bringen, damit der Mann und die Mägde nur ja wieder schnell hinaus aufs Feld kamen.
Als der Chronist dann viele Jahre später zum Marschierer wurde, war er IHM zwangsläufig ganz besonders nah. »Als wär's ein Stück von mir«, wie irgendein Kamerad auf der Mundharmonika spielte, wenn es die Zeit und die Umstände erlaubten, vor jenem viereckigen Loch, das sich immer wieder wie der Lieferanteneingang zur Ewigkeit auftat. Da gab es noch ein ganz besonders makabres Phänomen in der Kompanie von IHM. Das war der Stabsgefreite Häberle. Jedesmal nämlich, wenn der Nachschub angetreten war, ging der Häberle langsam hinter der Front vorbei. Hinter dem Neuen, hinter dem er stehenblieb, der ging mit Gewißheit als nächster »über die Wupper«. Bei einigen ahnte der schaurige Häberle sogar den Tag, an dem sie in die fremde Erde beißen mußten, so gewiß, daß er sich an der Feldküche schon den »Schlag« des anderen reservieren ließ. Später, als der Mann schließlich manchem Freund und Bekannten die letzte Ehre erwies, ging es ihm, wie wohl allen Beteiligten, immer ein wenig unter die Haut, wenn der Pfarrer den erschauernden Satz sprach: »Und nun wollen wir noch für den beten, der aus diesem Kreis der nächste sein wird.«
Viel Spaßiges, Schnoddriges oder Besinnliches hat man im Laufe eines Lebens schon über den »Sankt Nimmerleinstag« gelesen und viele bezeichnende Aussprüche oder Vergleiche gehört. Wenn es zum Beispiel in kinderreichen, ländlichen Gegenden, wo alles immer um eine große Schüssel herumsaß, heißt: »Der hat jetzt auch seinen Löffel weggeworfen«, so ist das wohl ebenso bildhaft, wie wenn im Pferdemetzgerjargon gesagt wird: »Gestern haben sie dem alten Huber die Eisen heruntergerissen.«
Besonders treffend ist auch der Vergleich, den die Franzosen für

diese Situation geprägt haben. Sie denken da an ihre großen herbstlichen Wiesen, auf denen im September die bekannten blauen Kelche blühen, die an zierliche Tabakspfeifen erinnern. Drum sagen sie, wenn das Gespräch auf einen Dahingeschiedenen kommt, ganz beschaulich: »Ach der, der raucht auch schon lange die Herbstzeitlosen.«

Das nachdenklichste »Gschichtl vom Tod« ist aber wohl jenes: Da lebte in der Stadt Nürnberg einst ein Reicher mit seinem Sohn. Eines Tages war Jahrmarkt, den der Sohn besuchte. Da traf er mittendrin den Tod, der ihn lange ansah und dann stumm den Kopf schüttelte. Der Sohn lief entsetzt zu seinem Vater hin und sprach: »Lieber Vater, gib mir rasch dein schnellstes Pferd, damit ich nach Landshut reite. Ich habe nämlich den Tod getroffen und kriege Angst, er könnte mich holen.« Also ritt der Sohn in Windeseile nach Landshut. Der Vater aber ging sogleich auf den Marktplatz, traf dort tatsächlich den Gevatter Hein und sagte: »Du hast doch heute schon meinen Sohn gesehen. Aber sage mir bitte, warum hast du denn da den Kopf so stumm geschüttelt?« Da erwiderte der Tod: »Ich habe den Kopf geschüttelt, weil ich mich gewundert habe, daß ich deinen Sohn hier in Nürnberg treffe. Weil ich nämlich den Auftrag habe, ihn in Landshut zu holen.«

9 | Drei Musketiere

Der alte Mann bleibt noch so lange vor dem rechteckigen Loch stehen, bis die zwei mürrischen Friedhofswärter fort sind. Nachdem sie endlich einsehen mußten, daß es wirklich kein Trinkgeld gab. Dann erst setzt er den schlappen schwarzen Hut auf, denn es beginnt leise zu regnen.

Es waren nicht viele Leute zu der Beerdigung des Stehgeigers Sebastian Donnergang gekommen. Nur drei. Ein Vertreter der Gewerkschaft »Musik und Unterhaltung«. Eine halbtaube Frau, die stark nach Suppenwürze roch. Sie war die Schwester von der längst verstorbenen Gattin des Geigers und hatte seit ihrer Jugend verbissen und hoffnungslos auf den Sebastian Jagd gemacht. Der dritte war der Mann mit dem Schlapphut. Der Pianist des unbedeutenden, aber allgemein beliebten Vorstadttrios »Die drei Musketiere«.

Der alte Mann hatte den Dahingegangenen schon als kleinen Jungen gekannt. Damals war der Geigenkasten, den der Schüler Donnergang zweimal in der Woche zum Musiklehrer schleppte, um ein gutes Stück größer gewesen als der winzige Paganini selber. Einmal hatten sie ihm die Fiedel heimlich herausgenommen, als er seinen schwarzen Melodiensarg abstellte, um bei einem Fußballspiel gegen die Nebenstraße zuzusehen. Den grüngefütterten Behälter füllten sie dann mit schweren Wackersteinen. Die hatte der Sebastian anschließend geschleppt, keuchend und plötzlich laut auflachend. Denn er wußte schon, bevor er den Behälter öffnete, was darinnen war.

Später, als er dann aus der Volksschule kam, da durfte er bei der Abschlußfeier in der Aula das Poem spielen. Von Fiebig. Das war dann sogar in der Zeitung gestanden. In der Jugendbeilage. »Mit viel Fleiß und Hingabe«, hatte es in dieser Notiz geheißen.

Später hatte die Presse von seinem langjährigen Stehgeigerleben dann keinerlei Kenntnis mehr genommen. Nur vorgestern stand er noch einmal in der örtlichen Gazette. Wieder ganz klein unter

»Alter Westlicher Friedhof«: »Donnergang Sebastian, Musikant, 72« stand da.

Der verregnete Trauergast vor der unguten Grube dachte jetzt daran, wie sie sich einst gefunden hatten. Er, der junge Klavierspieler, hauptberuflicher Werkzeugschlosser. Solist Sebastian, der sich als Unterhaltungsmusiker sein Studium verdienen wollte, um später einmal bei den Philharmonikern die geliebten Saiten streichen zu dürfen. Und der gutwillige, blasse Schlagzeuger Rudolf Sonntag. Der hatte die schönsten und bleichsten Hände der Welt. »Wie eine Hebamme«, sagte seine Hauswirtin immer. Und die mußte es ja wissen, denn sie hatte selber sechs Kinder.

Das erste Engagement der drei Musketiere bekamen sie beim Gründungsfest des Sparvereins »Harmonie«. Das »Glühwürmchen« mußten sie da spielen, »An der Weser« und den »Musinan-Marsch«. Der junge Kapellmeister Donnergang aber hatte als Überraschung auch selber noch eine Weise komponiert. »Rosen aus der Heimat« hatte das Stück geheißen. Er spielte die selbstgeschriebenen Noten mit viel Gefühl vom Blatt. Ein tadelloses Taschentuch unters Kinn geklemmt. Aber kein Mensch paßte auf. Nachher zerriß der Virtuose die verschmähten Rosen, lachte und sagte: »Dann eben nicht, liebe Tante!« Der Sebastian nahm nie etwas schwer.

Später kam dann das lange, glückliche Leben der kleinen Tanzkapelle. Im Vorstadtcafé bei der Gasanstalt spielten sie fast ein Vierteljahrhundert. Die Donna Clara, die blonde Inge, die Regentropfen und den schönen Gigolo. Ach, was waren das doch für schöne Schlager und für schöne Mädchen, die da vorüberzogen. »Am Abend im Getreide« trällerte der fesche Geiger der hübschen Seibold-Muschi zu, die dafür mit dem Finger zurückdrohte und ihrerseits parodierte: »Es war einmal ein Pfiffikus.« Mädchen gab es genug und junge Frauen, die sich für den lustigen Fiedelmann interessierten. Aber sie brachten ihn alle bald wieder zurück an seinen verstellbaren Notenständer. »Geh, der, der ist doch mit seiner Geige verheiratet«, hieß es in eingeweihten Kreisen. Und auf einmal schaffte ihn doch eine. Die rote Fanni vom Küchenbüfett. Gute zwanzig Jahre älter und ebenso viele Kilo schwerer war die. »Der hat doch den Mutter-Komplex«, sagten die verschmähten Damen, und einige sagten auch noch: »Aha, darum.« Und auf einmal war das alles aus. Im Krieg verloren sie ihren braven Schlagzeuger Sonntag. Als man ihn herausscharrte aus dem großen Luftschutzkeller, sah man, daß dem toten Musikus die Hälfte seiner schmalen blassen Hände fehlte. Er hatte sich die Finger an der Zementmauer bis auf acht kurze Knochenstummel abgekratzt, bevor er erstickte.

Den Mann am Grab schüttelte es. Und er wandte sich zum Gehen. Die nasse Erde bildete hohe Stöckel an seinen Schuhen, und er dachte daran, wie ungern er eigentlich auf einen Friedhof ging. Das letztemal war's vor sieben Jahren, als man seine Schwester eingrub. Und das nächste Mal? Der Mann im Novemberregen lächelte ein wenig verbraucht und bitter. Da würde er wohl nicht mehr gehen müssen. Da würden sie ihn sicher tragen. Den letzten der drei Musketiere.

10 | Glück und Ende eines Elferrates

Brutal wird das Erntedankfest der Motten in den Maskenverleihgeschäften gestört. Der Fasching ist wieder einmal ausgebrochen, und die Narretei findet allerorten statt. Wenn der Morgenmond aber naht, haben die Kostüme und Masken, die im Takt der verklungenen Melodien an den Kleidergalgen schaukeln, ihre blaue Stunde, und sie plaudern manchmal von längst vergangenen Zeiten, von ihrer Herkunft und ihren Abenteuern in tausend heißen Faschingsnächten.

Der alte Ritter erzählt: »Ich heiße Joachim Säbelbein und wurde vom Dorfschmied Balthasar in Langenhofen gemacht. Ich war schon bei Ampfing dabei, und als man die Bernauerin ins Wasser warf, hatte ich gerade Brückenwacht. Dann kam ich für hundert Jahre mit vielen anderen Kollegen in ein Zeughaus, in dem den ganzen Tag von Weiberleuten gesprochen wurde. Ich rostete langsam vor mich hin, und mein Inneres war verwaist. Eines Tages aber kam ein Rekrut auf Arbeitsdienst, der mußte mich einölen und mit Glaspapier abreiben. Dabei schimpfte er sehr in schriftdeutscher Mundart, und ich zwickte ihn mit dem Ellenbogen-Scharnier in den Daumen. Auf einer Auktion gab man sechs Taler für mich, und ich kam in ein Antiquitätengeschäft. Dort wollte mich nach dem letzten Krieg ein Amerikaner für fünf Stangen Chesterfield eintauschen. Er sagte, ich sei auch so ein Nazi, und er wollte mich zu einem Roboter umbauen, zum Tennisball-Aufheben in Alabama. Der Ladenbesitzer aber gab mich lieber dem Maskenverleiher, und dort kam ich dann mit dem Fasching in Berührung.

Zum Ritter-Ball mietete mich ein Abgeordneter, der auf meinen Helm ein Petersilien-Sträußchen steckte. Ich werde ihn bei den zuständigen Faschingsstellen wegen Brauchtumsschädigung anzeigen. Um ein Uhr nachts zog mich der Volksvertreter aus, weil ich bei jedem Annäherungsversuch schepperte und knarzte. Das nächste Mal führte mich ein magerer Buchhalter aufs Faschings-

brachfeld. Ich scheuerte ihm das linke Schlüsselbein, weil er so langweilig war. Dann kam ich beim Auto-Ball in einen Raufhandel, wobei drei Bierkrüge an meinem Visier zerschellten.«
Die Fürstinnen-Mantilla seufzt: »Ich hänge hier mitten zwischen bürgerlichen Kutten und Wämsern. Erst sechs Regale weiter zerschleißt das nächste adelige Stück, ein Korsett der Gräfin Ritzlebritz. Zwei Töchter des Flinserlschlagers Ziprian Käs haben mich bestickt. Nun sind sie schon lange tot, aber ein Urenkel von ihnen ist Schaffner auf der Linie 2 . . .
Sehen Sie diesen braunen Fleck? Die Hofdame Loretta von Bleichenknie hat ihn beim Bügeln verursacht. Sie ging daraufhin ins Kloster, und ich wurde dem Haushofmeister geschenkt, der mich an einen Altwarenhändler verkaufte. Dort wurde ich schlecht behandelt und von republikanischen Motten benagt. Dann kam ich auf die schiefe Bahn und in einen Maskenverleih. Einmal trug mich die Frau des Seifensieders Schmier. Sie wissen ja, der die Schmierseife erfunden hat. Von ihr stammen die ordinären Wurstflecken an meiner Schulterpartie. Dann gehörte ich einer Exporteursfrau. Sie war sehr schlampig und benützte viele Sicherheitsnadeln. Einmal, glaube ich, war sie auch ihrem Mann nicht ganz treu. Ich koste pro Abend 30 Mark, billiger kann ich es wirklich nicht machen. Aber ich habe das Geschäft längst satt. Drum werde ich auch nächstes Jahr brüchig und hernach auseinanderfallen.«
Die »Königin der Nacht« berichtet: »Ich bin ein ausgesprochenes Erfolgskostüm. Weil ich überall durchbrochen bin. Aus mir haben schon vier Trägerinnen herausgeheiratet. Meine Farbe ist schwarz wie die Gedanken, die sich bei jedem Ball in mir verfangen. In meinen Maschen nisten Schwüre und Wünsche, die kaum mehr durch die chemische Reinigung herausgehen. Meine Drücker sind extra fest eingenäht. Die weniger erfolgreichen Kostüme nennen mich einen Fetzen, da lach' ich nur.«
Der Domino plaudert: »Zu mir gehört auch noch eine Kappe. Die liegt dort in der Schublade. Glauben Sie nicht, daß ich Ihnen diskrete Details erzähle! Ein Kavalier schweigt. Ich bin leider nur aus Halbseide. Früher beherrschte ich den Ballsaal, heute nehmen

mich nur noch verheiratete Herren mit Bauch, den ich gut verberge. Tief bin ich gesunken. Aber so ist das Leben. Sellawie!« Ein alter Gehrock, der dieses Geständnis mit angehört hat, unterbricht ihn grantig: »Gib doch nicht so an, sei froh, daß sie dich noch nicht aufgetrennt haben!« Zwei Stangen weiter links aber beginnt ein Krinolinenkleid, das seit langem unglücklich in den halbseidenen Kavalier verliebt ist, tröstend zu raunen: »Domino, sei doch froh! Auch für dich schlägt ein Herz irgendwo.«

Und zwischen allerlei Hof- und Rokokodamen etwas abseits im Halbdunkel fingert auch ein Gelegenheits-Elferrat ein bißchen an den Rüschen und Röcken herum, so wie er es halt von seiner aufreibenden Faschingszeit her gewohnt ist. Und auf einmal erzählt auch er seine Story. Eine ganz hinterlistige ist das. Denn der gewerbsmäßige Erzschalk berichtet: »Also wißt ihr, ich hab' mir da immer so einen kleinen, schmutzigen Trick ausgedacht. Links ein Mädchen im Arm und rechts ein Sektglas, so stand ich oft an den Bars herum. Und dann sagte ich halt zu den verschiedenen Schönheiten: ›Ach, Schatz, lang doch mal in meine rechte Hosentasche, weil ich doch keine Hand frei habe! Da ist nämlich das Portemonnaie drin zum Zahlen.‹ Und dann – – –!« Den alten Schelm schüttelt es vor Lachen, daß ihm eine Mottenkugel aus dem Wams fällt und wie eine versteinerte Lachträne auf den Boden prallt. »Ja wissen Sie«, so erzählt er weiter, »die Gaudi ist nämlich die, ich hatte die Hosentasche doch vorher herausgeschnitten.« Wieder übermannt den fadenscheinigen Wüstling die Heiterkeit in einem solchen Maße, daß plötzlich der Aufhänger reißt und der lausige Kavalier auf dem Boden liegt wie ein Häuflein Unglück. Im selben Augenblick aber kommt die gestrenge Maskenverleiherin gerade vorbei, sieht das schäbige Textilbündel und sagt zur Putzfrau Meier: »Ach was, der ist ja auch das Aufhängen schon längst nicht mehr wert. Trennen Sie ihn doch einfach auf, und machen Sie Putzlumpen draus!«

Und die Putzfrau Meier nimmt den gestrauchelten Elferrat beim Schlafittchen und reißt ihn kurzerhand in Stücke. Und die sind seltsamerweise fast alle so groß wie Hosentaschen.

11 | Blonde Wochen

In diesen Tagen sind nicht nur der Sonne ihre gelben Struwwelpeter-Haare wieder nachgewachsen. Sondern auch die kahlen Wochen selbst wurden wieder blond. Wieder einmal hält der Frühling Einzug in die Schaufenster, die Reformhäuser, die langen Unterhosen der Männer und in die roten Zentralmuskeln kleiner dummer Mädchen. Nun sitzen sie wieder auf der alten, mürben Steinbank vor der Residenz, am Springbrunnen-Becken bei der Uni, auf Anlagegeländern, Bankkanten, umgedrehten Obstkisten und zurückgeklappten Bürostühlen. Da halten sie dann dem Fixstern ihre langen, glatten Mähnen hin. Zum Galvanisieren. Die obersten Knöpfe der Spitzen- und Rüschlein-Blusen sind dabei kühn geöffnet, damit sie der Herr Lenz nicht mehr selber aufmachen muß. Wenn er hinein will ins unruhig zockelnde Herz. Wie kommt es bloß, daß die alte, gegerbte Blumenfrau dort im Winkel neben der ehrwürdigen Kirche heimlich an ihren Veilchen-Buschen riecht, wenn gerade niemand herschaut. Und ein würdiger Caravan partout hinter einer kleinen, molligen Isetta her will, so daß sein Lenker mit aller Gewalt am Steuerrad drehen muß, um das Allerschlimmste zu verhindern. Täubchen gurren mit appellfähigen Schnäbeln auf allen Giebeln in letzter Notwendigkeit. Blaublütige Pudel zieht es heftig zu ganz gewöhnlichen Randstein-Pinschern hin, und die Leinen straffen sich, daß man ohne weiteres die Toselli-Serenade auf ihnen fiedeln könnte. Die jungen Dinger auf ihren himmellangen Wonnestelzen aber lächeln komisch, wenn sie vorübergehen und ein bißchen verschämt wegschauen. Dabei wissen sie doch schon ganz genau, was morgen geschieht.

»Die Zeit ist noch sanft und streichelt ihre liebsten Kinder – die Stunden«, schreibt ein zukünftiger Dichter, wirft seine Arbeit mit durchgedrücktem Hohlkreuz in den großmauligen Zeitungsbriefkasten und hat das Manuskript schon nach drei Tagen wieder zurück.

Hoch oben über den Türmen der Stadt räuspert sich ein kleines

altes Flugzeug, und der Bäcker-Lehrbub, der so lange hinaufschaut, bis er niesen muß, denkt sich: So ein Pilot könnte eigentlich allen Menschen oben hineinschauen, wenn er will. Sogar unserer Verkäuferin Ingrid, die sich leider beim Brezenzählen nie richtig vorbeugt. Dann bewundert der träumende Oberstift lange die zwei goldenen Eheringe, die sich im nahen Juweliergeschäft scheinbar viel schneller drehen wie einst im Dezember. Und der denkt dabei: Eines Tages bist du sicher auch verheiratet. Aber dann.
Manche Ladies in den Hauptstraßen tragen die Näschen trotz allem auch jetzt noch immer aufgebogen wie ein Ski-Spitzel. Und sie machen damit ein Gerümpfe, daß sich dem stillen Beobachter fast die Vorstellung aufdrängt, der Lenz, in den diese eleganten Stuten hineintraben, müßte irgendwie schlecht riechen. Dabei haben diese Schönheiten andererseits ihre Münder so ausladend rot angestrichen, daß sie heftig an die aufgeschnittenen Blutorangen auf den Hausiererkarren erinnern. Über denen der einladende Hinweis prangt: »Bitte bedienen sie sich. Kostproben gratis.«
Die letzten Ansager und Conférenciers in den Kabaretts und auch bei den Unterhaltungssendungen des Rundfunks versäumen nicht, dezent auf jenes Gedicht anzuspielen, in dem es so frech heißt: »Die Eier werden billiger, die Mädchen aber williger.« Sind es ältere, silberhaarige Herren, so behaupten sie von sich selbst gerne: »Wenn sich auch auf manchen Gipfeln der Schnee länger hält, so beginnt es im Tal unten doch überall wieder zu grünen.«
Stolz aber rollen über die sonnenwarmen Boulevards die neuesten Ehestands-Lokomotiven. Jung verlobte Pärchen, die den Inhalt schmunzelnd registrieren, drücken sich heimlich die ineinandergehakten Ellenbogen, als wollten sie sagen: Keine Bange, bei uns hat alles noch Zeit. Es wird ja immer wieder Mai. Die nahezu fabrikneuen Marzipan-Kinder in den weißen Batistwolken jedoch haben ihre winzigen Händchen bereits zu kleinen Fäusten geballt. Um das kommende Leben kühn herauszufordern: »Geh nur her, wennst a Schneid hast.«

Das ältere, einsame Fräulein, das unter uns wohnte, hörte auf den seltsamen Namen Melusine Scherbenübel. Und manchmal sang sie an bleichen Wintervormittagen ein Lied, das ein schmaler Mann, der einen Kaisermantel trug, mit einem wehmütigen Geigenspiel begleitete. Der seltsame Solist, so erzählen sich die Leute im Haus, hieß Fürchtegott und war der Bräutigam von Melusine Scherbenübel. Wir Kinder meinten, dies müsse etwas Schreckliches sein, weil wir das Paar einmal im Dämmerlicht des Treppenhauses dabei ertappten, wie es sich ganz nahe Nase an Nase mit glasigen Pupillen in die Augen starrte. Die Freundin von meiner Schwester Wilhelmine, Engelberta Schups, die schon über neun Jahre alt war, sagte hingegen, das sei die Liebe.

Ach ja, was die beiden Musikanten zum besten gaben, wollte ich doch erzählen. Das traurige Liedchen hieß: »Es gibt im Volkesmunde wohl Märchen ohne Zahl. Ein jedes in der Runde beginnt es war einmal.« Ich kann es heute noch. Weil es Fräulein Scherbenübel und ihr Langmantel doch so oft gesungen hatten. An dieses Poem mußte ich mich nämlich vor einigen Tagen erinnern, als ich in der Zeitung las, daß von einer Schulklasse mit vierzig Kindern heute nur noch fünf Märchen erzählt bekämen. Denn in meiner Zeit in dem alten Vorstadthaus in Sendling, das fast mitten auf einer riesigen Wiese stand, die bestimmt bis Arizona reichte oder noch weiter, wurden fast jeden Abend in einer der kinderreichen Wohnungen schaurig-schöne Gruselgeschichten erzählt. Und am besten konnte dies meine Großmutter, die fast blind war, etwa zweihundert Jahre alt, aber noch ganz schwarzhaarig. Wenn draußen über der Prärie unserer Kindheit die graue Nebelfrau schlich. Die sich doch hauptsächlich von den Herzen verlaufener Kinder ernährte, die sie zusammen mit sieben Löwenzahnstengeln roh verspeiste, wie man uns erzählte, damit wir rechtzeitig heimgingen. Dann schoben die Minna und ich den alten, schiefen Lehnstuhl unter den gelben Glühstrumpf der

Gaslampe. Drei bis zwölf Kinder aus der Nachbarschaft waren auch schon da. Auch einen Fußschemel stellten wir unserer Oma, um die uns die ganze Zinsburg beneidete, unter die Kamelhaar-Hausschuhe, und dann bettelten wir so lange, bis die gute alte Haut wieder einmal das graue zerlesene Buch hervorholte, in dem es von Gespenstern, Kobolden und verzauberten Prinzessinnen nur so wimmelte. Mäuschenstill saßen wir um sie rum, und schwupp, den Daumen in den Mund.

Obwohl unsere schwarze Ahne natürlich jedes Märchen längst auswendig kannte und ja fast auch gar nicht mehr sah, blätterte sie gewissenhaft jede Seite um. Gespenstisch tropfte vorn am Ausguß der Wasserhahn. Der Perpendikel des Nußbaumregulators schwang gleichmäßig ins Jenseits und wieder zurück, und der winzige Magen vom Kummer Karli knurrte mit der Stimme eines ganz jungen Hundes. Dann huschten sie auch schon durch das Zimmer. Saß da nicht unter dem wackligen Kanapee Zwerg Nase und kicherte zu uns herüber? Und aus dem Unterteil des grau gestrichenen Küchenkastens schaute doch der kleine Muck heraus. Was aber in der Kohlenkiste unter dem Ofen rumorte, das war gewiß das arme kleine Aschenputtel, das nicht auf den Ball gehen durfte, ehe nicht alle Erbsen ausgelesen waren. Und leise, mit wund gezählten Lippen, wisperte es den wohlbekannten Trostspruch: »Die guten ins Töpfchen, die schlechten ins Kröpfchen.« Und auch wir flüsterten bang zu der monotonen Stimme der alten Frau im Lehnstuhl: »O du Fallada, der du hangest.« Oder: »Was macht mein Kind, was macht mein Reh, jetzt komm' ich noch einmal, dann nimmermeeh.«

Die Zwillinge Silberstreit brachten sich fast nie einen Schemel mit, weil sie doch elf Kinder waren, und sie mußten deshalb meistens stehen in dieser Märchenstunde. Mit knöchelweißen Fingerchen, angeklammert an die Nickelstange des nahen Küchenherdes, hörten sie zu. Ihre mageren Beinchen aber in den schwarzen Wollstrümpfen waren vor Angst und Spannung so spiral umeinander gewunden wie die Lakritzenstangen von der dicken Standlfrau Mali Hild.

Und wenn die Großmutter mit uralter Stimme das Schicksal von Jorindel und Joringel berichtete: »Mein Vöglein mit dem Ringlein rot singt leide, leide, leide.« Und gar den Rätselspruch der kichernden Hexe: »Grüß dich, Zachiel. Wenn's Möndl ins Körbel scheint, bind los, Zachiel, zu guter Stund.« Da war bei den kleinen doppelten Lottchen meistens schon alles zu spät, wenn sie gefragt wurden: »Was ist, Kinder, müßt ihr vielleicht 'raus?« Denn dann sagten sie wohl höchstens noch ganz leise: »Nein, Oma, jetzt nimmer.«

Unsere Großmutter beendete ihre Geschichten immer mit einem hochmoralischen Hinweis, indem sie an jedes Märchen hinzufügte: »Und so geht's allen Kindern, die der Mama die Milch nicht holen.« Oder: »Verzaubert kann nur der werden, der seine Dotschen nicht ißt.« Das waren nämlich die verhaßten Feldrüben, die es in dieser Zeit dreimal täglich gab. Denn die Tage meiner Kindheit waren nicht nur schön, sondern auch reichlich arm.

Ja, und dann kletterten die Wilhelmine und ich in die große braune Traumtruhe, die im kalten Wohnzimmer stand. Und wir krochen gemeinsam unter die schwere, riesige Zudecke. Und das eine Mal machte meine Schwester die Lokomotive, und ich kuschelte mich an ihr flanellweiches Nachthemdchen als Anhänger. Und das andere Mal war ich wieder das Feuerroß, das in das dunkle, geheimnisvolle Tal der Träume fuhr. Der vordere Beobachter aber hatte die Aufgabe, durch eine winzige Öffnung im Plumeau starr nach der Türklinke zu schauen, ob sich die nicht vielleicht langsam senkte und das tapfere Schneiderlein oder der König Drosselbart ins Zimmer kamen. Und sie taten das auch wirklich sehr oft in unserer Schlummer-Phantasie und standen dann lange am Bett. Nur sahen weder ich noch die Wilhelmine jemals die magisch angestarrte Türklinke leise knarzend heruntergehen. Denn bis dahin waren wir doch längst immer eingeschlafen.

13 | Beim Tierarzt

Der Raum ist bis zur Decke mit Angst gefüllt. Wenn man kleine Würfel daraus schneiden könnte und sie den Soldaten in den Morgenkaffee täte, würde wohl eine ganze Armee kehrtmachen. Der Mann mit dem weißen Kittel aber sagt: »Am meisten fürchten sich die Schäferhunde. Am frechsten seien die Dackel, Dobermänner seien harte Männer, am traurigsten wären die Setter, am mißtrauischsten die Schnauzer, am tapfersten die Boxer und am gläubigsten die Pudel. Die häufigste Krankheit jedoch der deutschen Wunderhunde ist heute wieder die »Blätterteiggrippe« oder die »Kucheritis«. Und in der Tat kann man manches Gespann dem Sprechzimmer des Tierarztes zustreben sehen, bei dem die verhätschelten Mast-Pinscher ihren Bauch im Sande nachziehen wie ein alter, schwacher Mann einen Sack voller Nußkohlen.

Und auf den Wartebänken sitzen die Frauchen. Und haben ihre armen Hunde auf den Armen. Sie reden in einem seltsamen Slang unter die schlappen Plüschohren: »Wo istdenn mein Herzile?« Oder: »Wo hat denn mein Wauwaule Wehwehle?« Einen strammen Herrn in Wickelgamaschen sieht der Betrachter mit einem Dobermann, der haargenau wie der Heinrich Himmler ausschaut. Und der Herr singt ihm auch noch ganz leise das Lied vom guten Kameraden vor. Alle drei Strophen sogar. Manche Hundemütter zittern auch. Stellvertretend für ihren Liebling und mindestens so heftig wie der Karas beim Dritten Mann. Nur gut, daß keine Saiten über ihr Mitleid gespannt sind. Das gäbe ja ein schreckliches Tremolo.

Sicher wird den rauh- und glatthaarigen Patienten auch mancherlei nach erfolgter Behandlung versprochen. Dem kleinen Rehpinscher dort vielleicht ein Ausflug auf den großen Sankt Bernhardiner. Und dem verwöhnten französichen Bully mit seiner hochmütigen »Wie riecht es denn hier«-Nase stellt seine Madame gewiß ein Paar schwerverchromte Kalbsbratwürste in Aussicht. Gleich neben dem Eingang sitzt ein besonders braves Frauchen. Sie hat einen dicken Wollschal um den Hals. Aus Solidarität mit ihrem Zamperl. Dem der Schlund weh tut. Vornehm und unnahbar jedoch warten die ausgesprochenen Herrschaftshunde, bis sie drankommen. Manche Lady hat für ihren Bettwärmer sogar eine komplette Mitternachts-Garnitur mitgebracht, für den Fall, daß er auf Station kommt und dableiben muß. Ein Nachthemdchen und ein Daunendeckchen, winzige Bettschuhe und Verdauungstabletten. Sicher sind auch noch ein Hostalen-Töpfchen und ein Dachshaar-Zahnbürstchen in der großen Hornback-Tasche zu ihren Füßen.

Jetzt kommt ein amerikanischer Offizier herein, mit einer winzigen Handvoll Wauwau an der Brust. Der patschige Winsler ist nicht recht viel größer wie die Zunge eines Pelzstiefels und soll geimpft werden. Weil er doch nach Michigan kommt. Als man den Yankee dann nach der Rasse seines »dogs« fragt, deutet er stolz auf das Bild eines Weltmeisters an der Wand und erklärt: »Scotch.« Auf das allgemeine Gelächter hin läßt er jedoch mit sich handeln und

meint schließlich: »Half and half.« Die Menschen im Zimmer aber hätten den frechen schwarzen Schneeball eher für die Kreuzung zwischen einem Pulswärmer und einem Senkrechtstarter gehalten. Die Freiheitsstatue wird sich jedenfalls vor diesem gefährlichen Wadenbeißer schwer in acht nehmen müssen. Dann aber wandern die Augen in die Arme-Sünder-Ecke hinüber. In jenen Sankt Nimmerleins-Winkel, aus dem es keine Wiederkehr mehr gibt. Dort warten die Unheilbaren, die Ausgedienten und Hoffnungslosen auf die gnädige Nadel. Denn gesunde Hunde, oder wie es auch schon motiviert wurde: »Hunde, die nicht mehr modern sind«, werden hier auf keinen Fall ans andere Ufer geleitet. Es ist die Ecke der dunklen Sonnenbrillen. Immer, wenn nämlich die müden Veteranen zum großen Schlaf aufgerufen werden, setzen ihre Besitzer schnell die schwarzen Abblendscheiben des stummen Schmerzes auf. Und der Betrachter sieht auch einen rauhen, klobigen Metzger sitzen, der mit roten Augen auf seinen gelähmten Kameraden zeigt und meint: »Das Schlimmste ist, daß er es weiß, daß ich es weiß. Drum ist er so still, weil er mir nicht weh tun will.«

»Manche gäben gerne drei Finger ihrer Hand her«, sagt der Tierpfleger, »oder fünf Jahre von ihrem Leben, wenn es sein müßte.« Aber was soll ein Tierarzt mit diesen Fingern oder den versprochenen Jahren anfangen.

Draußen vor der Tür liegen dann die Tempo-Taschentücher. Und stille Menschen gehen allein heim. Der Schreiber aber muß es gestehen. Zu den drei großen Traurigkeiten dieser Welt gehören wohl auch Halsbänder ohne Hunde. Und Leinen alleine.

14 | Briefkasten-Probleme

Ein Postbote hat es genau ausgerechnet. Durchschnittlich einhundertsieben Pfund Papier stopft er jährlich in jedes der Briefkasten-Mäuler seines Reviers. Wichtige Nachrichten, Ansichtskarten aus Mallorca, Kataloge von holländischen Tulpenzwiebeln, Flugblätter der Kriegsdienstgegner, weichgepolsterte Liebesbotschaften und schwer zu knickende Glanzpapier-Illustrierte. Doch ihm ist es ziemlich gleich, mit was er seine klapperzahnigen Pflegekinder füttert. Nicht aber den Empfängern.

Manche Hausinwohner haben ihre Gehörgänge längst so trainiert, daß sie den Briefträger schon am Öffnen der Haustüre erkennen. Und das Scheppern vom Deckel ihres blechernen Neuigkeiten-Tresors vermögen sie haargenau von seinen anderen vierzehn genormten Kameraden zu unterscheiden. Drum gibt es sogar Postkundschaften, die bei dem täglichen Signal vom vierten Stock so schnell im Parterre sind, als wären sie mit dem Fallschirm neben dem lächelnden Blaukittel gelandet. Der ist dann meistens noch gar nicht mit dem Austeilen fertig und drückt den Pressanten deshalb ihren Anteil direkt in die gespreizten Finger. Manchmal allerdings kann er auch nur ein gebührenpflichtiges »Nichts istheut« verteilen. Und langsam kommen sie dann, einer nach dem andern. Die Haushälterin vom Herrn Doktor, die seit Jahr und Tag jeden Absender liest, der ihrer Herrschaft schreibt. Und deshalb kann sie ihrer Gnädigen auch in schöner langjähriger Treuherzigkeit schon an der Türschwelle berichten, was sie heute alles erwartet. Die alte Kathi vom Herrn Professor ist eine ähnliche. Die buchstabiert im Treppenaufwärtsgehen genau alle Botschaften und kommentiert sie auch noch halblaut. Mit »Oje, schon wieder ein Göttinger« oder »Aha, ein echter Max Planck ist auch dabei«. Wenn sich aber ganz unbekannte Briefschaften dazwischengeschmuggelt haben, bleibt sie sogar einen Augenblick stehen und schnuppert an der viereckigen Neuigkeit ein wenig herum. Immer eine der ersten ist ferner die komische Witwe Neulich. Die blinzelt von unten durch den verzierten Ausschnitt in ihren kleinen Nachrichtenkäfig, sieht, daß nichts drin ist, und zieht trotzdem sofort eine Haarnadel aus ihrer Biedermeier-Frisur, um »die Briefe, die sie nie erreichten«, gleich aufmachen zu können.

Während aber bei fast allen Angeschriebenen lange weiße Kuverts mit Seidenfutter, lustige Urlaubskarten oder die farbenfrohen Bildergrüße mit Bade-Schönheiten, deren Busen gerade noch durch den Einwurf-Schlitz gehen, zu den beliebten Postwurfsendungen zählen, sind die amtlichen und behördlichen Schreiben, die man mühelos an ihren leberkranken Reichsmark-Umschlägen und dem Fehlen der Marken erkennt, keine ausgesprochenen Mundwinkel-Heber. Zu ihnen gehören natürlich auch die phantasielosen Steuerbescheide, die Unmuts-Depeschen der Amtsgerichte und die magermilchblauen Kuverts mit den sachlichen Aussichtsfenstern, in denen sich mit großer Gewißheit Rechnungen oder Zahlungsaufforderungen befinden. Drum trifft das Sprichwort »Morgenstund' hat Gold im Mund« auch nicht unbedingt immer auf ein halbgeöffnetes Briefkasten-Maul zu. Nun gibt es aber auch noch Hausinwohner, die ihre Post grundsätzlich erst aus dem Blech-Depot nehmen, wenn sie ins Geschäft gehen. Für einen solchen eröffnet sich noch ein zusätzliches Problem. Denn was soll er neben dem wertvollen Inhalt bloß mit jenen Sendungen anfangen, auf denen beispielsweise steht »Sie haben gewonnen«? Wobei ihm per Drucksache mitgeteilt wird, daß ein halbes Pfund Butter auf ihn wartet, wenn er den Werbevortrag über ein Gerät zum Hochkantlagern von Kartoffelpuffern besucht. Daneben sortiert er sicher auch noch einen Katalog für preiswerte Autositze aus, obwohl er nicht einmal einen Führerschein hat. Dann sind gewiß darunter: ein Achtellos, das Angebot einer Bausparkasse, ein dringendes Schreiben, das ihm versichert, seine wackelnden Stühle würden sofort gerichtet, und ein dickes Paket handgemalter Künstlerkarten mit der Bitte um Rücksendung sowie selbstverständlich noch eine Probenummer der hochinteressanten Fachzeitschrift »Die Kanalratte«.

Da schaut dann der also Beglückte im halbdunklen Hausgang

mäßig intelligent und überlegt sich, ob er noch einmal zu seiner Zimmerwirtin in den vierten Stock hinautklettern soll, von der er sich doch gerade so süßsauer verabschiedet hat, um ihr die papierene Ernte zur weiteren Verarbeitung zu überbringen. Schließlich jedoch stopft er dann den ganzen Ballast in seine Manteltaschen. Was aber weiter? Auf der Straße wird er seine heiße Ware auch nicht los. Obwohl er einen Teil vielleicht schnell in die untere Öffnung eines Abflußrohres stecken kann. Oder auf einem Mauersims deponieren. Doch muß er dabei mindestens vorher die Adressen von den Drucksachen entfernen, sonst könnte er am Ende sogar noch gebührenpflichtig verwarnt werden. Da der nächste öffentliche Abfallkorb an der Straßenbahnhaltestelle meistens vierzig Minuten entfernt ist und bereits von anderem postalischen Müll überfüllt, bleibt dem ratlosen Empfänger also nichts übrig, als den leider bereits hinreichend bekannten, schmutzigen Trick anzuwenden. Nämlich, alle ausgesonderten Sendungen gleich an Ort und Stelle, doch ohne die Kuverts natürlich, heimlich in den Briefkasten des Nachbarn zu stecken. Doch leider kommt dieser Zeitgenosse meistens auf denselben Gedanken. So daß sich dann abends bei der Heimkehr die verschmähten Kuckuckseier prompt wieder im eigenen Nest befinden. Obwohl man in unserer Zeit nun der Quadratur des Kreises, dem Sirius und dem Verhalten der Graugänse beträchtlich nähergekommen ist, konnten diese Briefkasten-Probleme bisher einfach noch nicht gelöst werden. Zwar hat ein wütender Abnehmer von nicht bestellten Werbe-Prospekten den Vorschlag gemacht, die Briefkästen mit einem Elektronengehirn zu versehen und diese wiederum mit einem Apparat zu koppeln, der jedem, der unverlangte Dinge einschmeißt, sofort die Finger abbeißt. Aber das ist wohl auch nicht die idealste Lösung. Denn dann wären in so einem verstopften Behälter neben der Makulatur ja auch noch immer eine ganze Menge abgeknipster Fingerlinge drin.

15 | Die Fenster auf

Bekanntlicherweise fordert die Lyrik in diesen Tagen mit allem Nachdruck: »Die Fenster auf, der Lenz ist da.« Aber nicht nur die viereckigen Glotzaugen der Häuser stehen in den Wochen des sanften Wahns offen. Sondern ein jeder macht halt auf, was er hat. Die Italiener ihre Eisdielen, die Geschäftsleute ihre Steuerbescheide und die Stadt ihre Straßen. Bürozähne machen die Blusen auf, Teenager ein neues »Faß«, alte Jungfern das Poesie-Album, die Heiratsvermittlerinnen ihre Photo-Nachschlagwerke, frisch gefirmte Gassenbuben die Armband-Uhren, die jungen Stare ihre Schnäbel, Hausfrauen das letzte Glas mit grünen Tomaten, alte Lüstlinge ihre Geldbeutel und Spitzbuben ein Geschäft. Mit dem Stemmeisen natürlich.

Ferner werden auch die Autodächer, die Türen der Appartements, der Bierkeller, zweitausendachthundertvierzehn Liebesbriefe und die Freibäder Zug um Zug geöffnet. Und der alte Hofrat Geiger versucht sogar in Gedanken, noch einmal eine 17jährige junge Gemüsekonserve aufzumachen. Weil ihm das aber nicht gelingt, öffnet er lediglich den Mund und summt die traurige Hymne der Resignation vor sich hin: »Mit siebzig hat man noch Träume ...«

Doch auch ein großes Suchen hebt allerorten an. Nach einsamen Herzen, nach Telefon-Nummern, nach Freizeit-Partnerinnen und nach guten Ausreden für die treusorgende Gattin, die ihrerseits einen plausiblen Grund für die Anschaffung eines Frühjahrs-Hutes mit klappernden Herzkirschen drauf sucht. Wuchtige Witwen suchen auch nach einem lieben guten Vati für ihr herziges Buberl. Die Besitzerin einer Boxerhündin sucht nach einem eingetragenen Rüden, ein Sportsmann sucht seinen Skibob gegen ein Faltboot umzutauschen, und treulose Ehemänner suchen nach dem linken Manschettenknopf unter irgendeiner wildfremden Bettstatt, weil sie doch einseitig nicht heimkommen können. Kleine Buben aber suchen bereits die ersten Maikäfer unter dem Rasen des Stadtparkes, und Wellensittiche suchen das Weite.

Dichter hinwiederum suchen nach einem passenden Reim auf Sulfamidorm, Lehrlinge nach einem moralischen Halt, Starlets nach sturmfreien Zimmern, Enttäuschte nach einem neuen Lebensinhalt und Professoren nach ihren vergessenen Regenschirmen. Und ganz gewiß sucht mancher Jüngling in den Augen seiner Tanzstunden-Braut auch nach einem stummen »Jaja«, verschlungene Pärchen den Weg in die nahen Anlagen und viele Autofahrer nach dem Knie ihrer willigen Begleiterin. Freilich, viele Menschen nörgeln auch am Frühling herum. Die sagen, der kommt wahrscheinlich deshalb lange nicht mehr so pünktlich wie früher, weil es ihm ganz gut täte, ein bißchen zum Militär zu kommen, damit ihm die Pünktlichkeit eingebleut würde. Doch zu den Soldaten kommt der Gute ja sowieso. Mit schönen, großen Dreckpfützen zum Durchrobben für die Rekruten, mit Beförderungen für die Fähnriche und einem neuen Rittmeister-Burschen für die Frau Hauptmann. Der nach Dienst der Gefährtin seines hochverehrten Chefs noch gerne einige Gänge besorgt und manchmal auch noch das übrige.

Nur die Kinder und die ganz Alten sind meistens ganz zufrieden. Und es spielen die einen in der Erinnerung, die ersteren aber im Hof. »Fahre, fahre Zug«, »Vater und Mutter«, »Schussern«, »Drallern«, »Räuber und Schandi« und »Bäumchen, wechsle dich«.

In einem der schönsten Lieder der Welt heißt es doch so tröstlich: »Immer, immer wieder blüht der weiße Flieder.« Leider wird er aber auch immer wieder abgerissen. Und die alten Wanderer draußen auf der Spitaler-Rennbahn erinnern sich auch noch an den alten kleinen Wehmuts-Song aus ihrer eigenen Jugendzeit. Sie schütteln ein bißchen wackelnd ihre Köpfe, die schon längst nicht mehr notiert werden, über all die Unruhe, die hektische Hast und den unstillbaren Frühlingshunger, und dann summen sie wohl auch ganz leise vor sich hin: »Es wird in hundert Jahren wieder so ein Frühling sein – genauso schön mein Kind wie heut. Vielleicht steht dort noch unsre alte Bank im Sonnenschein. Doch die drauf sitzen, das sind leider andre Leut'.«

16 | Handelschaften

Die berühmteste aller Handelschaften war wohl die Erzgaunerei mit Esaus Linsengericht, bei der ein hungriger Tropf sein Erstgeburtsrecht für eine Schüssel Hülsenfrüchte hergab. Auch jenes Geschäft, das die Amerikaner einst machten, als sie für eine Handvoll Dollar und ein Fäßchen Feuerwasser jenes Eiland erwarben, auf dem später New York erbaut wurde, gehörte nicht zu den schlechtesten. In Erzählungen und Märchen spielen Handelschaften schon von jeher eine große Rolle. Am bekanntesten wurde dabei wegen seiner Täuschlerei wohl der Hans im Glück, dem vor lauter Hin und Her zum Schluß nur noch ein schäbiger Schleifstein von seinem ganzen Besitz übrigblieb. Ferner ist es hinreichend bekannt, daß ganze Völkerschaften vom ehrsamen Schacher leben. Und daß beispielsweise einem arabischen Silberschmied, einem niederbayerischen Vieh-Kommissionär und einem armenischen Teppichmauschler eine zünftige Feilscherei weit lieber ist als ein Fernsehkommentar, ein Fußball-Länderspiel oder eine Cocktailparty, hat sich längst herumgesprochen. Denn sie kommt doch fast einem seelischen Fußbad gleich oder einem Kammerfensterln bei der Sophia Loren.

In unserer Zeit haben sich die meisten Schmuser und Mauschler jedoch organisiert und nennen sich nun Geschäftsleute. Und nur mehr auf den offiziellen Märkten, wo Pferde, Ochsen oder Kanarienvögel ihren Besitzer wechseln, kann man vielleicht noch einen echten psychologischen Freistil-Ringkampf beobachten. Dafür hat sich allerdings auf dem Sektor der Pferdestärken ein kleines Ersatzgebiet eröffnet. Gemeint sind dabei jene unglückseligen Enkelkinder Gottfried Daimlers, die von ihren Besitzern früh verschandelt, verpfändet oder verstoßen wurden. Und besonders bei den sogenannten Gebrauchtwagen-Messen kann der Freund schlitzohriger Verschlagenheit und bilderreicher Dialektik noch auf seine Rechnung kommen.

Das Wichtigste bei einem Gebrauchtwagenhandel sind selbstverständlich die Händler selbst. Sie tragen dunkle Brillen, Dolchschuhe, flache Uhren und Charakterköpfe. Und sie reden in einer schleppenden Hausschuh-Sprache von »Overdrive, Hardtops und Caravans«. Doch auch die Autoverkäufer sind sehenswert. Und bei ihrem Anblick drängt sich einem unwillkürlich das alte Sprichwort auf: »Wia der Herr, so's G'scherr.« Und man denkt vielleicht daran, daß es Menschen gibt, die durch jahrelanges Zusammensein mit einem Hund ganz dessen Aussehen annehmen. So ähnlich ist es wohl auch bei manchen Autofahrern. Denn wie käme es sonst zu der verblüffenden Formengleichheit eines Peugeot-Fahrers mit dem vergrämten Profil seiner Transportschublade? Und der kleine Dicke dort drüben, der hat doch unverwechselbar eine Citroennase. Oder jener mit dem lustigen, pausbackenen Köpflein. Erinnert der nicht umwerfend an sein aufgeblasenes Hansaplast-Schäserl?

Ach, und was da bloß alles herumsteht und vier Radeln und ein Dach hat. Ein kleines Rennkisterl duckt sich scheu hinten in der Ecke. Marke Eigenbau. Scheint früher einmal eine Badewanne aus dem sozialen Wohnungsbau gewesen zu sein. Aber überall hat es jetzt Plaketten und Medaillen. Wie manche Bergsteiger, die außer der täglichen Straßenbahn noch nie was anderes bestiegen haben. Dann die vielen kleinen Wimmerschinken. Die Landstraßenwanzen mit dem Heftpflasterfell. Die wie hysterische Milchzentrifugen jammern, wenn sie überholt werden. Und wann werden sie das nicht! Ferner selbstgestrichene, rollende Sparbüchsen, bei denen man unwillkürlich nach den Pedalen sucht, um notfalls mittreten zu können. Ferner Speib-Trücherl und Blätterteig-Mercedes, protzige Familien-Archen und robuste Dieselrösser, die jeden Betriebsstoff verdauen, vom Dünnbier bis zum Haarwasser.

Am köstlichsten aber sind wohl die Dialoge, die sich beim An- und Verkauf zwischen Interessenten und Besitzern entspinnen. Und das hört sich etwa so an: »Soso, acht Liter soi der bloß braucha. Der Rest, wos a mera schleckt, den soin Sie hintendrauf kriagn, nacha kunnt'n S' zwoa Joahr nimma sitzen. Und der Lack,

sogn's, des is da erschte. Hom denn Sie Eana Sandkistn scho amoi ganz genau ogschaut? De is ja aufpoliert, wie a oids Freudenmädchen, wenn's zum Photographieren geht für d'Kennkartn.«
»Sie braucha ja mei Schäckerl net kafa. Kafa's Eana doch liaba wos für Eanan Kopf. A Hirnsuppn vielleicht oder sowos. Und jetzt kriagn's ja mein Maibach soweso nimma, daß Se's wissen. Bei Eana kriagat mei Wagerl ja nia a Tröpferl Oel. Weil's bei eich dahoam wahrscheinlich kaum zum Salat glangt.«
Und dann meinen ganz böse Menschen auch noch: »Benzin verdirbt den Charakter.«

17 | Hamlet von hinten

Ein neugieriger Besucher schaut sich Hamlet an. Allerdings von hinten. Von der Bühne aus nämlich.

Auf den Gängen des Theaters begegnen ihm zahlreiche grimme Recken und Reisige. In schwarzgefärbten Unterhosen, mit Schaumgummi-Harnischen, frisch bronzierten Holzschwertern und in den Augen die rote Lippenstift-Wut des Maskenbildners. Einige brabbeln auch noch pausenlos ihre Rollen vor sich hin, um sich anschließend um so sicherer zu versprechen.

Zuerst wird der Besucher von Hamlets Gespenst herumgeführt. Einem zweihundertzwanzigpfündigen Ritter, der sich vor seinem Auftritt die Stimmbänder noch rasch mit einer gläsernen Löwenbräu-Tube ölt. Mit ihm gemeinsam schaut er auch durch das kleine, runde Loch, durch welches man das hochverehrte Publikum in den Rängen sieht. Auch jenen feinen Herrn, der sich unbeobachtet glaubt und noch schnell seine handfeste Nase stöbert. Aber auch Frau Aufsichtsrat, die einen ungleichen Kampf mit ihrer schmerzhaften Korsettverschnürung austrägt.

Im eigentlichen Bühnenraum riecht es nach Leinen, Rupfen und vergessenen Texten. Droben auf der Galerie ist ein Befehlsstand mit hundert Rädern und Hebeln aufgebaut wie auf Cap Canaveral kurz vor dem Abschuß. Gleich rechts vom Bühnenausschnitt sitzt ein gemütlicher Feuerwehrmann und verzehrt leise schmatzend ein doppeltes Leberwurstbrot. Groß und mürb wie die zusammengelegten Sohlen zweier Filzpantoffeln.

Mehrere Mimen stehen im Dunkeln herum, und einer von ihnen bittet seinen Partner noch schnell um einen kleinen Gefallen: »Riech einmal, Charly«, sagt er, indem er den Kollegen fest anhaucht. »Ich hab' nämlich schnell noch einen Wurstsalat gegessen. Und die Zwiebeln mag die Ophelia nicht leiden.« Weiter hinten scheint die Königin von Dänemark größeren Kummer mit ihren Privatstrümpfen gehabt zu haben. Denn sie tuschelt ihrer kostümierten Freundin zu: »Gleich zwei Laufmaschen auf einmal.

Weißt du. Und das Paar zu vierneunzig. Ist das nicht ein bißchen herb?« Ja gewiß, das ist es. Selbst für eine Queen.
Unter der aufgeregten Statisterie hat es einen adeligen Junker besonders schwer am Wickel. »Gell, Frau Wilmerdinger«, bittet er die Garderobiere immer wieder, »Sie rufen doch bestimmt in der Klinik an, ob es schon soweit ist.«

Indes vollzieht sich auf den Brettern, die die Welt bedeuten, Shakespeares dreieinhalbstündiges Drama, das leicht in drei Minuten erzählt ist. Nämlich: Königsbruder bringt König um mittels Ohrengift. Dieweil er dessen Woman heiß begehrt. Schwergewichtsgeist teilt dies dem Sohn und Alleinerben mit. Selbiger ist zu Recht erzürnt und killt nacheinander: Kämmerer mit sterilem Degen. Dessen Sohn mit vergiftetem Säbel. Schurkischen Onkel zwingt er, bitteres Herzschlag-Süpplein zu trinken und verworfene Buhlin tut das von alleine. Soweit die Story.

Doch zurück ins Potemkinsche Kulissendunkel. Gerade huscht das Mäuslein vom Dienst über die Bretter. Schaut, ob alle Rollen gut besetzt sind, und verschwindet dann im Loch.

In einer kleinen Schleuse zur Bühne steht ein stattlicher Doppel-Teenager. Und jedesmal, wenn ein Schauspieler abtritt, bekommt das reife Fräulein einen dankbaren Kuß von ihm, weil alles so gut ging. »Stallwache« heißt dieser schwere Posten in der Fachsprache.

Weiter hinten bei den Requisiten pennen zwei Kulissenschieber auf einer gerollten Kokosmatte. Ein Elektriker sitzt auf einem riesigen schwarzen Sarg und läßt sich den Inhalt einer Thermosflasche in den Hals laufen. »Ui, da schau hin«, sagt ein Beleuchter zum Freund, als Ophelia im langen Nylonnachthemd in die Garderobe wandert. Im günstigen Gegenlicht kann man ihr durch und durch schauen. Immerhin, ihre Unterwäsche scheint sehr warm zu sein. Wie der Kammerherr einem anderen Hofgeist auf die Schleppe tritt, entfährt diesem ein berühmtes Zitat. Aber aus einem ganz anderen Stück. Im schwachen Schein des Notausganges reinigt ein Maschinist seinen Taschenkamm mit einer ausgebogenen Büroklammer. Irgend jemand im Dunkeln muß niesen und stirbt als fünftes und nicht vorgesehenes Opfer der Tragödie unter den Blausäureblicken aller versammelten Kleindarsteller. Der Besucher hinter den Kulissen aber meint, daß der Hamlet von hinten mindestens ebenso interessant ist wie der von vorne. Deshalb sollte man ihn dem Publikum auch ruhig einmal von der Rückseite zeigen. Wo ihn doch sowieso die meisten Leute so schwer verstehen.

18 | Herzliche Zeiten

Den Leser gruselt es. Wie jenen Märchenmann, dem man nachts einen Kübel kleiner Fische über den nackten Bauch geschüttet hat. Die Ursache seiner Gänsehaut ist jedoch etwas makabrer Natur. Nämlich die ungeheure wissenschaftliche Leistung, daß es einem Ärzte-Team gelungen ist, das Herz eines Menschen in einen anderen Menschen zu verpflanzen.
»Hat denn da nicht wieder jemand an jenem Ding gedreht«, das eigentlich nur dem großen Boß allein vorbehalten ist? Ähnlich wie bei der Atomgeschichte. Denn in der Schrift sagt der Chef über allen Wolken doch ganz deutlich: »Vom Baume der Erkenntnis aber sollt ihr nicht essen.« Der Schreiber meint nämlich, daß der liebe Gott schon weiß, warum er seinem Ebenbild nach einer gewissen Zeit die Zähne ausfallen läßt. Und ihm einen wohlverdienten Ischias schickt. Deshalb nämlich, damit das größte Raubtier in seiner Menagerie eben den lieben Nächsten nicht mehr anfallen und beißen kann. Und damit er auch nicht mehr auf Beutezüge und zum Leutebescheißen humpeln kann. Sondern wahrscheinlich darum, damit der Betreffende eben langsam begreift, daß er sein Süpperl nur ausschlabbern muß, den Löffel wegwerfen und das Licht verlöschen soll. Und haben denn die Wissenschaftler nicht selber errechnet, daß im Jahre Dreitausend soviel Menschen auf der Welt sein werden, daß sie einander auf den Schultern sitzen und sich die Haare vom Kopf fressen. Bei den Siebenmeilenstiefeln, die unsere Gelehrten vermutlich in der Rumpelkammer der Gebrüder Grimm gefunden haben, befällt den Chronisten eine schreckliche Vision, was da alles sein wird, wenn man etwa das Jahr mit den drei Nullen schreibt. Gar kein Zweifel, wir gehen herzlichen Zeiten entgegen. Denn sicher gibt es dann längst richtige Ersatzteil-Lager für alle menschlichen Innereien, die einzelnen Gliedmaßen und all den anderen Zubehör. Wahrscheinlich ist dann auch alles längst schön genormt und mit Linksgewinde oder Schuko-Steckern versehen. Und man wird sich wohl bei Aus-

tauschstücken, Verlängerungen oder Muffen für die Knochen auf das alte englische Zoll-Maß geeinigt haben.
In sterilen Selbstbedienungsläden könnte sich der einfache Krankenkassen-Patient kleinere Ersatzteile dann selber holen. Sagen wir für erfrorene Ohren oder abgefahrene Hammerzehen. Und in einigen Regalen lagerten wahrscheinlich auch weniger wichtige Utensilien wie Backenzähne, gebrannte Mandeln, Tränensäcke, Polypen und als Meterware gut erhaltene Nervenstränge. Zu beachten wäre da allerdings nur, daß das ganze Sortiment genau nach Baumuster, Jahrgang und Herkunft genormt würde. Dazu könnte man zweifellos bloß einen deutschen Lagerverwalter einstellen. Freilich, die Leute mit Geld würden ihren Bedarf sicher nicht aus Frischluft-Tüten decken, sondern ihn vom Vorbesitzer direkt von Bett zu Bett beziehen. Wobei die Altware natürlich zum ADGO-Tarif in Anrechnung gebracht werden müßte.
Der Mann aber meint, daß das allerwesentlichste Moment die Gewissenhaftigkeit bei der Handhabung von »Taxi-Organen« ist.

Denn wo käme man da hin, wenn bei so einer Auswechslung beispielsweise eine Pfarrersköchin plötzlich mit dem Unterleib der Nitribitt vom Operationstisch aufstehen würde? Was täte wohl ein Menuhin mit den ausgewechselten Händen, die vom Cassius Clay stammten? Wie würde sich ein Staatsanwalt betragen, dem man die Diebs-Krallen eines Opferstock-Marders anmontiert hätte, wie ein Freudenmädchen mit Sprinter-Beinen, eine Gräfin mit dem roten Blut eines Transport-Arbeiters, der Abstinenzler mit einem Säufer-Magen oder der Finanzminister mit dem Hirn eines Steuerzahlers? Und was würde eine protestantische Eva etwa mit einem katholischen Adamsapfel anfangen?
Und man geht aber wohl nicht fehl in der Annahme, daß die Reparatur-Werkstätten der Menschheit bald auch noch andere Waren auf Lager nähmen. Völlig fabrikneue Gewissen, preiswerte Moralbegriffe der Handelsklasse Ia, möglichst erstklassigen CSU-Politikern entnommen. Frisch abgezapften Zorn für randalierende Studenten zum pauschalen Liter-Preis, frommen Tugendseim aus strengen Nonnenklöstern, Lebensmut zu kleinen Preisen, Ideale aller Art mit entsprechenden Staatszuschüssen, Heldentum nach Ladenschluß und den Glauben an Deutschland, aus linientreuen NPD-Mitgliedern destilliert.
Am Ende aller Tage allerdings stellt sich der Betrachter die Geschichte dann schon wesentlich schwieriger vor. Nämlich, wenn die Vorbesitzer bei der Auferstehung des Fleisches ihr Eigentum plötzlich wieder alle zurückhaben wollen. Oje, das wird aber ein Heulen und Zähneknirschen werden mit fremden Luftröhren und geliehenen Gebissen! Wahrscheinlich genauso, wie das schon immer für den Jüngsten Tag vorausgesagt wurde.
Nein, möchte man da zu all diesen schrecklichen Vorstellungen sagen. Angesichts einer solchen Entwicklung muß wohl jeder vernünftige Mensch, und sei es selbst der größte Anti-Militarist, zu der Erkenntnis kommen: Da hat der Alte Fritz mit seinem Feldherrn-Blick die gesamte Situation der Menschheit schon seinerzeit ganz klar erkannt, als er seinen berühmten Ausspruch tat und seinen Soldaten zurief: »Hunde, wollt ihr ewig leben.«

19 | Hier hast du dein Glück

Michael Ungenau war ein Mensch wie alle anderen auch. Er war linksgescheitelt. Mitglied beim Tierschutzverein. Ein zaghafter Kirchgänger. Er zeigte Fremden in einheimischer Wichtigkeit den falschen Weg und knabberte, wenn er allein war, heimlich an seinen weichlichen Fingernägeln. Die Feste feierte er, wie sie fielen. Und zur gegebenen Zeit war er deshalb auch optimistisch, spiegelblind und sogar von einer kleinen, späten Brunft befallen. Denn er zählte immerhin schon achtundvierzig, war jedoch amtsärztlich untersucht, volltauglich und hatte den festen Willen, mindestens fünfundachtzig zu werden, um als kleiner Beamter dem Staat seine redlich abgemessene Pension nicht schenken zu müssen. Heute war der Michael gerade dabei, in einen Piraten hineinzusteigen. Er hatte sich mit Hilfe einer Illustrierten in den Herrn der sieben Meere verwandelt. Ein blutrotes Popeline-Hemd bedeckte fast mühelos seine schmale Brust. Zuerst noch hatte er von diesem Chemise gleich gar den linken Ärmel ausgerissen vor Verwegenheit. Aber dann flickte er ihn wieder an, weil seine Oberarm-Muskeln »nie des Bogens Kraft gespannt hatten«, wie es in Schillers Kranichen heißt. Von seinen Schlüsselbeinen bis hinab zum Solarplexus aber wucherte eine sorgfältig aufgeklebte, schwarze Wollwiese, so daß seine Vorderfront fast ein wenig einem geplatzten Boxhandschuh glich, bei dem das Roßhaar herausschaut. Die dürftigen Schläfen-Koteletten waren von seinen aufmerksamen Ohren ab zu drohenden, schwarzen Seeräuber-Sechsern verlängert worden. Die Oberlippe ziert ein blauschwarzer, dünner Schnurrbart, wie ihn genäschige Kater tragen, wenn sie in das Hollundermus geraten sind, und in die Augenwinkel hatte er sich gleich gar zwei feuerrote Tupfen gemalt. Zufrieden zeigte sich der Schrecken des Ozeans noch einmal seine Schneidezähne, stellte wegen der im Stiegenhaus lauernden Hausmeisterin den Mantelkragen hoch und murmelte im Hinausgehen: »Wenn heut' nichts geht, dann will ich nicht mehr leben.«

Zur gleichen Stunde war Ramona Wirrlich bis zum signalrot geschminkten Carmen-Mund voll von süßer Erwartung. Alle heimlichen Wünsche, Vorstellungen und auch die Bereitwilligkeit einer späten Rose hatte sie für diese Faschingsnacht aufgespart. Ramona war nahezu zwanzig an jeder Seite. Hatte aber im geheimen längst Frieden geschlossen mit den Wunschbildern ihrer Phantasie. Aus diesem Grunde war auch der dunkle Hüne ihrer Vorstellungswelt längst zu einem braven, kleinen Seelenwärmer zusammengeschrumpft. Das Häuschen im Grünen hatte einer kleinen Wohnung Platz gemacht, statt mit einem roten Achtzylinder würde sie mit einem zuverlässigen Herren sogar schon mit der Trambahn fahren, und die einzig große Liebe hätte sie gerne durch eine kleine, treue Freundschaft ersetzt. Nun versprühte Carmen noch den Rest ihres Parfüms über das selbstgeschneiderte Gewand, räumte ihre Handtasche frisch ein und näherte sich dann dem berühmten Ballsaal. Fast wäre sie dabei mit dem Herrn der sieben Meere zusammengetroffen, der ebenfalls um diese Stunde den Marktplatz der preiswerten Sehnsucht betrat.

Siehe da. Das Schicksal meinte es vorläufig gut mit ihnen. Beim Einzug des rauschenden Faschings-Gefolges stellte es nämlich die beiden direkt hintereinander auf die Saaltreppe. Die Ramona sah jedoch vorerst nur den sauberen Haarschnitt ihres Vordermannes; »ein solider Herr von hinten«, dachte sie. Und als sich der Michael durch ihre Blicke aufgespießt fühlte und sich umdrehte, stellte die kleine Spätlese-Spanierin fest, daß er von vorne auch ganz passabel wäre. Dann tanzten sie geziemend miteinander. Dann führte sie der Herr Ungenau an einen Platz, wo es nicht ganz so hell war. Sie mußte vier Würste essen, weil er nur lässig abwinkte. Dann investierte er vier grüne Liköre in seine Flitter-Braut und hielt lange eine willige Hand. Sie legte viel Sehnsucht in ihren Blick und stellte schließlich mit einem Kopfdeuten auf die vielen anwesenden jungen Mädchen fest: »Eine schöne Larve vergeht, aber eine Herzensbildung bleibt halt ewig.« Nach einer kleinen Stunde sagte die Carmen dann, sie sei mit Bekannten da, die sie heimbrächten. Sie wußte, daß das solide Herren-Ohren gerne

hörten. Und auch der Michael marschierte fürbaß, solo, heim. Und er dachte sich: »Mit einem sicheren Rendezvous marschiert es sich halt wunderbar.«
Doch dann kam der nächste Tag, grau und brutal wie alles Graue. Der Sachbearbeiter Michael Ungenau hatte seinen zweitbesten Sonntagsanzug an, und nun ging er mit bangem Schlendern dem Treffpunkt zu. Vom schwarzen Piraten war leider nicht mehr viel übrig. Ein höhnischer Wind wehte ihm durch die dünnen, frisch gewaschenen Haare, und so verrutschte die sorgsam festgelegte Frisur, und ein papierblasser Kopf wurde sichtbar.
Als er dann um die Ecke kam, deutete das Schicksal auf ein kleines, wartendes Rapunzelchen hin, das von einer Carmen etwa soviel hatte wie die Twiggy von der Liz Taylor. Und es höhnte dazu: »Hier hast du dein Glück.« Doch die letzte Peinlichkeit eines enttäuschenden Wiedersehens blieb den beiden deshalb erspart, weil sich ein resoluter Zeitungsverkäufer zwischen sie zwängte und mit seinen Gazetten so lange herumfuchtelte, bis die zwei verschmähten Königskinder sich leise davonschleichen konnten. Das kleine bittere Lächeln aber, das die müd gehoffte Wochenend-Carmen noch verlor, fiel in den schmutzigen Schnee. Und irgendein Straßenreiniger wird es wohl am Aschermittwoch zusammen mit verspäteten Gelegenheiten, unerfüllten Träumen, vergessenen Treueschwüren und verbrauchten Konfettis auf einen Haufen kehren und auf den städtischen Abfall kippen.

20 | Wenn die Stunde schlägt

Jeden Abend, wenn sich die Stundenzeiger auf den Kirchtürmen langsam der römischen Zahl Acht nähern, streben einige tausend Verliebte, Verlobte und Vernarrte bestimmten Denkmälern, Passagen, Konditoreien oder Normaluhren zu. Den bekannten und seit Jahrzehnten immer gleich gebliebenen Rendezvous-Plätzen der Stadt. Jenen kleinen Oasen der Sehnsucht, an denen so vieles seinen Anfang und manches auch sein Ende nimmt. Träume und Glück, Kindersegen und grausamer Hader. Und dem stillen Beschauer offenbart sich gerade an diesen Treffpunkten immer wieder die ganze Skala menschlicher Temperamente, wenn die Stunde schlägt.

Da ist beispielsweise der ideale Rendezvous-Gast. Er findet sich immer schon eine Viertelstunde vor der verabredeten Zeit ein. Sein dunkelblauer Anzug ist etwas zu klein und am Kragen voll zahlreicher, aber ehrlicher Schuppen. Die Spitzen seiner Stiefel hat er korrekt ausgewinkelt, und selbst die Natur scheint seine Haupttätigkeit vorausgeahnt zu haben. Denn sie hat diesen Freier mit besonders großen Füßen ausgezeichnet. Wohl, damit er beim Warten nicht so leicht umfällt. Oft wetzt dieser Beharrliche seine frische Chlorodont-Zunge an den etwas rissigen und erwartungsvollen Lippen. Hin und wieder wirft er auch einen Blick auf seine wasserdichte Armbanduhr und vergleicht die Zeit mit jener des großen Normal-Chronometers. Dabei scheinen seine Blicke am Minutenzeiger der lautlos tickenden Randsteintante kräftig anschieben zu wollen. Meistens hat dieser Spezialist auch noch ein kleines Blumensträußchen in der Rechten, das aber infolge der Treibhauswärme seiner Gefühle rasch verwelkt. Die Linke preßt indes ein Paar unmoderne, doch nagelneue Glacéleder-Handschuhe so kräftig aus wie das tapfere Schneiderlein den bewußten Käse. Mit mildem Mona-Lisa-Lächeln scheint er allen Vorübergehenden deutlich zu sagen: »Hier stehe ich, ich kann nicht anders, Gott helfe mir.«

Dieser ideale Trotzkopf-Galan wird nie versetzt. Und wenn seine Angebetete kommt, stößt er ihr den ermatteten Blumenstrauß mit einem Aufwärtshaken unter das taufeuchte Näslein. Dann henkelt er sie mit einem sanften Kratzfuß unter und geht so schräg zu seiner Liebsten, daß sie eigentlich dauernd hinfallen müßte. Tut aber diese Sorte so schnell nicht. Nee.
Stark unterscheidet sich von diesem Typ der sogenannte schnelle Warter. Er naht im fliegenden Start und mit wehendem Gleitflug-Mantel, der irgendwie an den Schneider von Ulm erinnert. Die Krawatte flattert ihm über die Schulter wie eine abgerissene Hundeleine. Während des Anmarsches sucht er bereits hastig und erfolglos nach den zwei besorgten Kinokarten und öffnet dabei auch Weste und Hemd, als sollte er Schlag acht Uhr füsiliert werden. Dann schreitet er mit großen Meterschritten die Parzelle um die städtische Standuhr im Quadrat ab, obwohl er dieses Grundstück niemals käuflich erwerben kann. Bei den laufend angerempelten Passanten entschuldigt er sich mit kollegialem Lächeln. Kommt dann die Erwartete angetrippelt, stürzt er mit einem schrillen Operettenschrei auf sie zu. Heißt sie ein »Bampferchen«, »Schnullerlein« und »Rasperle«. Um ihr anschließend eine Knöchelschere anzusetzen, aus der sie nimmermehr entkommt. So zerrt er sie ungestüm davon. Und die Umstehenden scheinen ihm lächelnd und frei nach Brehms Tierleben nachzurufen: »Bring sie lebend heim!«
Doch auch kleinere Tragödien spielen sich so wo ab. Da geht doch ein zartes Schneeweißchen mit plastikblassen Lippen langsam auf ein schmalschultriges Jüngelchen zu, dessen angstvoller Blick deutlich zu sagen scheint: »Was blickst du, Amanda, so trüb und so bleich? Du bringst mir traurige Mär?« Und in der Tat, das viel zu früh gepflückte Heideröslein nickt bejahend und sagt nur ganz leise: »Aber du läßt mich doch jetzt nicht im Stich?« Da ist jener Portokassen-Bubi ja noch viel besser dran. Zwar bringt dem seine Herzallerliebste schon zum ersten Stelldichein die liebe Frau Mutter mit. Doch da kann dann jedenfalls so etwas nicht passieren. Oder wenigstens nicht gleich.

Die bedauernswerteste Figur auf so einer Verabredungs-Insel macht immer der Versatzbruder. Häufig wartet er hinter Litfaßsäulen oder vor Auslagescheiben, in deren mattem Glas sich die Stätte seiner Niederlage verschwommen spiegelt. Er ist sich seiner Enttäuschung von vornherein so gewiß, daß er sogar unrasiert und mit geflickten Socken antritt. Wenn er gute vierzig Minuten über die Zeit gewartet hat, macht er dem Schicksal einen letzten Vorschlag zur Güte. Und entscheidet: Sollte der fünfte Mann, der vorübergeht, einen grünen Hut aufhaben, so kommt sie doch noch. Aber der fünfte hat nicht nur gar keinen Hut auf, sondern auch noch eine freudig glänzende Glatze.

Da atmet der Versetzte irgendwie erleichtert auf und kauft sich am nahen Kiosk ein Wiener Magazin. Und leicht transpirierend, ein gutes Dutzend Vierfarbendruck-Schönheiten unterm Arm, schleicht er wieder heimwärts seinem schlecht möblierten Zimmer zu.

21 | Haus unterm Hammer

Schon eine ganze Zeit schaut das alte Haus bang. Mit den grauen milchigen Fenstern, die so sehr an eine Blindenbrille erinnern, glotzt es auf den verlassenen Hinterhof hinunter. Es hat ein miserables Gefühl in der Nähe des dritten Stockes. Dort, wo auch bei einer verbrauchten Mietskaserne das müde Herz sitzt.
Eigentlich begann das dunkle Ahnen schon damals, als plötzlich ein Mieter nach dem andern auszog. Wie die Ratten, die ein sinkendes Schiff verlassen. Vorige Woche ging nun auch der Hausmeister. Er klopfte wenigstens der grindigen Burg noch ein paarmal auf die mürbe Mörtelhüfte und sagte mit belegter Stimme: »Servus, oide Hütt'n.« Von da ab aber wurde es ganz still im Gemäuer. Nur das leise Abblättern des Verputzes war noch zu hören, und einmal gab es eine Bartholomäusnacht, als die Buben von nebenan fast alle Fenster des verwaisten Anwesens einwarfen.
Eines Tages endlich war es dann soweit. Irgendein behördlicher Mensch schlug die Abbruch-Verfügung der Lokalbaukommission an die mürrisch knarzende Haustüre. »Aus, Äpfel, Amen«, sagte ein bejahrter Rentner, der zuschaute. Das war wie der Schlachtstempel auf einem ausjährigen Rind droben im Viehhof.
Und dann rollt der Bagger an, und der verratenen Bruchbude bricht der rieselnde Steinsand aus vor lauter Angst. Sie versucht noch ein letztes Gespräch mit dem Kranführer, der aber bedauernd die Achseln zuckt, als die bejahrte Schaluppe zu jammern beginnt und mit weinerlichem Ächzen beteuert: »Aber warum denn gerade ich? Ich stehe doch noch ganz gut auf meinen Zementbeinen. Und alle haben so gerne in mir gewohnt. Baukostenzuschuß habe ich doch auch keinen verlangt. Und die Miete wurde fast nie erhöht.« »Eben drum«, murmelt der Bagger-Boß ein bißchen unwillig und fügt hinzu: »Mach jetzt keine Fisematenten mehr!« Dann reißt der gierige Roboter sein zahniges Maul auf und faßt den Todeskandidaten am dunkelroten Ziegelschopf. »Oooh«, wimmert das Gebäude und kriegt einen ganz schiefen Hals beim

Nachgeben, so wie ein Patient beim Zahnreißen. Zwei Dutzend Gaffer stehen herum und schauen zu. Aber was wissen denn die. Daß zum Beispiel der Marktaufseher Lorenz Modl vierundzwanzig Jahre und zehn Tage genau durch denselben Fensterstock auf die kleine Vorstadt-Straße schaute, den der eiserne Fresser gerade splitternd zermalmt. Und was bedeutet den Zaungästen schon das Trumm Stiegengeländer, auf dem ja nicht sie, aber immerhin der heute hochangesehene Oberregierungsrat Ferstl sechs Jahre rittlings herunterrutschte und nur ein einziges Mal dabei vom Hausmeister erwischt wurde. Wie winzig und doch so bedeutungslos ist die Geschichte des verzinkten Mauerhakens, der völlig ungesehen in einer Staubwolke verschwindet. Aber einmal, vor genau zwölf Jahren, hat sich doch daran die unglückselige Minnie Weichselbaumer aufhängen wollen wegen einer großen Schande. Als man sie dabei jedoch überraschte, ging sie die Nacht darauf still und lautlos in den Isarkanal.

Nun montiert der Scharfrichter im blauen Leinengewand den Greifer am Bagger ab und befestigt dafür eine riesige eiserne Faust, die sofort mit gewaltigem Schwunge auszieht und der Fassade der schrecklich zugerichteten Ruine einen gewaltigen Tiefschlag versetzt. Da verläßt das Haus aller Mut und es vermag nur mehr leise zu wimmern, was aber in den Abbruch-Geräuschen vollkommen untergeht. Sicher könnte es mit irgendeinem Ziegelstein oder einem Balken nach seinem Mörder zielen und würde ihn vielleicht auch treffen. Aber es ist ein geduldiges, deutsches Haus, das weiß, daß der Vollstrecker eines Befehls immer unschuldig ist. Und niemals belangt werden kann. Ein verstaubter Hilfsmonteur zieht nun das blaue Straßenschild aus dem Trümmergewirr und heftet es an das Schwenk-Häuschen des Kranes. Dort hängen schon mehrere solche Trophäen wie die Abzeichen auf dem Trachtenhut eines Salontirolers, der noch nie einen Gipfel bezwang. Aus dem zusammengebrochenen Haufen quillt roter Ziegelstaub hervor. Das Blut sterbender Häuser. Ein Arbeiter trinkt sein Bier aus und wirft die Flasche auf die steinerne Leiche. In den Nachbarhäusern werden die Jalousien hochgezogen, nachdem sich der

Staub etwas gelegt hat, und feige Augen blinzeln glasig auf den hingerichteten Kameraden. In der Dunkelheit geht dann ein Mann vorüber, bleibt stehen, schüttelt den Kopf und hebt einen winzigen roten Kiesel auf, den er in die Tasche steckt. Ist's vielleicht ein sanfter Spinner, ein Betrunkener oder gar ein Narr? Aber nein. Es ist nur der uralte Handelsvertreter Johann Nepomuk Ungenau, der genau sechsundvierzig Jahre in dem alten, guten Hause gewohnt hat.

22 | Feine Bar am Vormittag

Die käsigen Tischchen sehen aus wie abgeschminkte Animierdamen. Die Beine schmutzig und voller Flecken. Billig und schäbig das Oberteil, mit Brandmalen von Zigaretten. Ohne das bißchen Aufmachung am Abend würde sie sicher niemand auch nur mit einer Gurkenzange anfassen. Man kann sich gar nicht vorstellen, daß auf ihnen soviel umgesetzt wird.

Der Hinterausgang der feinen Bar ist am frühen Vormittag weit geöffnet. Aber der dicke Mief aus kaltem Rauch, Bläbläblä und dem selbstgemischten Parfüm der Schönheitstänzerin traut sich wohl nicht heraus in den hellen Morgen. Die Putzfrau behauptet sogar, die mißbrauchte Luft drinnen wäre so dick, daß sie ihren Schrubber daran anlehnen könnte. Um acht Uhr vierzig kommt die Toilettenfrau Knarzer, die heute Frühdienst hat. Sie sucht zuerst blinzelnd und murmelnd den schmutzigen Boden nach verlorenen Geldstücken ab. Oder nach abgerissenen Brillantarmbändern. Auch in die Spalten zwischen den Sitzpolstern greift sie, meistens ins Leere. Als sie heute auch nichts findet, sagt sie böse und kraftlos: »Saubande.« Dann holt sie einen kleinen, roten Plastikkübel mit Sägemehl herein. Fünfzig Pfennig verlangt dieser Lump von der nahen Zimmerei jetzt schon für den Sack. Der eintretenden Garderobenfrau Häschen geht sie stumm aus dem Weg. Das ist auch so eine. Früher war sie angeblich Tänzerin, hahaha. Heute dreht sie ihren Gästen die Knöpfe aus den abgegebenen Mänteln, um sie nachher heuchlerisch gegen dicke Trinkgelder wieder anzunähen. Diese Schlampe. Sagt die Toilettenfrau Knarzer von der Garderobenfrau Häschen. Nein, gewiß nicht, weil sie selber diesen Posten nicht bekommen hatte. Oder wenigstens nicht direkt deshalb. Die Überzieher-Wartin aber macht kleine Bilanz. Den Zigarettenbestand, einen bescheidnen Vorrat von diskreten Päckchen und vor allem die Bonbonnieren muß sie aufnehmen. Jene Pralinen-Packungen, welche die Damen hinter der Bar und auch die Animier-Mädchen bei ihr holen, wenn die

Freier welche spendieren. Nachher geben sie dieselben gegen zehn Prozent Abzug wieder zurück. Zwei von den Schachteln sind deshalb von Hause aus leer. Aber Fräulein Häschen muß sie von Zeit zu Zeit mit einem Radiergummi wieder saubermachen. Wegen der Fingerabdrücke. Und neue Schleifen anbinden. Sonst merken es die doofen Kavaliere doch einmal. Etwas später kocht sie auch noch schwarzen Tee. Stimmt die Farbe haargenau mit dem Inhalt einer Scotch-Flasche ab und füllt diesen »Whisky-verkehrt« in eine White-Label-Pulle. Für die Barfrau Lys. Die eigentlich Lyskowitsch Rosa heißt und mit dem Chef süßtut. Unter anderem. Von diesem Schätzchen stammen übrigens auch die zwei Paar Strümpfe, die in dem Sektkübel hinter der Bar eingeweicht sind. Die sollte Fräulein Häschen wohl heute auch einmal herauswaschen. Denn sonst müßte die Lys ihr letztes Paar, das sie anhat, das jedoch hinten an den Fersen voller Löcher ist, wieder einmal nach vorne ziehen über die Zehen. Bei diesem Gedanken ißt die Garderobenfrau ganz gedankenlos auch die angebissene Wurstsemmel auf, die sie unter der Theke gefunden hat. Und studiert kauend die Visitenkarte von einem Neuheitenvertreter, die daneben liegt, sowie eine Tabelle für ein Totosystem. Ein bißchen später sucht sie dann ihr Horoskop in der Morgenzeitung. »Reisen sehr gut« steht da. Da könnte sie heute abend vielleicht ihr Fahrrad nehmen. Die letzte Straßenbahn ist immer so voll. Und »Vorsicht vor Ehestreit« heißt es weiter. Sie erschrickt. Doch dann fällt ihr gerade noch ein, daß sie ja ein Fräulein ist.
Nachher kommt der Sodawasser-Lieferant mit viel Geschepper und leert zwei Kästen ab. Als er die Rechnung kassieren will, sagt die Garderoben-Mamsell, die dazu beauftragt ist, zu ihm sehr wichtig: »Der Herr Onansdutuli hat gesagt, ich soll sagen, Sie möchten's ein bißchen zusammenkommen lassen.« Aber da packt der grobe Ausfahrer seine Kästen wieder ein und schmettert etwas ganz Schauriges durch den schmalen Lieferanteneingang der feinen Bar. Daraufhin erwidert Fräulein Häschen schnell: »Wenn Sie so was sagen, hat mein Chef, der Herr Onansdutuli gesagt, soll ich Ihnen fünfzig Mark auszahlen.« Da geht der

Grobian und stößt fast mit dem Barpianisten zusammen, der mißmutig seine Brille sucht. »Und das am Mittwochmorgen« sagt er, als er sie tatsächlich findet. Der mürrischen, bösen Putzfrau aber, die er als einziger mag, spielt er schnell das Lied »An der Weser« vor. Anschließend geht er wieder ins Bett und liest den Pferdesportbericht.

Gegen Mittag schließlich naht der Installateur Senff. Er schraubt an der tropfenden Wasserleitung, zwickt sich in den Finger und zählt im Zusammenhang mit unguten Vorschlägen eine Anzahl Kalenderheilige auf. Dann geht er sofort wieder und ward nie mehr gesehen. Schnell kommt auch noch der Herr Silberstift von der Bezirksinspektion. Der an diesem Vormittag als letzter Besucher die feine Bar von hinten betritt. Er trägt einen blauen Heftumschlag in der Hand und schaut zur Decke empor, die aus miserabel imitiertem Teakholz besteht. Langsam fällt sein Blick von dort auf die Regale mit den vielen Flaschen herab, ohne daß eine von ihnen deshalb zerbricht. Und dann betrachtet er zwei Fliegen, die sich an einem winzigen Rest Escorial Grün ergötzt haben mußten und nun klebrig und dickbäuchig auf dem Rücken zappeln. Nach einer Weile sagt der Herr Bezirksinspektor zu ihnen: »Das habe ich gerne, am hellen Vormittag schon besoffen.« Und er schlägt die zwei blauen Fliegen mit seinem blauen Aktendeckel tot. Dabei wäre das gar nicht seine Aufgabe gewesen. Er hätte nämlich nur nach der Entlüftung schauen sollen.

23 | Bleibe im Land

»Laß fahren dahin, laß fahren«, kichert der ältere stille Genießer leise vor sich hin und schaut beim Schnellzug nach Milano zu, wie die Urlauber schwer keuchend ihre Koffer, ihre Alte und schließlich sich selber in überfüllte Coupés zwängen. Nein, er wird heuer einmal nicht in den Süden fahren zum kopierstiftblauen »mare«. Und der Schiefe Turm von Pisa muß dann eben leider allein vor sich »hinschiefen«. Auch die mürrischen Seeigel warten diesmal vergeblich auf seine nackten Fußsohlen ebenso wie die wackeren Andenkenverkäufer mit ihren preiswerten Muscheln, aus denen man das Meer rauschen hört, auf seine harten D-Märkli.
Bleibe im Lande, hat sich der alte Tritschler gesagt, und lege das viele Fahrgeld lieber in Export an. In Löwenbräu-Export natürlich. Und wenn er schließlich einmal Sehnsucht nach Italien bekommen sollte, so fährt er ganz einfach mit der Trambahnlinie 20 hinauf in die Großmarkthalle. Denn dort kann er jederzeit jede Menge heißblütige Azzurris sehen, die sich beim Obstausladen voller Temperament vorne das Hemd aufreißen, so daß die grundgütige Madonna am dünnen Amulett-Kettchen über den braven Gastarbeiter-Herzen zum Baumeln kommt. Und nach der Straße von Messina, nach Sizilien, nach Pizzas und Olio Dante riecht es dort sogar so stark, daß man sich jederzeit ein Bierflaschl voll kalabrischer Luft mit heimnehmen könnte als Stimmungs-Konserve für die Nase. Nein, für den lustigen Alten lautet die Urlaubs-Parole in diesem Jahr ganz gewiß nicht: »Neapel sehen und dann sterben.« Denn er sagt sich lieber augenzwinkernd: »In Neuhausen leben und gut essen, is a net zwida.«
Ach, und wie herrlich sind doch alle die kleinen Freuden, die daheim auf ihn warten! So wird er in aller Herrgottsfrüh vielleicht einmal an das Trambahnhäusl gehen, wenn die anderen Leute in die Arbeit fahren müssen. Und dann warten, bis ihn der Schaffner energisch auffordert: »Los, rasch einsteigen!« Denn dann wird

er ganz gelangweilt sagen: »Na, wissen S' wos, mia is heit z'voll. I geh liaba wieda hoam und leg mi hin.«
Und ist es nicht eine ganz besondere Genugtuung, anderen Menschen bei der Arbeit zuzusehen? Um dann gelegentlich einen gönnerhaften Blick auf die Uhr zu werfen und die Werkelnden gutmütig zu trösten: »No ja, es is ja sowieso boid Feierabend.«
Oder wie wär's mit einem ganz kleinen Ausflug in die Vergangenheit? Möglicherweise wird unser Genießer noch einmal das alte Schulhaus besuchen, in dem das Bodenöl immer noch nach kleinem Einmaleins und der Firma Angst und Bange riecht, genau wie damals. Schnell könnte er doch auch einen Blick auf jene Klassenzimmertür werfen, hinter der gewiß das dumpfe Gemurmel von achtunddreißig wassergescheitelten Abc-Schülern zu hören ist. Und vor der er selber in grauer Vergangenheit während der Unterrichtspause jenes weiche Brotscherzl verzehrte, das einst so gut schmeckte wie später nichts mehr auf der Welt.
Wer sagt übrigens, daß man nicht auch ein bißl kindisch werden darf aus Gaudi? Dann kann man doch schließlich ruhig den alten, streunenden Schnauzl dort fragen, warum er keine einzige Maus mehr fängt. Oder von der großen Brücke aus in den Isarkanal spucken und rasch auf die andere Geländerseite laufen, um zu schauen, wie weit der wässerige weiße Taler schwimmen kann, bevor er zerfließt. Womöglich auch ein verwegenes Vorstadt-Bürscherl ein bißchen aufhetzen und fragen: »Datst du jetzt dem Großen, Rothaarigen da vorn Herr werd'n, wennst mechst?«
Ferner wird es gewiß von großem psychologischen Wert sein, einem der Schnürlwascher von der Schinderbrücke zuzuschauen, wie er seinen Wurm badet, und ihm so nebenbei erzählen, daß ein Kollege an der Marienklause droben gerade vorher einen siebenpfündigen Hecht herausgezogen hat.
Möglicherweise aber geht der kleine Großstadt-Spitzweg an verregneten Tagen sogar in die Pinakothek. Und macht bei Meister Rubens vollsaftigen Damen eine kleine Brotzeit mit den Augen. Oder er besucht eine Versteigerung, um innig daran Anteil zu nehmen, wie vierundsechzig Schuhlöffel bei einer älteren Witwe

ein neues Zuhause finden. Und nachher bei dem Aufruf von vierundsiebzig preiswerten Hirschgeweihen laut »Zwoa Markl« zu bieten.
Selbstverständlich gehört auch der Besuch des alten Amtsgerichts zu einem stillen Urlaubs-Programm. Wenn die Parteien Waglhuber und Zirngiebl den Herrn mit dem schwarzen Kapperl fragen, ob es statthaft ist, daß eine nasse Unterhose vom Balkon in einen abgestellten Kartoffelsalat tropfen darf.
Am allerschönsten jedoch ist es gewiß wieder, an lauen Abenden im Bierkeller etwas für die Körperertüchtigung zu tun. Und den schäumenden Stein einarmig zu reißen und zu stemmen. Nach dem unwiderlegbaren Lebensgrundsatz eines echten Münchner Bierdimpfls: »Wenn ma scho bis mittag im Bett g'leg'n is, dann is ma froh, wenn ma auf d'Nacht wenigstens an g'scheit'n Stui unterm Hintern hat.«

24 | Die Neue Welle

Der Schreiber möchte ausdrücklich betonen, daß er schon immer dafür war, der Jugend eine Chance zu geben. Denn alt ist er ja selber. Und wenn er deshalb heute mit der sogenannten Neuen Welle einmal streng ins Gericht geht, so gilt das natürlich nur für jene Scharlatane, die sich halt jede Konjunktur zu eigen machen und wie Fett immer obenauf schwimmen. Es sei also, um vielen Briefschreibern das Porto zu ersparen, noch einmal darauf hingewiesen, daß nur diejenigen dieses »Hemd« anzuziehen brauchen, die glauben, es paßt für sie.

Der Verfasser hat bisher etwa ein halbes Dutzend jener Fragmente besichtigt, die als die »Neue Welle« der deutschen Zelluloid-Quäler bezeichnet wird. Und er war fast jedesmal nach der zweistündigen Seelenmassage so ratlos, als käme er gerade vom Schaukelpferd-Füttern aus einer Karussell-Fabrik. Nur wenn er dann den einen oder anderen Kinobesucher nach dem Verlassen der Flimmerfilialen ebenfalls matt lächeln sah, war er wieder einigermaßen beruhigt. Denn am besten hatte ihm bei diesen Vorstellungen immer noch das Wort »Ende« gefallen. Und bei fast allen diesen schmerzhaften Schinken mußte er feststellen, daß das »Happy-End« meistens genau fünf Meter lang war. So lang wie der Vorhang nämlich.

Um heute ein erfolgreicher Regisseur zu werden, muß man wohl hauptsächlich folgendes besitzen: eine Überdosis an Ungeniertheit, eine dunkle Brille, die auf die Stirn geschoben wird, was den Verstand ungemein schärfen soll, ein goldenes Kettchen um den Hals mit einem Amulett vom heiligen Schizophrenius und einen Briefkopf, auf dem der ursprüngliche Name »Sepp Springerl« entsprechend veredelt wurde und jetzt »Seb Überkinger« heißt. Fertig ist das Wunderkind. Fehlt nur noch die Hauptdarstellerin, meistens ein verruchtes Neon-Kellerkind, das gerne, auf einem Schreibtisch sitzend, mit den Knien Interviews gibt. Nein, Schauspielschule hat die natürlich keine besucht. Sondern nur ein paarmal den Produzenten. Drum ist sie wohl auch jedesmal schneller aus den Kleidern wie der Kern aus einer reifen Durone-Kirsche. Wenn's verlangt wird.

Auch ein entsprechendes Drehbuch-Motiv ist schnell gefunden. Da gibt es die zwei Standardthemen: »Mann will Frau. Frau will Mann. Wird aber nichts draus. Weil Regisseur selber Mann will.« Dies ist dann ein hochmodernes und problematisches Sittenstück mit dem Prädikat »künstlerisch wertvoll«, weil ja doch das mit 200000 Mark bevorschußte Drehbuch auch ein bißchen gerechtfertigt werden will. Das zweite Thema der Neuen Welle behandelt meistens die ungeheure Entdeckung, daß es Reiche und Arme auf der Welt gibt. Wobei der Reiche bekommt: »Marihuana, LSD und Raquel Welch.« Der Arme aber: »Krüllschnitt, Kopfwehtabletten und seine eigene Alte.«

Das nennt sich also dann eine Neue Welle, obwohl es kaum ein Sturm im Wasserglas ist. Doch die Avantgardisten lassen auf diesem erbärmlichen Wässerchen, auf dem nicht einmal eine Stubenfliege das Schwimmen lernen könnte, stolz die Papierschifferl ihrer bescheidenen Phantasie schwimmen. Drum ist es schließlich auch kein Wunder, daß diese Filme in Marktredwitz oder Geiselhöring, wo die Männer noch einigermaßen geradeaus denken können und die Madamen noch keinen Kopfstand machen, mühelos die Lichtspielhäuser mitsamt den Toiletten, dem kleinen Imbißraum und sogar die angrenzenden Parkplätze leerspielen. Weil halt die Besucher meistens schon nach dem ersten Akt lieber zum Stiefelwirt gehen, denn dort hat der Käse, den man ihnen serviert, wenigstens Löcher. Und wenn's dann an der Zeit ist, schicken die Herren Produzenten mit kräftiger staatlicher Unterstützung ihr lebensunfähiges Rachiterl auch noch nach Venedig oder zu einer anderen Biennale und wundern sich, daß ihr Krepierl beim großen Rennen niemals einen Preis kriegt. Weil es ja doch am Start schon stehenbleibt, da es weder Beine noch Kopf besitzt. Ein Umstand, den leider die Hersteller fast immer übersehen, da sie selber den letzteren meistens nur deshalb aufhaben, damit sie das Stroh nicht direkt in der Hand tragen müssen. Der Schreiber hat sich auch schon oft gewundert, warum die Regisseure nach den Premierenvorstellungen meistens mit eingezogenem Genick herumlaufen. Sicherlich haben sie alle im Grunde eigentlich Prügel erwartet von ihren Produzenten wegen des verlotterten Geldes. Statt dessen kriegen sie jedoch am andern Tag auch noch Zeitungskritiken, aus denen sie erfahren, was sie für ungeheuer geniale Burschen sind und daß man ihnen eigentlich längst »das blaue Band der städtischen Nervenklinik« verleihen müßte.

Der Schreiber zieht aus den Betrachtungen nun auch einmal die Konsequenz und denkt sich, was die in Schwarzweiß können, kann er schwarz auf weiß auch. Und so hat er einfach das deutsche Alphabet ausgeschnitten, die Buchstaben in einen Topf getan und ihn recht kräftig geschüttelt. Was dabei herauskam, wird er nun als seinen Beitrag zum nächsten Schriftsteller-Preisausschreiben der neuen Gutenberg-Welle schicken. Hier ist es:

edghw . . 1; - redghw bfskp niavy m bfskp umlhwrdg
dlm um lRD egov UMLV engoivahm »äöü« enfi rhlp

25 | Im grünen Wald

Wenn der Tag gerade in seine dämmerweißen Unterhosen geschlüpft ist, rüstet die kleine Familie zur altmodisch gewordenen Landpartie. Und wenig später geht es in fröhlicher Schützenreih' in die Natur hinein. Und hinaus in die nahe Ferne. Der Vater marschiert voran. Auf dem schmalen Rinnsalweg, der sich wie ein kleines Bedürfnis durch die Landschaft schlängelt. Es folgt Klein Philipp, der sich bald als Marco Polo entpuppt, aber wesentlich mehr entdeckt als dieser berühmte Weltreisende. Hinter ihm stolpert das Kind Madeleine ohne jeden Sinn für Gleichschritt, doch mit artigen Ponyfransen daher. Die Nachhut bildet Frau Mama mit einer blauen Airline-Tasche, in der eine Thermosflasche mit Gesundheitstee lustig vor sich hingluckert. Der langen Kochsalami, die außerdem noch in ihrem Dunkeln nistet, schwant nichts Gutes.

Links schwenkt, marsch! Jetzt geht's den handtuchbreiten Fußweg entlang, der unverdrossen neben der Autostraße herläuft. Gerade will der Familienvorstand ein kleines Wanderlied anstimmen, wie etwa »Im grünen Wald, da wo die Drossel singt«, da jault ein Düsenjäger in knapper Reihenhaus-Höhe über die hocherfreute Landschaft. »Volle Deckung!« ruft der Herr Papa blitzschnell, wie er's einst gelernt von seinem Webel des Feldes, und dann liegt er auch schon mitten in der strotzenden Pracht eines rauschenden Brennesselfeldes. Ein wenig später kommen bereits die ersten Automobile vorbei. Durch die aufsteigenden Staub- und Benzinwolken hindurch vermag der Stoßtruppführer seinen Lieben gerade noch mit rudernden Armbewegungen die neue Marschrichtung anzudeuten, dann nimmt ihm ein Erstickungsanfall jede weitere Initiative.

Endlich aber ist das kleine Picknick-Rudel am vielgepriesenen Waldrand angelangt. Nun wird auf Anweisung des Vaters angehalten und der köstliche Ozon eingeatmet. Zu diesem Zweck öffnet er selber die geblümte Weste und sein poröses Gesundheits-

hemd, so daß eine schmale Spitzkühlerbrust sichtbar wird, die entfernt an einen alten Mercedes mit verblaßtem russischen Tarnanstrich erinnert. Tief zieht er den herrlichen Sauerstoff hinab in seine schlecht besoldeten Beamten-Bronchien. Beim dritten Ansaugeversuch allerdings reißt es ihn jäh zusammen. Denn ein scharfer Strahl der kühlen Waldesluft traf haargenau auf den Nerv seines mangelhaft plombierten Augenzahnes. Die ganze Sippe aber atmet brav und gehorsam mit. Nur die Frau Mutter schnauft bescheiden durch die Nase. Sie ist ja immer so genügsam. Kurz vor Beendigung der Ozon-Gymnastik verirrt sich dann doch noch eine unerfahrene Mücke in die Luftröhre von Klein Philipp. Der daraufhin von allen seinen Angehörigen abwechselnd mit dumpfen Rückenhieben bearbeitet wird.
In einer kleinen Lichtung lagert man schließlich, und Frau Mutter breitet eine alte Wolldecke über die schöne Geographie aus. Das fällige Lob, das der herrlichen Gottesnatur gezollt wird, würgen Vater und Mutter rasch wieder zurück, weil zahlreiche Wurzelknollen die lang hingestreckte Familie belästigen. Dafür entdeckt Madeleine gleich nachher ein kleines Eidechslein, das auf einem moosigen Stein in der Sonne schläft und das sie unbedingt mit der Kochsalami füttern will. Leise seufzend schneidet die Mama ein paar Scheiben von der Wurst, die groß genug für einen ausgehungerten Waldarbeiter wäre. Der Westentaschen-Saurier jedoch verschmäht diese Atzung und sucht schleunigst das Weite, das er auch mühelos findet.
Später kommt doch noch etwas Ruhe in den Ausflugs-Pulk, und der Vater liegt im Schatten, schläft und transpiriert ein wenig. Eine Stechmücke nippt an dem perlenden Nektar, der sich auf seinem linken Nasenflügel angesammelt hat. Berauscht wankt das Insekt wieder von dannen. Es ahnt ja auch nicht, daß es vom Kostbarsten getrunken hat, was es überhaupt an Flüssigkeiten gibt. Nämlich vom Schweiße eines städtischen Bediensteten. Gegen Nachmittag gehen die beiden Kinderlein ein bißchen in den dunklen Tann. Wie Hänsel und Gretel. Sie wollen schöne, pralle Tannenzapfen suchen. Jedoch finden sie nur eine löchrige

Waschschüssel, einen verbeulten Luftschutzhelm und eine Portion komischer Kaffeebohnen unbekannter Herkunft. Vor allem aber finden sie nicht mehr zurück. Erst nach Stunden treffen sie auf einen stockheiseren Herrn, der sich als ihr Vater entpuppt. Nun eilt die Zeit, sie kennt es nicht anders. Spät am Abend steht die Expedition wieder vor der heimischen Haustüre. Leider aber hat der Papa im Wald, im grünen Walde, die Wohnungsschlüssel verloren. Der herbeigerufene Schlosser kommt mürrisch und zum dreifachen Nachttarif.

»Aber schön war's doch«, sagt der Herr Vater, zur fortgeschrittenen Stunde schließlich auf der Bettkante sitzend und den Jodpinsel fleißig handhabend. »O gewiß, ja«, erwidert ihm sein folgsames Weib und zielt mit einer ausgeglühten Hutnadel haarscharf auf eine reife, kirschengroße Wasserblase.

26 | Die Melodien-Bar

So wie das gute brave Kaffeekränzchen oder der ehrwürdige Bratenrock, in dem der Herr Papa am Sonntagmittag feierlich den Nierenbraten sezierte, so ist auch das nußbaumfurnierte Standgrammola längst aus der heutigen Häuslichkeit entschwunden. Doch viele alte Freunde dieser kostbaren Stimmungsmaschine werden sich noch gerne erinnern, mit welcher Vorsicht sie mit der vernickelten Kurbel am Samstagabend, bei Geburts- oder Festtagen aufgezogen wurde und wie dann aus ihren weitgeöffneten Türchen das »Seemannslos«, die »Schöne Gärtnersfrau« oder der »Japanische Laternentanz« erklang. Und mit welcher Zartheit und einem weichen Plüschbürstchen das Rillen-Omelett, in dessen Mitte ein andächtig horchender Hund der Stimme seines Herrn lauschte, von Zeit zu Zeit gereinigt wurde. Grundsätzlich wurden die Kunstharzplatten in einem eigenen Ständer oder einem Album aufbewahrt, bis sie nur mehr Geräusche wie eine bremsende Trambahn von sich gaben oder sich ein freundlich lächelnder Besuch aus Versehen endlich draufsetzte. Zwar hat das Radio, der Transistor oder das Tonbandgerät die Schallplatte keineswegs verdrängen können, doch genießt man solch eine Brotzeit für die Ohren heute längst nicht mehr im Plüsch- und Pleureusenzimmer auf die mittelalterliche Art der Großväter. Sondern man nimmt sie häufig im Vorübergehen zu sich wie einen Martini oder einen Espresso. Und zu diesem Zweck haben sich die rührigen Geschäftsleute und Musikalienhändler auch gleich eine entsprechende Lokalität ausgedacht. Nämlich die Melodien-Bar. In der man sich rasch und zu jeder Tageszeit nach Wunsch beschallen lassen kann. Um sich wahlweise einen harten Holzhacker-Marsch, einen doppelten Hindemith oder einen hochprozentigen Hit ins durstige Ohr zu kippen.

Dazu begibt man sich in eine der völlig geräuschdichten Tonkabinen, die innen meistens gepolstert sind wie die Zellen von Tobsüchtigen. Ein kleiner Barhocker und ein winziges Cocktail-Tischchen bilden das ganze Inventar, und lediglich an der Wand

hängt noch ein handgroßer Spiegel, in welchem der geschätzte Gast jederzeit seinen vergeistigten oder verzückten Gesichtsausdruck beobachten kann. Nun bestellt man bei einer der hübschen Dreivierteltakt-Fannis den gewünschten Genuß. Sollte man aber vielleicht nur noch die Melodie und nicht mehr den Titel des verlangten Schmankerls im Gedächtnis haben, so genügt es auch schon, wenn man der diensteifrigen Violinschlüssel-Puppe die gesuchte Weise ins tadellos gereinigte Öhrchen pfeift. Denn diese Service-Mädchen haben so ziemlich alle gebräuchlichen Töne in sich gespeichert wie Elektronengehirne. Sodann bekommt man auch schon den verlangten finsteren Pfannenkuchen geliefert, legt ihn auf den Teller und kann ihn zufrieden schmausen, ohne daß man auch nur ein einziges Mal hineinzubeißen braucht.
Auch in so einer Melodien-Bar scheiden sich jedoch die Geister. Da gibt es Kostgänger, die schlingen beispielsweise die »Salzburger Nockerln« mit halboffenem Munde gierig in sich hinein. Wieder andere knirschen ekstatisch mit ihren Zementplomben zur »Nußknackersuite« von Tschaikowsky. Junge Teenager knüpfen sich in ihrer seelischen Verwirrung manchmal sogar die Spitzenblüschen ein wenig auf, damit sie ja ganz durchdrungen werden von Freddys berühmtem Ohrenschmalz. Und nicht selten erscheinen auch alte rüstige Militärs, die extra stramme Weisen bestellen, um dann in der abgeschiedenen Kajüte mit knarzenden Kniekehlen zum »Hoch Heidecksburger« mitzumarschieren.
Bei verträumten Schöngeistern hinwiederum kann es passieren, daß sie sich so lange auf die Ellenbogen aufstützen, bis sie schließlich sanft entschlummert sind. So daß plötzlich statt des Celloeinsatzes aus der »Sonate Viola« das Zersägen eines Tomatenkistchens durch die angelehnte Tür der entweihten Box zu hören ist. Hin und wieder aber kommt wohl auch noch ein versprengtes Bäuerlein. Das so einen Raum auf das brutalste zweckentfremdet: Die ästhetischen Servier-Häschen haben es auch schon erlebt, daß sich eine Filser-Gestalt in die Melodien-Bar verläuft, sich in eine Kabine einschließt, den mitgebrachten Handkäse in Würfel schneidet und dazu den »Appenzeller« vorgespielt haben will.

Wenn der Großstadtstraßen-Wind schon manchmal eine zarte Glaspapierhaut auf die Beine der schreitenden Asphalt-Schönheiten zaubert. Wenn die Julia sich die letzten Heuhalme aus ihrer Sündenfall-Frisur zupft und der moderne Romeo bereits mit leichtem Erschauern an die kalten Hausgänge denkt. Und wenn die Natur ihr wertloses gelbes Inflationslaub vor sich hertreibt wie Fünf-Mark-Scheine der Serie 1972. Dann ist die Freiluft-Saison wieder einmal zu Ende. Und dann zieht sich auch das übrige kulturelle Leben zurück in die Säle und Galerien. Und wer nicht als Waldbauernbub oder gar als intellektueller Hundsfott gelten will, der muß dann fleißig Anteil nehmen am gesellschaftlichen Geistesleben und seinen Produkten.

Da wäre zuerst einmal die bedeutende Ausstellung des Surrealisten Magnus Melchisidek Hirnpinsel. Der rahmt zwar nur ein Stück Finsternis bei Treuenbrietzen ein oder den zerschlissenen Putzlumpen der Frau Holle, verwirrt aber die Besucher immerhin in einem Maße, daß sie sich nach Anschauung dieser Werke das rechte Knie schneuzen oder mit der großen Zehe hinterm linken Ohr kraulen wollen.

Doch was den Augen recht ist, ist den Ohren billig. Sagen sich die sogenannten Neutöner und veranstalten eine Musica viva nach der andern. Dies sind die stets ausverkauften esoterischen Tschäs-Konzerte für sanft verirrte Schöngeistchen, Kluglindchen und sonstige Rautendeleins. Meistens werden diese Abende »Lebendiger Musik« von Menschen besucht, die selber nicht einmal ein einziges winziges Liedchen auf der Mundharmonika spielen können. Oder etwa gar auf zwei Fingern pfeifen. Bei der Musica viva aber verdrehen sie die Augen wie ein Wellensittich, wenn man ihm ein Stück Zucker hinhält und das Wörtchen »Hansi« lernen will. Es ist ja auch nicht so, daß diese Leute wegen dem dargebotenen Ohrenschmaus kommen. Sondern vielmehr, weil es ganz einfach chic ist, sich auch einmal von zweiundzwanzig Mann beschallen zu lassen. Und weil es halt einfach einen kleinen Fuß macht. Und besonders eine ganz bestimmte Sorte Damen fahren hier nervös gekitzelt auf den teuren Fünfzig-Mark-Sesseln hin und her. Es sind dies jene Chatterleys, die nie genau wissen, ob sie nun in eine Kreissäge verliebt sind, ob sie sich nur den Hals waschen oder vielmehr vielleicht doch die beiden oberen Eckzähne verchromen lassen sollten. Ach ja, ach ja.

Nun, wie gesagt, diese Neutönerei ist etwa so was wie eine vertonte Ölskizze von Pablo Picasso. Da stehen also auf dem Podium ein viertel Dutzend Klaviere herum, den Deckel wie bei einem Kaiserschnitt geöffnet und die verstaubten Saiten schamlos zur Schau gestellt. Auch einige Harfen gehen seitwärts in Stellung und ein halbes Dutzend trauerhäutiger Cellisten haben ihre Fiedelbogen blank gezogen. Jederzeit bereit, den Baß zu geigen. Weiter links haben sich die Ohrenbläser postiert. Zwölf verzagte Flötisten, die ihren näselnden Fahrradpumpen langgezogene Jammertöne entlocken. Als wären sie mit den Vorderfüßen in heimlich aufgestellte Fangeisen getreten. Im Hintergrund dagegen stehen eine Anzahl Gongs und Urwald-Trommeln. Bosambos tönende Dschungel-Zeitungen. Und dann beginnt das Geräusch. Es scheint sich zuerst einmal um ein Stück des ruhmreichen Afrika-Corps zu handeln. Die Einnahme von Tobruk oder so was. Denn die Trommler machen einen gewaltigen Feuer-Überfall. Die Harfenistinnen imitieren täuschend das Zwitschern von Querschlägern, und die Bässe übersetzen das Mahlen der Panzerketten im Sand. »Sumserum-sum-sum.« Dann scheinen die Noten einen kleinen Sprung zu haben, denn niemand weiß recht weiter. Erst als der Kapellmeister den frühermattenden Musikern mit seinem Stock droht, legen die Trommler erneut Sperrfeuer und die Klaviere klingen leise und entfernt, als würde in der Etappen-Marketenderei von ungetreuen Zahlmeistern die Schnaps-Zuteilung versoffen.

Nach einer kleinen Verschnaufpause folgt ein friedlicheres Thema. Man hört einen Radfahrer-Verein vorbeiklingeln und einen ländlichen Mistwagen überholen. Dann scheinen sich ein paar Installateure ins Orchester eingeschmuggelt zu haben und zu versuchen, heimlich die Dampfheizung zu reparieren. Ein Gurgeln und Röcheln ist zu vernehmen, wie wenn die Heizschlangen auf der Bühne eine kleine Notdurft verrichten würden. »Holla, holla.« Da hat wohl jemand die Vorfahrt nicht beachtet. Das muß doch der Lieferwagen einer größeren Molkerei gewesen sein, der da an einer unübersichtlichen Kreuzung mit dem Laster einer Gießkannen-Fabrik zusammenrannte. Ganz zum Schluß kriegt dann der Paukenmann vom Taktstock-Marschall noch ein heimliches Zeichen, worauf er schnell und jähzornig auf seine Trommel schlägt wie auf ein Kind, das das Biergeld verloren hat.

Dann ist die Musica viva zu Ende. Und die Damen nehmen die Spitzen ihrer blassen Zeigefinger wieder von den zarten bläulichen Schläfen. Und sie öffnen langsam die geäderten Lider. Bis auf einen einzigen unverdorbenen Gast, der den traurigen Mut hatte, tatsächlich einzuschlafen. Ein gepflegter Applaus, von verwelkten Treibhaushänden spärlich genährt, beschließt das große Erlebnis. Der Chronist aber trachtet völlig benommen nach dem Ausgang. Woran mag es nur liegen, daß seine Ohren diesem erlesenen Genusse nichts abgewinnen können? Plötzlich jedoch findet er den Grund und die simple Lösung. Er wird sich ein Stück Seife kaufen.

Das erste Mal kam ich wohl mit einem Pelz in Berührung, als ich unseren guten Schnauzer Jericho zusammen mit meiner Schwester kämmte und bürstete. Manchmal fanden sich in dem grauen, verfilzten Unterholz des braven Vorstadt-Ozelots dabei auch ein paar Haarklammern oder eine vermißte Redisfeder. Wenn wir dann Doktor spielten, mußte sich der Jericho einen Zahnbund anlegen lassen und wurde mit vielen tröstenden Koseworten in den Puppenwagen gepreßt, aus dem er mit unendlich geduldigen Augen herausschaute. Oder ich zog ihm einen alten Torwartpullover an vom Haselstein Hansi und setzte ihm auch eine Mütze auf. Dann mußte unser Schnauzer viele Strafstöße von dem alten Stoffball halten, bis er schließlich die Nudel erwischte und mit ihr davonwetzte.

Etwas später kam ich dann aufs Land und sollte fleißig Milch trinken, weil doch die Zeit gar so fettlos war. Und hier wurde ich schon mit sechs Jahren selbst zum Pelztierjäger ausgebildet. Maulwürfe fing ich da mit den anderen Dorfkindern. Da ging's um fünf Uhr früh hinaus auf die nahen, frischgemähten Wiesen, mit einer kleinen Unkrauthacke bewaffnet. Wir hockten alle lauernd auf der fahlen Stoppelprärie und blinzelten mit Winnetouaugen in den makograuen Morgen. Und wenn sich dann irgendwo die Erde leise hob, dann hieß es blitzschnell die Hacke hinter diesen kleinen Krater hineinzuhauen und den entstehenden Hügel herauszuheben. Und dann lagen sie auch schon da. Zappelnd, blind und so flaumig weich wie Palmkätzchen. Die Maulwürfe nämlich. Ich lieferte sie stolz bei meinem Pflegevater ab, der mir glaubhaft erklärte, Maulwürfe seien gar arge Schädlinge. Am Tag darauf sah ich dann meine kleine Beute wieder. Das heißt, nur das flauschige Fellchen. Es war mit vielen anderen auf ein großes Brett genagelt zum Trocknen. Und im Spätherbst kam ein Händler übers Land, der blies kritisch in die winzigen Maulwurfsdecken hinein und zahlte dann meinem Reserve-Papa zehn Pfennig für jeden Balg.

Ich selber bekam vom Händler, der gleichzeitig auch Rosenkränze, Ohrringe und Patentknöpfe verkaufte, ein ganz kleines Papierabzeichen zum Anstecken. Da war eine runde Photographie vom Prinzregent Luitpold drauf. Ich glaubte, das sei ein Orden, und war gar nicht wenig stolz. Dann steckte man mich wieder in die Stadt, und wir zogen in ein anderes Viertel. Dort wohnte auch der Schrebergärtler Weinzierl in unserem Haus. Man erzählte sich, daß er Katzen fing und verzehrte. Das Fell würde er sich dann um seine Hüften wickeln, weil das gut sei für das Reißen. Sein Sohn, der Korbinian, war bald mein Freund, und er zeigte mir auch tatsächlich einmal so ein Fell. Es war aber von der Krankenkasse verschrieben, wie sich später klar herausstellte.

Ich erinnerte mich bei dieser Pelzbilanz auch noch an meine Tante Schwanhilda. Die hatte immer zwei Fabeltiere um den Hals gehängt, wenn sie sonntags zu Besuch kam. »Edelmarder sind das«, erklärte sie stolz. Mein Vater indessen sagte heimlich zu mir: »Das sind im Leben keine Edelmarder, das sind zwei gedörrte Bücklinge.« Später erfuhr ich in der Schule, daß auch die ersten Menschen selber von oben bis unten mit einem haarigen Fell bewachsen waren. Schließlich erinnere ich mich auch noch an unseren Kirchweihhasen, der jedes Jahr die viel zu teure Kirchweihgans ersetzen mußte. Ich bekam von den Dahingeschiedenen immer das Schwänzlein für mein Indianergewand. Drei Felle tauschte unser Vater auch einmal um für einen Filzhut, und die anderen kamen auf eine Auktion des Zuchtvereins. Zu einem eigenen Mantel aus Schrebergartennerz für unsere Mutter hat es aber nie gereicht.

Die blonde Inge, meine erste Tangoliebe, war auch meine erste Freundin, die einen richtigen Pelz trug. Einen Rotfuchs. Aber nur einen. Keß um die jungen Schlüsselbeine drapiert. Mit Krallen, Schweif und Kopf. Den Kopf mit den gläsernen Augen schob ich manches liebe Mal auf den Rücken der Inge, wenn wir spät vom Tanzen nach Hause gingen und im Hausgang stehenblieben, wie es in dem schönen Schlager von einst vorgeschrieben war. Denn auch ein toter Fuchs brauchte nicht alles sehen.

Später, als ich mit dem grauen Gehsportverein nach Frankreich kam, schickte ich meiner siebten Freundin, die den biblischen Namen Esther trug, einen Silberfuchs. Wir hatten vereinbart, sie würde mir den Pelz mit Kreditkassenscheinen bezahlen. Aber ich bekam keine einzige Mark.
Ab ging's nachher nach Rußland. Und da gab es dann doch die Winter-Woll- und Pelzsammlung für die frierenden Landser. Damals hatten wir in unserer Gruppe auch den Gefreiten Nettelbeck. Der ergatterte von diesem Hilfswerk den alten Fehmantel von einer molligen, patriotischen Gräfin, die diesen blaublütigen Hermelin wohl dem letzten Mottenbullen gerade noch aus den Zähnen gerissen hatte. Der Gefreite Nettelbeck zog nun dieses Wams einfach über sein Ehrenkleid und wandelte so die Front entlang. Und alle kannten ihn bald und nannten ihn schlicht »die alte Frau Nettelbeck«. Auch der Kommandeur, der Humor hatte. Aber eines Tages bekam der Fehmantel ein Loch, und der Gefreite auch. Aber nur im Arm. Nettelbeck kam heim. Der Mantel blieb auf der Flucht zurück. Und die Heimat hatte ihn wieder. Denn Feh ist ja schließlich ein russisches Eichhörnchen.
Ach ja, an solches und ähnliches denke ich immer, wenn ich Pelze sehe. Pelze von der kostbaren Millionärsratte Chinchilla. Oder vom Kronenzobel, von dem ein Mantel etwa 80000 Mark kostet und den es erst in der Größenordnung von einer Barbara Hutton aufwärts gibt. Oder vom sibirischen Wiesel, genannt Hermelin. Und vom mexikanischen Ozelot, von dem es heißt: »Weil du blau bist, mußt du eher sterben.«
Und ich stehe da und denke. Ich denke, wie mancher Mann doch gequält wird von den Frauen, die das Märchen vom Fischer und seiner Frau noch nie gelesen haben. Und die einen Mann um eines Pelzes willen so lange rupfen und scheren, bis er finanziell völlig kahl ist. Und die einzigen Haare, die dann noch übrigbleiben, sind vielleicht die, welche diese Damen auf ihren Zähnen haben.

29 | Ich schnitt es gern

»Ich schnitt es gern in alle Rinden ein« heißt es in einem alten Volkslied. Und trotzdem das heute auf Grund der »Bundesanlagen-Ordnung Absatz II über den Verkehr mit Büschen, Bäumen und Borken« wahrscheinlich streng verboten ist, wird dieser treudeutsche Brauch immer noch heftig gepflogen. Allerdings irrt jener Dichter, der da beispielsweise von der alten Linde am Rüdesheimer Schloß singt: »Ein Herz ist eingeschnitzt in ihre Rinde.« Denn die Pelle eines solchen Baumes ist bekanntlich rissiger und rauher wie die eines hundertjährigen Alligators. Hingegen eignet sich für solche Tätowierungen weit eher die zarte Haut einer Birke, das derbe Fell einer Kastanie oder die saftige Schwarte der Buche. Und wer das Tagebuch so einer zerschnittenen und geritzten Stadtpark-Palme lesen kann, dem erzählt es allerhand.

Ganz oben wuchert das älteste Herz der ganzen Anlage. Seinerzeit, als es von einem durchreisenden Deutschmeister nach vollbrachter Liebestat mit der Spitze seines Degens mühsam verfertigt wurde, sah es haargenau wie ein Spielkarten-As aus. Die Jahre jedoch verwandelten es in eine Art Bierrettich, aus dem oben ein Büschel Unkraut heraussprießt. Wahrscheinlich genauso eins wie aus dem wackeren Streiter halt auch schon längst. Gleich rechts davon der etwas verunglückte Zentralmuskel stammt dagegen aus der allerersten Vergangenheit. Ein junger Posaunist namens Valerin Brumm war der Alleinhersteller. Nachdem er nämlich seine heißgeliebte Klothilde mit dem zweiten Kniegeiger Sebastian Zupf direkt in flagranti ertappt hatte. Wobei die beiden Nackedeis auch noch mit kühler Stirne behaupteten, sie würden eigentlich nur auf ihre Kleider aufpassen. Musikus Brumm hatte aber in seinem verständlichen Schmerz wohl nicht sein eigenes Herz dargestellt bei dieser Schnitzerei. Sondern vermutlich das der Treulosen. Sonst hätte er es doch nicht statt mit einem Pfeil mit einer dreizackigen Mistgabel durchbohrt.

Die zahlreichen anderen aufgespitzten Herzchen in Augenhöhe erinnern fast ein bißchen an eine Schaschlik-Braterei. Ganz zarte Innereien sind da darunter, die stark an den Busen einer Hindelanger Sennerin gemahnen. Manche weisen in ihrem Innenraum auch noch ein deutlich eingraviertes Datum auf. Und wenn sich jemand die Mühe machen würde, diese Angaben im Kalender nachzuprüfen, so käme er zu der überraschenden Feststellung, daß scheinbar genau der vierte Wochentag der beliebteste ist. O wonniger Donnerstag.

Seitwärts in der Hüftgegend der guten alten Liebestante sind ferner etwa zwei Dutzend Runen festzustellen. Sie stammen von einem Staubsauger-Vertreter, der vor vielen Jahren ein erdbeerblondes Bäckerstöchterlein mit Erfolg beschwatzte. Nachdem er dann den ersten Auftrag bei ihr gelandet hatte, schnitt er nachher in den Stamm, an dem das geschah, eine steile Kerbe ein. Ähnlich, wie sie der stolze Winnetou in den Schaft seiner berühmten Silberbüchse säbelte, wenn er wieder einen schuftigen Komantschen aufs Kreuz gelegt hatte. Zweiundzwanzig solche Gedächtnis-Runen hinterließ der wackere Handelsreisende. Denn er war sehr fleißig. Und das nicht nur zur Tageszeit.

Etwa in Augenhöhe gewahrt der aufmerksame Betrachter auch noch vier im Quadrat angeordnete Punkte, die an verwachsene Mitesser denken lassen. Es sind dies aber lediglich die Reißnagelspuren der Witwe Gerlinde Siebenbock, die hier jedesmal einen Zettel anschlug, wenn sie wieder einen neuen Untermieter suchte. Und es waren deren viele, die sie verschleißte. Möglicherweise handelte sie sogar nach dem weisen Rat Martin Luthers: »In der Woche zwier, macht im Jahre hundertvier.«

Ernst und Marie, Inge und Alfons, Wally und Willy haben die gute alte Haut für ihre Erinnerungs-Monogramme mißbraucht. Doch nicht nur böse Buben, sondern auch harmlose verewigten sich hier. Zahlreiche bleierne Wimmerl, die Kugeln aus dem Luftdruckgewehr eines mickrigen Gymnasiasten, stecken noch immer knapp unter der grünen Haut. Auch einige abgebrochene Pfeilspitzen längst verblaßter Rothäute haben sich runzelig verkapselt.

Eine ganz besondere Geschichte verbirgt sich indes hinter der abgebrochenen Klinge eines Geburtstags-Taschenmessers, das vor zwanzig Jahren ein tatendurstiger Schüler nach mehreren mißglückten Wurfversuchen hinten ließ. Der Bub ging danach heim, wurde übers Knie gelegt, lief weg und fuhr nach Amerika. Nach zwanzig Jahren kam er als GI zurück, erinnerte sich an die Ursache seiner Flucht und trank aus Wiedersehensfreude im Park eine halbe Flasche Whisky aus. Den Rest der Bottle schüttete er auf die Wurzel seines blätterrauschenden Freundes. Doch hatte er sich im Baum geirrt und eine andere Buche erwischt. Diese wurde dann von dem unverhofften Drink so besoffen, daß sie die ganze Nacht »O Tannenbaum« vor sich hinsäuselte.
Ach ja, und da ist ja tatsächlich auch noch das verzerrte Symbol der braunen Vergangenheit zu sehen. Ein blutjunger Marschierer hinterließ es. Aber es dauerte nicht lange, bis er dahinterkam, daß dieses Kreuz wirklich Haken hatte. Diese lief er sich anschließend jedoch gründlich ab. An seinen Knobelbechern nämlich. Und ihm selber blieb leider nur das Kreuz. Das deutsche Kreuz in Birke. Ganz nahe an der Rollbahn nach Smolensk steht es. Auch der gute Soldat Tom Fisher, der sich an dieser Stelle zusammen mit der Ilse K. in der Buchenhaut verewigte, hatte kein Glück. Nachdem er in ihrem Schatten heiß geliebt hatte, blieb außer den eingeritzten Initialen eigentlich nicht mehr viel von ihm übrig. Weil er nämlich in Korea gleich darauf auf eine Mine trat. Die Ilse aber behielt immerhin als bleibendes Andenken an jene Nacht im Mai den kleinen, rothaarigen Tom. Die Tomate, wie ihn seine Freunde nennen.
Und von ihm stammt nun auch schon wieder das feuchte, ganz frisch strahlende »Uff«, das ganz unten am Stamme prangt. »Früh übt sich – – –.«

Das Vergnügen kommt an jedem schönen Tag mit dem Radl um neun Uhr vormittags. Ein mildes Dreißig-Pfennig-Lächeln im Gesicht und in der Hand einen langen Schlüssel. Es ist der alte Karussellmann vom Englischen Garten, der jeden Tag vom nahen Wahnmoching gemütlich auf seinem Mercedes-Einsitzer »Kling-Kling« herüberkurbelt. Und die kleine Kundschaft wartet dann schon mit dem angewärmten Messing-Zehnerl in den sauber gewaschenen Liliput-Händen. Bis das Märchenreich vom Struwwelpeter und dem bitterbösen Friedrich, die alle die kreisrunde Reise ins Zauberreich als aufgemalte Statisten mitmachen dürfen, aufgesperrt wird.

Der Schwabinger Bildhauer Josef Erlacher hat das alte Karussell 1913 erbaut und auch die Fabeltiere geschaffen: die stolzbrüstigen Cavallos, die großen gehörnten Steinböcke, den Vogel Strauß, der ein eigenes Türl zum Einsteigen hat, die Giraffe mit ihrem langen Schnorchelhals, den Storch mit ganz besonders wuchtigem Baby-Schnabel und den Schwan, dessen Brüder auch heute noch lautlos auf dem nahen Schwabinger Meer dahingleiten. Das Karussell selber geht wie auf Socken, denn es wird elektrisch betrieben, und eine Frau mit einem ungemein gutmütigen Kleinkinder-Gesicht und weißen Zuckerwatte-Haaren befehligt das Stahlwalzen-Orchester, das achtzehn wunderschöne Melodien aus liebgewordenen Operetten in die frühwarmen Nachmittage dudelt. Die Gesichter der kleinen Fahrgäste aber wettstreiten im Glanz mit den siebzehn bescheidenen Glühbirnen, die von der Decke das geheimnisvolle Halbdunkel, in dem die Fahrt hinter die sieben Berge stattfindet, beleuchten. Und alles, was es an guten alten Münchnern gab, so berichtet die freundliche Ringelspiel-Frau, von der Liesl Karlstadt bis zum Adolf Gondrell oder dem Oskar Paulig, hat einst auf den hölzernen Rücken der lautlos wiehernden Pferde das höchste Glück der Erde genossen.

Ein winzig kleines Schlitzohr, ein Schlüsselkind mit großer Zukunft, stellt sich dann meistens breitbeinig vor den Eingang hin und versucht ein bißchen hilflos die Aufschrift auf der alten Rundherum-Kutsche zu entziffern. »Schlittenfahren und dazu noch Reiten – macht Fröhlichkeit zu allen Zeiten« steht dort in sauberem Ölfarben-Deutsch. Und fast jedesmal kommt dann irgendein gönnerhafter Onkel, nickt erhaben zu den Buchstabier-Bemühungen des kleinen Mannes und sagt mit großer Gewißheit: »Wennst as ganz les'n kannst, Bürscherl, nachat derfst amoi fahr'n.« Und flugs plappert das kleine Schwindelmäulchen dann das Verslein anstandslos herunter. Denn der witzige Spargel hat es natürlich längst auswendig gelernt.

Manche Mütter stellen ihre Bibabuzelmänner auch vor schwerwiegende Probleme, indem sie fragen: »Spotzilein, mogst jetzt liaba a Eisilein oda Karussellfahrilein?« Worauf manches von den schlagfertigen Herzbinkerln mit reiner Stirn erwidert: »Zuerst fahren, dann Eisi-Eisi.« Dann kommt eine von den neumodischen Super-Mamis daher. Die Haare lang, strähnig und knallrot gefärbt wie italienische Spaghetti in Tomatensauce. Zuerst hat sie vielleicht schon die Absicht, ihr kleines Schneewittchen einmal kreisen zu lassen. Doch dann geht sie lieber an den nahen Automaten und schmeißt sich eine Schachtel Filter heraus. Da nimmt halt die gute Karussell-Fee das kleine Butzerl und läßt es hinten auf dem geduldigen Apfelschimmel umsonst aufsitzen. Nicht jedoch, ohne der herzlosen Teigwaren-Loreley einen bitterbösen Triangel-Blick an ihren Minirock zu heften, der ihr sowieso nur knapp bis über die Augenbrauen geht.

Ein junger Schockemöhle klammert sich verzweifelt mit seinen blassen Weißwurst-Beinchen und mit bleichen Fingerknöcheln auf dem galoppierenden, hölzernen Halbblut fest. Auf einmal aber tröpfelt es dann doch leise über die Steigbügel herab. Doch das kann wohl nicht ein vorolympischer Schweiß sein. Denn nachher zeigt sich auf dem abgesessenen Gabardine-Höschen ein dunkel-feuchter, herzförmiger Reiterbesatz.

Pensionisten wackeln mit dem Kopf zu der dünnen Mundharmonika-Melodie und nicken sich gegenseitig bestätigend zu, wenn die vergessene Weise ertönt: »Mädel aus dem schwarzen Walde sind nicht leicht zu haben.« Sie müssen es ja wissen, denn sie waren dort einmal drei Tage einquartiert gewesen. »Anno fuffzehn war des, bei de Schwulischäh«, sagen die Graubärte. Aber sie sehen so alt aus, daß sie der erstaunte Jüngling mit der Bouclé-Frisur, der das hört, am liebsten höflich fragen möchte: »In welchem Jahrhundert denn, bittschön?« Und ein blutjunges Mütterchen, das sein Schleifen-Mariele gerade in den Schwan verladen hat, summt ganz leise und mit traurigen Augen mit: »O du himmelblauer See – stille mein Herzeleid, stille mein Weh.« Vielleicht denkt sie daran, daß sie doch gerade selber noch ein Kind war. Oder sie hat wirklich ein großes Herzeleid. Möglich wär's schon, denn an ihrem rechten Finger fehlt leider der güldene Reif der Endgültigkeit.

Auf den nahen Bänken sind ein paar Omas aus den Schuhen geschlüpft. Sie bewegen die Zehen, als ob sie Schreibmaschinen-Unterricht damit nehmen wollten. Und ein müder Haklstecken-Gast ist eingeschlafen. Das Kinn auf den Griff seines Nußbaum-Kameraden gestützt. Wenn er bloß nicht mit dem Kopf auf die Bank fällt. Aber es wird schon nicht viel passieren, denn Kinder und alte Leute haben doch immer einen Schutzengel, der dann schnell noch den Heiligenschein zwischen sie und das kleine Unglück schiebt.

Und hinter einem der kreisenden Pferde steht der alte Hofrat Geiger persönlich und hält scheinheilig sein winziges Enkelchen fest beim Fahren. Dabei wäre er doch selber so gerne noch einmal auf so ein Hüttehott-Rößlein gestiegen. Aber er schmunzelt nur und denkt vielleicht an die sanft sentimentalen Verse aus der Giesinger Mondscheinserenade, in der es doch so schön heißt: »Wenn i des dad / war'n d'Leit net schtad / den oidn Deppn, dadns sog'n / hat's Hirn vadraht – – –.«

31 | Innere Einkehr

1. Bild: Die Vorstadt-Schönheit Mimi Luder, die eigentlich Tänzerin werden will, kauft sich in dieser Stunde eine Banane. Genau unter dem Schild »Obst ist so gesund« rutscht sie auf der weggeworfenen Schale aus und bricht sich das Bein. In der Klinik operiert sie der junge Doktor Schlegelmilch etwas ungeschickt. Der Fuß wird schief, dafür heiratet aber der Doktor die Mimi. Und zwei Jahre später wird er mit einer einzigen Gegenstimme als Oberarzt in das Städtische Krankenhaus berufen. Dort sagen nachher zur Mimi Luder alle Leute: »Guten Tag, Frau Doktor«.
2. Bild: In der gleichen Minute fällt der Hauptgewinn der Süddeutschen Klassenlotterie auf die Losnummer 34905. Der Rentner Franz Michael Hintertür aus Marktredwitz hat aber die Nummer 34904.
3. Bild: In einer kleinen Confiseria in Mondello, Kreis Palermo auf Sizilien, sitzt die winzige Mücke Zebeze, deren Stich tödlich ist, auf einem Stück Erdbeerkuchen. In ihrer Freßgier rutscht sie mit dem linken Vorderbein aus und kommt ins zähe Gelee. Ein klebriger Bambino kauft den Kuchen, beißt kräftig hinein und die Mücke ist beerdigt. Obwohl sie doch eigentlich den Bürgermeister Giacomo stechen sollte. Der wird nun vierundachtzig Jahre und drei Monate alt.
4. Bild: Genau zur selben Zeit gräbt sich eine Wühlmaus durch die letzten zwanzig Zentimeter des Anden-Gebirges. Sie will nämlich unbedingt einmal den Stillen Ozean sehen. Ein Erdklümpchen, nicht viel schwerer wie jene letzte Schneeflocke, welche eine Lawine auslöst, fällt auf eine überhängende Felswand. Diese stürzt ins Tal und auf den Schnellzug, der nach Antofagasta will. Dabei werden sechsunddreißig Personen und ein ungeborenes sieben Monate altes Kind getötet. Dieses aber hätte den Namen Ernesto Garcia erhalten und im Jahre 1994 den Krebserreger entdeckt.
5. Bild: In Avignon geht der Apéritif-Händler Mauricio, der

schon auf dem Weg zum Bahnhof ist, noch einmal in seine Wohnung zurück, weil er doch die alten Hosenträger anziehen will, da die neuen zu sehr spannen. Daheim erwischt er seinen Schwager mit seiner Frau in flagranti. Er erschießt jedoch den nahen Verwandten nicht und bekommt deshalb auch die dreieinhalb Jahre Zuchthaus nicht, die der Amtsrichter noch übrig hat. Diese bekommt vielmehr gegen Jahresende ein völlig unschuldiger Kabarett-Besitzer.

Ach, und was geschieht wohl noch alles in dieser Stunde zur gleichen Zeit. In Bosnien fällt gerade ein Apfel nicht weit vom Stamm. Und in der Grafschaft Kent reißt einer alten Dame das Schuhband ab. Der Handlungsgehilfe Zusam aber macht riesige Schritte, weil er doch schneller vorwärts kommen will. Wobei er sich jedoch lediglich der Südküste Grönlands um etwa einhundertvierzig Meter mehr nähert. Er will aber gar nicht nach Grönland. Und warum wohl der Inder Sorang Ken Kim so schrecklich erschrickt, weil er zwanzig Minuten verschlafen hat. Wo er doch nicht einmal die Uhr kennt.

Das alles, so meint der stille Betrachter, könnte sich doch genau so zugetragen haben. Doch warum er diesmal seine Phantasie so üppig ins Unkraut schießen läßt? Nun ja, weil doch jetzt gerade die Tage der Besinnung sind, der inneren Einkehr und der tieferen Erkenntnisse. Die doch letzten Endes nach dem Willen der Schriftgelehrten in der tröstlichen Einsicht münden sollten: Es lebt sich eigentlich viel leichter, wenn man weiß, daß man nichts weiß.

»Es ist alles eitel«, sagte schon der weise Salomon so schön dazu. Die Berliner wiederum meinen: »Wat soll's.« Und die Münchner haben den schönen Spruch: »Unser Herrgott wird's schon weißeln – zwei Zimmer und a Küch.«

Der Mann aber hat ganz gewiß nichts gegen eine solche Lebenseinstellung. Denn sie gehört schon immer zu seinem geistigen Marschgepäck. Doch das Jahr ist halt recht grausam. Und läßt einem ja kaum einmal ein bißerl Zeit, um in sich selbst zu gehen. Denn schon fordern die Brauereien, die Bräuche und die Bräute wieder stürmisch: »Auf geht's zum Starkbier.« Und weil der Mensch, auch wenn er innerlich noch so gefestigt ist, immer gerne etwas hat, an das er sich auch äußerlich halten kann, so greift er in diesen Fastentagen zwar schon auch zum Gebetbuch, aber gleich nachher halt wieder zum Bierkrughenkel oder zum Weinglas. Denn er hält sich eben gar zu gerne an den Ausspruch eines berühmten Dichters: »Laßt euch nicht belügen / daß Leben wenig ist. Es wird euch nicht genügen / wenn ihr es lassen müßt.«

Zwar haben die langhalsigen Mannesmann-Saurier und die gierigen Löffelbagger in den letzten Jahren Tausende von Heimgartln in der großen Stadt aufgefressen. Doch sind immer noch viele grüne Rettich-Paradiese übriggeblieben, die ihren Besitzern und Pächtern das ganze Jahr über kleine stille Inseln des Friedens sind. Und schon lange ehe die alte Kalenderregel »Kunigund macht warm von unt'« in Kraft tritt und der Schnittlauch in der Siedlung »Nesselgier« erwacht ist, führen die ungeduldigen Suppengrün-Ökonomen die ersten Inspektionsgänge durch. Doch dann ist es endlich eines Tages soweit, daß die Eisheiligen vorüber sind und die gute Erde mit einem Rechen gekämmt wird, damit der leidenschaftliche Radieschen-Farmer dem Boden mit seinem geliebten »Heindl« den ersten Scheitel ziehen kann. Freilich, rein optisch schaut die Bohnenstangen-Rodung noch immer nach einer verkarsteten Abruzzen-Landschaft aus. Die Bäume der schmalen Allee, die schnurgerade durch »Nesselgier« führt, sind untenherum weiß gekalkt. Und oben haben sie die nackten Arme hoch erhoben wie Untersuchungs-Gefangene. Vereinzelt tragen ihre gespreizten Schwurfinger aber auch schon grüne Nägel. Doch die alte Vogelscheuche im vorjährigen Ananas-Beet spinnt wohl ein bißchen im Frühlingswind. Denn sie verteidigt mit flatterndem alten Gefreiten-Drillich etwas, was ja noch gar nicht da ist. Dafür verleiht ihr ein gönnerhafter Star auch gleich zwei nagelneue »Batzerln« auf die verblichenen Achselstücke. Und hat sie somit wegen Tapferkeit vor dem Feinde tatsächlich zum Feldwebel befördert.

In der Gartensiedlung erwacht die Natur bekanntlich in Quadraten. Zuerst einmal im Mistbeet hinter Glas. Da dämmert im feuchtwarmen Erdreich die Hausgurke Marke Ackersegen, der Kopfsalat Brünhilde und das Blumenkohl-Pflanzerl Edle von Huizenach dem milde tröpfelnden Maienlicht entgegen. Doch auch außerhalb dieses Retortenreiches wird das schwarze Brachfeld mit Meßlatten

und Trittbrettern symmetrisch eingeteilt. Hier die Parzelle für die Steckzwiebeln, die später im Herbst im Wurstsalat enden werden. Dort der Claim für die Monats-Erdbeeren, damit auch der Gevatter Schneck nicht zu kurz kommt. Und am Zaun entlang das Blüten-Paradies von Lieb Mütterlein. In dem sie dann das Sprießen und Werden der Bart- und Federnelken, des Magnus Pumilum alias Löwenmaul, und der wohlriechenden Duft-Wicke Little Sweethart fleißig überwachen und begießen wird.
Doch vor den Preis hat der Gott, der die Begonia tuberhybrida wachsen läßt, auch beim Gartler den Schweiß gesetzt. Zuerst einmal werden die unguten Früchte des Ackers, die Steine, geklaubt. Dann spitzt der Herr Papa mit wuchtigen Tomahawk-Schlägen die Stangen für die fadenlosen »Weißen Riesen« unten neu zu. Bevor er schließlich seufzend zum Spaten greift, um mit immer schwerer werdenden Taucherschuhen die schmatzende Scholle in Angriff zu nehmen. Satte Mast-Amseln danken ihm knapp hinter den fleißigen Stiefelabsätzen laufend für die nahrhaften Ringelnattern, die er dabei pausenlos zutage fördert. Das Düngen und Säen, das Unkrautzupfen und der Gießkannen-Marathon zählen des weiteren zu den wahrhaften Hochgenüssen eines passionierten Miniatur-Ranchers.
Die größten Renovier-Arbeiten verlangt aber jedesmal aufs neue das kleine Gartenhäusl. Zuerst einmal klettert also der Gartenfreund mit dem angeheizten Teerhaferl aufs Dachpappen-Dach. Und im zähen Ringen mit dem zähen Brei gelingt es ihm endlich, das schwarze, tückische Mus gleichmäßig auf den spröden Bungalow-First, die grüne Strickweste und seine haarigen Unterarme zu verteilen. Dann wird das geglückte Werk auch noch mit weißem Sand berieselt, wonach der Selfmademan von vorne ausschaut, als hätte man ihn zum Braten paniert. Doch nachdem man ihn, kurz bevor das Harz und der Herr endgültig erhärteten, gerade noch notdürftig säubern konnte, greift er erneut zum Pinsel. Denn es gilt auch noch, die Vorderfront des Kletterbohnen-Palastes neu zu streichen. Dies geschieht mit einer Spezialfarbe, die kein Lenbach so gut mischen könnte wie ein Gartler selber.

Brennsuppenbraun ist sie, etwas ins Schnupftabak-Schwarze hinüberschielend. Auch ein bißchen Jod ist wohl darunter. Nicht zu vergessen, daß schließlich auch der Hausname des Tarock-Salettls erneuert werden muß. Und in etwas wackeliger Batzl-Schrift liest der schmunzelnde Passant schließlich auf dem Giebel der Feierabend-Laube: »Hotel zur grünen Liebe.« Oder »Casa di Cosa«. Und die zwei zeitblassen Gemsenköpfe, die nach altem Brauch völlig grundlos danebenhängen, nicken grinsend dazu. Der glückliche Mistgabel-Boß aber sieht sein Werk nunmehr mit großer Genugtuung und Zufriedenheit an. Denn er weiß es aus Erfahrung, daß ja nun die Arbeit gewiß nicht mehr ausgehen wird. Bis weit hinaus über das herrliche Erntedankfest, das die gesamte Karotten-Kolonie jedes Jahr mit Lampions, Glückshafen und stiller Glückseligkeit feiern wird.

33 | Köpfe und Typen

Von manchen Menschen behaupten die Spötter: »Der hat seinen Kopf auch nur auf, damit es ihm nicht in den Hals hineinregnet.« Oder: »Damit er wenigstens weiß, wohin er seinen Hut tun soll.« Im Großen Brockhaus hingegen wird auf Seite 554 haargenau analysiert, was der Kopf, auf Lateinisch auch Caput genannt, wissenschaftlich betrachtet darstellt und ist. Wobei das Gesicht als wesentlicher Teil des menschlichen Hauptes und als Sitz des mimischen Ausdruckes bezeichnet wird. Fest steht jedenfalls, daß die menschliche Gedächtniskonserve, die »Lauskugel« oder »Rübe«, wie das obere Ende des Homo sapiens auch geheißen wird, der wichtigste Teil seiner ganzen Anatomie ist. Und nicht, wie manche Genossen unserer satten Sodbrennerzeit meinen, der Magen.
Doch schon Bertolt Brecht gibt in seiner Dreigroschenoper zu bedenken: »Der Mensch lebt durch den Kopf, der Kopf reicht ihm nicht aus, versuch es nur, von deinem Kopf lebt höchstens eine Laus.« Immerhin leben jedoch außer dem Scharfrichter und den Friseuren noch eine ganze Anzahl Menschen von den Köpfen anderer Leute und teils auch sogar von ihrem eigenen. Zu den letzteren gehören neben den Schauspielern, die größtenteils durch das Verziehen ihres Gesichts zu hohem Ansehen und mäßigen Gagen kommen, die Karikaturisten und die Maler. Und weil nicht nur die Kraut- und Salatköpfe, sondern auch die Häupter von Politikern und anderen wichtigen Zeitgenossen immer wieder aufs neue heranwachsen und verbraucht werden, so kommen auch die Pinsel-Schwinger und die boshaften Graphit-Kritzler nimmermehr zur Ruhe. Denn sie wollen mit großer Hartnäckigkeit alle die vielen Gesichter, die der oberste aller Graphiker laufend skizziert, um sie sieben oder siebzig Jahre später selber wieder auszustreichen, der gelangweilten Nachwelt überliefern. Besonders bevorzugt sind dabei die charakteristischen Vertreter einer Epoche, eines Berufsstandes oder einer Lebenseinstellung. Die sogenannten Typen.

Da wäre einmal die junge Generation unseres sanftidiotischen Zeitalters. Beispielsweise der vielzitierte Teenager, früher auch im Trotzköpfchendeutsch »Backfisch« und in den Vorstädten der südlichen deutschen Gaue »Rotzbippen« genannt. Der moderne Maler sieht diese Figuren so, wie sie sind. Ein Gesicht, wirr wie der Schnittmusterbogen zu einem Faschingskleid. Und hinter der bleichen, wenn auch nicht übermäßig hohen Stirne das Durcheinander eines Ameisenhaufens, in dem ein böser Invalidenrentner mit seinem Spazierstock herumstocherte. Der Teenager braucht sich selber niemals ernst zu nehmen, denn das tun für ihn schon die Erwachsenen. Besondere Kennzeichen: schwarze, schlampig eingesäumte Augenlöcher, hoffnungslose Dschingis-Khan-Frisuren und manchmal ein goldenes Kettchen um die Fesseln. Wie eine Brieftaube zu Fuß.

Das Gegenstück ist der Avantgardist. Ein ständig grundlos zorniger, von Geheimnissen umwitterter Jüngling, der sich selber für das größte aller Kreuzworträtsel hält. Er weiß nie genau, soll er nun mit einer rostfreien Kreissäge schlafen gehen oder nur ein kleines Himbeereis schlappen. Sein Steckbrief: unorthodoxer Kinn- und Lippenbart, in dem sich nur ein Restchen versalzenes Mensa-Essen verbergen darf. Absolute Bargeldlosigkeit und eine ausgesprochene Abneigung gegen alle Sorten von Kern- oder Schmierseife.

Als weitere, allerdings hinreichend bekannte Erscheinung präsentiert sich in unseren Tagen der sogenannte Snob etwa so: hohe, unheilbar vergeistigte Stirne, mit der er so ähnlich aussieht wie ein Beatle mit Schiebedach. Seine Nase trägt er auf Halbmast und gerümpft, als wäre sein Gesprächspartner gerade irgendwo hineingetreten. Und im Mundwinkel glimmt diesem Gecken die Zigarette gleich einer Lunte, die jedoch seine Intelligenzmiene nie zur Explosion bringen kann, weil dieselbe nur mit Seifenblasen gefüllt ist, die er allerdings gerne für Gedanken hält. Die zwei dunklen Löcher der obligatorischen Sonnenbrille starren ins Leere wie die Mündungen einer verlassenen Zwillingsflak. Ziellos, arbeitslos und grundlos.

Hingegen der Wirtschafts-Wunderknabe oder Industrieboß. Ein Kerl, aus echtem deutschen Schrott erstanden, der weder die Nitribitt noch irgendwelche Ostkontakte scheut. Getreu nach dem Manager-Motto: »Wir Deutsche fürchten die Sozis, die eigene Alte, die Steuerfahndung, doch sonst fast nichts auf der Welt.« Sicheres Merkmal: Mensurnarben und nicht unter 120 Kilo Nettogewicht.

Ach ja, und da wäre ja auch wieder der Herr General. Von dem die lieben Alliierten einst meinten: »Nur ein toter deutscher General ist ein guter General.« Na schön. Die wurden mittlerweile mit ihrer verschimmelten Meinung ja auch ganz schön auf Vordermann gebracht. Der neue General unterscheidet sich von seinem Vorgänger hauptsächlich durch die etwas schäbigere Uniform, die ebensolchen Bezüge und die demokratische Grundeinstellung, die er bei Empfängen, bei Interviews und im Kreuzfeuer der Meinungen deutlich zur Schau zu tragen hat. Das verkniffene Monokel hat vielfach den bequemeren Haftschalen weichen müssen. Deshalb auch manchmal der verblüffende, leutselige Gesichtsausdruck der längsgestreiften Reserverecken. Lieb Vaterland, magst ruhig sein.

Die Brille des uralten Männchens schaut aus, als wären die Gläser aus den Bullaugen eines U-Bootes geschliffen worden oder als hätte man einfach die Linsen von zwei altmodischen Taschenlampen in Nickel gefaßt. Und durch diese milchigen Vorsatz-Pupillen starrt er täglich stundenlang auf die heilige Dorothea. Er kennt längst jedes der einzelnen Wurmlöcher, welche die respektlosen Kostgänger im Laufe vieler Jahrhunderte durch den Lindenholzmantel der ehrwürdigen Fürbitterin geschmatzt hatten. Und er bedauert von ganzem Herzen, daß der linke Unterarm der hehren Frau von irgendeinem bösen Zahn der Zeit abgebissen wurde. Aber solche Kleinigkeiten können den andächtigen Bewunderer weder stören noch in seiner starren Habt-acht-Stellung auch nur einen Millimeter verrücken. Denn er ist besessen von der Schönheit dieser spätromanischen Statue und durchdrungen von der Beharrlichkeit eines Liebhabers, wie man sie nur mit sechzehn oder mit sechsundsechzig besitzt. Am Namenstag der verehrten Patronin, am 9. November, hat der alte Mann sogar verstohlen ein halb verwelktes Veilchensträußerl hinter den Sockel des Bildnisses geschmuggelt. Schmunzelnd läßt ihn der Antiquitätenhändler still gewähren, nimmt aber nachher das Sträußlein wieder weg und schenkt es der Garderobenfrau am Eingang, die es in ihre Schublade legt und zusammen mit einer halben Streichwurstsemmel völlig vergißt.

Rings um dieses kleine Idyll aber spielt sich der tuschelnde, schnuppernde und gedämpfte Betrieb der großen Altertums-Messe im Haus der Kunst ab. In den Schubläden und Kästen nistet überall noch die Vergangenheit. Und der heiße Interessent für die schwere eiserne Rüstung würde sich wohl gar nicht einmal wundern, wenn er irgendwo im hohlen Inneren seines Recken die geschichtlichen Eierschalen vom braven Schweppermann finden würde. Dort die schweren burgunderroten Pokale erst. Sehen die nicht aus, als hätte der schreckliche Etzel das Blut des hingeschlachteten

Hagen daraus geschlürft? Und gleich wird jemand dem bleichen Alabasterkopf des edlen Reitpferdes im dämmrigen Hintergrund die rätselhaften Märchenworte zuflüstern: »O du Fallada, da du hangest.« Alte Duellpistolen, die wohl mit Schwarzpulver und den Liebesbriefen der treulosen Geliebten geladen wurden, träumen neben Weihwasserkesseln aus Jade und Marmor von längst vergessener Schuld und Sühne in den Vitrinen. Die Luft, die der vergoldeten Regensburger Orgel ihre Töne entlockte, war womöglich dieselbe, die auch die unglückliche Bernauerin atmete, bevor ihr auf herzogliches Geheiß Schwimmunterricht erteilt wurde. Nebenan bohrt Sankt Georg hartnäckig, aber mit sichtlichem Erfolg, in der Speiseröhre eines lautlos winselnden Drachen herum. Ein mittelalterlicher Betschemel weist noch deutlich die Abdrücke von zwei spitzen Knien auf, die gewiß zu irgendeiner Staub gewordenen Intrigantin gehörten. Und überall warten mattglänzende Kommoden mit krummen Mittelstürmerbeinen auf die Leute mit den meterlangen Bankkonten.

Schon den dritten Tag mustert eine blasse Gräfin mit steilem Lorgnon das Louis-Armstrong-Geschwader der vielen Blasengelein. Jene winzigen Nackedeis, die den Besucher lautlos mit Schalmeien und Posaunen beschallen. Auch tief hinein in die Engelsohren richtet die Lady ihren Radarstrahl. Und sie ist hocherfreut über den vorgefundenen Millionärsgrind, die Patina, die sie überall entdeckt. Auch in der Abteilung Krieg und Frieden ist viel Interessantes zu finden. Tabaksdosen edler Herrscher, aus denen sie ihren Gedächtnis-Kamin anheizten. Arkebusen und Hellebarden, Orden, Bidenhander, so groß und so schwer wie der Stundenzeiger des Alten Peter, die Hand des berühmten Götz von Berlichingen, Oberhemden aus Eisendraht gehäkelt und Schienbeinschützer aus poliertem Erz, wie sie gewiß bei der Bundesliga bald eingeführt werden, werben um die Gunst des Interessenten. Und ein schwer keuchender Liebhaber sucht nun schon seit fünf Stunden in den Uhrenkästen der großen Regulatoren herum, als müßte er unbedingt das letzte der sieben jungen Geißlein, das dem Wolf entkam, entdecken.

Und dann ist doch eines Tages die Dorothea tatsächlich nimmer auf ihrem Sockel. Nein, sie fuhr nicht etwa in den Himmel. Sondern lediglich mit einem SE-Coupé in einen Bungalow zum Tegernsee. Und der uralte Verehrer steht da und kann es einfach nicht fassen. Der Händler aber sieht ihn bedauernd an und zuckt mit den Schultern. »Achttausendfünfhundert hat sie gebracht«, murmelt er, und es klingt wie eine schäbige Entschuldigung. Er kann ja auch nicht wissen, daß das etwa die Dreijahresrente des alten Mannes ist. Jener aber nimmt zum ersten Mal seine trübe Panzerbrille ab. Und es schaut aus, als hätte er geweint.

35 | Mohren am Moorweiher

Wie die Malzkaffeeschüssel für den Riesen Gulliver schaut der Moorweiher oben von der kleinen Bergeshöhe aus. Und was darin herumschwimmt, mollige Endvierzigerinnen, träge Rheumatismusgäste, zappelndes Jungvolk und züchtige Jungfrauen, das ist das »Eingebrockte«. Außen herum ist auch noch ein kleiner Streifen grünes Tischtuch zu sehen, und wer ganz genau hinschaut, kann auf dem braunen Frühstücks-Süpperl sogar ein paar weiße Tropfen beobachten, wie verspritzte Kondensmilch. Die handtellergroßen geheimnisvollen Seerosen.

Einst wurde der kleine Moorweiher nur ganz selten von singenden Schulklassen oder gitarrespielenden Wandervögeln in seiner beschaulichen Einsamkeit gestört. Auch ein paar versprengte Schwammerlsucher wußten von seiner Romantik zu erzählen, und uralte Blumenweiberl holten dort die schmeichelweichen Moorkolben, die wie mittelalterliche Ladestöcke für Mörser aussehen. Auch das flockige Wollgras und die satten gelben Dotterblumen blühten hier in rauhen Mengen. Manchmal zog ein Fischreiher eine lautlose Runde um die verlassene Lagune, und Bremsen gab's so gut wie gar nicht hier. Denn die hätten ja glatt in der Woche sieben Obsttage gehabt. Wer allerdings heute die schweren dreimotorigen Blutsauger erleben muß, kann sich solche paradiesische Zeiten nimmermehr vorstellen.

Langsam aber verbreiteten die Naturapostel und Sonntags-Robinsone die Kunde von diesem versteckten Idyll. Und schließlich kamen auch die Ischias- und Hexenschuß-Inhaber hierher und mit ihnen weggeworfene Kaaspapierl, Limoflaschen, vergessene Socken, Radl-Lumpen und Streichwursthäute. Ein winziges Schilderhaus versperrte bald den kleinen Zufahrtsweg, und ein einheimischer Dorfdiener forderte von den Erholungshungrigen in einem Dialekt, der nach gerissenen Zähnen und verschluckten Heuschrecken klang, eine runde Badegebühr. Und heute führt längst eine Asphaltstraße, eine Omnibuslinie und ein zartes Band von Stacheldraht um das braune Feierabend-Meer herum. Denn es ist ein deutscher Moorweiher.

Am schmalen, zerwalzten Strand liegen nunmehr die schlafenden Menschen. Direkt zum Aussuchen wie in einem Auslieferungslager des lieben Gottes. In ihren neckischen Nabelgrübchen, das bekanntlich davon herrührt, weil sie der Schöpfer, wie sie aus dem ewigen Backofen kamen, mit dem Zeigefinger ins Bäuchlein stupfte und dazu sagte: »Der ist fertig«, haben sich köstlich glitzernde Perlen zu einem winzigen Swimming-pool gesammelt. Manche von ihnen sind auch mit »Bremsenschreck« eingerieben und riechen nun wie ein alter Tippelbruder abends aus den Schnürstiefeln. Der Neuankömmling aber kann diese schlummernde Barriere nur überwinden, indem er die kleinen Bodenstreifen zwischen den Spreizbeinen der Dahingestreckten balanzierend benützt. Wehe aber dem, der dabei den Dreisprung-Rhythmus verliert und plötzlich mit seinem suchenden Huf auf dem Bauch eines molligen Familienvaters landet. Dann kann leicht sein, daß ihm die zornbebende Frau mit keifender Stimme zurechtweist: »Sofort nehmen Sie Ihren unverschämten Fuß wieder aus meinem Ehemann.«

Die jungen Bäumchen im nahen Wald haben in Augenhöhe alle Strangulations-Merkmale, als wäre ein botanischer Lustmörder durch den dunklen Tann geschlichen. Aber es sind nur die Runen von den vielen Hängematten, die zwischen den ächzenden Stämmchen schaukeln. Unter leeren Tomatensaft-Büchsen, Kotelett-Knochen und Damenstrümpfen ohne Inhalt entdeckt der Badegast schließlich noch eine winzige Ruheparzelle. Allerdings stellt es sich schon wenig später heraus, daß es sich bei dem freien Plätzchen um einen Truppenübungsplatz der roten kommunistischen Waldameise handelte. Was die hämisch grinsenden Nachbarn natürlich längst wußten und nun mit wieherndem Pferdelachen quittierten. Doch endlich ist das Kaltwasser-Beinkleid doch noch angelegt, und nun geht's hinein in die kühle Ovomaltine.

In einer kleinen Bucht des Weihers befindet sich auch eine sogenannte Suhl-Ecke. Dort wühlen ein paar Gestalten im Schlamm herum wie das Schwarzwild im Spessart. Auch Duelle nach dem Vorbild der Schneeballschlachten sind sehr beliebt. Anfänger dieser »Moorackl«-Kultur begehen manchmal den Fehler, das heilende Mus auf der Haut eintrocknen zu lassen. Das geht dann weder mit Seife noch Benzin jemals wieder weg. Höchstens vielleicht noch mit einer Spargelschäl-Maschine. Bleibt aber der Badegast auch dann noch schwarz, hilft überhaupt nichts mehr. Denn dann handelt es sich todsicher um einen echten Mohren aus dem Bezirksamt Alabama. Die zwar sehr selten, aber immerhin auch manchmal im Moorweiher baden.

Wenn dann die Frösche im Schilf langsam ihre Noten für das Abendkonzert verteilen, wird es still am dunklen Waldsee. Und die kleinen Fischlein am Auslauf hüpfen vor Freude durcheinander, daß es ausschaut, als hätte eine Eisverkäuferin eine Schürze voll kleiner Silberlöffel zum Abspülen ins Wasser geworfen. Der Moorweiher sieht zwar nun von der Anhöhe immer noch wie eine Schüssel voll Malzkaffee aus. Aber der heiße Tag hat nun die Suppe, die er sich morgens einbrockte, wenigstens wieder ausgelöffelt.

»Chez Madelon« steht schlampig in die Nacht geschrieben. Als hätte es irgendein Phosphorfinger einfach in die Dunkelheit geschmiert.
Im dezenten Nachtlokal riecht es immer ein bißchen wie aus einer Fischkonservenbüchse mit der Aufschrift »Nur begrenzt haltbar«. Am Eingang hinter dem roten Plüschvorhang lauert der smarte Geschäftsführer in devoter »Hab-acht-Stellung«. Die Chevro-Hufe sauber angewinkelt. Ein Rekrut der besten Gesellschaft. Er hat eine scharfe Hühnerschnabelnase, und wenn die vornehmen älteren Damen kommen, stößt er zum angedeuteten Kuß auf ihre geschmückten Hände nieder, als wollte er ihnen die Brillantkörner aus den Fingern picken. Auf dem falschen Marmorsims über dem Elektrokamin steht eine stilvolle Uhr. Sie steht. Sie blieb wohl damals vor Schreck stehen, als die Steuerfahndung zum ersten Male ins »Madelon« kam. Im übrigen wirkt sie so erhaben, als wollte sie demonstrieren: Die Zeit, die ein Gast im Nachtlokal verbringt, ist sowieso nicht wert, gemessen zu werden. Ein erblindeter Samowar, der wohl schon Katharina der Großen was pfiff, und ein schwerer Apothekermörser mit einem Fift-Stößl, den die Barfrau manchmal zum Strümpfestopfen hernimmt, gehören ebenfalls zum Inventar. Ebenso wie der Heilige der letzten Tage. Ein unbekannter Schutzpatron, der in der Ecke hängt und vom Rauch der Stuyvesant bereits so goldbraun gebeizt ist wie ein mittelgroßer Coburger Nußschinken. Auch das kleine Garderobenmädchen Mimi zählt seit einem Jahr zur ständigen Einrichtung. Als sie dem bekannten Weltstar zum ersten Mal in den Dreißigtausend-Mark-Mantel half, begann sie vor Aufregung sofort herzhaft zu schwitzen. Aber nach drei Monaten, als sie merkte, daß das Futter innen immer noch zerrissen war, legte sich ihre Ehrfurcht ziemlich schnell. Und heute lächelt sie nur noch. Lieb und artig. Auch wenn ihr der allmächtige Industrielle um drei Uhr früh den linken Turm von seinem Rivieraschloß ver-

spricht. Für ein kleines Stück von ihr. Sie lächelt auch noch, wenn sie sieht, wie dem armen Millionär vor Aufregung und Erwartung das sorgsam gelegte Haar verrutscht und es butterblaß durchschimmert wie bei einem schlecht servierten Sardellenbrot. Und dann nimmt sie lieber die fünf Mark Trinkgeld. Denn die Mimi ist ein Mädchen vom Lande. Und sie hat deshalb auch noch das alte Dorfsprichwort im Gedächtnis: »Versprochene Eier gehen tausend auf ein Kilo.«
Zur mitternächtlichen Stunde tritt dann in der dezenten Nachtbar ein französisches Pärchen auf. Sie ist von süßer, unheilbarer Verruchtheit, und ihre schmalen Augen gleichen den Sehschlitzen im Helm der unglücklichen Jeanne d'Arc. Der Partner wiederum sieht ein bißchen wie ein fröhlicher Wandervogel aus, den die Wirtin von der Lahn für immer verdorben hat. Ein kleiner, roter Bart ziert seinen mündungsrunden Mund. Und das schaut aus, als hätte er während seiner Dienstpflicht dauernd die rostigen Kanonenrohre der französischen Armee durchblasen müssen. Der Gesang der beiden ist scharf wie der würzige Moutarde aus Dijon. Der kleine Barbarossa zupft dazu die Gitarre so schwül und verboten, als hätte er ein unerlaubtes Verhältnis mit ihr. Und Mademoiselle gibt durch ihr Lächeln deutlich zu verstehen: »Mach was du willst mit mir, sei mein kleiner Robespierre. Und ich geh' für dich aufs Schafott. Oder wenn es dir lieber ist, auch nur auf die Rue Madeleine.«
Mittlerweile sind auch die einzelnen Stammgäste schon erschienen. Eine mäßig berühmte Diva, die so laut und unverschämt von Shakespeare spricht, als hätte sie ihm immer das Haarschneiden bezahlt. Der Herr neben ihr ist Produzent und hat die roten, vergrämten Äuglein eines streunenden Hinterhaus-Kätzchens. Er bestellt sechsmal nacheinander einen »Genickschuß«, die Cocktail-Spezialität von »Madelon«. Und anschließend ein Ferngespräch nach Tahiti. Ein älterer Playboy erscheint mit einem kleinen Starlettchen, das ihn mit flehendem Blick anhimmelt, als wollte es sagen: »Ach trag mich doch wenigstens eine winzigkleine Nacht im Knopfloch.« Die blutjunge Mitternachts-Jungfrau macht auf

total verworfen. Bleiche Scheintoten-Lippen und eine wirre Strähnenfrisur, die lebhaft an übergekochte Spaghetti erinnert. Mit Tomatenketchup. Nacheinander kommen dann noch zwei schäkernde Tänzer mit verzuckerten Rauschgift-Augen. Ein Finanzier, der sich nachlässig mit einem blitzenden Tresorschlüssel kämmt. Eine alte Kurtisane, die grundsätzlich nur noch Lokale besucht, in denen ihr ein gnädiges Kerzenlicht leuchtet. Und ein hoffnungslos ruinierter Schauspieler, dessen Gesicht vom Leben so zerkritzelt ist, als hätte es ein kleines Kind mit dem Griffel ausgestrichen und darunter geschrieben: »Gilt nichts mehr.«

Gegen Morgen zu verlöschen dann die Nachtlichter bei »Madelon« wieder langsam. Eine alte Frau mit einsamem Schwarzbrotzahn hinter den verbrauchten Zugbeutellippen deckt die kleinen Tischchen ab, und faseriges, bleiches Fichtenholz wird sichtbar. Draußen vor der Tür wird die Fracht der Nacht noch lärmend aufgeteilt. Wer mit wem, weshalb und wofür. Heulend springen die schweren Motore an, und das Schmettern der Autotüren donnert durch die käsig werdende Dunkelheit.

In der schmalen Straße öffnen sich ein paar Fenster, und Nachthemden-Menschen schreien laut hinab: »Lumpenpack«, »Diebsgeburten« und »Saubande«. Dann horchen sie auf ein Echo von unten. Aber niemand widerspricht ihnen.

37 | Man steigt nach

Der ovale Kiesweg, der um den kleinen Marmorpavillon im Park führt, hat die Form einer Sechstagebahn. Und im ersten Lenz, wenn ein hauchzarter Alimentenwind durch die jungen Zweige weht, wird er zur »Avus amore«. Liebespaare, Jünglinge, alte Träumer und stille Hagestolze drehen ihre Runden auf diesem Nürburgring der Sehnsucht. Und am Wegrand blüht das retortenblaue Blümlein der Männertreu. Während daneben währungssicher der Goldregen prangt. Als hätte die Natur selber einen Fluchtversuch in die Sachwerte unternommen.

Ein verschüchterter Student mit feuchten Händen ist gerade hinter einer kühlen Blonden her. Aufrecht schwebt sie vorüber wie ein frisches Glas Helles, das Angst hat, überzulaufen. Immer wieder wischt sich der Studiosus seine transpirierenden Marschier-Ruder an der samtenen Wellblechhose ab, als wollte er jedermann zu verstehen geben: »Jetzt pack' ich's dann.«

Dagegen hat der käsige Zimmerherr hinter ihm ganz andere Absichten. Lächelnd und lächerlich hält er mit geschlossenen Augen sein Gesicht in die gute Sonne. Er will braun werden. Und nebenbei entblößt er auch noch grinsend sein gelbes Gebiß. Denn irgend jemand hat ihm erzählt, der Frühjahrs-Planet würde die Zähne radikal bleichen. »Vorsicht!« ruft zwar noch jemand, aber da ist der seltsame Sonnenanbeter auch schon an die Verbotstafel für freilaufende Hunde gerannt. Und wird kreidebleich von der Wucht des Aufpralls.

Der Himmel ist durchgehend blau grundiert, bis auf ein kleines Fleckchen im Osten. Dort schaut die weiße Leinwand noch etwas heraus. Wahrscheinlich ist dem lieben Gott die Farbe ausgegangen. Ein frecher Düsenjäger zerkritzelt das saubere Firmament. Wie ein garstiger Abc-Schütze die Schultafel, wenn der Herr Lehrer schnell zur jungen Handarbeitstante auf Montage gegangen ist. Knopflochäugige Mädchen spielen Versteck hinter ihren Sonnenbrillen. Und der blinzelnde Registrator Kieselbauch

hat haargenau registriert, daß dreißig der Vorübergehenden insgesamt 48 Knöpfe aller Gattungen geöffnet haben. Dann macht er bei sich die beiden obersten seiner Strickweste auch noch auf. Damit's runde fünfzig sind.
Klein Viktor nutzt das Sonnendösen seiner Oma sofort aus. Er hat ihr Portemonnaie gefunden und wirft jetzt laut krähend die blitzenden Markstücke in den kichernden Kanal-Gulli hinab. Der friedliche Professor an der äußersten Bankecke schaut auf, als der erhitzte Tour-de-France-Liebhaber zum siebenten Mal in die Zielgerade einbiegt. Dann schreibt er schmunzelnd ein paar Zeilen an den Rand seiner Zeitung. Beim achten Durchgang beginnt er schnell zu rechnen. Zweiundzwanzig Zentimeter kam der junge Strampelmann bisher seinem blonden Ziel näher. Bei gleichbleibendem Tempo könnte er sie also frühestens im September eingeholt haben. Nun ja, das reicht ja auch noch, sagt sich der lustige Mathematiker. Denn bis dahin wird die Kleine sowieso gerade sechzehn sein.
Unter dem zögernd blühenden Holunderbusch indes bereitet sich was vor. Die Sache, die man Liebe nennt. Ein junger Freiersmann wirbt mit allen erlaubten und verbotenen Mitteln um die Gunst einer mittelspröden Vorstadtschönheit. Aber sie schaut ihn nur immer bilux-äugig und doof an wie ein stillgelegter Kabinenroller. Doch langsam wird schließlich die Nacht herniedersinken. Und mit ihr wohl auch das Scheinwerfer-Liebchen. Und am andern Morgen bleiben vielleicht einige Passanten lächelnd vor einem weißen Anschlagzettel stehen, auf dem zu lesen ist: »An dieser Stelle verlor an einem Frühlingstag die für unbesiegbar gehaltene Jungfrau Melusine Zeigerlein ihren Titel.« Unterschrift »Ein Sportsfreund«.
Und wo der kleine Liebesgrenadier Amor mit seiner altmodischen Herzensharpune unterwegs ist, da melden die Getroffenen eine volle Zwölf. Und da hilft auch kein Kaffee Hag mehr, wenn es so einen erwischt hat. Denn das winzige Kerlchen zielt ja meistens gar nicht auf den roten Zentralmuskel. Sondern aufs Hirn. Und deshalb lächeln wohl auch die alten gewesenen Unterrock-Krimi-

naler so wissend, wenn sie ein junges Gespann sehen, das eine Weile stehenbleibt, um sich gegenseitig anzubeißen. Ach, da kommt ja auch der schlimme Düsenjäger wieder. Wo war er denn nur die ganze Zeit? Er hat sich wohl den Griffel spitzen lassen. Und beginnt nun seine Schmiererei aufs neue. Zwinkernd sehen die Spaziergänger zu ihm empor. Dann rätseln sie ein wenig an der gezeichneten Figur herum. Sind jetzt das nicht zwei verschlungene Kreise, die der böse Himmelhund da malte. »Ach, tatsächlich zwei süße Verlobungsreifen sind's«, träumt das errötende Bräutlein und reibt sich erwartungsvoll den keuschen Ringfinger.
Der alte Ehe-Invalide, der das Gebilde auch sieht, aber weiß es natürlich viel besser. »Das sieht doch jedes Kind, daß es sich dabei um ein paar massive Handschellen handelt.«

Gleich hinter dem Eingang zur großen modernen Kunstausstellung befinden sich drei vielbestaunte Plastiken. Die erste ist ein Würfel aus vielfach durchlöchertem Plexiglas. Und jeder halbwegs gebildete Mensch weiß da sofort, daß es sich nur um den »Ausbruch eines Sägefisches durch das Polareis bei Murmansk« handeln kann. Auf dem zweiten Postament liegen lediglich ein paar Handvoll nagelneue Glasscherben. Auf dem Plakat darunter steht zwar »Finale«, trotzdem meinen die meisten Beschauer, es wären wohl sicher die Reste eines Schaufenstereinbruchs am Kurfürstendamm. Werk Nummer drei hängt mindestens drei Meter hoch über dem massiven Steinfußboden der Wirklichkeit, den sein Schöpfer schon längst mit unbekanntem Ziel verlassen hat. Es ist eine Messinggußkombination, die jeder Mensch ohne bedeutenden Augenfehler sofort als einen vom Blitz zerfetzten Coburger Nußschinken klar erkennt.
Und vor diesen Werken stehen die Leute. Lächelnd, kopfschüttelnd, verträumt, verklärt und verwirrt in alle Ewigkeit. Unter ihnen befinden sich auch zahlreiche Neudenker und Sucher von jener Sorte, denen ihre scharfen Gedanken meistens schon die Haarwurzeln von innen her abgefressen haben, so daß ihre gescheiten Köpfe heute barfuß gehen müssen. Auch eine Handvoll von den ewig Unentschlossenen sind gewiß darunter. Intellektuelle, die sich einfach nicht zwischen einem Habsburger oder einem Limburger entscheiden können. Manchmal aber beobachtet man auch ein Pärchen, das sich an diesen Kunstprodukten noch nicht geritzt und somit infiziert hat. Und da sagt dann vielleicht sie zu ihm: »Weißt du, Egon, wenn diese Künstler zum Beispiel neben ihre surrealistischen Werke ganz einfach einen korrekt gemalten wehen Finger hingehängt hätten oder ein gewöhnliches Suppengrün, könnte man ihnen ihre rätselhaften Schöpfungen vielleicht noch eher abnehmen.« So aber kann man sich die Kopfhaltung der meisten Betrachter, die ihre Gedächtniskonserven

schräg wie Kanarienvögel neigen, nur so erklären, daß sie halt versuchen, ihre Gehirnsubstanz in der Schläfengegend etwas zusammenlaufen zu lassen, um so vielleicht dem Sinn der geheimnisvollen Schöpfungen wenigstens etwas auf den Grund zu kommen. Und jedes Jahr haben diese Ausstellungen auch noch extra Abteilungen. Da ist zum Beispiel heuer die Zweigniederlassung »Sport in der modernen Kunst« angegliedert worden. Doch schlendern dann durch diese Hallen nicht etwa irgendwelche Veteranen der Aschenbahn oder Giganten der Landstraße. Sondern fast immer nur Leute, die eine Riesenwelle kaum von einer Kurbelwelle und einen Aufwärtshaken nur sehr schwer von einem Kleiderhaken unterscheiden können. Und die machen dann Augen wie frisch gekochte Forellen und glucksen leise mit dem Inhalt ihrer stark ovalen Köpfe. Denn was gibt es da nicht alles zu sehen. Da steht im Mittelpunkt eine Buntmetall-Plastik aus grün-rotem Kanonenteig gegossen. Und »Fußballmannschaft« benannt. Statt der Arme haben die seltsamen Kicker Sperrhaken. Vielleicht um damit das gegnerische Tor zu öffnen. Und ihre Köpfe sind so spitz, daß sicher jedesmal der Ball darauf steckenbleiben würde. Solche Gußreste fand man doch anno 45 noch massenhaft auf den Bombenschuttplätzen. Daneben thront eine Staffel, die sich »Laufgruppe« nennt. Und in der Tat, das ist sie wohl auch. Aber so eine zum Davonlaufen. Und bei der Lindenholz-Skulptur »Vor dem Start«, die sich gewiß ganz ausgezeichnet zum Anheizen der Mannschaftsunterkünfte bei den Olympischen Spielen eignen würde, liegt der Gedanke recht nahe, ob man denn aus so schönem, astfreiem Holz überhaupt Sportler schnitzen sollte. Und nicht lieber Kochlöffel. Weitere Kostproben Gestalt gewordener Leibesübungen präsentiert die Kolossal-Statue »Die Schwimmerin« aus englischem Zement. Die Gott sei Dank bei dem ersten Versuch schon hoffnungslos ersaufen würde. Und eine andere Portland-Lady, »Dreispringerin« getauft. Bei ihr drängt sich der Gedanke auf, daß sie wegen ihres gigantischen Schleuderbusens wohl bedeutend mehr Chancen im Seitensprung hätte.

Besonders sehenswert aber sind bei allen diesen Phantasie-Messen

immer wieder die eingerahmten und aufgehängten Kunstparzellen. Und wenn es heißt, daß Papier geduldig ist, so ist es die Leinwand wohl im Superlativ.
Da sind Künstler vertreten, die hängen einfach eine bekleckerte Frühstücksserviette an die Wand und nennen sie »Gelächter in der Einbahnstraße«. Oder sie stellen ein Stück umrandete Finsternis bei Leverkusen zur Diskussion, das dann im Katalog als »Lilie mit Senf« deklariert ist. Beliebte Motive sind weiterhin auch noch »Linksgescheitelte Eierhandgranaten«, der »Aufstand der Kernseife« oder »Geriebener Montag am Freitag«.
Gewiß mag da mancher bei solchen Zumutungen auch sagen: Was Kunst ist, bestimmt immer der Betrachter. Die größte Kunst all dieser Künstler aber, die so was ausstellen, ist zweifellos jene: Daß sie beim Anblick ihrer eigenen Werke das Lachen verbeißen können.

39 | Das Laienspiel

Deutschland ist nicht nur das Volk der Dichter und Denker, sondern auch das der Laienspieler. Weit über tausend Theatergruppen und Bühnenvereinigungen von Rendsburg bis Rosenheim und von Emden bis Erlangen geben sich dieser schönen Freizeitbeschäftigung hin. Denn auch unter der Wickelschürze der tüchtigen Hausfrau schlägt oft noch ein naives Gretchenherz. Und mancher Hilfstrichinenbeschauer, Hochspringer oder Hasenzüchter hat tief in seinem Innern die ungestillte Sehnsucht eines Romeo. So geschieht es denn, daß sich zu Stiftungsfesten und bei den großen internationalen Laienspielwochen, in Betriebskasinos und Kolpingheimen immer wieder ein heimliches Talent ans helle Glühlampenlicht spielt und seiner stillen Sehnsucht endlich sichtbaren Ausdruck geben darf. Und auf dem Spielplan stehen dann so gnadenlos strapazierte Dichtungen wie »Die Rosa von Tannenburg«, »Der Glockenguß zu Breslau«, »Die Förster-Anni« oder »Der Müller und sein Kind«.

Im Detail aber sieht so eine Aufführung etwa folgendermaßen aus: Die kleine Betriebskantine ist voll wie eine Büchse mit Ölsardinen ohne Haut und Gräten. Und es sind gekommen die vom Versand, die von der Kalkulation, vom Personalbüro und jene vom Betriebsrat. Die Damen haben scharfkantige Brennscherlocken, wie mit einem Waffeleisen gepreßt, aufgelegte Naturwangen sowie den blauen Aquamarin oder Großmütterleins rührenden Granatschmuck an den fleißigen Fingern. Und alles riecht sauber nach ordentlicher Kernseife, vollbrachtem Tagewerk und chemisch reiner Freude.

Die Blicke des dankbaren Publikums sind ohne Rücksicht auf eine drohende Genickstarre dem dunkelroten Vorhang zugekehrt, hinter dem es leise rumort und knistert. Und hin und wieder knarzen auch bereits jene Bretter, die die Welt bedeuten.

Hinten in der bescheidenen Ecke werkelt das kleine Betriebsorchester in blütenweißen Hemden, und der Herr Kapellmeister

streicht immer wieder prüfend und in unerwiderter Liebe über seinen Wimmerschinken. Ein tadellos sauberes, viermal gefalztes Taschentuch unter dem wundrasierten Kinn unterstützt ihn dabei nach Kräften. Doch die zwei Holzbläser beißen wirklich ein bißchen zu lüstern in ihre dunklen Melodienstäbe, als wären es keine Flöten, sondern saftige westfälische Mettwürste.

Auf allen Tischen stehen Flaschenweine aus dem bekannten Wachstum »Später Rächer«. Die zwei freundlichen Kantinenkellnerinnen haben heute besonders hohe Siebengeißleinstimmen. Und außerdem den Daumen einmal ausnahmsweise nicht in der Suppe, sondern im Meerrettich, der zusammen mit zahlreichen Wiener Würsteln laufend bestellt wird. Einträchtiger Familiensinn schwebt über den erwartungsvollen Häuptern, das »Glühwürmchen« erklingt und gleich darauf aus der Kantinenküchentüre ein ehrliches »Dreckskötér«. Weil nämlich der Kurzhaar-Bastard »Struppi« an die Rindsleber geraten ist. Das klatschende Geräusch, das folgt, rührt lediglich von dem Schlappschuh her, den ihm die kalte Mamsell ohne besonderen Erfolg nachwirft.

Immer höher steigt die Spannung, und man hätte wohl längst begonnen, wenn die Frau des Betriebsratsvorsitzenden endlich ihren ebenso verzweifelten wie erfolglosen Kampf mit einer Portion Spaghetti Milanese beendet hätte. Immer wieder muß deshalb die Musik eine Einlage geben, und der Werksanitäter Niedlich wirft dann endlich, auch vom Beifall hingerissen, sein volles Weißbierglas um. Was seine ergeben lächelnde, aber patschnasse Ehefrau lediglich mit dem leisen Vorwurf »Aber Männe!« kommentiert.

Endlich ein Tusch wie das Einschlagen einer mittleren Luftmine, und der Vorhang teilt sich. Sieben Damen schlüpfen im Schutze der Dunkelheit schnell aus den ungewohnten Sonntagsschuhen heraus und reiben gemütlich die Zehen aneinander. Auf der Bühne aber erscheint ein bäuerliches Ehepaar, und im Hintergrund ist auch schon die reich bemalte »Werkstatt«, das Schlafzimmer, aufgebaut, ohne das ein zünftiger Bauernschwank von vornherein zum Scheitern verurteilt ist.

Freudig stoßen sich die Zuschauer immer wieder mit den Ellenbogen an, und manche machen sogar »Pst«, denn sie erkennen ihre lieben Arbeitskollegen trotz Großvaterbart und Zipfelmütze. Etwas später kommt dann ein Gewitter, das der Betriebsspengler mittels einer großen Zinkblechgabel und eines Filzschlegels untermalt. Dabei kommt ihm letzterer aber aus, und er sagt ganz einfach laut in die Szene hinein: »Bum-bum«. Der Beifall ist umwerfend. Dann geht das Ehepaar auf hell erleuchteter Bühne in die leise quietschende Traumschublade, und die Bäuerin offenbart unter den Erstickungsanfällen des johlenden Publikums das gesamte textile Innenleben einer Ökonomin.

Als zum Schluß endlich auf der Bühne eine totale moralische Flurbereinigung stattgefunden hat, gibt es nur mehr rote Köpfe und überall eitel Wonne. Und man ist sich wieder darüber einig: »Schön ist so ein Laienspiel, es ist ein Spaß und kost' nicht viel.«

Wer an so einem blauen Sonnenmorgen ein Mädchen auf dem Wege zum Schwimmbad beobachtet, der wird es vielleicht in einem ganz besonderen Revier verschwinden sehen. Eingezäunt von hohen Bastmatten und den Blicken übermütiger Knaben entzogen. Dort treffen sich die »Schwestern der großen Freiheit«. Denn hier gibt es zwischen ihnen und der Sonne kein Geheimnis mehr.

Im Damen-Sonnenbad tragen die Ladies gewöhnlich nichts als ihren Ehering, drei bis vier Haarklammern und auf der Nase ein Blättchen Spitzwegerich. Da liegen sie dann. Lauter schlummernde Dornröschen. Aber die Prinzen sind selten heutzutage. Und haben auch gar keinen Zutritt.

Es riecht nach Nivea-Öl, nackter Haut und Eitelkeit. Denn das heißerkämpfte Ziel heißt: Braun werden. Für die ganz Jungen und auch für die, die schon eine ganze Weile jung sind. Und am Abend auf dem Boulevard, da stellen sie dann ihr gegrilltes Fellchen zur Diskussion. Die kleinen Mädchen mit den strengen Blicken und den leichten Sitten.

Betritt aber eine mondblasse Schöne den Kral, so schlägt ihr eine Welle echten Mitleids entgegen, und sie verkriecht sich ein wenig scheu in einer Ecke, weil sie sich doch gar so nackt vorkommt zwischen all den teakholzfarbenen Naturkindern.

Wenn die Sonnenuhren Mittag zeigen, schleichen die Stunden träge und apathisch dahin. Die Sonne hat nämlich noch ein schlechtes Gewissen vom vorigen Jahr. Darum schickt sie heuer siebzehn Strahlen mehr auf den Quadratmeter. Und es wird Zeit, ab und zu unter der Dusche ein kühles Stehbad zu nehmen.

Ganz hinten brutzelt eine Brünette still und heroisch vor sich hin. Daneben steht ein kleiner Plastik-Eimer, den sie nach und nach über sich ausgießt. Selbstgefällig und mit bestimmtem Ritual. Wie es einst lieb Mütterlein mit dem sonntäglichen Schweinebraten machte. Damit die Kruste ja recht resch würde.

»Du, ich habe schon ungefähr 40 Sonnenstunden auf dem Bauch«, sagt die Rothaarige neben ihr. »Und du?«
»Zappel nicht soviel. Am braunsten wird man, wenn man ganz ruhig liegt. Die Strahlen müssen senkrecht auftreffen.«
»Ja? Weißt du, es sollte einen Apparat geben, auf dem man immer ablesen kann, wie stark die Sonnenstrahlung ist. Und wann sie am meisten bräunt.«
»Ob's so was gibt? Einen Sonnometer oder so.«
»Wie die das da drüben bloß macht! Die ist ja wie eine Mulattin.«
»Die hat bestimmt einen Trick und verrät ihn nicht.«
»Mit Salzwasser reibt die sich ein. Das ist das beste.«
»Komisch, nicht, die Neger würden so gern weiß sein. Und wir unbedingt braun. Immer will man das andere. Verrückt.«
»Du, einerseits bin ich froh, wenn ich alt bin und nicht mehr eitel. Dann kann ich den ganzen heißen Sommer im kühlen Schatten sitzen. Unter einer alten Linde vielleicht.«
Nebenan liegen zwei Damen Größe 46. In ihren Blicken ist schon ein bißchen Nachsaison.
»Weißt du, daß die Zähne bleichen von der Sonne?«
»Ach Quatsch. Aber ich kenne ein Mittel: Man muß sie bloß mit

frischen Salbeiblättern putzen. Da werden sie ganz weiß, so weiß wie falsche.«
»Sag mal, brechen deine Haare auch so ab?«
»Ja. Diese elende Färberei. Du mußt über Nacht eine Packung mit Rizinusöl machen. Ein schreckliches Geschmiere. Aber es hilft.«
Nach einer Weile meint die Rothaarige sinnend: »Da können sie jetzt auf den Mond fliegen und Atome spalten. Und den Mars photographieren. Statt daß sie mal was für uns tun! Zum Beispiel Bikinis erfinden, die die ultravioletten Strahlen durchlassen.«
»Ja, das wär's. Da brauchte man nicht ewig mit den Weibern hier herumzuliegen.«
»Und so Kleiderstoffe müßte es auch geben. Da könnte man einfach auf der Leopoldstraße sitzen und würde ganz braun.«
Dann ist es wieder eine Zeitlang still, bis die Freundin schließlich erklärt: »Weißt du, das geht sicher nicht. Dann könnten ja vielleicht die Optiker auch Brillen erfinden, mit denen man durch die Stoffe durchschaut. Bis auf die Haut.«
Und dann kann man den beiden direkt beim Denken zuschauen. Denn auf ihren Gesichtern ist ganz deutlich zu lesen: Na ja, meinetwegen. Ich bräucht mich da ja nicht zu genieren. Ich ganz gewiß nicht.

41 | Kurze graue Straße

Die kleine graue Vorstadtstraße ist so überflüssig wie ein Blinddarm. Sicher wird sie auch bald einmal entfernt werden. Nur wird man sie dann wahrscheinlich nicht in ein Glas mit Formalin legen. Zu Studienzwecken fürs erste Semester. Und Naht bleibt wohl nachher auch keine zurück. Das haben die Kollegen von der Medizin zusammen mit den modernen Asphalt-Chirurgen längst gemeinsam. Doch nach Jahr und Tag, wenn wirklich einmal die Sprache darauf kommen sollte, wird man sagen: Zu was war denn die kurze graue Straße überhaupt da.

An dem griesligen Abflußrohr des Eckanwesens klebt ein linierter Schulheftzettel. Darauf steht in halbzerflossener Tintenschrift: »Wer meinem Ehemann Alois Gunetzreiner etwas leiht oder borgt, hat von mir keine Zahlung zu erwarten. Mathilde Gunetzreiner, Strickerei.« Jedesmal, wenn der erwähnte Alois an diesem Dokument seiner finanziellen Impotenz vorbeigeht, deutet er mit zitterndem Säuferfinger darauf hin und kichert: »Was ist das? Es ist ein See und ist doch kein See. Der Alise.« Aber abreißen traut er sich den Zettel auch nicht. Weil seine Alte gedroht hatte, er käme dann ins kalte Wasser der Säuferheilanstalt. Da will er jedoch nicht hin. Sondern zum Stehausschank Ferdinand Zierer. Beim dritten Zwetschgen-Schnaps erklärt er dann mit wäßrigen Augen: »Heit hod da Alise wieda sein Obsttag.« Abends holt ihn der kleine Neffe Manfred ab und schimpft im Heimgehen: »Onkel, du bsuffas Wogscheitl du.« Der völlig ruinierte Oheim folgt ihm mit hängenden Schimpansen-Armen. Daheim pufft ihn seine schwergeprüfte Frau mit harten, bösen Knöcheln lange, doch völlig vergeblich.

Wenn beim Pferdemetzger April, einem der letzten der Stadt, verkauft wird, witzelt der Invalide Kiefer: »Beim April ist weiße Woche. Der hod an Schimmel g'schlacht.« Viele Leute in der kurzen Straße sagen vom Pferdefleisch, daß es das Beste sei fürs Gulasch. »A Delikadess.« Und eine geräucherte Pferdezunge ist sowieso das größte Schmankerl, wird behauptet. Deshalb kriegt sie auch der Eisenhändler Pfund, der als wohlhabendster Mann der Via Mala gilt. Die eineiigen zwei Herzig-Buben jedoch schlichen sich manchmal an den Laden des Herrn April, wieherten und schlugen mit den frechen Füßen nach hinten aus. Bis der Michael vom rotköpfigen Meister einmal erwischt wurde und probeweise auf den Hackstock gelegt zum Enthaupten. Seitdem schicken die Zwillinge den beschränkten Stubenrauch-Emil vor und erklären ihm aus sicheren Versteck, was er tun soll. Es kann gar nicht mehr lange dauern, bis der Emil gegriffen und dann vielleicht wirklich geköpft wird. Dann würden die Herzig-Kinder sagen: »Um den is sowieso net schad, der war ja zu dumm zum Zitherstimmen.« So sagt nämlich ihr Vater immer.

In der kurzen Straße haben alle Häuser lange graue Ohren. Wie die Elefanten. Und wenn auf Nummer zwölf einer gähnt, hält sich ein anderer auf Nummer zweiundvierzig die Hand vor den Mund. Sagt man. Auch sonst weiß jeder jedes von jedem. Zum Beispiel auch die Geschichte von der ewig trächtigen Katze Susi. Jedesmal, wenn die wieder einen Wurf Junge in das kleine Kisterl gelegt hat, das unter dem Ofen der Witwe Sagelhaft steht, jammert die alte Frau laut auf. Auf den Rand des Hundertjährigen Kalenders hat sie nämlich mit welker Hand genau notiert, daß es bis jetzt insgesamt zweiundvierzig kleine Seelenwärmer wären, die sie füttern müßte. Da trägt sie dann also die winzigen Fellknäuel zum Transportarbeiter Simmerl hinüber. Der sagt, er hätte immer prima Kostplatzerl für junge Katzen. Weil er doch weit herumkäme. Aber das kostet zwei Maß Bier. Und alle Anwohner des schmalen, häßlichen Boulevards wissen doch ganz genau, daß der Simmerl die winzigen Dachhasen ganz woandershin liefert. Man hat ihn ja schließlich schon dreimal gesehen mit einem Sack auf dem Gepäckträger seines Radls. In dem ganz gewiß ein Ziegelstein war. Und noch etwas. Vielleicht wußte das sogar die Witwe Sagelhaft auch. Denn danach ging sie jedesmal zwei Tage in die Frühmesse.

Einen besonderen Gesprächsstoff bietet zur Zeit gerade die unheimliche Karriere der Kathi Grund. Die auf dem Moped vom Wirt-Sepperl begann, der sie zum Baden mitnahm. Doch schon nach vier Wochen hatte sich die Kathl bis in ein Auto hineingeschwommen, das zwei schwer verchromte »R« am Kühler trug. Kurz darauf sagte sie der Hausmeisterin, von nun an würde sie Cassy heißen. Und nicht mehr Katharina. Das Höchste jedoch erzählte dann die Nina Kipf. Die es ja wissen mußte. Denn die Cassy war auf einmal umgezogen aus der grauen Straße und hatte ein Appartement gemietet, in dem die Kipfin sauber machte. »Stoin S' Eahna bloß vor«, erzählte sie nun. »Alle Zähn' hat ihr da Freind richt'n lass'n. De hintern vergoldet und vorne Tschäki-Kronen drauf. Und nächste Woch' schneid'ns ihr aa no a Stück von da Nas'n ab. Weil die dem Freind zu groß is. Hast du da noch Worte.« Nein, niemand mehr hat da noch welche.

Vorgestern feierte übrigens die alte Scheslin ihren Fünfundachtzigsten. Alles kam zum Gratulieren. Viele in Hausschuhen. Manche auch mit einem Kuchen. Das Enkelkind Helene Alice kam auch zum Glückwünschen. Am Zaun bei den Mietgärten hatte sie die Blüten von Taubnesseln gepflückt. Die sie dann der alten Oma völlig verwelkt und mit nassen Augen unter die Nickelbrille hielt. Und die Oma gab der Kleinen eine ganze Mark, weil sie glaubte, das gute Kind weine vor lauter Rührung. Helene Alice jedoch hatte lediglich ein paarmal danebengegriffen in die echten Brennesseln hinein. Das trieb ihr jetzt das Wasser in die Augen. Denn was versteht denn so ein Vorstadtkind schon von Botanik. Auch wenn es in einer kurzen grauen Straße wohnt.

Vermutlich ist das Salz das älteste Gewürz der Welt. Gewonnen aus den Wassern der sieben Weltmeere oder aus dem Dunkel der Bergschächte und Stollen. Auch die biblische Frau Loth, die sich bei der Zerstörung von Sodom und Gomorrha neugierig umdrehte und dafür zur Salzsäule erstarrte, hat wohl in bescheidenem Maße zur Versorgung der damaligen Bevölkerung mit dem sauren weißen Kristall beigetragen. Bei den germanischen und nordischen Völkern jedoch galt es seit vielen Jahrhunderten als selbstverständlich, dem Gast zum Antrittsgeschenk Brot und Salz zu reichen. Genau wie in jeder halbwegs diskutablen Wirtschaft das Salz auf dem Tisch nicht fehlen darf.

In den einheimischen Sprachgebrauch hat sich dieses Urgewürz ebenfalls längst hineingefressen. Man sagt beispielsweise: »Der kann sich nicht einmal das Salz in die Suppe verdienen.« Oder: »Dem werde ich dies und jenes gehörig versalzen.« Auch eine »gesalzene Rechnung« ist ein bestehender Begriff ebenso wie »jemandem den Hintern versalzen«. Scheidungssüchtige Männer oder Bauern, die mit ihren Dienstmägden nicht zufrieden sind, tun gerne den Ausspruch: »Die wird keinen Zentner Salz mehr bei mir essen.« Magere Mädchen haben zwischen Hals und Schlüsselbein nach Ansicht kritischer Freier »Salznäpfchen«. Jenes Gefäß, bei dem man nie genau wußte, ist es vornehmer, mit der Löffelspitze hineinzufahren oder mit dem Löffelstiel. Und wenn es jemandem aus Verlangen oder Begier die Pupillen heraustreibt, so sagt man dazu: »Schau dem seine Salzbüchsl an!«

Der linke Bruder des Salzes ist zweifellos der Pfeffer. Man unterscheidet schwarzen, weißen, roten, gemahlenen, gestoßenen, spanischen, ungarischen und Cayenne-Pfeffer. Als Redensart über ihn haben sich eingebürgert: »Der kann dahin gehen, wo der Pfeffer wächst«, »Man hat ihm Mäusedreck als Pfeffer verkauft«, »Er pfefferte seine Schuhe in die Ecke« oder »Da liegt also der Hase im Pfeffer.« Ferner spricht man auch noch von »gepfefferten

Witzen«, »gepfefferten Preisen« und von einem Stoffmuster, das sich »Pfeffer und Salz« nennt. Sowie von einer bestimmten Schnauzlrasse, die »Salz-und-Pfeffer-Rußl« heißt.
Zu diesen beiden Grundgewürzen, die wohl auch in der kleinsten Hütte zu finden sind, gesellten sich eine große Anzahl Speisezutaten, die aus den heimischen Wiesen, Wäldern und Gärten bezogen wurden. So der Kümmel, Thymian, Petersilie, Dill, Estragon, Pimpernell, Zitronen-Melisse und die Drillinge Schnittlauch, Knoblauch und Zwiebel. Dazu kamen nach und nach noch die orientalischen Verwandten. Der Zimt und die Nelken, Lorbeer und Paprika, Vanille und Curry. Ferner die Pepperonis, im Volksmund auch »Feuerschwanzl« geheißen. Und wer einmal heftig in so eine Schote gebissen hat, der weiß, daß es in seinem neugierigen Munde dann zuging, als hätte die Sendlinger Bauernschlacht darin stattgefunden.
Neuerdings nun hat sich die Feinschmecker-Industrie in geradezu rabiater Weise all dieser Ausgangsprodukte angenommen. Und direkt eine Gewürz-Seuche ausgelöst. Denn in jedem besseren Feinkostladen und Junggesellen-Appartement hängen lange Regale mit den geheimnisvollen Schraubgläsern der »Island Spices«, wie die Pülverchen, Beerenschoten und Essenzen im Sammelbegriff genannt werden. Da liest man Namen, die an Rennpferde, exotische Zärtlichkeiten oder Wirbelstürme erinnern. Ne Yen steht da drauf. Leemon Peer, Mace, Dayong, Cardamon und Tarragon. Und daneben gruppieren sich all die Flaschen und Wässerchen, wie sie wohl der Goldmacher Tausend in seiner alchimistischen Hexenküche einmal benützt haben mag. Denn das simple Maggi allein, das beispielsweise Karl Valentin an alle Gerichte hintat, ob es nun Kartoffelknödel waren oder Bandnudeln, ausgenommen lediglich der Bohnenkaffee, genügt heute einem lüsternen Gaumen-Snob längst nicht mehr. Nein, »Tabasco« muß es sein. Jene Teufelstropfen, die etwa das gleiche Gefühl hervorrufen, wie wenn jemand mit einer Schusterraspel in der Speiseröhre massiert wird. Worcestersauce, Tomatenketchup, Moutarde Dijon, Barbecue Dressing und Sauce Cumber-

land gehören heute einfach zur kulinarischen Grundausbildung eines jeden Wiederkäuers.
Selbstverständlich hat auch ein ambulanter Kostgänger in einem der vornehmen Schling-Schuppen Anspruch auf ein solches Service. »Und hundert Flaschen stehen stumm – um das Leckermaul herum.« Der simple Zuschauer denkt dabei unwillkürlich an den Verlobungs-Song des gräßlichen Maschinenmenschen Franckenstein, in dem es so schön heißt: »Auf der Suche nach Laster hab' ich Kakteen geküßt, Mostrich hab' ich mir aufs Haar geschmiert und mit Salzsäure hab' ich gegurgelt.«
Was aber ein wahrhafter Super-Gourmand ist, wie man diese Feuerschlucker nennt, der läßt sich sämtliche vorhandenen Sünden im Glase herbringen. Gießt sie dann reichlich über das bestellte Gericht und läßt es schließlich stehen. Und wenn ihn der Ober fragt, warum, dann gibt er lediglich lässig zur Antwort: »Ach, wissen Sie, ich mach' mir nämlich nichts aus Gewürzen.«
So was wird sicher in der Saucen-Society notiert.

Der hagere Mann aus dem Mittelwesten kratzt mit dem Fingernagel mißtrauisch hinter dem Wort »Königsschlösser« herum. Aber es sind schon drei Sterne, die dahinter im Baedeker stehen, und nicht die Spuren bayerischer Sommerfliegen, wie er vorübergehend annahm. Mit ihm haben sich noch vor der Freitreppe des leise verbröckelnden Prunkbaues eingefunden: zwei schwäbische Bauern, die sanft nach den Wacholderschinken ihrer schönen Heimat riechen. Ein Ehepaar aus Ludwigslust, fünf Schotten im karierten Rock, eine schnatternde Klasse höherer Töchter, mehrere Engländer, mit den Riemen ihrer Kameras kreuzweise verschnürt, als würden sie sonst auseinanderfallen, sowie drei Inder, das rätselhafte Konfettimal auf der Stirne, und sechs ältere Damen unbekannter Nationalität.

Aus einer kleinen Seitentüre tritt der staatlich geprüfte Fremdenführer, wirft einen raschen Blick auf die Versammlung und bekommt ein banges Trinkgeld-Zweifeln in die wäßrigen Steinhäger-Äuglein. Dann erklärt er in fünf ineinanderfließenden Sprachen rasch die Entstehung, die Bauzeit und den Stil des Gebäudes. Und schließlich öffnet er das große Portal, indem er dem bronzenen Löwenkopf in der Mittelrosette auf das linke Auge drückt. Der Bauherr hatte eine Schwäche für Geheimnisvolles.

»Auf der Decke sehen Sie die Göttin Aurora, von welcher dieser Saal seinen Namen hat«, beginnt der Führer. Aber im Gegensatz zu seinen Gefolgsleuten erhebt er die kleinen müden Pupillen längst nicht mehr zum Plafond. Zweihundert Jahre sind die Farben alt, und zwei Millionen Besucher haben die Aurora bisher angestarrt, ohne daß sie im geringsten verblaßt wäre. Die stattliche Dame selbst offenbart einen ungeheuren, leicht verschleierten Busen. Bleich und üppig wie zwei frisch aufgeschüttelte Paradekissen. Die meisten Beschauer öffnen den Mund wie Halskranke beim Auspinseln. Verstohlen zupft die Ehefrau aus Ludwigslust ihren Hermann am Ellenbogen. Aber dessen Blicke sind einfach an den unerhörten Liegenschaften der Decken-Lady hängengeblieben wie an einem Fliegenfänger. Drei von den höheren Töchtern kichern ein wenig.

Den linken Fuß mit dem Stulpenstiefel auf dem Ölfarbenhügel, deutet der Feldherr Max Emanuel mit adligem Zeigefinger auf die rauchenden Trümmer der Festung Belgrad hin.

Ein Gymnasiast mit einer Pickelstirne, die ausschaut wie eine Fernsehaufnahme von der dunklen Seite des Mondes, schlägt leise den Takt und singt dazu dem Mann aus dem Mittelwesten die vierte Zeile des berühmten Liedes vor: »Er ließ schlagen einen Brucken.« Der lange Cowboy, der nichts versteht, lächelt. Die Anführerin des Gänseliesel-Geschwaders tadelt indes streng eine Schülerin: »In einem Königsschloß ißt man keine Wurstsemmel.« Die ertappte Tochter hört sofort zu schlucken auf und legt ihre Salami-Schrippe verstohlen hinter einen Damastvorhang. Direkt zu Füßen der Fürstin Adelaide.

Ein Riesengemälde ziert die Westwand des Rittersaales. »An dieser Stelle versank der Märchenkönig Ludwig in den blauen Fluten des Starnberger Sees«, sagt der Fremdenführer. »Einundvierzigjährig.« Die zwei Schwaben nehmen still den Hut ab. Und eine Bäuerin faltet mühselig die verschrumpelten Hände. »Sorry«, murmeln zwei Schotten. Die großen Vasen mit den herrlichen Mustern tragen alle noch die Zeichen Meißens. »Dreihundert Jahre alt«, sagt der Erklärer. Eine der Damen entblößt einen blaßgelben Kuchenzahn und kommentiert: »Wären die bei meiner Emma nie geworden.« Dann fährt sie mit dem Finger prüfend über ein Sims, zeigt das dunkle Resultat mitleidig lächelnd ihrer Nachbarin und sagt: »Na ja, die Bayern.«

Die alte schwere Standuhr aus purem Golde, die vor einem Vierteljahrtausend zu ticken begann, nagt noch immer an der Zeit herum. Kritisch vergleichen die Engländer den Zeigerstand auf ihren »watches«. Ein junges Paar, das etwas zurückgeblieben ist, betrachtet staunend das kostbare Himmelbett des romantischen Monarchen. Dann drückt der Mann vorsichtig und rasch ein paarmal auf die Matratze. Sie knarzt. Die Frau wird langsam rot. Vor der Vitrine mit dem Tafelbesteck, den güldenen Schüsseln und Pokalen, entspinnt sich eine kleine Konversation über den Gebrauchswert der kostbaren Suppen-Ruder, in die doch höchstens drei Tropfen Bouillon gehen. Aber Könige essen wohl nicht sehr viel. Dann kommt der Saal mit der berühmten Schönheitengalerie. Die Sedlmayer, Antonie Wallinger, Helene Miller hängen an den Wänden. »Sie waren des Königs Untertanen«, sagt der Schloßerklärer etwas zweideutig. Der hatte wohl irgendwo heimlich einen genommen. Auf hartes Befragen zweier Damen weiß er auch noch zu berichten, daß jede der konterfeiten Schönheiten von Seiner Majestät eine Börse mit Dukaten als Geschenk erhielt. »Dreißigtausend Goldmark waren drin«, plappert der Mann mit reinem Gewissen. Dann verweist er auf das Bild der Lola Montez. »Nix gut for bavarian«, meint ein Brite. Und der Student singt die ersten Takte des ehemaligen Spottliedes: »Keine aber so konnt' es, so wie die Lola Montez.« Mit neugierigem Staunen aber stehen die höheren Töchter um die sagenhafte Kurtisane herum. »Einfach enorm«, entscheidet ihre Anführerin. Und drückt heimlich vor dem Spiegel am Ausgang an einem Mitesser herum.

Die Führung ist beendet. Die Engländer machen noch schnell mehrere Momentaufnahmen, die schwäbischen Bauern ein Kreuz, die Inder einen müden Eindruck und der Schloß-Kastellan eine erwartungsvolle hohle Hand.

Die Caravelle heulte auf wie ein Hund, dem man auf den Schwanz getreten ist, und dann biß sie sich gierig durch die untere Wolkenschicht. Ich konnte die Weisen, welche die beiden Triebwerke sangen, ganz deutlich unterscheiden. Das linke Gebläse dröhnte den Choral »Näher, mein Herr, zu dir«. Während die rechte Düse, hell wie ein Schusterjunge, die Melodie pfiff »I möcht gern dei Herzklopfn hör'n«.
Doch schließlich lag die stählerne Heulsuse flach und ruhig wie ein Bügelbrett in der Luft, und ich fühlte mich in ihr so sicher wie in der Bank von England. Manchmal dachte ich voller Schalk und Übermut geradezu: »Warum soll man sich eigentlich nicht gleich auf die Tragflächen setzen. Wär' doch sicherlich viel kühler dort. Unter uns die Alpen, die etwas später in Erscheinung traten, sahen mit ihren Höhen und dunklen Höckern fast aus wie eine ganz teure Damenhandtasche. Eine aus Hornback. Und als wir über das Matterhorn flogen, erklärte mein Sitznachbar allen, die es hören wollten oder nicht, voll strahlender Entdeckerfreude: »Möönsch, det Weiße da oben is ja Schnee.« Vermutlich hätten wir es ohne diesen Hinweis für Schlagsahne gehalten.
Es war jedenfalls eine große Schau, wie der orientierte Mensch von heute sagen würde. Ich hätte dem lieben Gott gerne die Hand dafür gedrückt. Wo doch die Entfernung zur Ewigkeit selten so gering ist wie bei einem solchen Höhenflug. Nämlich knappe drei Millimeter. So stark schätzte ich etwa die Dicke der Rumpfwände ein. Doch dann ging's auch schon wieder der Erde zu. Unermeßlich sanft sank die Caravelle auf die Landepiste nieder. Und mit einem letzten Seufzen hatte sie genau wie jene ihr Ziel erreicht. Nizza.
Der Weg von dort nach St. Tropez ist gar nicht so leicht zu finden, wie man meint. Denn er führt durch viele kleine Städtchen und Dörfer. Und die heißen alle gleich. Nämlich »Vendre« oder »Menu«. Erst nach einiger Zeit kam ich drauf, daß es sich dabei

um jene Tafeln handelte, welche die Immobilienhändler und die Restaurateure an die Ortseingänge hingen. Irgendwelche andere einheitlich farbige oder deutlich zu erkennende Namensschilder konnte ich nämlich nicht entdecken. Hingegen überall ganze Heerlager von Campingfreunden. Zeitweilig gleicht die Gegend einem Bild wie bei der Belagerung von Wien durch Sultan Zimbrabimba. An den Pforten zu diesen Feldquartieren standen verstaubte Gestalten, verbissen, zerstochen und mit Köpfen, aus denen deutlich die Ausdauer und Zähigkeit zu erkennen war, daß sie sich in Urlaub befanden. Man hätte sie fast alle für Deutsche halten können, was jedoch die weitaus wenigsten waren. Dabei sind die Lager- und Zeltgebühren in den letzten Jahren an der Riviera überall stark angestiegen. Denn wenn die Gemeinden dieses fahrende Volk vielleicht auch nicht besonders gerne sehen, so sagen sie sich jedenfalls doch: »Kleinvieh macht auch Mist.«

In St. Tropez, dem sonnenmürben Dorf am Mittelmeer, ging ich ins Quartier. In ein Hotel direkt am Marktplatz, dessen Name jedoch in christlicher Nächstenliebe verschwiegen sei. Denn diesen still verbröckelnden Touristenbunker hat wohl schon der berühmte Admiral Suffren, dessen Standbild unten am Hafen dösend vor sich hin oxydiert, gekannt und gemieden. Ein Kämmerlein, halb so groß wie ein bundesdeutscher Warenhauslift, ohne Tisch und Kasten, mit ein paar krummen Nägeln in der Wand, kostete herbe 22 Francs, also 17½ Mark. Ohne alles, naturellement. Das Bett allerdings, des Galliers liebstes Nationalheiligtum, war so weich und schwül wie eine bekannte Todsünde. Der Ausblick vom Fenster wiederum trist und trübe. Ich sah drei Tage lang ein verrostetes Fahrradschutzblech, einen eingestürzten Ziehbrunnen und eine tote Katze. Am dritten Tage war diese plötzlich weg, und ich dachte schon, sie wäre vielleicht von mitleidigen Händen verscharrt worden. Doch dann sah ich in der Ferne ein paar nackte Zigeunerkinder mit ihr spielen.

Am ersten Übernachtungsmorgen weckte mich gegen fünf Uhr ein bestialischer Geruch. Ich glaubte fast, da wird das Ungeheuer von Paris, Monsieur Landru, wieder irgendwo eine abgelauste

Braut grillen. Als ich jedoch das Fenster öffnete, sah ich den verschlafenen Padron, wie er in einer alten Tonne die Abfälle des vergangenen Tages verheizte. Das tat er auch mit schöner Regelmäßigkeit die beiden anderen Morgen. Im übrigen ist St. Tropez, bis auf die sympathisch leisen Mopeds, die höchstens so laut wie gute Staubsauger summen, die Stadt der schweren Motoren. Ununterbrochen brummend und dröhnend wälzt sich Nacht für Nacht ein blecherner Lindwurm von Automobilen durch die Stadt, so daß ein normaler Mensch höchstens senkrecht im Bette stehend ein Auge voll Schlummer findet.

Im Reisebüro drunten am Hafen spricht natürlich kein Mensch Deutsch. Weil das vermutlich keine Zukunft mehr hat. In der Tat ist die westdeutsche Touristenwelle fast total versandet. Schuld daran sind zweifellos die Preise und der völlig unsinnige Wechselkurs jener Währung, die sich Neuer Franc nennt und die in ihrer Kaufkraft der Mark beinahe gleichgestellt sein soll. Dabei ist er für mich höchstens dreißig Pfennig wert. Denn was soll's. Ein mageres Mittagessen kostet fünfzehn Francs, ein gutes fünfzig. Im »Petit trou«, einem winzigen Auskochgeschäft, dessen Namen »Das Loch« zu Recht besteht, gibt es allerdings auch schon für fünf Francs einen Zahn voll Pommes frites. Dafür nimmt das Casino für ein Cola schlichte zehn Mark. Rindfleisch, zugegebenermaßen so delikat zerlegt, als ob's von Professor Sauerbruch behandelt worden wäre, kriegt man schon für achtzehn Mark das Kilo. Eine Waldmeister-Limonade 3 Mark 50 und ein Steckerleis vom allerkleinsten Baumuster 1 Mark 20.

Zum Glück lernte ich eine gewisse Edith Herzner kennen. Heute Madame Cappalo, die einst die Münchner Avenue Leopold verzieren half. Nun ist sie die Gattin des jüngsten Gemeinderates von »Trop«. Und dieser Herr Rat, ein aufgeschlossener Badeshort-Träger, gab mir über vieles bereitwillig Auskunft. Also, von wegen oben ohne geht im Städtchen gleich gar nichts. Die erste diesbezügliche Nixe, die ihre Amüsier-Schrippen netto zeigte, bekam 500 Francs Strafe aufgebrummt. Und der einzige ausgestellte Mini-Bikini liegt seit vier Wochen im Schaufenster und blieb bisher unverkäuflich. So streng sind dort die Sitten. Dabei haben die Mädchen Hosen an, die sind so eng, daß man deutlich ihre Blinddarmnarben sehen kann. Und jene mit silbernen oder goldenen Wonne-Röhren schauen direkt aus, als hätten sie ein galvanisches Bad genommen.

St. Tropez selber hat keinen Strand. Das ist eine der vielen Überraschungen des beschaulichen Örtchens. Denn in jene lächerliche Bucht, die vielleicht früher einmal als Bürgerschwemme gedient haben mag, mündet seit langem ein zerfressenes Rohr, aus dem sich ganz gemütlich der gebrauchte Apéritif und das ebenso teure wie gute Kronenbourg-Bier trübe und benützt wieder ins Meer ergießt. Der richtige Sand-Beach ist etwa eine knappe Gehstunde vom Marktflecken entfernt. »Tahiti-Plage« oder »Tam-Tam« nennen sich die kleinen Mattenhütten, vor denen die Behüter der schwächlichen Brandung sitzen und beschaulich von den drei großen »S« leben. Nämlich von Salzwasser, Sand und Sonne. Zwei Mark der Eintritt, zwei Mark die Liegematte und zwei das Parapluie. Das kostet hier der Preis der kleinen Herrlichkeit. Und ein Gläschen Wasser macht Eins vierzich. Wer's nicht glaubt, der irrt sich.

Zu der kostspieligen Einrichtung einer solchen Erfrischungsanstalt gehört unter anderem auch eine Dusche. Die aber meistens nicht funktioniert. »Geine Wasser«, »Nix Aqua«, »No Water«, sagte der braune Badeboß gelangweilt zu mir, als ich dieserhalben reklamierte. Da rüttelte ich ganz zufällig an dem pflichtvergessenen Feuchtigkeitsspender. Nur so. Und schon hatte ich das ganze Gestell in der Hand. Denn die Dusche war nämlich überhaupt nicht angeschlossen. Und steckte einfach im Sand. »Voilà.«

Ach ja, es ist schon ein herrliches Völkchen, das französische. Und von einer göttlichen Unbekümmertheit, an der es bei uns Deutschen leider überall fehlt. Ich glaube, wenn die St. Tropezer sich selber um ihr Wetter kümmern müßten und nicht der liebe Gott, wäre am andern Tag überhaupt keins da. Was jedoch die Vorstellung anbelangt, die viele Zeitgenossen von »Trop« haben, so heißt es in dieser Hinsicht leider: Irren ist menschlich, sprach der Hahn und verließ die Ente. Denn nirgendwo steht hinter einer der dicken Platanen Mademoiselle Mürrisch, das Mädchen mit den Weißwurstlippen, um Autogramme zu geben. Und auch Curd Jürgens ist leider nicht auf Wasserskiern zu bewundern, sondern nur als Ansichtskarte hinter der fliegenblinden Fensterscheibe einer verstaubten Bücherei. Im Café »Des Arts« auf dem Hauptplatz hat man dem Vernehmen nach allerdings auch schon einmal den Picasso gesehen. Der nach den Erzählungen der Einheimischen seine kleinen Einkäufe immer noch mit Barschecks quittiert. Die dann nie eingelöst werden. Weil sie die Besitzer wegen der Unterschrift nicht mehr hergeben.

Wie gesagt, dieser trostlos schöne, muffig verträumte und herrlich verschlampte Punkt auf der Landkarte ist keineswegs der Nabel der Welt, für welche ihn viele halten mögen. Denn er ist in dieser Hinsicht sicherlich nicht interessanter wie beispielsweise das gleichnamige Grübchen der Frau Holle.

»Menschen an der Ampel.« An der »Haltestelle Ungeduld«. Auch hier scheiden sich wieder einmal die Geister. Und man könnte mit dem Dichter sagen: »Zeige mir, wie du wartest, und ich sage dir, wer du bist.« Denn plötzlich ist die nahe Zukunft abgeschnitten. Die Frau von ihren Kartoffeln, die daheim auf dem Gas stehen. Der Liebhaber von seinem langhaarigen Glück. Und auch der Inhaber einer Laufmaschinen-Reparaturanstalt hört hier auf zu laufen. Und dann kann man ihnen allen plötzlich beim Denken direkt zuschauen. Denn ihre kleinen Geheimnisse krabbeln ihnen auf den erhitzten Gesichtern herum wie Fliegen auf warmen Zuckermelonen.
Dort der sanfte Spinner zum Beispiel. Was geht jetzt wohl vor in ihm: »Ampelrot«, sinniert er, »Ampelrot, leuchtest mir zum frühen Tod. Nee, Morgenrot heißt das doch. Zwei, drei, ein Lied. Morgenroo—. Aha, ist schon hiesig. Die gelbe Scheibe. Soeben eingetroffen.« Und nun weiß er plötzlich auch, was er heute abend essen wird. Spiegeleier nämlich wird er essen. Ach, das Grün ist ja auch schon da. »Tatütara, taralala. Dann gibt's also Spiegeleier mit Spinat.«
Wie wohl so ein grünes Ampelmännchen mit Vornamen heißt. Womöglich Heinrich? Wie jener Roman von Gottfried Keller. Der Grüne Heinrich. Übrigens, wer doch ausgerechnet Grün herausgesucht hat für das Freisignal. Ein sattes schönes Lila wär' doch auch recht hübsch gewesen. Ach was, Sprung auf, marsch, marsch. Grün ist Grün – und Wien bleibt Wien.
Der alte Nörgler nebenan aber empfindet das wahrscheinlich ein wenig anders. Irgendeiner da oben mag ihn nicht, vermutet er. Denn immer, wenn er kommt, glotzt ihn garantiert die dämliche Scharlach-Pupille des Haltesignals hämisch an. Ochsenfurt soll man so einen Übergang vielleicht heißen. Oder besser noch Haßfurt.
Und keine Disziplin haben diese Asphalt-Hunnen. Laufen doch

tatsächlich alle links. Wo doch Rechts die Parole ist. Ach ja, die meisten Menschen haben ihre Köpfe wahrscheinlich bloß deshalb auf, damit sie das Stroh nicht direkt in der Hand tragen müssen. Und jene, die diesen Ampel-Komplex erfunden haben, tragen ihre Gedächtniskonserven wahrlich nur aus dem einzigen Grund auf den Schultern, weil's ihnen doch sonst in den Hals hineinregnen würde. Für alles hat dieser Staat halt ein Geld. Nur nicht dafür, daß man ihn hätte studieren lassen. Dann wäre die Verkehrsmisere auf jeden Fall glücklicher gelöst worden. Vielleicht so, wie es der Komiker Valentin einmal vorschlug. Montags nur Fußgänger, dienstags nur Straßenbahnen, mittwochs dann Lkws und so weiter.

Und überall amüsante Köpfe und Typen. Ach, da schau doch dort, die hübsche blonde Autofalle. Eine wahre Vesper für die Augen. Und der vergrämte Hofrat Geiger neben ihr. Hat sein Gesicht nicht eine verblüffende Ähnlichkeit mit einem alten Stück Bauernbrot? Links zwei drei, Herr Major. Immer allen voran. Die Beförderungs-Urkunde wird gleich nachgeschickt. Mensch, Mann, Manometer. Die Kleine hat ja Beine bis zum Kinn. Länger wie ein Junitag. Wind müßte man da halt sein. Sommerwind oder, noch besser, Aufwind vielleicht. Ob da nicht so ein dicker Dieselbrummer mit dem Auspuff ein bißchen hineinpusten könnte? Was heißt hier Weitergehen und Kreuzung räumen? So was muß man sich doch einfach eindosen für die langen Winterabende daheim. Oder wenigstens ein bißchen auswendig lernen.

Autler sind wohl bessere Menschen. Manche haben zwar an ihren Schläfen schon gewisse Einbuchten vom chronischen Vogel-Zeigen. Aber das böse Sprichwort »Benzin verdirbt den Charakter« trifft gewiß nicht auf alle zu. Denn viele von ihnen schauen sich das heitere Panorama in den kurzen Kupplungspausen doch auch mit entspannten Gesichtern und Wadenmuskeln an. Und nehmen so schmunzelnd ein kleines seelisches Fußbad.

Leider gibt es aber auch manche Asphalt-Mutterschiffe, die sagen sich halt: Was grün ist, bestimme ich. Und das nicht nur zur Sommerszeit. Na ja, und an so einem Blockadebrecher könnte zwar schon ein mürber Plastikbomber zerschellen. Aber besser ist wohl: Der Klügere gibt nach. Doch ein Zehntonner hat meistens nur sehr wenig Hirn. Und was nutzt es dann schon dem forschen Verkehrsteilnehmer, wenn schließlich auf seinem Grabstein steht: »Der Schnellste auf der Kreuzung war – der erste in der Engelschar.«

Aber nun haben sie sich also tatsächlich gefunden. Die zwei Kaffeekannen. Und das mitten auf dem Rücken eines Zebras. Wenn das keine Nummer ist. Na, wie geht's denn, ihr zwei alten Zuckerhüte. Ihr handelt wohl nach der schönen Parole: »Getrennt futtern und gemeinsam sterben.« Aber bitte, sucht euch doch wenigstens noch schnell das Reifenmuster heraus, von dem ihr überrollt werden wollt. Karos würden sich vielleicht recht hübsch ausnehmen. Aber auch eine flotte Spikes-Punktierung. Die macht sicher recht schlank.

So ein Übergang ist auch keine schlechte Trainingsstätte für einen vorolympischen Dreisprung. »Hopp, hopp, hopp – Zenzi lauf Galopp.«

Sicher aber war einst die Durchquerung des Roten Meeres durch den alten biblischen Marschierer Moses nur ein lächerlicher Spaziergang im Vergleich zu der Traversierung einer Großstadtstraße. Manche Leute behaupten ja sogar, eine Straßenkreuzung heißt nur deshalb Kreuzung, weil man ein Kreuz machen soll, bevor man sie betritt. Schön wäre es womöglich auch, kleine Briefkästen an den Ampeln anzubringen, in die der wagemutige Passant rasch noch ein paar Abschiedsworte für seine Lieben sowie den letzten Willen einwerfen könnte. Ein interessanter Vorschlag, man solle das gesamte Signalsystem ganz abschaffen und die Wartenden durch eine Art Rohrpost einfach auf die andere Straßenseite saugen, wurde leider von der Oberpostdirektion wegen der Frankierungsfrage abgelehnt. Ebenso wie die vermehrte Bohrung von unterirdischen Fußgängertunnels mit der Begründung: Die letzten Großstadt-Mohikaner kämen sowieso noch früh genug unter die Erde.

Hunde, Häschen, Hagestolze. Männer, Mädchen und Matronen.

Alle kommen sie schließlich rüber ans andere Ufer. Auch der alte Philosoph und seine abgeklärte Erkenntnis, mit der er sich sagt: »So ein rückständiger Fußgänger wird durch viele sinnreiche Einrichtungen letzten Endes immer zuerst umgeleitet, durchgeschleust und dirigiert. Schließlich dann gebührenpflichtig verwarnt, flachgewalzt, nachher aufgebahrt und zuletzt in die Unfallstatistik aufgenommen.«

Dem Mann mit den drei Punkten am Arm aber soll es nach dem Willen der Behörden möglichst nicht so ergehen. Denn sein guter Kamerad und ein akustisches Signal, das die grüne Lampe ersetzt, werden ihm den Weg durch sein lichtloses Großstadtdunkel weisen.

»Rot-Gelb-Grün«-Signale, die unsere Unrast in exakte Stücke hacken. Zeichen, die uns jagen, aber auch beschützen. Das Auge der Technik, das auch dann noch mechanisch in einen grauen Morgen blinzelt, wenn wir gar nicht da sind oder nicht mehr da sein werden.

Doch was soll's. Wir müssen eben mit der Ampel leben. Denn bereits Wilhelm Busch, der es wohl ahnte, daß der Tod einmal auf leisen Rädern gehen würde, sagte doch so schön: »Verkehr ist – wenn man trotzdem lebt.«

46 | Mein Vater, der Häuptling

Am schönsten war es immer am Sonntagvormittag, wenn mein Vater unsere Großmutter fesselte. Da stand die alte, leise lächelnde Frau vor einer riesigen Schüssel in der Küche und rieb die Kartoffeln für die Feiertagsknödel. Mein Vater, der große Häuptling Abendwind, der Gründer des ersten Münchner Wildwest-Vereines, aber schwang knapp unter der schwankenden Gaslampe ein Wäscheleinen-Lasso, zielte, warf, und fast jedesmal senkte sich dann die Schlinge um unsere Oma. Unterdessen hatte »Bull Brake«, meines Alten jüngerer Bruder, ein Bügelbrett an die Küchentüre gelehnt und darauf in Augenhöhe den Kopfsalat für das Mittagessen montiert. Dies sollte wohl ein Marterpfahl sein, an den ein schuftiger Renegat gebunden war. Denn mein Onkel warf mit scharfen Messern nach dem grünköpfigen Halunken immer knapp links und rechts vorbei. Manchmal allerdings traf er den grasigen Verräter auch mitten ins Herz, so daß er schmerzhaft die Blätterohren hängen ließ. Aber das machte nichts, denn er kam ja sowieso bald in die Salatschüssel.

Meine Mutter, längst an das Leben einer ergebenen Squaw gewöhnt, schüttelte nur manchmal heimlich den Kopf zu diesem Treiben, während ich selber mit winzigem Kriegsgeschrei vor dem kleinen Hasenstall hin- und hersprang, der auf unserm Balkon stand, und den erstaunt blinzelnden »Belgischen Riesen« bedrohte.

Schon in frühester Jugend machte mich mein alter Herr mit der glorreichen Vergangenheit des sterbenden Indianervolkes bekannt. Sitting Bull, der rote Napoleon, war mir schon weit früher ein Begriff als der Fürst Bismarck. Und an der Wand unseres gemeinsamen Schlafzimmers hing ein riesiger Farbendruck, welcher das blutige Ende darstellte, das der große schweigsame Chief dem Reiterheer des amerikanischen Generals Custer bereitete, als er am Little Big-Horn drei Kavalleriebrigaden bis zum letzten Mann aufrieb.

Die Stämme der Dakotas, der Sioux, der edlen Blackfoots, Delawaren und Cheyennes kannte ich längst vor den Schwaben oder Sachsen. Und ich wußte schon, wohin der Rio Grande floß, bevor man mir sagte, wo die schöne grüne Isar entsprang.
Etwa im siebten Jahre meiner herrlichen Kindheit mochte es gewesen sein, da bekam ich meine Feuertaufe. Es war ein Tag, an dem meine Mutter in die Stadt gegangen war, um billige Äpfel zu kaufen. Es wurde teures Obst. Denn mein Alter nahm mich bei der Hand, und wir gingen ins Schlafzimmer. Dort schnitt er in eine alte Schuhschachtel ein Loch, stellte eine brennende Kerze hinein und lehnte diese kleine Laterne dann an die Wand. Ich mußte mich auf den Boden setzen wegen des Rückstoßes und mit beiden Händen den Griff eines sechsschüssigen Colts umspannen, während mein Vater hinter mir saß und mit festhielt. Dann versuchten wir das Licht auszuschießen. Schon beim ersten Donnerschlag löste sich ein pfannkuchengroßer Mörtelfleck vom Verputz, und als die Trommel leergeschossen war, saßen wir im Pulverdampf und Mörtelstaub. Da kam dann plötzlich eine unwiderstehliche Kleinkaliberwut über uns, und nacheinander nahmen wir den gräßlichen Dornauszieher auf der Kommode, die Strohblumen vom Vertiko und sogar das linke Ohr der Gipsbüste vom Prinzregenten Luitpold unter schweres Feuer. Bis endlich nach einer knappen Stunde eine gewisse seelische Erleichterung eintrat. Dann nahm mich mein Vater, der Häuptling, wieder bei der Hand, und wir gingen in die nahe Wirtschaft, um dort die Heimkehr unserer Mutter abzuwarten. Aber die war an solchen Kummer schon längst gewöhnt, und außerdem war mein Alter schon immer der »Boß«.
Niemand im ganzen Mietshause aber war meinem Vater jemals böse wegen seiner Marotten. Eher waren sie fast etwas stolz auf ihn, besonders, wenn er beim Faschingszug in vollem Kriegsschmuck mitritt. Und außerdem auch, weil er Englisch sprechen konnte, was er in mühsamer Heimarbeit aus Büchern gelernt hatte. In dieser Zeit schrieb er ferner fleißig an eine Indianerreservation, und manchmal kamen dann Briefe aus Amerika, was der Postbote

stolz im ganzen Haus herum erzählte. Etwas später begann mein Alter auch noch Adlerfedern zu den echten roten Brüdern nach Arizona zu schicken. Und bekam Friedenspfeifen dafür und Grizzlybär-Zähne. Die Federn besorgte er irgendwo aus Rußland, wo es noch echte Steinadler gab.
Manchmal hielt der Wildwest-Verein im Isartal auch ein Sommerfest ab. Da wurde dann über offenem Feuer saftige Büffellende gebraten und von vielen Gästen augenrollend verzehrt. Erst später erfuhr ich, daß diese Büffellende vom Pferdemetzger Hieb stammte. Von dem die Leute manchmal recht gern erzählten: »Beim Hieb ist wieder weiße Woche. Er hat einen Schimmel geschlachtet.«
Nun, vor genau fünf Jahren ging mein Vater in die »ewigen Jagdgründe« ein. Es war ihm vergönnt, als Mann zu sterben. Als ich ihn zum letzten Male sah, saß er aufrecht und stumm im Bett, und ich mußte an das Gedicht denken, das er oft zitiert hatte: »Vor seiner Hütte im Wald saß der Letzte der Mohikaner. Erloschen das Auge und kalt.« Der Professor, mit dem ich nachher sprach, sagte sinnend: »Welch ein Glück, wenn sich ein Mensch die Ideale seiner Kindheit bis ans Ende seiner Tage bewahren kann!«
Monate nach seinem Tode kam eines Tages noch ein verknitterter Brief an, aus Arizona. Zehn abgegriffene Dollarscheine waren drin und ein paar ungeschickte Zeilen. »Für Blumen auf meines Vaters Grab«, hieß es. Ein paar echte alte Indianer aus der Reservation hatten sie gesammelt. »Uff, Uff!«
Mag sein, daß mein Vater nur ein kleiner unbedeutender Arbeiter aus einer Münchner Vorstadt war. Für mich bleibt er immer der große Häuptling Abendwind.

Am Anfang war das »Mensch«. Das »Stall-Mensch«, das »Kuchel-Mensch« oder das »Haus-Mensch«. Das »Mensch« war aber keineswegs ein ambulantes Amüsier-Maschinchen, wie ein Flachlandtiroler vielleicht meinen könnte. Sondern es gehörte in Bayern dem ehrbaren Stande des Gesindes an und wohnte in der »Menscher-Kammer«. In jenem Dachzimmer, zu dem abends dann die »Seppls« pilgerten, um die Leiter anzulegen und dem bayerischen Nationalsport, dem »Kammerfensterln«, zu huldigen. Denn höchstens der Bauer durfte hin und wieder einmal auf leisen, handgewirkten Socken zur Kammer-Türe selbst hineinschleichen. Und ein junges Weiberleut, das in dieser Hinsicht besonders strapaziert wurde, schrieb vielleicht in ihr Tagebuch: »Und das Kammerfensterl geht auf – und das Kammerfensterl geht zua, und i find hoid mei Lebtag vom Kammerfensterl koa Ruah.« Freilich gab's im bajuwarischen Hinterland auch »Kuh-Teenager«, die weniger dem Idealbild einer bäuerlichen Venus gleichkamen. Die hießen dann in der Landessprache auch schlicht »Dotschn«, nach der gleichnamigen Rübe so genannt, oder wegen ihres drastischen Ganges und der stattlichen Infanteriefüße auch »Reserve-Trampel«. Diese Exemplare waren indes meistens sehr bibelfest, trugen vielfach auch das Tiroler Sportabzeichen, wie das bescheidene »Binkerl« am Hals hierzulande genannt wird, und besaßen nur einen bedingten Bildungsgrad. Man erzählt sich beispielsweise, daß so eine Afra oder Vevi noch kaum die Uhr gekannt hätte. Deshalb hing eine solche »Venus von Mintraching« meistens nur einen nassen Putzlumpen vor das Fenster. Und wenn dieser trocken war, dann war's zwölf Uhr.

Als dann schön langsam die Kernseife, die Preußen und die Brauchtumspflege ins dunkle bayerische Land vordrangen, hob sich mit dem Bildungsniveau auch das sprachliche. Und aus dem derben »Mensch« wurde alsbald das »Dirndl«. Ein Geschöpf mit blauen Augen, weißen Unterröcken und zwei nahrhaften gelben

Margarinezöpfen, die gar lieblich bis auf den Boden der grünen Matten hingen. Nach der Vorstellung vieler Zugereister ernährte sich dieses urwüchsige Wesen hauptsächlich von Gemseneiern, geräubertem Edelweiß, dem schurkischen Blut feiger Jäger und von den dünnarmigen Operetten-Portionen, wie sie der Sigismund im Weißen Rößl verkörperte. Das bayerische Dirndl mit seinem lustigen, unruhigen Petticoat und den strammen Mittelstürmer-Wadeln hatte meistens auch noch recht viel »Holz vor der Hütten«. Mit dieser Umschreibung waren ihre »Spaß-Loaberl« gemeint, die man ins Norddeutsche übersetzt auch »Wonne-Schrippen« nennen könnte. Die bodenständigen Liebhaber und die deutsche Ansichtskarten-Industrie bezeichneten dieses Dirndl auch noch als »Trutscherl« oder »Gschmocherl«.

Wenn so ein unverbildetes Naturkind schließlich dann in die Stadt zur Herrschaft kam, so änderte sich zwar sein Aussehen sehr schnell, nicht aber die Mentalität. Sie hieß dann statt »Resl« einfach »Thea«, statt »Mari« »Mia« und statt »Kathl« »Katja«. Nur ausgesprochen böse Zungen behaupteten, bei einem solchen Stellungswechsel hätten sich die ländlichen Dirndl vorher alle die Fußnägel schneiden lassen müssen, damit sie auf dem Großstadtpflaster überhaupt gehen konnten. Tatsächlich erfreute sich so eine rustikale Perle bald überall größter Beliebtheit. Beim Herrn Prinzipal, weil sie den gelegentlichen »Textilproben« ohne Zucken standhielt. Bei der Gnädigen wegen der Gewißheit, so einen vollsaftigen Bissen könnte ihr Gustav sowieso nie verdauen, und bei den Herren Verehrern aus dem Unteroffiziersstand wegen des nahrhaften Geräucherten und der übrigen gesunden Liegenschaften.

Langsam schälten sich dann aus diesem Urbild des bayerischen Madls auch all die anderen heute noch vorkommenden zahlreichen Typen heraus. Der Kenner unterscheidet dabei: das »Schlamperl«, ein lockeres mannschaftsdienendes Geschöpf. Das »Gschpusi«, etwa der ständigen Begleiterin entsprechend. Das »Matschakerl«, die sorglose Künstler-Geliebte, den »Boizn«, ein körndlgefüttertes Naturtalent, das »Fräulein«, die zeitbedingte

Fraternisierungs-Spezialistin, die »Alte«, im Norden auch »Nebengeräusch« geheißen, sowie das »Botscherl«, das wegen seiner Gutgläubigkeit immer etwas alimentös gefährdet ist.
Die rasende Entwicklung auf dem Minne-Sektor hat aber leider auch vor dem bayerischen Dirndl nicht haltgemacht. Und so kann man selbst in einem verlassenen Kirchdorf bajuwarische »Zähne« treffen, die, auf dem Traktor sitzend, ihre »Röhrlhosen« mit eitel Wohlgefallen ausfüllen. In den Gaststätten der Großstadt aber tummeln sich die »Dauerschrauben«, die »Fässer« und die »Balla-Balla-Schwestern« auf der hölzernen Hopsasa-Prärie der Bars und Clubs genauso hektisch wie in Wanne-Eickel oder am grünen Strand der Spree. Was das »Dirndl« jedoch immer von ihren Rivalinnen unterscheiden wird, sind die Motive, warum sie ihr junges Herz so gerne verschenken tut. Sie tut es nämlich nicht so sehr wegen eines Verspruchs, eines langen Wagens oder eines pausenlos schnatternden Sonntags-Kiefers. Sondern, »weil er hoid so nett war« oder weil er »gor so lang bettelt hod«. Und gar mancher strenge Herr auf dem Vormundschaftsgericht bekommt auch heute noch die Erklärung zu hören: »Aber Herr Rat, man kann sich doch nicht ganz umsonst zum Fasching einladen lassen.« Drum gilt in unseren schönen Gauen halt auch ein Verserl, das zwar keineswegs ein Freibrief sein soll, aber wohl mit dazu beiträgt, daß das bayerische Madl zu den begehrtesten der ganzen Welt gehört. Es heißt da nämlich so lieb: »Und ist das Dirndl noch so steil – a bisserl wos geht allaweil.«

48 | Invasion der Unterröcke

Man kann den oberbayerischen Marktflecken Waging links liegenlassen, kann ihn mit »ck« schreiben oder auch als Urlaubsreisender »belegen«. Denn Waging ist ein Örtchen, in dem die »sakrischen Buam« noch Freizeit-Futterale aus Gamsleder tragen, die »reschen Dirndl« häufig ein Binkerl am Hals haben, das man im Chiemgau-Deutsch auch ein Kröpferl nennt, und eine Gegend, wo sich nach Ansicht der Flachland-Tiroler die Leute immer noch mit Feldpostkarten schreiben, weil sie noch nicht wissen, daß der Krieg längst aus ist.

Dieses Ferienparadies der einsamen Herzen liegt tief hinten im saftig-wiesigen Rupertiwinkel. Und wenn die schöne Urlaubszeit naht, sind die 1500 Fremdenbetten bis auf die letzte »Besucherritze« gefüllt. Und zwar zu 95 Prozent mit nord- und westdeutschen Gästen, die hauptsächlich wegen des zwölf Kilometer langen Moorsees kommen, der feucht und braun wie ein rührendes Rehauge mitten in der lieblichen Landschaft liegt und im nimmermüden Dienste des Fremdenverkehrs Tag und Nacht geöffnet ist.

Was die kleine, saubere Ortschaft mit ihren fleißigen, bodenständigen Zimmervermietern jedoch in der Hauptsache so berühmt gemacht hat, das ist die jährliche Invasion der Unterröcke. Denn zur schönen Ferienzeit fallen vom Rhein und von der Ruhr in riesigen erwartungsfrohen Pulks die lustigen Weiber von Wuppertal und die freudlosen Witwen von Wunsiedel ein. Und zu dieser Zeit treffen der Statistik nach auf jeden einigermaßen leistungsfähigen Buam vier bis fünf urlaubshungrige Damen.

Nun, solches ließ ich mir von verschiedenen Seiten mit lüstern angefeuchtetem Augenzahn erzählen, und eines Tages drehte ich dann mein Lenkrad südostwärts und traf alsbald in diesem sündigen Dorf ein. Zuerst machte ich ordnungsgemäß beim Reisebüro-Vorstand, Herrn Kern, meine Aufwartung. Doch dieser Herr, ein sympathischer Bayer, wenn auch ohne Gemsenpinsel auf dem wolligen Scheitel, ging auf den Kern der Sache trotz seines Na-

mens nicht recht ein. Und außer einigen Prospekten und der höflichen Mitteilung, daß das Büro meine »Unköschten« übernehmen möchte, gab er mir nicht viel mit auf den Weg. Also lenkte ich meine neugierigen Marschiererstecken zum Pfarrhause hin. Einem erbswurstgelben, verschlafenen Gebäude, das in stiller Besinnung verbröselte.
Nach mehrmaligem Pochen öffnete mir eine stramme Zenz mit einem prächtigen gelben Sonntagsgebiß und hörte sich mit schiefem Wellensittichhals meinen Vortrag an. Dann nötigte sie mich auf einen dunklen Sessel, und ich haschte nach einer Zeitung, die auf dem Tischchen lag. Da kam die Zenz auch schon wieder zurück und berichtete, der Herr Hochwürden würde nur noch ein bisserl was essen und nachher gleich kommen. Im Pfarrhause gab es heute sichtlich resche Kirchweihnudeln, denn es roch eindringlich nach Butterschmalz, nach altem Holz und auch ein bißchen nach Vergebung. Doch kaum lief mir das Wasser ein wenig im Munde zusammen, schlürfte die Hauserin zum drittenmal herbei und sagte, der fromme Herr hätte sich's überlegt und würde kein »Ünterwju« mehr geben. Unter Nennung meines gesamten Namens und einiger bajuwarischer Spezialhinweise, was sie doch für ein molliges Trutscherl sei, brachte ich schließlich die bodenständige Voralpenrose doch noch soweit, daß sie mir den Herrn Pfarrer Scherer besorgte. Und ich stellte alsbald meine Frage: »Hochwürden, wie sind Sie mit der Moral der Kurgäste zufrieden und wie mit dem Feierabend-Lebenswandel der eigenen Schäflein?« Der geistliche Herr jedoch entgegnete kurz: »Indem mich erst ein Zeitungsmann hereingelegt hat mit seiner Ausfragerei, sage ich gar nichts mehr.« Ich machte schüchtern darauf aufmerksam, er werde doch sicherlich nicht das Prinzip der Kollektivschuld auf mich anwenden. Ich habe nämlich beispielsweise auch einmal einen Kaplan gehabt, der mich wohl völlig zu Recht, aber viel zu stark an den Ohren zog. Doch deshalb halte ich ihn, den Herrn Pfarrer von Waging, dennoch für einen gerechten und prächtigen Menschen. Für einen solchen, so konterte der würdige Herr schließlich geschickt, halte er mich auch. Und

so gingen wir denn in völliger Übereinstimmung wieder auseinander. Und mein ganzer Gewinn war lediglich, daß ich jetzt auch ein bißchen nach Butterschmalz und ein klein wenig nach Vergebung roch.

In der nahen schönen Kirche, in der es nur so von vergoldeten Heiligen blitzte, die alle die Schwerter blankgezogen hatten, holte ich mir dann eine kleine Druckschrift mit dem Titel »Grüß Gott, lieber Kurgast«, auf die mich Hochwürden Scherer hingewiesen hatte. Doch darin stand auch nicht recht viel. Nur der eine Satz fiel mir auf, in dem es hieß: »Wir meinen, Badeanzüge und Strandkleider gehören nicht auf unsere Straßen.« Nun, da mußte ich dem Geistlichen Rat allerdings beipflichten. Denn wie sähe das wohl aus, wenn die Haupt- und Nebenwege von Waging dicht mit abgestreiften Bikinis und neckischen Shorts bedeckt wären?

Lenz-Geflüster

Nun suchte ich nach einer Angehörigen der Waginger Jungfrauen-Kongregation zwecks eindringlicher Befragung. Doch sosehr ich mich auch bemühte, ich traf nirgendwo eine solche an. Schließlich erlebte ich auch beim Bürgermeister und dem Verkehrsvereins-Vorsitzenden Beukert eine Abfuhr. Bis ich auf den Schuhplattler-Lenz traf. Der erzählte mir offenherzig von den goldenen Gründerjahren, als Waging zum Kurort erhoben wurde: »Ja, da sans am Abend glei soiba mit de Loatern an unsere Kammerfensterln kemma, de Madamen«, gestand er stolz und zahnend. »Do hob i in oana Saison fast fuchzehn Pfund abgnumma.« Aber neuerdings, so vermeldete der Lenz, gingen viele Buam doch lieber in die nahe Industrie nach Traunstein. Das brächte letzten Endes wieder mehr ein und sei auch nicht so anstrengend. Auf die diskrete Frage aber, ob es richtig sei, daß sich manche Burschen zur Erinnerung den Namenszug des Urlaubsgschpusis auf die Innenseiten von der »Zugbrücken« ihrer Lederhosen schreiben ließen, grinste der zünftige Watschentänzer nur und meinte: »Sellas is ma nix bekannt.«

Abends trifft sich alles im Kursaal zu bayerischen Darbietungen. Und mit angefeuchteten Lippen schauen die Kohlenpott-Ladys zu den 20 nackten Knien der Kapelle hinauf und greifen wohl auch manchmal leise seufzend ihren Begleitern an die mageren Oberarme. Ach ja. Es ist richtig lustig, preiswert und gemütlich, wenn die einheimischen Dirndln beim »Bayern-Preußen-Tanz« die alten Steiger im Holzhacker-Walzer bewegen, daß es nur gerade so knarzt. Und wenn dann alles gemeinsam den Refrain singt: »Das ist die Berliner Luft«, um gleich darauf zu versichern: »Mein Sohn heißt Waldemar, weil es im Walde war.«

Und die Bilanz: Der Rupertiwinkel ist wirklich eine Reise wert. Die spitzen Kirchtürme ringsum ragen beharrlich und fromm empor wie die Zahnstocher des lieben Gottes. Die Preise im Hotel zur Post sind bescheiden. Die Portionen sind es allerdings auch. Die Leute sind durchwegs königstreu, tadellos gewaschen, keineswegs ausgschamt. Und ausdauernd damit bemüht, ihre herrliche Ruhe und das paradiesische Landl möglichst rasch an ein berühmtes norddeutsches Reisebüro zu verkaufen. Und nach dreiwöchigem Aufenthalt hat auch das kümmerlichste Rautendelein die Waginger Nationalhymne gelernt, die nach einem uralten Schnaderhüpfl lautet: »Ja drah di um, hot's g'sagt – gschtoi di net so dumm, hot's g'sagt ...«

49 | Sängerkrieg im fünften Stock

Der riesige Gebrauchtwarensilo in der großen Stadt, in dem fast alles zu haben ist, was der Globus bietet – von einer Pyramidenbesteigung bis zu tiefgekühlten Hühnerherzen und von der Toselli-Serenade bis zum Jahreshoroskop –, hat jetzt auch noch ein ganz besonderes Schmankerl in sein Sortiment aufgenommen. Nämlich »Gesang mit Kuchen«. Denn im fünften Stock dieser Rolltreppenarche finden seit einiger Zeit im Imbißraum unter dem Motto »Jedem eine Chance« ebenso erbitterte wie unblutige Sängerkriege statt. Der Betrachter setzte sich auch einmal unter das hocherfreute Publikum, mitten hinein zwischen die sauber ondulierten Tortenmutterschiffe und jene bekannten Damen, die in einer einzigen Kaffeestunde mehr Mohrenköpfe verschlingen als eine mittlere Revolution im Kongo.

Ein Ansager, voll des köstlichsten Mutterwitzes, und das Eilmanntrio, drei bekannte Virtuosen, deren größte Kunst bei diesen Anlässen darin besteht, ernst zu bleiben, begleiten die zwanzig Eleven bei ihren gewagten Turnübungen auf der Tonleiter. Es tritt auf Nummer eins, die zwölfjährige Schülerin Eleen, um den Hauptpreis, einen Fernsehapparat, zu ergirren. Die frühe Callas sieht allerdings aus wie eine rüstige Zwanzigjährige, und was aus ihrem rotgebürsteten Hals kommt, klingt wie das verzweifelte Heisern einer Mundharmonika, in die zu viele Brotbrösel gekommen sind. »Mit 17 hat man noch Träume«, meint die kleine Gänseliesl und verdreht die jungen Minzenkugelaugen flehentlich zum Küchenbüfett hin, an dem die Frau Mutter steht und mit einem lila Spangenschuh den Takt mitstampft. Der Betrachter aber wundert sich wieder einmal mehr über die Fortschrittlichkeit der heutigen Jugend. Denn in dem Alter dieses Schneewittchens hatten die Mädchen zu seiner Zeit kaum andere Melodien gekannt wie das Quietschen eines Teddybärs, wenn sie ihm auf den Bauch drückten.

Nummer zwei ist einer von den modernen Witzblattypen. Lang

und mager wie ein Gefängnistag in Texas, von dem die vorgetragene Weise auch handelt. Gegen Ende zu wird dieser Melodienbohrer tatsächlich auch noch fündig und stößt scheinbar auf Öl. Da bricht er jäh ab, nimmt seine Gitarre und verläßt den Saal im Laufschritt. Wahrscheinlich, um mit BV-ARAL zu verhandeln. Der nächste Bewerber jubiliert durchwegs nur von Liebe und alten Zeiten. »Bei dir war das Zimmer so schön« heißt sein erster Song. Und der nächste »Zum Abschied wasch ich mir die Hände«. Er muß eine schreckliche Liebesenttäuschung hinter sich haben, denn er windet seinen Hals auch noch verzweifelt zur Decke. Statt daß er froh wär', ihn noch einmal aus der drohenden Eheschlinge gebracht zu haben. Nun folgt ein echter Italiener, ein Rückfahrkartentenor. Denn er hat dem Ansager erklärt, er müsse gleich nachher wieder nach Milano. Dort würde er nämlich erwartet. Wahrscheinlich vom Nieselregen. Folgt ein Türke. Der wischt sofort mit einer wuchtigen Rechten, die seinen Vortrag »Habt ihr denn wirklich vergessen auf mich« untermalen soll, die gesamte Lautsprecheranlage weg. Mit einer Lässigkeit wie Cassius Clay seine Einberufungsbefehle. Doch dann bricht er plötzlich in einen Ultraschrei aus, den er wohl für das hohe C hält, worauf der Sanitäter vom zweiten Stock im Laufschritt naht, finster entschlossen, den temperamentvollen Bosporusbariton vollkommen in Gips zu legen.
Eine wahre Pracht hingegen ist ein überschweres Almröserl aus Traunstein. Sie singt »La Montanara« recht ordentlich, nur in der Höhe wird ihr halt etwas schwindlig. Was aber jeder Mensch, der die Dolomiten kennt, verstehen wird. Allerdings schauen die meisten Sportfreunde nicht so sehr auf ihren Mund, sondern mehr ein Stockwerk tiefer. Nämlich auf ihren Biwakplatz, auf dem ohne weiteres eine komplette Seilschaft übernachten könnte.
Schließlich, nachdem mehrere Teilnehmer den herumstehenden Schlagrahm zu gewöhnlichem Joghurt gesungen haben, kommt noch ein ganz besonders bescheidener Bursche dran. Sein Lied ist etwa so langweilig wie das Leumundszeugnis eines Polizeibeamten. Aber seine Stirne ist rein, wenn auch nicht allzu hoch.

Als er mit dem Signalton eines überhitzten Teekessels geendet hat, sagt er gelangweilt zum obersten Preisrichter, der verzweifelt mit den Tränen kämpft: er würde den gewonnenen Fernsehempfänger gleich selber mitnehmen. Wenn's möglich wär'. Aber das machte nicht einmal Neckermann möglich.

50 | Gesundheitsapostel

Die Ansichten der Menschen über das, was gesund ist, gehen schon seit jeher auseinander wie die gespreizten Finger einer Hand. »Schnaps ist gut für Cholera«, sagen die einen. Die andern sinnieren: »Rauchst, stirbst, rauchst net, stirbst aa.« Und die dritten witzeln mit umwerfender Logik: »Mei Bruada, der Max, hat sein ganzes Leben keinen Alkohol getrunken und nicht geraucht und trotzdem ist er mit drei Monaten scho g'storb'n.« Auch viele einfache Bauernweisheiten beschäftigen sich mit dem Rezept, besonders lange gesund zu bleiben. Da empfiehlt zum Beispiel einer dieser Sprüche, man solle beim Arbeiten schlafen, beim Beten frieren und beim Essen schwitzen. Ein ähnlicher Ratschlag lautet: »Schau die Kirchen von außen an, die Wirtshäuser von innen und die Berge von unten.« Zu allen Zeiten aber gibt es ausgesprochene Gesundheitsapostel und Kohlrabijünger, die sich hauptsächlich von Weizenkeimen, Kniebeugen und Teltower Rübchen ernähren, um so die Hundert-Jahres-Grenze mit Sicherheit zu erreichen. Manche davon allerdings sterben dann ganz plötzlich an einem ausgerissenen Nasenhaar oder an den runderneuerten Autoreifen der Größe 16 mal 4.50. Viele Anhänger der Lehre »Zurück zur Natur« beschränken sich nicht darauf, nur selber nach ihren Prinzipien und Lehren zu leben, sondern sie zwingen auch ihre Umgebung und den Nachwuchs dazu. »Laßt's es nur schreien, das gibt a guade Lunga«, sagen sie zum Beispiel, wenn das nagelneue Kindlein in der Wiege brüllt, daß sein zartes Köpferl eine Farbe kriegt wie ein entzündeter Oberliga-Fußball. Oder sie rösten den jungen Gabelbissen mit ultravioletten Strahlen so lang, bis er knusprig ist wie ein Hackbraten. Während sie das Innere des Neubürgers mit zerstampftem Mauerkalk oder mit dem ausgepreßten Saft von Walfischen gegen jedweden Krankheitskeim ausgiebig füllen. Später würgen sie dem verzweifelt strampelnden Kleinkind auch noch jenes köstlich grüne Müslein, das man Spinat nennt, mit einem Reformlöffel aus keimfreiem Kunststoff in die entsetzte Speiseröhre hinab.

Doch auch an ihrem Äußeren wird man sie erkennen, die Salat- und Sellerie-Fanatiker. Härene Büßerhemden, patschende Kneipp-sandalen, beißende Schafwollstrümpfe, wallendes Haupthaar und dunkelweiße Hälse gehören gewöhnlich zu den hervorstechendsten Merkmalen der Gilde. Von Zeit zu Zeit bleibt ein echter Naturapostel auch mitten im Großstadtverkehr stehen und meditiert an einer besonders verkehrsreichen Straßenecke vor sich hin.

Oder er beißt in der nahen Anlage mit weit aufgerissenem Mund große Stücke von einem taufrischen Vormittag heraus.
In Zeiten großer wirtschaftlicher Schwierigkeiten, oder gar wenn die Luft wieder einmal eisenhaltig ist, fallen auch dem Staate eine ganze Menge Sachen ein, die besonders gesund sein sollen. Da empfiehlt er dann eine Prise Kochsalz als besonders idealen Brotaufstrich, und zahlreiche ärztliche Kapazitäten oder berühmte Professoren unterschreiben die diesbezüglichen Aufrufe der Regierung gerne und mit markiger Handschrift. Auf Plakaten kann man dann zu seinem Erstaunen lesen: »Magermilch macht stark«, »Sägemehl stählt die Nerven« oder »Kanonen statt Butter, das erfrischt«. Von dem solchermaßen eingesparten Geld aber beginnt der Staat mit Sicherheit einen saftigen Krieg. Der allerdings nicht besonders gesund sein soll.
Selbstverständlich hat auch die Reformindustrie die Achillesferse der Langleber deutlich erkannt. Und mittels raffinierter psychologischer Ausheber bringt sie ehrwürdige Rechnungsräte dazu, jeden Morgen statt der gewohnten Buttersemmel einen Schöpflöffel Heilerde zu zerknirschen. Oder sie verleitet ältere Jungfern, sich die freudig errötende Anatomie mit dreifach aktivem »Klosterbruder-Brennesselgeist« einzureiben. Denn die Nutznießer des Gesundheitsfimmels wissen um das rätselhafte Gesetz, daß jedes Mittel zum absoluten körperlichen Glücksgefühl entweder weh tun oder entsetzlich schmecken muß.
Niemand jedoch hat bisher das letzte Geheimnis ergründet, was nun wirklich und wahrhaftig das Gesündeste ist. Lauwarmes Wasser auf nüchternen Magen oder vierzehn Blutegel auf dem Unterarm. Faule Eier oder eine zehnwöchige Hilfsausbildung in Nagold. Und bis das einmal endgültig geklärt ist, wird wohl der altbekannte Spruch noch gelten müssen: »'s Gsündeste is guat ess'n und trinka und ja net krank wern.«

51 | Petri Heil! und kleine Beute

In jener Zeit, als die Gassenkinder bis hinauf zu den Inspektor-Bälgern noch barfuß liefen, als das Radlrutsch noch nichts vom Tretroller ahnte und die Buben noch keine Armbanduhr besaßen, sondern mit scharfen Winnetou-Augen hinüber zum nahen Kirchturm blinzelten oder die himmelhohen Erwachsenen schüchtern fragten: »Sie, bittschön, Mann, wieviel Uhr is denn schon?« In dieser grauen Vorzeit gehörten das »Fischerlfangen« neben den »Pickeln«, Radlfelgen-Treiben, »Räuber-und-Dotsch-Spielen« oder »Häuslhupfen« zu den chemisch reinen Freuden der schulfreien Nachmittage und der Vakanzen.

Da trafen sich dann am Briefkasten-Eck, wo der gelbe Nachrichten-Tresor in der Sonne döste, der Eisenreich Witsche, die Tapezierer-Buben und der glasäugige Graf Lullu. Sie suchten ihre Jagd-Utensilien zusammen und machten sich fertig für die nasse Pirsch. Der Lullu mopste seiner Schwester, die schon als Verkäuferin arbeitet, einen von ihren kunstseidenen Sonntags-Strümpfen, die Tapeziererkegel schleppten zwei alte Marmeladenkübel und einen langen alten Vorhang herbei, während der Witsche lediglich ein dunkelweißes Taschentuch als Fanggerät beisteuern konnte. Der Strumpf vom Lullu Graf wurde oben, wo er einen Saum hatte, mit einem starken Draht kreisrund eingefaßt, während auf halber Höhe seines zweckentfremdeten Daseins einfach ein Knopf hineinkam. So entstand ein kleines maßkruggroßes Netz, das, an einem langen Stecken befestigt, zweifellos ein geeignetes Werkzeug war, den winzigen Stichling zu haschen oder die strohdummen Koppen.

Unter dem Absingen eines passenden Liedes, vielleicht »Hermann der Cheruskerfürscht aß so gerne Leberwürscht«, ging es dann hinüber an die Altwasser-Rinnsale und Gumpen des großen Flusses, der nach dem Schulatlas im Karwendelgebirge entsprang und sich Isar schrieb. Vor allem die Roßgumpe galt da als ergiebigstes Revier. Und die Tapezierer-Sprößlinge mit ihrer feinmaschi-

gen Fensterfahne taten gewöhnlich den ersten Streifzug, indem sie den brüchigen Store an beiden Enden faßten und knapp über dem Kiesboden durch die ärgerlich gekräuselten Fluten zogen. Meistens aber war außer ein paar schlampigen Moosfäden nichts drin. Da war die Methode, das Wasser abzusperren, wie es schon die tapferen Goten taten, als sie ihren Alarich im Busento begruben, wesentlich erfolgreicher. Denn die kleinen Fischkinder, meistens nicht größer als das Komma in einem langen Satz, liebten die Sonne ebenso wie die nacktsohligen Asphalt-Trapper und schwammen deshalb gern ins Seichte, wo das zweite Element warm und angenehm war wie eine Fleischsuppe. Und wenn man nun vor so einer Bucht einen kleinen Kiesdamm zusammenscharrte, dann hatte der Witsche mit dem Taschentuch, das er geschickt zwischen zwei Händen führte, ein leichtes Spiel und brauchte nur hineinfahren ins volle Fischerl-Leben, und dann wurrlte es auch schon in dem runden Messingblech-Gefängnis wie in einem Hafen voll Nudelsuppen. Schwieriger war es da schon einmal, einen richtigen Stichling zu erwischen, die in den kühlen sauberen Untiefen standen, wo das Wasser mindestens knietief war und darüber.
Dagegen waren die Koppen kinderleicht zu erbeuten. Sie hatten zwar große dicke Köpfe, aber darin mußte auch nicht mehr Verstand sein wie in der runden Gedächtnis-Nudel des Korbinian Beiß, welcher der schlechteste Schüler der ganzen grauen Einmaleins-Burg war und schon dreimal sitzenbleiben mußte. Denn auch die Koppen, die unter dem großen flachen Kiesel hausten, blieben sitzen, wenn man sie griff. Und sie glotzten auch noch ungläubig und einfältig, wenn sie bereits auf dünnen Weidenzweigen über dem kleinen Feuerchen hingen, an dem sie von allen Strandläufern sorgsam gebraten wurden.
Eine besondere Spezialität war aber für alle Großwildjäger der rotbäuchige Feuersalamander, den es nur ganz selten noch gab in einem einzigen tückischen Tümpel. Dieser Einmachglas-Saurier hatte mindestens den Tauschwert von fünf bis acht Maikäfern oder Pausebroten. Auch Kaulquappen, die ausschauten wie entlaufene Violinnoten, gab es in dieser Laguna piccola so-

wie manchmal einen halbfertigen Frosch, der noch ein kleines Schwänzchen hatte.
Zu Hause angekommen, verwahrten der Witsche und der Lullu sowie die gefürchteten Tapezierer-Schrazen ihre Beute in einem großen Gartenfaßl des Hausmeisters Ferri. Und dann wurden die kleinen Kostkinder auch gleich fleißig gefüttert mit Riesen-Regenwürmern, die sie so wenig anbeißen konnten wie der Lullu zum Beispiel einen Zeppelin.
Ferner brachten mitleidige Mädchen auch Salatblätter, Brezenbrocken und Gänseblümchen als Futter für die gefangenen Isar-Wale. Einmal, als es dem Witsche gelang, ein fingerlanges Weißfischlein zu ergattern, das am Bauch silberhell war, auf dem Rücken aber dunkel wie ein angelaufener Alpacca-Löffel, versuchte die Mimi Wach, die schon immer ein bißchen spann, das arme Flossentier oben mit Sidol blank zu putzen. Das aber überstand es nicht und drehte sein kleines Unterteil anklagend nach oben.
Im übrigen wurde fleißig diskutiert, was denn nun mit den Liliput-Haien angefangen werden sollte. Die einen wollten sie mästen, bis man sie später als Rollmöpse verarbeiten könnte. Die anderen hingegen machten den Vorschlag, die lächerlichen Flundern einzudosen als Sardinen. Doch meistens holte die kleinen Fischlein nach zwei, drei Tagen halt ihr Schutzpatron, der Apostel Petrus, zu sich. Wenn sie nicht vorher schon der tückische Kater Vinzenz verspeist hatte, der dann gefährlich blinzelnd in der Sonne lag und seinen lächerlichen sechshaarigen Schnurrbart putzte.

Auf Gleis zwölf fährt ein der Ravioli-Rapido. Der Schnellzug aus Rimini. Ein paar Seufzer tut die Lok noch, dann bleibt sie stehen und riecht nur mehr ein bißchen nach ranzigem Öl und geriebenem Parmesan. Die Türen öffnen sich, und heraus sprudeln wie aus einer warmen Flasche Überkinger die Italien-Urlauber. Die Heimat hat sie wieder.

Die meisten sind rot und verschwitzt, als hätten sie den Heimkehr-Expreß eigenhändig über die Alpen schieben müssen. Einige tragen herrliche Rosenkohlgewächse an ihren Lippen. Das sogenannte Rüsselkraut. Na ja, schließlich waren sie doch ausgezogen, um den lieben Italienern ihre Sonne abzukaufen. Und sie hatten gut eingekauft. Allerdings die Brandblasen an den säuerlich lächelnden Mündern würden sie wohl dazu zwingen, die nächsten vierzehn Tage das Gulasch mit dem Strohhalm zu essen.

Stramm genudelt kehren viele zurück von Spaghetti und Pasta asciutta. Eigentlich hatten sie ja im geheimen gehofft, die Ölkost würde etwas zehren an ihren runderneuerten Dunlop-Hüften. Doch nun kommen sie kaum mehr ohne anzustoßen durch die Bahnsteigsperren hindurch. Das Auffallendste an ihnen aber sind die Hüte und Kopfbedeckungen, die sie mit in ihre nordische Heimat bringen. Manche sehen damit aus, als hätte ihnen der Pizza-Verkäufer von der Hafenmole einfach seine warmen Produkte um die Ohren gehauen. Andere haben die Form und die Farbe der Sozius-Sättel von den schnellen Motto-Guzzi. Auch verhunzte Omeletts, grusereigelb, Mündungsschoner der italienischen Küstenbatterien, umgearbeitete Bierführerhandschuhe und angeschwemmte Fischreusen tragen sie stolz auf den Häuptern. Jene, die als Scheitelschoner chinesische Kulihüte gewählt haben, schauen da so stilgerecht zu, daß man glauben könnte, gleich würden sie dem Dienstmann seinen Handkarren entreißen und damit loszupreschen.

Dazu baumeln verschiedenen Wiederkehrern auch noch rau-

schende Blumengirlanden von den gegrillten Halswirbeln. Oder jene Glasketten, die vorher in langen Güterzügen von Neugablonz hinunterrollten ans Mare, um dort selbst den begeisterten Tedescos wieder zum Rücktransport einzeln verkauft zu werden. Zugleich mit entsprechenden abenteuerlichen Ohrclips. Bestehend aus den verlassenen und verchromten Häusern der gemeinen Weinbergschnecke oder winzigen Ersatzgebissen für grimmige Seerochen. Selbstredend gehört zur vollständigen Ausrüstung einer Urlaubs-Signorina noch die stilechte Römersandale. Unentschlossen schlenkern sie damit herum, als wären sie in warme Kuh-Diskusse hineingetreten, die sie jetzt wieder los sein wollten. Aber die handgenähten Produkte Mailänder Fließbänder wollen sich von den deutschen Hammerzehen einfach nicht mehr trennen. Zu einem perfekten Drei-Wochen-Azzurro gehört aber auch noch das Souvenir, das er mitbringen muß. So vor allem die riesigen Chianti-Flaschen, die sie alle drohend in der Rechten schwingen wie Plastikbomben oder Molotow-Cocktails. Zwar sind die heutzutage in jeder gehobenen Gemischtwarenhandlung zu Hause genauso zu haben, aber selbstgepflückt bleibt eben selbstgepflückt. Und wenn sie leer ist, wird die Buddel dann natürlich an die Wand gehangen mit einer Kerze drin. Und der Unterschrift: »Riccordo di Riccione«.

Das beliebteste Andenken ist jedoch und bleibt immer noch der heimlich geklaute Aschenbecher des Hotels mit der Aufschrift »Albergo Bellinzona«. Und hinten drauf »Zementwerk Schwandorf«. Einige tragen auch prächtige Gebinde in der Hand, bestehend aus einem Arrangement von unreifen Zitronen, Bündelholzdraht und gräßlichen Schießbudenblumen. Vereinzelte verstecken allerdings ihre winzigen Mitbringsel lieber schamhaft unter einem weißen Fußverband. Denn es handelt sich dabei lediglich um ein paar eingetretene Stacheln des simplen Seeigels. Ach und die gegenseitigen Begrüßungen. Aus allen Poren strahlen die daheimgebliebenen Männer beim Anblick ihrer Herzallerliebsten. Wenn sie auch selber unsichtbare Geweihe tragen wie die leider aussterbenden Elche vor Samland. »Ingemaus«, sagt innig der Staubsauger-Vertreter Sonnenglanz und umarmt die Wiedergewonnene kräftig. Ohne an den zurückgelassenen Fingerabdrücken des Gelativerkäufers Alfonso klebenzubleiben. »Bist du auch sauber geblieben?« wird andererseits der heimgekehrte Gatte Hans Herbert Kummerbund von seiner gefürchteten Emma verhört. Und sie schiebt verstohlen seinen Ehering etwas zurück, als sie sich in den Armen liegen, und schaut, ob die Druckstelle auch weiß ist, wie sich's gehört. Sie ist braun. Das genügt fürs erste.

Der Kleingartenvorstand Edgar Nesselgier hingegen wird von einer ganzen Abordnung seiner Stammtischfreunde empfangen. Sie stehen bereits mit einer »kühlen Blonden« auf dem Perron,

und der Schriftführer hält sogar eine lange Liste mit den letzten Skatergebnissen in der Hand. Nebenan sagen vierzehn Lehrerinnen und ältere Heiderösleins dem jungen Reiseleiter Lebewohl. »Arivederci, Romeo«, flüstern sie verstohlen und geben ihm die feuchte Hand. In der allerdings nichts drin ist.
Weithin schallend gibt auch der alte Saufaus Emil Mollenhieb seiner Wiedersehensfreude Ausdruck. Hoch schwingt er die leere Rotwein-Botillia und schmettert seinem verschämten Eheweib stolz den einzigen italienischen Satz entgegen, den er von seiner Reise aus dem Süden mitbringt: »Non sputare nella carrozza.« Nicht in den Wagen spucken.

53 | Der Ruf ins All

Der Schreiber ist wohl nicht der einzige, der sich des öfteren fragt: »Ist denn diese Menschheit noch zu retten?« Denn die völlig verrannte Hosenträger-Rasse ist zwar nicht in der Lage, auf der ihr zugewiesenen Kugel Frieden und Ordnung zu schaffen, schickt sich aber immer wieder an, in das große Geheimnis vorzudringen und dem gewaltigen Boß endlich zu zeigen, daß der Lehrling wieder einmal gescheiter ist als der Meister. Da hat doch ein russischer Wissenschaftler erst kürzlich gesagt: »Wir sind dem sogenannten Gott schon auf der Spur, und eines Tages werden wir ihn stellen.« Andere Gelehrte behaupten, alle Worte und Töne, die auf unserem Planeten einmal erklungen sind, würden noch immer irgendwo da sein. Und sie glauben fest daran, daß sie einmal das »Ecce homo« des Nazareners im Original wieder hören könnten. Und so vielleicht auch die Hilfeschreie der Ertrinkenden, als das sagenhafte Atlantis versank. Die Befehle vom Stammvater Noah, als er seine Arche baute, das »Land in Sicht« des Christoph Columbus, das Schmatzen Heinrichs VIII. und wohl sogar jenes Geräusch, als der Adam einst in den dämlichen Apfel biß.

Ach, und was tun sie noch alles in ihrer sanften Schizophrenie. Sie zerlegen Menschen und setzen sie neu zusammen. Sie machen aus drei Verbrauchten zwei neue, als ob die Überproduktion nicht schon so groß wäre, daß sie täglich Tausende erschießen und verhungern lassen müssen. Nein, sogar künstliche Zweibeiner wollen die superklugen Eierköpfe in Retorten aufzüchten. Soldaten mit eingebautem Selbstmord-Patriotismus und Infanteristen ohne Rückwärtsgang. Auch Granaten sollen konstruiert werden, die in ihrer Spitze das Gehirn eines Sherlock Holmes haben, damit künftig nur die wahrhaft Schuldigen getroffen werden. Und gar die Herren von der Naturwissenschaftlichen Fakultät. Denen ist es doch tatsächlich gelungen, die Sprache der Delphine zu entschlüsseln, so daß sie sich mit ihnen verständigen können. Aber

die nötigen Worte, um sich mit den Vietcong zu verständigen, die finden sie einfach ums Ersticken nicht heraus, lieber würden sie sich ihre diplomatischen Zungen stückweise abbrechen.
Doch dafür wollen sie nun endlich etwas viel Wichtigeres herausbringen. Nämlich, wie man mit den anderen Wesen, die mit Sicherheit noch in den benachbarten Milchstraßen-Systemen leben, Kontakt aufnehmen könnte. Die Mathematiker sind sich dabei über das System, das sie anwenden wollen, schon einig. Sie werden nämlich »eins und eins ist zwei« in den Weltraum funken. Und hoffen dann nach Jahr und Tag vielleicht von irgendeinem fernen Adam Riese als logisches Echo die Antwort zu bekommen: »Zwei und zwei ist vier.« Womit die Basis für eine weitere Kurzwellen-Unterhaltung geschaffen wäre. Der Schreiber würde dagegen das Weinen eines Kindes, den Klang einer Kirchenglocke oder das Trillern einer Lerche auf die akustische Reise ins Unendliche schicken. Natürlich aber könnten auch ganze Länder Gemeinschafts-Signale senden und damit gleichzeitig ihr Dasein und ihren Charakter kollektiv kundtun. Amerika will da vielleicht »Coca Cola« morsen. Die Russen ihr strenges »Njet«. Die Österreicher den »Radetzky-Marsch«, die Italiener ihre Trinkgeld-Hymne »Grazie mille« und die Deutschen ein zackiges »Stillgestanden«. Zieht man aber die Möglichkeit in Betracht, daß die gefunkte Botschaft tatsächlich verstanden wird und das Contra darauf sinnvoll ausfallen würde, so ergäbe sich eine ganze Anzahl begreiflicher Rückäußerungen. So könnte auf einen Münchner Bier-Rülpser ein »Zum Wohl« aus den Sternen retour kommen. Auf das kecke »Hallo Boys« eines Fräulein Nimmersatt die Nachfrage »How much money«. Auf das Bellen eines Hundes das Miauen einer Katze und auf den Gesang der Erika Köth prasselnder Beifall. Freilich, wie die Marsmenschen beispielsweise auf eine Ansprache Heinrich Lübkes reagieren würden, weiß man nicht ganz sicher.
Ach, so viele Wenn und Aber. Und so viele Warum und Wozu. Und weil der Mann halt fest daran glaubt, daß irgend jemand da droben schon immer was dagegen hat, daß die Menschen ihre

langen Nasen dauernd in des lieben Gottes Garten stecken, fällt ihm auch noch ein Witz ein, der recht gut zu diesem Thema paßt. Da sagt der eine zum andern: »Hast du schon gehört? Jetzt haben sie doch tatsächlich eine Maschine konstruiert, da kann man noch drei Stunden mit einem Toten sprechen.« »Ist ja phantastisch«, erwidert darauf der andere. »Nun, so ganz phantastisch ist das auch wieder nicht«, meint der erste. »Die Maschine hat nämlich einen kleinen Fehler.« »Und welchen?« wird er gefragt. »Ja, weißt du«, sagt er darauf, »der Tote gibt leider keine Antwort.«

Mein Liegebett im Touristen-Pullman hatte die Nummer zweiundsiebzig. Unter mir lag achtundsechzig. Ein Mann aus Frankfurt, der Frankfurter Würstchen aß. Originell, wie? In München aß er die ersten, in Innsbruck die nächsten. Und am Brenner? Nein, da aß er Regensburger. Dann kam der Reiseleiter, wir wurden für die Nacht aufgebahrt. So rollten wir dann in einer Höhe von ungefähr 180 Zentimetern übers Gebirge. Gegen Mitternacht begann der Frankfurter Wurstschlucker mit dem Wiederkäuen. Er machte das so täuschend, daß ich leise aufstand und seine Decke anhob, um nachzuschauen, ob er gar vielleicht richtige Hufe habe. Aber ich zählte im Halbdunkel tatsächlich zehn menschliche Zehen.
Doch da war noch ein anderer Zeitgenosse in unserer Sechs-Mann-Kabine. Nein, kein direkter Schnarcher. Nur ein Mitternachtsbläser. Ein Pfaucher. Genau nach jedem fünften Schwellenstoß gab er ein Geräusch von sich wie ein russischer Samowar aus Romanen von Tolstoi und Dostojewski. Er blies etwa so, als sei ihm sein Traumsüpplein zu heiß. Knapp hinter der österreichischen Landesgrenze ergriff ich schließlich die Flucht, stolperte auf den Gang und direkt in eine mollige Fünfzigerin hinein. Die war etwas verschämt, weil sie keine Schuhe anhatte. Und deshalb auf dem Boden Fußabdrücke hinterließ wie die sagenhaften Himalaja-Schneemenschen.
Ich war im Leben noch nicht gerädert worden und wußte deshalb auch nicht genau, wie so was schmeckt. Und als endlich »Il Mare« in Sicht kam und ich den preiswerten Schlummer-Expreß verlassen durfte, hatte ich das Gefühl, als habe man mich durch eine italienische Bandnudelmaschine gedreht. Mit Spinat-Zusatz.
Jesolo oder, wie es früher einmal hieß, Jesulum, das ist Italien ohne Oberteil. Ein ausgesprochen begehrter Meerbusen, wenn auch ein bißchen flach. Und der Himmel ist von einer Ecke zur anderen gleichmäßig blau. Die Ortschaft selbst, im gepflegten

Goldgräber-Barock erbaut, wurde rechtwinkelig angelegt. Und die Häuser sind die Würfel. Wie die Gefrierschale in einem Eiskasten ungefähr. Nur eine Idee wärmer natürlich. Haifische gibt es am ganzen Strand keine. Die gibt es immer nur drüberhalb bei der Konkurrenz. Aber die daumenlangen Fischlein, die sich tückisch im Sande verstecken und dann den Ausländer ohne Vorwarnung in die erholungsbedürftige Ferse stechen, die soll es auch in Jesolo geben. Nach erfolgtem Stich kriegt der Betroffene zuerst einen Krampf, dann eine Spritze und schließlich eine 12000-Lire-Rechnung. Klar, daß sich da der pfiffige Reisende lieber ein paar Gummilatschen anschafft. Über 5000 Paar solcher Salzwasser-Mokassins werden in jeder Woche in Jesolo verkauft.

Auf die erste Begegnung mit der azurenen Flüssigkeit reagiert der Urlauber ganz unterschiedlich. Kaum hat nämlich der Gesellschafts-Rapido die verknitterten Pauschalreisenden ausgespuckt, was man ihm wirklich nicht verübeln kann, breitet beispielsweise ein Bayer, der auch hier die lederne Freizeit-Kanalisation seiner Heimat, die sogenannte »Kurze«, trägt, die Arme aus und läßt einen schrecklichen Jodler erklingen. Dieser alpenländische Brunftruf prallt noch lange zwischen den Mauern der ehrwürdigen Hafenmole hin und her, bis er endlich ermattet ins lauwarme Wasser fällt. Eine stramme Metzgermeisterin wiederum, der hinten am Kostüm eine blaßrosa Bluse herausquillt wie der Fahrradschlauch vom Tourenfahrer Anquetil, trällert vergnügt zum ersten sichtbar werdenden Azzurro hin: »Stürmisch die Nacht, und die See geht hoch.« Während die etwas überspitzte Filmsekretärin Marlen Leisegang im Sprachjargon der mittleren Sternchen gelassen meint: »So ein Meer ist schon ein Schatz. Ein Schätzili.«

Von 100 Badenden sind 35 aus Deutschland. 18 Prozent stellen die Engländer, je zehn Prozent die Holländer und die Dänen. Und der Rest kommt aus Frankreich, aus Übersee und den italienischen Provinzen. Was jedoch die Tedeschi anbelangt, nach denen der herrliche Strand immer noch gerne der »Germanengrill« genannt wird, so hat sich bei ihnen eine größere Wandlung vollzogen. Elegante Strandanzüge und hochmoderne Frottee-Kleider haben

die appetitraubenden Bermuda-Shorts abgelöst. Freilich erkennt das geübte Auge der schwarzlockigen Freizeitgestalter eine deutsche Maid noch immer leicht an ihren rücksichtslosen Impfnarben und auch an der Größe der Schuhnummer. Doch was die Minuszähne betrifft, meint Fräulein Hartl vom Reisebüro Nord-Süd, so möchte sie etwa folgende Rangliste aufstellen. An erster Position stehen da heute die Engländerinnen, die häufig noch selbstgestrickte Woll-Badeanzüge tragen, sogenannte Empire-Bikinis, wenig Trinkgeld geben und trotzdem einen beachtlichen Appetit auf die Gelati-Verkäufer haben. Dicht drauf folgen dann die nordischen Amazonen, dann die Schönen aus dem Lande der Windmühlen und Holzschuhe und nachher erst die Brunhilden. Im übrigen soll so eine wehrhafte Nibelungenfigur, der ein wackerer Papagallo »Amore« schenken wollte, zu diesem gesagt haben: »Und das schenkt dir eine deutsche Frau.« Und dann scheuerte sie dem verdutzten Jüngling eine, daß er erhebliche Hautabschürfungen und Prellungen des Jochbeines davontrug.

55 | Inflation der Nachtkastl

»Kaufe Speicherkram« stand einst vor den kleinen dämmrigen Laden in der Vorstadt. Über hundert Dandler gab es in München um den Viktualienmarkt herum, draußen in der Au und in den grauen Katzenkopf-Straßen der Vorstädte. Ehrwürdige Kaiser-Wilhelms-Mäntel, tagblinde Wärmflaschen aus Zinn, längst erloschene Edison-Lampen, gebrauchte Hosenträger und grün schimmernde ehrwürdige Bratenröcke dösten in diesen Rastplätzen der Vergangenheit schläfrig vor sich hin. Und vor dem Geschäft war die »Speisenkarte für die Motten« angeschlagen: »Prima Sakkos von vier Mark aufwärts«, »Schiläh-Westen«, »Warme Mäntel nach Wahl« oder »Feste Hosen von zwei bis fünf Mark« stand dort zu lesen.

Irgendwo zwischen den baumelnden Textilien, einer schwarzen Kleiderpuppe mit Asta-Nielsen-Formen, einem Dutzend Nußbaum-Haklstecken, den letzten Kameraden verblichener Rentner, und ein paar mürb gebissenen Nachtkastln hauste die Besitzerin dieser Schätze aus zweiter Hand und tauchte eine ältere Schmalznudl in den riesigen Thermosflaschen-Becher mit zuckersüßem Malzkaffee ein. Der Geschäftsgang war zwar schon immer ruhig bis still, aber für eine Witwe »tat's es schon noch«. Da kamen dann vielleicht im Laufe des Vormittags ein paar Mörtelweiber von nahen Neubau herüber und sahen sich nach steinharten alten Bergschuhen um oder auch nach einem Paar halbhohen Schaftstiefeln, in denen ein längst vergessener »Leiber« zu Straßburg auf der Schanz einmal Wache gestanden hatte. Auch Sonderlinge gab es damals noch genug, richtige »Schnufler«, die einen sächsischen Hausorden zweiter Klasse dringend suchten. Oder einen geheimnisvollen Stockdegen. Jenes abenteuerliche Florett der neunziger Jahre, das in einen hohlen Spazierstock eingebaut war und alten Lords oder Hagestolzen für den völlig ungefährlichen Heimweg dasselbe Gefühl der Sicherheit vermittelten, als hätten sie Siegfrieds Balmung bei sich getragen. Manchmal legte wohl auch irgendeine Büchslmadame den Anzug ihres Seligen, den sie der Erinnerung und dem ehelichen Naphthalin-Mausoleum gerade noch entrissen hatte, auf die grün gestrichene Ladenbudl und nahm schnell die paar Silbermarkl, die ihr die Dandlerin fast ohne Handelschaft in die verbrauchten Witwenhände drückte. Im Jahre einmal kam schließlich auch die Leiterin der nahen Modeschule und suchte ein Paar Knöpferlschuhe oder ein brüchiges Biedermeier-Korsett aus für die fünfte Klasse zum Abzeichnen. Und dann im Fasching zur Vorstadthochzeit und den Millimadl-Bällen gingen natürlich die Zylinderhüte und die »Gehsthintri« sowie alle Sorten von Vatermördern, Zwickern und Gigerlschuhen weg wie nix.

Das Geschäft mit den Möbeln jedoch war schon immer etwas spärlich. Weil so eine Nußbaum-Garnitur oder eine »Werkstatt Eiche furniert« damals ja wenigstens eine volle Generation herhalten mußte und dann immer noch modern genug für die Enkel war.

Um jedoch auch die anderen Überbleibsel des Alltags und die Abfälle der gemäßigten Kultur nicht verrotten zu lassen, waren außerdem noch zahlreiche ambulante Händler tagaus, tagein unterwegs. Und sie suchten in den Mietskasernen, in Speichern und Abstellkammern nach »Lumpen, Flaschen und Knochen«. Auch alte Zeitungen, Stampfpapier, Alteisen oder gar grüne Messinghähne und ehrwürdiges Kupfergeschirr war hoch begehrt.

Doch »alte Dandler-Gmiatlichkeit, wohin bist du entschwunden« könnte man heute zu diesem Thema sagen. Längst haben auch die allerletzten Dandler sich selber und ihren braven Speicherkram in den ehrsamen Stand der Kunsthändler und Antiquitäten hinaufgeadelt. Das Gerümpel und Geraffel jedoch wollen anscheinend nicht einmal mehr die Kiesgruben als magenfüllendes Menü haben. Denn in den noch vorhandenen Ruinen-Grundstücken und verwahrlosten Bauplätzen liegen zu Hunderten alte Kanonenöfen, Gasherde, Polstersessel, ausrangierte Fernseh-Apparate, Kanapees, Dachrinnen und Roßhaar-Matratzen. Halb ausgeschlachtete Autos, verlassene Mopeds, verwahrloste Motorroller und herrenlose Fahrräder sind an stillen Hausmauern und in verborgenen Sackgassen in solcher Menge zu finden, daß man die Säue damit füttern könnte. Doch die fressen eben auch keine Zylinderköpfe oder Auspuffstutzen. Gebrauchte Möbel aber, alte Bettladen, Sperrholz-Büfetts, Marmorplatten-Waschtische und Nachtkastl, die einst der ganze Stolz der guten Oma waren, holt höchstens noch gegen entsprechende Gebühr die städtische Müllabfuhr. Ein paar findige Unternehmer inserieren deshalb wohl auch regelmäßig in den Zeitungen: »Wir lösen ganze Wohnungen und Hinterlassenschaften für fünfzig bis zweihundert Mark auf. Anruf genügt.«

Und es ist vielleicht ganz gut, daß die Dahingegangenen diesen Nachruf für ihren Nachlaß nicht mehr lesen können. Denn sonst würden sie es gewiß nicht überleben, daß sie für das »gute Sach«, das sie nur ungern zurückließen, heutzutage auch noch zweihundert Mark »Feuerbestattungsgebühr« bezahlen sollten.

Eine matte Sonne hinkt über den Himmel. Wie ein Fußkranker nach der großen Völkerwanderung. Es ist September. Der liebe Gott hält den Atem an, und das Jahr geht schon gebückt. Draußen der Fluß hat eine seidig zarte Rekonvaleszentenhaut. Langsam heilen seine Wunden, die ihm immer wieder von Steinwürfen, Hechtsprüngen und Angelhaken aufgerissen wurden. Der Himmel darüber ist von blassem Azur. Nur in der rechten oberen Ecke klebt ein gelber Kinderdrachen drauf wie eine Zehnpfennigmarke. Es sieht aus wie der blaue Brief, mit dem der dritten Jahreszeit zum Quartalsende gekündigt wurde.

Auch drunten am Tennisplatz neigt sich die Saison gemächlich dem Ende zu. Und langsam geht Fräulein Ellinor Grollmus in die Knie. Sie hat auch heuer wieder keine Rückhand und keinen kennengelernt. Aber sie ist ja noch jung. Neununddreißig. Und da hat sie ja dem Sprichwort nach noch ein ganzes Jahr Zeit, bis das Leben beginnt. Nebenan in den Heimgärten hängt eine hübsche Frau Leibwäsche auf. Sie singt leise dazu. Das melancholische Hermann-Löns-Lied: »Auf den Beeten blühen die letzten Rosen. Welke Blätter fallen müd vom Baum. Und der Abendwind spielt mit den Unterhosen . . .«

Hoch oben suchen zwei Fliegerhummeln am Himmel herum und können sich nirgends hinsetzen. Sie singen hell und brav wie artige Waisenkinder. Aber jetzt umkreist das eine den Kirchturm, wespenbös und gefährlich. Da, jetzt hat es ihn auch schon gestochen. Sein Zwiebelkopf wird immer dicker. Der Baum vorne an der kleinen Bar hat bereits einen vollkommenen Striptease-Akt aufs Pflaster gelegt. Das hat er der Tänzerin Neila nachgemacht, die er jeden Abend durch das Fenster der Oberlichte beobachtet. Pfui. Und jetzt steht er selber da, ganz ohne Blätter. Nackt, wie der Herbst ihn schuf.

Und was tun die kleinen Mädchen mit dem sanften Blick? Sie gehen schneller im Großstadt-Straßenwind. Viele tragen Ketten-

hemden aus rostiger Nibelungenwolle. Wie Jung Siegfrieds verlassene Bräute. Eine hat auch ein aufregendes weißes Seidenblüschen an. Die könnte direkt Miß Sunlicht sein. Denn sie wippt perfekt. Und die scheue barfüßige Gräfin von Schwabylon huscht zum letzten Mal mit keuscher Sohle über den schattig gewordenen Asphalt. Die zierlichen Marzipan-Zehlein mit den signalroten Etiketten rümpft sie allerdings schon sehr. Und der alte Kolonialwarenhändler schreibt auf die schwarze Tafel vor seinem Kramerladl: »Prima Hustenbonbon eingetroffen.«
In dem letzten Korbstuhl des verlassenen Boulevard-Cafés sitzt ein junger Mann, die Augen auf halbmast. Endlich kommt ein Mädchen mit hängendem Glockenblumenkopf angetrippelt und gibt ihm einen Zettel zu lesen. Dazu sagt sie mit zerbrochener Glasstimme: »Es stimmt scho, Peppino. Grande Misere. Do is as Attest.« Da hat das kleine Fabrikmädchen, das mit ihrem Verlobten vor dem Kinderwagengeschäft steht, schon mehr Glück gehabt. Sie stanzte nur einen Sommer lang. Dann lernte sie rasch den Vorarbeiter Emil kennen, der sie brav heiraten wird. Und gar bald werden sie schon zu dritt sein.
Ach ja die Liebe. Sie blüht halt das ganze Jahr. Und überall. Sogar in der stillen, leicht verrufenen Gasse in der Innenstadt. Dort dürfen sich die geringen Mädchen neuerdings nicht mehr vor den Häusern, in denen sie ihre Nester haben, auf die Straße stellen. Aber was tun? sprach Zeus. Ein bißchen Reklame muß doch auch sein. Also dachten sie lange nach. Und die mollige Emmi fand endlich die Lösung. Sie kaufte sich einen langen Strohbesen. Und wenn jetzt das Auge des Gesetzes naht, schnappt sie sich schnell ihren Reinigungspinsel und kehrt damit sittsam den Bürgersteig.
»Und macha ko ma gor neamd nix«, sagt sie stolz. Ja, die Liebe. Macht halt recht erfinderisch.

57 | Schwanensee

Gemeint ist hiermit natürlich nicht das Schwabinger Meer, auch Kleinhesseloher See genannt, auf dem sich in den schönen Jahreszeiten ein gutes Dutzend von Lohengrins Zugtieren tummeln. Sondern jenes choreographische Drama, das die klassischen Ballettratten immer wieder auf die Spitze und das sachkundige Publikum zu gemäßigter Raserei treibt. Zuerst wird bei dieser hochgeistigen Moritat ein mechanischer Schwan über die Bühne gezogen, der meistens mit dem Charme einer gemästeten Weihnachtsgans über die Bretter wackelt. Dann kommt eine Tänzerin auf Spitze und springt in die Höhe und in die Breite und stößt den Kopf herausfordernd von unten nach oben, als wollte sie damit sagen: »Schau dir das bloß an.« Hierauf erscheint ein Armbrustschütze, dem die Ballerina den Fuß zur Begrüßung hinhält. Zuerst schnuppert der Jägersmann etwas unschlüssig an den dargebotenen Zehen herum, rümpft aber doch schließlich die Nase und lehnt das Angebot entschieden ab. Aus einem gewissen Beleidigtsein spannt er hierauf sein Mordwerkzeug, zielt ausdauernd auf die hüpfende Biene und drückt schließlich mehrmals ab. Er scheint aber wegen des mangelhaften Büchsenlichtes nicht getroffen zu haben, denn die Dame in ihrer nahtlosen Unterhose hüpft höhnisch weiter. »Herr Hauptmann, sie winken.« Da bricht aus dem nahen Gebüsch gleich ein ganzes Dutzend entschlossener Kolleginnen hervor. Und sie springen hin, sie springen her – sie haben keine Heimat mehr. Auch die Jäger vermehren sich plötzlich aus rätselhaften Gründen stark, legen an und geben lautlos Feuer. Erst nach einiger Zeit jedoch merken sie, daß sie überhaupt keine Schießprügel in Händen halten. Aber das muß sich halt der gebildete Gast dazudenken, sonst ist er gänzlich fehl auf dem teuren Sitzplatz.

Ein paar von den Damen üben etwas später dann eifrig Wäscheaufhängen auf unsichtbaren Leinen. Oder sie versuchen den schwierigen Delphinstil von Gerhard Hetz nachzuahmen. Einige probieren gleich gar den längst vergessenen Schwingenflug des

Schneiders von Ulm. Doch scheinen diese kunstbeflissenen Bewegungsgrazien keinen Zentimeter von ihrem Buchenholz-Rollfeld hochzukommen. Sie sind wohl etwas hecklastig. Das großartige Stück endet zu guter Letzt mit einer hemmungslosen Entfesselung aller verfügbaren Gliedmaßen und mit dem gerechten Tod des völlig unschuldigen Schwans.
Ja, und was sagt wohl der einfache Mann zu so einer Tragödie? Der seinen Kunsthunger zwar stillen wollte, aber statt des erwarteten herzhaften Kasseler Rippchens eine steinharte Paranuß serviert bekommt. Wo er sich drei-, viermal kräftig auf den Daumen haut, bis er endlich auf den Inhalt stößt. Einen lächerlichen, kleinen ranzeligen Kern. So ein Kunstbanause denkt vielleicht eher an jenes Keulenschwingen, das lockere bis halbnackte Revuegirls gewöhnlich vollbringen. Und bei denen die lüsternen Mannsbilder aus der Rasiersessel-Perspektive zu der schlenkernden Pracht hinaufgaffen. Vielleicht in der leisen Hoffnung, es könnte sich doch einmal so ein westfälischer Nußschinken lösen und ihnen in den Schoß fallen. Damit sie denselben womöglich mit heimnehmen könnten zum schüchternen Vergleich zu den häuslichen Marschierstecken.
Das anerkannte Ballett nämlich ist ein chemisch reiner Kunstgenuß. Die Kritiker sagen, es sei »eine künstlerische Form einer abstrakt körperlichen Ausdrucksweise, die sich nach ästhetischen Bewegungsgrundsätzen vollzieht«. Ecco. Und die großen berühmten Balletteusen sehen ja in der Tat vom Parkett auch wie weiße Todsünden im Trikot aus. Der neugierige Laie allerdings, der in seinem verständlichen Bestreben, so einem porzellanzarten Püppchen möglichst nahe zu kommen, ein Opernglas zu leihen nimmt, der meint vielleicht zuerst einmal, die Linsen seiner Spekuliermaschine wären beschlagen. Bis er dann trist erkennen muß, daß die Spagatamazonen tatsächlich überall Muskeln haben wie der unvergessene Boxer Jimmy Wilde. Und an manchen Stellen sogar vor lauter Training so blau sind wie zähe, übriggebliebene Erntedank-Puten. Na ja, jedes Ding hat eben seinen Preis. Und auch die gefeiertste Ballerina muß ihn zahlen.

58 | Snobs auf Gummisohlen

Als ich noch ein kleiner Junge war und mit dem Marmeladenbrot in der Hand hinter der Militärmusik herlief, kannte ich eine ganze Menge Gedichte, die sich auf die damaligen Autos bezogen. So hieß beispielsweise einer von diesen Reimen: »Ein bisserl Blech, ein bisserl Lack, fertig ist der Hanomag.« Gemeint war damit jenes Vehikel, das in der Fachsprache wegen seiner Form auch »das Kommißbrot« genannt wurde. Und weil es bei jeder winzigen Bodenunebenheit eifrig zu nicken begann, galt diese komische Landstraßenwanze auch als der freundlichste Wagen der Welt. Andere Poeme lauteten auch: »Nur mit Audi wird's a Gaudi.« Oder: »Cockerell steigt alle Berge schnell.«

Daran mußte ich unwillkürlich denken, als ich neulich eine Automobilschau besuchte, die eigens zu dem Zweck veranstaltet wurde, damit die vornehmen Herrschaften nicht extra auf die großen Ausstellungen und Messen reisen müssen. Und ich, der ich immer glaubte, zwischen einem Fußgänger und einem Autofahrer sei zwar ein sehr großer Unterschied, aber zwischen dem Lenker eines Volkswagens und einem Mercedesbesitzer gäbe es fast gar keinen, wurde schnell eines Besseren belehrt.

Denn als ich sie alle so stehen sah, die vernickelten Gauner im Frack, die Snobs auf Gummirädern, die Dividenden-Saurier und Asphalt-Mutterschiffe, da kam mir mein braver Wagen so lächerlich und primitiv vor wie eine Tegernseer Bauernkommode. Denn da standen sie gleich überall in Rudeln, die geduckten Jaguar und die hochnäsigen Rolls Royce, in die wahrscheinlich sogar ein echtes britisches Gespenst eingebaut war, das dann nachts auf der Suche nach Laster die Batterie aussoff. Und gar die vornehmen Limousinen und Cabriolets. Die einem lässig den rechten Vorderreifen zum Handkuß hinhielten. Wie weiland die großen Kurtisanen. Ehe man an sie herandurfte. Einer jener smarten Verkäufer, denen keine Handelschaft fremd ist, inklusive jener von Esaus Linsengericht, erklärte mir auf Wunsch die vielen Raffinessen so

einer hochadeligen Benzintante. Ganz nebenbei nannte er auch den Preis. »Vierundsiebzig Riesen«, sagte er mit einer Miene, als handle es sich um ebenso viele Erdnüsse. Dabei ist ein »Riese« in der Umgangssprache dieser Gentlemen immerhin ein Tausendmarkschein. Dann ließ er den ersten Apparat, eine »Silver Cloud«, einmal anlaufen. Und ich horchte und horchte. Denn das Maschinengeräusch war bestimmt nicht recht viel lauter wie bei einer viermotorigen Fleischfliege. Hinten beim Auspuff kam auch kein Qualm heraus. Sicher sind diese Dinger so überzüchtet, dachte ich mir, daß man bei ihnen den Rauch mit dem Strick herausziehen muß. Und außerdem werden dem Treibstoff ganz gewiß auch ein paar Tropfen »Chanel« oder »Mitsouko« beigegeben.

Innen im Plüschsalon waren gleich gar zwei Radios eingebaut. Eines hinten für das gepflegte Trommelfell der Herrschaften und das andere vorne für die Radarlöffel des Chauffeurs. Der übrigens immer noch mitgeliefert werden kann, wie man mir erzählte. Die Gnädige braucht dabei nur die gewünschte Haarfarbe, die Taillenweite sowie die Handschuhnummer und alle übrigen angenehmen Maße zu bestellen. Vorne am Armaturenbrett befinden sich eine Menge Tasten. Wie auf Beethovens Klavier. Und ich drücke einmal auf die erste Taste. Es kam aber keine Sinfonie heraus, sondern nur eine Hausbar. Auch der nächste Knopf war kein musikalischer. Denn jetzt ging die linke Türscheibe hoch. Und bei der dritten Taste kippte der Nebensitz geräuschlos und rasch nach hinten. Wie bei einem Schafott, mußte ich denken. Na ja, das war wahrscheinlich deshalb so konstruiert: Wenn der Earl

of Chippendale einmal allein fuhr und keine Hand mehr frei hatte, um das Fenster zu schließen. Weil jene gerade auf der Lady Chatterley herumirrte ...
»Das Steuerrad«, so hörte ich den Makler so nebenbei erzählen, »ist bei diesem Wagen aus Flugzeugpropellerholz.« Und neulich habe übrigens so ein öliger Bursche aus Kuweit gleich gar ein total vergoldetes Modell bestellt. Kostenpunkt einhundertfünfundzwanzigtausend Märker. Rasch überschlug ich einmal, was man für so ein Sümmchen wohl alles kriegen könnte. Und kam auf die Vergleiche: Mindestens 370 Geishas der Handelsklasse A. 40000 Sägeblätter oder 164,35 Kilogramm frisch gegerbte Läusedärme. Wahlweise allerdings auch, wenn man so einen Betrag vielleicht irgendwo unterschlagen würde, achtzehn Monate Gefängnis.
Dann schleppte mich der clevere Frankieboy zu einem anderen Modell, einem italienischen Sportwagen. Und preßte mich in den Beifahrersitz, der sofort so rapid anhaftete wie eine Eierschale. Und dann gab es eine Probefahrt. Ein völlig neues Beschleunigungsgefühl, Amigos. Es war, als hätte mich Großmaul Clay mit seiner Rechten voll in den Magen getroffen. Bei jedem Gang immer wieder. Und weit und breit kein Ringrichter zu sehen. Ich wollte schon das Handtuch werfen. Aber es war keines da. Der erste Konstruktionsfehler, den ich entdecken konnte.
Schließlich, als die Tachonadel dreimal das ganze Zifferblatt umkreist hatte, hörte ich tatsächlich auch die Maschine ganz leise und deutlich singen. Kein Zweifel, es war der Choral: »Näher, mein Herr, zu Dir.« Als ich das Gefährt, das übrigens als Wappen tatsächlich eine Krone trägt und ganz gewiß auch im Gotha steht, wieder verließ, und meinen Besuch beim Autoadel mit einem höfischen Hofknicks abschloß, war mir verschiedenes klargeworden. Vor allem der Unterschied zwischen einem Auto und einem Auto. Und ich mußte unwillkürlich an den Ausspruch denken, der die Begriffe Arm und Reich so schön charakterisiert. Demnach ist reich gleich »Kaviar, Maserati und Soraya«. Arm hingegen ist: »Käsestulle, Straßenbahn und die eigene Alte.«

59 | Augen-Schmaus

Obwohl er von den Autos gehetzt wird, von den Hastenden verwünscht, von manchen Mitmenschen beneidet und von den Schutzleuten gebührenfrei ermahnt wird, ist er noch immer nicht ganz ausgestorben. Der gemütliche Großstadtwanderer nämlich, Bummler und Alltagsphilosoph. Und es gibt ja auch viele, zu jeder Jahreszeit anfallende Schmankerl in dem großen brodelnden schwarz-gelben Hafen. Saftige Leckerbissen und eine schmackhafte Brotzeit für die Augen. Manchmal sind es sogar richtige Festbraten, an die er sich noch lange erinnert. Wenn beispielsweise die Feuerwehr ein Sprungtuch ausbreitet und tatsächlich ein Mensch vom Himmel fällt. Und in dem gespannten Reifen auf und nieder wippt wie ein Ball auf einem Tamburin. Auch wenn dem glückbringenden Kaminkehrer zur Neujahrszeit sein Spanferkel auskommt und quietschend durch die Neuhauser Straße gejagt wird. Sollte er es aber gleich gar erleben, daß sich ein leerer Trambahnwagen selbständig macht und wie das Gespensterschiff des Fliegenden Holländers durch die Stadt kreuzt, so ist das für einen echten Sammler von Großstadtsensationen mindestens genausoviel wie ein James-Bond-Film. Nur, daß er halt nicht sieben Mark für den Sperrsitz zahlen muß. Auch die Hetz nach einem Handtaschenräuber, vom sicheren Hauseingang aus beobachtet, wird ein solcher Weidmann mit ebensoviel Sorgfalt präparieren und in seine Trophäenecke hängen wie ein aufrechter Jäger das Geweih eines ungeraden Dreizehnenders. Schließlich gehört auch jener zehnpfündige Isarhecht in das Panoptikum der kleinen bunten Erinnerungen, den der Fischer schon an Land hatte, um ihm mit einem Messerheft den Garaus zu machen. Und dabei traf er dann seinen eigenen Daumen, und der listige Räuber schnappte noch ein paarmal in wiedergewonnener Freiheit, als wollte er den Schrecken weitererzählen, und verschwand dann in dem idiotensicheren Revier unter den Brettern des Wasserfalls. Aber das sind natürlich Sonnenstunden und geistige Schweins-

haxen für einen Pupillen-Gourmet. Denn gewöhnlich muß er sich auch schon mit kleinen Brötchen abgeben. Doch auch die machen ihn immer wieder satt und zufrieden. Denn die ewigen Trichter schmecken ihm natürlich auch schon lange nimmer. Ist ja auch nicht recht viel dran an den Löchern. Und jeden Tag Bagger zum Mittagessen, das liegt einem halt doch schwer im Magen. Aber die kleinen Brösel alle, wie sie von einem guten Guglhupf abfallen, die Rosinen und Zibeben. Oder die Schwarterl von den großen Braten und die Kruschperl zum Abfieseln. Das sind die eigentlichen Schmackaduzien.
Dort zum Beispiel raufen zwei Spatzen in einer Regenpfütze. Er tippt auf den linken als Sieger. Aber falsch, der rechte wird klarer K.-o.-Gewinner und fragt anschließend seine Kollegen auf dem nahen Gartenzaun: »Der hod sei Fett. Vielleicht wui von eich a no oana wos.« Und was wird wohl jetzt in dem großen Briefkuvert sein, das der kleine Bub in den gelben Nachrichtentresor der Post zwängt. Eine Einladung zum Gautrachtenfest? Oder die Antwort einer einsamen Tante auf ein Heiratsinserat?
Ist es nicht ungeheuer spannend, wenn so ein blauer Kanalarbeiter stumm und selbstverständlich einen Kanaldeckel öffnet, so daß man direkt hineinsieht in das Schlafzimmer des Dritten Mannes? Kriegen sie jetzt den Autoschlüssel, der einem leichtsinnigen Luftikus in den Abflußgulli fiel und von der Kanalwacht herausgefischt wird? Und was kostet das? Was kann noch schöner sein, als wie den roten Drachen der eigenen Kinderzeit am blauen Spätherbsthimmel der Romantik schweben zu sehn und darauf zu warten, ob er nicht einen Looping schlägt und in die Telephondrähte saust? Und der Prügel, den der Sechsklaßler mit Wucht, jedoch ohne Beachtung jeglicher Schwergewichtsreaktion hochschleudert. Wieviel mahagoniglänzende Kastanien wird er wohl herunterbefördern? Wie ein Sankt-Elms-Feuer bannt der nächtliche Arbeiter von den Verkehrsbetrieben seine Zuschauer mit der blauleuchtenden Garbe, die von den geschliffenen Schienen aufsprüht. Genüßlich und von halbnackten Schaufensterpuppen fast unzüchtig dekoriert, läßt sich das Idyll betrachten, das zwei

kleine Ladenmädchen, die vorsichtshalber alte Wehrmachtssocken tragen, im verhangenen Schaufenster arrangieren. Und der städtische Halbkreisingenieur, der seinen Namen von der Kehrbewegung hat, die er mit der Exaktheit eines Zirkels ausübt, kann doch eigentlich jederzeit den sagenhaften Brillanten Kohinoor in seinem gehäuften Unratbergerl aufblitzen sehen. Und das ruppige Kramer-Katzerl, das mitten in der Auslage des kleinen, längst überflüssigen Kolonialwarenlädchens zwischen Waschpulver und Fliegenfängern eine beschauliche Siesta macht, reizt auch den Wanderer dazu, die Augen halb zu schließen, und auf einmal entsteht ein prickelndes Gefühl in den Pupillen und ein tiefer Friede hält Einzug in sein simples, bescheidenes Gemüt. Wenn ihn zu Hause aber die Seinen dann fragen, was er denn nun den ganzen Tag über gesehen hätte, so muß er ganz ehrlich zugeben, daß er das eigentlich gar nicht mehr sagen kann. Denn ein gelernter Zuschauer sieht ja in Wirklichkeit nichts. Er schaut ja nur. Und das ist ein kleiner Unterschied.

60 | Die Stehplatz-Hinterbliebenen

»Was macht die Fußballbraut am Sonntagnachmittag?« heißt ein schönes Lied. Als ob es da bloß um die Fußballbräute allein ginge. Und nicht auch um all die anderen Sportlerdamen. Die vielen handball-geschädigten Ehefrauen beispielsweise. Oder die Opfer des weißen Wahns, des Tennisspieles. Die zurückgebliebenen Kameradinnen der edlen Gipfelstürmer und das ganze riesige Unterrockgeschwader der »Witwen auf Zeit« und der »Stehplatz-Hinterbliebenen«. Dabei ist es ganz ohne Bedeutung, ob der betreffende Anhänger des ehrwürdigen Turnvaters Friedrich Ludwig Jahn Aktiver ist, Funktionär oder nur ganz gewöhnlicher Fan und Zuschauer. Allein ist die »Einsame der Nachmittage« auf jeden Fall. Allein mit drei übriggebliebenen Semmelknödeln und einem kleinen Rest von kaltem Kartoffelsalat. Und das nicht nur zur Sommerzeit. Obwohl sich doch beide Gatten eigentlich immer an das schöne Versprechen erinnern sollten, das sie sich einst vor dem festlichen Herrn in der Ehemontagehalle gaben: »Wo du hingehst, da will auch ich hingehn. Und wo du bist, da werde auch ich sein.«

Nun, in den ersten Honigwochen des lebenslänglichen Ringkampfes, da nimmt ein echter Sportsmann seinen vergatterten Trainingspartner wohl auch einmal mit auf den Fußballplatz. Und haut seinem treusorgenden Weiberl dann nach jedem Tor seiner Mannschaft vor Freude die zarten Schlüsselbeine ab. Doch bald kommt sich das verschüchterte Rautendelein hier etwas abseits vor und fühlt sich so überflüssig wie eine Blinddarmentzündung. Und außerdem, wozu hat sie eigentlich ihr süßes neues Courrèges-Kostümchen angezogen. Wenn es nicht ein einziges anderes Weibsbild sieht. Und vor Neid den rechten gelben Augenzahn entblößt. Schließlich trägt sie es doch nicht für den komischen Torwart, der sowieso nur den blöden Ball beobachtet. Oder den viel zu dicken Schiedsrichter. Einmal geht die junge Frau dann vielleicht auch noch zu den Boxern mit. Und wickelt in naiver

Tierliebe auch noch die zwei halb abgenagten Kotelettknochen ein, um sie den lieben Viecherln heimlich zuzustecken. Doch den beiden strammen Leichtgewichtlern, die sie dann statt der erwarteten Hunderln sieht, wagt sie diese Atzung erst gar nicht anzubieten. Und beim Motorradrennen sagt dann gleich gar ein Kamerad zu ihrem guten Manndi mit einem schrägen Seitenblick auf sie halblaut: »Sag einmal, warum bringst du jetzt eigentlich auch deinen Beiwagen mit?«

Nein, da bleibt ein vernünftiges Weiberleut dann schließlich doch lieber daheim, schmollt zuerst ein bisserl, ergibt sich aber dann schließlich ihrem Schicksal und dem heimlichen Kaffeesuff. Möglicherweise holt sie auch einmal in ihrer Langeweile das versteckte Poesiealbum hervor und blättert ein bißchen in der Vergangenheit. Liest sogar das verblaßte Poem der Schulfreudin Fanni Leisegang wieder, das da lautet: »Die Liebe ist ein holder Wahn / der Walfisch liefert Lebertran.« Oder sie kramt ein wenig in dem mürben kleinen Kofferl, in dem sich noch die Schätze ihrer Ringelreihenzeit befinden. Da findet sie zwischen ein paar erblindeten Glasschussern und drei Fleißbilletteln, auf denen zu lesen ist »Dem braven Kinde«, auch noch ein Klassen-Schulbildchen und entdeckt sich in der ersten Reihe sitzend mit den übereinander gekreuzten Steckerlbeinen, die ausschauen wie das Etikett auf einer Giftflasche. Ja, und sonst wartet die Vier-Stunden-Witwe halt brav, bis ihr Star wieder nach Hause kommt. Hat sein Verein dann gewonnen, so bringt er ihr womöglich sogar auch noch etwas mit. Ein kleines Siegesräuscherl etwa. Oder seinen Sitznachbarn vom Sportplatz zum Abendessen. Schwer ist es allerdings nach den Niederlagen. Denn dann läßt er meistens die Unterlippe hängen, daß er fast darüber stolpert. Und geht vor dem Essen schon ins Bett.

Eines aber sollte auch der begeistertste Sportler nie vergessen. Seine daheimgebliebene Dulderin in ihrer Geduld nämlich so zu strapazieren, daß es schon an seelische Grausamkeit grenzt. Denn dann kann es mit Sicherheit eines Tages geschehen, daß sie keine alten Bilder mehr anschaut am Sonntagnachmittag. Sondern zu dem jungen schwarzen Zimmerherrn in den zweiten Stock hinuntergeht. Zu einer Partie Schach. Und jedermann weiß doch, wie schnell eine Frau bei so einem gefährlichen Spiel matt werden kann. Im übrigen ist die Einhaltung des Treue-Verspruchs auch bei einem Sportlerpaar das allerwichtigste Fundament. Doch leider gibt es halt unter den Anhängern der edlen Fußballbewegung auch immer wieder einige rabenschwarze Halunken. Die scheu und verlegen nach einem Spiel geschlichen kommen, um schnell eine weggeworfene Eintrittskarte vom Boden aufzuheben und sie in die Manteltasche zu stecken. So was ist natürlich ausgesprochen »schmutziger Lorbeer«. Und ein Elfmeter wäre da das Geringste, was über diese Spitzbuben verhängt werden sollte. Und den müßte dann die betrogene Sportlerwitwe selber schießen dürfen. Mit ganz spitzen Schuhen. Und ohne Ball.

61 Neubau-Symphonie

Noch schläft die Riesenbaustelle. Die Bagger haben ihre Dieselfässer wie blecherne Diezl im Eisenmund und lutschen dösend daran herum. Grau ragen die Zementraketen in den bleichen Morgenmondhimmel. Und gewaltige Bulldozer, die wie Urzeitsaurier im aufgerissenen Kratergelände schlafen, haben die Reste der abendlichen Kiesmahlzeit noch zwischen den Zähnen.

Die Sitten und Gebräuche auf einem modernen Neubau sind ganz andere wie einst in der guten alten Ziegelsteinzeit. Fast vergessen sind die Mörtelweiber, die verstaubt in alle Ewigkeit und Portland-grindig in riesigen Pfannen das milchige Kalksüpplein anrührten. Auch die Bierbuben, denen die pausenlos geschleppten Brotzeittragerl die Arme so lang gezogen hatten wie den Schimpansen im Tierpark, gibt es kaum mehr. Verstummt sind die grellen Lucki-Pfiffe, die den Nachschub an Steinen oder Mörtel anforderten. Und kein Maurer mit den weißen Sommersprossen des Akkordes im Gesicht röchelt noch den schaurigen Sahara-Ruf »Waaasser« über das Baugerüst hinab.

Auch die traditionellen Schiebermützen, die früher von den Rohputzgladiatoren besonders bevorzugt wurden, fielen der neuen Zeit und den neuen Vorschriften zum Opfer. Der fortschrittliche Zementmixer ist heute angewiesen, seinen begehrten Scheitel mit einem Helm zu schützen, den er in kleinen Arbeitspausen auch gerne zweckentfremdet, um sich ein bißchen darauf auszuruhn. Auch die Gerüstbauer sind angehalten, diese Kürbisschoner zu tragen. Obwohl diese herrlichen Artisten, die früher auf hohen freien Masten schwankten wie der Ausguckmann im Fliegenden Holländer, zu Mechanikern degradiert wurden, die keine Schwindelanfälle mehr kriegen, sondern höchstens ein paar Wasserblasen. Viele jener Schaufelathleten, die in ihren Lehr- und Wanderjahren noch die Fingernägel mit den schlanken Enden der Spitzhacken manikürten, tragen jetzt sterile Sauerbruch-Handschuhe beim »Worken«. Und wo einst der rote Dichtungsgummi eines Bierflaschls als Patentverschluß am kragenlosen Flanellhemd prangte, sitzt längst ein wohlgeschürzter Windsorknoten. Die merklich dünner gewordenen Arme der neuzeitlichen Portlandkonditoren aber zieren statt der ehemals eintätowierten Totenköpfe, der weiblichen Vornamen oder durchbohrten Schaschlik-Herzen wasserdichte Schweizer Stoppuhren. Die haargenau die jeweiligen Mondphasen und die letzten Lohnerhöhungen angeben.

Zischende Dampfhämmer und schürfende Löffelbagger, eintönige Mischtrommeln, knatternde Kompressoren und geschwätzige Förderbänder unterhalten sich im Bausparkassen-Deutsch oder geheimnisvollem 7c-Esperanto. An den Rändern der Baukrater wachsen genormte Eisenhecken hoch. Aus rostfreiem Mannesmann-Bambus. Und eine gefräßige Winkeleisengiraffe mit mondsüchtigem Hals liftet mürrisch große Kästen mit porösen Steinen himmelwärts. Sie sind schamrot. Als wüßten sie bereits, was sie sich anhören müssen in dem zukünftigen Appartementhaus.

Bevor die Arbeit an der halbfertigen Wohnmaschine täglich beginnt, kommen aus allen vier Windrichtungen ringelhaarige Söldner und mandeläugige Spezialisten. Und dann naht ein biederer mörtelporiger Bauführer mit einer langen Liste und einem ebensolchen ratlosen Gesicht. Denn statt Schulze, Zirnbichler oder Häberle heißen die wackeren Backsteinjongleure heute: »Zcibbed Nrwa« oder »Alkibiades Popolasarewitsch«.

Der Herr des Neubaus aber ist der Spezialkran. Links, wo das Herz ist, hat er eine gläserne Kabine. Und darinnen sitzt ein hochbezahlter Spezialist. Nur durch den Druck auf ein paar Knöpfe, die er mit bleichen Internistenhänden betätigt, ist er jederzeit in der Lage, mit dem ungeheuren Gußgebiß beispielsweise die vierte Scheibe einer Mailänder Rohsalami, die der Bauführer gerade dreißig Meter unter ihm verzehrt, heraus zu klauen. Und wenn der Fremdarbeiter Alfonso gerade lustig aufgelegt ist, läßt er sich von dem mörderischen Greifer lächelnd die Cola-Flasche aufknipsen. Abends aber rollt der unheimliche Roboter ohne besonderen Auftrag direkt auf den Architekten zu. Und hilft ihm vorsichtig in den Trenchcoat. Wobei er nicht versäumt, auch noch den verdrehten Mantelgürtel hinten wieder geradezurichten.

62 | Stock Heil!

Erschreckt fuhr der Russe Fedor Flaxanowitsch in einer frostigen Polarnacht aus seinem schweren Schneeganskissen hoch und lauschte. Dann entzündete er leise seine Kolchosenkerze aus linientreuem Walfischfett, und was sah sein rotkariertes Auge? Auf der zugefrorenen Waschschüssel, die neben seiner Traumschublade stand, spielten sechs kreuzfidele Tapetenflundern sibirischer Bauart mit seinem Kragenknöpfchen Eisstockschießen. Sofort meldete Fedor anderntags seine Beobachtung dem zuständigen Politkommissar, der wiederum den obersten Sportsowjet informierte. Und so kam es denn, daß auch das Eisstockschießen als eine russische Erfindung in die internationalen Sportdisziplinen eingetragen wurde.

Ganz was anderes melden natürlich die simplen Lexikone und Nachschlagewerke über dieses Thema. Demnach war der Eisstock in den ostälpischen Landen schon vor 1650 bekannt. Im Chiemgau benützten die ersten diesbezüglichen Feierabendsportler ein Modell, welches die Form eines Napfkuchens besaß und deshalb in der einheimischen Mundart »Guglhupf« geheißen wurde. Ein anderer Chronist behauptet, dieses frostige Vergnügen wäre 1778 von den Bäuerinnen und Mägden des Inntals erfunden und ausgeübt worden. Erst die ebenso mißgünstigen wie neidischen Mannsbilder hätten den ländlichen Rutschbahn-Amazonen den Eisstock schließlich nach zähem Ringen entwinden können, und seitdem sei das Eisstockschießen auf zugefrorenen Dorfweihern, Kanälen, Altwassern eine männliche Vergnügensdomäne geworden. Tatsache scheint jedenfalls zu sein, daß dieses herrliche Spiel, die »eiskalte Seuche«, von den bayerischen Gauen, dem Schliersee, Rießersee, Penzberg und dem Bayerischen Wald aus seinen Siegeszug angetreten hat. Heute kennt man diese »Freude am Stengel« zur schönen Winterszeit auch längst in Österreich, in der Schweiz, in Jugoslawien, in der Tschechei bis hinauf nach Holland, Danemark und Norwegen.

Kurz nach dem zweiten Weltkrieg, wo die meisten Wirtschaftswunderkinder noch viel mehr Zeit hatten als heute, weil sie doch den blauen und grünen Porträtstudien der Bank deutscher Länder nicht nachrennen mußten, herrschte überall auf dem kalten Parkett Hochsaison im Spiel mit dem »Faulenzer-Pilz«. Möglicherweise war es auch nur ein Freudscher Komplex, der zahlreiche Mannen damals hinaustrieb. Denn außer dem Spargel durfte bekanntlich in diesen Tagen nichts und niemand schießen. Mit Ausnahme eben der Eisstockschützen.

Doch wo sich irgendwo so eine Volksmassenbelustigung auftut, nehmen selbstverständlich sofort auch die Vereinsmeier das Heft und in diesem Fall den Eisstockstiel gleich in die Hand. Deshalb wurden nach echt deutscher Art auch der Eisstock und sein Herrchen erfaßt, registriert, organisiert, mit Abzeichen, Plaketten versehen und mit entsprechenden Posten, Aufgaben und Funktionen bedacht. Und darum ist aus dem ursprünglichen Spiel auch rasch ein straff geregelter Sport geworden. Mit Kampfrichtern und Obmännern, Ausschüssen, Wettkampfbestimmungen, Startpässen, Protestgebühren, Einsprüchen und vor allem auch einem eigenen Gruß. Der nach Paragraph 34 der IWKB »Stock Heil!« lautet. So daß der ordentliche deutsche Sportler jederzeit weiß, wo er auch bei dieser »Bewegung« sein Heil zu suchen hat im Gegensatz zu einem längst verblichenen.

Das Eisstockschießen wird heutzutage grundsätzlich in zwei großen Gruppen betrieben. Die erstere, das sind die ernsthaften Genossen, die nichts ohne Vorschrift und Leitfaden tun. Die zweite Gruppe hingegen setzt sich aus den sogenannten »Wuidbahnern«, also »wilden«, unorganisierten Gelatipartisanen, zusammen, die ihre Pizza mit Stiel auf jedem gefrorenen Radfahrweg, in aufgespritzten Sackgassen und auf ländlichen Spritzenteichen schwingen.

Meistens besitzt ein echter Spiegeleishunne mindestens zwei Stöcke. Nämlich einen »Läufer« für Tauwetter und sulziges Eis. Und einen »Bremser«, der dann bei besonders schneller Linoleumbahn zum Zuge kommt und durch seine speziell zusammengesetzte Lauffläche die Geschwindigkeit stark herabmindert.

Die Spielbahn einer Wuidbahnergruppe bestimmt keine Vorschrift, sondern lediglich die Mutter Natur. Manchmal ist sie nur zehn Meter lang, wenn von den Bergen Gevatter Föhn herüberbläst und die Eisfläche so zäh macht, als wäre sie mit Alleskleber bestrichen. Auch ein wenig bucklig kann sie ruhig sein, doch soll sie nicht so stark auf eine Seite hängen, daß der Eisstock von selber wieder heimläuft. Der absoluten Länge ist keine Grenze gesetzt. Doch wird dieselbe meistens durch Schneehaufen, Gartenzäune oder Uferböschungen zwangsläufig gegeben.
Ob und welche Weiberleute bei einer wilden Partie mittun dürfen, ist in jedem Fall Ermessenssache. Doch hat sich das Eisstockhaserl in allen Breitengraden fest eingebürgert, während ältere Ehehälften meistens nur mehr Zubringerdienste leisten, die in der Verpflegung des schwer schuftenden Mannes mit heißem Tee, Würstchen oder Zigarillos von der nahen Wirtschaft bestehen.
Ein unentbehrliches Instrument, das die trotz der Kälte fast immer erheblich erhitzten Gemüter wieder einigermaßen besänftigt, ist ein entsprechendes Maß. Das kann ein regelrechter Meterstab sein, der Ast eines nahen Baumes oder auch ein Stück Bindfaden, der zweckmäßig an einem Ende mit einem kleinen Vorhangringerl versehen ist, das an dem betreffenden Stock mit dem Zeigefinger angepreßt wird. Denn das andere Maß, mit dem viele Schützen ihr letztes »Fünferl«, ihre »Ehre« oder leichtfertigerweise sogar das Leben der leibhaftigen Ehefrau verwetten würden, nämlich das Augenmaß, gilt selbst bei den Wuidbahnern nicht, weil es bekanntlich »verstellbar« ist.
Bliebe noch der Flax oder Flachs, der natürlich auch auf den weißen Prärien der zugefrorenen kleinen Seen im Stadtpark oder auf der tiefgekühlten Avenue eines Landwehrkanals blüht. »Was«, heißt es da beispielsweise, »noch so an Schuß und du kriagst die Hauptrolle im Freischütz, nämlich die Wildsau.« Oder: »Mensch, du bist ja dümmer wia drei Waggon voi Oberlehrer!« Und dann folgt darauf »Kontra« und »Re«. Denn wie lautet doch bei den Eisstockschützen das Sprichwort: »Koan Schützen gibt's im ganzen Kreis, der für sein Schuß koa Ausred' weiß.«

63 | Untern Linden

»Unter den Pinien von Argentinien« heißt ein alter Gassenhauer aus den dreißiger Jahren. Und in dem sanften Schmachtfetzen »Zwei Lippen und ein roter Tarragona« geht es dann im Lobgesang auf das schöne Andalusien weiter: »Dort trinkt und küßt man unter blühenden Kastanien – so heiße Liebe gibt es nur bei uns in Spanien.« Von der Côte d'Azur wiederum wünscht sich der Schlagerdichter: »Eine Nacht in Monte Carlo – möcht ich wandeln unter Palmen mit dir.« Die weitaus populärste Weise außer den zahllosen Tannenbaumliedern hat jedoch Paul Lincke über den Aufenthalt unter Bäumen geschrieben. Nämlich: »Untern Linden, untern Linden«. Daß die Poeten und Komponisten für die schattige und dämmrige Botanik schon immer sehr viel übrig hatten, mag davon kommen, weil es sich unter Blättern und Blüten halt besonders gut »munkeln« läßt. Und nicht einmal der liebe Gott kann von allerhöchster Warte das Getuschel, Gekicher und Geschmuse durch die dichten Zweige ganz genau verfolgen. Was ein so feiner Herr natürlich sowieso niemals tun würde.

Nun gibt es aber neben den nimmermüden Liebespärchen auch noch andere Menschen, die sich gerne unter den grünen Baldachinen ergehen und ergötzen. Ältere, würdige Spaziergänger, besorgte Hundemamas, Gassenkinder, die Fangermandl oder Versteckerl spielen, und vor allem auch zufriedene Biertrinker oder eifrig plappernde Kaffee-Urscheln. Die bekannteste Tortenoase für diese Liebhaber des goldbraunen Pumpersüppleins befindet sich auch in unserer Stadt.

Eifrig wetzt der kalabrische Aushilfs-Kuchenverkäufer Luigi über den gemütlich murrenden Kies. Schwarz sind seine Augen, dunkel seine Gedanken und traurig seine Fingernägel. Er hat noch etwas Mühe, »Schillerlocken« oder »Mohrenköpfe« zu sagen, und deutet deshalb bei der Bestellung aus respektvoller Entfernung auf das verlangte Gebäck, zeigt dann hocherfreut seine starken Mulizähne und sagt schließlich grinsend: »Swei Marka«. Die gut-

mütigen, ihre schwachen Stühlchen schwer strapazierenden Schlagrahm-Walküren aber nuscheln voll Mitgefühl zueinander: »Der schickt sicher sein ganzes verdientes Geld heim.« Doch der Luigi trägt es leider nur zum nächsten Wettbüro, um es in den unersättlichen Rachen des Einzahlschalters zu stopfen.
Halbtot gefütterte Tauben wackeln zwischen den Stühlen hin und her. Sie sind so übersättigt, daß sie höchstens noch von einem Stück Schwarzwälderkirschtorte einen Schabel voll aufpicken. Zum Fliegen müssen sie sowieso einen großen Anlauf nehmen und plumpsen dann schwer wie gebratene Hühner ins Gras der nahen Anlage, das sie fleißig mit den gebrauchten Cremeschnitten besprenkeln. »De san scho längst z'faul zum Bergab-Schaun«, sagen die Pensionisten auf den Promenadebänken.
Zwei Dandys aus der alten Schule kommen und beugen sich galant über die blassen Meißener Fingerspitzen einer verschleierten Stummfilmlady, als suchten sie das Preisschild an dieser kostbaren Antiquität. Nebenan auf eigenem Stuhl sitzt die »Edle von Kuschelheim« und läßt sich vom Frauchen gnädig mildes Toranchino-Eis mit der Waffel eingeben. Manchmal blinzelt sie dabei mit dunkelblauen Schlehen-Augen zum gewaltigen Schäferhund hinüber. Und denkt sich: »Schade«.
Eine Saison-Schönheit mit modernem Hochwasser-Röckchen wippt mit den Beinen wie eine ledige Bachstelze mit dem Schweif. Sie funkt pausenlos unter die Nachbarschaft. Und die meisten Männer morsen notwendig zurück. Bis auf ein septemberseliges Väterchen. Das blinzelt sich längst nur mehr ein bißchen milde Sonne unter die Augenlider. Aber kein einziges Stückchen weiblicher Anatomie mehr. Das geht nämlich immer so schwer wieder heraus. Und tränt auch noch. Da würden dann manche Leute vielleicht meinen, man weint irgendeiner Sache nach. »Ph.«
Der süße Rekonvaleszentenduft der Lindenblüten ist bereits vorüber und verweht. Kleine runde Kügelchen hängen jetzt an den Bäumen. Solche, wie sie der alte dösende Mann dort am Brunnenrand einst für sein Blasrohr hernahm, als er noch der große Kundschafter »Eiserner Arm« war. Jetzt ist er bloß noch arm. Von der

dichten Ligusterhecke herüber blitzt ein frecher Student mit seinem Taschenspiegel immer wieder eine minderjährige Himbeereis-Loreley an. Die will sich den flimmernden Fleck ein paarmal aus den Augen wischen. Bis sie den Übeltäter entdeckt und ihm mit sauberem Trotzköpfchenfinger droht. Nach einiger Zeit geht sie dann mit dem Stechschritt eines Gardekadetten ihrem kleinen nächsten Schicksal entgegen. Den Studenten auf den blutjungen schlenkernden Fersen. Und der alte Mann am Brunnenrand summt kopfwackelnd die letzten Takte von Lincke's schönem Lindenlied dazu: »...Wenn du Lust hast, anzubinden, dann marschier nur hinterdrein.«

64 | Der Stehausschank

Der moderne Stehausschank ist nichts anderes als ein legitimer Nachfahre des früheren Schnapsladens. Die Cocktailbar des kleinen Mannes. Ratsch- und Tratsch-Stützpunkt braver, rotnasiger Rentner, Austragler und Spitaler. Manchmal verläuft sich vielleicht auch ein älteres waagrechtes Mädchen an die verwaschene Theke, um ein bißchen flüssigen Mut für ihr trauriges Leben zu tanken. Und auch winzige Tagediebe, schrullige Käuze, verhutzelte Sonderlinge oder filmreife Clochards kommen dahin und nehmen einen Stockzahn voll vierzigprozentigen Trost zu sich. Stand auf diesen rauchigen Oasen König Alkohols früher zu lesen »Ausgeübt von Benedikt Ruch«, so haben sie heute meistens recht seltsame Namen und heißen »Zum reuigen Anton«, »Beim schäbigen Emil« oder »Trüber Philipp«. Aber auch die Gäste, die dort verkehren, werden vielfach nicht mit ihrem bürgerlichen Namen angesprochen, sondern man nennt sie je nach dem Aussehen, ihren Eigenschaften und Aussprüchen den »Zittermax«, den »Alimentenheinrich« oder den »schwarzen Pauli«. Wie schon aus der Bezeichnung hervorgeht, wird im Stehausschank gestanden. Bänke, Hocker oder Stühle sind nicht da. Aber das ist den alten Saufkugeln auch völlig egal. Sie möchten ja gar nicht sitzen. Sie wollen nur einen sitzen haben.

Ein alter Hausierer mit dem Kriegsnamen der »Wetzstein« ist immer der erste. Kaum ist das Rollo des kleinen Wermut-Wigwams hinaufgeschoben, schlüpft er wie ein süchtiger Schnauzer in den halbdunklen Laden und bestellt sich einen dreistöckigen Steinhäger. Das Gesicht vom Wetzstein ist lila gesprenkelt, als hätte man einen Tintenstift über sein lustiges Antlitz geraspelt. Und er zittert wie der Dritte Mann. Darum muß er auch das erste Glas mit beiden Händen auf dem Schanktisch festhalten und sich dazu hinunterbeugen. Dann saugt er den Stoff mit seinem grauhaarigen Igelrüssel ein. Erst nach dem dritten »Hieb« geht es besser. Obwohl er auch da noch beim Griff nach dem Glas

wackelt, als wäre er an den städtischen Wechselstrom angeschlossen.

Der närrische Martin, angeblich gewesener Lokomotivführer bei der Lokalbahn, sucht nur eine einzige Gesellschaft im kleinen Stehausschank. Und das ist seine eigene. Freudig begrüßt er sich jedesmal selber in dem großen Wandspiegel und befragt dann lachend sein Konterfei: »Wie sind wir beinand?«, und der Quecksilberfreund antwortet prompt und vergnügt: »Wie's Vaterland«. Alsdann prosten sich die beiden zu. Manchmal scheint der Martin aber auch in Geldschwierigkeiten zu sein. Dann pumpt er sich dann selber vor dem rauchblinden Reflektor an und bettelt: »Aber geh, wirst doch deinem alten Freund einen Fünfer leihen. Ich geb' ihn dir morgen wieder zurück.« Und in der Tat, anderntags erfolgt pünktlich vor der gläsernen Schwachsinnswand die feierliche Begleichung der spinösen Schuld.

Ein seltsamer Hauch schwebt über allen Häuptern. Ein kleines, kicherndes Männchen zeichnet in der stillen Ecke irgendwelche Figuren auf ein Stück Papier. Mißtrauisch schaut es immer wieder über die Schulter, ob ihn auch gewiß niemand beobachtet. Man könnte glauben, der Kleine würde die Formel für den geheimnisvollen russischen Raketentreibstoff aufs Papier kritzeln. Dabei zeichnet er nur lauter kleine Nieren. Und höchstens einmal einen Leberlappen dazwischen. Sicherlich sind es seine eigenen.

Komische Wortfetzen wehen von der geliebten Theke herüber. Einer sagt: »Ach ja, es ist nicht leicht, ein Stachelschwein zu küssen. Da muß man erst am Kaktus üben.« Er trägt eine Brille so dick wie eine Taschenlampenlinse. Und ein hoffnungslos versackter Karussellbesitzer meint: »Nein, verschuldet sind wir nicht, aber ein Defizit haben wir schon gehabt.«

Gegen Abend kommt fast immer ein kleiner, hellhaariger Bub herein und zieht seinen Großvater ohne jede Überzeugung am verhutzelten Daumen: »Komm doch halt jetzt heim, Opa, die Kartoffeln stehn schon am Gas.« Aber genausogut hätte der Knirps wohl auch das Standbild vom Marienplatz zum Heimgehen überreden können. Der Opa geht nicht.

Vorsorglich hat sich der Wetzstein gleich zwei Gläser einschenken lassen, bevor es endgültig zu Ende ist für diesen Tag. Und wenn ihn dann der duldsame Wirt glücklich als letzten bei der Tür hinausgeschoben hat, singt er im Zickzack-Heimgang ganz leise das ergreifende einstrophige Lied, von dem er seinen Namen hat: »Ich hab' daheim an alten Wetzstein / Mein Vater sagt, ich soll ihn wegstell'n / Die Mutter sagt, ich soll ihn b'halten / Den Wetzstein, den alten.«

65 | Der Todsünden-Tümpel

Auf dem Dach der Welt im siebten Stock des Luxushotels träumt der vornehme Swimmingpool vor sich hin. Das »Manager-Meer« oder, wie mindere Menschen auch manchmal zu so was spöttisch sagen: das »Angeber-Aquarium«. Das Wasser darin ist so glatt, als würde es jeden Tag frisch gebügelt, und so blau wie die Freudentränen von Alpenveilchen. Sicherlich ist jeder einzelne Tropfen handverlesen. Außen herum um den winzigen »Lago di Bonzo« ist eine mollig-weiche Schaumgummiwiese angepflanzt worden. Nach einem lächerlichen Knöpfchendrücken zieht sich auf Wunsch die Decke des Raumes genauso lautlos zurück wie der sammetpfotige Barmixer, wenn er seinen Drink am Bassinrand abgestellt hat. Und der Badegast kann sich dann, auf dem Rücken schwimmend, von der Sonne seinen Bauch küssen lassen. Und das alles im Zimmerpreis inbegriffen.

Die vielgedruckte Soraya, der schwarze französische Matratzenstrolch Greco, die bruttoregistertonnenschwere Mansfield und die herbe Alraunenpflanze Knef haben ihre berühmte Anatomie schon in diesem Society-See genetzt. Und jedesmal, wenn so hoher Besuch im Hause war, kommt dann auch gleich ein Mann im weißen Mäntelchen angeschlichen. Er beugt sich heimlich zum zahmen Meer hernieder und füllt ein kleines Fläschchen von dem zweiten Element ab. Sammelt jener jetzt am Ende vielleicht das Badewasser von Schönheiten? So wie andere Fans Autogramme. Und stellt er die Kostproben etwa daheim in langen Regalen auf, mit kleinen Namensschildchen drauf? Oder sollte er gleich gar jenen verruchten Schlager befolgen, in dem es so lüstern heißt »Laß mich dein Badewasser schlürfen«? Aber nein, nein, nein. Betriebs-Chemiker ist der Weißkittel nur. Und als solcher für die Sauberkeit des kleinen Wollust-Weihers, dessen Tau er laufend untersuchen muß, verantwortlich.

Jeden frühen Morgen kommt als erstes die Besatzung von Zimmer sechshundertzehn angerückt. Ein uralter Baron mit seinem Butler.

Man sagt, der Domestik müsse dann am Ufer des Pools die Schwimmübungen machen, während sein Herr ein geruhsames Sitzbad nimmt. Weil dieser doch so schlank werden will. Später naht dann Miß Geometrie. Nirgends ist bei ihr die kleinste Rundung zu sehen. Nur spitze Winkel und Quadrate. Und alles an ihr ist eckig. Der Blick, die Bewegungen und sogar der Busen. Armer Wasserspiegel! Wie wird sie dich zerkratzen. Manchmal wird diese sperrige Schönheit auch von einem komischen Herrn begleitet. Der hat eine Nase wie eine Pflugschar so groß. Damit ackert er das Minimeer förmlich auf. Als wollte er nachher in den Furchen Kartoffeln pflanzen. Oder vielleicht Marihuana. Alle Nasenmänner sind bekanntlich lasterhaft.
Haben holländische Gäste in der Appartements-Adria geplätschert, so blinzeln nachher möglicherweise wohl auch ein paar lustige Fettäuglein zur Decke empor. Nach den Französinnen schmecken die Fluten ein bißchen nach Madame Rochard. Die Briten hingegen lassen einen herben Ruch von EWG zurück. Von Edinburgh, Whisky und Gin. Während die kleinen Kräuselwellen, wenn sich ein Deutscher darin vergnügt hat, eindeutig nach Pfandbriefen riechen.
Ältere Damen falten die Hände, bevor sie sich der viereckigen Feuchtigkeit anvertrauen, wie zum Abendgebet. Und flehen mit jedem Schwimmstoß: O Herr, verlaß uns nicht in unserer großen Seenot! Der General, der in der Empfangshalle wie der große Zampano ausschaute, erinnert hier in seiner bescheidenen Kaltwasser-Uniform weit eher an einen tiefgekühlten Truthahn. Er ist bleich, steril und spitzbrüstig. Meistens plätschert leider nur braves Fischfutter hier herum. Eine Art Tschappi für die Hechte. Und nur selten kommt eigentlich ein Sonntagsbraten für den Neptun angeschwommen. Hei, wie frohlocken aber dann die milden Wässerchen. Mit ungemein zarten Bewegungen streicheln sie den weit ausladenden Bug so einer Caravelle, schmiegen sich lüstern am schlanken Rumpf entlang und schlagen schließlich mit einem hochzufriedenen Kichern über dem schlüpfigen Heck zusammen. Wie die erwartungsfeuchten Hände eines spät erhitzten

Freiers. Doch jede Nacht einmal um die Gespensterzeit schlägt der kleinen sündigen »Nachher-Riviera« ihre Spezialstunde. Denn dann huscht die bleiche Gräfin ans Gestade. Sie ist blaß, unerreichbar und überall »ohne«. Wie der Neumond. Wie ein Lichtschein fällt sie ins Bassin. Und die Wasser sind dabei stiller als ein Hausfreund im Schrank. Nach zehn Minuten verschwindet sie wieder so lautlos wie La Luna hinter einer Wolke. Und geht im Lift unter.

Das Wasser des Todsünden-Tümpels aber hat es jetzt verzweifelt eilig und fließt schleunigst ab. In die Regeneration. Es muß nämlich dringend beichten.

66 | Tragische Überfälle

Nein, jene Feierabendbeschäftigung, die zusammen mit dem Bowlingsport, dem Orangenjuice und dem Haarspray aus dem Land der unbegrenzten Möglichkeiten zu uns herüberkam und die gewöhnlich damit endet, daß ein Mann mit einer sechsschüssigen Bettelmaschine einen Bankbeamten um etwas Kleingeld bittet, meint der Chronist diesmal nicht. Sondern jene Überfälle, die wirklich niemand überfallen. Denn sie fallen höchstens noch über sich selber her. Die kleinen Katarakte nämlich draußen bei der Vorstadtbrücke. Damals, als die zahme Dschungelwildnis das wilde Kurdistan und der flaschengrüne Amazonas der Rio Grande waren. Die sanft wiegenden Weiden aber wurden dann für fast alle Vorstadtpärchen auch das erste Liebesparadies. Denn die Mütter waren sehr wachsam in jenen Tagen, die Mietgartenhäuschen wenig und die Büsche verschwiegen. Drum wurden diese schummrigen Nester auch gerne der »Alimenten-Wald« genannt.

Und trotzdem war für den Buben diese romantische Gegend bei den Wasserfällen irgendwie immer ein bißchen unheimlich und schaurig. Das begann vielleicht bei jener Tragödie der schönen Frau Stummbaum, die damals das ganze Viertel wochenlang beschäftigte. Also diese Dame, eine verführerische Bernauerin, von der sie übrigens auch den Vornamen Agnes hatte, war mit einem dünnarmigen, lächerlichen Mannsbild verheiratet, das trotzdem Vorstand des Zimmerschützenclubs »Auge auf« oder so ähnlich war. Die schöne Agnes aber litt häufig an starken Kopfschmerzen und ging dann hinüber in die Anlagen. Dort entdeckte sie schließlich der Kundschafter Biwi Zenz mitten in den Weiden. Und er kam atemlos zum Herrn Stummbaum gerannt und sagte in seiner kindlichen Vorstellung: »Herr Stummbaum, Ihre Frau liegt mit einem jungen Mann am Rio Grande drüben, und der Mann will Ihre Frau auffressen. Ich habe es selber gesehen, wie er ihr ins Ohr gebissen hat.« Da nahm der Vorstand sein Gewehr aus der Hülse, fand seine Frau und erschoß sie. Am anderen Tag schaukelte er selber lautlos auf dem alten Baum an der Brücke, und die

Buben sagten: »Uff«. Und wurden rasch vertrieben. Der zynische Hundefänger Magerl aber deutete ohne jedes Gefühl auf den Schwebenden und sagte: »Daher der Name Stummbaum.«
Zwei Jahre später geschah dann die Geschichte mit der Lore Seidanger. Die war auch immer drüben beim Baden an den Überfällen. Weil damals doch alles arbeitslos war und die Zeit voller Müßiggang halt, von dem der Kaplan Seiß immer sagte, er sei aller Laster Anfang. Aber wo man seinen Müßiggang vielleicht gegen eine Arbeit umtauschen könnte, wußte er leider auch nicht. Da geschah es eines Tages, daß der alte Herr Seidanger die Lore schrecklich schimpfte und aus der Wohnung jagte. Ein paarmal sah man sie dann zerzaust und heruntergekommen im »Alimenten-Wald«. Und dann zog sie die Feuerwehr mit einer langen Stange aus der »Roßgumpe«, dem tiefsten Wasserloch. Wieder war auch diesmal der Hundeschlächter gleich da, deutete auf die schlimm aussehende Tote und sagte hämisch: »Na ja, das sieht ja jeder, daß die einen Braten in der Schublade hat.« Wir wußten mit diesen Worten nichts anzufangen; als der Biwi Zenz den Herrn Lehrer fragte, was das sei, wurde er stumm und verbissen übergelegt.
Die Kinder aber gingen nach dieser Zeit gar nicht mehr gerne in die Roßgumpe zum Schwimmen. Weil es hieß, die arme Seele der Lore würde da drin noch immer herumrudern.
Nun, weshalb der Chronist diese traurige Ballade eigentlich schreibt. Weil nämlich neulich wieder einmal so etwas geschah. An den wilden Wassern der kleinen Niagaras. Auch diesmal wurde wieder eine weibliche Leiche angetrieben. Und der Schreiber kam zufällig dazu. Und als er das stumme Mädchen sah, fielen ihm die Worte des Dichters ein, von dem ertrunkenen Mädchen, von dem es heißt: »... so geschah es, daß Gott sie allmählich vergaß. Erst ihr Gesicht, dann die Hände, und zuletzt erst ihr Haar.«
Das Mädchen aus den Überfällen schien freilich nicht nur vom lieben Gott vergessen worden zu sein. Denn erst nach langer Zeit konnte die Polizei doch noch herausbringen, wer es war. Und seltsam, sie hieß mit Vornamen auch wieder Lore. Ihr Leib aber »war gesegnet«. Wie das so wunderschön heißt.

67 | . . . und schaute nicht einmal mehr um

Die winzig kleine münsterländische Vorstehhündin Diana war am 14. Juni des Jahres 1937 gerade unterwegs zum Sterben. Denn ein Müllerbursche aus Schöneberg sollte sie mit zwei anderen unschuldigen Pfotensaugern in einem Sack auf dem Gepäckträger seines Fahrrades zum Ertränken fahren. Dianas Mütterlein stand nämlich im Verdacht, mit einem Schnauzer fraternisiert zu haben, so daß der »Meister Mehlwurm«, nebenberuflich ein erfolgreicher Sonntagsjäger, befürchtete, die langhaarigen Kinder der Liebe könnten deshalb Bastardchen sein.

Da kam des Weges der junge Leutnant Mertens. Der hörte von der bevorstehenden Exekution und erwarb kurzerhand die japsenden Früchte des Zorns. Zwei der kleinen Maulaufreißer schenkte er tierliebenden Bauern. Und die Diana, die er rasch und stehenden Fußes auf diesen Namen taufte, lieferte zu dieser Zeremonie in der Ellenbeuge ihres neuen Herrchens vor Freude sogar noch ein bißchen warmes Taufwasser.

Schon wenig später war der kleine Rin-Tin-Tin zum Maskottchen der I. Brandenburgischen Grenadierkompanie geworden. Denn die kleine patschige Dame mit den unwiderstehlichen »Schenk-mir-was-Augen« durfte mit in die Unterkunft, auf die Nachtmärsche und auch an die Gulaschkanone 'ran. Bis dies ein älterer, mürrischer Onkel Major einmal sah. Und der harmlosen zotteligen Bellmaschine ein Kasernenverbot aufbrummte. Da aber schrieb der junge Leutnant sofort ein Versetzungsgesuch, und nach einiger Zeit kam der Befehl vom gestrengen »Raupenschlepper«: »Herr und Hund können bleiben.« Dann kam die Zeit, da ging's hinein ins verdutzte Feindesland. Schau, schau – und wer wedelte dort der Kompanie voran? Nein, nicht die Reichskriegsfahne, sondern das ehemalige Müllerkind war's. In Nancy eroberte Diana ganz allein einen herrenlosen Fleischerladen. Und mußte anschließend von Gevatter Veterinär behandelt werden. Und beim Siegesmarsch durch den Arc de Triomphe gelang es ihr, trotz strengster Verwarnung und Ermahnungen, dem Offiziersburschen Ferdinand zu entschlüpfen, und beinahe wäre sie auf der Suche nach ihrem degenschwingenden Paradeboß unter die zehntausend eisenbeschlagenen Hufe der deutschen Infanterie gekommen, welche die Champs-Elysées hinuntertrabte.

Weiter ging's auf der Straße der Versuchung. Diesmal hinüber ins kalte fröstelnde Rußland. Diana war beim Übergang über die Beresina dabei, bei Woronesch und Wjasma. Sie witterte die wattierten Leisetreter in ihren Filzstiefeln, die nachts auf die Erdhöhlen der unheimlichen bösen Fritzen zuschlichen, ebenso todsicher wie die Stunde der Wahrheit, wenn die Luft besonders eisenhaltig wurde, weil der Iwan mit seinen Stalinorgeln ein Höllenkonzert gab.

Wenn der Kompaniechef einmal verwundet wurde, und das wurde er nicht zu knapp, blieb Diana zwar beim Haufen. Aber zweimal in der Woche trottete sie mit Sicherheit ins Feldlazarett, um dem lädierten Kameraden ein wenig die Hände zu lecken. Dann kam der Tag, an dem die Münsterländer Hündin selbst ihren Blutzoll entrichten mußte: Ein »Ratsch-Bum«-Geschoß riß ihr den Schwanz ab. Weil er aber nicht ganz getroffen war, amputierte sich die Lädierte selbst und besorgte den Rest mit ihren Zähnen. Beide Schleppohren waren außerdem nach drei Kriegsjahren mehrfach von Granatsplittern so durchlöchert, daß sie aussahen wie geknipste Bahnsteigkarten. Schließlich erhielt der wackere Infanterie- und Meldehund im Einvernehmen mit der gesamten Kompanie sogar den Dienstgrad eines Gefreiten h. c.

Als der große Jammer vorbei war, kamen Chef und Hund in ein amerikanisches Gefangenenlager. Und irgendein böser magenkranker Sergeant hatte da etwas gegen das struppige Vieh, das er erschießen wollte. Da opferte aber das Herrchen rasch den großen zackigen Stern, den es auf der Brust trug und den man spaßhalber das »Spiegelei« nannte. Nun war der verdrossene Sieger wieder versöhnt und ließ ab von seinem sechsschüssigen Vorhaben.

Schließlich kamen für das alte Gespann die fleischlosen Jahre. Commander Mertens, der wieder zum schlichten Otto Mertens wurde, zog mit seiner Frau in einen Vorort hinaus, aber tagsüber war er pausenlos in der großen Stadt unterwegs, um eine Art Schutztruppe wieder aufzubauen, die man dann »Wach- und Schließgesellschaft« nannte. Wenn Diana dabei manchmal nicht gebraucht wurde, sagte er zu ihr: »Geh schön zu Fraule.« Dann trabte der Hund zum Vorstadtbahnhof, setzte sich auf die letzte Plattform des Bummelzügleins und fuhr so hinauf ins grüne Tal und seinen gar mageren Reistöpfen.

Nach Jahr und Tag jedoch war die Zeit gekommen, da Diana bei der Umrechnung von Hunde- und Menschenjahren gute achtzig Lenze zählte. Da sagten seine Ernährer eines Abends: »Es wird eine traurige Zeit werden ohne den Schatten der Familie.« Und nach vielem Hin und Her kam man schließlich überein, noch eins, nämlich ein neues Hündchen zu kaufen. Vielleicht auch als Adoptivkind für die alte Diana-Dame. Die in ihrem Hundeleben keine Zeit für Liebe hatte mit Ausnahme jener zu ihrem obersten Commodore. Und es fand sich in der Zeitung tatsächlich ein Inserat, in dem ein Hund, ein Wurf Münsterländer, angeboten wurde. Die ganze Firma fuhr also gleich hin. Und Diana selbst durfte an den Babies herumschnuppern und sich das allerschönste aussuchen.

Nun war es bis dahin der Brauch gewesen, daß die alte Hündin im Auto immer an den Beinen ihres Frauchens lag, die rechts vom Fahrer saß. Als man aber diesmal heimwärts fuhr, sprang sie ganz selbstverständlich über den Vordersitz hinweg und überließ dem schutzbedürftigen Hundekind ihren bisherigen Fußschemel-Platz. Glücklich kam man daheim in der Karlstraße an. Das zitternde, seidenhaarige Bündelchen wurde liebevoll ausgeladen und vom Fraule zärtlich an die Brust gedrückt. Und auch Diana stieg langsam und ein bißchen steif aus dem Wagenfond. »Komm, Alte, komm«, lockte das Herrchen, das irgendwie kein ganz gutes Gewissen hatte. Da wandte sich der Hund langsam ab, lief die lange Straße hinunter. Und schaute nicht einmal mehr um.

Er ward nie mehr gesehen.

68 | Wenn man auseinander geht

Der Mann in der verwetzten Beamtenuniform, der die große schwere Eichentüre bewacht, macht immer wieder eine kleine Verbeugung, wenn sich diese Pforte öffnet, als gehe jemand ganz Besonderer hinein. Das ist auch tatsächlich der Fall. Denn die Gerechtigkeit schreitet durch das Portal, das in den Sitzungssaal des Amtsgerichtes führt. Abteilung Scheidungsgericht. Zur Demontagehalle des Schicksals.

Auf den langen Bänken im Gang, auf die schon so vieles geschoben wurde, sitzen die Betroffenen, die Betrübten und die Betrogenen. Richter gehen vorbei mit strengen Paragraphen in den Mundwinkeln. Und die Rechtsanwälte schweben mit wehendem Talar vorüber. Wie schwarze Segelflugzeuge. Nahaufklärer des Unglücks.

Die geladenen Parteien aber starren wortlos auf jene Tür, hinter welcher die vermeintliche Freiheit wohnt und die Erlösung. Aber auch der Kummer, die Verlassenheit und die Einsamkeit des Alters, der Hader, die Schäbigkeit und das erbärmliche Gekeife. Denn dieselben Menschen, die sich einst gegenseitig ihr ganzes Herz schenkten, und ihr Leben dazu, wollen nun nicht allein ihren Zentralmuskel wieder voneinander zurück haben, sondern auch das eingebrachte Birkenholz-Schlafzimmer, den roten Gartenschirm mit den weißen Tupfen und, wenn's geht, sogar noch den halben Zentner Briketts, der noch im einstigen Gemeinschaftskeller zurückgeblieben ist.

Und täglich rollen neue Filme von der menschlichen Unzulänglichkeit ab. Tragödien, Trauerspiele, Dramen, Grusicals und seltener auch eine Humoreske.

»Herzensfroh gegen Herzensfroh!« ruft der Gerichtsdiener auf den Gang hinaus, und mit abgewandten Gesichtern, als ob sie beide irgendwo hineingetreten sind, erscheinen Mann und Frau vor dem wildfremden Richter, der nun in einer Viertelstunde mit all dem fertig werden soll, was sie selber in Jahren nicht meistern konnten. Nun wird um jeden Teeseiher so erbittert gekämpft wie seinerzeit um die Festung Tobruk. Und jeder blickt nur zurück im Zorn.

Sie erzählt den unerschütterlichen Beisitzern, wie er ihr einst versprochen habe, das Blaue vom Himmel zu holen, und nachher waren ihm ein paar Kübel Kartoffeln aus dem Keller zuviel. Und er beteuert hoch und heilig, er sei doch nur in den Kegelklub, sie indessen fremd gegangen. Und niemand spricht mehr davon, daß sie sich doch einst geschworen: »Wo du hingehst, da will auch ich hingehen, Johnny.« Und sie kann immer nur fassungslos den Kopf schütteln, als wollte sie sagen: »Ja, was hat man mir denn da für einen eingewickelt.« Während er Beistand heischend zum Kadi hinblickt und in stiller Selbstanklage zu verstehen gibt: »So was hat man also einmal in die Arme genommen. Statt in den Doppelnelson.«

Draußen auf dem Gang findet inzwischen das Vorgeplänkel zum nächsten Gefecht statt. Denn nur ganz selten kommt ein Pärchen allein an. Meistens sind die scheidungswilligen Ehefrauen von vielen Schwestern und Freundinnen flankiert, deren Verleumder-Maschinen so fieberhaft arbeiten wie eine heißgelaufene Singer. Die Männer kommen fast immer ohne Begleitung. Höchstens, daß ihnen ein kleiner Bommerlunder beisteht.

Und da sitzen sie also da, und gelbe Blicke der Gehässigkeit kreuzen sich im freien Raum wie die gräßlichen Scheinwerferbündel der Flak, bevor die Bomben fielen. Er mustert sie und denkt sich bitter: »Was für eine Figur die bloß hat. Wie ein Nilpferd.« Er hat freilich längst vergessen, daß er sie einstens »Rehlein« nannte. Und die Locken, die er einmal zärtlich koste, sind nun plötzlich zur roten Bürste geworden, das zierliche Näslein zum Zinken und das spitzbübische Lächeln zum dämlichen Grinsen. – Doch kommt auch bei ihr der einstige Mann ihrer Träume nicht besonders gut weg. Seine Zähne, die sie einmal mit Perlen verglich – ähneln sie nicht viel eher einem gelben Eselsgebiß? Und der stolze Adler, als der er in der Liebe Maienzeit erschien, ist nun ganz einfach zu einem miesen Vogel geworden.

Und wieder verläßt ein frisch geschiedenes Pärchen das Schicksalszimmer. Leise in ihr Taschentuch nässelnd, geht die junge Frau die Treppe hinab. Während der soeben von seinem Ehejoch erfolgreich Befreite sofort auf einen schwarzhaarigen Lückenbüßer zusteuert, der schon lange hinter der Säule gewartet hat. Nun, so einem ist eben nicht zu helfen. Sicherlich wird er auch diesem Mädchen an einem warmen Sonntag in der Bucht von Rimini die süßen, zierlichen Füßchen küssen. Aber ebenso gewiß wird er sich in zwei Jahren darüber wundern, weshalb er damals nicht erkannte, daß sie doch mindestens Schuhnummer 41 hat. Denn was ändert sich eigentlich bei diesem ganzen Bäumchenwechsle-dich-Spiel? Doch gar nichts, sagen die alten Routiniers. Nur, daß eben dann ein anderer Kopf beim Fenster 'rausschaut. Das ist meistens alles. Und darüber hinaus kennen doch die wirklichen Philosophen längst das gute alte Sprichwort: »Über jeder Türe hängt ein Kreuz.«

Grau und gebückt gleicht das Altersheim einer besorgten Großmutter, die schon lange am Stock geht. Und vom Fenster hinunterschaut auf die Straße. Ganz genau so, wie es in den Vorstädten unruhige Omas tun, wenn der Abend naht und die Susi, der Michael und das Mariechen wieder einmal zu lange gespielt haben. So, als wollte sie sagen: »Jetzt reicht's aber. Schaut nur schleunigst, daß ihr heimkommt. Dann gibt es noch ein Süppchen, dann tun wir schön das Jesuskindlein beten und dann ist endlich Ruhe.«
Diese Ruhe wohnt schon mehr als hundert Jahre in der Feierabend-Burg. Die Ruhe und alle ihre Verwandten – der Bruder Friede, die Schwester Stille, aber auch die Gevatterin Einsamkeit und die Base Erinnerung. Und sie gehen auf tastenden Filzsohlen durch die dämmrigen Gänge, in denen die frisch gestrichenen Wundmale des Gekreuzigten bang und schmerzhaft aufleuchten. Schwestern mit gütigem Verzichtslächeln schweben lautlos vorüber, und der Lärm der Straße dringt nur noch so gedämpft herein, als hätte er sieben dicke Wollschals um seinen Schreihals gebunden.
Im Altersheim sind ein Tag wie hundert Jahre und hundert Jahre wie ein Tag. Längst ist der Perpendikel des dunklen Nußbaum-Regulators an der Wand nur mehr ein Stück Messing, das die Zeit nicht mehr wie früher in kleine Stücke hackt, sondern lediglich darüber hinwischt wie eine müde, mechanische Hand. Und der Boden ist immer so sauber, daß man auf ihm essen könnte. Aber niemand hat das bisher noch versucht. Der Kalender an der Wand wird zwar täglich vom Hilfshausdiener Ziehwind gewissenhaft abgerissen. Aber niemanden interessiert das Datum vorne drauf, sondern nur der Speisevorschlag auf der Rückseite und das »Wort zum Tage«. »Leberknödelsuppe« steht da beispielsweise drauf, »Kalbsvögerl im Nest mit gebackenen Maronen und Palatschinken«. Dann wackeln die alten Rentner vorsichtig mit ihren Bim-Bam-Köpfen und sagen: »Nicht schlecht, Herr Specht.«

Zum aufgedruckten Gedankensplitter »Dem Sauberen ist alles rein« sagen sie gar nichts.
Und doch läuft der Tag im »Hotel zum langsamen Leben« nicht so eintönig dahin wie der bleierne Fluß vor der Stadt. Denn auch auf diesem Eiland des Friedens gibt es seltsame Käuze, Sonderlinge und unverbesserliche Hallodris. Da ist zum Beispiel der Herr Rittmeister. Ein quittengelber chronischer Hagestolz, der sich schon am frühen Nachmittag in seine Schale aus den »Goldenen Zwanzigern« wirft. Mit Tongking-Mäntelchen, beigen Übergamaschen, einem Hut, wie ihn sonst nur die Hauptaktionäre der Wallstreet tragen, und einem Bambusstock, der als Griff einen elfenbeinernen Hundekopf hat. Beim Abschied versucht er ebenso hartnäckig wie vergeblich, der Schwester vom Dienst die Hand zu küssen, und wenn er dann heimkommt, ist er von Geheimnissen umwittert und sagt zu keiner Seele, wo er war. Dabei hat er doch nur zwei Stunden von der Brücke aus in den Fluß hinabgeschaut. Auch die zwei ewigen Kartenspieler Grimmeisen und Grün sind so ein Pärchen. Sie geben einander seit Jahren Kredit und führen genau Buch über Verlust und Gewinn. Gegenwärtig steht Herr Grimmeisen mit vierhundertdreiundzwanzigtausend Mark und vierzig Pfennigen in der Kreide. Am beliebtesten aber ist die Frau »Hofschauspielerin«. Sie trägt fast zu jeder Stunde eine andere farbige Schmetterlingsschleife im seidigen Silberhaar und hat immer viele Zuhörer um sich und einen unerschöpflichen Lagerbestand an Erinnerungen. Auch ein erblindetes goldenes Opernglas nennt sie noch ihr eigen. Durch das schaut sie dann manchmal bei ihren Erzählungen durch, als wollte sie nachsehen, ob sie auch alle stimmen.
Am Sonntag ist Besuchstag, und der große Saal ist dann voller Kuchengebrösel, voll quäkender Enkelkinder und Rezepte für garantierte Hausmittel. Die Frau Heide hat heute ihrem halbtauben Schwiegervater Andreas ein großes Glas selber eingemachten Holler mitgebracht von demselben Strauch, den der alte Mann vor einem halben Jahrhundert gepflanzt hatte. Und der Heide-Vater will ganz genau wissen, wieviel die Malefizstare heuer wie-

der weggepickt hätten von seinem Bäumchen. Aber dann entdeckt er auf einmal, daß ja die Nini diesmal gar nicht dabei ist, sein kleiner blonder Sausewind, wie er sie immer nennt. Und da muß ihm die Frau Heide halt mit schiefem Seufzer sagen, daß die mit dem Anzinger-Toni, ja, dem von Haus Nummer sechzehn, mit dem Fahrrad zum Baden gefahren ist. Aber daß sie ihn recht schön grüßen läßt und das nächste Mal ganz gewiß wieder kommt: »Drei Finger aufs Herz«.

Diese drei Finger tut der alte Mann dann auch an die Stelle, an der er sein eigenes Herz vermutet und wo es ihn nach der Besuchsstunde auf einmal leise sticht. Oder ist es der mitgebrachte Apfelkuchen, der ihn vielleicht drückt? Dann kommt er darauf, daß ihn halt das Gedenken an die längst entschwundene Jugend ein wenig zwicken wird. »Jetzt ist es also schon wieder soweit«, sinniert er, und sieht die Nini mit ihrem frühen Galan den Berg hinaufkurbeln. Und sich selber erlebt er auch noch einmal mit der Hafner-Mia auf der Lenkstange droben durch die Landstraße strampeln. Und dann ging ihm doch aus der porösen Bereifung auf einmal die Luft aus, und er mußte schieben. Und als sie heimkamen um elf Uhr nachts, wurden sie ein »Rotzlöffel« und ein »Flittchen« geheißen.

Gerade wie nun der Andreas aber zu einer späten Verteidigungsrede ansetzen will und den Mund dazu schon halb aufgemacht hat, ist er eingeschlafen. Und er beginnt sanft zu schnarchen.

70 | Die Pensionisten-Avus

Die alten Münchner kennen viele Platzerl, Wege und Gasserl in ihrer Stadt, die in keinem Adreßbuch und in keinem Stadtplan stehen. Dazu gehören beispielsweise das »Baronbergerl«, das »Räubergasserl«, der »Monte Nockher«, das »Schwabinger Meer«, der »Saubauer«, der »Kalbfleischanger«, die »Lästerallee«, die »Schwanthaler Hochebene«, der »Bauer am Berg« oder das »Pumperhölzl«. Auch die »Pensionisten-Avus«, nach einer bekannten Rennstrecke so genannt und vom Münchner auch noch die »Spitaler-Rennbahn« geheißen, gehört dazu. Jene halbkreisförmige Feierabendallee, die in sanftem Bogen die Theresienwiese zusammenhält wie eine Zigarrenbauchbinde. Nahezu hundertfünfzig »grüne Sofas« stehen dort und dienen den zufriedenen Passanten als Stützpunkte auf ihren Verdauungsmärschen und Dämmerstunden-Patrouillen. Und unter den Bänken liegen die Hunde. Alt, sauber, aber doch ein bißchen schäbig wie die Mantelkrägen ihrer Herren. Sie blinzeln schläfrig nach den eiligen Wadln hastiger Madeln oder nach Briefträgerhosen. Doch das einzige, was sie halt noch beißen können, sind ganz besonders milde Nachmittage.

Manchmal bleibt eine Lücke auf einer Bank. Dort setzt sich dann eine Zeitlang niemand hin. Es war der Platz vom Rentner Himpsl, den ein Schlagerl wegholte. Nur ungern rückt man schließlich nach. Jetzt hockt ein altes Weiberl drauf. Sie wickelt seit acht Tagen jeden Nachmittag um zwei Uhr den zarten Milchzahn ihres Enkelkindes aus einem Seidenpapierl und reicht ihn herum. Anerkennend brabbeln die Alten. Dann sagen sie schließlich: »Geng ma wieda a Heisl weida.« Sie legen ihre Hände, die nicht mehr gebraucht werden, auf den Rücken. Damit sie nicht im Weg umgehen. So inspizieren sie die Attraktionen, die das ganze Jahr über als winzige Galavorstellungen auf der Oktoberfest-Pampa stattfinden.

Dort zum Beispiel, wo im Herbst die »Wunder zweier Welten«

zu sehen sind, lernt ein Bub gerade radlfahren. Mit dem Fuß unter der Stange durch, den rechten Wadl bis zum Knie voll von dunklem Kettenschmalz. Weiter vorne übt ein Kind das Aufrechtgehen. »Ja, das müssen Sie gesehen haben, Herrschaften.« Eine meterhohe Dogge schaut auch zu. Sie könnte das Menschlein mühelos, zwischen eine Semmel gelegt, verspeisen. Als aber der kleine Marschierer den Wurstzipfel-Wolf am langen Schwanz erwischt, hält der mäuschenstill und überläßt dem Wichtelmännlein gönnerhaft das haarige Rettungsseil.

Auf dem Standquartier des Hippodroms »platschgen« sieben Anfangspensionäre. Mit richtigen Hufeisen. Die einen rufen triumphierend: »Mir ham«, und die andern fügen hämisch hinzu: »Den gräßan Dreeg an de Haxn.« Sogar die Bavaria ist stark interessiert. Sie hält ganz außer Konkurrenz den Bronzering wurfbereit über den Kopf, als wollte sie zu den miserablen Schützen sagen: »Geht's wegga, laßts mi hi!« Eine uralte Frau mit einem Kinderwagl fährt die dritte Generation spazieren. Sie macht einen großen Bogen um einen vom Leben zerrupften Mann herum, der auf dem Boden schläft. Er hat einen Gürtel um wie das tapfere Schneiderlein. Aber bei ihm steht auf der Schnalle: »Gott mit uns«. Nebenan schmatzt ein Bagger im Erdreich. Wird das jetzt eine Unterführung für Besoffene oder eine Pipeline fürs Wiesenbier? rätseln die Alten. Und die Jugend wartet geduldig, bis der Riese Eisenzahn vielleicht in einen Schatz hineinbeißt. Einmal wird die Grube etwas unterhöhlt, und da sagt ein Haklstecken-Ingenieur sinnend zu seinem Spezl: »Akkurat wia unsa Untastand in de Vogesen.« Aber als dann ganz unbeabsichtigt ein Geviert entsteht in den Maßen eins auf zwei Meter, schaut er seinen Freund an und nickt ihm dreiviertellustig zu. Und dieser murmelt in stillem Verstehen: »Ja ja.«

Und dann sind die zwei auf einmal wieder bei jenem Thema gelandet, das für sie gar keinen besonderen Schrecken mehr zu haben scheint. Und sie erinnern sich an den sanften Heimgang des alten Kistler Vaddern, der immer kichernd meinte: »Mit eichane Boana schmeiß i no Kastanien runter!« Auch vom Riedler-Martin erzählen sie vielleicht. Dessen Lieblingsausspruch war doch immer gewesen: »Daß ma fei von eich ja koana im Winter stirbt. Da san nämlich d'Bleamen so deier.« Schließlich endet diese Inventur des »Vorkommandos«, wie der Vogel-Viktor die Vorangegangenen heißt, mit dem jähen Tod des geizigen Hausherrn Helmenreich. Der schnell nacheinander drei Mietshäuser geerbt hatte. Der aber so bös und tückisch war wie der Krieg in Vietnam. Und jedesmal heißt es dann von ihm in der ganzen Runde: »Ja ja, der Deifi, der huift seine Leit – aba er hoits a!«

71 | Der weiße Wahn

Auf dem Platt, in Kitz, in Ritz und auf dem Piz heben die weißen Wonnen an. Und allmählich bevölkern sich auch die Idiotenhügel und die Altweiberpisten in den gemäßigten Staubzucker-Montains wieder mit kichernden Skisäuglingen und dezent knarzenden Patina-Teenagern. Ski Heil und guten Rutsch! Bevor es hinaufgeht in die keimfreie Bergwelt, muß das gepflegte Skihaserl zuvörderst einmal entsprechend eingepuppt werden von ihrem firnblonden Scheich. Da kommt zuerst einmal der Anorak. Ein wenig aus Persianer möchte er schon sein oder auch aus wechselbleichem Ozelot. Denn wie sähe das wohl aus, wenn so ein armes Tschapperl nach der Stemmbogenqual beim Après-Ski mit nichts als nur einem bißchen Nagellack erscheinen würde. Und dann für die zarten Marschierstecken natürlich ein dehnbares Lastex-Futteral. Das so eng sein muß wie ein Läusedarm. Dazu die schnellen, die raschen Abfahrtsandalen. In denen die zarten Füßchen verschnürt werden wie zwei ertappte Einsteigdiebe. Ferner Handschuhe mit rotem Knöchelschutz. Solche wie der Joe Louis einst trug, als er unseren schwarzen Ulanen vom Rhein umlegte. Außerdem mehrere Pullis mit äsenden Rentieren darauf, ein gestepptes Jäckchen mit viel aufgedruckter Botanik, eine geheimnisvolle Mabuse-Brille und ein zierliches Touristen-Täschchen. Allerdings hat drinnen nicht viel mehr Platz als in dem Brustbeutel eines Pudels. Nämlich die Telefonnummer und zwei Groschen. Damit Frauchen auch wieder heimgebracht werden kann, wenn es irgendwo im Schnee auf dem Rücken liegend aufgefunden wird. Die metallenen oder kunststoffenen Spreizfußleisten aber, Marke Head oder Kneissl, werden als notwendiges Ausrüstungsstück gnädig lächelnd gerade noch angenommen. Und was bezahlt der galante Freier für diese ganze Apparatur? Lächerliche zwei bis drei »Riesen« höchstens, wie die gebündelten Tausender in der Fachsprache heißen. Dabei ist der Inhalt in dieser schnellen Bekleidung noch gar nicht mitgerechnet.

Und mit frohem Jodlersang geht es dann den Berg hinan. Die kantigen Abfahrtslatten des Skihaserls trägt selbstverständlich der Pulverschneegalan mit. Wenn er dabei auch schnauft und stampft wie der Handesel einer Tiroler Gebirgsjäger-Patrouille. Kurz vor dem Schlepplift hält ihm sein Girl nachher die Bügeleisenschuhe unter die tröpfelnde Nase zum Anschnallen der schnellen Schienen. Nach einer Wartezeit von hundertsechs Minuten, die natürlich von der Gesamtlebensdauer abgezogen werden, erhält schließlich jeder »Schigolo« einen hölzernen Prügel in die Hand gedrückt, mit dem er nach einem gemächlich dahingleitenden Drahtseil haschen muß. Damit ihn dieses hinaufschleife auf den Gipfel des reinen Vergnügens. Freilich, wer dann oben zu spät aussteigt, dem schlägt dann diese Keule mit hellem Ton in F-Dur auf den hartgefrorenen Hinterkopf.

Jetzt geht es direkt hinein in die Arme des Skilehrers. Diese heißen während der Wintermonate »Joschi«, »Schani«, »Tschäki« oder »Tschortscho«. Im Sommer schreiben sie sich dann allerdings wieder schlicht Bartholomäus oder Girgl Schmaizlbeiß, »Bost daselbs«. Auch duften sie während der ganzen Wintersaison intensiv nach »Soir de Paris« oder »Mitsouko«. Außer an den Wochenenden, wenn die deutschen Omnibusgäste kommen, die 4711 bevorzugen. Ab Mitte Mai jedoch riecht ein Skilehrer wieder völlig einwandfrei und weithin nach dem Düngergebirge seines Heimatdorfes, nach Odel und herzhaftem Ohrenschmalz.

Drüben am sanften Hang unterscheiden sich anschließend deutlich die Geister und die Nationalitäten. Da wären einmal die Nordländerinnen. Sie haben kaum erkennbare Reize und benützen statt eines BH nur ganz einfache Haftschalen. Leicht erkennbar sind auch die Schweizer an ihren Geßler-Gedächtnishüten. Die Französinnen wiederum rufen lachend und lustig »Voilà«, brechen sich sofort das Wadenbein, aber feilen schon wieder an ihren Fingernägeln, wenn sie die Bergwacht abholt. Hingegen die harten Germanen: sie tragen vielfach einen »Leitfaden für den modernen Skilauf« bei sich. Darin büffeln sie oben auf dem Grat ausgiebig. Und wenn sie dann abfahren, rührt der Dorf-Doktor schon in einem großen Bottich den Gips an.

Abends aber trifft sich die bessere Welt bei Franzl in der Klause. Und die vornehmen Damen auf Winterurlaub schreiben lustige Ansichtskarten nach zu Hause. Und kichernd sagen sie zum Skilehrer: »Ooch, Schani, mal doch mal 'nen Servus an menen Ollen mit ruff.« Der Herr Gemahl daheim studiert dann lange und gläubig den lieben Gruß von Unbekannt. Und hat dabei längst ein Geweih auf – so groß wie die Gemeinschaftsantenne auf einem sechzehnstöckigen Wohnhaus.

Die alten Männer auf den Bänken haben ihre Lederapfelköpfe mit dem Krückstock abgestützt wie die Äste der fruchtschweren Obstbäume. Aber mit flinken Äuglein fädeln sie die vorüberziehenden Eindrücke zu einer bunten Kette auf. Und sie denken. Wie der Mensch doch komisch ist: Erst werden die kleinen Säuglinge vorbeigeschoben, dann wird das Leben schon etwas schneller, und die Kinder zockeln bereits vorüber. Die Erwachsenen aber hasten und rennen. Bis dann die herbstlichen Jahrgänge kommen. Die schreiten gemessen und bedacht. Und dann die Alten. Na ja, die tappen halt so hintennach. Und darum erwischt sie wohl auch der Herr mit dem langen weißen Hemd immer am ehesten. Denn es heißt doch: »Den letzten beißen die Hunde.« Ob er wohl beißen wird?

Ja, da schau hin. Ein Pärchen hält Händchen und lustwandelt daher. Er in dunklem Polohemd und mit einer Brausebadfrisur. Und sie in blauen Röhren. Eng und scharf geladen. Wie die Zwillingsläufe einer Entenflinte. Der Pensionist Magerleben leitet die erstaunte Lustigkeit um seinen einsamen Eremitenzahn herum. »Dz dz dz – und wia de aufbett' hod«, stößt er den Freund Silberhals. Und alle zwei schlucken und kichern in sich hinein. Und schlenkern mit den Köpfen. Hoppla, dem Silberhals seiner wäre ihm bald in den Schoß gefallen. Sauber.

Sinnende Damen, strickende Frauen, freudlose Witwen und geschiedene Sekretärinnen sitzen in der Abschiedssonne. Die Strickenden wirken geschäftig die neuesten Nachrichten aus der Nachbarschaft in ihre gewirkten Winterhäute mit hinein. Das hält warm. Ob jetzt der feine Herr dort mit den knarzenden Schuhen weiß, daß er ein käsiges Emmentalerloch im Socken hat? Ja, bei ihnen wäre das nie vorgekommen. Aber sie haben halt keinen Mann mehr. Was bloß diese Mannequins immer in ihren viereckigen Koffern tragen? Vielleicht ihre Zukunft? Aber ist denn die viereckig? Jetzt schau bloß, wie die Gnädige dort angibt. Ein

Lorgnon hat sie auch noch! Da wird sie wohl am Abend das Fett in ihren gerösteten Kartoffeln damit suchen.
Claudia, Ute, Jürgen und Hans-Wulf heißen die meisten Kinder heute. Kaum mehr ist ein Josef und ein Michael darunter. Fräulein Siebengscheid tadelt den stoischen Plüschbären. »Du, wenn du net brav bist, dann gibt's was.« Der Wind weht Nursen-Deutsch und Windelgeruch vorbei. Ein junger Mopedist hat eine Zigarettenschachtel in das ratternde Speichenrad seines Rollers geklemmt. So spart er wohl eine Menge Benzin. Er hupt aus sauberem Halse.
»Nimm doch de Synthese«, ermuntert der diätfarbene Student. Aber der Kommilitone nimmt lieber eine Zigarette aus der fahrlässig herumliegenden Freundesschachtel. Und eine junge Mutter stemmt ihr wurstarmiges Herzbinkerl glücklich in den Himmel, als wollte sie sagen: »Da schau her, Himmevata, des pfenningguade Kindlein host du wahrscheinlich übersehn. Sonst hättst as woi net hergem.«
Der unbekannte Wanderer, der täglich vorübergeht, hat wohl auch nur einen einzigen Anzug. Wie der Hund eine Haut, denkt der Pöschl-Vater. Und reibt seine bläuliche Auberginen-Nase. Und dort das betagte Ehepaar. Hat einen kalten Krieg im Gesicht und sagt kein einziges Wort. Es ist halt immer sehr still, wenn die Alten sich streiten. »Wos sogt ihr jetzt zu dem Sommer heier?«, will der Silberhals wissen. Sie brummeln. Nur der Magerleben meint: »'s geht aba scho a ganz scheens Gichtwinderl, gegen abends zua.« Und: »Trotz der Kältn is nix Warms mehr.« Da tadelt der Pöschl: »Schamts eich do, des san lauta g'schenkte Dog. Und an g'schenktn Dog schaut ma net ins . . «. Ja, wohin denn gleich? »Schaut ma net in' Sack«, schlägt einer vor. Aber die anderen kopfschütteln und denken nach. Man kann ihnen zuschauen dabei. Der stille Invalide Baff hat es als erster: »Oana g'schenkt'n Stund' schaut ma net in den Schlund«, sagt er, steht auf und geht als einsamer Sieger. Staunend blickt ihm der Pöschl nach. Ihm schaut man jetzt selber in den Mund. Er hat ihn weit offen.

73 | Wer will noch mal?

Vor einiger Zeit war in einer Zeitung eine höchst interessante Notiz zu lesen. Ein Institut zur Erforschung der Meinung hat nämlich wieder einmal eine Umfrage gehalten, und die lautete ganz schlicht: »Würden Sie Ihr Leben noch einmal leben wollen?« Darauf antworteten von zehntausend Fünfzigjährigen 34 Prozent mit Ja. Sieben von hundert wollten die Jahre von Zwanzig bis Dreißig noch einmal genießen, und fünf Prozent versicherten, daß sie überhaupt nicht geboren sein wollten. Mehr als die Hälfte aber gaben die schlichte, saubere Antwort: »Nein, danke.«

Nun, wenn man das so liest und die Antworten auf die Frage »Wer will noch mal?« studiert, so kommen gelinde Zweifel an der Logik des menschlichen Handelns. Einerseits ist also dieser Zweibeiner in seiner Mehrheit froh, wenn er die Sache, die man Leben nennt, hinter sich gebracht hat. Andererseits will er jedoch um keinen Preis »über den Jordan« gehen. Selbst ehrenwerte Gründungsmitglieder der CSU werden plötzlich schwindelig, wenn sie an die hohe Himmelsleiter denken, die auf sie wartet. Und auch der eingefleischteste Vegetarier will nicht gerne freiwillig ins schmackhafte Gras beißen. Und was außerdem sonst noch alles unternommen wird, um dem altmodischen Ökonomen, der noch mit der Sense arbeitet, zu entgehen! Ganz abgesehen von der bekannten Polka »Herz, Schmerz und sonst noch was« sind die diesbezüglichen Anstrengungen doch ganz gewaltig und ungemein vielseitig. Da haben sie eiserne Lungen erfunden, preisen die Mund-zu-Mund-Atmung und gießen Ersatzmägen aus Kunststoff, so wie sie früher Wärmflaschen aus Zinn gegossen haben. Amerikanische Firmen preisen den absolut atomsicheren Kugelbunker, der tief in die Erde und ins Meer versenkt werden kann. Und sie reden dabei vom Überleben, als ob es so was überhaupt gäbe. Denn es kann doch höchstens der Einberufungstermin ein bißchen verschoben werden. Weil der »Gangerl«, dem so ein möblierter Stahlkugelbesitzer entgehen möchte, doch in jedem Fall in seinen runden Millionärssarg mit einzieht.

Besonders smarte Immobilienhändler bieten andererseits bereits baureife Mondparzellen an als sicheren Hochsitz, wenn auf unserem Planeten einmal das große Dunkel beginnt. Die groß angekündigte »Gefrierfleisch-Arie« scheint schon wieder etwas abgeklungen zu sein. Dafür erweckt eine andere Methode allergrößtes Interesse: Die Raumexperten haben nämlich errechnet, daß ein Mensch, wenn man ihn nur lange genug ins All schießen könnte, mit jedem Lichtjahr, das er zurücklegt, immer jünger werden würde. So daß ein lallender Greis bei einer genauen Dosierung so einer Reise als greinendes Baby wieder einträfe. Allerdings – wenn man das Experiment zu lange ausdehnen würde, dann könnte es auch sein, daß von so einem Rückentwickler überhaupt nichts mehr übrigbliebe als nur der sündige Gedanke seiner Vorfahren.

Daß ein italienischer Professor auf dem sicheren Wege sei, in seinen Retorten demnächst Putzfrauen aus der Tube und Fußballer in der Frischhaltetüte herzustellen, wurde schon vor längerer Zeit gemeldet. Nun aber will dieser Herr auch noch mit der Produktion von menschlichen Einzelteilen beginnen. Und so skurrile Unternehmen wie Farmen für Achillessehnen, Schilddrüsen-Gärtnereien oder Wadenbein-Plantagen anlegen. Man hört ihn direkt schon zu seinem Gehilfen sagen: »Gehn Sie doch mal rüber in die Treibhäuser, Herr Kollege, und schneiden Sie die Zwölffingerdärme etwas zurück, damit sie nicht wieder so ins Kraut schießen. Auch bei den Wandernieren schauen Sie bitte nach, ob sich die nicht etwa in die Beete mit den Gehörgängen verlaufen haben.«

Wie gesagt: Man kann bei diesen ganzen zweiseitigen Bemühungen zwischen Dableiben-Wollen und der deutschen Todessehnsucht nur immer mit dem Dichter sagen: »Erkläret mir, Graf Orindur, diesen Zwiespalt der Natur.« Allerdings hat der Schreiber noch etwas verschwiegen: Die oben genannten Tester haben ihrem Publikum nämlich auch noch eine Zusatzfrage gestellt. Und auf diese Frage antworteten zwei Drittel der Angesprochenen, sie fürchteten den Tod nicht. Vierundneunzig Prozent dagegen gaben unumwunden zu, daß sie Angst vor dem Sterben hätten. Das zwar für den Tod angerechnet würde, aber doch ein bißchen was andres wäre. Denn es hat sich wohl schon herumgesprochen, daß es dabei nicht immer so gnädig zugeht wie in jenem Witz, wo einer aus einer langen Narkose erwacht und zu dem freundlichen Herrn an seinem Bett sagt: »Schön war der Schlaf schon, Herr Doktor. Aber was ist denn mit Ihnen los? Weshalb haben Sie denn so ein langes weißes Hemd an und so einen langen Bart? Warum haben Sie sich bloß so verändert?« Worauf der Angesprochene lächelnd erwiderte: »Ich hab' mich ja gar nicht verändert. Wissen Sie, ich bin ja auch gar nicht Ihr Doktor. Ich bin der Petrus!«

74 | Eitelkeit auf langen Beinen

Schmunzelnd, kopfschüttelnd, kichernd und verträumt stehen Trotzköpfchen, Tanten und Teenager vor den Vitrinen und Figurinen im alten Stadtmuseum. Gezeigt wird die Mode der letzten zweihundert Jahre, und der Besucher kann sich nur immer wieder wundern, was doch aus der Verlegenheitslösung mit dem Feigenblatt für eine riesige Industrie geworden ist. Allein schon das modische Beiwerk vom Schildpattkamm bis zu den langstieligen Spekuliermaschinen, die sich Lorgnons nennen, und vom Ridikül bis zum Riechfläschchen hätte gewiß alle Zeughäuser vom Alten Fritz bis unter die ächzenden Dachsparren gefüllt. Und trotzdem muß der interessierte Gast immer wieder feststellen, wie oft man auch den Busen oder seine schamhaften Verwandten vom Hochparterre verlegt hat. Und ob man nun eine Romanow-Linie oder den New Look erfand – es ist, wie schon Ben Akiba sagt, »alles schon mal dagewesen«.

Das beginnt schon bei der sogenannten Futteral-Mode, bei der die Hülsen alle so eng waren, als hätte man die Schönheiten im warmem Zustand mit der Wurstspritze hineingefüllt. Sicherlich hatten es in diesem Zeitalter die Freier nicht leicht gehabt, der Auserwählten auf die geliebte Pelle zu rücken. Es sei denn, ganz stürmische Liebhaber haben sie gleich mitsamt der Haut verspeist wie heiße Frankfurter. Und die Damen selbst, die man in diese Regenschirmhülsen hineingeschossen hatte, waren zweifellos die ersten Twiggys der Belle Epoque.

Wie geruhsam dagegen muß einst die Reifrock-Zeit gewesen sein! Die Mädchen hatten alle Vergißmeinnicht im Haar, auf den Hüten und in den Herzen, wie richtige Hippies. Und wenn sie irgendwie vielleicht von der mißtrauischen Frau Mutter überrascht wurden, so konnten zwei bis drei Verehrer mühelos Platz unter den weit ausladenden Krinolinen finden. Und im delikaten Dämmerdunkel einen zünftigen Schafkopf spielen oder sich anderweitig unterhalten, bis die Gefahr wieder vorüber war. Des Sonntags aber

setzten dann die Jungfrauen auch noch sogenannte Schutenhüte auf. Das waren die Vorläufer der modernen Sturzhelme. Wahrscheinlich kamen die jungen Damen halt auch in der Postkutschen-Zeit schon leicht zu Fall.
Sehr interessant übrigens zu all diesen Stilrichtungen die Schuhe. Fast ausnahmslos mit original Pariser Blockabsätzen. Nur waren sie durchwegs viel kleiner und zierlicher wie die Zehenhülsen unserer Holden. Aber womöglich sind halt die Füße der Menschen überhaupt größer geworden. Durch das lange Warten auf bessere Zeiten. – Zur gepflegten Lady gehörte natürlich auch ein schön geschnitzter Elfenbeinfächer. Der Vorläufer der Air condition. Ferner ein Paar Polkafäustlinge. Feinlederne Handschuhe, die so schmal und lang waren wie die Leuchtenberg-Unterführung. Und ein winziger kleiner Notizkalender. In dem allerdings statt der Telefonnummern nur die Namen der Herren vom letzten Hofball standen. Und darüber hinaus höchstens noch in jedem Monat zwei, drei Kreuzerl und zweimal im Jahr ein kleines rotes Herz.
In der Barock-Ära fanden vor allem die reich verzierten Scheitelhülsen großen Gefallen beim Unterrockgeschwader. Reich mit Gold- und Silberfäden durchzogen und selbstgemacht. Denn viele der edlen Damen spannen damals schon. In diesem Jahrhundert wurde außerdem auch der Pantoffel kreiert. Jener zierliche Apparat,

unter welchen die Männer dann kamen. Aber vor allem war es das Korsett, das seinerzeit viel Freude und Kummer bereiten konnte. Freude dem Liebhaber, der es einmal gelöst hatte, weil es die Herzensdame doch unmöglich allein wieder anlegen konnte. Und Kummer dem eigenen Gatten, wenn er abends manchmal feststellen mußte, daß bei der Verschnürung oben ein Loch übriggeblieben war. Wo er doch morgens selbst alles so korrekt eingefädelt hatte! Das Rokoko war die Flascherl- und Tascherlzeit. Doch in den winzigen Gesellschaftsbeutel der Ladies konnte man sich höchstens die Finger einzwicken. Und außer der anfallenden Blutblase hatte darin bestimmt sonst nichts Platz. Im Empire mit seinen völlig verschobenen Perspektiven und Liegenschaften galt wohl hauptsächlich die Parole: »Den Busen hoch, die Tugend fest geschlossen.« Dann kam der Jugendstil auf mit seinen phantastischen Hüten. Das waren schon keine Wagenräder mehr, was die Frauen von Stand auf den Köpfen trugen. Sondern notgelandete fliegende Untertassen. Später schließlich kehrte in der Mode mindestens alle zehn Jahre die Taille wieder zurück und wurde begeistert begrüßt wie der verlorene Sohn. Und nach der Trapez-Linie, dem »Tick aus Tirol«, dem Menschen in Leder kam schließlich zuletzt der Klimper-Look auf, das Aluminium-Zeitalter von 1967. Und die Röcke werden nun vom Spengler aus Folie gestanzt und geschnitten. So daß der moderne Galan statt Blumen am zweckmäßigsten einen Büchsenöffner oder eine Drahtschere zum Rendezvous mitbringt.

Eines aber wird bei diesem Spaziergang durch Plüsch und Pleureusen, Samt, Seide und Silberblech wohl jedem nachdenklichen Betrachter am Ende klar: Wie immer auch die Eitelkeit auf langen Beinen durch die Jahrhunderte stolzierte – das schönste und kostbarste Kleid, das eine Frau auf dieser Welt tragen kann, bleibt immer und für alle Zeiten die eigene Haut.

Ich wuchs in einer Zeit auf, in der die Kinder viele Läuse hatten. Man sagte uns, sie kämen von den Soldaten, und man kämmte die Mädchen mit harten, engzahnigen Kämmen, während den Buben die Köpfe einfach kahl geschoren wurden und nachher mit Petroleum eingerieben.
Aber die kleinen bissigen Partisanen gaben nicht auf, und als die Mütter ihre wundgestriegelten Töchter nicht mehr jammern hören konnten, wurden auch die greinenden Zopfliesln radikal getrimmt. So kam es denn, daß wir Mädchen oder Buben, wenn wir draußen am großen Fluß beim Baden waren, beim besten Willen nicht mehr auseinandergehalten werden konnten. Erst wenn die zarten Ladys und die kleinen feuchtnasigen Vorstadtkegel ihre Kleider wieder anhatten, wußten wir, wer ein »Hansl« war, wer eine »Gretl«.
So war das bei mir. Mit vier.
Etwas später pflanzten wir manchmal auch Zwetschgenkerne in die gute Erde der Spielwiese. Oder auch solche von Sonnenblumen. Und damit dieses löblich Werk auch prächtig gedeihe und auch Früchte trage, begossen wir es an Ort und Stelle kreuzweise. Den dünnen hohen Unschuldstrahl mit vier Fingern regulierend. Manchmal kamen dann auch vielleicht ein paar Schneewittchen vorbeigelaufen und schauten kichernd zu, worauf ihnen unser Wortführer in triumphierendem Hochmut zurief: »Gell, das könnt ihr nicht!« Da verschwanden die Schleifenmaiden mit lächerlichem Singsang und tuschelten wohl auch ein wenig nachher.
Später kam dann die Zeit des Doktorspielens. Aber nur in der harmlosesten Handelsklasse. Große Diskussionen ergaben sich da hauptsächlich über die Entstehung des Nabels. Die Hausmeister-Evi erklärte, diese Male kämen daher, daß, wenn der Storch die kleinen Kinder mit dem Schnabel aus »Abrahams Wurstkessel« herausfischen würde, wo die Babys in Massen

herumschwimmen, er da wohl auch ein bißchen hineinbeißen mußte in die neckischen Nackedeis. Und die so entstehende Narbe sei dann eben der Nabel.

Irmgard Kieselher jedoch, die schon immer alles besser wußte und dann auch prompt mit sechzehn Jahren einen ledigen Balg unter der gestreiften Schürze trug, sagte entschieden: »Die kleinen Kinder wachsen in warmen Sommernächten auf den Bäumen drüben in den dunklen Anlagen.« Drum würden da auch immer so viel junge Leute hinübergehen, und manches ahnungslose Mädchen könnte da leicht ein Wickelkind mit heimbringen, wenn es nicht aufpasse. So habe ihre Großmutter schon oft gesagt. Denn die Säuglinge wüchsen doch auf den Bäumen wie die Kokosnüsse und würden von den Männern dort herabgeschüttelt. Drum hätten sie auch meistens so rote Köpfe, wenn sie nachts aus den Anlagen heimkämen, weil das doch so anstrengt, hatte die Oma gesagt. Der Nabel aber wäre einfach die Stelle, wo das Kind angewachsen gewesen sei. Wie bei einem Apfel oder einer Kokosnuß halt auch.

Die netteste Erklärung jedoch hatte die stille Marilli Scheu. Sie sagte, alle Kinder werden vom lieben Gott gemacht aus Lehm und dann in die Sonne gelegt zum Trocknen. Und jedesmal, wenn der allmächtige Herr die Reihen seiner Produktion abschritt, tupfe er seine Geschöpfe mit dem Zeigefinger auf die kleinen weichen Bäuche und sagte dazu: »Der ist fertig – der auch – und dieser auch.« Und dort, wo er hingedrückt hätte, das sähe jeder Mensch heute noch, denn das wäre eben die Nabelmulde.

In der vierten Klasse, also mit zehn Jahren, kam zu uns ein Bub mit dem seltsamen Namen Lothar Lotus in die Schule. Er war irgendwo aus dem Schlesischen zugewandert, und der Turnlehrer, ein begeisterter Patriot, sagte zu ihm schon gleich in der ersten Zeit, als er sich beim Rundlauf dumm anstellte, er würde ihm seine roten Hammelbeine schon noch langziehen. Und da geschah es dann, daß dieser Lothar Lotus in der Religionsstunde, nachdem der Herr Kaplan zur freien Diskussion aufgefordert hatte, die ungeheuerliche Frage stellte, wie sich denn eigentlich

Adam und Eva mit ihren Söhnen und Töchtern fortgepflanzt hätten. Da sagte der Herr Kaplan nur »heraus«, und er nahm den Lothar am Ohr und führte ihn vor die Schulzimmertüre. Hernach kam der Schüler Lotus in eine Simultanklasse, und wir durften kein Wort mehr mit ihm sprechen, bis er völlig überraschend Gausieger in der Leichtathletik wurde und in der Zeitung stand. Uns ließ die Fortpflanzungsfrage keine Ruhe mehr. Wir gründeten einen Club, den wir »Frank Allan« nannten, nach dem Detektiv einer berühmten Heftchenserie. Und jedes Mitglied mußte in Wort, Schrift oder Zeichnung zur Aufklärung des Falles Nummer I nach Kräften beitragen. Karlchen Kümmerle, der eine große rothaarige Schwester hatte, lieferte dabei den Hauptbeitrag. Eine genaue Zeichnung eines grauenhaften Vorgangs in zwölf Bildern, den er durchs Schlafzimmerschlüsselloch beobachtet hatte und dessen erste Skizze einen Herrn zeigte, wie er die große Schwester in den Mund biß, als wollte er sie aufessen.

Diese Moritatenbilder erwischte natürlich prompt der Herr Kaplan, und der große Frank-Allan-Club stand am nächsten Tag mit eingebautem Schulatlas im Hosenboden vor dem Rektor, um die reichlich verdienten »Übergelegten« in Empfang zu nehmen. Aber dann passierte einfach gar nichts dergleichen. Der Herr Rektor, ein schweigsamer, tief geplagter Mann, lud uns nur für Nachmittag mit ernster Stimme in den Physiksaal ein. Und dort hatte er dann viele Bilder an die Tafel gehängt und selbst auch eigene Zeichnungen gemacht, unter denen stand »richtig« oder »falsch«. Und wir erfuhren von ihm in zwei Stunden an einem hellichten Sommertag und ohne daß auch nur einer von uns rot wurde, die ganze Geschichte, »vom Onkel und der Nichte«, wie der Herr Rektor mit schmerzhaftem Rheumatismuslächeln sagte. Mit vierzehn Jahren war ich also völlig aufgeklärt und auf die Begegnung mit dem anderen Geschlecht vorbereitet.

Jahre später trat die erste blonde Versuchung an mich heran. Und Leonore war genauso sachlich kühl und allwissend wie ich selber. Und da mußte ich an das geflügelte Wort meines geliebten Naturkundelehrers denken: »Grau, Freunde, ist alle Theorie . . .«

Dort, wo das Feuerroß über die Föhringer Brücke donnert; mit Anschluß nach Mekka und Messina – aber auch nach Zeismering und Kurzenisarhofen. Dort, wo die Zigaretten noch auf den Bäumen wachsen, dürre Kümmerlianen ohne Mundstück, aus denen alle Buben links der Isar einst ihre ersten hosensprengenden Züge taten. Dort, gleich hinter dem Bahndamm, wo den Unvorsichtigen zwar keine wilden Tiere beißen können, dafür aber hüfthohe Brennessel. Dort, wo einst auch der große Thomas Mann bei seinen Spaziergängen wieder ein kleiner Junge wurde. Dort beginnt die sogenannte Wildnis. Das verlorene Paradies aller Selbstbinderträger. Die Reserveprärie versäumter Abenteuer. Und dahin, in das harmlose Gesträuch am Rande des Hochwasser-Flußbettes, führt auch die Erinnerungssafari des Buchhalters Gegenschatz mit seiner Familie.

Der Papa geht voran. Den verschlungenen Pfaden seiner Kindheit nach. Er teilt die Zweige für seine Lieben und auch entsprechende Ermahnungen aus. »Baß auf, Thea, sunst schnoizn's da um d'Ohrwaschl.« »Deads auf'm Weg bleim, do soids no Kreizottern geb'n.« Bei einem tiefhängenden Ast aber wird er jäh seiner verwegenen Waldläuferrolle entkleidet, als er wichtig kommandiert: »Alles bücken.« Da fragt ihn nämlich der Sohn Gori: »Du, Vati, goi, an einem soichan Ast is amoi da Absalon mit seine Hoor hänga blim. Goi Papa, des kon dir aber net passiern, weil du host ja gor koane Hoor net dabei. Ja, unsa Vadda, der is schlau.« Der Papa schwankt zwischen Toleranz und Vergeltung. Aber schließlich sagt er laut: »A wunderbare Luft is.« Dann entdeckt die kleine Resl ein Eidechslein auf einem Felsbrocken. Sofort ist der Gori zur Stelle mit rasch geförderten Brotbröseln aus seiner Joppentasche und lockt: »Such schön 's Broti.« Aber der Miniaturdrachen sucht lieber das Weite. Zweimal wurde ihm nämlich schon sein Schwänzlein barbiert bei solchen Späßen mit den zweibeinigen Ungeheuern. Am Uferhang neben ihren Fahrrädern sitzen zwei junge Menschen.

Sie zupft an einer wilden Margerite. »Er liebt mich – über alle Maßen – ganz rasend – ein wenig.« Und sagt dann, als die Blätter ausgegangen sind, schwer enttäuscht zu ihm: »Was, nur ein wenig?« Dann macht sie aus Löwenzahnstengeln eine Girlande und fesselt den jungen Romeo mit zwei Ringen an ihr Handgelenk.

Der Gori hat einen Frosch hüpfen sehen. Nun begleitet er die weitere Wanderung mit dem Refrain aus dem hartumstrittenen Gassenbubenlied: »Und der Herr Pfarrer mit Namen Scharrer verschpeist den Frosch mitsamt der Soß. Diqualliquak.«

Ein Wandersmann in Gesundheitsshorts und Apostelsandalen kommt ihnen entgegen. Er trägt eine Menge Kummer im Gesicht. Trotzdem summt er: »Denk' ich in finstrer Mitternacht.« Aber er denkt wohl nicht an die Mitternacht. Schon viel eher vielleicht an eine böse Schwiegermutter. Denn wem sollen denn die pfeifenden Hiebe gelten, die er mit einer dünnen Gerte kurz über Kniehöhe austeilt? – Der Papa räuspert sich. Dann zeigt er seinen Kindern einen Hagebuttenstrauch. »Wenn die Früchte reif sind, kann man sie essen«, erklärt er aus der Erinnerung. Daß man die Kerne als Juckpulver der Killermann Mausi auch hinten hineinstecken konnte, erzählt er jedoch nicht. Ist ja auch schon zu lange her . . .

Beim einsamen Fischer am hohen Wehr bleiben sie lange Zeit stehen. Jener hat den Beutebeutel und einen schweren Eisenhaken zum Einbringen reicher Beute schon bereitgelegt. Bis der Gori entdeckt, daß die verklemmte Angelschnur gar nicht einmal bis zum Wasserspiegel hinunterreicht. Da stößt er den Papa kichernd, und sie entfernen sich leise rückwärts gehend.

Auf dem Heimweg erlebt die Familie Gegenschatz dann doch noch ein richtiges Abenteuer. Der alte Schnauzl Aristoteles vom Oberlehrer Schwägerl nämlich hat einen Maulwurf gefördert. Den witzigen Kopf bis zu den Ohren mit frischer Erde paniert, steht er nun vor der hilflosen Samtroulade und bellt zu seinem Herrn hin: »Waff, bin i jetzt meine Schteuer wert oder net?« – »Brav, brav«, sagt der Herr Lehrer und dann noch gelehrt: »Familie der Talpiden«. Mit seinem Haklstock dreht er das Viecherl um, das

rasch wieder im Wurzelwerk verschwindet. Oberlehrer, Familie Gegenschatz und Aristoteles schauen ihm lange nach.
Gerade als der liebe Gott die goldene Sonnenuhr wieder in sein Schilätaschl steckt, kommen sie noch einmal an den zwei Fahrrädern vorbei. Das Pärchen ist verschwunden, und nur der Papa sieht die Margeritenblätterspur, die zu den verschwiegenen Weiden hinführt. Wie bei Hansl und Gretl, denkt er, damit sie wieder zurückfinden aus dem Himmel ihrer jungen Liebe. Eng lehnt das Damenradl am Halbrenner. Innig Reifen an Reifen geschmiegt und die Lenkstange untergehakt. Aber kein Schloß sichert die zwei verlassenen Velos. Oder ja doch: das Mädchen hat die zwei Vorderräder nämlich mit einer Löwenzahnkette zusammengesperrt. Und wer würde sie da wohl noch stehlen?

77 | Radl-Requiem

In einer Großstadt lehnen an Bauzäunen, Ruinenmauern, Alleebäumen und vor Amtsgebäuden schätzungsweise 500 Fahrräder. Luftlos, herrenlos und obdachlos. Abgestellt, doch nie wieder abgeholt, rosten sie lautlos vor sich hin, bis sich irgendein Müllfahrer, ein altmodischer Gassenbub oder vielleicht auch die Verkehrspolizei für so einen Schlauchreifengammler interessiert und ihn mitnimmt. Den alten Großstadtbummler aber befällt immer wieder ein kleines trauriges Gefühl, wenn er das sieht und daran denkt, was so ein Radl doch einstmals für einen bedeutenden Besitz darstellte.

Nicht umsonst sagte der kleine Mann »Stahlroß« dazu. Denn für ihn war es der treue Mustang, der ihn auf seinen Gummihufen zuverlässig an die Drehbank und sonntags auch an die Sandbänke beim Fluß hintrug. Freilich, die Jugend redete auch damals schon stark unterkühlt und sagte deshalb zu einem Radl auch häufig »Schleifer« oder »Drahtesel«. Allerdings waren damit meistens nur jene Kiesgrubenbastarde gemeint, die aus weggeworfenen Felgen, geschweißtem Gestänge und einem Büchserl Eisenlack selbst zusammengebastelt worden waren. Die fabrikneuen Touren- oder Rennradl dagegen wurden auch vom Nachwuchs achtungsvoll »Maschin« geheißen. Zudem trugen sie ja alle auf dem Typenschild vorne unter dem Lenker oder auf dem Rahmen noch stolz ihre bedeutenden Namen wie »Adler«, »Bismarck«, »Graf Zeppelin« oder »Wanderer«.

Als Besitzer einer solchen Freiluft-Limousine war man ohne weiteres befugt, einem Rad- oder Velozipedklub beizutreten. Zu diesen bedeutendsten Strampelvereinen gehörte auch einer, der sich »Solidarität« nannte und der ein richtiges rollendes Musikkorps besaß. Das fuhr dann an den festgesetzten Ausflugstagen dem eigentlichen Gros der Wulstreifenkavallerie voraus und spielte passende Märsche oder sozialdemokratische Ouvertüren. Am meisten bewundert wurde dabei immer jener Mann, der auf

seiner Radlenkstange eine große Trommel montiert hatte, der er bei jeder Straßenkreuzung die Symphonie mit dem Paukenschlag entlockte. Die übrigen Solisten hatten alle mit deutscher Gründlichkeit Notenständer auf dem Lenker und bliesen in lange blitzende Schalmeien oder in sidolfunkelnde Jagdhörner. Droben in Hinterbrühl wurde nachher abgesessen, an den grüngestrichenen Brotzeitinseln Platz genommen und beim Wirt ein Getränk verlangt, das bald als »Radlermaß« in die gesamte Bierkultur einging. Nämlich eine süffige Halbe-Halbe-Erfrischung aus Limonade und hellem Bier, während Spezialisten auch noch den »Russen« erfanden, zu dem statt des hellen Gerstensaftes Weißbier verwendet wurde.
Die Geschlossenheit der Velozipedisten, wie sich die wackren Sattelwetzer auch gerne nennen ließen, nötigten den Behörden ausgedehnte und gepflegte Radfahrwege ab, die einerseits bis zum Stadtkern hineinführten und sich andererseits weit durch die Umgebung hinausschlängelten. Die bekanntesten waren der Giesinger und der Deisenhofener Radlerweg. Die Popularität dieser Schmalspurrollbahnen verankerte sich schnell im einheimischen Sprachschatz, und wenn jemand besonders lang und dünn geraten war, so hieß es von jenem: »Der hat ja eine Figur wie der Deisenhofener Radlerweg.«
Fast alle Stahlrösser waren mit schweren Eisenketten versehen, die in einem selbstgenähten Flanellschlauch steckten und zum Abschließen des Radls gegen Spitzbuben verwendet wurden. Nachts kamen die treuen Schutzblechkameraden in diebessichere Unterkünfte oder sie wurden in den langen Wohnungsgängen mit Flaschenzügen an die Decke hochgezogen, wo sie brav über den Köpfen der sorgenden Sippe schlummerten. Es war Ehrensache, daß ein Fahrrad immer in tadellosem Lack und Nickel erstrahlte. Deshalb wurde es wenigstens einmal in der Woche zusammen mit den Hälsen der Gassenbuben, den Treppen der Mietskasernen und den grindigen Knien der Hinterhausbälger gründlich gereinigt. Beim Fahrrad geschah das mit den mürben Resten alter Unterhosen. Auch eine ausgiebige Ölung wurde dabei vorgenommen,

die sich von der »Ritsch-Ratsch-Glocke« bis zum »Großvateraufstieg«, wie die Verlängerung der Hinterradnabe hieß, erstreckte. Schließlich mußte auch die Karbidlampe, das nächtliche blauzischende Auge des »Asphalt-Mulis«, nachgefüllt und der Inhalt der Satteltasche, der hauptsächlich aus einer Tube Gummilösung und vielen vorgeschnittenen Gummiflecken zum Luftschlauchausbessern bestand, nachkontrolliert werden.

War das alles von den zwei Dutzend Barfußläufern im heimatlichen Hinterhof am Samstagnachmittag geschehen, so nahmen die Väter nachher mit gönnerhaftem Wohlwollen die Parade ab, und je nachdem, wie der Appell ausfiel, gab's einen »Zwoaring« für das vollbrachte Werk oder auch nur ein »Nasenzwanzgerl«, die weitaus weniger verlangte Währung dieser vergangenen Zeiten.

Wie hoch aber der Besitzer eines soliden Fahrrades in den weitesten Kreisen der Bevölkerung damals gewertet wurde, beweist ein Sprichwort, das man heute noch manchmal von alten Leuten hören kann und das also lautet: »Ein Radl, ein Madl und ein Geld leiht man nicht her.«

Im Schriftdeutsch wird das oberste Bekleidungsstück der Abendländer meistens die Kopfbedeckung genannt. Im sachlichen Twenty-Deutsch aber heißt so ein Futteral im Gegensatz zu den beiden Antipoden, den Schuhen, die als »Untermänner« bezeichnet werden, ganz schlicht der »Obermann«. Während der mittelmäßige Durchschnittseuropäer gewöhnlich Hut dazu sagt.

Eigentlich ist es verwunderlich, daß noch nie die Story der Hüte geschrieben wurde. Denn seit Tausenden von Jahren spielt er doch eine bedeutende Rolle in der Geschichte, in Sagen, Erzählungen, in der Literatur und in den Märchen. Wer kennt nicht das schöne Gedicht von einem verwitterten Scheitelschoner, das da lautet: »Schier dreißig Jahre bist du alt, hast manchen Sturm erlebt.« Oder das Volkslied: »Mein Hut, der hat drei Löcher«, sowie den Ringelreihenvers: »Der Pfarrer Kneipp hat's Kapperl verlor'n.« In Schillers Wilhelm Tell spielt ein Hut sogar neben dem Apfelschützen selbst die eigentliche Hauptrolle. Und ein gutes deutsches Sprichwort empfiehlt endlich die schöne Lebensweisheit: »Mit dem Hute in der Hand kommst du durch das ganze Land.« Hier allerdings scheint der Dichter etwas zu irren. Denn nur ein Einfaltspinsel nimmt beispielsweise den Hut in die Hand, wenn es irgendwo was zu ergattern gibt. Sogar jeder König wird da seinen goldenen Schläfenreifen aufbehalten, ebenso wie der Minister den Zylinder und der Börsenjobber seine Melone. Denn sonst kann er doch nicht mit zwei Händen hinlangen bei der großen Verteilung. Und nur der brave Untertan dreht da seinen verschwitzten Wegbegleiter verlegen in beiden Händen und wartet demütig, bis der Markt aus ist.

Seine erste Lockenhülse kriegt der neue Mensch in der Regel schon bald nach der Premiere übergezogen. Die ist dann meistens von guten Tanten aus ebenso guter Flauschwolle gehäkelt und hat die eigentümliche Form einer Tarnkappe. Vielleicht weil mancher Neugeborene auch gerne wieder verschwinden würde, wenn er bloß den Zauberspruch dazu wüßte. Etwas später, zur Einmaleins-Zeit, macht er dann auch schon Bekanntschaft mit dem hierzulande populärsten Freizeitturban, dem Kapperl. Das ein ganzes Leben lang in vielen Abänderungen getragen werden kann. Als »Kappe« in der Schwungburschen- und Halbstarkenära, während des Dienstes am Vaterland als »Krätzchen« oder Schifferlmütze, und, wenn dann der Abend kommt, als Pensionisten- oder Eisenbahnerkapperl. Mit dem volkstümlichen Kapperl befaßt sich übrigens auch jener nette Witz, wo sich ein Vater bei einem wildfremden Herrn herzlich bedankt, daß er seinen Buben vom

Tode des Ertrinkens aus der reißenden Flut gerettet hat. Aber dann mit strenger Miene fragt: »Ja, aber wo ist sein Kapperl?« Der vornehme Bruder des Kapperls, der auch internationale

Geltung hat, ist schließlich die Mütze, der vielfach irgendwas Größenwahnsinniges oder Erhabenes anhaftet. Denn schon auf den Matrosenmützen der kleinsten Bettnässer ist manchmal zu lesen: »Zerstörer Flottille Skagerrak« oder »Sperrbrecher Scharnhorst«. Obwohl so ein Wicht doch kaum was anderes brechen kann als vielleicht seinen winzigen Zeigefinger in der kleinen Stupsnase. Hoheitsvoll und mit eingewebter Angabe mutet eine Kapitänsmütze an, auch wenn sie nur von einem Playboy getragen wird, der kaum den Hundstapperer beherrscht. Eine Dienstmütze hingegen läßt gewöhnlich jeden sterblichen erschauern. Ob sie nun ein müder Fluraufseher, ein einfältiger Hilfstrichinenbeschauer, ein grimmer Landgendarm oder ein völlig kahlköpfiger NATO-General aufhat. Letztere tragen außerdem über dieser Kopfbedeckung auch manchmal bei schlechtem Wetter noch eine durchsichtige Frischhaltetüte, was die Bedeutung und Kostbarkeit ihres Wichtigkeitsdeckels sicher ganz gewaltig steigert. Ja, sogar die an sich harmlosen Davoser Mützen erinnern in ihrem Schnitt stark an den Mündungsschoner von Langrohrgeschützen und deshalb ebenfalls an nichts besonders Gutes.

Riesig ist das Sortiment der Hutindustrie. Angefangen vom breitkrempigen Sombrero über die verwegenen Wildwesttulpen der Leinwandschurken bis zum Kulihut des Rikscha-Sklaven und der schwarzen Dividendenröhre eines Aufsichtsratsvorsitzenden.

Rund und frech war einst die sogenannte Kreissäge. Das Requisit der Dreimäderlhaus-Kavaliere und der Wiener Strizzis. Auch die stilvollen grauen Biedermeier-Zylinder, unter denen die Gemütlichkeit und die gute alte Zeit so schön Platz hatten, waren recht sympathisch. Während die steifen Bomben, wie sie der Hans Albers gerne als Sieger trug, den Draufgänger an Busen und Börsen markierten. Der »Homburg«, der »Borsalino« und der »Stetson« gehören immer noch zum Rüstzeug eines echten Gentleman. Und der bayerische Trachtenhut in seinen vielen Erscheinungsformen, als »Goaßbuam-Trichter«, filziger Appenzeller Käseteller oder haarige Miesbacher Tortenschachtel, hat sich längst die Scheitel aller Völker erobert.

Darüber hinaus gibt es natürlich auch eine große Zahl von anderen Kopfbedeckungsarten. Da wären der Turban des Arabers, der Fez des Türken, der Federschmuck des Indianers, die Spitzhaube des heiligen Nikolaus, das Barett des Gerichtsherrn, das Diadem der Fürstin, die Papiertüte des Malermeisters, die Tonsurschale des Mönches und schließlich der Helm des Soldaten. Letzterer ist zwar meistens aus Stahl und nahezu kugelsicher. Doch was nützt dem tapferen Krieger schon der beste Helm auf dem Kopf, wenn er nachher einen Knieschuß bekommt.
Nur wenn der Mensch die letzte Reise antritt, läßt er seinen »Obermann« meistens im Schrank zurück, weil es als geziemend gilt, barhäuptig vor seinem Herrn zu erscheinen. Besonders wertvolle und seltene Menschen bekommen jedoch manchmal sogar im Jenseits auch noch eine Art Kopfbedeckung. Nämlich einen Heiligenschein. Den dürfen diese Auserwählten als Lohn für ihre Frömmigkeit für immer tragen. Und brauchen ihn wohl auch nicht einmal zu ziehen, wenn sie dem lieben Gott begegnen.

79 | Der erste Kuß

Für meinen ersten Kuß bekam ich ein blitzendes Fünfmarkstück. Soviel hab ich später nie wieder gekriegt. Ich war damals vier Jahre alt, und da sind fünf Mark ein ganzer Haufen Geld. Besonders, wenn man noch nicht einmal weiß, wieviel das ist. Bezahlt hat mich für das erste Busserl die Tante Wally, von der mein Papa immer sagte, sie wäre der Übergang vom Österreicher zum Menschen. Das mochte vielleicht stimmen, aber für mich war die Tante Wally ein schreckliches Ungeheuer mit einer roten Gurkennase, die ich leider nur ein einziges Mal mit meinen winzigen Fingern zu fassen kriegte, aber dann mit den kleinen Nägeln ganz schön gravierte. Die Tante Wally sagte immer wie ein Papagei: »Bussi, Bussi, Bussi«, und dann beugte sie sich über mich, machte ihren Mund zuerst ein wenig auf, daß es nur so gleißte von Gold, und formte sodann ihr leicht behaartes Schnäuzchen zu einem faltigem Wurstzipfel, mit dem sie mir schamlos nachstellte, auch wenn ich sofort zu weinen begann. Aber eines Tages schaffte sie mich dann eben doch, und dann gab's einen blanken Fünfer, den ich jedoch nur mit meiner Hand ein bißchen anwärmen durfte. Nachher mußte ich ihn greinend in den Rücken einer Porzellansau stecken.

Ganz langsam kam ich dann drauf, daß ein hurtiges Kind mit Küßchen und Busserln ein ganz gutes Geschäft machen kann. Und so schmatzte ich mich halt durch die ganze Verwandtschaft gegen Zuckerstangen, Hoppi-hoppi-Reiter und gläserne Murmeln, die ich so gerne in den Mund nahm.

Später gab ich der Helene Leisegang immer ein Küßchen, weil sie mich dafür vom Bier trinken ließ, das sie für ihren Herrn Vater jeden Abend brav holte. Ich versprach ihr keck das Heiraten für diese Labe. Aber dann hab' ich's schließlich doch nicht getan. Schade, denn die Helene ist schon längst »über die Wupper gegangen« und hat ein fünfstöckiges Haus von ihren Eltern hinterlassen.

Den ersten richtigen Kuß gab ich schließlich der Mausi Hieb. Ich war damals zwölf, zielte lange mit dem Mund und traf sie leider nur zwischen Nase und Kinn. Nachher fragte sie mich bang, ob sie auch wirklich kein Kind davon bekommen würde. Ich lachte sie laut aus. Aber fünf Jahre später bekam sie dann doch ein Kind. Allerdings nicht vom Küssen, wie man in unserem Hinterhaus erzählte.

Nach Jahren gab ich jemandem einen Verlobungskuß. Das kam mich aber schön teuer zu stehen. An dem zahle ich heute noch brav. Und manchmal denk ich mir nur so: So ist also das Leben. Erst nimmst du ein paar Mark ein für die Liebe, aber später mußt du das mit Zins und Zinseszins zurückzahlen

Drunten im Englischen Garten, gleich zu Beginn, wo sich der Eisbach auseinanderspreizt wie Zeige- und Mittelfinger einer Hand, ist ein kleiner Niagarafall eingebaut. Und diese schäumenden Wasser von Schwabylon sind ein besonders erstrebenswerter Treffpunkt für Liebesleutchen, verträumte Mädchen mit Trauerweidenfrisuren, Wildenten, Kinderfräulein, die die Früchte der Herrschaft spazierenfahren, damit sie Farbe kriegen und gut heranreifen, sowie für alte Hakelstecken-Rentner. Das Wasser schäumt um das steinerne Kinn des großen Felsblockes, der in der Mitte liegt, als sollte er rasiert werden. Und dort, wo der Bach in dem offenen Maul der Brücke verschwindet, sind auch noch ein paar Restchen Schlagsahne hängengeblieben.

Ein Mann kommt daher, knöpft die Weste auf und macht gymnastische Übungen, die er mit Schnauben und Fauchen begleitet. Da sagt ein alter Herr auf der Bank kichernd zu seinem Spezl: »Schaug amoi den o. Dem geht's wia an Bekannt'n von mir. Den ham ma daschiaßn lass'n miass'n. Weil a g'spunna hot. Da ham ma uns a Erlaubnis g'hoit – – –.« Das weitere Schicksal des Unglücklichen bleibt unbekannt, weil eine Bubenklasse daherkommt. Halb abgerissen wie ein Regenwurm. Der vordere Teil singt: »Das Wandern ist des Müllers Lust.« Aber die hinter dem Rücken des Lehrers näseln und trompeten: »Wohin geht Dibelius? Wohin geht sein Schritt?«

Ein Gymnasiast, einer, wie man sie gar nicht mehr sieht, mit farbiger Mütze, schaut zu einem Mädchen hinüber, das mit hängenden Zöpfen in einer Illustrierten blättert. Immer wieder erhebt sich der junge Studiosus von der Spitze des kleinen Matterhorns, auf dem er sitzt und das für ihn schon lange zum Marterhorn geworden sein muß, denn es ist schmerzhaft spitz wie ein Bajonett. Aber was soll er bloß zu ihr sagen? »G'fallt Ihnen die Zeitung, Fräulein?« Oder: »Gell, wie des Wasser rauscht?« oder einfach: »Ich liebe Sie so unbandig!«

Zwei Tauben gurren auf einem Felsen inmitten des Katarakts

und schnäbeln dann. Da muß das blonde Mädchen halblaut lachen, und jetzt ist's endlich soweit. Einen weiten Schritt tut der junge Mann, und steht bis zum Knie im kalten Bad. Da kommt auch noch ein Klassenspezl daher, der Achim, mit einer Virginia im Mund, und sagt zum badenden Freund brutal: »Do legst di nieda, wennst aufstehst, glei wieda und wennst fragst warum, nacha hau i di um.« Auf sowas hin geht natürlich die kleine Wasserfall-Lady sofort und schaut nicht ein einziges Mal mehr um. Nur ihre steifen Schritte sagen: »So könnte man sich täuschen. Ach, ich hab mir's ja gleich gedacht, Lausbuben!«

Auf der nahen Bank ist auch so Duett im Gang. Er sagt in seiner Verlegenheit: »Öha« und »Einhein« und »Eben druben«. Sie lächelt dazu, aber wenn die Erwachsenen vorbeigehn, schaut sie weg und läuft an. Ach ja, aller Anfang ist schwer. Wie schön hat's da doch der rothaarige Radler, der jetzt absteigt und den Dreigang-Apparat seines Mädchens an den nahen Baum stellt. Die zwei gehen sichtlich schon miteinander. Denn als sie sich setzen, macht er auf mürrisch und unwirsch. Und sie hat schon den gewissen Aussteuerblick. Das paßt gut zusammen.

Von der Brücke spucken sechs Buben hinab, laufen schnell auf die andere Geländerseite und schauen, ob ihre kleinen Münzen des Übermuts auch dahergeschwommen kommen. Aber die sind schon ertrunken und einkassiert. Auf dem langen, warmen Stein erhebt sich jetzt ein Geschrei. Die junge Mutter hat das Kind aus dem Wagerl genommen und wickelt ihren rosa Braten frisch. Nachher schiebt der Vater die Kutsche beruhigend hin und her und singt dazu: »Eine kleine Spitzmaus geht ins Rathaus. Bim, bam, bum, der Stiefel ist krumm, der Absatz hängt daneben. Schalumpadibum.« Das sind die ganzen Reste seiner selber erlebten Schlummerlieder.

Und nebenan die Tuschlerei der vier Schellingstraßen-Grazien. »Dz dz dz. Wias die bloß wichtig ham«, sagt eine Frau nebenan ganz alleine zu sich selber. »A net wichtiga, wias das du soiba amoi g'habt hast, du oide Schachtl«, denkt der verbitterte Wittiber dazu, den das Gekicher der jungen Gänseliesl irgendwie kitzelt

und gefällt. Da setzt sich ein Mann auf einen freien Stein, der den Arm gewinkelt und geschient hat, so daß seine Hand hoch in die Luft zeigt. Einen »Stukka« hat der, denkt sich ein anderer Müßiggänger, dem diese Bezeichnung einfällt, weil er doch bei Orscha selber einmal einen Oberarmschuß bekam und anschließend auch so ein Geländer, dem er eigentlich das Wiedersehen mit seiner Heimat verdankt. Der gewesene Soldat kommt dann ins Träumen und sinniert darüber nach, ob der Russe, der ihn damals traf, noch leben könnte. Er würde ihn, wenn er ihn kennenlernte, direkt nach München einladen. Im kleinen Kammerl könnte er schlafen, und dann würden sie vielleicht zusammen in einen Bierkeller gehn und einen Rettich essen und lachen. Als der Mann dann beim Butterbrot mit Schnittlauch ist, schläft er lächelnd ein. Da kommt ein Vagabund gegangen, zieht Schuhe und Socken aus und hängt die zerquälten Beine in den Bach. Dort, wo das Naß seine Zehen umspielt, wird das Wasser silbern, und es schaut aus, als hätte der Penner verchromte Hühneraugen. Die Socken liegen neben ihm. Der eine hat drei weiße Ringe und stammt noch vom Reichsarbeitsdienst. War dann zu einer Wollsammlung gekommen, von da zur Nothilfe, von dort zur Frau Eisenkegel, die Wohlfahrtsrente empfing, und schließlich in die Kiste vom Altwarenhändler Rissig, wo ihn der Streuner unbemerkt mitgenommen hatte. Vom anderen Socken, der schwarzwollig war, wußte man gar nichts.
»Als sie ertrunken war und hinunterschwamm. Von den Bächen in die größeren Flüsse . . .«, singt der Hand-in-Hand-Bubi, und seine bertbrechtige Geliebte ergänzt zögernd, aber sofort ». . . schien der Opal des Mondes ganz wundersam, als ob er die Leiche begütigen müsse.« Da kommt ein Mann mit einem hohen Fahrrad, steigt ab und sagt: »Oiso do bist, du Lausdeandl, du verlog'ns. Augenblicklich schaugst, daß d' hoamkommst! Und Sie lassen's sofort aus. Des Madl is erst siebzehn!« Und mit blutrotem Kopf geht eine junge Tagesliebe unter. Und rechts vom väterlichen Fahrrad heim. Und das junge Bürscherl kann nur noch sagen: »Entschuidigens scho. Entschuidigen werd man si woi no derfa, oda?« Doch dieser lächerliche Protest fällt glatt ins Wasser.

Langsam schließt das große Haus die Fensterläden und Jalousien. Es hat Schlaf. Und nacheinander fallen auch den vierundzwanzig Mietparteien zusammen mindestens einhundertzweiunddreißig Augendeckel zu. »Diklipp-diklapp«. Der Tag hat seine Kleider schon abgelegt und steht nun in grauer Unterwäsche da, wie manche Mieter der großen Wohnmaschine auch. Und bald ist alles in jene Lage übergegangen, die schon seit jeher die angenehmste ist im Leben. In die Horizontale. »Heiapopeia« singen die Mütter an den keimfreien Paidi-Betten. Eine kriegsstarke Kompanie fleißiger Sandmännchen ist unterwegs und streut allen Müden den gelben Schlummergrieß in die Äuglein. Den sie dann am andern Tag auch tatsächlich noch in den Augenwinkeln vorfinden. Fromme Mädchen in knöchellangen Unschuldstalaren sagen mit artig erhobenen Händen und frisch gewaschenen Füßen: »Mein Herz ist klein, kann niemand hinein – –«. Und das Jesuskind wird sich schon arg bücken müssen, wenn es das angebotene winzige Quartier beziehen will. Träumerisch schauen die Erwachsenen auf diese kleinen Unschuldslämmer. Und legen sich dann selbst auch bald auf die knarzende Bandscheibe. Anstelle eines Nachtgebets jedoch rechnen sie noch ein bißchen leise vor sich hin.

Überall im großen Haus wird der Weg ins Dunkel auf verschiedene Art angetreten. Droben im vierten Stock beispielsweise rüstet die Witwe Malva Mövenzahn für ihre nächtliche Reise in der nußbaumfurnierten Traumschublade. Der blinzelnde Wellensittich Viktor Hugo wird zum letzten Mal verwöhnt. Mit spitzen Zugbeutellippen hält ihm Frauchen ein Zuckerstück zwischen die Gitterstäbe. Doch der Viktor verschmäht den doppelt raffinierten Gutenachtkuß wie immer. Da holt die Malva die selbstgehäkelte Käfighaube, stülpt sie über, und tiefe, reinwollene Finsternis senkt sich über die brave Kopfsalatamsel. Das Licht knipst aus und in züchtiger Dunkelheit schlüpft die Witwe in einen knielangen Liebestöter aus allerbestem Schweizer Flanell. Anschließend stößt sie mit einem bereitgestellten Schrubber noch ein paarmal energisch unter die Bettlade, ob nicht vielleicht ein ruchloser Wüstling darunter liegt. Als jedoch kein Protest oder Wehgeschrei ertönt, legt sie sich mit einem kleinen Seufzer, der aus dreiundachtzig Prozent Schlummersucht und siebzehn Anteilen Enttäuschung besteht, ins kühle Linnen. Linksseitig und die Hände wie zu einem Schwimmstoß gefaltet, wartet sie ergeben, bis ihr vor geschlossenen Augen das blasse Bild des verblichenen Gemahls Egon Amadeus erscheint. Nach einiger Zeit nickt er ihr aus dem aufsteigenden Nebel auch tatsächlich zu. Selber ein bißchen verschlafen zwar. Aber das wird wohl von der ewigen Ruhe kommen.

Ein Stockwerk tiefer lockert zur selben Zeit der Gerichtsdiener Huckauf mit krummem Zeigefinger sein strahlend weißes »Speisezimmer«. »Plumps« macht die porzellanene Einrichtung und erzeugt einen kleinen Sturm im Wasserglas. Dann gurgelt Herr Huckauf ausgiebig. Seinen Gutenachtjodler kennt das ganze Haus. Manchmal tiriliert er hell und optimistisch. Aber meistens grollt der Justizpedell aus seinem Halskrater auf wie der ferne Krakatau vor dem Ausbruch. Doch langweilig gurgelt er eigentlich nie. Schließlich zieht er noch zwei rote Wollsocken über die bleichen Pedale. Denn Herr Huckauf ist auch nachts noch ein kluger Mann, der es mit dem erprobten Grundsatz hält: »Den Fuß halt warm, den Kopf halt kalt, dann wirst du tausend Jahre alt.« Neunundsechzig ist er sowieso schon.

»Wer nie sein Brot im Bette aß, weiß nicht, wie Krümel pieken«, lächelt die müde Platzanweiserin Sonja vom nahen Filmpalast. Sie ist zwar schon mit einem Auge auf der anderen Seite, aber die vergessene Vesperstulle hält sie trotzdem fest in der kleinen Faust, so wie sie es auch als Kind immer getan hatte, weil ihr sonst das gefräßige Brüderlein den »Doppeldecker« unweigerlich aus den erschlafften Fingern nahm. Nur dreißig Zentimeter von Sonjas fröstelnd hochgezogenen Knien entfernt, nämlich auf der anderen Seite der Hohlblocksteine, geht das junge Ehepaar Zeisig zur

Ruhe. Das heißt, noch nicht ganz. Denn manchmal brennt noch lange nach Mitternacht ein schummrig rotes Lämpchen auf dem Nachttisch. Doch das legt sich schon, meint die wachsame Hausmeisterin. »Laßt nur die zwei erst einen Zentner Salz mitsammen essen.« Und die wackere Schlüsselbewahrerin muß das ja wissen. Denn sie selber schläft schon seit langen Jahren Ferse an Ferse mit ihrem Mann.

Ach, und was sonst noch alles geschieht in dieser Stunde im leise rasselnden Wohnsilo. Artig falten in den Bodenritzen die Tausendfüßlerkinder ihre Pfötchen zum Gebet. Im Keller jedoch stellt der Mäuserich vom Dienst spitzbübisch lächelnd kleine Umleitungsschilder vor die frisch aufgestellten Mausefallen. Und droben im Dachgarten, den sich das junge Importeur-Ehepaar als todschickes Atelier ausbauen ließ, wird der Tag wieder einmal angestückelt. Weil doch eine Bottle-Party steigen soll. Zuvor aber muß noch Klein Majorie in ihr flaumiges Traumboot gebracht werden. Und ehe sie die schlauen blauen Treuäugelein schließt, bittet sie den Herrn über alle Bettdecken mit rührendem Milchzahngeflüster um allerhand Dinge, die ihr die lieben Eltern aufgetragen haben. »Lieber Himmelvati«, heißt das, »bitte beschütze meinen Papa, die Mami, mein Ssaukelferd und unsere baave Pfandbrief-Oma. Und bitte, bitte sag ja unserer Köchin Minna nicht die richtigen Zwölf im Fußballtoto ein. Damit sie auch bestimmt nicht kündigen kann.«

Auf die kleine abgetretene Wiese, die wie ein Fußabstreifer an der Schwelle der Stadt liegt, schaukelt im Schrittempo ein revolutionsroter Bulldog mit mehreren Anhängern zu. Und aus den kleinen Fenstern der hölzernen Landstraßen-Archen schauen Kinder heraus mit schwarzen Augen, schwarzen Haaren und schwarzen Hälsen. Es sind die letzten Nachkommen des sagenhaften fahrenden Volkes. Unter der Achse des ersten Wohnwagens zottelt neben dem Schmierkübel ein sauerkrauthaariger Fabelhund mit, der einen ganz dünnen faserigen Schweif hat. Vielleicht werden damit die Luftdruckgewehre von der Schießbude, die ebenfalls im Geleitzug mitfährt, jeden Abend gereinigt. Vor den niederen Zweifamilienhäusern der Vorstadt stehen die Bewohner und lächeln mild. Ein Mann in Hosenträgern schreit lachend vom Ersten-Stock-Balkon herab: »Mama, hol's Mariechen 'rein, der Zirkus kommt.«

Rasch werden die Wagen zu einem Karree zusammengefahren. So, wie es einst die Eroberer des Wilden Westens taten. Zwischen Zeltstangen, Fahnenmasten und Tauen werden Gestalten sichtbar, die an Feuerspeier, Entfesselungskünstler und angebissene Dompteure erinnern. Der löwenköpfige Padrone ist sichtlich derselbe Künstler, der auf den Werbeplakaten als der Welt größter Säbelschlucker bezeichnet wird und bei jeder Vorstellung ein armlanges Infanterieschwert verzehrt wie andere Leute eine Riesenbockwurst. Bald beginnt es intensiv nach Pony zu riechen. Nach Kartoffelsuppe mit Knoblauch, altem Krokodil und sogar ein bißchen Ziegenbock.

Anderntags wird auch schon eine Schießbude aufgebaut, eine Schiffschaukel und neben der winzigen Sägemehlarena sogar noch eine eigene Tierschau. Ein uraltes Kamel, das täglich drei Laibe Brot, jedoch auch erübrigte Spaghetti und Linsensuppe verzehrt, schaut mit abgetragenem Wintermantel und nässelnden Meerrettichaugen in Richtung Sahara über den kleinen Zaun. Auf seinem Rücken sitzt das Rhesus-Äffchen Indra und sucht im dürftigen Unterholz des Wüstenrosses nach etwaigen Partisanen zum Nachtisch. Die dritte Attraktion ist die Riesenschildkröte Alfons, die beim Zirkusaufbau gerne als Fußschemel benützt wird, augenblicklich jedoch ihr schlampiges Monogramm in ein verwelktes Salatblatt knipst. Früher war da auch noch irgendwo das gelehrige Schwein Melchior. Das konnte rechnen, kannte das Geld und die Uhr auf die Minute. Nicht jedoch die Stunde seiner Abberufung. An einem grauen Novembertage war es: »Drei Finger dick Speck«, erzählt der Clown Pedro, wenn man davon spricht, macht ein Kreuz und wischt sich den Mund.

Ehe die Riesenschaukel in Betrieb genommen wird, kommt ein abgehalfterter Liliom, der einen alten Seemannspullover trägt und eine Ölkanne mit langem Hals. Zuerst schmiert er damit die Paula, dann die Anna II und zuletzt den Ferdinand, wie die Sperrholzkreuzer seiner Luftarmada heißen. Doch auch zum wackeligen Tambourmajor des Schiffschaukelorchesters geht er hin und tröpfelt ihm ein paar widerwillige Spritzer in die Dirigentengelenke. Nachher kurbelt er die Kapelle eigenhändig an. Mit wuchtigem Aufwärtshaken gegen die joghurthäutige alte Trommel eröffnet der mechanische Furtwängler das Konzert. Und in die schläfrige Dreiuhrzeit hinein zittert müde die Barcarole aus Hoffmanns Erzählungen.

Der verschlampten Schießbude sieht man es deutlich an, daß sie keinerlei Unterstützung vom Verteidigungsministerium erhält. Sechs altmodische Stutzen, mäßiges Büchsenlicht und im Hintergrund die wuchernde Papierrosenpracht auf bleichen Makkaronistengeln bilden ihre ganze Einrichtung. Wenn in der Arena Pause ist, müssen Anita, das Gedächtniswunder, und die fahnenrote Elvira als Lademädchen Dienst tun. Elvira ist sonst die Frau auf dem Todesstern, den Armanno jeden Abend mit schweren Messern attackiert. Ihre Unterarme sind zernarbt und zerschunden wie die eines alten Rifkabilen. Darüber ist Elvira jedoch ihrem Liebsten, der schon jahrelang auf sie wirft und manchmal wegen eines bißchen Pommerlunder halt auch etwas Streuung hat, keineswegs böse. Dies ist wahre Artistenliebe.

Und zur Dämmerstunde versammelt sich dann langsam das junge Volk der näheren Umgebung auf dem kleinen Rummelplatz. Die minderjährigen Luftschiffer schneiden mit schlankem Kiel das laue Zwielicht und die dummen Herzen ihrer kichernden Feierabendbräute entzwei. Beim »Looping the loop« kommt wohl manchmal auch ein Schlüsselbund, ein Kamm oder eine Handvoll Kleingeld durch die Luft geflogen. Nicht so schlimm. So lange es nur nicht das gebrauchte Abendessen ist. »Komm in die Schaukel, Luise«, summt dazu immer wieder der alte verlorene Fahrensmann im Rollkragenpullover. Doch leider legt er dabei etwas die Melodie vom guten Mond unter. Die Frau Zirkusdirektor aber hat die gelbe Metallglocke an der langen Lederzunge genommen und bimmelt im dudeligen Jahrmarktstakt mit. Sie ruft die Jugend der Vorstadtwelt. Und alle, alle kommen.

83 | Sofa oder Sofia

»Immer kleiner wird die Welt«, sagen die Psychologen. »Und immer größer werden die Bedürfnisse der Menschen.« Das zeigt sich besonders deutlich an den Urlaubsplänen und Wünschen der hetzenden Hunnen, fahrenden Franzmänner, jagenden Yankees und hastenden Holländer. Denn die Agenturen, die Reisebüros und Freizeitorganisationen überschlagen sich an sensationellen, nervenliftenden Angeboten. »Reiten Sie quer durch Ungarn auf den Spuren Attilas«, schlagen grelle Vierfarbenprospekte vor. »Vierzehn Tage – nur dreihundertachtzig Mark, alles eingeschlossen, inklusive Wolf und Wundsalbe.« Andere Werbebroschüren fordern Amateurforscher zu Ausgrabungen an den riesigen Plattfüßen der Pyramiden auf. Oder zum Grundeln nach griechischen Amphoren. Von denen für die schnorchelnden Amphibien-Urlauber jährlich mindestens zehntausend Stück aus der fabrikwarmen Produktion italienischer Lehmknetereien eigens versenkt werden. – Ein riesiger Elch mit einem Geweih wie ein siebzigmal gehörnter Ehemann wartet schon dringend am Rande von Kanada auf selbstsichere Schützen aus Schwäbisch Gmünd. Und im Unterholz von Jugoslawien grunzt einladend ein Eber zu einem jagdgierigen Autobus voll Ebersberger hin.

Die Reiseprospekte von Australien laden gleich gar zum Rasieren von Stachelschweinen ein, während Afrika zur Großwildsafari bittet, für die sich gutmütig schnurrende Leoparden und graue Rüsseltraktoren mit Ohren bereits ins rechte Büchsenlicht gestellt haben. Oder wie wär's denn einmal mit einer Überlebens-Expedition, bei welcher die Teilnehmer nachts einfach in irgendeiner unbekannten Wüste abgesetzt werden. Lediglich mit ein paar Rollschuhen, einer Sanduhr zum Selbstnachfüllen und drei Zahnstochern ausgerüstet. Sicherlich eine ganz besonders verruchte Banchkitzelei. Ferner werben leidenschaftliche DM-Liebhaber für lohnende Schatzsuche an den Küsten von Peru. Dort sollen nämlich uach Angaben südamerikanischer Agenturen noch Hunderte von Goldschiffen liegen, die sie ohne die dünnarmigen Deutschen aus Dinkslagen unmöglich alleine heben können. Aus Mexiko kommt der dringende Ruf, die Ferien doch in alten verschütteten Silberminen zu verleben und nach dem verborgenen Kronschatz der Azteken zu schürfen. Die Haken, welche solche Unternehmungen haben, stehen schon bereit.

Schwertfische vor Acapulco zu jagen wäre eigentlich die ideale Erholung für alle Raumpflegerinnen und Parkettboden-Kosmetikerinnen, meinen fünfsprachige Angebote auf Glanzpapier. Ferner stehen als Urlaubsspezialitäten noch zur Debatte drei Wochen Vollpension in einem Eskimo-Iglu. Die tranige Herbergsmutter und zwanzigstündige Polarnächte mit inbegriffen. Oder vierzehn Tage Erholungsfreuden auf einer spanischen Stierkampf-Farm. Hierzu müßten allerdings Nadel und Zwirn sowie ein paar Quadratmeter Heftpflaster selber geliefert werden.

Obwohl nun die Statistiken besagen, daß in den Reisemonaten durchschnittlich siebenundsechzig Prozent der Bevölkerung unterwegs sind, so bleiben doch immerhin noch ein Drittel altmodischer Stubenhocker daheim und gestalten sich ihre Sommer-Sonnenzeit ganz ohne Reisebüros. Da gibt es nämlich noch so rückständige Naturen, die fahren lediglich irgendwo ein bißchen in die Ferne hinaus aufs sogenannte »Land« zum Millitrinken, zum Schwammerlsuchen, zum Barfußlaufen oder zur Blutegelkur in den Raublinger Dorfweiher. Und sie schlafen tatsächlich noch jede Nacht im eigenen Bett, statt auf den Fakirbrettern der Liegewagen oder in den zersprungenen Badewannen von Baedeker-Hotels. Die statt der drei Sterne eigentlich drei Wanzen als Qualitätsbezeichnung tragen sollten. Manche Biedermänner suchen gleich gar noch Entspannung und Siesta auf den Geranien-Balkonen stiller, verschlafener Hinterhäuser. Sie lassen die lustigen Äuglein ein bißerl in den Ausschnitt vorüberwippender Bachstelzen fallen, haben die unanständig nackten Füße in ein Badewanderl mit Fichtennadeln versenkt und tasten hin und wieder mit der Hand nach ihrer kühlen Dreiquartelgeliebten, die unter dem bequemen Korbsessel im Schatten steht. Allerdings – die

Balkone der modernen Wohnmaschinen sind meistens nicht mehr viel größer als chinesische Schwalbennester. Nur daß man schlecht eine Suppe daraus kochen kann. Immerhin, als Aschenbecher haben sie doch noch einen kleinen Gebrauchswert.

Herrlich zumute ist es in diesen Tagen des Nichtstunmüssens gewiß auch den braven Heimgartlern in ihren Suppengrün-Salettln. Und die freuen sich diebisch, daß sie nicht von Dalmatinern umgeben sind, sondern höchstens von Dahlien. Daß statt der gefürchteten Ravioli abends ein milder Radi auf sie wartet und daß sie mit ihrer Sofie dann später nicht in die ehrwürdige Hagia Sofia gehen brauchen, sondern nur auf das ebenso ehrwürdige Sofa. Und dazu können sie sich auf dem Plattenspieler auch noch den tröstenden alten Schlager vordudeln lassen:

»Was willst du bloß in Spanien?
Ich kann das nicht verstehn.
Geranien und Kastanien
blühn hier genauso schön . . .«.

Unruhig und nervös trippelt der vornehme Herr mit den grauen Gamaschen, wie sie einst der schweigsame Flimmer-Gentleman Rudolf Forster getragen hat, hin und her. Und immer wieder schaut er suchend die Straße auf und ab. Vielleicht muß er nur recht notwendig wohin. Doch sein Hellabrunner Pendellauf endet schließlich immer wieder vor den dunklen Schlitzen eines Kanalgullis. Dem geheimnisvollen Briefkasten des Dritten Mannes. Und da steht er dann und murmelt irgendwas Beschwörendes in das finstere Abflußgitter hinein, aus dem eine blasse, graue Spirale aufsteigt, als würde irgendwo da drunten ein kleines Teufelchen Pfeife rauchen.

Auf einmal biegt ein städtisches Gerätewagerl um die Ecke, und von den zwei Männern mit den blauen geflickten Leinenhäuten und den schlappenden Siebenmeilenstiefeln geht einer auf den vornehmen Zappelphilipp zu und frägt ihn sachlich: »Sind Sie der Verlierer?« Der Angesprochene nickt erfreut und präsentiert sogleich eine teure Retortenzigarre in einer Glashülle, die aber der Stulpenstiefelmann mit den Worten zurückweist: »Vielleicht danach.«

Nun holen die beiden einen riesigen Büchsenöffner aus ihrer fahrbaren Werkstätte und setzen ihn in der Gulliritze an. »Ho-ruck!« Ein kleiner schmatzender Seufzer, der gußeiserne Verschluß gibt nach und ein schwarzer Schlund gähnt so sehr, daß ein stehenbleibender Rentner sofort angesteckt wird, aber wohlerzogen die Hand vor den Mund hält.

Jetzt nimmt einer der Männer einen Schöpflöffel mit einem langen Stiel aus dem Fahrzeug, fährt in den Asphaltrachen hinab und holt eine Kelle voll Schlamm heraus. Und dann wird dieser Baaz sorgfältig auseinandergestrichen und Gramm für Gramm untersucht. »Wia beim Chaplin im Goldrausch«, sagt ein zweiter Spaziergänger leise zu sich selbst und bleibt auch stehen.

Die Münchner Kanalwache – denn um diese handelt es sich bei

den zwei Schatzsuchern – wird viele hundert Male im Jahre bemüht, aus den fünfundzwanzigtausend Gullis, die es in der Stadt gibt, Ringe, Armbanduhren, Geldbeutel oder Brillen, die ausgerechnet in diese öffentlichen Müllschlucker gefallen sind, wieder herauszufischen. Neben den kleineren Kanalöffnungen gibt es dabei auch noch sechstausend Schächte, die einen direkten Einstieg in das unterirdische Katakombengewirr ermöglichen, von dem über zweihundert Kilometer begehbar sind. Allerdings dürfen dabei die Kanalmänner nicht zu dick sein, denn diese Lucken haben nur etwa sechzig bis siebzig Zentimeter Durchmesser.

Während also die zwei Schlammkriminaler den schwarzen Brei hurtig herauslöffeln, haben sich auch schon ein gutes Dutzend Zuschauer eingefunden, denn ein solches Ereignis ist immer eine kleine Brotzeit für die Augen. Stumm schaben die Blauhosen mit einer kleinen Spachtel winzige Portionen von ihrem finsteren Mus herab. So etwa, wie man eine Rindsleber für die Knödel schabt. Im Hintergrund indes erklärt eine magere Frau den Umstehenden mit hoher Mundharmonikastimme: »A Brillantringerl is obi g'foin.« Und ein alter Virginialutscher gibt diese Nachricht sofort weiter: »Zwoa Karo – zwoa Dingsda is da Brillantn groß gwen. A Familienstückerl war's.« Noch weiter hinten wird der Brillant immer größer und wertvoller, und bei der Kramerin Schneeberger am Eck wird er bereits für fünfzehntausend Mark gehandelt, und es ist noch kein Ende seines Wachstums abzusehen.

Endlich, nach knappen zwei Stunden, tut einer der Kanalräumer einen zufriedenen Brummer und erhebt sich mit erlöstem Kreuz aus der Kniebeuge. Dann stöhnt er befreit: »Jetzt hob' i'n.« Und durch die Reihen der Neugierigen geht ein erlösender Kollektivseufzer. Wie beim Bremsen von einem Lastwagenanhänger. Doch gleich darauf wird dieser Schnauferer zu einem bösartigen Zischen. Und das enttäuschte Volk murmelt bitter: »Wos, a Autoschlüssel is des bloß gwen. A ganz a glumpata Autoschlüssel für so an Stinkkarrn. Und da laßt ma uns stundenlang herasteh. Ois

wia wenn ma sunst nix anders z'toa hätt'n. A soichane Unpfaschämtheit. Da soit ma ja glei . . .«
Aber was man da gleich soll, das hört der freudig erleichterte Besitzer zum Glück nicht mehr. Denn er sitzt schon in seinem lackierten Kilometerfresser und hustet den erzürnten Zuschauern etwas hinten hinaus. Das alte magere Weiberl aber macht eine kleine giftige Faust und ruft doch noch drohend hinterher: »So oan g'hört ja direkt da Führerschein g'numma!« Und der »Zwei-Karat-Mann« sagt würdig dazu: »Wer woaß, ob der überhaupts oan hod. So an Leitausschmiera is doch ois zum zuatraun.«

85 | Freuden im Familienbad

Die Deutschen sind nach den Skandinaviern und Holländern das reinlichste Volk Europas. Also eine ausgesprochene Kernseifen-Nation. So behaupten wenigstens die gewerbsmäßigen Tester und Statistiker. Was aber das Freibaden anbelangt, so rangieren die Teutonen einwandfrei an erster Stelle. Denn im Bundesgebiet werden in einem einzigen heißen Sommer nahezu fünfzig Millionen Eintrittskarten für geschlossene Badeanstalten gelöst. Und ein ganzes Volk steht dann halbnackt unter den Brausen der Familienbäder. Es ist aber auch zu schön dorten.

Langsam treiben zwei ältere Fräulein den kleinen Kanal hinab. Sie tragen Badeanzüge aus schwarzen glänzenden Trauerhäuten, die halbrund aus dem Wasser schauen und an ertrunkene Regenschirme erinnern. Gleich dahinter schaukelt der rote Treibminenkopf eines schlagflüssigen Managers auf den Wellen. Wenn er versehentlich irgendwo anstößt, wird er bestimmt explodieren und ein größeres Loch in die zementierte Uferböschung reißen. Nachher schwimmen zwei beleibte Herren die feuchte Einbahnstraße auf dem Rücken hinab. Sie starren fasziniert ihre Zehen an, die ein gutes Stück hinterhergleiten und die sie schon längere Zeit nicht mehr gesehen haben. Dazwischen hinein schnalzt immer wieder einer von den halbwüchsigen Froschmännern wie ein Bügelbrett auf den naß zersplitterten Wasserspiegel. Gerade grundelt erneut einer in den gebührenpflichtigen Fluten. Und nach einiger Zeit kommen zuerst ein paar Blasen hoch, dann eine bleiche Gespensterhand, die triumphierend einen Kaffeelöffel mit der Aufschrift »Familienbad Nudelpott« hoch hält, und schließlich taucht der japsende Raubfischer wieder selber auf. Allerdings trifft ihn sofort die Rückhand eines energischen Schmetterlingschwimmers, worauf er lautlos wie ein Wetzstein wieder versinkt.

Dort, wo die runden Kieselsteine so heiß und hart sind wie gekochte Eier, liegt die Familie Seidenzahn. Vier Seelen hoch. Beziehungsweise flach. Von Zeit zu Zeit nimmt der Herr Papa seinen

Mortadella-runden Sohn Heinrich an den Armen und schwenkt ihn im flaschengrünen Gewäsche. So etwa, wie man ein Stück Wäsche nachspült. Und der kleine Mann quietscht dazu, als wäre er monatelang nicht mehr geölt worden. Um die Mittagszeit verpaßt ihm die Frau Mutter aus einem Einmachglas einen rätselhaften Brei, mörtelt die runde obere Öffnung ihres Söhnchens sauber zu und legt es dann in die Waagerechte. Während der Vater als Schlummerlied zärtlich den Marsch »Unterm Sternenbanner« dazu summt. Dann macht auch er trotz des pausenlosen Geprassels von Gummiringen und kopfgroßen Plastiknudeln ein Nickerchen.

Da holt die stille Tochter Lisbeth ganz leise ein Kübelchen von silberhellem Wasser vom nahen Brünnlein und trägt es vorsichtig zum schlummernden Vater hin. Sie will ihm das erquickende Naß über seinen großen runden Schlaraffenlandbauch schütten. Sie freut sich schon sehr.
Nebenan auf dem Kinderspielplatz unterhalten sich Brüderchen und Schwesterchen. »Bäh, bäh«, macht Klein Jochen, weil ihm Schwester Ingrid ein Stück Quarzsandkuchen, den sie selbst gebacken hat, zwischen die unschuldigen Lippen schieben möchte. Auf dem kleinen Reck hängen die kommenden Teenager mit den Kniekehlen an der Eisenstange und schaukeln leise im Winde abwärts wie frisch gewaschene Unterhemden. Hin und her flattern weiter hinten die kleinen gefiederten Federballvögel. Plötzlich kommt ein Kohlweißling geflogen und schaukelt freudig mit. Er hält die luftigen blassen Freizeitschwalben wohl für verwandte Kollegen. Bis ihn eine schmetternde Vorhand trifft. Da ist es sekundenlang ganz still. Nur ein kleines Kind weint irgendwo entfernt. Der Tod am Nachmittag.
Nahe am Zaun bei den tarnenden Gebüschen liegen die Liebespärchen in der Sonne. Knusprig und bewegungslos wie Max und Moritz nach ihrem Backofenbesuch. Ganz im Schatten hingegen lagert eine junge Westentaschendiva. Sie darf nicht braun werden, weil sie nämlich demnächst die Hauptrolle in einem Werbefilm für Hindelanger Käse spielen muß. Eine Made.
Da ist der einsame Strandläufer schon ein ganz anderer. Er hat längst eine Guttaperchahaut, die ausschaut, als hätte er sie von einem entfernten Onkel aus Indien geerbt. Er ist mit den Wellen per du und hat durch den ständigen Umgang mit den Fluten fast die Form eines Kajaks angenommen. Und noch eins: Wenn nämlich plötzlich ein Gewitterregen über das Familienbad niedergeht, und das Volk in kreischenden Scharen zu den Garderoben hastet. Da steigt er einfach stolz und gemächlich in sein lieb gewordenes Element und schmunzelt nur leise dazu. Denn dort kann ihm der lächerliche Regen überhaupt nichts anhaben.

Wie sehr das bundesdeutsche Volk doch eigentlich auf den Hund gekommen ist, beweist vielleicht am besten der Umstand, daß es in Westdeutschland nicht weniger als zwei Millionen Bernhardiner, Pekinesen, Terrier, Chow-Chows und andere Rin-Tin-Tins gibt. So treu die haarigen Kameraden aber auch sind – für ein paar Wochen im Jahr müssen sie immerhin Abschied nehmen vom feuchtäugigen Fraule oder ihren verlegen knurrenden Besitzern. Denn nur wenigen der braven Schweifwedler ist es vergönnt, auch die »schönen Tage von Aranjuez« oder sonst ein Pauschalreiseziel in trauter Gesellschaft ihrer Wurstzipfelmäzene zu verbringen. Drum werden sie für diese Wochen entweder bei Bekannten und Freunden untergestellt. Oder sie kommen ins »Hotel zum Dobermann«, in die Hundepension.

Lange Listen mit vielen Sonderwünschen und Behandlungsvorschriften holen die traurigen Hundemütter aus ihren Hornback-Handtaschen, wenn sie die braven Bellmaschinchen in die Vier-Quadratmeter-Appartements einliefern. »Tutti« muß vor dem Schlafengehen seine Biskuitchen kriegen und »Snobbi« mag gern zwei Pfefferminzdrops. Wogegen der Pekinese »Butterfly« am allerliebsten krauli-krapp hinter den Ohren zart und fein hat. Der bayerische Bierdackel »Schorschi« hinwiederum besteht beharrlich auf einem weißblauen Ruhekissen. Und der kleine Mops »Murkel« ist es ganz einfach gewöhnt, daß er abends die Zeitung vorgelesen bekommt. Am liebsten den Wirtschaftsteil. Da schläft er nämlich am allerleichtesten darauf ein.

Selbstverständlich werden auch die Futternäpfe mit angeliefert. »Meißen« für die Afghanhündin »Lady Zitterforce«. Und ein Gummischüsserl für den frechen Vorhangfresser Foxi. Auch Locken-Schampun zum Baden kommt dazu, ebenso wie parfümierte Frottierhandtücher. Ferner werden Spitzenhäubchen mitgegeben, mit denen die wackeren Pensionäre dann in ihrem Bettchen liegen wie der tückische Isegrim, der die Großmutter fraß.

Und für die ganz vornehme züchtige Hundejungfrau ist auch ein neckischer Bikini im Gepäck dabei. Besonders sensible Gäste, wie der fledermauschrige Chihuahua-Rüde »Montezuma«, kriegen gleich gar noch ein Tonband mit, auf dem ein Diplom-Psychologe alte Beruhigungsgedichte in der Inkasprache vorliest.

Gleich nach der Einschreibung wird meistens gebadet. Und dann geht's auf Wunsch auch noch zum Pudel-Figaro. Bei der Bekanntschaft mit dem Aqua jedoch scheiden sich wieder einmal die Gemüter auch bei den Knöcherlbeißern. Stolz und stark sind anfänglich die Schäferhunde. Aber wenn sie dann in der Wanne schwimmen, ziehen sie den Schwanz ein wie Langusten beim Sieden. Und wenn das Herrchen zufällig noch bei dieser Prozedur dabei ist, dann trifft ihn gewiß ein Blick zwischen abgrundtiefer Enttäuschung und kalter Verachtung, der deutlich besagt: »Wir zwei sind fertig, for ever. Wenn ich hier wieder herauskomme, melde ich mich sofort als Minensuchhund bei der Bundeswehr. Und von meinem ersten Wehrsold zahle ich dir die schäbige Hundesteuer zurück. Well und Wau!«

Die kleinen rauhen Schnauzer jedoch sitzen im Bottich und zittern trotz des angewärmten Wassers so sehr, daß sie mit dem Frieren gar nicht mehr nachkommen. Und ihre Augen klagen an: »Mit einem armen Hund kann man ja alles machen.« Nur die hochnäsigen Windspiele bewahren echte Haltung. Und ihre blasierten Kalbsleberschnauzen bringen lediglich stumm zum Ausdruck: »Schmutzige Hände müssen vielleicht gewaschen werden. Wir jedoch, die wir sauber sind und mit Chanel vielfach abgetupft, hätten das gar nicht nötig.« Wenn sie sich aber unbeobachtet glauben, werfen sie immerhin einen raschen, sündigen Blick in die Umkleidekabinen der schweren Rottweiler hinüber.

Beim Friseur werden anschließend die struwwelhaarigen Kostgänger zuerst mit einem starken Eisenrechen gekämmt. Und bei der Rodung ihres Unterholzes kommen dann manchmal mehrere Büroklammern, Haarspangen und halb abgebrannte Zündhölzl zum Vorschein. Nachher schneidet der geschickte Barbier einen breiten kahlen Streifen in das viel zu warme Fell. Und diese hohle

Gasse schaut direkt aus wie die Rückzugstraße für kriegsmüde Flöhe. Handelt es sich um eine Pudelkundschaft, die einen traditionellen Königshaarschnitt bevorzugt, so erfolgt hinten eine Totalschur, bei der nur zwei kleine Haarkringel wie die Tropfenfänger an einer Teekanne stehenbleiben. Vorne dagegen wird halblang getrimmt. Das fertige Resultat erinnert dann eindringlich an einen Stabszahlmeister in Unterhosen, der gerade noch die Pelzweste anziehen konnte, bevor die Russen kamen.

Jetzt geht's endlich in die sauberen Urlaubsquartiere. Und ans Abschiednehmen. Und die Besitzer trösten ihre ringelhaarigen Augäpfel mit scheinheiligem Saccharinlächeln: »Bleib nur brav sitzen, Cherilein, Frauchen geht nur rasch ins Kino.« Dann fahren sie vier Wochen nach Westerland. Die zurückgebliebenen Vierbeiner jedoch sind keineswegs so dumm, wie sie dreinschauen. Denn im Innersten wissen sie ja ganz genau, daß ihre zweibeinigen Freunde für diese Lüge sowieso genug büßen müssen. Denn die meisten Schnauzlmütter kriegen doch ohne ihre »Wärmflasche« kaum ein Auge voll Schlaf hinter die traurigen Haftschalen.

Wenn aber nach etwa vierzehn Tagen eine farbige Kitschkarte aus Rimini eintrifft. Und der Pensionsvater dieselbe seinem längst getrösteten Untermieter vorliest, um sie schließlich an die Zwingertüre zu stecken, so kann es leicht sein, daß ein wirklich charakterfester Hund nur noch verächtlich das Bein hebt und die fremde Marke auf der Carta postale einfach aufweicht.

87 | Kleiner Nackedei am Nachmittag

Ihre Arbeitserlaubnis hat die laufende Nummer 2842a. Auf den großen Plakaten steht in leicht nach hinten geneigter Schrift: Mademoiselle Sissy Urugan. Und in ihrem Reisepaß ist zu lesen: Franziska Senftmehl, Verkäuferin. Ihre Heimat ist das schöne Wanne-Eickel. Dort erblickte sie den haferschleimgrauen Himmel des Ruhrgebiets, wurde hochgepäppelt, erfolgreich geimpft, von Muttern behütet, bekocht und belehrt. Und trotzdem steht sie heute jeden Abend nackt und bloß auf der Bühne im Nachtkabarett. Dort hat sie bis auf ihr bißchen Scheinwerferlicht nichts auf dem Leibe, die barfüßige Mademoiselle Urugan.
Der Herr Vater der Franziska war ein braver Einpacker und verdiente nicht besonders viel. Vielleicht sagte sich deshalb sein Töchterlein, mit Auspacken wird mehr Geld verdient. Doch hat ihr eigentlich niemand an der Wiege gesungen, daß sie einst ihr Diätbrot durch Striptease verdienen würde. Schon deshalb nicht, weil die guten Eltern keinen Brocken Englisch können. Als Kind bekam das Fannerl immer Kopfnüsse, wenn sie vielleicht ohne Unterrock herumlief. Jetzt trägt sie nicht einmal mehr die Träger davon, wenn sie zum Gestöhne einer alten Speichertüre allabendlich ihren Kräuselkrepp und einen großen Teil der Hemmungen abstreift und die Männer dazu schräge Gedanken kriegen. Dabei hat sie meistens nur Angst, daß irgendeiner ihrer Knöpfe an der Unterwäsche nicht funktioniert.
Vor drei Jahren erlebte sie ihr Debüt als berufsmäßiger Nackedei. Und beim ersten Mal wurde sie so rot, daß die Zuschauer meinten, sie wäre versehentlich an das Hochspannungsnetz geraten. So erzählte sie selber. Da haben es die meisten ihrer Kolleginnen schon viel leichter gehabt. Die schämten sich möglicherweise auch, aber nur noch unter der Zunge, wo man es nicht sieht. Heute ist die Haut von Mademoiselle Urugan an manchen Stellen schon ganz dünn. Dort, wo die Blicke der Gäste besonders gerne verweilen.

Und dies ist das Abgründige in der Franziska Senftmehl: Zu Hause ist sie so züchtig, daß sie sogar zum Fußwaschen die Vorhänge zuzieht. Und wenn ihr Verlobter kommt, löscht sie zur blauen Stunde nicht nur die Lampe, sondern schraubt auch noch vorsichtshalber die Sicherungen heraus. Manchmal stellt sie sich auch vor den Spiegel und mimt ein wenig Laster und Verruchtheit und summt ein kleines Lied vom Schicksal einer Halbnackttänzerin. Meistens das von Bertolt Brecht, in dem es so schön heißt: »Und gibt es für uns auch kein Standesamt ... und gibt's keine Myrten im Haar ...« Und damit sich ihre gequälte Haut ein bißchen ausruhen kann, bevorzugt Fräulein Senftmehl zu Hause ganz besonders hochgeschlossene Pullover.

Und was macht dann ein Nackedei am Nachmittag? Wenn sie nicht nur Anblick ist, sondern dreiundzwanzig Jahre alt, arg hungrig und ohne jede Altersversorgung? Und darum habe ich sie zu einem kleinen Rendezvous gebeten, das sie mir auch gnädig und mit himmelhohen Stöckelschuhen gewährte. Wir trafen uns in einer kleinen Konditorei. Ich begann das Gespräch: »Lieben Sie Brahms?« – »Nein«, meinte sie gelassen, »nur Apfeltörtchen, die mag ich.« – »Schön, und was halten Sie von der Kennedy-Runde?« war mein nächster Test. »Ach, hat denn der auch schon einmal gegen Liston geboxt?« gab sie erstaunt zurück. »Jetzt noch so was!«

Im Verlauf der Unterhaltung gestand die Franziska schließlich, daß sie von allen Kleidungsstücken am schnellsten die Schuhe ausziehen könne. »Die brennen so«, meinte sie. Privat trüge sie außerdem am liebsten halblange Liebestöter und besonders riegelsame Unterwäsche, damit sich die Firma ja nicht erkälten könne. Außer dem Telephonbuch, dem Struwwelpeter und Sigmund Freud lese sie nur noch Heiratsinserate gerne. Ich sagte zu ihr: »Das ist etwas unfair, wenn ich Sie ausfrage, nicht wahr?« – Da meinte sie gelassen: »Und ob. Aber das macht bitte gar nichts.« Doch dann sagte das unschuldige Weißfischmäulchen etwas sehr Gescheites: »Bei einer Tänzerin ist ja auch nicht das Gewicht des Hirns maßgebend, sondern mehr das Gewicht vom Gegenteil.

Und an dem gemessen, nehme ich es mit manchem Minister auf.« Schließlich gehen wir auch noch ein wenig bummeln durch die Stadt. Denn das macht der Augenweide aus dem Kohlenpott an freien Nachmittagen besonderen Spaß. Lange bleibt sie vor den Fleischerläden stehen. Wendet mit dreizinkigen Blicken die saftigen Koteletts, rollt mit rollenden Augen Rouladen und gabelzarte Filets auf die Appetitspieße ihres Verlangens. Doch darf sie sich ihr vielbestauntes Bäuchlein nur im Geiste vollschlagen. Denn die Leute wollen für ihr Geld kein Nilpferd sehen. Auch die vielen Photogeschäfte mit den glückstrahlenden Hochzeitsbildern haben es ihr angetan. Und vor den Juwelierläden betrachtet sie mit rührender Andacht und lange die vielen Eheringe und seufzt verstohlen. Als wir uns einem Hühnergrill nähern, in dem sich die blassen, gerupften Eierherstellmaschinchen in langsamem Walzertakt drehen, da wendet sich mein Gast mit Grausen. Und sagt dazu: »Das werden Sie wohl verstehen müssen, daß ein Striptease-Girl einfach keine nackten Weibsen mehr sehen kann.«

Am ersten Tag gehen sie noch ein bißchen unsicher herum. Wie ein Beduinenstamm, der von der deutschen Entwicklungshilfe Schlittschuhe geschenkt bekam. Einfältig kichernd, schlendern sie verlegen durch die Tischreihen im gemeinsamen Speisesaal. Und manche werfen beim Marschieren in ihrer Gehemmtheit gleich beide Arme auf einmal nach vorne. Wie der brave Soldat Schweijk beim Strafexerzieren. Doch nach einiger Zeit werden sie dann sicherer und bewegen sich bereits so frech und selbstherrlich auf dem glatten Parkett, als hätten sie ganz vergessen, daß sie doch nur simple Touropa-Tramps sind. Pauschal-Hunnen und Gelatti-Gammler. Und schließlich machen sie dann sogar Sprünge größerer Handelsklasse. Den Axel und den doppelten Rittberger, oder wie die Damen heißen. Aber Beduinen bleiben sie halt trotzdem. So sagen jedenfalls die echten Travellers.
Aller Anfang ist höflich: »Buona sera, schönen guten Tach«, oder »Grüß Gott« zum Beispiel. Sagen die Neuankömmlinge mit ihren freundlichsten Sonntagslippen: »Fräulein, könnten wir nicht den molto bene-Tisch am Fenster dort kriegen. Ja, den da, questo. Und bittschön, wenn Sie so arg liebenswürdig wären und noch ein bißchen Käse bringen würden. Einen Käse, prego, einen barmetschano. Merci. Gracie milione. Thank you. Vergelts Gott Bäurin und viel Glück im Stall.« Aber dann schon nach zwei Tagen liest sich das leider anders. Da heißt es nachher im totalitären Kolchosendialekt: »Das ist unser Tisch, unsere Bedienung, unser Salz, unser Strand und unser Hotel.« – »Und unser Geld!« – »Jetzt da schau her, die haben unseren Essig drüben stehen. Geh, Frau, hol ihn rüber und nimm den geriebenen Käs auch gleich mit.«
Menschen im Hotel bringen meistens keine Namen mit. Diese werden ihnen nämlich von den lieben Mitgästen erst verliehen. Die freundliche Endvierzigerin mit dem melancholischen Gesicht, bei dessen verblüffender Ähnlichkeit mit ihrem braven Be-

gleiter man sich unwillkürlich fragt, stammt jetzt der Spaniel von ihr ab oder sie von ihm, wird einfach »Lady Schappi« genannt. Zwei älteren Mädchen, denen der liebe Gott in seinem unerforschlichen Ratschluß statt zierlicher Stupsnäschen leider die Schnäbel und die Geschwätzigkeit von Amazonen-Papageien verpaßte, sind »Cora und Ara«, die letzten Vogelmenschen. Eine Laune der Natur. Ein alter Hauptmann ist »das Pferd«, ein Mädchen mit gelbem Pulli »der Kanari« und eine lustige Witwe mit einer explosionsgefährdeten Bluse heißt, nach der ersten Atombombe, einfach »das Ding«. Auch die Portiers in anderen Ländern scheinen keine Namen in Pässen und Ausweisen zu lesen. Denn sonst müßte es ihnen doch auffallen, daß die strahlend junge Ehefrau laut Kennkarte Lore-Marie Liebling heißt. Während ihr gurrender

Doppelzimmermann Max Seligmacher in seinen Personalpapieren stehen hat. Aber von diesen kleinen Unterschieden leben halt die Hotels in den südlichen Breitengraden. Nur von einem weiß der ganze Laden, wer er ist. Nämlich der Industrielle Karl Amadeus Nötig. Er kam mit einem steinkohlefarbigen Jaguar und einem Gorilla-Chauffeur an und hatte den frechsten Wonnepfropfen der ganzen Saison neben sich sitzen. Morgens nimmt der Herr Nötig bereits goldene Kügelchen zu sich und ein halbes Dutzend Bogomoletz-Kapseln. Und die Leute sagen zwinkernd zueinander: »Nomen est omen«. Am späten Nachmittag beginnt er dann seine blonde Zwischenbilanz liebevoll zu tätscheln, doch nachts, so meinen jedenfalls einige, wird er mit Sicherheit einen männlichen Offenbarungseid ablegen müssen. Dem Schreiber würde jedenfalls bei einer solchen unlösbaren Hausaufgabe jedesmal angst und bange, wenn es zu dunkeln beginnt. Der mürbe Steiger erinnert ihn irgendwie an jene Maus, die sich für ihren Lebensabend einen ganzen Elefanten eindoste. Aber vielleicht läßt sich der Herr Industrielle im Ernstfall halt ganz einfach von seinem Chauffeur doubeln. Es soll ja immer schon reiche Leute gegeben haben, die ihre Dienstboten rücksichtslos bis zum Letzten ausnutzten.

89 | Was rennt die Walli so?

Seufzend und mit Schuhgröße 43 geht der junge Reporter Magirus Abendwind seinen seltsamen Auftrag an. Er soll nämlich die hastenden und rasenden Passanten auf den Straßen für seine Zeitung, den »Nympenburger Worker«, fragen: »Warum pressiert es Ihnen so?«

Nun ist diese Frage vielleicht gar nicht so arg komisch. Jedenfalls auch nicht komischer als die meisten Antworten darauf. Früher, in der guten alten Schnürstiefelzeit, war für die damalige Lebensart bekanntlich das Sprichwort sehr bezeichnend: »Eile mit Weile.« Und wenn seinerzeit ein Mensch durch die Straßen rannte, dann riefen die Bürger wohl auch hinter ihm her: »Haltet den Dieb!« Heutzutage ist das längst umgekehrt. So daß der gemütliche und beschauliche Bummler im Straßenverkehr fast immer Ärgernis und Anstoß erregt. Denn die Eiligen sagen von diesem mit gekräuselten Verächtlichkeitslippen: »Der schtuit a bloß unserm Herrgott den Dag ab.« Dagegen genießt der wetzende und kurvenkratzende Passant jede Menge Hochachtung. Denn schon aus seiner unbekannten Schubkraft, die ihn vorwärtstreibt, geht klar hervor, daß er ein ungemein wichtiges Ziel hat, das unbedingt in Rekordzeit erreicht werden muß. Seine Parole heißt nämlich: »Den letzten beißen die Hunde.« Obwohl vielleicht ein paar verstaubte Werktagsphilosophen auch hinter ihm dreinlächeln mögen und dabei leise hinmurmeln: »Jetzt so a Rindviech. Der lafft auf der Rolltreppn zum Schlachthaus a no mit.«

Reporter Abendwind indes soll ja keine feingeistige Abhandlung über die Unrast der neuen Zeit liefern, sondern nur eine schlichte Reportage über jene Marschierer, denen man sichtlich Ameisen in die Schuhe geschaufelt hat, unter der schönen Überschrift: »Was rennt die Walli so?«

Von den ersten drei Angesprochenen antworten zwei auf die Frage, warum es ihnen so pressiert, mit dem langweiligen Zitat des Ritters mit den Zinkblechfingern. Der dritte, ein 90-Pfund-

Männchen, dem ein langer, schwarzer Mantel hinterherweht wie ein schlechtes Gewissen, erwidert gereizt: »Mensch, zieh bloß Leine!«

Im Innenstadtgedränge entdeckt der kleine Testpilot dann etwas später eine mollige Frau mit einem abgewetzten Kirchweihtigermantel, wie sie sich mit dem Charme eines Ackertraktors durch die Menge arbeitet. Ihr entlockt er auch mühelos die Antwort: »'s Gas hob i ned obdraht dahoam. Und es stenga doch Kartoffeln drauf.« – Ein buntbemaltes Fräulein in einer Nebenstraße hinwiederum sagt auf seine Anrede erleichtert: »Ach, und ich hab' schon gedacht, Sie wären vielleicht von der Sitte. Hier ist es nämlich verboten. Aber wenn Sie mich ein Stück begleiten wollen, sind wir bald außerhalb der Dreimeilenzone.«

»'s Gschäft wart hoit ned, wissen S'«, sagt man dem Fragesteller anderswo. Und die betreffenden Mittagspassanten erklären: »'s kloane Menü is sonst aus.« Oder: »I muaß schnoi zum Horschneidn.« Nach Büroschluß aber heißt es auch vielfach: »Ja mei, schließlich wui ma vom Leb'n a no was ham.«

Von einem durchaus seriösen, wenn auch völlig atemlosen Herrn erfährt der Interviewer: »Sie werden es nicht glauben, aber meine Frau ist bei der Schneiderin und mein Kindermadl will ins Kino. Da trifft mich daheim das Heiapopeia bei unsrer Susi.« Hakenschlagend, mit Gewichtsverlagerung und Stemmbogenkurven slalomt ein junger Sprinter in Stachusnähe um die anderen Fußgänger herum. Ein Herr mit randlosem Zwicker, den er anrempelt, schreit ihm laut nach: »Sauzahn, lausiger!« Dann stolpert der junge Asphalt-Harry über eine Hundeleine, taumelt schließlich in eine nachgebende Endfünfzigerin hinein, und als er sich mit Mühe von dieser Lawine wieder losgeeist hat, landet er fast als Kühlerfigur auf einem soliden Siebentonner. Schließlich aber hat er sein Ziel doch erreicht, das bewegungslos, wie von unten angeschraubt, vor der Normaluhr steht. Eine wunderschöne blonde Doppelhaltestelle. Jede Frage ist da zwecklos ...

Immer drei Stufen auf einmal nehmend, stolpert schließlich ein festlich gekleideter Mann die Treppen zum Justizpalast empor und keucht als Antwort schnell noch im Vorüberschnaufen: »Hab' 'nen brandeiligen Termin.« Wenig später schon hat er sich dann dabei elf Monate netto herausgetaucht. Und anschließend hätte er also gleich so viel Zeit, daß er sie am liebsten wochenweise verkaufen würde.

Und überall sieht der junge Zeitungseleve Fliegende Holländer und wehende Mäntel. Und Menschen, die vom Sechstagerennen so zugerichtet sind, daß sie auch noch mit den Ohren zucken. Als wollten sie damit anschieben helfen. Aber fast nirgends erkennt er einen plausiblen Grund, warum es nicht auch ein wenig langsamer ginge. Nur an der Straßenkreuzung erfährt er, daß es manchmal doch eine echte Ursache gibt, die einem das Pflaster unter den Sohlen brennen läßt. Denn ein hageres Männchen mit Siebenmeilenstiefeln antwortet ihm bei Rotlicht, und bevor es zum Endspurt ansetzt, mit feuchter Stirn gerade noch: »Warum i so laaf? Geh, bittschön, Herr, frogn's mi doch nachher.« Und er deutet aufgeregt auf das kleine Häuschen, vor dem schon die weißgeschürzte Frau mit dem Schlüsselbund wartet.

Meine erste Bekanntschaft mit der sogenannten Damenunterwäsche machte ich im zarten Milchzahnalter von sechs Jahren. Damals las mein Herr Papa die »Fliegenden Blätter« und mußte über ein Bild sehr lachen. Es war die Zeichnung eines alten Mannes, der seiner jungen Frau beim Auskleiden half, und als es ans Aufschnüren des Korsetts ging, sagte er verdutzt: »Nanu, ich hätte schwören können, daß ich meine Emma morgens ordentlich verschnürt habe.« Man sah aber auf der Witzblattzeichnung deutlich, daß oben an den Löchern dieses Schlankheitsharnisches eine Öse übriggeblieben war. Ich dachte mir damals: »Komische Wesen, diese großen Leute. Über was die alles lachen können.«

Zehn Jahre später kam ich dann mit der Inge, dem ersten blonden Zahn meiner Maienzeit, von einem Fahrradausflug heim. Und als ich sie bei ihrem Papa ablieferte, bekam ich postwendend eine geschallert. Dem gestrengen Väterchen war nämlich aufgefallen, daß bei seiner züchtigen Tochter hinten an der weißen Jungfernbluse oben ein Knopf zuviel wegstand, zu dem kein Knopfloch mehr vorhanden war. Es war ja auch schon ziemlich dunkel gewesen damals, als wir uns auf den Heimweg machten. Seit dieser Zeit aber weiß ich, daß man im Umgang mit der Damenwäsche möglichst oben zu »fingerln« beginnen soll.

In diesen Tagen sprach man von den massiven, meistens hausgemachten Tugendschonern gewöhnlich noch als von den »Unaussprechlichen«. Freilich, in gewissen Männerkreisen hießen die knielangen Keuschheitsröhren auch gerne »Liebestöter«. Wohl weil bei ihrem Anblick selbst die Gefühle von den allerstürmischsten Hitzköpfen erloschen wie eine Kerze im Zugwind. Diese Sorte Beinkleider galten bei den Müttern als absolut kugel- und einbruchssicher. Und in der Tat mußte der damalige Kavalier, wenn er ein bißchen Kontaktpflege im Schilde führte, fast einen Büchsenöffner zum Rendezvous mitnehmen. Es war dies keine freundliche Mode, die wahrscheinlich aus dem Motto geboren wurde: »Wie 's darunter aussieht, geht niemand was an.« Und so konnten sich auch tatsächlich die unangenehmsten Überraschungen darinnen verbergen. Es war eben die Zeit der Wäschemuffel. In der die Brunnenwasserschönheiten außerdem auch noch Flanellunterröcke trugen, die dann später sehr zu Recht alle als Lappen zum Putzen von Türschildern und Messingklinken endeten.

Auf dem flachen Lande wurden zudem auch noch viele Modelle aus brettsteifem Linnen selber hergestellt, die zwar sicher sehr luftig waren, aber ihren grundsätzlichen Zweck wahrscheinlich verfehlten. Denn sie waren »Tag und Nacht geöffnet« wie das Stadttor von Rothenburg ob der Tauber. Am Wochenende bei der großen Wäsche hingen dann die ländlichen Kuhdompteusen und die Kammerfensterloreleis ihre weißen Sittlichkeitsfutterale jedermann deutlich zum Fenster heraus, wie die Fahnen der Übergabe. Womit sie möglicherweise den Burschen in der Nachbarschaft signalisieren wollten: »Hier wird laufend kapituliert.«

Etwas später kam dann die sogenannte Wellblechunterwäsche auf. In den Hauptfarben Kocherl-Rot, Bolzen-Blau oder Trampel-Türkis. Es handelte sich dabei um eine gerippte Ware aus einem Material, das nach jeder Wäsche länger wurde, so daß diese Shorts des sechsten Gebotes von den unglücklichen Mädchen nach einem langen Sommer beim Schneeball auch als Skihose getragen werden konnten. Man nannte sie auch die Marken »Kunigund mit Gummibund«, und sie waren innen stark aufgerauht und mit hochprozentiger Moral imprägniert. Dazu hatten die Sonnabendbräute auch noch Büstenhalter an, die waren so massiv wie der Harnisch von Brünhilden. Und scheinbar auch ebenso schwer zu durchbrechen. Doch weil es auch in diesen Tagen schon junge Spezialisten für Haken und Ösen gab, tastete sich der Fachmann beim Tango oder beim Wiener Walzer langsam an ihre Verschlußstellen heran. Das ging um so gefahrloser, je flotter einer seine Fahne schwenkte. Weil er doch dann unter dem Vorwand des »Halten-Müssens« seine Tänzerin drehen und wenden konnte, wie er sie brauchte. Nach einiger Übung hatte also der Galan ähnlich wie der Geldschrankknacker das System, das ihn erwartete, rasch festgestellt.

Waren es Haken, so stand ihm in jeder Hinsicht ein schweres Stück Arbeit bevor, weil bei diesen Baumustern auch noch eine mütterliche automatische Selbstverriegelung zu überwinden war. Die schnellen Bräute von damals aber trugen ausschließlich Druckknöpfe, und die ganz besonders Rasanten Seidenschleifchen mit überlangen Enden zum Aufziehen, damit sich der Freiersmann etwas leichter tat.

Auch konnte so ein Gigolo unschwer beim Ringelpitz jedesmal feststellen, wie es um die »doppelten Lottchen« seiner Auserwählten selbst bestellt war, indem er die Stränge der Verschnürung überprüfte. Denn auch in jenen grauen Vorzeiten gab es Auberginen, süße Williamsbirnen und andere Früchte der Freude zu ernten, die dann manchmal sogar in neckischen, selbstgestrickten Häkeltütchen serviert wurden. Bei mancher molligen Maid wiederum hatten die zwei »guten Kameraden« auch die Frechheit von Max und Moritz erreicht und waren so keck und pausbäckig, daß für sie als sicherer Aufbewahrungsort an sich nur ein paar

Stahlhelme in Frage gekommen wären. Jene »ständigen Begleiter« jedoch, wie man sie heutzutage häufig antrifft und die kaum größer sind, wie wenn eine Maus eine Faust macht, kamen früher recht selten vor. Vielleicht, weil es ja auch noch keine Haftschalen gab, die als einzige Behältnisse dafür gepaßt hätten.
Erst nach der Erfindung des Nylons und der anderen Engelshaarfasern schlug den schönen Frauen endlich die Spezialstunde hinsichtlich ihrer Verpackungswünsche. Und die Industrie stürzte sich sofort mit Wucht und Wonne auf das brachliegende, sich überall willig anbietende Gelände. Jetzt kam die Zeit, in der die gesamten Dessous einer Frau nicht mehr viel größer sein durften wie eine 30-Pfennig-Briefmarke. Und auch nicht recht viel schwerer. Denn allmählich wurde es auch dem Dümmsten klar, daß eine hübsche Frau doch nur deshalb eine hübsche Unterwäsche anzieht, damit sie dieselbe auch wieder ausziehen kann. Am liebsten aber wohl nicht bei der Mutter, sondern doch lieber bei den Männern. Sonst hätte sie doch gleich in Sack und Asche gehen können. Und was wohl auch nicht ganz ohne Absicht geschah, das war der Einbau raffiniert einfacher Verschlüsse. So daß heute auch der simpelste Waldbauernbub nur auf eine der genormten Tasten zu drücken braucht – und schon hat er seine Emma pur.
Allerdings: billig sind sie nicht, diese Shorties, diese geblümten Slips und Miederhöschen und all diese rüscherlrauschenden Requisiten. Unter 20 Mark ist kaum so eine Fruchtkaltschale aus gewebtem Morgennebel zu kriegen. Und da ist dann noch gar nichts drinnen!
Was den Sportfreund jedoch vielleicht in letzter Zeit etwas verdrossen haben mag, das ist das Überhandnehmen der zweifellos recht praktischen Strumpfhöschen bei den leckeren Lolitas. Denn rasch merkt der Interessent da bei einer eingehenden Geländeerkundung, daß hier jenes kleine Stückchen Niemandsland fehlt, der schmale erotische Gazastreifen, der doch die Gegend eigentlich erst spannend und interessant macht. Schade, doch vielleicht läßt sich so ein Breitengrad bei den zukünftigen Ausführungen noch irgendwie einbauen.

Im großen und ganzen stellt also ein Wanderer durch die Petticoats, jene mehrschichtigen Blätterteigunterröcke, die leider so schnell wieder verschwunden sind, schmunzelnd fest, daß die Mädchen von heute keine unüberwindlichen Hindernisse mehr vor den dunklen Stellen des Garten Eden aufgebaut haben. Und daß es eines Leitfadens zur Beseitigung der letzten Nylonbarrikaden kaum noch bedarf. Jedoch ist immerhin einige Vorsicht im Umgang mit den Sexwimpelchen geboten. Manche der Schönheiten haben nämlich die tückische Angewohnheit, irgendeinen Teil ihrer Ausrüstung unter fremden Kopfkissen zurückzulassen: »Als wär's ein Stück von ihr.« Auch soll es schon vorgekommen sein, daß eine brave Ehefrau plötzlich im Auto ihres Mannes so ein vergessenes Fähnchen der Waagrechten vorfand. Wobei der Mann nachher die größten Schwierigkeiten hatte, ihr zu erklären, daß das nur vom Tankwart stammen konnte.

Wenn Sie mich aber nun abschließend fragen sollten, was wohl das kostbarste Negligé einer Frau überhaupt sei, so würde ich sofort antworten: »Das ist immer noch die junge Haut eines achtzehnjährigen Mädchens selber.«

Nur – es frägt mich leider niemand mehr.

Neben den hauchzarten Riesenkugeln steht noch ein Körberl mit dem Christbaumschmuck aus der Großmutterzeit. Da kramt ein Lodenmantelweiberl drin herum wie in ihrer Vergangenheit. Ein gläsernes Schifflein mit einer Watterauchwolke, glitzernde Zauberschlösser, kleine silberne Trompeten und die seltsamen goldenen Weihnachtsvögel mit ihren starrhaarigen Pinselschweifen. Oder die leise aneinander gicksenden Prinzessinnenketten, der getupfte Fliegenschwammerl, der Heinzelmann mit der geschulterten Axt und die Aschenbrödel-Schuhe. »Ruckediguck«, hätte die Frau beinahe gesagt. Doch da kommen zwei kaltnäsige Buben und fragen den gutmütig blickenden Schatzwächter: »Sie, bittscheen, deaf ma a bisserl neischaugn?« Sie meinen in die roten und blauen Märchenkugeln, wo man dann ein Gesicht kriegt wie in den Lachspiegeln. »Aba schneids koane soichan Gfriesa net, sonst kriangs an Schprung«, sagt der Mann.
Weiter vorn dudelt ein altes Grammophon in die Dezemberluft. Lange kramt ein rüstiger Pensionist in den Platten und liest die Aufschriften. »Wissn S', Freilein, mia is de Lieblingsplatt'n von meina Frau nuntagfoin – und 's Christkindl sois ihr hoid wiedabringa. Vorn drauf war ›Des Negers Traum‹ und hint'n der ›Japanische Laternentanz‹.« Das junge Fräulein kennt aber diese Weisen nimmer. Da will 's ihr der Kunde vorpfeifen. Aber nix kommt 'raus aus den gespitzten Lippen. »Wiss'n S' wos, i kimm späta nomoi, wenn's mi nimma so ins Mei friert«, sagt der Musikfreund.
»Ja so a Freid – jetzt kemma d'Leit!« Der Mann am Rost klappert mit seiner großen Schere, mit der er die duftenden braunen Fingerlinge am Wickel faßt. Zum kleinen Bruder aber sagt der Gustl: »Da gehst jetzt ganz nah hin zu dem und sogst recht laut: ›Es ist ein Roß entsprungen!‹« Der Jüngere tut's. Und mit der hölzernen Gurkenzange faßt ihn der Würstl-Chef dafür ganz vorsichtig am Ohr. Und lacht nicht schlecht. Aber dann gibt er ihm sogar eine

aufgesprungene Bratwurst und sagt noch: »Aba laß dein zahnadn Freind net beiß'n, du Saubiawal, du frechs!«
Am schönsten aber ist und bleibt der Kripperlmarkt. Die Hirten und Lämmer, die Esel, Nashörner, Tiger, Ochsen, Elefanten und die Heilige Familie. »Sie, bittscheen, ham S' a Nilpferd, des wo nach rechts schaugt?« fragt ein winziger Interessent mit angewärmtem Sparkassen-Inhalt in der Faust. Um einen leichtbeschädigten König Melchior entsteht ein zäher Handel. Und ganz blank poliert ist das Geländer um das große Panorama von Bethlehem, das am Eingang aufgebaut ist. Und vor dem Wunder dieser Nacht beugt sich der geschnitzte Bauer und der Holzknecht, der Jäger, der Weise und der König im Scharlachkleid. Und verlegen auch der hastende Großstädter.
Plötzlich erstarrt das Werbegeschrei vom Flaschldoktor. Die Spieluhren verklimpern und die mechanischen Affen stellen erstaunt ihr Tschinellen-Klappern ein. Der große städtische Nikolaus hat die Tannenkanzel erklommen. Und schaut herab auf die glitzernde Welt. Die ganz Kleinen werden hochgehoben und erschauern im sicheren Ellenbogen-Sperrsitz vor dem himmlischen Herold. »O du fröhliche« tönt es aus den Verkündigungs-Trichtern der Blasmusik bis zum Alten Peter hinüber. Zwei Mädchen mit dünnen Blechstimmen singen mit. »Likolaus!« rufen ein paar aus der hinteren Reihe der Buzelware und verstummen in jähem Entsetzen, wie der Mächtige zu ihnen hinschaut. Der gebeugte Mann mit dem Buben an der Hand steht da und horcht. Bis der Kleine immer wieder benzt: »Opa, jetzt kim doch amoi, 's is ja scho lang aus!« – »Jetzt so a dumma Opa, goi«, sagt da der verträumte Greis lächelnd und kauft zwei mürbe Lebkuchen. Den einen kriegt sein Tonerl. Den andern bröselt er selber heimlich aus der Tasche. Nun sind sie ganz gleich alt. Der greise Mann und das Kind.

Immer wieder liest und hört man, daß tollkühne Burschen einen Achttausender bezwungen haben. Oder in verschworener Seilschaft eine schroffe Nordwand bestürmten.
Die meisten dieser Einzelgänger oder Expeditionen werden dabei in ihrem waghalsigen Vorhaben von der einschlägigen Bekleidungs- oder Ausrüstungsindustrie unterstützt. Für diese Hilfeleistungen haben die stolzen Eroberer fast nichts zu tun. Als höchstens in ihren Berichten ein paar unauffällige Hinweise auf den betreffenden Markenartikel einzuschmuggeln. Wenn aber nun einmal vielleicht ein routinierter Werbefachmann so einen Report verfassen würde, sähe die Bezwingung des trutzigen Bergriesen etwa so aus:
Nach einer mückenfreien Nacht, ermöglicht durch »Pitsch-Patsch«-Mückenschreck, beschloß der berühmte Gipfelstürmer, den trotzigen Riesen auf zwiegenähten Markenschuhen »Laschenfix« anzugehen. Weithin duftete der weiße Hals des ansonsten nußölbraunen Berghelden, denn er hatte zum Waschen keine andere als die köstliche Eselmilchseife »Schlitzohr« verwendet. Ja, die riecht! Dann setzte sich der Bergführer Sepp Innenrist die kristallklare Zweistärkenbrille Marke »Blinselstein« auf, wodurch der Gipfel zum Greifen nahe rückte. Und er sagte: »Sind's die Augen, geh zu Schweppermann!« Gute Freunde brachten dem Scheidenden noch einen warmen Pullover, den er jedoch schroff abwies, weil er nicht von der Firma »Buckelweiß« war (nur echt mit sterbender Motte).
Blütenweiß, als wäre sie in dem nagelneuen Schaumbad »Wischi-Waschi« geschwenkt worden, dehnte sich die Schneedecke vor Sepp Innenrist, der sich ebenfalls ein paarmal wohlig dehnte, denn er hatte ja heute auf der Schaumgummimatratze »Knarzmaster« geschlummert und dadurch ein völlig neues Schlafgefühl erhalten. Dann warf er einen prüfenden Blick auf das Zifferblatt und die Uhr selbst aus Jux an die Nordwand des steilabfallenden Achttausender. Das konnte er sich aber nur leisten, weil es eine »Peng-

Uhr« war, »naturliebend, stadtkundig und diebessicher«. Die ging immer gut. Genauso gut wie der Sepp selbst, dessen Zehen reichlich mit dem Hühneraugenmittel »Adjö« getränkt waren.
Beim Lager XIV angekommen, nahm der wagemutige Alpinist einen kräftigen Schluck »Jonas Walfischsaft«, nicht ohne nachdenklich das Etikett zu lesen, auf welchem der berühmte Wahlspruch stand: »Die Liebe ist ein holder Wahn – nimm lieber ›Jonas‹ Lebertran!« Anschließend aß er drei Dippeltabletten »Matschi Matschi« (macht Matte munter) und warf sofort einen kleinen Taschenanker aus, damit ihn der durch das Wundermittel verursachte Höhendrang nicht wegriß. Nachdem er seinen Gletscherschnupfen durch die Verwendung der Patenttaschentücher »Avanti« gebannt hatte, schritt er frohen Mutes auf eine donnernde Lawine zu. Seine Hinterbliebenen hätten leicht lachen können: Der Sepp war ja bei der Versicherungsgesellschaft »Schräger Hieb« (gegründet 1208) versichert.
Unterwegs begegnete er einem der sagenhaften Schneemenschen. Er sah sofort, daß auch jener »Die gute Ranzeline« als Brotaufstrich bevorzugte und sagte »Guten Tag, Gevatter, wohin des Wegs?« – »Natürlich zum Sommerschlußverkauf bei der Firma Kraus – das zahlt sich aus«, antwortete der Schneemensch. Und er fügte hinzu: »Ja, mein Lieber, ich bin im Bild, ich lese täglich die Nachrichten!« Die beiden rauchten schnell noch gemeinsam die beste Zigarette ihres Lebens und verabschiedeten sich mit den Worten: »Aus gutem Grund ist Sisal rund.«
Gegen Abend endlich spielte der Gipfelwind mit den Locken des Sepp, was er niemals hätte tun können, wenn dieser nicht schon in frühester Jugend »Trallala« benutzt hätte, »das Haarwasser mit Skalponium hoch drei«. Voll stolzer Siegesfreude stieß Bergführer Sepp Innenrist ein dreifaches »Kukorill« aus (gemeint ist natürlich das weltbekannte Mundwasser). Da sah er zu seinem Schrecken, daß auch schon ein anderer auf dem Berggipfel saß. »Ja«, sagt er zum Sepp, »auch du wärest eher angekommen, hättest du eine HAW-Maschine genommen. Die Fluglinie ›Himmel-A-und-Wolkenbruch‹ ist halt immer als erste da!«

93 | Spare in der Not

Unser Kalender hat bekanntlich dreihundertfünfundsechzig Tage. Doch neben den sieben Wochentagen gibt es auch noch eine Unzahl von Sonder- und Extratagen. Zum Beispiel Geburts- und Namenstage, Hundstage, Feiertage, blaue Montage, Schalttage, den Tag des Baumes, der offenen Tür, des Buches sowie den Tag der deutschen Frischmilch oder den Weltspartag. Und aus diesem Anlaß werden überall mehr oder weniger tiefschürfende Betrachtungen über das Sparen, seinen Sinn, Zweck und Wert angestellt. »Wer hat das Sparen erfunden?« Niemand weiß es genau. »War es der Russe Sparanowitsch, die deutsche Tante Emma oder das Eichkatzl?« Im Lexikon steht auch nur: »Sparen – Einlegen von Geldern, die dem unmittelbaren Verbrauch vorenthalten werden.« Das Sparen wird dem deutschen Kleinkind schon gleich nach dem »A-a« beigebracht. Es erhält zu diesem Behufe eine Sparbüchse. Diese besteht vielleicht aus einem kleinen Hexenhäuschen, das neben dem Kamin eine Einwurfluke hat. Auch kleinere Tresors in Form von Papiermaché-Äpfeln und -Birnen oder winzigen Musikboxen, die beim Versenken eines Geldstückes die erzieherische Weise »Üb immer Treu und Redlichkeit« spielen, sind im Umlauf. Hauptsächlich und in allen Ländern der Welt aber gilt das geschlitzte Sparschwein oder die Pfennigsau als das Wappentier der Rücklage und des heimlichen Wohlstandes. Warum, hat nie ein lebender Mensch ergründet. Möglicherweise, weil dieses Rüsseltier auch die miserabelste Währung frißt.

Die Sparmotive sind grundverschieden. Man kann für Weihnachten, eine Reise nach Trinidad, einen Selbstbinder, seine Enkelkinder, einen Rasenmäher, einen Skikurs oder einen Tauchsieder sparen. Auch das Sparen ohne besonderes Ziel wird in vielen Ländern sehr gepflegt. »Es is hoid a scheens Gfui, wennst bloß neiglanga brauchst«, rechtfertigen diese Rückversicherer ihren redlichen Hamstersinn. Manchmal allerdings greifen sie dann auch kräftig ins Leere hinein. Weil garstige Diebe, eine Inflation oder ein ungetreuer Sachwalter schneller hineingelangt haben.

Es gibt Sparkassen, Sparkommissare, Sparkassenbücher. Viele Menschen sparen nach einem genau festgelegten Plan und rechnen mit Tages-, Monats-, Jahres- und Zinseszinsen. Doch die Zeit und das Schicksal stellen oft eine eigene Rechnung auf, und dann stimmt das kleine Einmaleins des Menschen nicht mehr.
»Spare in der Zeit, dann hast du in der Not«, lehrt ein alter Kalenderspruch. Und die braven Leute tun 's. Die zersorgte Hausfrau wapperlt braune Rabattmarkerl in ihr Büchlein und dreht jedes Fünferl viermal um, bevor sie es ausgibt. Der Flachlandbewohner bevorzugt noch manchmal den heereseigenen Wehrmachtssocken als Sparstrumpf und versenkt ihn unter die Ma-

tratze. Ganz besonders gewiegte Sparer konnten ihr klingendes Vermögen früher sogar über alle Währungsklippen retten, weil sie ausschließlich kupferne Indianer sammelten, denen man jetzt allerdings auch schon eiserne Seelen eingehaucht hat. Unter den achtbaren Angestellten- und Beamtengattinnen wiederum kommt häufig jener Spartyp vor, der das Geld gleichmäßig in viele Töpfe und Haferl verteilt. Insbesondere werden die Büchserl mit der Aufschrift »Nelken«, »Kümmel« und »Muskat« zum Aufbewahren zweckbestimmter Beträge verwendet. Man nennt diese Damen deshalb auch »Büchselmadamen«. Weniger sympathisch sind wiederum jene Frauen, die sich das Geld für ihren neuen Hut beispielsweise vom Mund des Mannes absparen.

»Spare in der Not, da hast du Zeit«, argumentiert der Liederliche. Er sagt auch: »Mei Schparkass is mei Bauch. Wos moant's, wos mi der scho kost hod.« Aber der Sparsamkeitssinn hat auch noch andere Verwandte, weit schlimmere. Zum Beispiel die Schotten oder den Geiz. Wenn jemand die Sparerei übertreibt, sagt man hierzulande auch: »Der schindt d'Laus um an Boig.« Von Leuten, die dieser Tugend besonders huldigen, heißt es vielleicht: »Der schpart sogar d'Soafa für sein Hois.« Oder: »Der is so kniggat, daß a sei Bruin bloß am Sonntog aufsetzt.« Auch ganze Gemeinwesen können übermäßig knauserig sein. Als Beispiel wird dann erzählt: »In Großhirneding san s' a so nodig, daß 's eahnan Schandarm an Säbe ans Gwand higmoin ham.« Den Gipfel der Sparsamkeit jedoch scheint jenes Städtchen erreicht zu haben, von dem man behauptet: »De ham sogar an Schtrick für d'Kirchaglockn gschpart. Wenn de Gebet leitn, miassn d'Ministrantn an Kirchturm schüttln ...«

»So, es brauchts no net?« meint die sonst so grundgütige Barbara Biss mit tückischem Glitzern in den Treuäugelein. Und dann fährt sie mit bösem Feldwebelfinger über die Mauer. In der Gardinenecke hinten, dort wo die Dampfheizungswärme einen dunklen Föhnstreifen an die Wand beizte. Und siehe da: Wie bei dem biblischen Menetekel steht jetzt für jeden, der einigermaßen lesen kann, deutlich dort geschrieben: »Geprüft und zu dreckig befunden.«

Und drum wird auch einstimmig bei einer einzigen Stimmenthaltung beschlossen, daß der Maler her muß. Jener weißgekleidete, Leimfarben-Lenbach, der auch gegen den Wind nach Firnis, Fensterlack und Flucht riecht.

Bevor jedoch der Meister Waschlberger persönlich erscheint, wird ausgeräumt. Weil aber dabei der Haushaltungsvorstand schon von jeher immer nur herumstand wie ein Knollenblätterpilz im Unterholz, wird er an diesem Tage schon vor dem ersten Hahnenschrei aus dem warmen Bett geholt, mit einer hastigen Wegzehrung versehen und schließlich mit sanfter Schubkraft brutal aus der Wohnung verstoßen.

Dann naht die Zugehfrau mit entschlossenen kaukasischen Hüften und einem Chruschtschewa-Kopftuch, und zu zweit hieven nun die Räumungsaktivistinnen die Kommode und Schränke trotz splitternder Nußbaumfüße hinaus auf den Gang und aufs Treppenhaus. Dort entdeckt gegen Nachmittag der freche Hausmeisterspargel Oskar, daß die Schubladen nicht ganz verschlossen sind, und stiebitzt mit unschuldsvoller Kinderstirne ein Paket Briefe, die ein rosa Band umschlingt. Mit ihnen stellt er sich dann drunten vor die Haustüre hin und spielt Postbote. Indem er jedem Vorübergehenden so eine zarte Liebesbotschaft aushändigt. Was bei den Beschenkten, die sofort zu lesen beginnen, meist ein breites Grinsen auslöst, das bald die stille Straße ganz anfüllt.

Um neun Uhr morgens, manchmal allerdings erst am dritten Tag, trifft schließlich der Schlafzimmer-Picasso selber ein und sagt das einzige folgenschwere Wörtchen »So«. Bedächtig greift er alsdann zur Morgenzeitung und macht sich ausgerechnet aus der Romanbeilage einen großen Kinderhelm, den er aufsetzt. Nun könnte die brave Hausfrau ihr geliebtes Fortsetzungsdrama »Der Eierdieb von Moosrain« nur noch lesen, wenn sie um den Ockeronkel herumliefe. Selbstverständlich ist auch der Fußboden sauber mit alten Gazetten abgedeckt. Auf diesen schreien die Sensationen längst vergangener Tage lautlos zur dunkelweißen Zimmerdecke empor: »Adenauer als Kölner Bürgermeister abgelöst« heißt es darauf. Und »Selbstmord der Marilyn Monroe«. Aber auch: »Mann beißt Hund« oder »Betty, wenn's um die Wurst geht«.

Nachdem noch mindestens drei Brotzeitstützpunkte auf dem Fensterbrett, dem völlig überflüssigen Kachelofen und dem dunklen Vorplatz errichtet wurden, macht der Meister mit gnädigem Seufzer die erste Bierflasche auf und der Gehilfe die ersten Spreizschritte mit der Staffelei. Als er dann in dem finsteren Vorhangwinkel die große Spinnenwebe entdeckt und sie der Hausfrau höhnisch vor die wachsbleiche Nase hält, zieht sich das Bodenpersonal endgültig und geschlagen zurück.

Der Malerdreck ist in allen europäischen Ländern gefürchteter als die Isotopen. Denn er geht auch durch die allerdicksten Betonwände. Und selbst, wenn überall an den anderen Zimmertüren Filzschlappen zum Umsteigen aufgestellt sind wie vor einer mohammedanischen Moschee, hilft das gar nichts. Denn plötzlich erscheint der Dackel Bürschi auf dem Plan, die Pfoten weiß gekalkt wie der böse Wolf im Rotkäppchen, und spielt trotz eines wütend nachgeschleuderten Hausschuhs seine Rolle aus dem bekannten Film »Verwehte Spuren« bis zum Ende. Etwas später setzt er sich auch noch versehentlich in den kleinen Kübel mit Teerfarbe, die zum Verschönern des Abflußrohres gehört, und weil so was nur mehr mit reiner Tafelbutter aus dem filzigen Fell herausgeht, streicht die stark angeschlagene Mutter den edlen Talg ihrem Liebling aufs Hinterteil. Statt den Malern aufs Brot.

Der restliche Tag bringt selbstverständlich noch manche köstliche Überraschung. Bis dann am späten Nachmittag die zwei überglücklichen, aber von zahllosen weißen Sommersprossen bedeckten Gesichter der beiden Hilfspartisaninnen zum frisch gestrichenen Himmel der ewigen Werkstätte emporschauen können. Drei Flascherl mit Reservefarbe, zusammen mit einer Rechnung, die jeden Ölscheich erbleichen ließe, händigt der Meister seiner Kundschaft aus, bevor er geht und den Rest der echten Vespermortadella noch gnädig an den schlingenden Dackel verfüttert. Kurz vor Mitternacht endlich gelingt es dann dem spät heimkehrenden Wohnungsinhaber nach dem vierten Versuch, der jedesmal einen handgroßen Mörtelfladen von der zart gemusterten Wand absprengt, den Bildernagel für das Stilleben »Frieden am Traunsee« endlich einzuschlagen. Den angefallenen Mörtel steckt er schamhaft in die alte Vertikowvase mit den Strohblumen; dort ist er gut aufgehoben. Und die schandbaren Löcher selbst werden sowieso erst beim nächsten Malermalheur entdeckt. Denn die vollkommen bediente Ehefrau sieht am Tag, als der Maler kam, wirklich nichts mehr. Sie steht nämlich um diese Zeit meistens draußen auf dem Balkon, hat Herztropfen genommen und macht Atemübungen.

95 | Blick zurück

Nur noch ein paar vergilbte Kalenderblätter hängen am zerzausten Geäst des alt gewordenen Jahres. Und über Nacht fallen auch sie. Dann ist wieder einmal eins vorüber. Aus, Amen und vorbei. Gegangen mit dem Wind, wie die Dichter sagen.

Doch was wird nun aus dem abgeleerten Gestell werden? Wo kommen wohl diese vertrockneten Jahresbäume hin? Macht man vielleicht Bretter daraus, um sie der Menschheit vors Hirn zu nageln? Oder Staketen, mit denen man dann die Ewigkeit einzäunen könnte? Am Ende aber werden mit ihnen gar die Fegefeuer geheizt. Wer weiß es. Wir auf jeden Fall nicht. »Nur unser Herrgott«, sagt man hierzulande, »der wird sicher weißeln. Zwei Zimmer und die Küche.«

Der Mensch aber sitzt an einem dieser Tage wohl auch einmal allein. Und blickt zurück. Nein, nicht im Zorn. Nur im Zimmer. Blättert im Geiste noch einmal die vergangenen Tage durch. Freut sich, sinniert oder lächelt.

Es begann gar nicht verheißungsvoll, fällt einem ein. Denn ausgerechnet am Neujahrsmorgen verlor man seine ganzen Papiere. Irgendwo beim Autoaussteigen wohl. Und wie heißt doch das abgewandelte Sprichwort unserer Tage? »Geld verloren, wenig verloren. Ehre verloren, viel verloren. Papiere verloren, alles verloren.« Denn ohne Geld und Ehre kann der Mensch trotzdem zu höchsten Ämtern und Würden kommen. Er kann sogar Kanalschwimmer werden. Ohne Ehre kann man ferner mühelos eine Weltreise machen oder heiraten und begraben werden. Aber ohne Papiere nur sehr mangelhaft. Denn nicht einmal Autofahren, seiner Wehrpflicht nachkommen oder postlagernde Sendungen abholen kann man ohne Dokumente. Und wie steht's mit der Wiederbeschaffung verlustiger Papers? Nur wer die Behörden kennt, weiß da, was einer leidet.

Schön. Trotz der Misere aber nicht vergessen, dem unverwüstlichen Kanzler Geburtstags-Glückwünsche zu senden. – Leider

trotzdem im Fasching nicht allzuviel vor die Flinte gekriegt. Zwar ein scheues Reh kennengelernt, auf dem Künstlerball. Aber scheinbar Augenfehler gehabt. Denn das zarte Bambilein fraß anschließend wie ein Nilpferd. Dreimal Rouladen pikant und zwei Portionen rheinische Bohnen. Mußte wohl eine siebenköpfige Bandwurm-Familie miternähren. Nachher ging der blonde Müllschlucker auch noch stiften. Vielleicht mit einem Lebensmittelgrossisten. Oder einem Tierparkwärter. Na denn, Weidmannsheil. Aschermittwoch, Fastenzeit, Skiurlaub. Vorher noch einmal beim Chef gewesen wegen mehr Geld. Gab's aber nicht. Dafür nagelneue Kanzlerbilder in allen Büros. Beim Schneepflug am Arlberg später den rechten Kneißl verloren. Selbiger fuhr dann alleine schnellste Zeit des Jahres. Und in das wertvolle Bleiglasfenster des ortsansässigen Gütlers Schillinggier hinein. Rechnung war nicht unflott.

Na ja, und dann kam doch ganz plötzlich der Blinddarm raus. Hat man dabei wirklich der hübschen Krankenschwester in der

Halbnarkose den bekannten Witz erzählt: »Ach, Herr Lichtenstein, ach, Herr-Lich, ach herrlich, herrlich, herrlich.« Jedenfalls ganz suwaweiß ist das Gewissen nicht.
Dann war doch auch irgendwo mal der Muttertag. Kleines Kaffeeservice gekauft. Natürlich bißchen zweite Wahl. Von wegen leicht angestoßen. Aber lieb Mütterlein sieht doch nimmer so genau. Schäbig, was? Stimmt. Jedoch kein Einzelfall.
Um diese Zeit fand auch mal eine Entschlackungskur statt. Mit Knoblauchpillen. Ja, gewiß. Immerhin vierzehn Pfund abgenommen. Drei davon am Hals. Der sah dann aus wie von einem hundertjährigen Truthahn. Oder noch besser: wie der graue Gußzylinder einer Zweihunderter-Zündapp. Nachher im Rausche der Verjüngung spitze italienische Zehenquäler gekauft. Selbige jedoch nicht allzu lange getragen. Nur auf dem Heimweg. Und da die letzte Strecke in der Hand.
Mama mia. Die Urlaubszeit. Diesmal allein gefahren. Zuvor jedoch größere Diskussion gehabt mit Angelika, dem ständigen Beiwagen. Von wegen endlicher Lizenzierung des ewigen Röstkartoffel-Verhältnisses. Aber auf dem rechten Ringfinger hört man halt gar so schlecht. – In Portofino wunschgemäß eine andere kennengelernt. Und was für eine! Muß Miss Schlaraffia gewesen sein. Name Lou-Brischitt. Im Kennkartendeutsch wahrscheinlich Marie. Selbige drei Wochen auswendig gelernt. Dann wieder reumütig zurück zu Angeliken. Dem guten, braven Instrument. Schließlich spielt sich's auf ihr immer noch am besten. Hat man doch so schön im Griff. Und kennt jede Taste. Und auch jeden Ton. Den man ihr entlocken kann.
Halt mal, noch etwas. Omnibusfahrer »Vogel« gezeigt. Bei Gericht erklärt, sich nur an der Stirne gekratzt zu haben. Macht trotzdem »Fünfunddreißig achtzig«. »Ohne«, meinte der Kadi. Richtig, auch noch ein einziges Mal zwei Aktien gekauft. Rheinische Wasserkraftwerke oder so. Und natürlich prompt baden gegangen. Kunststück.
So, das wär dann auch schon alles. Sicherlich nicht sehr viel. Aber man freut sich. Oder auch nicht. Bei Durchsicht seiner Tage.

Zum ersten Male kam das Christkind um fünfzehn Uhr dreißig. Es war der Dieb Johann Jakob Sonnenglanz. Er stellte das Tonbandgerät auf den Ausgußsockel im Flügel C des Untersuchungsgefängnisses und schaltete es ein. Da ertönte das Lied »Vom Himmel hoch, da komm' ich her«, gesungen von den Regensburger Domspatzen. Und nachher schwebte die zarte Weise »Es ist ein Ros' entsprungen« durch die verlassenen Gänge. Der Untersuchungshäftling Cranach hinter der Zellentüre Nummer sechsundzwanzig dachte einen Augenblick daran, daß er in der Schule immer geglaubt hätte, ein Ros sei ein Pferd. Ein Roß. Er mußte jedoch kein bißchen lächeln über diese verwischte Erinnerung. Dann drehte der Dieb Sonnenglanz die flache Scheibe mit der braunen magnetischen Luftschlange um. Die »Stille Nacht« schmetterte an die Eisentüren. Doch zwischen den letzten beiden Liedern hörte man ganz deutlich eine Männerstimme sagen: »Abseits, Mann, der steht doch abseits.«
Das kam daher, weil das Tonbandgerät nur eine Leihgabe des Hauptwachtmeisters Spitz an die Gefängnisverwaltung war. Spitz aber nahm liebend gerne Fußballspiele auf. Und die kleine unpassende Bemerkung war scheinbar nicht gelöscht worden.
In der widerlichen graugrün gestrichenen Zelle Nummer einhundertsieben saß zu dieser Adventsstunde auch der zweiundsechzigjährige Rentner Matthias Niedlich. Nun schon die zwölfte Woche. Wie es manchmal bei erfolgreichen Kinostücken heißt. Doch eigentlich stand der U-Gefangene Niedlich die meiste Zeit. Denn er hatte schreckliches Sodbrennen. Ebenfalls schon die zwölfte Woche. Es war ungefähr so, als hätte der alte Mann die Faust von Joe Louis gegessen. So drückte ihn das. Wollte oben 'raus, stieg wieder abwärts und trieb ihm das Wasser in die kleinen, wie mit rotem Garn eingefaßten Augen.
Er hatte sein Leiden, das zweifellos von der Gefängniskost auf das trefflichste gefördert wurde, schon mehrmals dem freund-

lichen, aber völlig uninteressierten Aufseher Keil geschildert. Der antwortete nur immer: »Sodbrennen is immer noch besser wie mit'm schmutzigen Stock ins Ooche«, denn er war aus Frankfurt an der Oder. Zweimal bekam Herr Niedlich auch Tabletten. Doch die halfen genausoviel, als hätte er die Knöpfe von seinem Oberhemd geschluckt. Was übrigens der Nachbar zu seiner Linken vor acht Tagen getan hatte. Um ein bißchen ins Revier zu kommen. Doch drei Löffel Rizinus und eine Meldung wegen Sachbeschädigung bei der Gefängnisverwaltung war alles, was ihm dieses Jahrmarktskunststück eintrug.

Dies war die Schuld von Matthias Niedlich: Er hatte in der Altstadt eine kleine Wohnung und eine Rente, die vorn und hinten zu kurz war. Genau wie die zwei grauen Wolldecken, mit denen er sich jeden Abend schlafen legte. Da hatte der alte Mann also eins von seinen beiden Zimmern vermietet. An eine junge hübsche Halbdame. Weil er sich halt ganz zu Recht dachte: Eine häßliche alte Frau zahlt auch nicht mehr. Nun kam dieses Fräulein eines Tages zu ihm und sagte zu ihm mit einem etwas komischen Lächeln: »Lieber Herr Niedlich, könnte ich nicht die Sitzbadewanne, die im Gang oben auf dem Haken hängt, einmal zu leihen haben?«

Die verstorbene Frau vom Matthias hatte nämlich früher einmal ihr Fahrrad mit einem Flaschenzug auf diesem Haken hängen gehabt, so wie damals viele Fahrräder im Hause hingen. Später nahm also eine verzinkte Badewanne diesen Platz ein. »Aber natürlich, schönes Fräulein«, sagte darauf der galante Hausherr. »Sie müssen nur das Aquarium nachher auch wieder hinaufhängen.« Und das tat die junge Frau auch am nächsten Morgen prompt wieder. Doch nach acht Tagen war sie tot. Und deshalb saß er also hier. Völlig unschuldig natürlich. Wie achtundneunzig Prozent aller Inhaftierten. So meinte wenigstens er.

Die Staatsanwaltschaft jedoch sah das ganz anders. Aber das kam wohl von den verschiedenen Perspektiven, welche es auf der Welt gibt. Die Vogelperspektive beispielsweise oder die ebenso bekannte eines Frosches. In der Anklageschrift stand nämlich etwas von einer Beihilfe zu einem Verbrechen nach Paragraph 218. Demnach sei das Fräulein nämlich unter anderm auch bei einer weisen Frau gewesen und dann habe sie mit Hilfe der Sitzbadewanne, Rotwein und Nelken etwas versucht, was man nicht darf. Matthias Niedlich sollte dabei geholfen haben. Durch das Verleihen des mitschuldigen Behälters nämlich. Drum kam er in dieses freudlose Haus, von welchem die Richter glauben, sie könnten das Unrecht darin einsperren. Als ob man das überhaupt könnte. Da gäb's ja draußen auf einmal keines mehr. So ein Unsinn, sinnierte Matthias Niedlich. Nun, demnach war er vielleicht sogar schuldig. Schlecht aber war er jedenfalls nicht.

Das war auch die Meinung des Anstaltspfarrers Hochwürden Fichtinger, der als zweiter himmlischer Bote gegen sechzehn Uhr erschien und im Namen des Jesulein ein Pfund Obst, einen kleinen Christstollen und eine Tafel Schokolade brachte. Der schwarzgekleidete sanfte Geistliche brachte diese süße Botschaft des Herrn zu allen eingesperrten Dieben, Betrügern, Ehe- und Einbrechern, Raufbolden oder Wechselreitern, die seiner seelsorgerischen Betreuung unterstanden. Und er sagte dazu in warmen, wenn auch fast gleichbleibenden Worten: »Der Herr wird schon alles zum besten lenken.« Oder: »Vertraut auf ihn, denn er ist das Licht und die Wahrheit.« Zu Herrn Niedlich sagte er außerdem: »Wenn Sie einmal zu mir kommen wollen, mein Sohn. Um Ihr Gewissen zu erleichtern. Sie wissen ja, es gibt ein sogenanntes Beichtgeheimnis.« Der alte Mann hätte das auch schon ein paarmal tun wollen. Hatte es aber dann immer wieder bleiben lassen. Nicht, weil er sich schuldig fühlte, sondern weil er sich schämte. Er kannte nämlich die Formeln gar nicht mehr, die er da hersagen sollte.

Auf dem winzigen Klapptisch der Zelle lag ein hektographiertes Rundschreiben der Anstaltsleitung. Herr Niedlich las es schon zum drittenmal, während der Gefangene in der Zelle neben ihm »Die Wacht am Rhein« sang. Vorher hatte er gesungen: »Es braust ein Ruf wie Donnerhall.« Denn der Nachbar spann. Das sagte

sogar der Oberwachtmeister Keil. Er, der Nachbar, hieß Max Ungenau und war wegen Rückfallbetrug da.
Der Gefangene Ungenau hatte eine eigene Uhr in seiner Zelle. Haargenau hatte er errechnet, wie spät es ist, wenn der Schatten gewisser Zellenstäbe auf das Parkettbodenmuster fiel. Oft verglich er seine Zeit mit der, die ihm Oberwachtmeister Keil auf Befragen angab. Ging die Uhr vom Herrn Ungenau etwas nach, so sagte Herr Keil scherzhaft: »Na, Sie müssen sie natürlich auch manchmal aufziehen, Herr Ungenau.« Das tat dieser denn auch und machte nachher eine halbe Stunde lang: »Rrr...rrr...rrr...«
Auf dem Schreiben stand alles, was dieses Untersuchungsgefängnis seinen Häftlingen am Heiligen Abend zu bieten hatte. Da hieß es also: »Nach Paragraph 39 der Untersuchungshaftvollzugsverordnung ist dem Untersuchungsgefangenen der Empfang von Paketen nicht gestattet«. Der Anstaltsleiter kann jedoch hiervon eine Ausnahme machen. So eine Ausnahme sei Weihnachten. Der U-Gefangene dürfe sich demnach ein Paket im Gewicht bis zu drei Kilogramm schicken lassen. Darin dürften enthalten sein: entweder hundert Zigaretten oder vierzig Stumpen oder zwei Päckchen Tabak zu je fünfzig Gramm. Nicht enthalten dürfe das Paket: alkoholische Getränke, Tuben, Dosen oder Büchsen. Ferner würden zum Fest der Nächstenliebe noch geboten: zwischen 13 und 14 Uhr eine Weihnachtsfeier mit der Ansprache eines höheren Geistlichen und einem Weihnachtsspiel der Gefangenen.
Am ersten Feiertag dürften die Häftlinge, hieß es weiter, eine halbe Stunde länger liegen bleiben und erhielten morgens Milchkaffee mit einer großen weißen Semmel. Mittags gäb's Lauchsuppe, 150 Gramm Schweinebraten, Semmelknödel und rote Bete. Abends Brot, Wurst und Margarine. Der Spaziergang im Hof sei gleichbleibend wie an allen anderen Tagen auch, nämlich eine Stunde. Selbstverpflegung für Untersuchungshäftlinge sei zwar sonst möglich und erlaubt, aber in dieser Anstalt aus organisatorischen Gründen augenblicklich leider nicht möglich. Als ganz besondere Vergünstigung würden im Haus mehrere Tannenbäume

aufgestellt. Und die Insassen dürften sich in ihren Zellen kleine Tannenzweigchen aufstellen. So einen Zweig hielt sich auch der Matthias Niedlich gerade unter seine Nase. Er würde ihn später vielleicht ein wenig anzünden. Was zwar verboten war, aber sicherlich sehr gut roch.

Dann kam der letzte Weihnachtsbote an diesem Tage. Der Essenträger Grabaunkerl. Er schob den berüchtigten Blechnapf herein, der nach Ansicht der Gefangenen genauso blind war wie die Göttin der Gerechtigkeit auch. Drinnen war gewöhnlich jenes Süppchen, das sich die Häftlinge nach Ansicht der Gerichtsherren selbst eingebrockt hatten. Heute jedoch war Reisbrei mit Apfelmus drin. Und der Grabaunkerl gab auch noch unaufgefordert ein lautes »Guten Appetit« dazu. Ein seltsamer Heini, dachte der Matthias. Denn der Grabaunkerl trug einen übriggebliebenen Hinrichtungsanzug aus allerbilligstem Filzstoff. Und niemand, nicht einmal der Familienminister, wußte, wie er wirklich hieß. Sie griffen ihn immer wieder unter den Brücken auf. Ohne jedes Dokument. Beim Verhör gab er dann irgendeinen komischen Namen an. »Nadelbiß« oder »Lebenicht«. Oder aber »Grabaunkerl«. Und er lachte dabei und dachte sich gewiß: »Wie froh bin ich, daß niemand weiß, daß ich Rumpelstilzchen heiß'.«

Irgendwie erinnerte er an jene hölzernen Knochen, welche man den Hunden zum Spielen gibt. Zerbissen und zerschunden. Als ob ihn das Leben schon hundertmal weggeworfen hätte. Aber das Schicksal brachte ihn dann immer wieder zurück und wollte wohl auch noch gelobt werden dafür. Zuletzt hatte dieser Wanderer zwischen den Paragraphen zehn Monate abgerissen. Dann war er an einem grauen Tag um elf Uhr früh entlassen worden. Um zwölf Uhr hatten sie ihn schon wieder, um ein Uhr war er mit strahlendem Lächeln bereits wieder eingetrudelt. Einen Zigarettenautomaten hatte er aufgeknipst. Doch als er die geklaute Packung herausgekitzelt hatte, schnappte der Schuber zurück und zwickte den Ärmel seines Sakkos mit ein. Da brauchte ihn die Polizei nur mehr wegzupfen, und der alte Penner sagte grinsend dazu: »Es geht halt nirgends so zu wie auf der Welt.«

Dann war es sechzehn Uhr fünfzehn. Herr Keil war gegangen. Die Dunkelheit fiel wie schmutzige Wäsche über das riesige Haus und die Gefangenen. Und dann geschah es, daß Gott sie allmählich vergaß. Die elfhundertzweiundzwanzig Insassen der grindigen, tausendmal verfluchten Besserungsfabrik.
An der Decke der Zelle einhundertsieben hing wie an allen Decken eine Lampe mit einer widerwillig gelben Glühbirne, die an ein böses altes Furunkel erinnert. Matthias Niedlich fiel bei ihrem Anblick fast jedesmal ein, was ihm der Gefängnisfriseur, als er zum erstenmal rasiert wurde, unaufgefordert geraten hatte. »Heast«, sagte dieser Gefühlsmensch aus Wien, »wann's de eppa krageln wuist, nimmst ned vielleicht den Aschenbecher, wo am Tisch steht und aus oide Konservenbüchs'n is. Bein Buisadern-aufschneid'n is des nämlich a elendige Schinderei. Haust liaba d'Lamp'n 'runter, des gibt ganz scharfe dünne Splitter. Und dann, bittschön, der Länge nach aufschneiden. Da gibt's koa Zuanäh'n nimma, vastehst. Nümals mehr, vastehst.«
Was man doch mit der Zeit alles anfangen kann, dachte der Matthias. Zerhacken, aufteilen, fressen und totschlagen. So sagte man wenigstens. Nur aufsparen konnte man sie nicht. Sonst hätte er die hier völlig unnütz verbrachte Zeit auf die Sparkasse getragen. Und später einfach wieder abgeholt. Am liebsten aber hätte er sie verschlafen. Doch gerade das konnte er nicht. Er hatte jetzt eine ganz besonders schreckliche Angst vor der Heiligen Nacht. Etwas später dachte er dann daran, wie das einst als Kind war. Dieses Erinnern hatte sich der Untersuchungsgefangene Niedlich eigens bis zum späten Abend aufgehoben. Das war sein Geschenk, das er dem unglücklichen alten Mann in der totenstillen Zelle schenken wollte, der sich nun auf die karierte Pritsche legte. Alles fiel ihm wieder ein. Wie das war an dem Tag, als das Christkind kam. Da kam sein Vater schon ganz früh an sein Bett und zeichnete mit dem Finger einen schwebenden Engel an die Wand, an der Matthias schlief. Sein Vater war ein sehr guter Zeichner. Und die Wand war die Brandmauer einer fünfstöckigen Mietskaserne. Drum war sie im Winter so kalt, daß sich an ihrer Innen-

seite stets eine Rauhreifschicht bildete, auf der dann mit Hilfe seines Vaters der schwebende himmlische Bote erschien.
Vormittags mußte der junge Niedlich dann noch viele Besorgungen für die Mutter machen. Ein Stück rotes Band vielleicht beim Buchbinder Speyer holen. Kohlen und Holz aus dem Keller schleppen. Und mittags rasierte sich der Vater so lange und so fest, daß er an den Kiefern rosig wurde wie der Weihnachtskarpfen unter den Kiemen. Sein Sohn hielt ihm dabei den Spiegel vors Gesicht. So brav war er damals.
Später zog dann die Schwester vom Matthias dem Schnauzer Schufti eine alte Strickweste an und band ihm auch eine Serviette um. Damit wurde der gute Hund in den Puppenwagen gepreßt und mußte artig auf das Christkind warten.
Abends setzte die Mama einen Topf mit Brotsuppe auf den warmen Ofen und schnitt auch reichlich Wurst hinein. Der Vater nahm Walnüsse, tauchte sie in altes Bier und nahm dann damit ein hauchdünnes Goldblättchen auf. Mit einem Wattebauschen betupfte er dann vorsichtig die Nüsse, so daß sie bald aus eitel Gold waren. Schließlich verschwand die Mutter im dunklen Nebenzimmer. Der Vater ging hinterher. Vorher aber hieß es, die Kinder müßten nun die Augen ganz fest zumachen, weil das Christkind durch die Küche ginge und den Glanz von ihm könnte kein menschliches Auge vertragen. Heraus wiederum käme das Christkind durch das Schlüsselloch und deshalb dürften sie auch auf keinen Fall durch diese Öffnung hineinschauen, sonst flöge ihnen der Engel womöglich gleich gar ins Auge, wo er doch auch noch zu den vielen anderen Kindern müßte.
Dann endlich ertönte des Papas alte Fahrradglocke, und dann standen sie alle staunend um die reich geschmückte Palme vom Stadtwald herum und konnten das frisch gestrichene heißgeliebte Schaukelpferd und die Puppe Heidi, welche der Weihnachtsmann schon vor Wochen einmal geholt und völlig neu eingekleidet hatte, in die kurzen Arme schließen. Und die Eltern, in deren Augen es leise glitzerte, standen auch herum, und die Oma putzte sich sogar ein paarmal die gute alte Nase.

Das war so schön so manches liebe Jahr. Bis der Matthias dann größer wurde und an einem längst vergangenen Weihnachtsfest einmal weiches Brot in das Schlüsselloch des dunklen Zimmers hineindrückte. Denn er wollte das himmlische Wunderkind ganz einfach und schlicht fangen. Damit er es dann immer für sich haben würde. Aber als er dann wieder einmal im Zimmer stand, da war der Bescherungsbote nirgends zu sehen. Der Matthias untersuchte sofort das Schlüsselloch. Das Brot war noch drin. Da wußte er alles. Und für einen zehnjährigen Jungen ertranken in den aufsteigenden Tränen die Lichter des heiligen Weihnachtsbaumes für immer.
Bewegungslos lag nun der alte Mann in der einsamen Zelle. Und wurde durch das schrille Hämmern der Gefängnisglocke geweckt. Es war Weihnachtsmorgen sieben Uhr früh. Der Untersuchungshäftling Matthias Niedlich hatte nahezu vierzehn Stunden geschlafen. Also war das Christkind doch noch einmal zu ihm gekommen. Irgend jemand da oben mochte ihn vielleicht noch.

97 | Wie angelt man sich einen kanadischen Minister?

Von Zeit zu Zeit geht ein verlegenes Räuspern und Raunen durch verschiedene demokratische Parlamente, nur gelegentlich unterbrochen durch das dezente Geräusch, das vom Einrasten heimlich geschlossener Hosenknöpfe verursacht wird. Dann meldet sich plötzlich eine größere Anzahl von Volksvertretern krank, während ein anderer Teil im Sauseschritt zum guten Onkel Doktor läuft, um sich vorsorglich jenes Dokument zu holen, auf dem amtsärztlich beglaubigt ist, daß bei dem betreffenden Inhaber schon seit längerer Zeit Ladenschluß herrscht.

Schuld daran ist nur die böse Opposition, die wieder einmal herausbekommen hat, daß ein gesunder Parlamentarier nicht bei der Gürtellinie endet, sondern auch noch irgendeinen illegalen Feierabendsport betrieben hat.

Bisher war es allerdings meist nur ausländischen Freizeitgestalterinnen vorbehalten, die Beine verschiedener Politiker zusammen mit den Füßen ihrer Parlamentssessel ins Wackeln zu bringen. Nun aber ist es endlich auch einmal einer deutschen Frau gelungen, in diesen Kampf auf höchster Blinddarmebene einzugreifen. Und es war wohl allerhöchste Zeit. Der Name dieser Dame ist Gerda Munsinger. Selbstverständlich hat auch sie ihre Ein- und Ausdrücke zum fünffachen Zeilentarif an eine große Illustrierte verkauft. Unter dem bewährten germanischen Motto: »Tue recht und schone niemand«.

Diesmal war es die kanadische Regierung, die das große Zittern befiel. Am Tag, als die Zeitung kam. Gerda Munsinger jedoch hält sich inzwischen in einem vor Reportern sicheren Versteck verborgen. Nur unserem Reporter hat sie auf Grund einer flüchtigen Bekanntschaft gnädig ein Interview gewährt. Gewitzt durch die stark gehobenen Kurse für delikate Steppdeckenstories fragten wir sie vorsichtshalber, was es denn bei ihr wohl kosten würde. Woraus sie aber in ihrer bekannt schüchternen, ja fast schamhaften Art erwiderte: »Bei Ihnen tue ich es umsonst.«

Reporter: »Tragen die Männer in Kanada Hosenträger oder Gürtel?«
Munsinger: »Kein Kommentar.«
Reporter: »Frau Munsinger, man erzählt sich von Ihnen, Sie hätten von östlichen Auftraggebern schnödes Geld für Spionageaufträge bekommen. Sagen Sie uns bitte, wer in der Ostzone augenblicklich regiert. Grothewohl, Karl Marx oder Wilhelm Pieck?«
Munsinger: »Der Karl Marx natürlich.«
Reporter: »Was war denn Ihrer Meinung nach Mata Hari: eine Teesorte, eine Fischart oder ein Hautpflegemittel?«
Munsinger: »Eine Creme wohl.«
Reporter: »Sie haben doch einige kanadische Minister kennengelernt. Wie angelt man sich einen solchen, und was für Gefühle hat man dabei?«
Munsinger: »Die Kanadier sind so einfach zu angeln wie die Lachse dort. Ich habe einen Minister kennengelernt, den ich während der Party, auf der ich war, immer als Zahnpastavertreter angesehen habe. Als ich dann erfuhr, er sei ein Kabinettsmitglied, ging mir das ganz schön unter die Wäsche.«
Reporter: »Erzählen die verheirateten kanadischen Liebhaber auch, daß sie mit ihrer eigenen Frau so unglücklich sind, daß sie nur noch ein kameradschaftliches Verhältnis haben, aber aus Mitleid bei ihr bleiben würden, bis die Kinder so groß sind?«
Munsinger: »Ganz genau das, das letztere, sagen sie.«
Reporter: »Wenn die deutschen Männer nach Tornister riechen, die Franzosen nach Bett und die Österreicher nach Trinkgeld – wonach riechen Ihrer Erfahrung nach dann die Kanadier?«
Munsinger: »Nach Lebertran.«
Reporter: »Was halten Sie von den kanadischen Frauen überhaupt: sind sie sexy, charmant, gut angezogen oder ernste Rivalinnen für ein deutsches Mädchen mit lustiger Unterwäsche?«
Munsinger: »Jedes deutsche Durchschnittsmädchen wäre drüben sichere Siegerin. Denn die kanadischen Girls sind plump wie die Zottelbären, phantasielos wie Holzfäller und so kalt wie der Schnee im Dezember.«

Reporter: »An was denkt eine Frau wie Sie, wenn sie mit einem Mann beisammen ist, den sie nicht liebt, aber aus anderen Motiven gewähren läßt: an die Uhrzeit, an den schwarzen Tankstellenwart von der Ecke oder an die deutsche Wiedervereinigung?«
Munsinger: »Ich glaube, ich hatte bloß immer Angst, daß das Telephon läuten würde, dann wäre das ganze Larifari noch einmal von vorne angegangen.«
Reporter: »Man hat in letzter Zeit viele delikate Bilder von Ihnen gesehen. Hatten Sie denn da keine Bedenken, daß Sie sich bei Ihrer leichten Unterkleidung vielleicht Halsweh holen könnten?«
Munsinger: »Aber wo. Ich hatte ja immer noch etwas an. Nämlich meine Hemmungen.«
Reporter: »Gab es einen Kosenamen für Sie in Kanada?«
Munsinger: »Ja, meine Freunde nannten mich Schneeball.«
Reporter: »Aha, deshalb auch die Lawine, die Sie jetzt ausgelöst haben. Übrigens: Wenn jede Frau ihren Preis hat, was meinen Sie wohl, wie hoch der Ihre ist?«
Munsinger: »Ich bin unbezahlbar.«
Reporter: »Haben Sie schon einmal ein Wortspiel aus Kanada gemacht?«
Munsinger: »Aber ja, woher wissen Sie denn das? Ich habe mir manchmal bei den Mannsbildern gedacht: ›Kann er dort, dann kan a da auch.‹«
Reporter: »Waren Ihre Liebhaber vor oder nach den Parlamentssitzungen zärtlicher?«
Munsinger: »Vorher. Nachher waren sie immer vollkommen erledigt und nichts mehr wert.«
Reporter: »Wen halten Sie für die bedeutendste Frau der Weltgeschichte: die Pompadour, Lise Meitner oder Wilma Rudolph?«
Munsinger: »Die Bavaria in München.«
Reporter: »Der wievielte Stern im amerikanischen Sternenbanner wurde für Kanada eingesetzt?«
Munsinger: »Wollen Sie mich auf den Arm nehmen? Gar keiner!«
Reporter: »Was hat Ihnen in Kanada am besten gefallen: die Liebe, das Eishockey oder die unendliche Weite?«

Munsinger: »Die Nerze und die Rückfahrkarte nach Deutschland.«
Reporter: »Was haben Sie sich als erstes von dem Honorar für Ihre letzte Vergangenheit gekauft?«
Munsinger: »Schlaftabletten.«
Reporter: »Frau Munsinger, Sie halten sich ja noch immer versteckt. Wie ist denn so ein Versteckspiel?«
Munsinger: »Langweilig. Männer sind schöner.«
Reporter: Hat Sie schon jemand in Ihrem Exil erkannt?«
Munsinger: »Nein, in meinem ersten Versteck sagte das Dienstmädchen immer ›Guten Tag, Frau Camilla Horn‹ zu mir. Als ich aber dann auszog, sagte das ganze Personal ›Auf Wiedersehn, Frau Munsinger‹.«
Reporter: »Was würden Sie für sich selbst ausgeben, wenn Sie ein Mann wären und sich unbedingt erobern möchten?«
Munsinger: »Höchstens das Taxigeld.«
Reporter: »Glauben Sie nicht, Frau Munsinger, Sie sollten sich durch irgendeine kleine Geste dem Land gegenüber, dem Sie Ihre Wohlhabenheit zu verdanken haben, erkenntlich zeigen? Vielleicht, indem Sie in Zukunft als Limonade nur noch Canada dry trinken?«
Munsinger: »Ja, das werde ich tun.«

Die Dame Elke Sommer, geborene Schletz, verheiratete Mrs. Hyams, begann ihre berufliche Laufbahn als Dienstmädchen. Aber für diesen Job war sie wohl um drei Nummern zu schön. Man erzählt sich nämlich, daß bei ihr die Milch immer überlief, weil sie jedesmal im Topf so hoch stieg, damit sie dem blonden Aschenbrödel oben in die Bluse schauen konnte.
Heute macht das Berliner Pfarrerstöchterchen selber schon ganz schöne Wellen im eigenen kalifornischen Swimming-pool. Auf seltenen alten Magazinbildchen ist der deutsche Wonnebomber manchmal auch barfuß bis zu den Wimpern hinauf zu sehen. Und der Fachmann stellt erstaunt fest, daß damals zum Bändigen ihrer »doppelten Lottchen« zwei Haftschalen genügt hätten. Heute allerdings hat es auf der Leinwand fast den Anschein, als würden ein Paar Bundeswehrstahlhelme die rosige Pracht gerade noch fassen können.
Nun, weil ich selber auch auf die zweite Jahreszeit höre, weil die Elke Sommer bei uns in ihrem neuesten Constantin-Film »Unser Mann aus Las Vegas« zu sehen war und weil mir so was halt einfach lieber ist wie eine Blinddarmentzündung, hatte ich mit ihr eine kleine lustige Plauder-und-Frage-Stunde verabredet.
Schon auf den ersten Blick sah ich ganz klar, daß die Elke beileibe keine platinhaarige Gefriermaschine ist, sondern zweifellos ein heißer, blonder Männer-Toaster. Ferner stellte ich auch recht bald fest: Dieses Weib ist so schlagfertig wie eine Mausefalle, so sprudelnd wie ein Überkinger und so sexy wie Selleriesalat.
Mißtrauisch beäugte mich während des ganzen Gespräches ihr blitzgescheiter Mann, der mit hängenden Ohren still im Hintergrund des Zimmers saß. Etwa wie ein unsäglich trauriger Hühnerhund vor der Auslage eines Wienerwald-Grills. Und in seinen dunklen Augen war es immer ein bißchen »nachher«. Trotzdem ließ sich die zweckentfremdete Wannseeschönheit von mir bildlich und ganz fest auf den Arm nehmen. Und ich muß sagen, es

waren 108 Pfund reines Vergnügen, was ich da hielt. Jedenfalls trug ich sie wahrscheinlich viel lieber als der Johnson die Verantwortung für den Vietnam-Krieg.

Als sich allerdings bei diesem »Beidarmig-Drücken« ihr entzückender »Linksaußen« ein bißchen selbständig machte und ins Abseits geriet, pfiff Linienrichter Hyams gleich energisch ab. Und ich mußte wohl noch zufrieden sein, daß es zu keinem Strafstoß kam.

Doch hier nun das kleine Frage-und-Antwortspiel:

Frage: »Sie sind doch evangelisch, kennen Sie Ihren Einsegnungsvers noch?«

Elke: »Aber natürlich. Er hieß: ›Halte, was du hast, daß niemand deine Krone nehme.‹«

Frage: »Wohin, glauben Sie, werden Sie einmal kommen, wenn Sie gestorben sind?«

Elke: »Ins kühle Grab halt, denke ich.«

Frage: »Wie stellen Sie sich den protestantischen Himmel vor?«

Elke: »Na ja, so wie eine Jahreshauptversammlung der Gewerkschaft ›Ewige Seligkeit‹ vielleicht, aber ohne Flügel und Heiligenschein.«

Frage: »Möchten Sie sich einmal einfrieren lassen?«

Elke: »Nö, da weiß man doch nie, unter welchen Umständen man wieder aufwacht. Und die böse Konkurrenz könnte da ja auch vielleicht mittendrin den Stecker aus der Kühltruhe 'rausziehen, oder?«

Frage: »Elke Sommer, denken Sie bitte scharf nach: Trug Ihr erster Liebhaber Hosenträger oder einen Gürtel?«

Elke: »Er trug beides. Er war Pessimist und ein Deutscher dazu.«

Frage: »Wo ist es Ihrer Ansicht nach schöner – im Himmel oder im Bett?«

Elke: »Wenn Sie mich so fragen, möchte ich sagen: Nehmen wir überall die Hälfte. Im Himmelbett also.«

Frage: »Würden Sie lieber dumm sein oder alt?«

Elke: »Alt natürlich; denn das wird man ja sowieso.«

Frage: »Haben Sie irgendeinen Kosenamen?«

Elke: »Ja, in meiner Jugend nannten mich die anderen gerne Gigalfa, was wohl soviel wie Hühnchen heißen sollte.«
Frage: »Welches ist Ihr Lieblingsmärchen?«
Elke: »Warten Sie mal. Ach ja, das vom Klapperstorch natürlich.«
Frage: »Wer hat Ihrer Meinung nach bisher die besten Witze gemacht?«
Elke: »Heinrich Lübke, Karl Valentin und der Millowitsch. Der Heinrich aber zweifellos die besten.«
Frage: »Ihr Mann ist doch ein Stück älter als Sie. Man sagt, ältere Männer, die so junge, temperamentvolle Frauen haben, bekämen jedesmal Angst, wenn es dunkel wird. Wie steht's da bei Ihnen?«
Elke: »Ja, Angst schon. Aber die Angst kriege ich, nicht er.«
Frage: »Wie lange dauerte eigentlich Ihre Hochzeitsnacht?«
Elke: »Die dauert immer noch an. Wissen Sie, bei Sommers sind die Nächte lang.«
Frage: »Sie schauen sich doch gewiß auch öfter ›ganz ohne‹ im Spiegel an. Was würden Sie wohl für die Elke ausgeben, wenn Sie ein Mann wären?«
Elke: »Alles, was ich hätte. Ich würde nur ein bißchen Taxigeld zurückbehalten.«
Frage: »Sie lispeln manchmal ein klein wenig beim Sprechen. Glauben Sie, daß Ihre Zunge zu groß ist oder der Mund zu klein?«
Elke: »Na ja, da ist wohl meine Schnute zu bescheiden.«
Frage: »Hat man Sie oft mit dem Namen Sommer gehänselt?«
Elke: »Ja, ja doch, mein Mann meint manchmal, wenn wir Kinder bekämen, dann wären das Sommersprossen. Oder er hebt mich in die Höhe und sagt: ›So, jetzt haben wir Hochsommer.‹«
Frage: »Ihr Mann war früher ein Nichttänzer. Er tanzte nur manchmal und sehr kurz. Wie steht es denn jetzt?«
Elke: »Jetzt tanzt er nur noch mit mir. Und zwar pausenlos. Man könnte direkt sagen: Er tanzt nur mit der Sommer lang.«
Frage: »Finden Sie, daß die Liebe kitzelt?«
Elke: »Ach ja, ganz angenehm sogar. Aber manchmal kann sie auch brennen. Im Herzen, meine ich natürlich.«
Frage: »Warum haben Sie sich gerade den Künstlernamen Sommer

zugelegt? Zirngibl wäre doch auch recht schön gewesen.«

Elke: »Zirngibl? Nö, lieber nicht. Das schmeckt doch irgendwie nach Sauerkraut.«

Frage: »Mrs. Hyams, wer regiert eigentlich in der Ostzone? Karl Marx, Grotewohl oder Pieck?«

Elke: »Mönsch, ich bin doch nich doof. Der Mann heißt Stoph. Willy, glaube ich, vorneweg.«

Frage: »Was, glauben Sie, bringt einer schönen Frau mehr Gewinn: ein großes Hirn oder ein großes Hinterteil?«

Elke: »Ein großes Dingsbums bringt natürlich viel mehr ein.«

Frage: »Vor was hätten Sie am meisten Angst bei einem Schäferstündchen?«

Elke: »Daß der Schäfer unzufrieden von dannen schleicht.«

Frage: »Wonach riechen die Amerikaner, wenn die Deutschen nach Untertanen, die Franzosen nach Alimenten und die Briten nach dem Ärmelkanal riechen?«

Elke: »Die Amis riechen überhaupt nicht. Die riechen einfach nach null hoch drei.«

Frage: »Glauben Sie, daß ein Kopfstand einen schönen Busen macht?«

Elke: »Natürlich. Wenn er nicht zu groß ist. Sonst wird's nämlich Nacht.«

Frage: »Was würden Sie tun, wenn Sie ein Kind von einem Franzosen bekämen?«

Elke: »Ich würde es aus Rache Charles nennen, wie de Gaulle.«

Frage: »Wenn Sie einen Mann besonders gerne haben, wo würden Sie ihm am liebsten zärtlich begegnen: auf einem indischen Nagelbrett, im Mastkorb eines Segelschiffes, auf dem Eis des Rießer Sees, wenn dasselbe nur zwei Millimeter stark ist, oder in einem großen Waldameisenhaufen?«

Elke: »Nun, Nagelbrett piekt, Mastkorb macht schwindlig und Eis ist zu dünn. Da würde ich also sagen, eher noch bei den Ameisen. Allerdings sollte da der Mann ein bißchen Geduld haben. Denn ich müßte doch den kleinen Viechern vorher wenigstens die Augen verbinden.«

Frage: »Noch eine kleine Testfrage. Kann jemand ›Mein Sohn, mein Sohn, mein Sohn!‹ rufen, wenn er nicht der Vater des Kindes ist?«

Elke: »Kenn' ich schon. Die Mutter kann's auch.«

Frage: »Sagen Sie, Elke, was ist eigentlich ein Star? Ein Vogel, ein Stern oder Sie?«

Elke: »Hihihi. Ein Star wäre die Elke Sommer, wenn sie einen Vogel hätte.«

99 | Mein Weg zurück

Einst war er Oberfeldwebel der deutschen Wehrmacht. Damals, vor über 20 Jahren, stand er oben in Ostpreußen. Und er wollte zurück – heim nach München. Was er in jenen Tagen des Frühjahrs 1945 erlebte, hat er hier aufgeschrieben.

Der Schütze Erwin Fuhrmann entblößte seinen mageren Unterarm und machte eine lächerliche Faust. Dann legte er Elle und Speiche zwischen die beiden Stuhlkanten und sagte: »Hopp.« Da schlug der Gefreite Heigel mit dem Gewehrkolben zu, und die beiden Knochen knickten wie ein Regenschirm in der Hülle.

Nachmittags gegen drei Uhr erschossen sie den Selbstverstümmler. Der Furier von der Vierzehnten war zufällig in der Nähe, als sie ihn in den kleinen Wald hinüberführten und dort erst gar nicht lange umdrehen ließen, sondern schon im Gehen losballerten. Also hatte ihm der Stabsarzt die Geschichte von der Zugmaschinenkette doch nicht abgenommen. Aber gepfiffen hatte der Fuhrmann trotzdem nicht. Wäre allerdings auch ziemlich egal gewesen. Denn der Kamerad Heigel fiel schon vierundzwanzig Stunden später.

Ich mußte daran denken, was der kleine, käsige Friseur doch immer für ein seltsamer Vogel gewesen war. Damals, als er in meiner Gruppe war und wir in der Nähe von St. Avold in einem Kloster lagen, keine fünfhundert Meter von der Maginot-Linie weg. Da nahm der Fuhrmann auf einmal einen Stahlhelm, stieg auf den rotbehangenen Kirschbaum im Klostergarten und pflückte den ganzen Eisenhut voll. Weil rechts und links immer wieder Blätter und Kirschen herunterfielen, dachte ich mir schon ein paarmal: Wer wirft denn da bloß mit Steinen nach ihm? Ich war halt seinerzeit auch noch ein Greenhorn, und es knallte hinten und vorne. Sonst wäre ich sicher daraufgekommen, daß kein Mensch Steine warf, sondern die Franzosen aus ihren Bunkern nach dem seltsamen Gärtner schossen.

Am andern Tag, als wir noch immer nicht angegriffen hatten,

fand der durchgedrehte Figaro in einem leeren Haus ein Fahrrad mit Hilfsmotor, eine lange Faschingsnase und einen Zylinderhut. Nase und Zylinder setzte er auf, und dann fuhr er auf der schmalen Straße, die zwischen den Bunkern und unseren Gräben war, freundlich nach allen Seiten grüßend, hin und her. Dafür bekam er nach dem Waffenstillstand leider keinen Orden, sondern sechs Tage Geschärften. Und weil er immer solche Schwänke machte, stand auch in seinem Soldbuch dick unterstrichen: »Zu jeder Beförderung ungeeignet.« Das silberne Infanterie-Sturmabzeichen allerdings mußten sie ihm schon geben. Und jetzt, kurz vor Torschluß, Anfang März, im Kessel von Ostpreußen, hatte man ihm erzählt, Verwundete würden ausgeflogen. Und drum hatte er wohl dieses blödsinnige Ding gemacht. Nach fünf Jahren Dreck, Dörrgemüse, Läusen und Lügen. Indes auf allen Häusern und Bretterzäunen doch deutlich stand: »Landser, krallt euch in der Erde Ostpreußens fest.«

Gegen Abend wurde meine linke Hand groß wie ein Zwölf-Unzen-Handschuh. An sich war es nur ein kleiner Splitter gewesen und die daumenlange Wunde war rasch wieder zugeheilt. Doch wahrscheinlich war irgendein Dreck hineingekommen. Gras, oder vielleicht vom Handschuh ein paar Fasern. Und dann kriegte ich unter der Achsel einen Knopf, so groß wie eine Kastanie. Da machte ich mich denn auf den Weg zum Stabsarzt, der in einem nahen Erdbunker hauste.

Unterwegs mußte ich zweimal auf »Tauchstation«, weil die Ratas wieder einmal die totale Luftherrschaft besaßen, und traf im zweiten Loch, in dem ich Deckung suchte, einen alten Mann, den sie schnell noch eingezogen hatten und der mir seinen Leistenbruch zeigte. Groß wie ein Fußball. Dann war ich beim Herrn Oberarzt Koppel. Der roch nach Schnaps wie der umgefallene Lieferwagen einer Spritbrennerei und war so rot und aufgeschwemmt, daß ich mir dachte: Der hat wohl unsere ganze Marketender-Zuteilung an Steinhäger aufgesaugt. Er sah die Hand und sagte: »Abschneiden, Mann, sofort amputieren.«

Nun, zwei Monate früher hätte ich vielleicht »ja« gesagt zu so was.

Aber jetzt? Mit dem Iwan im Nacken und nur einer Pfote in Gefangenschaft? Nein, danke! Ich beschloß also die Flucht nach vorne und ging zum Feldverbandplatz, einer alten Scheune, in der es aussah wie in den Schlachthöfen von Chicago. Da war ein ganz junger Spund an der Arbeit. Weil aber kein Verbandzeug mehr da war, verpackte er die frisch Operierten in gekrepptes Toilettenpapier, das irgend jemand aufgetrieben hatte. Ich zeigte ihm meine Hand, und er meinte: »Bist von München, wa? Schöne Stadt. Wirst jetzt gleich mal so laut schreien, daß man dich dort unten hört.« Ich bot ihm einen Schluck »Samachonka« an, selbstgebraut aus altem Kommiß. Und er trank, spuckte aber das Zeug wieder aus. Dann meinte er bedauernd: »Äther is leider nich mehr, Kumpel. Jetzt kneif mal die Arschbacken zusammen.« Nun packten mich zwei Sanitäter, wie Freistilringer gebaut, und der eine drückte mir den Kopf auf eine alte Decke und meinte: »Nimm dir nur ein festes Maul voll davon.« Dann setzte sich der andere auf meinen Arm, und der Medizinmann schnitt den Riesenhandschuh auf und begann den Knochen mit einem kleinen Löffelchen zu säubern. Ich biß in den verdreckten Lumpen und brüllte durch ihn hindurch bis zu den russischen Linien hinüber.

Als ich bedient und geschient war, ging ich auf die Straße und mußte kotzen. Da kam doch so ein Kettenhund daher und sagte: »Du gottverdammter Scheißkerl, was kotzt du hier die ganze Landschaft voll?« Als er dann aber meine vier Sterne auf den Schulterklappen sah, meinte er etwas persönlicher: »Ein deutscher Oberfeldwebel kotzt doch nicht.« Ich sagte etwas Passendes zu ihm und ging.

Es war jetzt finster, aber ich wußte in der Nähe ein kleines schmukkes Häuschen, in dem ein wunderschönes Mädchen mit ihrer Mutter wohnte. Der Papa war irgend so ein NS-Bonze, und wir hatten den beiden schon damals, als man vielleicht noch über das Frische Haff flüchten konnte, gesagt: »Haut bloß ab, ihr zwei.« Doch die Kleine meinte immer: »Unser Führer und unser Paps schaffen das schon wieder.«

Als ich die dunkle Bude schließlich fand und durch die Haustür tappte, dachte ich mir: Hier riecht's aber komisch! Das Licht ging längst nicht mehr, und so knipste ich mit dem Feuerzeug ein wenig herum. Im Wohnzimmer fand ich sie schließlich. Mutter und Tochter lagen dicht umarmt und erschossen auf der Couch. Auf dem Boden lag ein Goldfasan, und sein Gesicht war an der Nase zu Ende. Ich hatte so was schon einmal gesehen. Der hatte sich wohl in den Mund geschossen. Das große Führerbild an der Wand aber hatte auch zwei Einschußstellen. Aber es blutete natürlich nicht.

Wie ich später zu meinem Haufen kam, war der schon weg. Nach Heiligenbeil sind die, sagte mir ein verdreckter Volkssturmmann: »So ein alter Gasschutzmajor, Letterbeck, glaube ich, hieß er, hat den ganzen Verein mitgenommen. Er sagt, das würde eine Alarmeinheit.« Dann zeigte mir der Alte auch noch einen Zettel, auf dem ihm eine Bäuerin ihren ganzen Hof geschenkt hatte. Vor drei Tagen. Und der Mann vom letzten Aufgebot meinte weinerlich: »Nicht eine einzige Sau habe ich abgestochen. Jetzt frißt sie der Russe. Ich Rindvieh.« Und dann schaute der alte Mann sinnend auf sein Koppel herab, das ihm viel zu weit war.

Bis Mitternacht lag ich dann in einem verlassenen Schweinekoben schön auf Stroh. Doch dann dachte ich mir: Es ist gescheiter, du machst dich auf die Fußlappen, bevor der russische Morgensegen kommt. Die Richtung nach Heiligenbeil war leicht zu finden. Man brauchte nur der Nase nachgehen. Denn am Wegrand lagen noch immer tote Gäule, umgestürzte Panjewagen, Betten, Möbel und allerhand Hausrat, von den hunderttausend Flüchtlingen, die im Winter übers Frische Haff »gemacht« hatten. Ein paarmal hörte ich die »Rollbahnhure« über mir. Oder den UvD, wie der kleine, fast geräuschlose russische Eindecker hieß, aus dem die weiblichen Piloten zu Kriegsbeginn ganz gewöhnliche Ziegelsteine auf die marschierenden Kolonnen geworfen haben sollen. So erzählte man wenigstens. Später leerten sie mit der Hand kleine böse Bomben ab, die auf den Wiesen eigentlich nur einen größeren schwarzen Brandfleck hinterließen, aber eine Million und drei Splitter machten.

Im ersten Dämmern hatte ich Heiligenbeil erreicht und verschwand in einem Kellerloch. Dort saß schon ein eisgrauer Unteroffizier auf einem Sack voll Rüben. Ihm hatte ein Iwan bei einem Nahkampf das rechte Ohr abgehauen. Wie einst der Apostel Petrus dem Malchus.
Er gab mit etwas Machorka, den russischen Krüllschnitt, und wir drehten uns Zigaretten. Als Papier nahm er einen Flugzettel, von denen er eine ganze Menge in der Tasche hatte. Es waren Passierscheine zum Überlaufen, auf denen dem Überbringer persönliches Eigentum, Leben, Gesundheit und Rückkehr nach dem Krieg garantiert wurden. Ich meinte: »Mann, wenn sie aber das Zeug bei dir finden, drehen sie dich schnell durch den Wolf.« Er aber blinzelte nur und sagte: »Holzauge, sei wachsam.« So um acht Uhr rum stöberte uns eine SS-Streife auf. Doch der Grauschimmel, zeigte ihnen den Ohrenverband und ich hielt meinen »Stukka«, den geschienten Arm, hoch. Sie sahen auch noch unsere Begleitzettel mit dem roten Streifen an, den jeder um den Hals trug, und ließen es sein.
Gegen Mittag, als ich mich allmählich zur provisorischen Ortskommandantur durchgerobbt hatte und erfuhr, wo unser Klub lag, war auf einmal ein gewaltiges Summen in der Luft. Über zwanzig Me 109 hingen da am Himmel, drehten ein paar Schleifen und entschwanden in Richtung Westen. Einer sagte, der Flugplatz Bladiau sei geräumt worden. Ein anderer meinte bitter: »Die Kraniche des Ibikus.«
Unser bejahrter Kampfgruppenkommandant, den ich gerade dabei antraf, wie er in voller Uniform auf einem Bettrand saß und seine alten Füße in einer Waschschüssel badete, rollte ein wenig mit den Zehen, als ich hereinkam und greinte: »Was soll ich bloß mit euch zerreißen? Kranke, Verwundete und eine Handvoll Großväter! Verbunkern Sie sich erst irgendwo und dann schauen Sie halt mal wieder bei mir vorbei.« – »Jawohl, Herr Major«, sagte ich und kratzte die Kurve.
Ich fand am nördlichen Stadtrand ein nettes Einfamilienhaus, komplett mit eingemachten roten Beeten und einem Zettel auf dem

Tisch. »Liebe Soldaten«, stand da drauf, »essen dürft ihr alles. Aber verteidigt bitte unser Haus. Es ist unsere Heimat.« Unterschrift: »Margarete und Herbert Glas mit Kindern.«
Gegen Nachmittag gab dann der Iwan seine erste Visitenkarte ab: »Ratsch – bumm«. Die Panzer mußten gar nicht mehr weit weg sein. Und ich bezog im Keller Deckung. Anderntags kam Verstärkung. Im nahen Rosenberg waren Fährkähne gelandet mit ein paar hundert armen Teufeln, die man noch in unseren Kessel transportiert hatte. Genausogut hätte man sie auch gleich den Russen übergeben können. Die meisten von ihnen waren ganze vierundzwanzig Stunden ausgebildet worden und konnten nicht einmal mit ihren himmellangen Beutegewehren umgehen, die sie an Spagatschnüren quer über dem Rücken trugen.
Ein junger Marschierer, keine 17 Jahre alt, verkroch sich bei mir. Er trug zur Uniform braune Halbschuhe und bat mich, wenn ich jemals in meinem Leben nochmals nach Berlin käme, sollte ich seinen Eltern sagen, er sei gleich übergelaufen. Ich meinte, das wäre doch ein bißchen unvorsichtig, mit mir so zu reden. Aber er sagte nur resigniert: »Zeigen Sie mich doch an.«
Er blieb auch nicht bei mir im Keller, sondern zog in den ersten Stock ins Mädchenzimmer hinauf und legte sich mit der ganzen Montur ins kühle weiße Linnenbett. Nachher kriegten wir schwer Zunder, und der Boden schaukelte. Ich dachte mir: Der hat aber eine Menge Mumm, dieser junge Spree-Athener. Zu der Zeit aber war jener wohl schon über dem Jordan. Denn als ich in der Dämmerung durch das Kellerfenster kroch, sah ich, daß eine Granate direkt den Giebel des Häuschens durchschlagen hatte. Vorne 'rein und hinten 'raus. Von dem Mädchenzimmer und dem Jüngling aber war außer dem riesigen Loch, durch das beide entschwunden waren, nichts mehr zu sehen.
Mittags kam dann irgendein Melder zu mir und überbrachte den mündlichen Befehl, zum nahen Lagunenhafen Rosenberg zu kommen. Dort würde gesammelt nach Pillau übergesetzt. Ich machte also wieder einmal »Sprung auf, marsch, marsch!« Am Anfang ging's ja ganz gut, denn es standen überall verlassene

Geschütze und Paks herum, und das gab recht ordentliche Deckung. Doch vor Rosenberg war ein Artillerie-Sperrfeuer. Mir lief der Schweiß von dem Gehopse schon bis in die russischen Filzstiefel, die ich noch immer trug, obwohl mir jeder Landser sagen konnte, daß mir diese Galoschen bei einer Gefangennahme einen prompten Genickschuß eintragen würden.

Endlich war ich etwas aus dem Feuerbereich heraußen und hüpfte in einen großen Granattrichter, in dem schon sechs Mann auf einem Brett saßen, das über zwei dreckigen Munitionskisten lag. Ich verschnaufte hier und hatte nicht besonders viel Bauchweh, weil man doch schon bei den Rekruten gelernt hat, daß eine zweite Granate selten in ein und denselben Trichter fällt. Da mahlte ein Sturmgeschütz vorüber, das eine Acht-acht im Schlepptau mitführte. Das Tempo gefiel mir, und so enterte ich auf die Kanone und hielt mich fest. Kaum aber war ich oben und schaute noch einmal zurück, da sah ich gerade noch das Brett mit den sechs Kameraden hoch in die Luft fliegen. Es hatte also doch noch einmal ins gleiche Loch getroffen. Der liebe Gott war eben leider kein deutscher Unteroffizier.

Unten am Haff angekommen, erfuhr ich, daß der Herr Major mit dem Sammelbefehl schon übergesetzt war. Da stand ich also mit noch ein paar Lädierten, und wir suchten irgendwo volle Deckung. Ein Pionier mit vier Kumpels organisierte dann ein paar leere Benzinfässer, montierte sie primitiv zusammen, und auf diesem Floß überquerten wir das acht Kilometer breite, aber nur etwa zwei Meter tiefe Haff. Manchmal sahen wir im fahlen Mondschein die aufgetriebenen Pferde und ballonförmige Leichenbäuche so dicht nebeneinander schwimmen, daß es schien, als könnte man auf ihnen zu Fuß über diesen Wasserarm marschieren, in dem bei der Schmelze zehntausend Flüchtende eingebrochen und ertrunken waren. Das war genau am 21. März. An diesem Tage meldete der Wehrmachtsbericht: »Im Frontbogen südlich des Frischen Haffs wurden 108 Panzer vernichtet.« Aber das waren wahrscheinlich leider die unseren gewesen.

Den ersten Menschen, den ich am Strand von Pillau zu Gesicht bekam, war der Gauleiter Koch. Er stand vor einem wuchtigen Bunker, schüttelte die Faust gegen die russischen Linien hinüber und schrie wie ein Hysteriker: »Soldaten, schlagt den Bolschewismus aufs Haupt. Haltet aus, in drei Tagen ist die Entsatzarmee bei uns. Seid deutsch und treu.« War aber dann ein Flugzeuggeräusch zu hören, so verschwand der wackere Streiter wie eine Maus im Bunkereingang, um gleich nachher seinen Glauben an Deutschland wieder zu finden und weiter zu kreischen. Bis ein blutjunger Leutnant auf ihn zuging und sagte: »Halt jetzt mal deine große Fresse, du Speckjäger, und zieh Leine.« Dem goldverzierten Bonzen blieb buchstäblich das Maul offen, doch dann geiferte er los: »Sie sind verhaftet, Mann, ich lasse Sie erschießen.« Der Leutnant aber schob ihn nur aus dem Weg.

In Pillau fand ich zwar nicht unseren Gasschutzmajor im grauen Fell, der uns befehligen sollte, dafür aber meine alte Einheit. Als ich den Kommandeur Oberstleutnant Schaffer wiedersah, hatte ich ein gutes Gefühl. Denn dieser Mann, der zwar Berufsoffizier war, aber niemals in den Rock mit dem Pleitegeier gehört hätte, verkörperte einen wirklichen Menschen. Als wir nämlich noch ein paar Fahrzeuge besaßen, belud er sie mit irgendwelchen wertvollen Apparaturen einer Corps-Kartenstelle und ließ dann die ganze verbleibende Einheit antreten. Anschließend sonderte er die vierzig Ältesten, die Verheirateten, Kinderreichen und Verwundeten aus und gab ihnen Marschbefehl nach Danzig. In der Hoffnung, sie könnten den russischen Ring noch passieren, bevor er sich zum Kessel schloß. Nach vier Tagen allerdings war dieses Kommando dann wieder bei uns. Der Iwan hatte vor Elbing die Falle bereits zuschnappen lassen. Und auf der Rollbahn standen quer zur Fahrtrichtung zwei dicke Riesenbrummer. »Liebe zur Heimat« hießen sie wohl. Aus den Luken aber winkten russische Panzerschützen gelangweilt ab und gaben dem Treck zu verstehen, er sollte ruhig wieder kehrtmachen. »Nicht einmal geschossen haben die«, erzählte der Transportführer, ein Stabsfeldwebel. Und nahm wenig später sein goldenes Parteiabzeichen von der Uniform ab.

Oberstleutnant Schaffer nun ließ die fünfundvierzig Mann, die ihm noch verblieben waren, zu einem Hilfskrankenträger-Kurs einschreiben. Dieser fand vor den ehrwürdigen Kasematten von Pillau statt. Allerdings wurde er immer wieder von schweren russischen Fliegerangriffen unterbrochen. Nach drei Tagen erhielt jeder Hilfskrankenträger einen Rotkreuzausweis und einen Marschbefehl in seine Heimatgarnison.

Gleich hinter den uralten Festungsmauern von Pillau fand ich am zweiten Tage ein großes Loch, in dem etwa zweihundert Gefallene lagen. Fast alle ohne Schuhe und Uniformröcke, die man ihnen vorher noch ausgezogen hatte. Das Loch blieb für weitere Kundschaft ständig geöffnet. Etwas abseits im schütteren Wald waren außerdem an die hundert Gruben ausgehoben. Haargenau in der Größe von Gräbern. Drinnen lagen Verwundete auf ein paar Tannenreisern. Das war wohl sehr praktisch. Denn wenn der Arzt morgens Visite hielt und nur noch kalte Füße feststellen konnte, brauchte das Loch nur mehr zugeschaufelt zu werden.

Zu dritt machten wir uns dann auf den Weg in Richtung Heimat. Drunten am Hafen, der unter pausenlosem Beschuß lag, kam ein größerer Parteibonze auf uns zu. Er suchte ein Kommando, das mit einem Schnellboot wieder nach Heiligenbeil 'rüberfahren sollte, um dort die Waffen von Gefallenen zu sammeln. »Männer«, sagte er »jeder, der sich meldet, kriegt schon vorher das EK I.« Er kam auch zu mir, deutete auf meine zwei verwaschenen Bändchen und schnarrte: »Könnten Sie doch auch ganz gut gebrauchen, Kamerad. Würde Ihnen gut stehen.« Aber mir waren meine Preiselbeerorden gut genug. Denn ich hatte noch nie besondere Sehnsucht nach dem »Deutschen Kreuz in Birke« verspürt.

Schließlich waren wir am Kai, und da lagen auf dem Pflaster wohl an die tausend Schwerverletzte. Irgendein Sani teilte mich gleich ein als Krankenträger, und so schnappte ich mir so ein Bündel Elend und legte es mit dem rechten Arm über meinen Rücken. Die Feldgendarmerie, die mit entsicherter MP am Fallreep stand, ließ uns ungehindert passieren. Nachdem ich ein Dutzend teils stöhnender, teils bewußtloser Kumpel an Bord geschleppt hatte, blieb ich auf dem Kahn oben, bis es stockdunkel war. Dann mußte ich wohl eingeschlafen sein. Denn als ich erwachte, schwankte der Boden unter mir, und droben am stillen Himmel glänzten die Sterne der Ostsee. Ich meldete mich im Sanitätsraum beim diensttuenden Jodonkel, der mir eine Riesenkanne Tee aushändigte für die Verwundeten, die auf den Gängen lagen. Und ich fragte ihn, auf welchem Kreuzer wir denn wären. Der Mann sagte: »Kreuzer, nee. Ist ein alter Kohlenpott. Hört aber jetzt auf den stolzen Namen ›Sperrbrecher Mathias Stinnes‹.«

Diese Nacht pennte ich in einem kleinen Kasten, in dem eine Menge Ankerketten lagen. Und morgens weckte mich eine Sirene. Aha, dachte ich mir, jetzt gibt's wohl Frühstück. Aber es gab nur Lufttorpedos von einem Pulk sowjetischer Douglas-Bomber. Ich taumelte an Deck, und da lagen wohl an die 5000 Figuren neben-, drunter- und übereinander. Lauter Flüchtlinge. Irgend so ein blauer Dienstgrad erklärte nachher, einmal heulen wären Flieger, zweimal U-Boote. Das heißt, bei einmal 'runter in den Schiffsbauch, bei zweimal wieder hoch. Ich machte diese Freiübung nur viermal mit, weil ich doch mit meiner Flosse kein bedeutender Kletterer mehr war. Da ging's nämlich jedesmal an die hundert Eisensprossen hinab in den eisernen Walfischbauch.

Schwimmwesten gab's nur zwei Stück. Eine trug ein dicker Hauptfeldwebel über seinem knöchellangen Fahrermantel. Er soff später trotzdem ab wie ein Hundert-Kilometer-Stein. Und die zweite hatte ein schmaler Zahlmeister um seine Hühnerbrust gegürtelt.

Im Kielwasser unseres Flaggschiffes schwammen noch fünf andere Kähne. Nachdem die Sirenen jedoch etwa fünfzigmal geheult hatten, waren es am anderen Tage nur noch drei. Der Rest war Schweigen. Jedesmal, wenn die Heulsuse morgens zum erstenmal erklang, kam ein Rudel von etwa siebzehnjährigen Flak-Kanonieren angerannt, die Hemden vorne offen, zerbissen und zerknutscht. Denn von den paar hundert jungen Mädchen, die nachts auf den Planken lagen, gab es immer wieder welche, die lieber in eine warme Koje krochen. Vielleicht auch, um noch einen winzigen

Fetzen Liebe zu erwischen. Die Flak-Soldaten aber kletterten wie die Affen auf ihre kleinen Plattformen und schossen wie die Irren. Sich gleichzeitig außer den Kommandos auch noch derbe Männerwitze zuzurufend. Es wäre fast wie in einem frisch-fröhlichen Soldatenfilm gewesen, wo gezeigt wird, wie man das junge Material zu ganzen Kerlen schmiedet. Wenn nicht am zweiten Tag die vordere Kanzel weggeputzt worden wäre, wie ein Schwalbennest. Nie gekannt und nie gewesen.
Am sechsten Tage dieser christlichen Seefahrt hielt der Konvoi auf der Reede von Swinemünde. Und jetzt gab's außer der gewohnten Packung auch noch Ari-Beschuß. Das war dann manchem Passagier doch zuviel. Und wohl an die hundert jumpten über Bord, weil's doch nur etwa 500 Meter bis zum nahen Ufer waren. Aber keiner schaffte diese Strecke. Nach zwei-, dreihundert Metern gingen sie alle lautlos zu den Fischen. Auch der Submarine-Hauptfeldwebel. Gegen Abend kam ein kleines Schulschiff angezockelt, legte am großen Mathias an, und ein Offizier schrie mit der Flüstertüte an Bord, daß er 350 Leichtverwundete übernehmen würde. Da war vielleicht der Teufel los. So viel Blessierte waren nämlich gar nicht aufzutreiben. Aber 5000 Zivilisten wollten wieder festen Humus unter den Sohlen haben.
Keine zehn Meter neben mir schnellte ein junges Bürschchen hoch, das in einem Knäuel von sechs Geschwistern, der Mama, nassen Betten, Stahlhelmen und anderem Kriegsmaterial kampiert hatte. Halb aufgerichtet blieb der arme Kerl am Abzug einer deutschen Maschinenpistole hängen und schoß seine eigene Mutter mitten durch die Brust. Aus, Amen und vorbei.
Unser Umsteigen erfolgte durch eine Art Schlauch, der von der Reling der »Stinnes« wie ein Müllschlucker auf das Deck des Schulschiffes führte und durch den wir wie Rohrpostpatronen einfach geschossen wurden.
Durch friedliche Wiesen und eine stille Landschaft tuckerte der kleine Kahn in einen Kanal schließlich dem kleinen Städtchen Anklam zu. Das erste, was ich dort las, als mich die Erde wieder hatte, waren riesige blutrote Plakate mit der Aufschrift: »Landser,

wer fünf Kilometer hinter der Oder angetroffen wird, wird erschossen«. Und daneben klebte eine Anzahl der kleinen roten Versandanzeigen in die Ewigkeit, die mit dem bedeutenden Satz begannen: »Im Namen des Volkes.«

Ein wackliger Stabsarzt und ein paar Karbolmäuschen erwarteten uns hier, und der gute Onkel Doktor meinte: »Rechtsum marsch!« Aber ein Fähnrich, der durch die unvorsichtige Handhabung eines »Ofenrohrs« vier Finger verloren hatte, und ich machten uns in stiller Waffenbrüderschaft selbständig. So in der Mitte der Ortschaft hing ein Transparent über die Straße: »SS-Auffangstab.« Ich schaute meinen jungen Mitstreiter an, und der verstand mich sofort. In der Kommandanturbaracke saß ein Obersturmführer auf seinem Sessel, balancierte ihn auf zwei Beinen und hatte die erstklassigsten tschechischen Schaftstiefel auf dem Tisch liegen. Er war stinkbesoffen.

Wir legten unsere Papiere vor und dachten: Hopp oder Topp. Aber der sah gar nicht hin und schnarrte bloß: »Können Sie nicht lesen?« Dann deutete er mit einem Lineal auf das Plakat betreffs Oder. Dann kam noch so ein schwarzer Husar ins Zimmer, und der Obersturmführer sagte zu ihm: »Schon wieder zwei Lebensmüde.« Der Zugwind aber hatte ihm meinen Marschbefehl direkt auf die Hose gelegt. Er nahm ihn mit spitzen Fingern auf und buchstabierte: »Gemäß OKH. Geheim. Papalapap.« Aber dann lachte er plötzlich laut und brüllte: »Mensch, aus München sind Sie. Mensch, haben Sie aber Glück, Sie Weihnachtsmann. Kennen Sie die Perusastraße? Ja? Da ist doch so ein kleines Friseurgeschäft, wa? Und da drin ist doch die Lotte. Mönsch, da gehen Sie 'rein zu ihr und sagen, ihr Viktor kommt zwar nimmer. Der geht nach Walhall. Aber 'nen dicken Gruß richten Sie ihr aus. Sie Armleuchter, Sie. Und sagen Sie zur Lotte auch noch, bei uns Wikingern gilt immer noch der Grundsatz: Kopf hoch, wenn der Hals auch dreckig ist.« Dann wieherte er noch eine Zeitlang, und nachher klatschte er mir einen riesigen roten Stempel auf mein Dokument. Und damit war für mich das Rennen so ziemlich gelaufen, wie sich's erweisen sollte.

Der Fähnrich allerdings kam in Begleitung ins Lazarett. Mal nachsehen, ob unter seinem Verband wirklich keine Finger mehr waren. Und ich wetzte los.

Ein Holzgas-Lkw nahm mich mit bis Neustrelitz. Da sah ich dann auch an einem Alleebaum den ersten Gehenkten. Einen Unteroffizier mit dem Spiegelei, dem Deutschen Kreuz, auf der Brust. Und einem Schild um den Hals: »Auch Orden schützen vor Feigheit nicht!« stand darauf. Sie hatten ihn mit einem Stück Draht so wie er an Staketenzäunen zu finden ist, erdrosselt. Die Schlinge war gar nicht ganz zu.

Mein Magen stieg langsam höher. Nachher kam ein Kapo des Weges und sah sich diese Gemeinheit lange an. Dann löste er vorsichtig sein EK I von der Feldbluse, spuckte darauf und warf es wortlos weit in die Wiesen.

Gegen Abend bekam ich mächtiges Fieber. Ich erwachte zwei Tage später in einem Schulhaus in Eberswalde, von einer huschenden schwarzen Schwester bedient. Mensch, war die aber nett zu mir! Sie gab mir später sogar Rotwein und englische Kekse. Am dritten Tag merkte ich, daß sie das kleine Muttergottesamulett an meiner Brust entdeckt hatte, das ich einmal von einer Russin für einen Laib Kommiß bekam. Und tuschelnd gestand die gute Haut schließlich, im Delirium wäre mir manches sehr Garstige über unseren Führer über die Lippen gekommen.

Zum Geburtstag Hitlers wurde ich entlassen und nahm sofort die Rückmarschstraße zwischen die Beine. Ich hatte unverschämten Dusel. Denn vor meinem roten Brandmal auf dem Marschbefehl erschauerten sogar die Feldjäger. Schnell war ich in Fürstenwalde und sah dort einen riesigen Lkw vom Heereszeugamt Ingolstadt stehen. Wie ich nach dem Fahrer Ausschau halte, kommt ein völlig verstörter Volkssturmmann angerannt und brüllt in das nahe Cafe, in dem ein paar Soldaten Zichorie tranken. »Der Iwan ist da!« Da zog doch tatsächlich so ein nationalsozialistischer Amtswalter auch noch seine Pistole und schoß auf den alten Herrn, ohne ihn natürlich zu treffen. »Sie Defätist«, schrie er,

»ich geb's Ihnen.« Aber schon war auch der Fahrer da – und ich nichts wie 'rauf, zwischen Kotflügel und Kühlerhaube, als »Lucki-Lucki«, wie der neuerstandene ehrsame Beruf eines Luftspähers schnell hieß.
Weiter ging's südwärts, und zweimal konnte ich dem Chauffeur rechtzeitig »Jabo-Warnung« geben. Doch auf einmal war der Deckel zu. In einem kleinen Dorf hatten sie nämlich die Panzersperre schon dichtgemacht und so praktisch Nord- und Süddeutschland bereits getrennt. Doch um einen Bauernhof herum erwischten wir die Straße aufs neue. Dort stand ein Fliegerfeldwebel aus dem Ersten Weltkrieg, und wir berieten die Lage. Der Feldwebel hatte ein Damenfahrrad bei sich, und so wurde verabredet, daß wir zwei in die nächste Ortschaft radeln würden. War alles klar, täten wir dort warten. Wenn aber die Schotten auch dort schon dichtgemacht seien, kämen wir wieder zurück. Und wir traten in die Pedale.
Kirchheim hieß der nächste Ort, und ich habe ihn mir gut gemerkt. Denn als wir die Straße frei fanden, kam nach 20 Minuten tatsächlich unser Ingolstädter angebraust. Der Flieger stellte sich lachend mitten auf die Fahrbahn und breitete die Arme aus. Und so walzte ihn der Kamerad aus dem Heereszeugamt über den Haufen. Und donnerte in seiner Panik einfach weiter. Den armen Teufel aber stachen die Brustknochen durch die Feldbluse, und gurgelnd verblutete er auf einem Wirtshaustisch.
Mit dem Fahrrad ging's weiter. Durch Torgau hindurch, an dem sich einen Tag später Russen und Amerikaner die Hände reichten. Am 25. April. Und wo sie wahrscheinlich auch mein altes Damenfahrrad erbeuteten, von dem die Kette gerissen war. Nun schwenkte ich, gewarnt und orientiert durch Flüchtende, nach Pilsen zu ab. Auf einer Anhöhe, die sich immer am besten erwies, um als »Lucki-Lucki« bei den Lkw-Fahrern unterzukommen, traf ich den Gefreiten Gerber. Er stammte aus Innsbruck und hatte einen Rucksack bei sich, der wenigstens 60 Pfund wog.
In diesem Hamsterbeutel waren viele Dosen Butter, fünf Laib Käse, Kaffee, Tee und sonstige Verpflegung, die es ja jetzt fast

überall zu erbeuten gab. Auch die Bodenplatte eines Granatwerfers schleppte der brave Soldat noch mit. Ich riet ihm: »Mensch, wirf doch wenigstens das lächerliche Stativ weg.« Er jedoch antwortete todernst: »Kann ich leider nicht, steht ja im Soldbuch.« – »Dann allerdings«, sagte ich, »aber in meinem Soldbuch steht beispielsweise auch noch drin, daß ich drei Wochen Urlaub guthabe.« Trotzdem kamen wir gemeinsam bis in die Bierstadt Pilsen. Dort entschwand dann der gewissenhafte Grenadier meinen Blicken. Indem es mir nämlich gerade noch gelang, den Kühler eines röchelnden Fords zu erwischen. Während der Gefreite Gerber, der Mann, der nicht loslassen konnte, verzweifelt winkte und schrie und immer kleiner und kleiner wurde. Ich konnte aus der Ferne aber noch genau sehen, wie ihn eine Gruppe Partisanen einholte, niederschlug und als erstes den Rucksack abmontierte. Der Käse war sein Schicksal.
In einem Pilsner Vorort stieß ich schließlich auf einen besonders seltsamen Heini. Einen alten SS-ler, der einen Landser bei sich führte, den er in Plauen zum Erschießen abliefern sollte. Der Delinquent war stumm und lammfromm, und die zwei hatten bereits eine gewisse Kameradschaft geschlossen. »Aber erschossen wird trotzdem«, sagte der SS-ler immer wieder zu ihm und lachte. Nachts hatte der gerissene Scherge ein eigenes System entwickelt, damit ihm sein Gefangener nicht auskam. Er zog einfach seine Hose aus und dann schlüpfte jeder der beiden mit einem Bein hinein, so daß sie durch die feldgrauen Röhren miteinander innig verbunden waren. Es gelang mir und einem hinkenden Oberleutnant aber endlich doch, den armen Sünder loszueisen. Der Oberleutnant schrieb dem gefallenen Wärter einfach eine Empfangsbescheinigung aus, und da ließ der seltsame Bewacher sein Opfer sofort zufrieden laufen. Der Begnadigte ging schnurgerade die Landstraße entlang und schaute nicht ein einziges Mal um.
Über Regensburg und Landshut, das noch am gleichen Tage von den Amis genommen wurde, kam ich in der Nacht zum 1. Mai in München an. Ich suchte mein Haus und fand es nicht mehr. Dort, wo es gestanden hatte, war nur noch ein Stück Dunkelheit.

Keine hundert Meter von jener Stelle weg, wo vor fünfeinhalb Jahren meine Odyssee begonnen hatte, saß ich nun allein in der Nacht auf dem Randstein jener Straße. Und ich mußte an das Lied denken, in dem es hieß: »Als wir im August hinausgezogen sind, da hast du mich zum Sammelplatz gebracht.« Diejenige, die das getan hatte, war im Feuerregen längst verbrannt. Und dann dachte ich auch darüber nach, welch eine ungeheure Kette von Glück und Zufall mich wieder nach Hause geführt hatte. Da durfte doch nicht ein einziges schwaches Glied darunter sein. Ich erinnerte mich dabei, wie ich beim ersten Feuerüberfall der Russen beispielsweise meine MP aus dem Beiwagen der 700er BMW riß. Und mich mitten durch die Feldmütze schoß. Oder daran, als ich mit meiner Maschine von Minsk nach Molodetschno fuhr. Und so zum Spaß eine Slalomfahrt machte zwischen kleinen grünen Tannenreisern, die in größeren Abständen in der staubigen Straße steckten. Bis mir der Vorposten in Molodetschno erklärte, diese Zweiglein hätten jene Tellerminen markiert, die sie noch nicht entschärft und ausgegraben hätten.

Ja, mit was hatte ich das eigentlich verdient, daß ich meine geliebte Stadt noch einmal sehen durfte? Wenn sie auch geschändet wie eine Jugendliebe vor mir lag. Vielleicht weil ich einmal einen alten Juden im Kübelwagen aus Warschau herausschmuggelte? Was ihm gewiß auch nicht viel half. Oder etwa wegen des ertrinkenden Hundes, den ich aus der Düna zog? Recht viel mehr war's doch nicht. Irgend jemand da oben mußte mich also vielleicht ein bißchen mögen. Und ich begriff plötzlich, wie lächerlich es ist, zu glauben, man könnte tun, was man wollte.

Es mochte gegen drei Uhr früh sein. Ein paar Tropfen fielen auf meine Hand. Ich schaute zum dunklen Himmel hinauf. Aber es regnete gar nicht.

Sigi Sommer SommerSprossen

Sigi Sommer

SommerSprossen

98 gute und böse Geschichten

Mit 24 Zeichnungen von Ernst Hürlimann

Süddeutscher Verlag München

*Gestaltung von Kassette und Umschlag:
Design Team, München,
unter Verwendung der Zeichnungen
von Ernst Hürlimann*

1.–10. Tausend dieser Ausgabe August 1976

Fotomechanischer Nachdruck

*Gesamtherstellung: J. Ebner, Ulm
ISBN 3-7991-5879-0*

Luise Pallauf gewidmet

Inhaltsverzeichnis

München, mein München

Man nennt sie gerne »die Geliebte Europas«, »das Millionendorf«, die »Weltstadt mit Herz« oder auch »die heimliche Hauptstadt«. Tatsächlich behaupten einige ernsthafte Bürger: Wenn München vielleicht auch nicht die schönste Stadt Deutschlands ist, so ist sie immerhin die schönste Stadt der Welt. Und daß außerdem der liebe Gott selber auch aus der Isarmetropole stammt und mit dem Vornamen »Schorsch« heißt, das hat einmal Karl Valentin an Eides Statt erklärt.
Freilich ist es betrüblich, daß eigentlich nur mehr jeder fünfte Münchner ein echter Ureinwohner ist. Das heißt, in München von Münchnern geboren. »Aber das macht fast gar nichts«, sagt dazu ein alter Maurerpolier. »De paar Zuagroast'n dakraft'n mia

no leicht.« Und er gibt aus seiner Praxis dazu in umwerfender Logik zu bedenken: »Sengn's, Sie kenna in an Kübel voll Sand ruhig no an Kübel voi Kalk und an Kübel voi Wasser neischütt'n. Deshalb gibt's oiwei bloß oan Kübel voi Mörtel.«

Über zwanzigtausend Neuzugänge werden augenblicklich jährlich in unserer Stadt registriert. Und meistens sind es Flachland-Tiroler oder Bratkartoffel-Hunnen, wie der Ortsansässige seine lieben Bundesbrüder drüberhalb der berühmten Mainlinie auch gerne nennt. Dabei werden gerade aus diesen »Beute-Münchnern« meistens schon bald die allerfanatischsten Verteidiger der schwarz-gelben Zitadelle. Und sie würden am liebsten das Siegestor und die anderen ehrwürdigen Stadtportale zumauern lassen, damit ja kein weiterer Nachschub an eigenen Landsleuten mehr hereinkann. Freilich gibt es auch andere, die das Maul immer so weit aufreißen, daß man fast bis zu ihrem schwarzweißen Blinddarm hinunterschauen kann. Und für die müßte eigentlich beim Landtag ein Gesetz eingebracht werden, daß sie unsere gute Luft nur mehr durch die Nase einschnaufen dürfen. Dann würden sie sicher etwas sparsamer sein mit ihrer unfreundlichen Beschallung. Dabei ist es auch noch sehr wesentlich, von welcher Seite der Wanderer der berühmten Weißwurstmetropole naht. Kommt er nämlich aus dem hohen Norden, so wird er zuerst einmal vom Ortsteil Schwabing, in zärtlicher Selbsterkenntnis von den einheimischen Literaten auch »Wahnmoching« genannt, empfangen. Dieser Stadtteil ist ein Zustand. Einst die Heimat alter Malzkaffee-Revolutionäre und Welterneuerer, sind die kleinen Dielen und Bistros, die Boulevard-Cafés, die Ränder der großen Springbrunnenschalen, die Bordsteine und die spaghettibeinigen Kaffeehaus-Sesselchen heute von zornigen jungen Männern und knopflochäugigen Studentinnen besetzt. Und die männliche Hoffnung des Abendlandes hat rätselhafte Messerputzmaschinen ums Kinn. Bärte, wie sie düstere Filmhelden, Bombenwerfer und einsame Forscher tragen. Und in der Tat, diese Jünglinge haben vor lauter innerem Drang, das Leben zu erforschen, oft gar keine Zeit mehr zum Studieren oder Arbeiten. Außerdem müssen sie doch auch noch mürrisch sein, faul und verliebt. Schwabing verpflichtet eben.

Wem's der liebe Gott aber besonders gut meint, dem zeigt er die Stadt vielleicht einmal an einem stillen Frühlingsabend. Von der Kuppe des Monopterosbergerls aus, wenn der müde Tag auf Zehenspitzen heimgeht. Und die Dämmerung eine Silhouette aus Tausendundeiner Nacht auf das schleißige Seidenfirmament hinskizziert. Und dazu vom alten Karussell herüber die letzten Töne in das sanfte Vergehen zittern. Schau, und dort der alte Mann auf der Bank. Der sich schon ganz vorbeugt, der Erde zu. Aber gerade noch mit seinem Hacklstecken ein Manderl in den Sand gekritzelt hat. Wie als ganz kleiner Bub.
Oder habt ihr schon einmal auf dem sonnenwarmen Stein-Kanapee an der mürben Residenzwand gesessen? Mitten unter den jungen Münchner Brunnenwasser-Schönheiten, die hier gerade Pause machen. Vielleicht kommt dann auch gerade der letzte Rollfuhrgaul Konradl vorüber und bettelt den kichernden Midinetten ihre Buttersemmeln ab, zum Dank mit dem zottigen Huf scharrend, weil er doch kein Pfötchen geben kann. Vergeßt auch nicht, die rätselhafte Victoria regia im Botanischen Garten zu sehen und die Elefantenkuh Stasi, die euch auf der Mundharmonika im Tierpark den Tölzer Schützenmarsch vorspielt. Schaut euch die Stadt einmal durch die gläsernen Augen der Bavaria an und ein anderes Mal vom Türmerstübchen des Alten Peter, damit ihr wieder wißt, wie klein ihr seid. Und, Wanderer, versäume nicht, im kühlen, ehrwürdigen Dom genau dort deinen Fuß hinzustellen, wo einmal der Leibhaftige seinen verruchten Hufabdruck hinterließ. Und wenn es regnet, mußt du natürlich unbedingt auf die Zuhörerbank ins alte Amtsgericht. Wo das allzumenschliche, kleine Vorstadtunglück vom milden Richter geteilt, gezählt und gewogen wird.
Vielleicht führt dich ein träumerischer Gedanke auch einmal in die vergessene Gaslaternen-Romantik. Wedekind und der Seemann Ringelnatz werden dich auf dem Weg in die Vergangenheit sicher geleiten. Schau nur dort das Kind mit der roten Propellerschleife an, das auf dem Randstein »Fahre-fahre-Zug« spielt. Und den schmunzelnden Dienstmann mit dem Messingnummern-Band. Wie sich der darüber lautlos freut. Und an einem Tag im blauen Mond September spazierst du am Ende gleich gar durch den Alten Südlichen Friedhof. Sieh dir die

blinden Marmorinschriften an und entziffere: »Dall-Armi«. Oder »Zenetti« und »Xaver Krenkl«. Lächelst wohl auch ein bißchen über die alten Frauen, die mit kurzem Rechen wie zerstreute Hühner im raschelnden Laub herumkratzen. Und studiere den oxydierten Bronzevers dort an der Wand: »Hier ruht sich's wohl, friedfertig legt der Stolze sich zum Bettler hin und schläft.« Dann kommt vielleicht das ganz besondere Gefühl über dich, und du weißt, daß es in dieser Stadt immer schön sein wird. Bis ans Ende ihrer Tage.

Fußgängers Ende

Eigentlich ist ja der Fußgänger in der Großstadt bereits gestorben. Denn es gibt nur mehr seinen Nachkommen: den Fußspringer, Hüpfer oder Läufer. Der wie eine frisch geimpfte Gemse durch den Verkehr hopst. Und im Dreiersprung verzweifelt versucht, sein ihm von der Fahrzeugindustrie zugedachtes Ende etwas hinauszuschieben. Dabei ist es eine Tragik, daß doch er selber es war, der einst den Automotor und die Geländereifen erfand. Unter die er dann später kommen sollte. Allerdings scheint es schon von Natur aus vorbestimmt zu sein, daß dem Marschierer schon immer eine untergeordnete Rolle zugeteilt wird. Denn wer kommt immer zu spät bei der Vergabe einer Wohnung oder zu einem Gelegenheitskauf? Der Fußgänger natürlich. Und auf wen wird im Krieg zuerst geschossen? Auf den Infanteristen doch. Nur in den Himmel kommt das Fußvolk zuerst. Denn unter manchen Kraftfahrern scheint es sich längst herumgesprochen zu haben: »Nur ein toter Fußgänger ist ein guter Fußgänger.«

In der Tat bleibt dem Unglücklichen, der es unternehmen will, heute eine Straße zu überqueren, fast keine andere Wahl als nur noch die des Reifenmusters, von dem er überfahren werden will. Denn mittels der modernen Verkehrstechnik wird er zuerst einmal mit Hilfe vieler sinnvoller Einrichtungen umgeleitet, geschleust und dirigiert. Schließlich gebührenpflichtig verwarnt, dann flach gewalzt und endlich aufgebahrt sowie noch in die Unfall-Statistik übernommen. Jeder Großstadtwanderer weiß heute längst, warum eine Straßenkreuzung Kreuzung heißt. Weil er nämlich vorher das Kreuz machen soll, wenn er sie betritt. Und wer kennt nicht das ergreifende Bild, wenn sich ein altes, verzagtes Mütterchen mit gefalteten Bitt-für-uns-Händen in die Fluten des Verkehrs stürzt, als wollte sie denselben in zaghaftem Brustschwumm meistern. Gemessen an der Überquerung einer Großstadtstraße um fünf Uhr nachmittags war Moses' Durchzug durch das Rote Meer ein lächerlicher Maiausflug.

Erfreulicherweise sucht eine menschenfreundliche Stadtverwal-

tung von Zeit zu Zeit immer wieder einen Ausweg aus dieser Misere. Aber was soll es? Versuche, den verzweifelten Asphalt-Hopser mittels eines Katapults von einem Randstein zum anderen zu schießen, scheiterten bisher am Widerstand der letzten Marschierer, da sie es nicht mit ihrer Menschenwürde in Einklang bringen konnten. Auch ein Rohrpost-System, womit die Trottoirer einfach durch eine Röhre über den Verkehrsknotenpunkten abgesaugt werden sollten, kam nie aus dem Entwicklungs-Stadium hinaus. Findige Sportfreunde dachten auch an einen Trocken-Skilift, der über die Hauptverkehrsadern gehen soll. Oder an eine Art Seilbahn, bei der die Passanten durch kleine Kranhaken hinten am Mantelaufhänger erfaßt und im Zappelverfahren transportiert würden. Dem wohlmeinenden Vorschlag schließlich, vermehrte Fußgängertunnels zu bauen, traten die letzten Mohikaner mit dem berechtigten Einwand entgegen, daß sie sowieso noch früh genug unter die Erde kämen.

Nun endlich aber hat ein Stadtrat das Ei des Kolumbus gefunden. Wenn es auch vorerst nur ein kleines Wind-Ei ist, von dem

man nicht recht weiß, was dabei herauskommt, wenn es einmal ausgebrütet ist. Es sollen nämlich am Wochenende Sperrzonen errichtet werden, in welche Gottfried Daimlers Gasolin-Mustangs nicht hinein dürfen. Das werden also sogenannte Naturschutzgebiete oder Reservationen sein, ähnlich wie man sie auch schon den Indianern oder den aussterbenden Steinbökken eingeräumt hat. Schongehege wie der Hirschgarten oder der Krüger-Park in Afrika. Nur natürlich viel kleiner und bescheidener. Vielleicht wäre es durch diese Maßnahme tatsächlich möglich, die letzten reinrassigen Fußgänger zu erhalten. Und die anderen hysterisch verpfuschten Verkehrsteilnehmer wieder zurückzuzüchten. So, wie es die Tierparkdirektoren mit ihren Bisams und Auerochsen machen. Denn warum sollte das, was beim Rindvieh so schön von Erfolg gekrönt war, beim Menschen von vorneherein unmöglich sein?

Das alte Trambahnhäusl

Immer stand es da. Das alte Trambahnhäusl. Winter wie Sommer, schiefergrau, ein bißchen gegen den Wind gestemmt und manchmal auch frisch gestrichen. »Bedarfshaltestelle« hieß die Tafel früher, die an ihm angebracht war, und später auch »Tarifpunkt« oder »Zahlgrenze«.

Die ersten, die morgens kamen, waren die Heizer vom Gaswerk, die Leute vom Schlachthof und jene, die in die Großmarkthalle fuhren, ins Zitronenquetschwerk, wie sie sagten. Um sieben Uhr dreißig trafen sich dann die anderen Arbeiter am schäbigen Schilderhäuschen der täglichen Betriebsamkeit, etwas später war dann die Zeit der Schüler und Verkäuferinnen, und die letzten, die ihm zustrebten, waren die sauber geputzten Beamtenstiefel. Dann aber, den ganzen langen Vormittag und nach dem Mittagessen, gähnte das Trambahnhäusl schläfrig mit immerwährend geöffnetem Fichtenholzmaul vor sich hin, wobei es ihm jedoch keineswegs langweilig war. Denn es kamen ja die vielen Kinder zu Besuch. Das kleine Stationshäuschen war nämlich schon immer eine gewisse Wendemarke in der Ringelreihenwelt. »Bis zum Häusl deafds geh, aba weida ja ned«, hieß es da bei den besorgten Vorstadteltern. Und wenn die Winde im Wechsel der Jahreszeiten wehten, grauer dünner Regen fiel, oder auch an stillen sonnenwarmen Tagen, wenn die alten Mietskasernen müde herabblinzelten, trafen sich die Weigl Mädi, die Kastenmeier Evi mit dem kurzen Fuß und der eisernen Gehmaschine, zwei, drei von den siebzehn Kindern des Tapezierers Gräßlich und ein paar quengelnde Buben, die mit einen schmutzigen Gummiball Elfmeterschießen machten auf die angeschlagenen »Bekanntmachungen« im Straßenbahnkiosk. Als die ABC-Schützen dann auch schon richtig lesen konnten, besserte der Weidmann Alex mit Blaustift den Hinweis aus: »Das Unterstellen von Fahrzeugen aller Art in dem Wartehäuschen ist nicht gestattet.« Indem er nämlich das Wörtchen »nicht« kräftig durchstrich und so das kleine, städtische Schutzasyl zum allgemeinen Mißbrauch freigab, wie er glaubte. Kurtchen Heiss indes suchte in dieser Zeit bereits emsig nach

Billetten, die noch nicht benutzt waren. Denn seine Tante, bei der er wohnte, erklärte ihm immer wieder, daß die Leute heute so viel verlieren und achtlos wegwerfen täten, daß ein findiges Bürscherl fast davon leben könnte.
Die Mädchen wiederum spielten mit einem großen roten Gummiball und sagten in rätselhaftem Sing-Sang: »Ich bin ein Student – und wasch' mir die Händ'.« Hin und wieder legten sie auch den Rehpinscher Marco in einen alten Kinderwagen zum Schlafen oder sie schimpften ihre sägemehlbäuchigen Fannis aus, die ihnen die minderbemittelten Mütter daheim als Puppenkinder genäht hatten.
Wenn es Spätnachmittag wurde, kamen dann die paar Rentner und Invaliden von der Anlagebank herüber und kritisierten fleißig und lange die Fahrgäste, die in den städtischen Starkstrom-Pullman ein- und ausstiegen. Im Sommer aber freuten sie sich vor allem über die lustigen Anhängerwagen, die seinerzeit noch ohne Fenster fuhren und statt dessen weiß-blaue Markisen hatten, so daß nur noch die Blumenstöcke fehlten, und man hätte meinen können, die Trambahn schleppte gemütliche alte Miethausbalkone hinter sich her.
Wohl an die vierzig Jahre lang mag das Trambahnhäusl so dagestanden haben. Aber gestern kam ein riesiger roher Bagger und schlug diesen kleinen Bahnhof der Gemütlichkeit mit einem einzigen Schwung seiner Riesenfaust einfach k. o. Nur zweimal hatte der Kranführer pendeln müssen, dann krachte die winzige, sonnenmürbe Station zusammen und wurde auf die Seite gewischt wie ein Kartenhäuschen.
Zwei suchende Buben fanden gegen Abend zwischen den Ritzen des vermodernden Bodens noch einige Messingmünzen seltsamer Prägung. Der eine davon deutete auf das hakelige Kreuz, das auf dem Geld aufgeprägt war, und sagte: »Dieses Geld gilt nix mehr, hat mein Papa gesagt, das ist giftig.« Dann warfen sie es weg.
Nebenan der Rentner Sixtus Kamm erzählte der Müllfrau Gallig auch noch die Geschichte, wie sie einmal vor vielen Jahren die Resi Sonnenglanz tot im Wartehäuschen gefunden hätten. Vom Schlage getroffen.
Aber dann war das Trambahnhäuschen auch schon bald ver-

gessen, als die neue breite Straße mit dem hohen Schienengeleise gebaut wurde. Nur der städtische Straßenbahnführer Achaz Schmalgiebel läutete noch manchmal milde lächelnd – doch ohne Grund, wie die Plattformgäste meinten –, als er an der Stelle vorbeifuhr, wo einst das graue Bretterhäuschen gestanden hatte. Doch auch das war natürlich in Wirklichkeit nach der Betriebsvorschrift der städtischen Straßenbahnen verboten.

Cocktails im Chorstuhl

Um der ständig steigenden Nachfrage nach zerfressenen Aposteln, vergammelten Zinntellern und madigen Märtyrern gerecht zu werden, wurde in der Bundesrepublik endlich das zehntausendste Antiquitätengeschäft eröffnet. Damit hat sich die Zahl dieser kulturhistorischen Gemischtwarenhandlungen seit der Vorkriegszeit nahezu verzehnfacht. Früher bezeichnete man die meisten der jetzigen Raritäten einfach ganz simpel als Gerümpel. Die geschickten Holzwurm-Dompteure jedoch erhoben ihren angesammelten Speicherkram heute einfach in den Adelsstand. Und so wurden denn in dieser Entwicklung auch aus dem Rost Oxyd, aus Grünspan Patina oder aus ganz gewöhnlichen Schnupftabakdosen Tabatieren. Gleichzeitig haben mit dieser Wertliftung auch die Preise einen entsprechenden Bauchaufschwung unternommen.

Da steht denn nun der unverbildete Zaungast vor den Auslagen eines solchen Geschäftes und macht mit einer leichten Gänsehaut vor den Pupillen einen kleinen Ausflug in die Jahrhunderte. In der Mitte der vornehmen Ramscheria thront stolz die Zunftpatronin aller Altertumsmakler. Die schweigsame Messingstatue der ägyptischen Göttin »Ge-lum-pe«, Hüterin der irdischen Einfalt. Malaiische Priestergongs dämmern geheimnisvoll im Hintergrund. Und daneben marschiert eine Elefantengruppe aus Ebenholz vorbei. Jeder von ihnen hält sich mit seinem schwarzen Rüssel am Schwänzlein seines Vorgängers fest. Wie bei einer Infanterie-Nachtübung. Bei der man sich doch auch immer am Seitengewehr des Vordermannes einhalten mußte. Damit man sich nicht verlief. Und plötzlich beim Mütterlein daheim in der warmen Stube landete.

Weiter rechts von dieser Gruppe liegt ein Gamelong. Ein Melodienzwitter. Halb Geige und halb Zither. Sanft schmunzelt dazu die unbekannte Tote aus der Seine ihr preiswertes Zementlächeln vor sich hin. Als wollte sie sagen: »Entschuldigen Sie bitte meine Entleibung.«

In der Abteilung Buntmetall dominieren hauptsächlich die Kerzenleuchter. Die Lieblingsgeräte der deutschen Society. Zweifel-

los erwecken sie bei offiziellen Parties den Anschein großer Bibelfestigkeit. Daneben sind sie aber auch im Bedürfnisfalle noch recht gut als Nachtfackeln zu gebrauchen. Dazu total vergrindetes Zinn. Jene Teller, von denen schon Bert Brecht in der Dreigroschenoper sagt: »Schau sie nicht lang an, wirf sie fort.« Es macht sich jedoch recht gut, wenn der Johann auf ihnen morgens die Hypagin-Tabletten für die Gnädige serviert. Ferner Messing-, Kupfer- und Buntmetall-Schalen. Vermutlich aus der Sidol-Dynastie. Sowie kleine Öl-Lämpchen aus fluchbehangenen Königsgräbern, mit denen wohl einst die Nofretete ihrem Hausfreund die nötigen Blinksignale gab.

Auch Porzellan ist sehr gefragt. Hoch auf zerbrechlicher Spitze halten Meißener Tänzerinnen trotz eines drohenden Wadenkrampfes dem Beschauer große Sträuße von Feldblumen unter die schmunzelnde Nase. »Hatschi.« Frühreife Spieldosen vom Hofe Ludwigs des Gelöffelten lassen beim Deckelöffnen das züchtige Heideröslein erklingen. Aber auf Wunsch natürlich auch den »Tiger-Rag«. Und edelste Rösser galoppieren mit lasiertem Fell durch die Gegend und verderben schäkernden Schäferinnen rücksichtslos die Partie. Dazwischen stehen verwahrloste Apotheker-Mörser. Die mit ihrem ruhenden Stößel die latente Frage aufwerfen: Hat jetzt darin die Lucrezia Borgia ihr berühmtes Gift gerieben? Oder nur der oberpfälzische Fluraufseher Ignaz Hobdischo seinen Schnupftabak?

Auch alpenländische Kostbarkeiten sind zu sehen. Uralte Bauerntruhen, die wahrscheinlich noch die keimfreie Gebirgsluft aus den Tagen eines Andreas Hofer beinhalten. In einem weiß-blauen Schmalztopf liegen dicke Talerketten sowie jene silbernen Gehänge, mit denen die lustigen Tirolerinnen ihr »Sportabzeichen«, in der harten Medizinersprache auch einfach »Kropf« genannt, einsäumten, damit er ihnen nicht abhanden kam. Auch einige verfallene Bierzeichen haben sich daruntergemischt. Sie galten wohl einst im Wirtshaus vom Spessart. Und an der Wand links prangen herzergreifende Marterl. Auf einem von ihnen steht im Zillertaler Surrealismus geschrieben: »Der Sepp fiel hier von Mörderhand. / An die siebzig schon, aber noch prima beinand / Allerhand, allerhand.«

So hat denn heutzutage jedermann die Möglichkeit, seine Er-

sparnisse in so einer Rumpelkammer sinnvoll anzulegen. Insbesondere aber die Manager und jene vom Stamme »Nimm«. Diese wüten ja schon seit Jahr und Tag hauptsächlich unter hölzernen Nothelfern, geschnitzten Cherubin-Engeln und sonstigen Requisiten gängiger Frömmigkeit. Und unter dem Motto »Jedem sein eigener Schutzheiliger« kaufen sie hauptsächlich Lindenholzstatuen, aus denen feiner gelber Mehlstaub rinnen muß. Und die stellen sie dann zu Hause als diensttuende Abwehrgeister gegen Börsen-Baissen und die Steuerfahndung auf. Manche gehen dabei allerdings sogar so weit, den heiligen Korbinian als Schirmständer umzubauen. Oder dunkle abgewetzte Kirchenbänke zur Hausbar zweckzuentfremden. Als besonders süß verrucht gilt es fernerhin, den Cocktail am Kamin in einem abgewandelten Beichtstuhl zu schlürfen. Auch Blasengel in allen Zimmerecken werden häufig beobachtet. Wie sie pausbäkkig und mit unschuldig geöffneten Mündern in die erlauchte Abendgesellschaft hineinjubilieren. Meint man.
In Wirklichkeit sind sie nämlich nur raffiniert an die Entlüftung angeschlossen und saugen so fleißig den Duft der großen Welt ab. Schön, jedes Tierchen hat halt sein Pläsierchen. Bei solchen Entgleisungen jedoch, meint der Chronist, ist schon wirklich der Wurm drin. Und nicht nur der Holzwurm.

Saison in der Paragraphenmühle

Jeden Tag in grauer Herrgottsfrüh stehen schon an die hundert blecherne Mustangs der Unruhe vor den Pforten der Paragraphen-Mühle. Manche scharren auch noch ungeduldig mit ihren Dunlop-Hufen, wenn sie nicht gleich drankommen. Dabei verläßt jede Minute ein Gaulus Stinkadorus die Kontrollstätte. Und wer seinen Paragraphen glücklich gemacht hat, erhält eine runde zitronenfarbige Marke aufs käsige Nummernschild geklebt. Die begehrte gelbe Mauritius.

Aber bevor die Gasolin-Kühe, die Ausflugs-Archen und die kleinen Wimmerschinken aufs fließende Band kommen, nehmen manche Besitzer die Gelegenheit wahr, ihre trojanischen Esel auch einmal innen gehörig auszumisten. Und was findet da der Handelsvertreter Wiegetritt nicht alles zwischen den Polstern, in den Seitentaschen und unter den Sitzen – schau, schau! Eine verblichene Hotelrechnung. Für zwei Personen, oha, oha. Und drei Haarspangen unbekannter Herkunft. Und im Aschenbecher die alten Zigarettenkippen mit viererlei Lippen-Rot. Auch der verlorene Manschettenknopf, wegen dem er sein liebes Weib eine schlampige Nachttisch-Carmen nannte, blitzt ihn fröhlich unter der aufgehobenen Fußmatte an. Bloß gut, daß die Kontroll-Untersuchungen von vereidigten Sachverständigen durchgeführt werden. Und nicht von den eigenen Ehefrauen. Da gäb's wohl keine mildernden Umstände.

Langsam frißt sich die Karosserie-Schlange in die Musterungshalle hinein. Zuerst geht's einmal über die Autogrube, in der ein Auspuff-Internist seines Amtes waltet. Und was dabei von Daimlers Kindern alles herunterfällt, ist nicht der Duft der großen Welt. Mit einem kleinen Hämmerchen probiert der Achsschenkel-Veterinär die Reaktion seines Patienten aus. Wie beim Nervenarzt. Nur daß der Wagen dann nicht mit dem rechten Vorderrad ausschlägt. Hano-mag-nicht. Manchmal steigt vielleicht auch eine neugierige Miß hinab in den Ölwannen-Hades. Und sieht dann zum erstenmal im Leben ein Automobil von unten. Und da kennt sie sich genausogut aus wie auf einem Stadtplan von Swerdlowsk. Nein, welch ein Durcheinander!

Fast wie in einer Damenhandtasche. Und so was läuft. Und Armin Hary nimmer.
Als nächstes kommen die Diesel-Rösser auf eine Art Waage. Dort wird wohl festgestellt, ob sie in den letzten zwei Jahren zugenommen haben. Vielleicht wird ihnen dann der Prüfungsbeamte einen Obsttag verordnen. Und sie dürfen zwei Wochen lang nur mehr Apfelsaft tanken. Und Frauchen steht dabei und staunt und bangt. Und eine tatar-blonde Reifenpanne versucht mit allen Mitteln, das gestrenge Auge des Gesetzes zu trüben. Sie wackelt mit ihrem Getriebe und setzt die ganze Maschinerie in Bewegung. Aber der Herr Schnüffelmeier hat weder für ihr prächtiges Kardan noch für die seidenen Pleuelstangen das geringste Interesse. Vielleicht ist er erst ganz kurz verheiratet. Oder schon zu lange.
Alle Typen und Modelle finden sich ein. Biedere, brave Lieferwagen, die sich ergeben in die Innereien greifen lassen. Leichtsinnige Flitzer, die gar nicht erstaunt sind, wenn man ihnen ihren klapprigen Zustand vorhält, und vollbusige Limousinen mit verludertem Make-up. Sie wurden zwar zwei Jahre lang immer von demselben Herrn bedient. Aber trotzdem ist halt der Wurm schon drin, weil sie vielzuviel nackt auf den Straßen standen.

Und da kommt auch so eine bemalte Nuckelpinne daher. »Grazy Mary« steht drauf. Und auch sonst noch viele Sprüche. »In dir war es immer so schön« und »Bitte nicht hupen«. Schon zum drittenmal ist diese rollende Waschkommode zur Untersuchung da. Aber sie ist halt schon arg pflastermüde, und ihre Endstation wird wohl Schlächter heißen. Dabei macht sie ihrem Namen wirklich alle Ehre. Wenn ihr Sonny-Boy die Winker betätigt, streckt sie gleich beide Zeiger zur gleichen Zeit heraus, als wollte sie dem Kontrolleur die Zunge zeigen. Und bei der Beleuchtungsprobe blinzelt sie den Inspektor gar mit dem linken Scheinwerfer an. Wie ein spätes Mädchen, das eine Kundschaft sucht. Nein, es geht beim besten Willen nicht mehr, meint der lächelnde Examinator. Und traurig fragt der Twen zum letzten Mal: »Dann krieg ich also den Paragraphen nicht mehr?« Sagt der Boß: »Da kriegen Sie höchstens vielleicht noch einen anderen Paragraphen. Den Nummer einundfünfzig, Absatz A.«

Die alte Wirtschaft am Eck

Abseits vom großen Trubel träumt noch die kleine Wirtschaft vor sich hin. Lautlos rieselt der Steinsand aus den unzähligen Runzeln des mürben Verputzes. Das »ck« aus der verblichenen Schrift »Königseck« hat die Zeit verspeist. Obwohl es doch der härteste Buchstabe war. Und auch der König ist schon stark angebissen.

In der dämmrigen Hofeinfahrt liegen ein paar leere, verschlafene Zehnerfässer. Sie warten auf das Bierfuhrwerk, das zweimal in der Woche kommt. Auch die Hausmeister-Evi und der kleine Hepp Georg warten auf dieses Ereignis. Besonders aber darauf, daß der putzwollbärtige Bierführer die Fässer auf einen Wagen zurollt. Weil doch da die kleinen Kieselsteine, die sie verstohlen in die Spundlöcher werfen, beim Rollen so schön klingeln. Die drohenden Untersuchungsrichter-Blicke des Bierführers ertrinken hoffnungslos in den blauen Tiefen ihrer unschuldigen Kinderaugen.

Wenn das Bier abgeladen wird, zwängt sich auch der Schnauzer »Kummermann« durch die knarzende Küchentüre und schaut zu. Er hat seinen seltsamen Namen vom aufsässigen Bezirksinspektor, dem einfach überhaupt nichts rechtzumachen ist. Und die Wirtin kommt im weißen Wickelschurz und stellt sich am Eingang zur Schenke hin und paßt auf, daß niemand in den geöffneten Kellerschacht fällt. Der Wirt aber, Magnus Krug, bedient den Bieraufzug. Ganz zum Schluß trägt der Gehilfe vom Wagnerbräu auch noch drei Stangen Eis in die Wirtschaft am Eck. Und weil die Vorstadtkinder gar nicht aufhören, hackt er ihnen mit dem Stahlstecher ein paar kühle Brocken herunter. Und die frostigen Leckerbissen glitschen rasch in die entsetzten, minderjährigen Speiseröhren hinunter.

Hinter der halbblinden Scheibe hängt die handgeschriebene Speisekarte. Hinter das »Büfflamot« hat die einsame Stubenfliege Anna, die hinter dem dunkelweißen Vorhang wohnt, einen Punkt gemacht.

Die kleine Wirtschaft wacht erst gegen zehn Uhr früh auf. Um die Mittagszeit erscheinen dann die Zementmixer vor dem klei-

nen Bau mitsamt dem Polier, der viele weiße Sommersprossen auf seinem lustigen Ziehharmonikagesicht hat. Aus siebenmal unterteiltem Geschirr schmausen die Arbeitsmänner ihr preiswertes »Menü bürgerlich«. Hernach wird noch rasch »eine« ausgewattet. Aber es werden immer vier daraus. Und der Polier klebt sich jedesmal den roten »Maximilian« mit der angefeuchteten Rückseite triumphierend auf die Stirn und sagt dazu rätselhaft: » . . . und sie verließen ihn!«

Nachmittags hält die kleine Wirtschaft am Eck ihre Siesta. Gegen vier Uhr beginnt die Wirtin auf dem hinteren Tisch im Nebenzimmer ihre weißen Schürzen und die Hemden vom Enkelkind Mariechen zu bügeln. Etwas später bimmeln die ersten Bierholer an der Glocke zur Schenke, wenn nicht gerade der Eisenbahner-Emil ein Papier zwischen die Kontakte gesteckt hat. Dann klopfen sie. Im Schiebefensterausschnitt erscheint der rote Kopf vom Krug. Längst kennt er jedes Bierglas, das ihm die Kunden hinstellen, und auch ihre Spezialwünsche. Das »Dreimal ausschwenken bitte schön« könnte sich die Pfaff Muschi ruhig sparen. Er nimmt das Geld aus dem angenagelten und drehbaren Blechschüsserl auf dem Schubfensterbrett, zieht seinen Kopf ein und läßt dann seine Guillotine mit einem lauten Schlag heruntersausen.

Am frühen Abend schlendert der Benedikt vom Saldinger mit einem Bierkorb aus Draht daher. Denn sie sind zu acht daheim. Wenn er mit seiner feuchten Ladung an seinen Freunden vorbeigeht, bleibt er aus Angabe stehen und trinkt aus dem Vater seinem Krug. Dann rührt er mit dem Hausschlüssel in der geschändeten Maß herum, das gibt neuen Schaum. Der Rentner Blank, der Fluraufseher Flinsinger, ein Postbote und die Hausierer Zwicknagel und Klamm sind die wenigen Stammgäste der altmodischen Einkehr. Die Wirtin räumt ihr Bügelzeug weg und setzt sich nur ganz wenig auf die Ecke eines Stuhls, um beim Tarocken zuzuschauen. Auch der Kummermann ist da und schnappt vergeblich nach der beleidigten Fliege Anna.

Die zwei Hausierer haben um elf Uhr ihre drei Liter Bier und »den Kragen voll«, wie sie weithin verkünden. Wenn der alte Regulator ein Uhr schlägt, ist es leer geworden im Gastzimmer. Der kleine Wirt bolzt das Faß zu und zählt den mageren Schank-

nutzen, bevor er ihn in einer Blechkassette nach oben trägt in die Pächterwohnung. Drei Mark hat er beim Tarocken auch verloren. Die Wirtin seufzt und wischt sich die unsichtbaren Sorgenfäden aus den Augen. Die beiden ahnen es schon. Bald wird die neue Zeit mit harter Hand den Bierhahn in der kleinen Wirtschaft am Eck ganz zudrehen.

Stammbaum der Kindheit

Bis dreiundsiebzig hatte der alte Mann auf dem Baumstumpf gezählt. Dann wurde er schläfrig und machte mit seinem harten Daumennagel eine kleine Kerbe. Dort, wo er mit dem Zählen der Jahresringe aufgehört hatte. Nachher formte er aus dem feuchten Sägemehl ganz in Gedanken eine kleine Pyramide auf der Schnittflächen-Scheibe des Stumpfes und blies hinein. So, wie er es als kleiner Bub immer mit dem Griffelstaub getan hatte. Und da kam ihm ein Körnchen ins Auge, und er rieb solange daran herum, bis er schließlich weinte. Doch das paßte eigentlich ganz genau zu den Gedanken, die dem blaugekleideten städtischen Arbeiter jetzt unter der ermatteten Schirmmütze herumkrabbelten.

Seit er denken konnte, hatte der dicke, schrundige Baum an der alten Brücke gestanden. Jetzt sollte ein Transformatoren-Häuschen genau an diese Stelle hinkommen. Also mußte der knorrige Veteran verschwinden. Und wenn zur Zeit im Stadttheater ein spanisches Stück gespielt wurde, das den Titel trug »Die Bäume sterben aufrecht«, so paßte das jedenfalls nicht für den ehrwürdigen Patriarchen am Fluß. Der hatte außerdem beim Umsägen nicht schlecht gestöhnt. Als er dann stürzte, wollte der Werkmeister Sing ganz deutlich gehört haben, wie er mit den rauschenden Ästen ein häßliches, weithin bekanntes Zitat von sich gegeben hatte. Jedenfalls aber war es dem grünen Flußwächter noch gelungen, dem städtischen Oberinspektor, der die Hinrichtung von der Brücke aus verfolgte, mit einem langen Zweig den Hut vom Kopf zu schlagen. Als wollte er sagen: Wenn ein solcher Recke geht, muß man doch wenigstens noch den Helm abnehmen.

Stammbaum der Kindheit nannte der alte Mann auf seinem Sitz den abgesägten Freund in Gedanken, und dann mußte er lächeln, daß ihm so was Schönes überhaupt eingefallen war. Er erinnerte sich noch ganz genau, wie der flaumhaarige Gassenbub Hansi Schlagintweit im Ringelreihen-Geplapper um den rauhrindigen Riesen herumgetrippelt war. Zu fünft konnten die Kinder den Stamm gerade umfassen, so dick war er gewesen. Mit

zwölf Jahren war dann der verträumte Augustin von der Musiklehrerin Kugel mit Hilfe einer Kaminkehrerleiter auf den alten Baum gestiegen, als Tarzan auf den dicken Ast hinausbalanciert, der weit in den Fluß hineinreichte, abgestürzt und ertrunken. Erst am zweiten Tage wurde der Gustl am Rechen des nahen Elektrizitätswerkes gefunden. Fräulein Kugel zog sofort und still in ein anderes Stadtviertel. Eine Zeitlang knüpfte der Laternenanzünder Hackl auch eine schöne Strickschaukel an den entgegengesetzten hölzernen Arm des Urwaldgiganten für sein Enkelkind. Doch er ließ die anderen Kinder schon auch mit hutschen. In irgendeinem Sommer entdeckten sie dann plötzlich ein Nest hoch oben, mit drei krächzenden, kahlhalsigen Vogelkindern drin und einer tückisch blickenden Vogelmutter. Täglich legten die Kinder deshalb kleine Gaben an den Stamm des Baumes nieder: Zuckerstückchen, Minzenkugeln oder auch ein bißchen Kuchen. Am andern Morgen waren sie dann meistens verschwunden. Aber leider hatte sie halt bloß der Schnauzer »Fünferl« gefressen, was sie erst ziemlich spät merkten. Der Vogel wäre übrigens eine Goldammer gewesen, sagte das Fräulein in der Schule, und der Baum sei eine Esche, was bis dahin von den Kindern noch gar niemand gewußt hatte.

Immer aber war um ihren dickbauchigen Freund etwas los. Oftmals mußte der Kundschafter Schlagintweit in seiner Winnetou-Zeit an ihm Marterpfahl-Leiden erdulden. Auch schnitten sie mit scharfem Taschenmesser Stücke seiner Rinde heraus, um kleine Kajaks daraus zu schnitzen und dieselben in den Gartenfässern schwimmen zu lassen. Manchmal kamen ferner Erwachsene zum Baum und hefteten weiße Zettel in Augenhöhe daran: »Möbliertes Zimmer zu vermieten« stand drauf oder »Wellensittich entflogen«.

Später, als sich die jungen Geschöpfe schon heimlich abends an der Esche trafen, stand eines Tages ein anderer Zettel dort: »Der Hansi schiebt mit der Irmi«, lasen die lächelnden Erwachsenen darauf. Gemeint war damit der Hansi Schlagintweit und die Irmingard Heumadl, deren Eltern die große Wirtschaft »Zum steinernen Schild« besaßen und die der törichte Johann schon mit vierzehn Jahren heiraten wollte. Dann aber tat er es Gott sei Dank doch nicht. Denn die Irmi wog schon mit neunzehn

Jahren einhundertvierundachtzig Pfund. Da war es doch klüger, daß der Hans schließlich in städtische Dienste trat, wo er irgendwo in der Stadtgärtnerei untertauchte und vergessen wurde.

Über diesen Träumereien war der Mann auf dem Sitz des Baumes, den er gerade zuvor eigenhändig abgesägt hatte, eingeschlafen. Er wurde erst wieder wach, als ihn ein Arbeitskamerad heftig an der Schulter schüttelte und ihm laut ins Ohr schrie: »Schlagintweit, kann ich die Motorsäge jetzt endlich haben?«

Das Ende der Tischdamen

Manche haben ihn noch persönlich gekannt. Den schönen Gigolo. Von dem es dann in dem alten Song so traurig hieß: »Es ging dem jungen Leutenant die schöne Welt in Fransen. Und jeden Abend muß er nun mit Donna Klara tanzen.« Damals gab es in Deutschland noch ein paar hundert windschlüpfige, schmale Jünglinge, die davon lebten, daß sie in den Bars und beim Fünfuhrtee böse alte Krokodile im Zweivierteltakt vor sich herschoben oder unbefriedigte, dicke Schraubendampfer durch die brausenden Wogen des Nachtlebens bugsierten. Bis dann der große Heldenmacher Adolf kam und ihnen den bekannten Fußlappen-Foxtrott beibrachte, den sie zu den Melodien der Stalin-Orgel bis zum Umfallen tanzen durften.

Nach diesem großen Ringelpietz kamen dann ein paar findige Besitzer von Nahkampfdielen auf die Idee der »Taxiboys«. Das waren Portokassen-Bübchen, die für dreißig Pfennig Salär jede x-beliebige Dame einmal schwenkten und laut Hausordnung »von diesen auch an die Bar gebeten werden durften«. Gleichzeitig wurden zahlreiche Läden mit Tischdamen und Telefonverbindung aufgemacht. Dort konnten die Notwendigen beiderlei Geschlechts fernmündlich verkehren, um sich später dann noch bedeutend näherzukommen. Und der Schreiber bekam in diesen Tagen mindestens einmal in der Woche von zweifelhaften Jungfrauen – die bei Tageslicht aussahen, als würden sie nachts auf ihren Gesichtern sitzen – rote Zettel in die Hand gedrückt: »Vierundzwanzig schöne Frauen erwarten Sie dringend im Laila.« Und natürlich besah sich der Spaziergänger diese zwei Dutzend »Mitternachts-Matschakerl« auch einmal näher.

Nun ja, es waren halt die üblichen wilden Orchideen, die sich sofort um jeden Gast ranken wie der zähe Efeu seinerzeit um das Dornröschen-Schloß. Die Zettel-Mamsellchen waren übrigens auch darunter, und die arbeiteten nachher bei fortgeschrittener Tuchfühlung mit einem ganz besonders schmutzigen Trick. Sie drückten den Freiersmännern diesmal allerdings keine Zettel in die erwartungsfeuchten Vorderhufe, sondern allerliebste kleine Schlüsselchen. Die sollten angeblich in ihren

Appartements in der Dingsdastraße sperren, und die angeheizten Galane sollten mit Gewehr über nur ruhig vorausgehen, sie würden dann schon nachkommen in ihr stilles Kämmerlein. Der kleine »Sesam, öffne dich« sperrte jedoch höchstens das Siegestor auf, das aber bekanntlich sowieso Tag und Nacht geöffnet ist. Denn die Schmuddelmaiden kauften doch die falschen »Eisenbärte« gleich kiloweise beim Kustermann.

Erfreulicherweise sind sie nun ganz still und heimlich von uns gegangen, diese Gammel-Geishas der Spekulations-Spelunken. Einige haben sich wohl gesagt: Ich habe jetzt das ewige Arbeitnehmerleben endgültig satt. Ich kaufe mir eine Couch und mache mich selbständig. Und andere greifen mittlerweile als Cocktail-Hyänen und Bardamen den Zecher mit Spikes, Tiefschutz und harten Bandagen an. Der Schreiber hat sich über das Ende der Tischdamen auch noch ein paar Gedanken gemacht. Und er kam zu dem Schluß, daß wahrscheinlich die bürgerliche Konkurrenz zu groß war für diese Halbprofis. Denn in einer Zeit, wo es längst überall Orangen ohne Kerne gibt und Ölsardinen ohne Gräten, da gibt es sicherlich auch Rosen ohne Dornen. Drum hat die züchtige Hymne aller Jungfrauen »Röslein sprach: Ich steche dich« längst nur mehr Inflationswert. Denn stechen tun doch lediglich nur noch die Knaben. Außerdem halten es die Schönheiten einfach für unmoralisch, sich an der Sektflasche ihres Sonnabend-Bräutigams zuerst vollzusaugen wie ein Badeschwamm, um dem erwartungsvollen Begleiter dann nichts anderes dafür zu geben als die nackte Hand. Wenn er sie nämlich schon betränkt und befuttert hat, dann ist es doch nur mehr recht und billig, daß er sie auch beschützen darf. Das gehört sich nämlich so für ein anständiges Mädel, das sich nichts schenken lassen will. Sagen die Schönen der Vorstädte. Und überhaupt haben jene Mädchen mit den kurzen Röcken darunter auch meistens noch sehr lustige, nervöse Hemdchen an. Und sie halten es halt alle liebend gerne mit dem berühmten Dudelhofer Lied vom Graser James, in dem es so neckisch heißt:

»Und die Münchner Madln, ja de san ned a so,
de woin a Zuadeck hom, doch ned aus Hei und Stroh.
Die muaß lewendig sei und auf und nieda geh
und tamteramtamtam.«

Der Trampelpfad

Es ist wirklich seltsam. Da führt nun eine schöne, bequeme Kieselallee den Fluß hinauf. Aber nein, wo gehen die eingefleischten Spazierlatscher und Luftschnapper? Auf einem schmalen Trampelpfad, direkt am Ufer des heimatlichen Mississippi, hintereinander wie die Warzenschweine, wenn sie zur Tränke tappen. Dabei ist dann diese Verdauungsraupe manchmal auch noch so dicht aufgeschlossen, daß eigentlich jeder Wanderer seine Nase im Mantelaufhänger des Vordermannes einhaken könnte. Oft geht es auch nur so schritterlweise vorwärts wie an einem Skilift in Kitzbühel oder beim Anstehen um Karajan-Karten. Es stiefelt der käsige Beamtensprößling folgsam und blind hinter seinem Gehaltstufenpapa einher und steigt millimetergenau in dessen Fußstapfen, weil er doch später auch einmal Oberinspektor werden will. Der junge Liebhaber aber läßt seine stramme Hosenmaid vor sich her wippen, und wenn seine waagrechten Gedanken Folgen haben würden, dann hätte das nichtsahnende Mädchen bei der ersten Brücke bestimmt schon das dritte Kind. Das alte, bitterböse Weib aber, das im Schlagschatten ihres vergrämten Nörglers wandern muß, denkt sich gewiß: »So viele Löcher wären auf dem Weg. Aber daß sich mein Alter endlich den Fuß verstauchen würde und daheim bleiben müßte, das kann ich einfach nicht erbeten.«
Besonders schlimm aber ist es an den Sonntagen, wenn die Satten und die Sodbrenner diesen Schmalspur-Broadway entlangstampfen. Da hört man noch genau ihre Grießnockerlsuppe in den Bäuchen glucksen und vernimmt den Kampf der Kutteln mit den Krusten der Schweinebraten. Indes flattern über der Brücke die Möwen wie weiße Papierschnitzel, die vom Himmel fallen. Es sieht fast aus, als hätten ein paar sozialdemokratische Engel ihre Einberufungsbefehle zum Luftschutz zerrissen. Ganze Rudel von Enten schwimmen auf dem Wasser, das um diese Jahreszeit eine Haut hat wie das Blei beim Silvestergießen. Tausendmal wurden die gefiederten Semmelschlucker wohl schon im Geiste gerupft, aber wer je einen von den mageren Regenwurmkajaks nackt sah, der steckt ihnen die Federn gerne wieder

mitleidig in das löchrige Fell zurück. Und alle Kilometer findet sich an der Uferböschung auch ein Rettungsring, der längst so weich und mürbe ist wie ein hausgemachter Nußkranz.
Der Mann trampt trotzdem auch recht gerne auf diesem Saumpfad. Denn er führt ihn ja ins Reich seiner Kindheit zurück. Vorbei an jener Gumpen, in welcher er einmal das Schwimmen lernte und dabei so viel Wasser schluckte, daß der Aufseher vom nahen Elektrizitätswerk zu ihm herüberrief: »Jetzt hör' doch einmal auf mit deiner blöden Schwimmerei, du säufst uns ja so viel Wasser weg, daß die Turbinen stehenbleiben!« Drüben, zwischen den Weidenbüschen aber fand doch einst der Streisand Waggi beim Indianerspielen eine echt goldene Uhr, für die seine Mama hundertzwanzig Mark bekam. Damit konnte sie endlich die Kaution für den freigewordenen Posten einer Garderobenfrau stellen. Doch bereits am dritten Arbeitstag wurde sie beim Heimgehen schnell und gründlich überfahren. Die alte Hexe Guttlmaier sagte dazu bei der Beerdigung auch noch mit schiefem Lästermaul: »Unrecht Gut gedeihet halt nicht.« Auf der Höhe der Anlage führt der dünne Drahtseilweg über ein seltsames Pflaster, das zum größten Teil aus geborstenen Grabsteinen besteht. Der Mann kann mit einiger Phantasie noch entziffern, daß hier demnach auch irgendeine tugendsame Jungfrau liegt. Da muß er sich denken, was für eine Ironie des Schicksals! Früher stieg vielleicht nie ein Mann über sie hinweg. Und jetzt auf einmal gleich so viele. Wenn das keine ewige Seligkeit ist.
Droben bei der Wallfahrtskirche, in den abseitigen Büschen, trifft er auch manchmal einen seltsamen Eremiten an, der sich wahrscheinlich unbeobachtet glaubt. Denn er streckt sich von Zeit zu Zeit selber die Zunge heraus oder macht sich eine lange Nase im Taschenspiegel. Da denkt sich der Wanderer, daß womöglich auch die Raquel Welch einen langgesuchten Mitesser auf eine Nadel aufspießt wie einen Schmetterling, wenn sie glaubt, sie sei ganz allein. Und daß sich der Frank Sinatra vielleicht ein graues Säuferhaar aus der Nase zupft im stillen Kämmerlein, wenn ihn niemand sieht.
Langsam wird der Trampelpfad schließlich dünner, wie das Ende einer Peitschenschnur. Und bei der »Brücke zum Jenseits«

verliert er sich ganz unter jenem sechsunddreißig Meter hohen Viadukt, von dem einst in der Arbeitslosenära der Artist Harry Wills für fünfzig Mark Gage mit einem Marktschirm heruntersprang. Es stand dann groß in der Zeitung. Wenige Tage später sprang ein anderer Mann auch wegen fünfzig Mark in die Tiefe. Sie fehlten ihm zum Mietezahlen. Er stand nur ganz klein in der Zeitung. Unter den Bestattungen. Man sieht also wieder einmal: Es ist halt nicht immer dasselbe, wenn zwei das gleiche tun.

Zwischen sieben und neun

Am Abend zwischen sieben und neun. Es erinnert den Betrachter immer irgendwie an die Augenblicke vor einem großen Trabrennen. Wenn die Pferde aufgewärmt werden, die unergründlich lächelnden Rosselenker in ihre schillernde falsche Seidenhaut geschlüpft sind, die Zügel in die Hand nehmen und dem aus unsichtbarem Munde kommenden Kommando lauschen: »Fertigmachen, auf die Plätze – eins, zwei, ab!«

Abends zwischen sieben und neun. Da beginnt die Barfrau Susilo, die eigentlich Walburga heißt und aus Beilngries in der Oberpfalz stammt, sich aufzubrezeln. Und während sie zielsicher wie ein Leichtmatrose in die Wimperntusche spuckt, lamentiert sie vor sich hin: »Sieben Stunden lang werde ich täglich genervt und gelöchert. Und am schlimmsten sind die unglücklich Verheirateten. Wenn man die alle erhören wollte, müßte unsereins ja gebaut sein wie ein Trommelrevolver. Jeder quatscht dir bloß die Bauchhöhle voll, und keiner begreift, daß man selber auch schauen muß, wo man bleibt. Und daß man doch auch danach trachtet, den Hintern an die Wand zu bringen, denn wie rasch ist doch der Ofen bei einer Barfrau aus.« Inzwischen ordnet die im Zugwind der menschlichen Notdurft in Ehren ergraute Toilettenfrau ihr heimliches Sortiment, das sie im Wandel der Zeit wesentlich erweitern mußte. Sicherheitsnadeln, Heftpflaster, ein Dutzend Playboy-Nummern, ein paar neue Telephonnummern und eine Handvoll kleine weiße Träume aus der Schachtel. Sodann füllt sie den Automaten mit den Nahkampfpullovern nach. Die gehen aber jetzt auch nimmer so, seit der Pille. In der Küche klatscht der Potsdamer Max gerade Geflügelfrikadellen zurecht. »Halbe-halbe«, sagt er lachend. Ein halbes Huhn auf ein halbes Pferd.

Vor einem anderen Lokal stehen die Totalbedienten und die Frühvollendeten, die ihr Leben mit dem Schöpflöffel hinunterschlingen. Drei Bonnie-und-Clyde-Pärchen sind auch darunter. Jung, mit großer Zukunft und Unternehmungslust. Jederzeit bereit, selber ein Geschäft aufzumachen. Mit dem Stemmeisen. In der berühmten Untergrundlaube untersucht der Chef zur selben

Zeit die Bons vom Vortage mit einer Briefmarkenlupe. Er kennt zwar längst alle Schlechtigkeiten dieser Welt, aber der neuengagierte Kellner Mirko aus Armenien kennt sie eben auch. Und noch ein paar neue dazu.

An den Mauern eines Beat-Schuppens wartet die Saat der Gewalt auf Einlaß. Stark mit Unkraut durchsetzt, mit Zittergras-Bräuten und wilden Orchideen. Die jungen Löwen tragen alle Riesenkoteletts. Aus dem nahen Imbißraum kommen gerade die müdgetanzten Nachmittagsmädchen heraus. Manche schon im Anna-Karenina-Look. Manche aber in Röckchen, die bereits knapp unter den Weisheitszähnen enden. Und dazu haben sie sich das mürrische Lächeln der verdrossenen Generation um die frühjahrsschlaffen Lippen angeschmiert. Eine ist darunter, die trägt Haare, kurz und weiß, wie die vom Marschall Hindenburg waren. Ihre Beine, die stark an die Sonnenblumenstengel der Ukraine erinnern, stecken in den Stiefeln des fliegenden Holländers.

Drüben, im letzten Schwooflokal, das sich noch fest in deutscher Hand befindet, zieht der Geschäftsführer, ein berühmter Boxer, der leider nur einen Kampf zu viel hatte, gutmütig lächelnd seine zehn Finger nach, bis sie alle knacksen. Er will halt auch sein Handwerkszeug in Ordnung haben. Im verborgenen Sündensilo erwachen zur selben Stunde die gähnenden Strampelkinder und schalten das Telephon vom Auftragsdienst wieder um auf life. Durch das geöffnete Küchenfenster einer der geöffneten Bierwirtschaften sieht man ein junges Balkanmädchen. Es weint aus übergroßen Märchenaugen. Aber nicht aus Heimweh, sondern weil es Meerrettich reiben muß.

Zwischen »sieben und neun« klappt auch der Hauptwachtmeister Säbelbein im nahen Polizeirevier die zwei Betten in der Ausnüchterungszelle herunter. Dann stellt er eine Dreiliterkanne Wasser in das stille Kämmerlein. Sie ist am Morgen leergetrunken, wie jedesmal an jedem Montag. Und so wird es wohl immer sein. Jedesmal zwischen sieben und neun ...

Der kleine Wanderer

Der Silberstreit Michael putzt die Erde von der Vorstadtwiese an seinen Schuhen ab. Denn er war lange unterwegs. Und hat gesucht. Den Anschluß an die nächste Gassenbuben-Saison. Nirgends war was los. Sauregurkenzeit auf allen Spielplätzen. Zum Daheimbleiben zuviel und zum Draußenspielen zuwenig.
Überall hat es der Michael probiert. Zuerst geht er auf dem saftigen Anlagenpfad hinüber zum Fluß. Mit einem gefundenen Stecken bohrt er dann lange in einem Mauseloch. »Hinterm Ofen sitzt die Maus, die muß raus, die muß raus«, fordert er dazu. Aber der Stecken bricht ab, und Maus kommt auch keine. Dann findet er auf dem Weg eine leere Zigarettenschachtel und nimmt das Stanniolpapier heraus. Damit versilbert er sich geschickt die zwei vorderen Schneidezähne. Blitzend lacht er alle vorbeigehenden Leute an. Die leere Schachtel klemmt er sich auf die Nase. Aber niemand lacht zurück. Da meint der Michael, daß das Papier eigentlich ganz genau nach eingeschlafenen Füßen schmeckt. Schließlich fährt ein Radler vorbei. Sein Trittlager pfeift jammernd in den grauen Tag hinein. Der Bub wartet, bis der Ritter der rostigen Rosinante weiter weg ist, dann schreit er ihm laut nach: »Schmier doch endlich deinen Geißbock!« Doch nicht einmal dieser Mann reagiert.
Die kahlen Haselnußsträucher werden untersucht, ob vielleicht noch was droben hängt. Aber außer ein paar faden Wassertropfen fällt nichts herab. Da liegt ein aufgequollener Sektkorken im Weg, und der gelangweilte Schlendrian schießt damit zwei scharfe Strafstöße und einen tadellosen Elfmeter zwischen die eisernen Füße einer Anlagenbank.
Eine Zeitlang ist er dann Seiltänzer auf dem schmalen niedrigen Eisengeländer, das die Wege säumt. Schließlich geht's hinunter zum Wasser. Der Fluß liegt stumpf und teilnahmslos im Bett wie ein müder Handwerksbursche. Und seine Haut ist runzelig und grau, als wäre sie aus geschmolzenem Blei. Der Michael probiert ein paar flache Würfe auf der Oberfläche. Doch auch sie gehen unter. Dann geht der kleine Streuner zur großen Postwiese hinüber. Die Prärie seiner Buttersemmelzeit. Doch da

steht ein riesiger Bagger drauf und zeigt ihm höhnisch die eisernen Zähne. Mit denen er bald das kleine Hummel- und Löwenzahn-Paradies auffressen wird. Lange steht der Bub da und sinniert. Dann sagt er nur das einzige Wort: »Sauber.«

Bevor er die Treppe zum dritten Stock wieder hinauftrödelt, probiert er es auch noch kurz im Hinterhof. Er macht ein paar Klimmzüge an der Teppichstange, doch seine Stimmung hebt sich kaum. Da sagt er ganz in Gedanken das Gedicht auf: »Es war einmal ein Mann, der hatte einen Schwamm.« Die Ballade eines Ruhelosen, in der es doch dann so treffend zum Schluß heißt: »Tirol war ihm zu klein, da ging er wieder heim.«

»Ja, bist du heute schon da?« sagt die Mama. Und der Michael geht in die Küche und setzt sich auf die Eckbank. »Was tut jetzt einer, der nichts zum Tun hat, wenn er trotzdem was tun möchte«, denkt er. Dann fragt er die Mutter, aber die sagt prompt: »Räum deine Schublade ein, dann hast du gleich was zu tun.« Das aber überhört der Michael mühelos und bohrt weiter. »Mama, sag einmal, was habt denn ihr als Kinder immer gespielt in der Zeit wie jetzt?« Obwohl er sich gar nicht vorstellen kann, daß seine Mutter ehemals auf einem Fuß im Kreis gehüpft wäre oder einen Ringelreihen getanzt hätte.

Die Mutter aber wird auf einmal ganz still. Und als ihr Bub weiterquengelt: »Wenn's nur nicht gar so langweilig wär, Mama«, sagt sie versonnen: »Ja, siehst du, Michel, wenn man klein ist, da ist eine Stunde oft so lange wie tausend Minuten. Aber wenn man dann groß wird, da vergehen tausend Stunden manchmal so schnell wie eine Minute. Das wirst du später schon einmal selber spüren.«

Aber der kleine Wanderer zwischen den Jahreszeiten denkt sich nur: »Jetzt so ein Unsinn, die Zeit ist doch für alle Menschen gleich lang. Oder nicht?« Ein kleines frühes Ahnen fällt mit den Abendschatten in das still gewordene Zimmer. Die Mutter aber ist ans Fenster gegangen und schaut hinunter auf die Gassen, die ihr fern und fremd geworden sind. Und sie denkt an einen kleinen Vers, den sie einmal irgendwo gelesen hat: »Ich hab' doch selber eben noch gespielt als kleines Kind / Fahre, fahre Zug, Verstecken und Fangen / Auf der Bauwiese dort, beim Wasserturm hin / Wie schnell sind die Jahre vergangen.«

Brennessel mit Spiegelei

Gebückt schleicht der Ruhestandsinspektor David Donnergang am Gartenzaun seiner Kindheit entlang. Er trägt in der rechten Hand einen ausgeleierten Handschuh aus Nappaleder, und in seiner Linken baumelt eine Plastiktüte mit der Aufschrift: »Eßt mehr Bücklinge.« Herr Donnergang aber will an den morschen Staketen des verwahrlosten Baugrundstückes keine Skagerrak-Flundern oder Nordsee-Forellen fangen, sondern nur junge Brennessel pflücken. Zwar ist ihm aus seiner fernen Gassenbubenzeit noch etwas verwischt in Erinnerung geblieben, daß diese bissigen Gewächse niemanden brennen könnten, wenn man beim Pflücken den Atem anhielte. Aber ein alter Beamter geht lieber auf Nummer Sicher.

Endlich hat der stille Pensionist eine stattliche Schonung der wehrhaften Großstadt-Kakteen entdeckt. Doch da es sich beinahe schon um schlagbare Exemplare handelt, die zudem auch noch meistens von streunenden Hunden bewässert werden, nimmt er von einer Ernte Abstand. Wenig später trifft er dann auf schöne, junge Ware, und bald füllt sich sein Trockenaquarium mit der zartgrünen Ernte. »Des gibt a G'müaserl«, murmelt der fündige Botaniker, und er sieht im Geiste mit Genugtuung bereits den bösen Rheumatismus, wie er mit langen Schritten aus seinen Gelenken flüchtet. Herr Donnergang ist zwar kein ausgesprochener Naturapostel, aber einer vom alten Schlag, der noch weiß, was der Körper um diese Jahreszeit braucht. Mindestens zwei schöne Portionen Brennessel mit Spiegelei wird seine Beute ergeben. Und morgen will er drüben bei Siebenbrunn nachschauen, wie weit die Brunnenkresse schon gediehen ist. Auch zwischen den Schwellen der toten Geleise von der ehemaligen Lokalbahn wächst wahrscheinlich schon bald die bittersüße Milchdistel, die er ebenfalls auf seine Speisenkarte setzen will. Denn ein Pensionist, der sein ganzes Leben in die Alterskasse zahlt, hat schließlich auch das Recht, wenn nicht sogar die Pflicht, dem Staate, dem er so lange treu diente, auch sein Ruhegelddasein durch gesunde Lebensweise möglichst lange zu erhalten.

Drunten auf dem grünen Markt hat der David leider feststellen müssen, daß die Leute schon fast nicht mehr wissen, was gut ist. Nur eine einzige Gemüsefrau konnte er entdecken, die noch den ungemein blutreinigenden Hopfenspargel zum Verkauf feilbot. Gerade noch, daß er ein paar schwarze Rettiche ergatterte, die doch so herrlich wassertreibend sind, daß er sich nach dem Genuß jedesmal vorkommt wie ein Brunnenbuberl. Na ja, und das Hagebuttenmark gibt es zwar noch überall, doch die ganzen Hagebutten zum Teekochen wären ihm halt lieber. Ganz, ganz fern denkt der alte Mann jetzt daran, wie er seinerzeit die roten Rosenkranzfrüchte immer selbst aus den Anlagen holte und die Kerne mit ihrer haarigen Umhüllung dann als Juckpulver benützte, das man den kichernden Einmaleins-Bräuten so schön hinten in ihre Hängekleidchen hinabschieben konnte.
Halt, beim Sauerkraut-Ingenieur muß er demnächst auch vorbeigehen. Zwar ist die Zeit des »Rüben-Krautes«, eines Schmankerls, das fast keiner mehr kennt, schon vorüber, aber die neue Ernte des »Surhaxn-Seegrases«, wie der David dieses bayerische Nationalprodukt auch noch lächelnd nennt, darf er auf keinen Fall versäumen. Denn nichts räumt so schön aus wie ein halbes Pfund, rasch aus dem Stand gegessen. Eine Sellerie-Kur hatte leider beim Herrn Inspektor a. D. die letzten drei Jahre keinerlei Erfolg mehr gezeigt. Obwohl doch der Saft dieser runzeligen Kindsköpfe sogar Tote aufwecken soll. Und was schließlich den Gevatter Knoblauch angeht, so durfte er leider nach dem Genuß dieser Balkanknolle jedesmal acht Tage nicht mehr beim allabendlichen Haferl-Tarock dabeisein. Denn seine Stammtischbrüder zogen sofort die Nasen hoch, und einer fragte den anderen, ob da nicht irgendwo ein Zigeuner in der Nähe sei, der die Hosen ausgezogen hätte.
Wenn aber der David Donnergang seinerseits von alten Spezln und Bekannten, mit denen er über so eine Frühjahrskur ratschte, lächelnd examiniert wird, ob er denn unbedingt hundert Jahre alt werden möchte, so entgegnet der friedliche Rentner jedesmal gelassen und kichernd darauf: »Hundert Jahre, nein, das möcht' ich nicht werden. Achtundneunzig reichen mir auch schon.«

Tippmamsellen hinter Glas

»Kontor« stand früher meistens an jenen Eichenholztüren, hinter denen an hochbeinigen Stehpulten fleißige, in der Mitte gescheitelte Lohnschreiber mit glänzenden schwarzen Ärmelschonern und kratzenden Gänsekielen die Anweisung eines königlichen Kaufmanns ausführten. Doch die Zeit von Gustav Freytags »Soll und Haben« ist natürlich längst vorüber. Und dort, wo einst das ehrwürdige Handelshaus stand, erhebt sich heute ein Großraumbüro. Ein Schreibmaschinenaquarium, das aus achtzig Prozent Glas, zehn Prozent psychoanalogischen Erkenntnissen sowie neonbleichen Mädchen und Abteilungsleitern als Rest besteht. Und ein schlauer Gassenbub hat sofort errechnet, daß allein zum Einwerfen der vorhandenen Fensterscheiben fünf kriegsstarke Volksschulklassen etwa drei Jahre zu tun hätten.
Das Superbüro ist nach den modernen Richtlinien sämtlicher Spezialisten erbaut. Ein Schneewittchen hätte in so einem gigantischen gläsernen Sarg allerdings keine hundert Jahre schlafen mögen. Obwohl sie vorher natürlich schon längst von einem Prinzipal statt von einem Prinzen geweckt würde. Und zwar nicht mit einem Kuß, sondern mit einer Kündigung. Über so ein Großbüro, das etwa die Gesamtfläche eines Oberliga-Fußballplatzes besitzt, kann man natürlich geteilter Meinung sein. Die Herren Werkpsychologen behaupteten beispielsweise, in diesem Tasten-Hammerwerk würden sich unter anderem alle Mädchen viel hübscher frisieren und herrichten, weil sie doch dauernd eingesehen sind. Während die Herren ihrerseits kaum noch versuchen würden, sich am Kopf oder sonst irgendwo zu kratzen. Andererseits kann leider auch jeder durch fünfzehn Glaswände hindurch beim Gähnen eines Kollegen haargenau dessen Zementplomben und Stiftzähne zählen.
Selbstverständlich ist die Einrichtung des Hauses in gepflegtestem Teakholz gehalten und auch an kaltem Marmor ist nicht gespart worden. Das Gebäude ist statt in Stockwerke in sogenannte Zonen eingeteilt. So gibt es eine Besucher-, eine Verhandlungs- und eine Direktionszone. Jeder Angestellte hat ein

Namensschild auf dem Tisch stehen, und die gehobenen Funktionäre tragen auch noch eine verchromte Nahkampfspange am Revers, worauf beispielsweise zu lesen ist: »Herr Riemenschneider«. Wohl damit man den Träger nicht als »Frau Riemenschneider« anspricht. Topfpflanzen, Schlinggewächse und andere Betriebsratsorchideen unterstreichen dezent die thermostatische Atmosphäre des Dividenden-Treibhauses, in dem ein sorgsam gepflegtes Betriebsklima herrscht. Ferner ist alles völlig automatisiert, und sogar der Liftboy oder Paternoster-Pilot im stählernen Raumkapsel-Aufzug ist durch einen Lichtstrahl ersetzt, der es auch ohne Vorwarnung unmöglich macht, daß man sich vielleicht die Finger in den geräuschlosen Zaubertüren einzwicken könnte.

Lediglich in der Schweigezone des Herrn Generaldirektors geht es noch etwas menschlicher zu. Hier ist alles abgedichtet und ausgepolstert wie in der Superzelle eines prominenten Nervenkranken. Und neben dem Schreibtisch befindet sich ein Armaturenbrett, so gewaltig und verwirrend wie das einer Boeing 707, mit ebenso vielen Knöpfen und Tasten. Sicher kann sich der allgewaltige Boß damit auch jederzeit eine der bildhübschen Tabulator-Teenager herbeifunken, um bei Quecksilberlicht, Air Condition und abgestelltem Sprechgerät gegebenenfalls ein bißchen menschliche Kontaktpflege betreiben zu können. Denn das tut auch in einem Großraumbüro not.

Unterm Wochenend-Regen

Das bundesdeutsche Volk wird immer sauberer. Nach den letzten Ermittlungen nimmt bereits jeder Westdeutsche im Monat siebzehn Bäder. Die meisten davon zu Haus. Denn wie weiter festgestellt wurde, besitzt heute schon jede dritte Wohnung ein Badezimmer oder wenigstens eine Brausenische. Diejenigen aber, die noch immer keine eigene Bewässerungsanlage haben, besuchen die betriebseigenen oder städtischen Reinigungsanstalten. Fast zwei Millionen Verstaubter und Verkleckerter finden sich allein jeden Sonnabend in den Brausebädern ein, die alle Großstädte betreiben. Um ein ebenso billiges wie erfolgreiches Stehbad zu nehmen.

Auf den blank gewetzten Bänken sitzen die Anwärter auf den warmen Wochenend-Regen. Manche glätten, bevor sie sich niederlassen, sehr sorgsam ihren Hosenboden wie besonders artige Gassenkinder, bevor sie übergelegt werden. Jeder der »Wassersüchtigen« erhält von einer leinenhäutigen Sunlicht-Lady eine blecherne Nummer, die er fest und innig in der Hand hält wie das tapfere Schneiderlein seinen Käse. Und jedesmal, wenn einer der Wartenden mit strenger Stimme aufgerufen wird, rutscht man auf dem Kernseifen-Toboggan um einen angewärmten Platz weiter. Doch dann wird es gleich wieder schläfrig auf der Wartebank. Und riecht weiter nach Metallarbeiter, Müdigkeit und mitgebrachter Makowäsche.

Im wohligen Dahindämmern läßt auch der Werkmeister Wichtelschreck seinen Charakterkopf auf die halb aufgeknöpfte Weste sinken. Und den vergangenen Sechs-Tage-Film noch einmal an seiner Mattscheibe vorüberziehen. Mit der blonden Erika vom Lohnbüro als Hauptdarstellerin. Er hat sie nämlich für die sonntägliche Hausaufgabe ein bißchen auswendig gelernt. Neben ihm brummelt ein linksgescheitelter Revolverdreher leise vor sich hin, und das klingt, als wollte ein winziges Leichtmetall-Motorrad auf einen viel zu steilen Berg hinauffahren. Nummer fünf auf der Rutschbahn ist ein besonders mannschaftsdienender Zeitgenosse, der laut aus einer Gazette vorliest. Alles, von den Geburtsanzeigen bis zum Einzelhandelspreis.

Trotz der allgemeinen Apathie gibt es immer wieder kleine Sensationen im Vorraum von »Wasserburg«. Aus Kabine siebzehn ertönt ein markerschütterndes Geheul. Wie von einem versprengten Wolf, der in ein Tellereisen trat. Aber wahrscheinlich hat nur ein Nackedei den falschen Wasserhahn aufgedreht. Weiter vorne kommt ein Mann aus der Reinigungs-Box. Die Schuhbänder offen, den Kopf rot wie die Wendeboje bei einer Segelregatta und die Henkel-Ohren freudig gegrillt. Er hat eine Sintflut-Frisur und den Kamm daheim vergessen. »Kumpels«, so bittet er verlegen, »kann mir vielleicht einer aushelfen?« Aus dem Hintergrund aber kommt ein boshaftes Gemecker. »Mann, die zwei Suppennudeln kannst du doch auch mit dem Hausschlüssel bändigen.« Allgemeines Gewieher geht reihum. Doch schließlich steht ein bananen-nasiger Obsthändler auf, greift in die Tasche und leiht dem Bittsteller einen wuchtigen schwarzen Läuse-Pflug, mit dem sich jener sofort einen gewagten Napoleon-Scheitel zieht.

Wer allmählich näher an die eigentliche Berieselungs-Anlage herangeschlittert ist, kann sich auch an den Gesprächen ergötzen, die in manchen der feuchten Kemenaten stattfinden. In einer der nassen Parzellen haben anscheinend zwei Lehrjungen Station bezogen, denn die Diskussion ist noch ein bißchen kindisch. Der eine frägt kichernd den andern: »Was krieg ich denn, wenn ich dir den Buckel abseife?« Worauf der Angesprochene entgegnet: »Genau das, was die Seiltänzer auch bekommen. Einen Beifall.« Glucksende Heiterkeit. Bis sich einer der Gaudiburschen verschluckt und von seinem Kollegen mit hohlklingenden Rückenhieben wieder gebrauchsfähig geklopft wird. Plötzlich flutscht ein Stück Seife unter einer Kabinentür heraus. Ein magerer Kahlkopf fängt es ein und schießt es zurück. Dann riecht er lange an seiner Hand und läßt auch den Nachbarn rechts und links eine Nase voll nehmen. »Veilchen«, sagen die zwei übereinstimmend und todernst. Der dritte Tester indes erklärt sachlich: »Russisch Juchten.« Die zwei Veilchen-Männer sehen sich stillschweigend an. Sie sind auch diesmal völlig einig. »Ein Kommunist ist jener.« Später schreit der Mieter der Eck-Kabine zu seinem Arbeitskollegen hinüber: »Oskar, Mensch, vergiß bloß nicht, dir die Hufe zu waschen. Sonst meint deine Frau, du hättest ihr zwei Briketts ins Bett gelegt.« Der aber kontert sofort zurück: »Schrubb lieber du deine Untermänner nicht zu sehr. Damit dir die Schuhe nicht wieder um zwei Nummern zu groß werden.« Baden macht lustig.
»Wohl bekomm's!« sagt die Schlüsselbewahrerin zu jedem Gast, den sie an den heißen Strahl liefert. Manchmal, wenn einer geht, gibt er der weißen Frau wohl auch die Hand mit einem bescheidenen Messing-Inhalt. Gerne nimmt sie auch ein bißchen an einem kleinen Plausch teil. Besonders wenn der berühmte Westentaschen-Lenin spricht. Ein wellblechhäutiger Fluraufseher, der auch heute wieder seine zartrosa Gedankensplitter zum besten gibt. »Sehen Sie«, meint er leise zur Wickelschurz-Mammi. »Wie ungerecht ist es doch immer wieder auf der Welt. Für den Reichen beispielsweise fließt das Wasser immer waagrecht. So wie an der Riviera, im Swimming-pool und im Wannenbad. Doch für den armen Teufel, da gibt es das Wasser leider nur senkrecht. Nämlich im Brausebad. Und im Regen.«

Die Hinterhaus-Mutter

Sie heißt eigentlich ganz einfach Kreszenz Hackl. Im Hinterhaus aber hat sie seit altersgrauen Zeiten den Beinamen die Hackl-Muadda. Droben im vierten Stock neben dem Wäschespeicher ist ein kleines Emailleschild an der selbstgestrichenen Mansardentür, und da steht sogar noch Martin Hackl drauf. Aber den Martin gibt's schon lange nicht mehr. Den hat »anna domini zwoaradreißg«, wie die Hackl-Mutter zu den Jahreszahlen noch immer sagt, ein Kamin erschlagen. Weil er doch Abbruch-Arbeiter war, und da kommt dann eben so was vor. Zwei Buben waren auch einmal dagewesen. Wenn aber hin und wieder wirklich noch einer von den älteren Hausinwohnern auf die zu reden kommt und vielleicht ein bisserl pflichtgemäß dazu seufzt, dann kriegt die Frau Hackl längst keine feuchten Augen mehr. Denn jede Zisterne, und wäre sie noch so tief, trocknet einmal aus. Und drum könnte allenfalls noch ein bißchen Sand aus den alten, verbrauchten Augen der Kreszenz kommen, wenn sie weinen sollte. Da wiegt sie höchstens noch den Kopf in Erinnerung an ihre zwei Kinder und summt etwas dazu. Wenn sie das Wiegenlied des bekannten Dichters kennen würde, würde sie vielleicht den Originaltext mitmurmeln: »Heia, popeia, was raschelt im Stroh – der eine liegt in Polen, der andre ist wer weiß wo.«

Achtundsiebzig gezählte Kinder wohnen im Vorder- und im Rückgebäude des unverwüstlichen Arbeiter-Silos. Und da sind natürlich auch ein paar darunter, die haben keinen richtigen Vater. Nur einen solchen auf dem Papier halt. Manchmal muß deshalb dann auch die Mama noch in die Fabrik gehen. Das wäre ganz schlimm, wenn's die Hackl-Mutter nicht geben tät. Denn da werden die Zopfliesl oder die Hosenträträ eben einfach droben im Juchhe hinterstellt bis abends. Und sie sagen zu der guten, alten Haut auch einfach »Mama« im Gegensatz zu der echten Mutter. Dann stecken sie die kleinen Köpfe in ihre weißblau linierte Schürze, wenn sie sich fürchten, wenn sie hingefallen sind und ein bisserl weinen müssen, oder wenn sie schlafgrantig werden. Freilich, die winzigen Bürscherln wischen

auch ganz einfach ihre Nase an dem gestreiften Kittel ab. Und tasten dann verstohlen nach den großen Taschen, in der die Hackl-Mam immer ein paar Guatl oder wenigstens Zuckerstückl hat, die in dieser rückständigen Mietkasernen-Welt direkt noch was gelten. Aber die Hackl-Muadda hilft auch da und dort bei der großen Wäsche mit, putzt die Treppen für die kranke Frau Eisenreich, kommt zu den jungen Ehefrauen, wenn der Maler da war, begleitet wohl auch eine Frischverheiratete in die Maistraße, wenn sie der Storch gebissen hat, und schiebt dann die Früchte der Liebe in der frühwarmen Sonne spazieren, weil doch schon drei andere da sind bei den Schlegelmilchs.

Und manchmal tappt sogar noch irgendein eisenbahnbärtiger Jüngling heimlich in den vierten Stock hinauf und erzählt mit einigem Stottern der Kreszenz, bei der er schon als »Hemmadlenz« immer Zuflucht fand, von der Marie im Nachbarblock und ob ihm die wirklich was will. Die Erwachsenen aber, wenn sie die Buzlware so um die alte Frau herumtrippeln sehen wie die Biwerl um eine Bruthenne, sind direkt ein bisserl neidig, weil sie halt selber so eine verwaschene Schürze bräuchten, wo sie ihre Köpfe hin und wieder mal hineinstecken könnten.

Und nun ist also wieder einmal Muttertag, und der bleibt auch der Frau im vierten Stock nicht erspart. Da kommen die ledigen Fräulein Mamas daher und bringen fürs Aufpassen eine Flasche roten Tiroler oder eine Rügenwalder Teewurst. Und die kleine Kundschaft kommt angezockelt, mit selbstgepflückten Schlüsselblumen-Sträußen von den nahen Mietgärten in den warmen Händchen. Die Mariele Heumader sagt sogar ein Gedicht auf, und der zerschundene Karli verspricht »immer ganz baf« zu sein. Und gegen Nachmittag trifft prompt auch wieder die schöne Torte vom Konditor-Tonerl ein, der nun schon im dritten Lehrjahr ist und früher der allerliebste Zögling der alten Frau war. Ganz richtig steht da mit Zuckerguß drauf »Der lieben Mutter«. Und der Toni wird die Hackl-Mutter nach vierzehn Tagen programmgemäß wieder fragen, ob sie gut war, die Torte. Und sie wird ihre Hand irgendwo auf die Magengegend legen und sagen: »Ausgezeichnet, Tonerl, ganz hervorragend.« Dabei hat sie doch kein einziges Stückerl gegessen. Sondern wieder einmal alles an ihre kleine »Bagasch« verschenkt.

Über das Schnarchen

Es ist sicher eine Verleumdung, wenn böse Zungen behaupten, daß das Schnarchen von dem Russen Rasso Rachanowitsch erfunden worden wäre. Gewiß ist der »Mitternachts-Jodler« schon genau so alt wie die Menschheit selber und der Schlaf auch. Vielleicht handelte es sich ursprünglich bei Stammvater Adam, der sicher auch schon schnarchte, nur um eine Art Sicherheits-Sirene, damit ihn nachts nicht aus Versehen ein friedlicher Saurier verspeiste. Oder der liebe Gott baute ihm den Natur-Wecker ganz mit Absicht ein. Damit ihn die Eva immer wieder in die reduzierten Rippen stoßen konnte. Sonst hätte er am Ende gar vielleicht den ganzen Sündenfall verschlafen.

Ob mehr Männer oder mehr Frauen schnarchen, darüber gibt es keine festen Zahlen. Wohl aber eine feste Meinung. Denn eine deutsche Frau schnarcht nicht. Auch nicht im Zeitalter der Gleichberechtigung. Sie zirpt höchstens. Wie eine Grille, zart und betörend. Oder sie säuselt. Wie junge Birken am grünen Waldrand. Weil sie doch der Frühlingswind bewegt und auch die Gedanken, wie sie das Geld für einen neuen Hut ihrem Mann vom Mund absparen könnte. Dann hält sie eben im Traum halblaute Esperanto-Zwiesprache mit Gevatter Morpheus. Eines aber haben männliche und weibliche Schnarcher gemeinsam. Sie bestreiten es beide.

Es werden eine Unmenge von Schnarchgeräuschen und Arten registriert, denn gerade hier gilt das Sprichwort, daß es nicht immer das gleiche ist, wenn zwei dasselbe tun. So gibt es zum Beispiel den sanften Pfaucher, der nur bescheiden vor sich hinbläst, wie wenn ihm die Traumsuppe zu heiß wäre. Etwas gesteigert hört sich das dann schon an wie bei einem Samowar oder einem kleinen Geiser im Yellowstone-Park. Die nächste Sorte spielt im Schlaf Vorortslokomotive und pfeift auch noch an jeder Kreuzung, Unterführung und Schranke. Und so ein Zügle legt in acht Stunden doch eine ganz schöne Strecke zurück. Am teuflischsten aber sind die sogenannten Säger. Manche schneiden zwar nur mit der Laubsäge kleine Männchen aus, aber andere arbeiten dafür gleich gar wie ein Vollgatter-Werk,

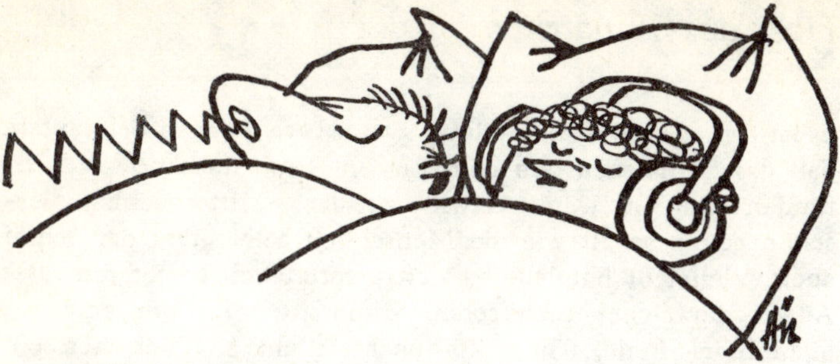

als müßten sie im Akkord Bretter liefern für den sozialen Wohnungsbau. Diejenigen aber, die mit einer Nervenfeile locker gewordene Fensterbleche bearbeiten, sollten eigentlich der Klempnerinnung beitreten. Damit ihnen wenigstens ein Schraubstock zur Verfügung gestellt wird. Eine besondere Abart sind noch die Traumschmatzer, die manchmal recht nahrhafte Geräusche produzieren.

Eine alte Anekdote erzählt, daß das Schnarchen auch einmal einen gewissen Gebrauchswert besaß. Damals, als nämlich die Türken Wien belagerten, hatte der Sultan Achmed, der Pfiffige, eigene Kompanieschnarcher ausbilden lassen. Diese wurden nachts den vorgeschobenen Posten zugeteilt und hielten dieselben mühelos munter bis zum Morgengrauen. So kam es, daß die Wiener bei ihren nächtlichen Ausfällen immer nur auf wache Wachen stießen.

Die Mittel, die gegen das Schnarchen empfohlen werden, sind ebenso zahlreich wie zwecklos. Ganz alte, rauhe Rezepte empfehlen, den Schnarchenden mit dem Mund unter einen tropfenden Brunnenhahn zu legen. Dann höre er bestimmt auf. Dabei besteht freilich auch die Möglichkeit, daß der Patient den Seemannstod stirbt. Auch eine Mundharmonika vor das Ansaugventil des geräuschvollen Schläfers zu binden, soll recht gut sein. Aber wer will schon die ganze Nacht die »Serenade in einer Tour« hören! Zu Großmutters Zeit galt als probates Hausmittel ferner, dem Ruhestörer eine hartborstige Bürste auf dem Rücken zu befestigen, die ihn beim Umdrehen selbsttätig aufwecken sollte. Nasezuhalten, pfeifen, schimpfen, räuspern, kit-

zeln mit einem Strohhalm und sonstige laienhafte Versuche haben nur sehr begrenzte Wirkung. Als letzter Ausweg bleibt nur das Auswandern nach Arizona oder Arkansas. Denn dort gilt das Schnarchen längst als seelische Grausamkeit und ist unter dem Motto »Schnarche dich ledig« ein anerkannter Scheidungsgrund. Den Schnarcher selbst lassen aber alle Vorschläge und Rezepte kühl bis ans Herz hinan. Er ist der einzige, der sich ganz und gar nichts aus dem Schnarchen macht. Und ihn stört es auch nicht – denn er hört es ja nicht.

Umtauschzeit

Kaum sind die letzten Töne vom Tannenbaum-Lied verklungen, hebt in den Straßen der Stadt ein gewaltiges Knarzen an. Dieses Geräusch wird von den hunderttausend neuen Schuhen hervorgebracht, die in den Tagen nach dem Fest zum erstenmal zarte oder kummerharte Zehen drücken dürfen. Nach statistischen Angaben werden nämlich 94 Prozent aller Mokassins zu klein gekauft. Das kommt in der Hauptsache davon, weil die Damen gerne zehn Prozent von ihrer normalen Pedalgröße abziehen. Zum anderen Teil aber ist es auch auf den Leichtsinn jener Stifter und Spender zurückzuführen, die eine Schuhgröße gerne mit der Hutnummer und diese wiederum mit der Kragenweite verwechseln.

Der aufmerksame Beobachter trifft deshalb kurz nach den Feiertagen besonders viele »Gehbehinderte« auf den Avenuen der City. Und es ist ein großes Humpeln, Zeheneinziehen und Eierlaufen im Gange. Besonders die Damen beweisen wieder einmal ihr großes Dulder-Format, wenn es um das Ertragen von Schmerzen geht, die von der Mode oder der Eitelkeit hervorgerufen werden. Nur in stillen Hausgängen, im Kino oder unter den Tischen der kleinen Konditoreien gönnen sie den mißhandelten Hufen winzige Erholungspausen. Die ewigen Schneewittchen werden nämlich niemals zugeben, daß ihnen die neuen Asphalt-Tüten zu klein sind. Sondern jedem Zweifler durch eine raffinierte Zehenroulade beweisen, daß hinten an der Ferse fast noch ein zweiter Fuß Platz hätte. »Bittschön, schaun's nur selber.« Ruckediguck, kein Blut ist im Schuck. Viele junge Mädchen oder solche, die sich mit Zähigkeit dafür halten, haben auch heuer wieder jene Skihosen vom Christkind gekriegt, die so stramm sitzen, daß man sogar die Blinddarm-Narbe deutlich erkennen kann. An ihrem Anblick freuen sich nicht nur jene Freier, welche diese Schnellfeuer-Futterale kauften, sondern die ganze kollektive Männlichkeit. Manche Patina-Teenager allerdings sehen mit ihren Königskinder-Beinen vom Modell »Sie konnten zusammen nicht kommen« von hinten haargenau aus, als würden sie für Frankfurter Würstchen Reklame laufen.

Köstliche Wonnen harren auch auf die Besitzer stangenwarmer Konfektionsanzüge, die sie von ihren Ehehälften verpaßt bekamen. Mit grimmiger Entschlossenheit tragen sie die scharfen Solinger Bügelfalten durch die Stadt. Ihre Hälse werden zusehends noch gewürgt und stranguliert von blütenweißen, halbsteifen Krägen, die sich langsam bis zum dritten Rückenwirbel durchscheuern. Und über den Brustbeinen baumeln die lächerlichen Krawatten der Schwiegersöhne und Enkelkinder, derentwegen sie vor jeder Auslagenscheibe stehen bleiben müssen, um den Sitz zu korrigieren. Deshalb sieht man auch seltsamerweise vor Schaufenstern, hinter denen lediglich Bruchbänder oder Bandsägen ausgestellt sind, immer wieder ganze Gruppen grinsender Charakterköpfe aller Altersstufen.

Die höchsten Freuden nach dem Fest aber stehen zweifellos den Verkäuferinnen und Ladenmädchen bevor. Denn es wird umgetauscht. Und das, obwohl unterm Lichterbaum immer wieder mit glücklicher, halbfeuchter Stimme versichert wurde: »Ja, wie hast du das denn bloß so erraten? Genau das hab' ich mir schon immer gewünscht. Und es paßt wie angegossen.«

Das »Tausendmal Vergeltsgott« ist aber noch nicht ganz trokken, und schon wird das betreffende Geschenk schlampig eingewickelt und heimtückisch wieder in den Ursprungsladen zurückgeschleppt. Und dann will der hochbeglückte Onkel statt dem Dutzend Taschentücher plötzlich lieber eine Rundflugkarte über München. Aus dem Heizkissen soll ein marinierter Seelachs werden, und der reizende Rauchverzehrer möchte sich gerne in ein Paar Boxhandschuhe umwandeln. Nicht einmal ein Ben Ali in Hochform könnte all diese Wünsche erfüllen. Doch außer dem völlig ruinierten Verkaufspersonal bleibt bei der Umtauscherei auch noch manche alte Freundschaft auf der Strecke. Denn bei dieser Gelegenheit erfährt die schöne Micha Morgenmund leider auch, daß die Pariser Spitzengarnitur, die ihr der ständige Beglücker Vinzenz geschenkt hatte, kein Dior-Modell ist, sondern ein Restposten der weltbekannten Firma Woolworth. Und eine solche Schurkerei rächt sich immer bitter. Denn noch am gleichen Abend wird die enttäuschte Micha ihren schäbigen schwarzen Vinzenz gegen den blonden, vielversprechenden Viktor umtauschen.

Zahltag in der Vorstadt

Die verhärmten Fassaden der alten Arbeiterhäuser versuchen ein winziges Lächeln, so daß aus den Mauerfalten leise der graue Mörtelsand rieselt. Es ist Zahltag in der Vorstadtstraße. Da ist eine Zeitlang alles anders. Von der Straßenbahnseite her kommen die Arbeitsmänner, der Akkordlohn, die Entfernungszulage, aber auch der liederliche Bruder Vorschuß. Und die Zeit, die in billigen Hausschuhen an der Ecke wartet, wird unruhig.

»Ene-bene-suptrahene, divi-dave-domino«, sagt das Mädchen an der Hofmauer und sticht mit kleinem Finger in die Herzgegend ihrer Gespielinnen. Da ruft der Alfons: »Der Vater kommt.« Er schnalzt mit scherbensicheren Barfuß-Sohlen das Trottoir entlang, von einem der drei Schwesterlein hart verfolgt. Mit wuchtigem Ofenrohrgang naht der Baggerführer Pfund. Die Ausguckposten in den Mietshausfenstern melden es zurück. Einhundertsechzig Mark soll jener in der Woche verdienen, und sein Blick sagt deutlich: »Ja, ja, hätt's nur auch was gelernt!« Minuten später baumeln rotglühende Kirschengehänge an den durchsichtigen, aber keineswegs zu geringen Ohren der Pfundkinder. Und der Alfons hat die Schokolade, die der Papa in der warmen Tasche trug, rasch bis in den Augenbrauen. Auf der Teppichstange macht er dafür mit bleichen Kochlöffelarmen drei Klimmzüge vor. Kunststück, bei so einer Kost. Er zählt gellend mit: »Eins, zwei . . .« Aber kein Mensch schaut hin.

Mahnend klingt das rhythmische Hämmern vom Schuster Silbertag aus der heute geöffneten Ladentür. »Nach dem Essen – Schuhabholen nicht vergessen.« Der Obstmann an der Ecke hat heute in seinen zwei Kistchen richtiges Obst drin. Sonst beherbergen sie nur Blumenkohl. Hoch über den Köpfen, aber weiß verhüllt wie Täuflinge, tragen die Frauen den Kuchen oder den umgestülpten Guglhupf vom Bäcker heim. »Um zwanzig Pfennig kann man ihn selber nie so backen. Wer hat denn schon eine so gleichbleibende Hitze?« Im Frisiersalon Donner schärft der Stift Markus zum fünften Mal das blitzende Backenschwert und haut blinzelnd ein schwebendes Haar damit durch. Fünf-Tage-Stoppeln gilt es zu barbieren. Bald verlassen auch die er-

sten riegelsamen Hausfrauen mit messerscharfen Preßkopfwellen das Verschönerungsinstitut. »Jaha, die Anita kann jederzeit im Filmatelier arbeiten. Wissen Sie, Frau Wagner, ich geb ihr halt immer einen Fuchzger. Und Sie?«

Leonore Zusamm ist der gute Mensch der Vorstadt. Heute kriegt jeder von ihr »sein Teil«. Exakt ausgerichtet steht vor dem Taglöhner Melchior das Bierglas mit drei Schoppen. Die sieben Kinder halten sieben gleichgroße Kuchenscheite senkrecht vor dem Mund. Diese Zahltagsnudeln hat die Mutter wie immer mit einem geheimnisvollen Verlegenheitsschmalz herausgebacken. Die Krumen bekommen die heftig reklamierenden Spatzen auf dem Balkon. Der Kanarienvogel hämmert begeistert am Zuckerwürfel, und der fabelhaarige Hund Wastl wird gekämmt. Die Leni geht mit dem blauen Zinsbüchlein zum Hausherrn, denn die Zusamms zahlen wöchentlich. Dort, wo sie das Heftchen mit fünf Fingern hält, ist es ganz dunkelblau vom festen Drükken. Das Geld ist zwischen den Seiten. Denn es gibt auch schlechte Menschen, sagt die Oma. Bei der Krämerin Schwumm ist heute ebenfalls »der Tag des Buches«. Auch die Frau Zusamm hat so ein »Suppengrün-Tagebuch«. »Jetzt stehn nur noch zwölf«, wispert es leise links aus dem Mund der Krämersfrau. Als diese geht, sagt sie hochachtungsvoll zu der anderen Kundschaft: »Ja, ja, die Frau Zusamm, wär'n sie nur alle so.« Eintönig klingt das Weinen vom Kapfer Edi durch das Parterrefenster. Er wird angezogen und muß in die Stadt zum Hosenkaufen. Am Kiosk stehen die Halbwüchsigen und erneuern mit witzigen Sätzen die morsche Welt. Der Georg geht vorüber mit neuer Ausverkaufs-Kleidung und sagt in stolzer Verlegenheit: »Was sagt ihr zu meinem neuen Kleid?« Vom vierten Stock tönt die verhottete Nachricht herunter: »Mama tanzt Mambo.« Die Näherin Nini hat sich endlich die Langspielplatte geleistet. Eine Menge Freude im Gesicht, naht der Schlachthausschreiber Hundertmark auf saugenden Kreppsohlen. Seine Lohntüte ist noch fest verschlossen. Die Braut Lisbeth liebt ihn deshalb sehr.

Aus dem Fenster der Gastwirtschaft »Kleine Zukunft« klingt das dumpfe »Bum« der Kartenspieler. Ein verwaschener Spruch steht auf der Hauswand: »Der eine macht's, der andere verlacht's, der dritte betracht's, was macht's.« Das paßt für vieles.

Notizen eines Hilfsskilehrers

Durch einen Glückszufall kamen in diesen Tagen die Notizblätter des Hilfsskilehrers Wastian Ammerganz in die Hände des Chronisten. Gerade noch rechtzeitig, ehe der Wastian seine Memoiren exklusiv an eine große Illustrierte verkaufen wollte. Diese Aufzeichnungen sind in ihrer derben Unbekümmertheit so offen und aufschlußreich, daß sie niemandem vorenthalten werden sollten. Und hier sind sie, notdürftig ins Hochdeutsche übersetzt:

Saisonanfang: Zehennägel geschnitten wegen dem Passen von den Schuhen. Und weil man sonst beim Après-Ski so leicht auf dem Tanzboden ausrutscht. Ferner auch die Vorderhufe beim Dorfbader raspeln lassen. Somit keinerlei Möglichkeit mehr zum Nägelbeißen. Englischkurs und französischen Lehrgang abgeschlossen. »Teleftschi in se front.« »Kommsi kommsa.« Prüfung bestanden.

Klasse 5 C übernommen. Vier mittelprächtige Mannsbilder. Tragen vernickelte Armbanduhren, haben keine Krokodil-Brieftaschen. Nix pagari vermutlich. Zwei zähe Fräulein Lehrerinnen auf Pauschale. Lernen's wahrscheinlich nie. Und ein junger Schnösel. Wird mir aber nicht zu gescheit. Ferner eine Miß aus Kämbridsch namens Tschoan. Eintönige fade Latt'n. Sodann Eduard Schmitt, Hosengroßhändler, trägt Zweikarater, vermutlich lupenrein. Und schließlich zwei Freundinnen, Mia und Molly. Sogleich in den Terminkalender eingetragen.

Dienstag: Vom Skischulleiter angepfiffen worden, weil englische Miß so hingefallen ist, daß sie bis zum Nabel im Arlberg steckte. Dem Schnösel falsch eingesagt, Bergski in Front. Mittags einen Zwetschgengeist von Nickeluhren gekriegt. Einen kleinen. Mit Moni von der Hochalm wieder Gutschrift-System besprochen. Für Wurzen. Wie im vergangenen Jahr. Abends Vortrag im Verband: Über die Gefahr, daß jemand das Skifahren trotzdem lernt. Mit Mia und Molly zum Jodler Franzl gegangen. Haben acht Schoppen Roten spendiert. Vier davon gutschreiben lassen. Bei Fräulein Mia Maß genommen. Ein neues Slalomgefühl erlebt. Trotzdem mit Molly mit Erfolg heimgegangen ...

Freitag: Erstes Fräulein Lehrerin in Gips gelegt. Zweites Fräulein Lehrerin heftig bearbeitet zum Ankauf von Metallski mit splittersicherer Bindung. Provision beim Lettner Sepp kassiert. Neuzugang, ein Autohändler. Alle Achtung. Gleich Eröffnungs-Zwanziger geschluckt. (Anmerkung: Mittags keine Bohnensuppe mehr essen.) Erster Ausflug auf Rachigelkopf. Englische Miß verloren und erst nach Stunden am Lawinenhang entdeckt. Mit einem Ski. Andere waren bereits ins Kirchdorf abgefahren. Hosen-Schmitt Nachhilfestunden erteilt. Fuffziger-Wecken kassiert. Abends in Gesellschaft mit verbliebener Lehrerin, Mia und Molly. Lehrerinnen-Angriff abgewehrt. Mia heimbegleitet ... Kein großer Unterschied.

Mittwoch: Sitzung im Gemeindehaus. Anschließend Unterricht über das Thema: Ausländische Geld- und Wechselkurse. Ferner Vortrag vom Dorfbarbier: Unterhaltspflicht und Vaterschaftsrecht in den NATO-Ländern. Beim Vormittagskurs jungen

Piffke auf Hosen-Schmitt auflaufen lassen. Der Mann wußte zuviel. Ging nun in andere Klasse und gab trotzdem zehn Mark Trinkgeld. (Man lernt nie aus.) Sonnenbad auf der Fleckerlwiese genommen. Tschoan besichtigt und vorgemerkt. Ist gar nicht so dünn. Ist nur die schlechte englische Mode. Autohändler erste Spitzkehre gelungen. Abends dafür Freudenfest mit der ganzen Klasse. Nach vierzehn Whisky überraschend Sieger bei Tschoan...

Donnerstag: Erste Gipfelfahrt auf Kröppelspitze. Bei Hosen-Schmitt Bindung aufgegangen bei Liftfahrt. Fallender Ski blieb im Friedhof vom Kirchdorf stecken. Lehrerin linken Knöchel geprellt. Lange den rechten massiert, ohne Protest. Hat's faustdick hinter den Ohren. Später Gipfelkapelle besichtigt. Kleine Litanei vom Pulverschnee hergesagt und fünfzig Schilling vom Auto-Fritzen in den Opferstock gesteckt. Bei Abfahrt Massensturz. Kam mir vor wie Hot dog zwischen zwei weichen Semmelhälften.

Samstag: Gala-Abschlußball im Pistenstadel. Allen das große einheimische DU angeboten. Mit Molly von Mia überrascht worden. Hinter Pistenstadel. Keine feinen Damen die zwei. Leukoplast gekauft für Kratzer im Gesicht. Britische Tschoan sagt: »Max nix.« Wollte Skiwachs auf Liebeswunden streichen.

Sonntag: Holz eingefahren und Braunscheckige zum Stier geführt. Mist auf dem Südhang ausgebreitet. Odel gefahren.

Zur Zirngibl Zenz auf die Hochalm gegangen. Wegen Hochzeitsaufgebot gesprochen.

Hier enden die Notizen des Auf- und Abfahrtspezialisten Wastian Ammerganz.

Sonnensonntag-Nachmittag

Grau, wohlig und zufrieden liegt die Stadt an der Isar. Wie die Elefantenkuh Stasi in Hellabrunn. Denn sie hat ein paar Stunden Urlaub. Und kann sich von dem Kirschkern-Geprassel, den heißen Kippenresten und den spitzen Stöckelschuhen, die ihr gutes Fell die ganze Woche über gequält haben, etwas erholen. Es ist ein Sonnensonntag-Nachmittag. Und die meisten Einwohner der City sind mit Vorortszügen, kleinen Leukoplast-Bombern oder der weißblauen Bimmel-Arche hinausgefahren ins Grüne, um ihre Bronchien gierig mit Ozon zu sättigen, aber leider auch die eintönige Mutter Natur mit Einwickelpapier, weggeworfenen Semmeltüten und den Trauerstreifen ihrer Kodakfilme etwas zu verschönern. Die dösende Stadt aber ruft ihren lieben Ausflugskindern gerne einmal einen Nachmittag lang nach: »Laßt fahren dahin, laßt fahren.« Und sie behält für sich selber nur die Ruhe zurück. Und ein paar Getreue, zu denen sie dann besonders gut ist. Im alten Schwabing geht der Frieden durch die vertrauten Gassen. Hinter den herabgelassenen Jalousien zerfallener Ateliers träumt ein Restchen Wedekind-Zeit. Die silbergrünen Pappeln, die die Champs-Elysées von Wahnmoching säumen, tuscheln und flüstern im Leopoldstraßen-Wind. Ein Mädchen kommt daher, bleibt vor einem Parterrefenster stehen und pfeift leise ein paar Takte aus der Nibelungen-Melodie. Im Rahmen erscheint ein lockiger Siegfried-Kopf, winkt freudig und lächelt: »Bin scho fertig, Rommy.« Dann gehen die beiden schräg verliebt und verhakelt die Avenue entlang. Sie »schieben« miteinander. Gleich nachher holt ein alter Mann in weichen Hausschuhen eine Maß Bier in der Eckwirtschaft »Blauer Heinrich«. Er redet ein paar rätselhafte Worte mit dem vollen Krug, als er zurückkommt, und streichelt seine Steingut-Geliebte flüchtig und in verstohlener Zärtlichkeit. Die zwei älteren Jungfrauen, die schon lange auf der Bank sitzen, stoßen sich an und kichern ein wenig.

Dann geht ein schmaler, blasser Mann vorüber mit einem Violinkasten. Es ist der Kapellmeister des kleinen Orchesters, das drunten am Schwabinger Meer zum Fünfuhrtee spielt. Heute

bei offenem Fenster und zur Kies-Terrasse hinaus, auf der ein paar ältere Herrschaften Kuchen essen und ihren Hunden rufen: »Komm schön her jetzt, Columbus!«

Es sind keine großen Sensationen unterwegs. Zwei Schwestern segeln fast lautlos vorbei, als würden sie von den weißen Tragflächen ihrer Nächstenliebe in der Schwebe gehalten. Nur ein einziger Gast steht auf der Plattform der Straßenbahn, und der tatenlose Schaffner schaut in einem kleinen Taschenspiegel sein Gebiß an. Hoch droben am Himmel summt eine Piper-Hummel. Lange sucht sie herum, wo sie sich ein bißchen hinsetzen könnte.

Nur zögernd geht der Nachmittag durch die Stadt in den mahnenden Abend hinein. Das Eisdielen-Fräulein, von der steifen Hubschrauberschleife des neckischen Schürzerls mühelos angetrieben, schaut die Straße rauf und runter. Und denkt sich wohl mit dem Feldherrn Wellington: »Ich wollt', es wäre Nacht und die Gäste kämen.« Im kleinen Hinterhof wird es dunkler. Das Mädchen mit dem dicken Wollschal um den Hals hat den ganzen Nachmittag allein gespielt. Und die sieben Zwerglein bewirtet. Nun gibt es noch einen Sandkuchen als Nachtisch. »Heute back ich, morgen brat ich«, murmelt die brave Zöpferl-Köchin dazu. Da ertönt von einem Hinterhaus-Balkon herab die besorgte Stimme einer Mutter: »Kumm, Evelyn, kumm jetzt rauf, mia miass'n d'Medizin nehma.« Etwas später läutet ein Mann mit einem festlichen Anzug am gleichen Gebäude. Er hat einen Strauß roter Schwertlilien in der Hand und trägt ihn gesenkt, als hätte er Angst, sonst jemanden damit zu stechen. Rasch schaut ein Fräulein auf die Straße, dann schnurrt der elektrische Türöffner. Die Tante ist schon längst im Kino.

Und über Schwabing sinkt die Sonne. Langsam rutscht sie mit dem scheidenden Tag goldstückgleich in einen Häuserschlitz. Wie in die Sparbüchse des lieben Gottes. Kleingeld der Ewigkeit.

Cocktails im Garden

Ein Mensch, der »zählen« will, muß heutzutage hin und wieder eine Party geben. Eine »Housewarming-Party«, die früher ganz schlicht »Einstandsfeier« hieß, oder auch nur eine »Garden-Party«. Zu diesem Anlaß erhält der Eingeladene gewöhnlich eine Büttenkarte, auf welcher in der rechten untersten Ecke in völlig verkümmerten Kinderbuchstaben in möglichst origineller Abfassung auf Ort und Zeitpunkt des Ereignisses hingewiesen wird. Was ein routinierter Partygänger ist, der bringt als Gastgeschenk in keinem Falle Blumen oder Konfekt mit, sondern meistens einen leeren Magen. Den nimmt er manchmal, allerdings auch etwas verkatert, wieder mit nach Hause.

Vor dem »Bantschalow«, wie ein echter moderner Wohnschuppen heute angesprochen wird, empfängt den Party-Gast ein knicksendes Kammerkätzchen. In dessen appetitlichen Blusenausschnitt der Besucher vorher einen Blick und nachher auch ungeniert einen blanken Taler werfen darf. Sodann flutet ihm mit Gewißheit die Frau des Hauses entgegen. Mit einem lebensfrohen Busen, der sich später irgendwo in der blauen Dämmerung verliert.

Eine Cocktail-Stunde hat Oliven im Munde. Und weil diese Früchte der Society innen auch einen harten Kern besitzen, werden sie von den gewitzigten Martini-Kennern vorsichtig hin und her dirigiert, damit die blitzenden Jackett-Kronen nicht zu Schaden kommen. Aus rätselhaften Gründen wird der Drink grundsätzlich nur im Stehen eingenommen, obwohl natürlich überall Affenschaukeln, Korbstühle und Polsterbänke auf ihre Inbetriebnahme warten. Weil aber die Geladenen in der einen Hand meistens den Cocktail und in der anderen das Sandwich haben, können sie sich nur verbeugen, wie die Lipizzaner in einem Zirkus-Programm. Geht der Neuankömmling dann zur nächsten Gruppe, so schauen ihm die anderen Plaudernden meist ein bißchen höhnisch und schadenfroh nach, als hätte er auf dem Rücken ein Schild, wie man es manchmal einander in der Jugendzeit anheftete: »Ich bin doof.« Handelt es sich um einen weiblichen Neuzugang, so wird der lieben Mitschwester

von den anderen Damen nach dem säuerlichen »Guten Abend« sofort mit schnatterndem Verleumdungsgebiß der Leumund eingesäumt.

Nun geht's hinüber ans kalte Büfett, das unter dem verblühten Holunderbusch aufgebaut und festlich beleuchtet ist. Aha, da ist ja endlich die herrliche Roulade Alfonso, die Pastete Monte Zuma und der Salat Hugendubel! Die in ihrer Zusammensetzung ebenso rätselhaft sind wie eine Ionesco-Inszenierung. Auch die kleinen, verkümmerten Sieben-Zwerglein-Würstchen gibt es. Verschrumpelt und häßlich sehen sie mit den Zahnstecher-Harpunen fast aus wie gebratene Liliput-Finger am Spieß. Nicht zu vergessen auch der echte Seelachs, welchen die distinguierte Gesellschaft so vorsichtig mit den Gebissen knipst, als wäre der Haken noch drin, mit dem er gefangen wurde. Die Hauptmahlzeit aber bilden viele hundert belegte Brötchen. Die zögernd vor sich hinnässeln, als ob sie alle den Katarrh hätten.

Während des Scharmuzierens und Schmatzens stoßen wirklich gebildete Leute immer wieder kleine, spitze Schreie des Entzükkens aus. Und überschlagen sich nach jedem verspeisten Salamiradl in lächerlichen Superlativen. Indes hat sich hinten am Holzkohlengrill, an dem ein original-bulgarischer Schaschlik gemütlich ranzelt, eine kichernde Gesellschaft von Dreiviertel-Ladies um den Naturburschen versammelt, der überall mit eingeladen wird. Soeben ist dem Fräulein Monika Jasmin, deren Eltern ihren Reichtum dem unermüdlichen Einsammeln der Gallenblasen in den städtischen Schlachthäusern verdanken, ein abspringender Funke ins Dekolleté gefallen. Worauf der barocke Pfiffikus der Errötenden sofort ein paar Tropfen Martini in die Mansfield-Schlucht nachschüttet.
Was übrigens die Cocktails auf so einem Oliven-Derby anbetrifft, so schmecken die meisten genau so, wie sie heißen. Nämlich nach Hahnenschwanz. Manchmal möchte man sogar glauben, es wäre noch ein Stück vom Hinterteil des Gockels dran gewesen. Später erfolgt dann auch noch eine Lampion-Polonäse. Und die Damen treten flugs Tausende von tiefen Absatzlöchern in den englisch getrimmten Rasen, von dem sonst jeder krabbelnde Roßkäfer mit einem Elektroschock verjagt wird. Auch als der Party-Löwe rückwärts laut lachend in die Maréchal-Niel-Rosen fällt, macht das fast gar nichts, ebenso wie der Fehltritt des Baroneßleins von Seidenwang, die sich bis zum Knie in ein frisches Mistbeet verirrt. Juhu, juhu.
Leider aber gibt es auch eine ganz bestimmte Sorte von Partygästen, die sich vor jeder Einladung den Magen auspumpen lassen und die Anzugtasche innen mit Wachstuch gefüttert haben zum Heimtransport der Überbleibsel. Diese Mitesser dürfen nirgends fehlen und gehören zur Society wie der Henkel zum Maßkrug. Sie ziehen von Fest zu Fest und fressen sich unaufhaltsam durch wie konzentrierte Schwefelsäure. Im Party-Slang heißt man sie deshalb auch die »Party-Partisanen«.

In jenen Tagen

Wie »der Wind, der Wind, das himmlische Kind«, so schleichen in diesen Tagen manchmal ältere Leute um noch ältere Häuser herum. Sie schnüffeln wohl auch ein wenig in dämmrige Hauseingänge, in die letzten Hinterhöfe, kehren dann an der grindigen Brandmauer wieder um und verduften schließlich auf leisen Sohlen um die Ecke, den ehemaligen Einmaleinsweg entlang. Ihre Gedanken aber bleiben zurück und wandern in den lautlosen Filzpantoffeln der Erinnerung noch einmal durch all die Stätten der Kinderseligkeit und in jene Gefilde hinter den sieben Bergen, von denen sie einmal auszogen, um das Gruseln zu lernen.

Dort zum Beispiel, wo jetzt die Litfaßsäule aus der Asphaltwiese wächst, stand doch einst ein Kastanienbaum. Marterpfahl und Fußballtorlatte, Anschlagstelle beim »Räuber und Schandi« und Stützpunkt beim »Schneider, leih mir deine Schere«. Ein bißchen krumm, von Taschenmessern zerschunden, von hundert Hunden heimgesucht, pfeilspitzennarbig war er. Aber stets ein Lieferant vieler Gratiswonnen. »Servus, Baum«, sagte man zu ihm, bevor man ihn im Frühjahr bestieg, um den Maikäfern ihr flockiges Blütenmenü herabzuholen, das sie dann niemals fraßen. Er war auch nicht bös, wenn man ihm die ersten schussergroßen Früchte abnahm, mit denen man die Inschrift »Ich Esel muß alles lesen« in die mürbe Hauswand ätzte. Im Herbst lieferte er, mit dicken Wurfprügeln freundlich dazu aufgefordert, das Rohmaterial für mahagoniglänzende Friedenspfeifen und etwas später auch noch den berühmten Krüllschnitt »Stiller Würger«. Was aber liefert schon eine Plakatsäule? Nicht einmal das angekündigte Beethoven-Konzert, und wenn man sie noch so stark schütteln würde. »Ene bene suptrahene, divi dave domino« – »Bicke backe Pfannenstiel, sitzt ein Manderl auf der Mühl«, das muß doch noch irgendwo verstreut auf der kleinen Fleckerlwiese herumliegen. Das war doch erst gestern, das Gras ist ja noch grün. Den fußabstreifergroßen Spielplatz im Hinterhof gibt es tatsächlich noch. Aber in der Ecke wächst immer noch kein Zwetschgenbaum, obwohl damals mindestens zwan-

zig peinlich sauber abgeschleckte Zwetschgenkerne gepflanzt wurden. Und mit einem Glasscherbendach abgedeckt gegen Nachtfrost und Hausmeister. Halt, der war ja gar nicht so ohne. Dort, wo jetzt die Garage steht, durfte man doch im Winter immer eine Schneeburg bauen. Mit Eisfenstern aus dem zugefrorenen Waschhauskessel, vom schmunzelnden Schneeschaufelchef selbst gestiftet. Wie leicht das Fensterblech im Parterre heute zu erreichen ist. Gegen damals, wo nur geübte Blitzableiterartisten im Zehenkrallengriff bis zu dem Geranienkistl hochkamen, in dessen grünem Dschungel der winzige Wurstzipfeltiger Fiffi mit blankgezogenem Reißverschlußgebiß knurrte. Und einmal war das Spielen unter dem Fenster vier Wochen lang verboten. Bis der kranke Hausmeister tot war.

Und drüben in der Spenglergrube. Was es da alles gab! Gänseblümchen, Matratzenfedern, Brennessel, Nägel, Hasenfutter, Blech und Margarinekübel. Die letzteren zum Fischerlfangen und als Trommeln bei der Erschießung des Andreas Hofer. Nun liegt der Schutt der Nebenhäuser darauf, und die Kindheit darunter. Und die gute Erde ringsum, die im Frühjahr schusserkacherlweich war und mit nackter Ferse poliert wurde, hat jetzt eine Zementhaut, hart wie die neue Zeit. Und direkt vor dem Haus wird gerade das wärmflaschenwarme Klinkerpflaster aufgemeißelt. Der Traumwandler steckt sich schnell einen Steinsplitter ein, wirft ihn aber gleich lächelnd wieder weg. Der Zaun an den Heimgärten ist nahtlos und eisern geworden. Früher war er aus Holz und von hundert Bubenhänden geglättet. Er diente mit sechs Jahren zum Balancieren, mit zehn zum Bauchaufschwung, mit vierzehn zur »Flankä«, und später war er wichtiger Feierabendtreffpunkt mit Handgeben. »Hawadäre beinand!«

»Die Mühle geht langsam, das Rad aber schnell — als wie ein Karussell.« Die Schmelz Nini konnte das am besten. Vielleicht weil sie Beine hatte, krumm wie ein Paar aufgewärmte Pfälzer. Drüben auf der Bank war der Ringelreihenplatz. Die alten Leute und der Veteran Bangerl, die dort saßen, schauten zu und lachten gern. Vom Bangerl bekam jedwedes Kind einen Pfennig, wenn es ihm das Lied vorsang »Bei Sedan wohl auf der Höhen«. Bank und Bangerl gibt's nicht mehr. Und plötzlich

steht der Rückwärtsgänger vor einer Frau. Und die macht den Mund halb auf in ungläubigem Erkennen. Er geht an der Nini Schmelz vorbei, und an der Ecke schaut er sich noch einmal um: Aber nur ganz kurz. Denn die verlassene Zeit starrt ihm nach. Sie ist so grau geworden ...

Auf Schwabings Matterhorn

Harmlos und ein bißchen griechisch döst das Schwabinger Matterhorn, das Monopteros-Bergerl, in mildem Maienlicht vor sich hin. Es ist genau einhundertachtundzwanzig mittlere Schritte hoch und bekanntlich aus dem Aushub des Kleinhesseloher Sees mit Schaufeln und Schubkarren aufgeschüttet worden. In dem kleinen Tempel auf seinem runden Lakaienbuckel wird kaum gebetet. Sondern gewartet, geküßt, gelernt und gekritzelt. Auf die Marmorsäule in der Mitte nämlich. Auf der zahlreiche Lippenstift-Herzen am Spieß, Telephon-Nummern, Zitate und Notizen prangen. Zum Beispiel: »Franz, du Schuft«, »Hier vollend' ich's« oder »Lebewohl, Mama weiß alles.«
Des Morgens um halb acht kommen durch die Lästerallee von Schwabing herüber die Radiergummi-Mäuschen getrippelt, die in Bogenhausen ihre Schreibmaschine zu stehen haben. Sie schauen immer rasch ein bißchen zum Monte Rendezvous hinauf, und dann sieht man auf ihren jungen Gesichtern noch ganz deutlich die Gedanken von gestern abend herumkrabbeln: »Hätt' ich vielleicht doch ja sagen sollen? Aber dann wär' er vielleicht das nächste Mal nicht mehr gekommen.« Und im Vorübergehen pflücken sie schnell eine Marguerite aus der grünen Wiese und fragen sie: »Soll ich – von Herzen – mit Schmerzen – ein wenig – oder gar nicht.« »Ein wenig«, sagt das Blumen-Orakel. Die Amsel im nahen Gebüsch jedoch fordert ganz energisch: »Tusdoch, tusdoch, kiwitt kiwitt.« Gegen Vormittag nahen die ersten Studentinnen im sanften Wiegeschritt und setzen sich auf die kalten Tempelstufen. Wenn auch die alte, freundliche Frau mit dem Strickzeug sagt: »Freilein, des derfas doch net macha! Do erkält'n S' Eahna ja de ganze Mitgift.« Und sie zeigt den jungen Dingerln ihr dickes Sitzkissen, das sie benützt, und erzählt ihnen auch noch von ihrer langen »Selbstgestrickten«. Dann geht der Student von Prag vorüber. Inspiziert das Angebot und bezieht Posten in aussichtsreichster Position. Nachher rollen auch schon die ersten Kinderwagen an und werden in Stellung gebracht. Die frisch gebügelten Mädchen, die sie schieben, sagen jedesmal, wenn ein Jüngling

sich nähert, unaufgefordert: »Schlaf jetzt schön, Melanie, sonst schimpft uns die Mutti nachher.« Und sie schauen kurz umher, ob diese Postleitzahl auch überall richtig verstanden wurde. Und wenn sie glauben, sie müßten noch deutlicher werden, legen sie die zierlichen, arbeitsamen Händchen artig auf die züchtigen Schenkel: »Sehen Sie, meine Herren. Kein einziger Reif der Verpflichtung am Finger. Ein Angebot bitte. Zum ersten – zum zweiten –.«

Zur Mittagszeit krabbeln bleiche Midinetten, ein paar versprengte Friseusen, zwei, drei Lehrlinge und die Arbeiter, die dem nahen Eisbach sein Kiesmatratzenbett ausbessern, den grünen Aussichtshügel hinan. Mürrisch wickelt ein blauleinener Stift seinen Doppeldecker aus und murmelt: »Jedn Dog und jedn Dog an rot'n Kaviar.« Und er beißt widerwillig in das roggene Filet, das mit körniger Himbeermarmelade bestrichen ist. Die weißen Weißnäherinnen nehmen gar nichts zu sich, sieht man von den paar Happen ab, die sie sich beim Luftschnappen aus dem zarten Frühlingstag herausknabbern. Bei Friseusens gibt es köstliche Lippenpomade. Aber nicht auf Sandwiches aufgetragen, sondern auf die kleinen, schmollenden Weißfisch-Mäulchen. Nur die Arbeiter sagen: »Es gibt nix Bessers wia was Guats.« Dann bringen sie einen langen Käse zum Vorschein, worauf der weiße Flieder sofort und entsetzt seine Dolden sträubt. Doch schon nach ein paar Minuten gibt er den ungleichen Kampf, mit seinem Duft gegen das würzige Harzer Aroma anzukämpfen, auf und beginnt mutlos vor sich hin zu welken.

Der frühe Abend ist die Zeit der Käuze. Im Zockeltrab kommt ein dünnarmiger Bürohengst angaloppiert, stellt sich genau mit dem Gesicht zur untergehenden Sonne und macht fünfundzwanzig gezählte Kniebeugen. Nachher folgt ein kleiner Caruso, der sein Hemd vorne aufknöpft, die Arme ausbreitet und zum häßlichen Heizwerk hinübernäselt:

»Du hast in jenen Tagen
Hochzeit mir vorgeschlagen,
das hast du wohl indessen
längst vergessen.«

Und auf einmal steht ein Mann vor den grünhaarigen Kugelbüschen und jammert weinerlich: »Aba Weibi, geh doch wieda

raus. I hob's doch garnet so gmoant. Kumm doch wieda her zu mia. I kauf dir aa a scheens Wurschterl.« Lange fleht er vergebens. Doch schließlich teilen sich die Zweige, und ein schlitzohriger Mastdackel schaukelt gnädig auf den glücklichen Bittsteller zu. Dann naht die blaue Stunde, und die Liebe kommt paarweise den schmalen Pfad heraufgewandert. Ein kleiner König Drosselbart zeigt seiner Gespielin das Panorama der Stadttürme auf dem matten Firmament. Sie zeigt ihm dafür lachend ihre Zähne. Und etwas später vielleicht sogar noch mehr. Aber das wird außer den beiden sonst niemand sehen. Weil der Chef hoch oben für Verliebte eigens eine ganz großartige Erfindung gemacht hat. Die Dunkelheit.

Ehe man Mannequin wird

Vor einiger Zeit lief in einem Mannequin-Studio die fünfhundertste Vorführdame von Stapel. Ein Ereignis unserer heutigen Kultur, welches der Errichtung eines Atommeilers keineswegs nachsteht, da diese Damen zwar weniger Heliumkerne absondern als so eine Beelzebub-Retorte, dafür aber auch weitaus nicht so gefährlich sind.

Wer wollte wohl nicht einmal ein solches Schleifwerk für gutes Benehmen besuchen, um mitzuerleben, wie aus einem unverbildeten Simmentaler Monopol-Bolzen ein Präzisions-Marschier-Maschinchen wird?

Die charmante Chefin des Talentbergwerks, die in ihrer Jugend selbst als angenehme Füllung hauchzarter Mitternachts-Talare und fischbeinsteifer Korsettrüstungen ihr Brot verdiente, machte den Besucher schnell mit vierzehn anwesenden Elevinnen und der hohen Ethik des Mannequin-Berufs bekannt. Demnach kommt man auch rasch zu der Überzeugung, daß ein perfektes Vorführfräulein aus achtzig Prozent Anmut, siebzig Prozent Charme, fünfzig Teilen Bewegungs-Rhythmus sowie geringen Restbeständen von Verschämtheit, Schalk, Schüchternheit und Talkum-Puder besteht. Ferner gehört zu einem Mannequin neuerdings noch ein Köfferchen, in dem es einen großen Topf mit Wangenschmalz, eine alte Streichwurstsemmel und seine langsam vertrocknenden Hoffnungen durch die Straßen trägt. Nur eine von zehn, so erzählt man, erhielte einen festbesoldeten Firmenauftrag zum regelmäßigen An- und Ausziehen. Die übrigen täten dies nur gelegentlich. Auch wären welche unter den Schülerinnen, die lediglich korrekt schreiten und ihre Anatomie gebrauchen lernen wollten, um im harten Verfolgungsrennen zum Standesamt nicht auf der Strecke zu bleiben. Was aber jeden männlichen Gast und Zuschauer wohl am meisten interessiert hätte, zeigte man ihm leider nicht. Nämlich die Kartei der fünfhundert Mode-Modelle, auf der alle technischen Daten genauestens angegeben sind: Telephon- und Fahrgestellnummern, Chassismasse, Straßenlage, Betriebsunkosten und Spezialfähigkeiten. Diese Kartei nämlich ist nur für den in-

neren Dienstgebrauch und wird, um jeden Mißbrauch auszuschließen, täglich abends – mangels eines Tresors – in einem Eisschrank eingeschlossen.
Als erstes darf der neugierige Zaungast zusehen, wie man gehen lernt. Unter den erläuternden Bemerkungen der First Lady begreifen die Schülerinnen alsbald, daß sie bis jetzt nur gelatscht waren. Und daß sich die meisten Frauen nur so fortbewegen, als würden sie einen Bauchladen mit Käsestangen vor sich hertragen. Und deshalb bekamen die Girls bei Übung 1 eine Gulasch-Terrine auf den Scheitel. Mit diesem Eintopf-Barett beschritten sie also den unsichtbaren »Weg ins Leben«. Manche gingen damit grätschbeinig wie hölzerne Bauschragen, die den Firmenlastwagen verpaßt hatten und nun zu Fuß zum Lagerplatz wollten. Und andere schlichen dahin wie der Fußballkönig Radi beim Stande von 0:17 in die Kabine. Eine resolute Frohnatur aus dem Rottal mit Frühkartoffel-Bäckchen, Marke »Ackersegen«, jedoch warf sofort um, so daß der bereits vierzehnmal geleimte Suppenhelm zu einem Puzzle-Spiel zerschmetterte.
Als nächstes wurde ein alter Regenschirm gereicht, mit dem die Mädchen allerhand neckische Possen trieben. Sie kokettierten und kosten mit ihm so sehr, daß der Mann seufzend an den Schlager denken mußte: »So ein Regenschirm hat's gut.«
Zu Übung 3 benützten die Schönen dann die alte Windjacke von SA-Mann Brand. Sie stellte ein Cape dar, das laufend gedreht und gewendet und sehr schlecht behandelt wurde. Hier produzierte sich hauptsächlich eine satte Walküre. Sie hatte die Figur und den Charme einer Mortadellawurst. Auch bei ausschweifendster Phantasie konnte nicht einer herauskriegen, bei welchem Industriezweig sie wohl beschäftigt werden könnte. Am ehesten vielleicht noch in einem Haushaltwarengeschäft als Mannequin für Bauchwärmflaschen oder bei der neuen Marine zum Schwimmwesten-Vorführen. Nun kam die große Abendschau, bei welcher ein langer Rock und eine Stola vornehm zu tragen waren. Und sieh' da, in Sachen Angabe wußten sogar die virginiabeinigen Fehlfarben alle Bescheid. Sie trugen die Köpfe, als wollten sie den Kaffee aus den Dachrinnen ihrer Vorstadtherbergen trinken, und rauschten hoffähig vorüber wie besetzte Taxameter. Und sogar die Luft wich ihren provozieren-

den Formen errötend aus. Die Stola indessen schleppten sie hinterher, als handle es sich um eine verlauste Kommißdecke. Sie führten eben nicht mehr vor – sie führten sich auf.

Indessen draußen vor der Tür standen nachher Cars und Play-Boys, um die Schmackhaftesten in Empfang zu nehmen und mit ihnen eine baldige »Haute Couture« zu vereinbaren. Und der Skeptiker ahnte auch, daß manche der Schönen wohl nur ein »Dokumenten-Mannequin« werden wollte, damit ein korrekter Beruf und nicht ihr eigentlicher, nämlich »Freundin«, in ihrem Reisepaß stünde.

Das Spiel ist aus

Nein, der Holzapfel Kurti hat noch nie etwas von dem Parole-System der Rekruten gehört. Da ist er ganz von selbst darauf gekommen. Im Nähkasten seiner Mutter fand er ein brüchiges Metermaß, und davon schnitt er für jeden verlebten Ferientag einen Zentimeterstreifen ab. Und beerdigte die Schnitzel in der Aschentonne. »Eine schöne Bestattung«, dachte er jedesmal traurig. Drei Zentimeter lang ist jetzt der ganze schäbige Rest, der noch vor ihm liegt. Hätte der Kurti Schiller gelesen, so hätte er vielleicht gesagt: »Die schönen Tage von Aranjuez sind nun vorbei.« Aber er las an den Regentagen den »Texas-Rächer«. Ja, und der redete nicht in Zitaten. »No, Sir, no.« Der Kurti nimmt Abschied vom Ferienparadies. Auf dem nahen Anlagengeländer stellt er aber zuerst dem Schicksal noch ein Ultimatum. Man hörte doch jetzt so viel von Katastrophen, von Wirbelstürmen und Großbränden. Wenn es ihm gelänge, 15 Schritte auf dem schmalen Eisenpfad zu wandeln, wird das Schulhaus, vielleicht, einstürzen. Oder abbrennen. »Zehn, dreizehn, achtzehn.« Der Kurti macht achtzehn Schritte, bis er ins Gras wackelt. Also – Verspruch ist Verspruch, triumphiert er. Aber dann überkommt ihn doch wieder ein zarter Zweifel. Ob der Stundenplan nicht doch stärker ist wie das Schicksal.

Jetzt ausgerechnet, wo die Hornhaut an seinen jungen Hufen unten so schön hart ist, soll er seinen Kundschafter-Fuß wieder in die gräßlichen Mokassins zwängen, hadert der junge Pfadfinder. Und in den Anlagen werden doch bald die Haselnüsse reif. Wer soll denn die ernten? Und die Hagebutten, die innen mit Juckpulver gefüllt sind für die Mädchenklasse im ersten Stock? Oder die vielen ungerauchten Hungerlianen? Und die Kastanienernte steht auch noch bevor. Vor der Lehmgrube und der Bauwiese bleibt der Kurti lange stehen. Nur noch wenige Arbeitstage, und ihre Räuberhöhle wäre fertig gewesen. Darf denn das überhaupt sein? Dabei hätte der Kurti eigens noch eine Wasserleitung von den nahen Heimgärten entworfen. Mittels Rinneleitung.

Drüben runzelt der Fluß seine blauseidene Stirne, wie der Bub

ohne Schwimmflossen und Badehose kommt. Und er murmelt: »Ja, was ist denn mit dem?«

Der Kurti aber sieht nur die silberne Stanniolkugel auf dem Grund der Grotta Azurra leuchten, und da drückt ihm etwas sein junges Herz zusammen, wie den Tafelschwamm, der aus seiner Schultasche hängt. Und das Wasser wäre ihm beinahe aus den Augen gelaufen. Aber das Kind lächelt schon wieder. Und blickt nicht mehr zurück im Zorn.

Eine Zeitlang schnitzelt er noch an dem Segelschiff herum, das er der alten Buche auf die Rindenhaut tätowiert hat. Ach, es ist doch ein arger Windjammer. Mit den Fingern kämmt er die Zotteln von der alten Trauerweide an der Brücke. Halt, was machen die Arbeiter auf der großen Wiese? Die bauen ja eine Telephonleitung mitten durch das Rollfeld für die Herbstdrachen. Ja, das muß man ihnen doch sagen, daß das nicht geht. Der Kurti läuft.

Und dann ist er daheim bei der Großmutter. Er muß seine Schultasche einräumen. Ah, wie das bloß schon riecht! Nach dem widerlichen Einmaleins mit siebzehn. Daß es aber eine halbe vergessene Mettwurstsemmel ist, entdeckt er erst später. Er blättert sein Erdkundeheft durch. Und denkt: Sein großer Bruder wird schon recht haben, wenn er sagt: »Das braucht man später alles nicht.« Denn der hält beim Vermessungsamt die rot-weißen Stangen und ist fast so was wie ein Ingenieur. »Freundchen, Freundchen«, drohen die Äste der ausgemergelten Hinterhofpalme zu ihm herein. Der Kurti steht am Fenster und denkt: Was die Erwachsenen doch mit der Freiheit alles tun! Einem jeden nehmen sie sie. Den Indianern und den Mustangs. Und dem Schüler Holzapfel auch. Und sie wecken die Zeit in Dosen ein wie Himbeermarmelade. Und stellen sie dann auf den Küchenschrank. Und nennen sie Uhren.

Traurig schaut der junge Philosoph zu dem großen dunklen Schatten seines Schulhauses hinüber, hinter dem jetzt gerade die goldene Feriensonne versinkt wie eine riesige Blutorange. Und der Kurti denkt an sein Geländer-Orakel und hofft: «Wenn sie nur ersticken tät'.« Und er wartet sehnsüchtig auf das Röcheln. Lange, leise und umsonst.

Moral 64

Die Bank Nummer vierzehn ist irgendeine von den zweiundsiebzig grüngestrichenen Rastplätzen, die im Stadtpark aufgestellt sind. Junge Mädchen holen sich dort im ersten Licht der milden Sonne ihre Sommersprossen und ältere Hagestolze ihren Frühjahrs-Schnupfen. Wer ganz gute Augen hat und sich die Mühe macht, kann auf der Rückseite der mürben Lehne auch noch die verwischte Lippenstift-Inschrift entziffern: »Hier verlor die Jungfrau Evelyne S. ihren Titel.« Aber auch auf den einzelnen Latten sind Initialen eingeritzt und viele korrekte Skat-Herzen hineingeschnitten, die von grausigen Harpunen durchbohrt werden, was unweigerlich zum Liebestod führen mußte.

Der alte Mann, der sich jetzt gerade niederläßt, ist einer von jener Sorte, bei denen der Frühling schon lange im Saale stattfindet. Er will aber auch keinerlei Eroberungen mehr machen, sondern nur noch ein bißchen unter dem abgegriffenen Schild der Eisenbahner-Mütze dahindösen. Und wenn er bei dem geistigen Fußmarsch nicht allzusehr ermüdet, gelingt es ihm vielleicht, zurückzuwandern ins Vorgestern. In jene Tage, als man das schönste Lied seines Lebens sang, das auch von einer Bank handelte, aber heute wohl längst vergessen war. »Auf ihre Ringellocken, da fielen Blütenflocken, die alte Bank war trocken, und so geschah's — —.«

Doch nun kommt ein Kindermädchen durch den jungen blinzelnden Vormittag gegangen mit einem trippelnden Bambino und nimmt mit einem freundlichen Gruß Platz. Eine Zeitlang ist es ganz still, doch dann knurrt plötzlich der Magen des alten Herrn ein kleines bißchen, aber deutlich, und da schämt er sich ein wenig. Das Mädchen lacht, schlüpft aus dem linken Schuh und wippt damit. Indes die Kleine Gänseblümchen pflückt und mit einem zarten Weißfisch-Mäulchen die Melodie trällert: »Drüben am Karolasee.« Schließlich bastelt die Nurse aus dem Blumensalat ein Kränzlein, das sie dem Kinde sachte aufsetzt. Nun sieht es haargenau so aus wie die unschuldigen Englein, die auf dem Fleißbillettchen den Meister umringen und worauf zu lesen steht: »Lasset die Kleinen zu mir kommen.«

Später kommt ein winziger Hund gelaufen, der unbeirrbar die blassen Lichtkringel aufessen will, die von der Sonne auf den Kies gemalt werden. Er hält sie wohl für Gelbwurstscheiben. Ein Jüngling setzt sich grätschbeinig hin. Blaubehost ist er und rotbärtig. Vielleicht handelt es sich da um den jungen König Drosselbart. In seiner Kinnwolle entzündet das Licht feurige Funken. Gleich wird er lichterloh brennen. Doch da geht eine blasse Vorstadt-Schönheit mit mehligem Zirkusgesicht vorüber. Ihr roter Mund leuchtet weithin wie ein Haltesignal. Prinz Drosselbart knirscht leise mit den Zähnen, springt auf und folgt ihren Spuren. Jedoch keineswegs errötend.
Das Kindermädchen mit dem bekränzten Herrschafts-Elflein ist wieder in ihren Schuh geschlüpft und nickt abschiednehmend. Aber der alte Mann weiß, daß es schon nach drei Schritten nicht mehr sagen könnte, wie er ausgeschaut hat. Jetzt wird es traumstill auf dem beschaulichen, grünen Sperrsitz. Vom Bache herüber kommt ein betäubender Duft nach Jasmin, weißem Holunder und drohenden Alimenten. Und auf dem Kinderspielplatz haben zwei tuschelnde Teenager ihre Schulmappen hingelegt und probieren auf dem kleinen Kies-Parkett ein paar stolpernde Tanzschritte. Der alte Mann summt dazu: »Als ich noch im Chiffonkleid zur Mittelschule ging — — —.« Auf einem Feuerstuhl brausen zwei junge Menschen durch die nagelneue Jahreszeit. Der Lederjacken-Romeo Joe Wirlmeier und seine Maßbraut Rose-Lou steigen ab und lehnen das verstummte Vehikel an den nahen Buchenstamm. Dann setzt sich der düster blickende Moped-Ritter auf das hölzerne Sofa, und das Mädchen mit der Pinselfrisur bettet den Kopf zärtlich in den Nietenschoß ihres Testpiloten. Jener sitzt aufrecht und blickt starr wie Kolumbus in unbekannte Fernen. Lange hält er das bleiche Haupt seiner Fanni umspannt. An seinem kleinen Finger trägt er einen Ring aus einem einzigen Elefantenhaar. Schließlich, nach genau neunzehn Minuten, sagt er mit metallener Roboter-Stimme »It's time« und geht mit Rose-Lou zum Moped hin. Jetzt kommt die Zeit der blauen Stunde, und der alte Mann, der nachmittags ein bißchen schlief, ist auch wieder da. Später schimmert die himmlische Butterschmalz-Laterne durch die Sträucher, und unter der Buche läßt sich ein Pärchen nieder.

Zuerst ist lange gar nichts, und dann sagt er schließlich stokkend: »Weißt du, Irmelin, ich möchte gerne ganz was Dummes tun.« – »Ach ja«, meint darauf die Kleine. »Etwas, was uns immer an diesen Abend erinnert«, fährt er fort. »Herrlich«, erwidert die Schönheit. »Nur habe ich ein bißchen Angst, daß jemand kommt.« – »Ach, du Dummer«, sagt sie. »Oder, daß uns jemand sieht.« – »Kaum«, haucht es zart aus jungem Munde. »Schön«, sagt da der Jüngling, »dann tu' ich's tatsächlich.« Und er zieht ein blitzendes Taschenmesser aus der Hose und beginnt die Anfangsbuchstaben ihrer Namen in die geduldige Linde zu schneiden. »Moral 64.«

Fünfuhrtee

Der Fünfuhrtee oder »Feifoglock«, wie er in Vorstadt-Gigolokreisen auch genannt wird, ist eine englische Erfindung. Bei uns müßte er eigentlich Sechzehnuhrkaffee heißen. Denn erstens beginnt er in den Tango-Dielen schon nachmittags um vier Uhr, und zweitens trinkt höchstens noch manchmal ein Teegern-Seher zu diesem Anlaß den goldigen Marco-Polo-Nektar. Die übrigen Gäste nippen dezent am Campari, spülen ein wenig mit Soda nach oder schlürfen das goldbraune Herzpumpersüpplein.
Das Wichtigste beim »Feifoglock« ist die Band. Wenn sie spielt, dann geht im schummrigen Raum die Sehnsucht auf Socken. Fünf schmale Italiener mit weißen Schuhen und schwarzen Gedanken singen dazu ganz leise. Von Hühnerfleisch mit Reis. Es kann sich natürlich auch um etwas anderes handeln, denn wer versteht schon ihr geraspeltes Risotto-Röcheln. Immer wieder würzen sie ihre Zuppa Sentimentale mit kleinen, spitzen Schreien. Und stampfen halbzornig mit den Füßen, als ob sie niedliche weiße Mäuschen zertreten wollten. Die Schlimmen, die! Aber alle tragen sie brav ihre Eheringe, die ihnen sicher daheim vom Dorfschmied auf Befehl ihrer Lucia warm über den Finger gezogen wurden. Ecco.
Das Publikum ist ebenso gemischt wie interessant. Da kommen kleine, veredelte Hinterhausorchideen, aber auch berufsmäßige Freundinnen. Letztere fehlen allerdings meistens am Sonnabend und Sonntag beim Tee. Weil da ja der Tag des Herrn ist. Kleine Kaufhaus-Mädchen sind auch vertreten. Sie wollen für zwei Stunden keine Ladnerinnen mehr sein, sondern Ladies. Manche kommen per Fuß und manche per Angabe. Einige klettern auch schnell und verstohlen unter der Plane eines alten Lieferwagens heraus, der in der dunklen Seitenstraße schnell hält und vom befreundeten Spengler-Max gesteuert wurde. Hin und wieder verirrt sich noch ein braves Kocherl in den Salon. So eine, die ihren neuen Pelzmantel »Dobermann-Wamme« mißtrauisch zum Stuhl mit hinnimmt und sich dann mit rosa Abspülwasser-Fingern einen Schoppen Weißwein bestellt. Marke »Schüttelfrost«.

Die männlichen Gäste teilen sich ganz deutlich in Sessel-Tänzer und ausgesprochene Cha-Cha-Cha-Jünglinge auf. Während sich die ersten noch über den Auftrieb unterhalten und gegenseitig interviewen: »Was geht, was kannst du empfehlen?«, greifen die jungen Wechselschritt-Boys unverdrossen an. Dabei wird ein Erfahrener nur selten eine völlig Unbekannte engagieren. Denn unter der holden Weiblichkeit gibt es ausgesprochene Sitzriesen. Die dem Tänzer dann beim Aufstehen höchstens bis zum Koppelschloß reichen. Während andere wiederum kein Ende nehmen, wenn sie sich erheben. Und immer länger werden. Wie Feuerwehrleitern.

Hat der Boy aber dann die richtige Tscherina gefunden, schwoft er mit ihr ganz am Saum der Zappelprärie entlang. Damit ja jedermann die neue, unten geschlitzte Hose sieht. Beim Kurzschluß-Walzer muß ein echter Steil außerdem gelegentlich treuherzig mit dem Hinterteil wackeln. Wie ein Boxerrüde, dem ein Hühnerkragen in Aussicht gestellt wird. Auch lächelt das perfekte Pärchen in der blauen Stunde hin und wieder matt, nachsichtig und grundlos zur gepflegten Konversation: »Heiß ist es heute, gell?« oder »Ist Ihnen auch so heiß?«

Da sind dann noch die Stammhäschen. Sie kriegen vom Oberkellner, wenn sie ein bißchen am Umsatz mitliften, einen Hauspreis für den kleinen Kaffee und haben auch ein Pauschal-Abkommen mit der Toilettenfrau. Manchmal kommen betagtere Knaben ins Lokal und werden dann vorgestellt: »Das ist unsere Lou. Und der Herr kommt aus Düsseldorf.« — »Angenehm«, sagt dann die Lou. Anderntags zahlt sie die kleinen Schulden beim Ober zurück und erwähnt ganz nebenbei: »Ich hab' gestern dem Herrn nur die Stadt gezeigt. Jetzt bin ich wieder da.«

Ach ja, diese Nachmittags-Siestas auf der hölzernen Carioca-Wiese haben schon ihre ganz eigene Atmosphäre. Und manche Lieder und Schlager künden ihre Reize. »Beim Fünfuhrtee im Tanzcafé« heißt so eine Melodie aus den dreißiger Jahren. Und der geheimnisvolle Ladykiller mit der dunklen Spekuliermaschine auf der Nase singt einem jungen Kälbchen, das die Augen verzückt aufschlägt, den lockenden Refrain einer schwülen Tonfilmschnulze ins tadellos gereinigte Öhrchen: »Komm

mit nach dem Tee. Ich wohn' in der Näh'. Doch es ist nur ein ganz kleines Schild an der Tür.«
Na ja, der Herr vom Fürsorgeamt wird es nach einem Dreivierteljahr schon zu finden wissen.

Kleiner Bub im Hof

»Vier Wochen war der Micherl krank, jetzt ißt er wieder, Gott sei Dank.« Und der ernste Doktor Kaltwasser hat ihm sogar erlaubt, daß er zum erstenmal im Hof drunten spielen darf. Nein, noch nicht »Fangen« natürlich oder Turnen auf der Stange zum Teppichklopfen. Aber halt so ein bißchen »sumserumsumsum« machen und Luftschnappen. Nun steht der Michael Wenig also wieder in seiner geliebten Hinterhofprärie, die sonst so voller Abenteuer ist. Aber heut weiß er gar nicht recht, was er anfangen soll, weil doch die Gefährten seiner glückhaften Stunden alle in der Schule sind, und allein spielen ist gar nicht so leicht.

Also fährt der Micherl zuerst einmal mit leisem Singsang und einem Steckerl an der grindigen Hausmauer entlang. Halt, jetzt, da schau her, der abgesprungene Verputzfleck schaut ja haargenau aus wie der Kapitän vom Fernsehraumschiff Orion, das er manchmal mit anschauen darf. Spielerisch hält sich der Michael die Nase zu, ob er sich später auch einmal zum Raumfahrer eignen tät' und ohne Sauerstoff auskommen könnte. Aber nach einiger Zeit hat er lediglich einen roten Kopf und einen feuchten Zeigefinger. Nein, ohne Atemmaske wird's also kaum gehen. Nun bückt er sich und hebt eine kleine leere Tomatenmarkdose auf. Das ist doch ein Mikrophon. Ganz klar. Und drum redet er natürlich auch hinein: »Hier Bordfunker Wenig«, sagt er. »Hallo, Orion, bitte kommen!« Es rührt sich aber nichts im All. Da bricht er seine Funkverbindung wieder verdrossen ab.

Plötzlich entdeckt er eine kleine seidige Maus vor dem hölzernen Schuppen, wo der Hausmeister seinen Feuerstuhl eingestellt hat, wie sie diesen zweisitzigen Wimmerschinken nennen. Das Mäuschen schaut den Michael starr und entsetzt aus schwarzen Stecknadelaugen an, die ausschauen wie ein Doppelpunkt. Und fort ist es, gerade als der Bub den Spruch hersagen will: »Maus, Maus, komm heraus!«

Nachher weiß er gar nimmer recht weiter. Da fällt ihm die alte schwachsinnige Gesanglehrerin vom vierten Stock ein, die ihm

jedesmal, wenn sie ihm auf der Treppe begegnet, ein kleines Liedchen vorsummt. Eins davon hat er ganz gern. Das Lied von der Kanone. Und er trällert es wieder einmal vor sich hin. »Goldene Abendsonne, wie bist du so schön – nie kann ohne Wonne deinen Glanz ich sehn.« Vom Balkon des dritten Stokkes tropft es plötzlich auf den Kopf des minderjährigen Caruso. Er schaut hinauf und sieht eine frisch gewaschene Unterhose vor dem Geländer baumeln. Da droht er mit dem Finger empor und sagt den Märchenspruch auf: »O du Falada, der du hangest, wenn das deine Mutter wüßt'.« Dann merkt er aber, daß das ein glatter Schmarrn ist, und er beginnt lieber mit der Trainingsarbeit für die Olympischen Spiele 1980, an denen er doch als Rechtsaußen bei der deutschen Fußballmannschaft teilnehmen wird. Kieselsteine liegen ja genug herum, und das Tor ist natürlich das vergitterte Fenster von der Waschküche. Es steht in kürzester Zeit schon sieben zu null für die deutschen Farben, da öffnet sich weit oben im Juchhe das Mansardenfenster des alten Junggesellen Kern, und ein Rest Kartoffelsalat klatscht neben die Aschentonnen hin. Na ja, der betagte Hagestolz hat halt auch schon ein bisserl eine Streuung in seinem Visier. Aber extra die fünf Treppen heruntergehen, das ist ihm viel zu hart. Indes tut sich die Hoftür auf, und die Schneeweiß Muschi kommt vom Kindergarten heim. Sie hat einen großen Pfirsich in der Hand, an dem sie mit dem viel zu kleinen Weißfischmäulchen herumzuzzelt. Der Micherl schaut ihr lang interessiert zu und überlegt, von welcher Seite er selber den saftigen Burschen benagen täte. Endlich ist nichts mehr als der Kern übrig, und da fällt dem Michael was Kluges ein. »Gib her«, sagt er zur Muschi, und die tut's. Der Bub macht hinten bei der Hausmeistergarage ein Loch in den weichen Boden und versenkt den Kern. Dann sucht er längere Zeit in seiner viel zu großen Bundlederhose herum, und schließlich sagt er zum Schneeweiß-Kind: »Schau weg.« Ein warmer Regen rieselt bald hernach auf das frische Pfirsichgrab hernieder. Der Micherl sieht im Geiste schon einen Baum mit herrlichen Früchten an dieser Stelle sprießen. Die Schneeweiß Muschi aber schaut so lange brav in die andere Richtung hin, bis vom Michael Wenig wieder das Kommando kommt: »Jetzt!«

Entweder - oder

»Entweder oder – Katze oder Kater« heißt bei uns zulande ein alter Ausspruch. Und es soll damit wohl gesagt werden, daß man eigentlich immer irgendwie am Scheideweg steht.

Tatsächlich wird der Mensch bereits im Strampelhosenalter vor schwerwiegende Probleme gestellt. Soll er nun »AA« melden oder lieber drauf warten, bis die Mutter »BÄBÄ« sagt? Mag er den Papa mehr, oder will er ein Mamakind werden? Soll er lieber in den Schnuller beißen oder in das zufällig gefundene Fieberthermometer? Ist es schöner, auf dem Rücken zu schlafen oder auf dem zarten Bäuchlein? Und soll er die Tante Sabine anlachen, die zwei Rentenhäuser besitzt, oder besser die Tante Emilie, die nur einen Goldzahn hat?

Auch in der Schulzeit steht der Kleinbürger immer wieder vor der Wahl: »Magst jetzt lieber ein Marmeladebrot mit oder lieber ein Zehnerl?« fragt ihn die besorgte Mutter. Und sie gibt ihm meistens beides und erlöst ihn so aus seinem winzigen Zwiespalt. In diesen Jahren entscheidet sich auch die Frage des Lebensfreundes. Der Huber Georg wär' schon recht mit seiner Steinschleuder, wenn nur dem Scheberl Sebastian sein Roller nicht wär'. Aber nachher gewinnt halt doch der Fehringer Franz, dessen Vater Spritzwagenfahrer ist.

»Die Zeit verging, der Knabe wünschte vom Weihnachtsmann nichts als ein Pferd« heißt es in dem schönen Lied. Doch als er dann gefragt wird, wie's denn mit dem Kasperltheater stehe, das er sich das ganze Jahr über eingebildet hat, steht er schon wieder vor einer inneren Wegkreuzung. Ganz so ähnlich wie beim Fest der heiligen Kommunion, wo ihm die Großmutter freistellt: »Was magst jetzt, Bubi, zwei Paar Schweinswürstl mit Kraut oder einen gefüllten Pfannkuchen?« Am liebsten würde er sich ja den letzteren wünschen, mit Schweinswürstl gefüllt, aber dann entschließt er sich schweren Herzens für die ersteren und hat zum erstenmal sein Leibgericht gewählt. Hernach aber schüttelt er den Kopf und murmelt: »Wenn die Erwachsenen nur nicht immer so viel fragen würden.«

Und dann ist es an der Zeit, daß der Bubi ein Instrument lernt.

Der Vater ist für die Zither, die Mutter für die Geige. Als sie aber den Herrn Sohn fragen, was er am liebsten spielen möchte, sagt er gradheraus: »Fußball.« Eine schwere Wahlschlacht tobt auch jedesmal in ihm, wenn er krank ist und der Arzt meint: »Essen darf er alles, Frau Zeisinger, geben Sie ihm nur, was ihm schmeckt.« Da sind dann die Augen für den Reisauflauf, den die Mama gerade für die ganze Familie im Rohr hat, aber Gaumen und Magen häufeln ihre Stimme auf eine saure Leber. Und so ißt er eben eines nach dem andern, bis er schwitzt. Und die Mutter verkündet freudestrahlend: »Jetzt hat er schon wieder ein bißchen Appetit, unser Micherl.« Später steht er vor der Berufswahl. Flugzeugführer oder Konditor. Sieger wird schließlich der Friseurmeister Binkl, weil er da nur ums Eck gehen muß und daher eine halbe Stunde länger schlafen kann. Die Kleiderwahl macht auch schon Sorgen. Einreihig oder zweireihig? Ohne Streifen oder mit? Und der Haarschnitt erst, Hardy, Stifterer oder Henker? Die Mädchen gesellen sich dazu und die Tanzcafés. Das »Edelweiß« mit dem großen Kocherl-Vorkommen oder das »Leilalu«, wo die schrägen Zähne sprossen. Dabei tritt auch das Problem des Rauchens auf, ob mit oder ohne, und die Entscheidung, ob helles Bier oder finsteres. Bart oder keiner, das Reserl oder die Heidilo, die Trambahn oder das Fahrrad, Gummiabsätze oder Hosenstulpen. Geknödelt oder glatt. Hopp oder topp. Das ganze Leben ist ein einziger Hammelsprung geworden.

Auch als er die Leni gewählt hat, geht die Wählerei lustig weiter. »Kaufen wir uns zuerst einen Roller, müssen wir auf dem Sozius schlafen. Aber kaufen wir uns lieber ein Schlafzimmer, kommen wir damit nie ins Gebirge.« Und weil ein Hund ins Haus soll, treten zusätzliche Überlegungen auf: »Wenn wir einen Schnauzer nehmen, der frißt recht viel. Und ein Dackel folgt nicht.« Bis dann die Leni entscheidet: »Weißt du was, einen Foxl kaufen wir, das gibt Spaß.« Doch nach drei Paar zerbissenen Hausschuhen und zwei zerfransten Küchenschürzen kann sich der Hausherr des geistreichen Hinweises nicht enthalten: »Wähle nie ein Tier zum Scherz.«

Dann ist es wieder soweit, und sie fragt ihn errötend: »Was möchtest du jetzt, lieber Micherl, einen Buben oder ein Mäd-

chen?« Und dann schweigen die zwei vielleicht ein bisserl und merken, daß sie da eigentlich gar nichts zu entscheiden haben. Und viel, viel später einmal sagt der Micherl sinnend: »Es wählt der Mensch, solang er strebt, hab' ich einmal wo gelesen. Aber das schwarze Kreuz macht halt doch ein ganz anderer in unseren Kreis hinein. Und niemand weiß, wann der Bleistift gespitzt wird.«

Die Fabrik ist aus

Eine Fabrik ist der impotente Bruder der Kaserne. In ihrer Nähe riecht es immer nach Revolution, Rinderfett und Ruß. Viele blühende Menschen tragen Glaube, Hoffnung und Jugend in diese Wasserblasen-Gefängnisse und werden dann, wenn sie ausgepowert und ausgelaugt sind, von dem gefräßigen Zementvieh auf die Straße gespuckt wie Zwetschgenkerne. Eine Fabrik ist aber auch eine Bank. Sie wechselt Zeit in Geld um. Jeder Mensch, der Zeit genug hat, kann dort seine Stunden gegen bare Münze umtauschen. Er kriegt dann den Gegenwert jeden Freitag in einer Tüte ausgehändigt. Freilich wird immer eine Kleinigkeit abgezogen. Für den hochachtbaren Fabrikbesitzer, dessen liebenswerte Gattin Imogen und die zwei entzückenden Kinderchen Estragen und Wipp-Wappurupp.
So ähnlich stand es in der Zeitung eines Landes, in dem die Fabrikschornsteine selber aus der Erde schießen wie anderswo der Spargel. Drum hat sich der Beobachter am Freitagabend einmal vor den Toren einer großen Achtstunden-Kasematte postiert.
In den Läden um die Fabrik herum ist überall Lebensmut zu kleinen Preisen ausgestellt. Ramsch und Povel, gekochtes Euter und eine Sorte Wurst, die ausschaut wie gestocktes Linoleum mit brennendem Leberwurst-Ehrgeiz. Der quellende Asthmapfiff einer niegeliebten Sirene teilt den eisernen Vorhang, und dann treten die Arbeiterinnen in ihre Freizeit hinein. Zuerst die älteren Frauen. Der Akkord hat ihre Gesichter massiert, und sie sehen sich alle so ähnlich, als wären sie im eigenen Werk auf Band gelegt und gefertigt worden. Viele haben dreistöckige Wirsingretorten bei sich, und sie werden an ihren Blicken heimwärts gezogen, als würden sie an einem durchsichtigen Nylonfaden aufgespult. Sicher wartet das Geschirr, das Treppenwischen und der Abzahlungskassier auf sie. Nur ganz wenigen hat das Leben den herben Mund noch nicht zerkratzt. Zwei, drei tragen allerdings auch noch ein offenes Geheimnis unter der gewölbten Schürze in die Fabrik. Als wollten sie das Kind früh genug an seine Zukunft gewöhnen.

Dann kommen die mittelalterlichen. Wieso sind die bloß alle senfrot gefärbt? Sicher hat da der Betriebsrat einen großen Topf Karottenblond günstig gekauft. Mehrere haben sogar ein kleines Überstundenlächeln auf den Lippen. Die kaufen auch noch winzige Sträußchen Heimgartenorchideen von der uralten Blumenfrau am Gitter. Ein paar werden erwartet von braven Pakkern. Sie tun sich zusammen, um das Leben gemeinsam anzupacken. Als ob zweimal nichts nicht immer noch nichts wäre. Und dann naht das Milchzahngeschwader. Die jungen Aktien der Fabrik. Schnatternd, eingehängt und ahnungslos. Sie säen nicht, sie ernten nicht – und dennoch werden sie schlecht bezahlt. Eine jedoch aus der Schraubenabteilung – sie ist rot wie die Feiertage im Kalender – geht auf einen Karmann zu, und der Neid der Rivalinnen zerschleißt ihr von hinten das Kleid. Sie hat sich eben schon bis zu einem Herrn aus der Kalkulation hinaufgeschraubt. Auf andere warten die Wirtschafts-Wunder-was-Bubis. Mit dem Roller. Und die Bevorzugten stellen die ganze Pracht ihrer siebzehn Jahre im sausenden Fahrtwind zur Debatte. Schade, daß sie dabei meistens auch zwei Haarspangen verlieren und die schwache Aussicht auf einen Myrtenkranz. Vorne an der Ecke sitzt ein Geiger ohne Standbein und fiedelt.
Er sägt den weichherzigen Spezialarbeitern mit seinem haarigen Fuchsschwanz mühelos die Messingscheiben von ihrer Stange Geld in den aufgestellten Mitleidshelm. Ein Bub mit einem Tretroller holt den Vater ab. Der muß um jeden Preis mitfahren und hüpft nun hinter seinem schwerkeuchenden Sprößling mit angewinkeltem Gichtfuß her. Die ganze Rundschleiferei lacht. Bis auf jenen, der mit mürrischem Gesicht der abgeklaubten Geliebten den Zehnmarkschein auf den mitgebrachten Alimenten-Porsche legt.
Schließlich, mit gehörigem Abstand und Zwischenraum, kommt das Stehkragen-Proletariat. Arbeit adelt, steht deutlich auf der mäßig hohen Stirne des Bürokommis Edgar von Schalterknecht. Er hat sicher eine glänzende Zukunft vor sich, wenigstens was seinen Hosenboden anbelangt. Klar unterscheiden sich die Portemonnaieträger von der übrigen Drehbankinfanterie. Sie tragen auch nach Feierabend Tafeln aus gefrorener Luft vor sich her wie unsichtbare Schalterfenster. Und auf den meisten Stirnen

ist zu lesen: »Erst klopfen, dann abwarten.« Doch jene Tippetipp-Mamselln, die ausschauen, als wären sie über Platin veredelt, werden von ihrem Abteilungschef ganz besonders gern abgeholt und gefahren. Zur Zeit zum Beispiel gerade das Fräulein Hühnerfleiß. Sie beherrscht das Zehnfinger-System perfekt. Und deshalb muß sie wohl nach Feierabend noch manchmal eine späte Korrespondenz erledigen. Mit der Firma Chaiselongue & Co.

Ich jagte den Käfer

Der kleine Toni vom zweiten Stock hatte sich den Fuß gebrochen. Nun kommt er vormittags, wenn ich zu schreiben anfange, mit seiner Gehmaschine meistens zu mir heraufgestökkelt und setzt sich auf den leeren Blumenschemel, um mir beim Arbeiten zu helfen. Weil aber der Toni mit dem Alphabet noch immer ein wenig im Kriegszustand lebt, illustriert er meine Geschichten lieber. Und wenn ich etwas über den Frühling schreibe, malt er sogleich eine Sonne aufs Papier, die ausschaut wie ein gelbgefärbter Igel. Oder auch ein junges Mädchen mit Haarnadel-Beinen, nach denen sich kein Mensch umdrehen würde. Neulich habe ich nun dem kleinen Albrecht Dürer von den Maikäfern erzählt. Und was ich für ein gewaltiger Nimrod war, wenn es galt, diese brummenden Aeroplane der frühen Kindheit herabzuholen aus der lauen Dämmerluft. Und das hätte ich besser nicht tun sollen. Denn nun ging das Gefrage erst einmal los. Und ich erklärte dem kleinen, humpelnden Interessenten den Unterschied zwischen einem Maikäfer-Männchen und einem Maikäfer-Weibchen, den man an der Länge der Fühler erkennt. Und was es da sonst noch alles für Sorten und Arten gäbe. Zum Beispiel die Bäcker, die im Genick ganz weiß und verstaubt sind, als hätten sie winzige Mehlsäcke geschleppt. Oder die Ledernacken mit den lackschwarzen Rückenschildern. Desgleichen jene ganz seltenen, die mindestens drei Glasmurmeln wert waren, weil sie einen knallroten Kragen besäßen, ähnlich dem der kleinen Ministranten. Als ich die Zigarrenkisten und leeren Maggibüchsen meiner Erinnerung immer mehr füllte und die braunen Bomber in ganzen Geschwadern den Himmel meiner Phantasie zu verdunkeln begannen, sagte der Toni auf einmal ganz schlicht: »Gell, morgen fängst du mir einen.«

Weil ich nun die Mitarbeit meines Illustrators auf keinen Fall verlieren wollte, ging ich also an einem Maitag mit ziemlich gemischten Gefühlen auf die Pirsch. Zuerst einmal schüttelte ich etwas abseits ein armdickes Bäumchen, das meinen Kräften am meisten entsprach, und schaute dann mit halboffenem Munde

nach oben, als würde gleich eitel Gold und Silber herunterfallen, wie weiland im Aschenbrödel-Märchen. Es fiel mir aber nur irgendein Blütenkegel ins Auge, den ich nach einer tränenreichen Viertelstunde endlich wieder herausgewässert hatte. Dann schüttelte ich noch geringere Stauden, und es kamen gerade zwei Bürschlein des Weges, und es sagte der eine zum andern: »Schau den an! Der meint tatsächlich, auf einem Fliederstrauch sitzen Maikäfer. Das weiß doch schon der dümmste Hausmeister, daß da eher Laubfrösche herunterfallen oder eine Armbanduhr. Dz, dz, dz!«

Nun, zugegeben, meine botanischen Kenntnisse waren wahrscheinlich schon ein bißchen überwuchert. Also beschloß ich, mein Waidwerk auf die Abendstunden zu verlegen. Da kauerte ich dann mäuschenstill und entschlossen am schmalen Fußweg, und meine Silhouette hat sich gewiß wie ein Riesenfrosch vom blassen Scherenschnitt-Himmel abgehoben. Auch dachte ich mir, wenn dich hier jemand in dieser Ausgangsstellung erwischt, kommst du wahrscheinlich in eine geschlossene Anstalt zum Ausheilen. Einmal kam auch ein Pärchen vorbei. Und als die zwei an mir vorüber waren, hörte ich das Fräulein sagen: »Wir hätten diesen Herrn vielleicht doch fragen sollen, ob ihm etwas fehlt.«

Aber plötzlich wurde meine Ausdauer belohnt, und aus des Grases grünem Dschungel startete mit dem gemütlichen Gesumm eines russischen Samowars ein stattliches Jungtier. Und ich nichts wie hinterher. Mit dem ausgezogenen Sakko nach dem Wappenvieh von Wilhelm Busch haschend. So ähnlich muß wohl auch der Schmied von Kochel bei der Sendlinger Bauernschlacht seine berühmte Fahne geschwungen haben. Quer und kreuz lockte mich das begehrte Wildbret über Auen und Wege, Stolperdrähte und Maulwurfshügel. Aber dann, mit einem letzten wilden Schwung holte ich den braunen Halunken endlich herunter auf die Wiese und warf mich sofort mit meinen neunzig Kilo auf ihn. Und das hat er wahrscheinlich übelgenommen. Denn als ich vorsichtig und äußerst gewissenhaft die Abschuß-Stelle untersuchte, fand ich nur mehr ein armseliges Wrack von dem zierlichen Maien-Aufklärer. Und ich bettete es noch fürsorglich in meine Hände und legte den leise

nachknisternden Leichnam dann auf die nahe Anlagebank. Und im Gehen sah ich gerade noch, wie eine brave Amsel die anschließende Bestattung übernahm. Dem Toni aber brachte ich anderntags einen riesigen Schokolade-Maikäfer vom Konditor mit. Da schaute mich der kleine Invalide jedoch mit einem Blick an, der höchstens vier Grad Fahrenheit besaß.
Von diesem Tag an zeichnete mein Assistent außerdem auch seltsame Figuren auf sein Papier. Ich glaube, es sollten Nieten sein oder Pflaumen.

Der Engel mit den grünen Augen

Als dem Bübchen die Hose noch von seiner guten verwelkten Großmutter auf- und zugeknöpft wurde, ging er mit der Oma auch öfters in den alten Friedhof. Und dort sah das Kind immer viele Großmütter, wie sie mit kleinen Eisenrechen auf den Nimmerleinshügeln herumkratzten, als wollten sie die Dahingeschiedenen wieder ausgraben. Später dachte der Mann dann auch einige Male darüber nach, warum die Menschen wohl soviel schwere Erde auf die Brust kriegten, wenn sie tot waren. Und alle hatten sie auch noch wuchtige Steinblöcke auf ihre Ruhestätte wälzen lassen. Seltsam, und je reicher sie einst gewesen waren, desto größer und gewichtiger waren die Marmorquadern, mit denen sie zugedeckt wurden.
Bis heute aber ist der kleine Trübspinner nie richtig darauf gekommen, warum sich die Mächtigen gar so endgültig beschwerten, während arme Leute oder Soldaten fast immer nur ein kleines, schäbiges Vergißmeinnicht-Mahnmal auf ihr letztes Plumeau gepflanzt bekommen. Aber womöglich deckten sich die Könige, die Feldherren und Diktatoren auch nur deshalb so mit tonnenschweren Quadern und Marmorwürfeln zu, weil sie ein bißchen Angst hatten vor der Auferstehung des Fleisches.
Na ja, unser Herrgott wird's schon wissen, sagt man hierzulande bei solchen Fragen.
Als dann in den feldgrauen Jahren das zornige Unglück vom Himmel fiel, da traf es auch den alten Friedhof, über dessen Eingang zu lesen ist: »Requiescat in pace!« Denn die Bomben konnten halt nicht lesen. Und die Piloten nur selten lateinisch. Seitdem sieht der verwachsene Campo Santo mit dem alten mürben Kirchlein aus wie ein durchgeschüttelter Steinbaukasten von garstigen reichen Kindern. Aber der Mann geht auch heute noch gerne zu ihm hin, steckt seinem toten Großmütterchen vielleicht ein paar Tagundnachtschatten an die schwarze Humusbluse und studiert auch immer wieder die schönen Inschriften, die bronzenen Bildwerke und gemeißelten Figuren in der Endstation »Es war einmal«.
Und sinnend liest er viele berühmte Namen, und er denkt sich:

»Nie gelebt und nie gewesen.« Schau, schau, da steht auch noch der Name von einem Hofnarren, der einmal zu seinem König sagte: »Wer kann, der kann.« Doch jetzt kann er selber wohl schon über hundert Jahre auch gar nichts mehr.

Heißa, wie blickt doch daneben ein Feldherr mit kühnen Adleraugen aus Marmorstein verwegen und schnurgerade! Und was hat sich wohl jener berühmte Patrizier gedacht, als er seinen schneeweißen Grabstein in Auftrag gab? Denn unter dem Ahnherrn steht in herrlicher Gedankenlosigkeit: »Ihm gingen voran.« Und dann folgten acht Verblichene seiner Sippe. Als ob seine Lieben nicht wenigstens getragen worden wären.

Wurden sie denn tatsächlich fünfter Klasse beigesetzt und mußten selbst marschieren? Und immer wieder die Statuen von Mutter Maria und dem Jesuskind, aus Carrara und Basalt. Wie die Madonna das nackte Kind in den schaurigen Novemberwind hält! Zwischen winzigen, verwitterten Sandsteinen mit den längst verblaßten, goldenen Narben des Schmerzes wuchten meterhohe Wegweiser zum Jenseits heraus. Groß wie die Hundert-Kilometer-Steine auf der Autobahn. Fehlt eigentlich nur noch die Aufschrift: »Tausend Lichtjahre bis zur Ewigkeit.«

Schwarze Cherubim mit weit ausgespannten Flügeln wirken wie die Nachtjäger der ewigen Dunkelheit. Andere Fernaufklärer wiederum haben ihre Tragflächen der Barmherzigkeit sittsam gefaltet. Am liebsten aber steht der Mann immer wieder vor dem Engel mit den grünen Augen. Er ist ganz hinten, im Winkel der roten Ziegelmauer, mit dem Gesicht halb zur Wand gekehrt, wie jemand, den man in die Ecke gestellt hat, damit er sich schämen soll. Sein Antlitz ist voll müder Resignation, und die Augen blicken melancholisch mit jadefarbenen Pupillen, als hätten sie Haftschalen aus Grünspan. An der rechten Hand aber führt dieser Schutzengel noch immer ein halbes bronzenes Kind spazieren. Einsam, ratlos und verlassen oxydiert er so vor sich hin. Und man könnte darüber nachdenken, was mit diesem rätselhaften Einzelgänger aus dem Heer der himmlischen Heerscharen wohl sein könnte. Und dann ist es dem Mann mit leisem Kinderlächeln doch noch eingefallen. Der Engel mit den grünen Augen getraut sich wahrscheinlich nicht mehr heim. Weil er doch so schlecht auf das Kind aufgepaßt hat.

Nachtasyl für Gottfried Daimlers unglückliche Kinder

Draußen in dem Stadtviertel, das vom Zahn der tausendjährigen Politik ganz besonders angenagt wurde, stehen ein paar lädierte Schuppen und Hallen. Und drinnen in diesen Hallen, wo kein Vogel singt, befindet sich das Nachtasyl für Gottfried Daimlers unglückliche Kinder. Die polizeiliche Verwahrungsstelle beschlagnahmter Fahrzeuge.

Über 1000 Gasolinesel aller Abstammungen und Altersstufen vom drüsenkranken Dreihunderter bis zum leistenbrüchigen Heftpflaster-Bugatti werden jährlich hier angeliefert. Und wenn sie vielleicht bellen oder heulen könnten, wie ihre haarigen Kollegen im Tierasyl, dann ginge es in dieser Stätte zu wie in einer Filiale des Fegefeuers. So aber stehen sie nur plattfüßig da, mit hängenden Kotflügeln und scheinheiligen Scheinwerfern, und warten, bis der Staatsanwalt seine schwere Hand wieder von ihrem Zylinderkopf nimmt.

Und was haben sie denn eigentlich ausgefressen? Was zum Beispiel tut dort der biedere Ford an diesem Ort? Seine Story ist kurz. Er stand eines Tages an der Schweizer Grenze mit abgestelltem Motor und wurde von den Zöllnern durchsucht. Und da dachte sich wohl einer von diesen hellhörigen Grünröcken, was soll denn das Getackel in diesem Lackel? Ich hab' zwar schon gehört, daß ein Auto auf sechs Zylindern läuft, aber noch nie von einem, das auf achtzehn Steinen geht. Und so nahm er denn die Türverschalung ab und wußte dann auch gleich, wie spät es war und wieviel es geschlagen hatte. Denn über zweihundert Schaffhausener Weckerlein waren da fein säuberlich eingebaut, und einen davon hatte man wohl versehentlich aufgezogen; und ausgerechnet an der Grenze konnte dieser seinen Bimmel nicht mehr halten und ließ ihn laufen.

Oder dort drüben jener Schrotthaufen, von dem es heute wohl heißt: »Ein bißchen Blech, ein bißchen Lack, das war einmal ein Hanomag.« Auch dieser Fall ist ziemlich klar. Der Fahrer hatte lediglich statt auf das Straßenknie allzusehr auf das Knie seiner Begleiterin geachtet. Und dann in seiner sinnlichen Ver-

wirrung auch noch mit dem Kühler die Taille einer meterdikken Eiche innig umarmt. »Der Schnellste an der Kreuzung war der erste in der Engelschar«, hätte an den Resten des Sportcoupés stehen können, das jetzt ausschaut wie eine Ölsardinenbüchse, die statt mit dem Schlüssel mit einer Beißzange geöffnet wurde. Einem Makler hatte es gehört. Und in vierzehn Tagen wird es versteigert werden. Zum Kilopreis. Und der Makler selig, dem sonst nie so ein Geschäft auskam, würde nicht einmal mitbieten können. Wo er doch gerade in der Mauser war, weil ihm zwei entzückende Flüglein wuchsen.

Und da rostet auch ein schwerer Amerikaner vor sich hin. Schaut aus, als wäre er direkt in eine fallende Bombe hineingerannt. Im Fond liegt auch noch ein einzelner Damenhalbschuh und ein Halstuch, wie es Veronika Dankeschön trägt. Da konnte auch der emaillierte Christophorus, der vorne auf dem Armaturenbrett angeschraubt ist, nicht mehr viel machen. Denn er ist ja hauptsächlich für die lebendigen Autofahrer zuständig.

Ei, ei, und wie kommt denn dieser armselige Krankenwagen mitten unter die feine Gesellschaft? Auch er hat seine Geschichte. Die Polizei brachte ihn nämlich als Fundsache ein. Wie sich herausgestellt hatte, war sein Besitzer mit ihm von einer Kleinstadt zum großen Volksfest zum Betteln gekommen. Und hatte dann mit dem Mitleid so ein gutes Geschäft gemacht, daß er gleich mit einem nagelneuen Roller wieder heimfahren konnte. Der Mann hatte wahrhaftig einen goldenen Arm.

Etwas hochnäsig, aber doch hinreichend verdächtig, steht da auch der dreisternige Zerstörer eines bekannten Stars in der Ecke. Er macht jetzt auf Nervenschock und kann sich an nichts mehr erinnern. Ach so, die Beulen da am vorderen Kotflügel. Je nun, die hat er doch geerbt von seiner Großmutter. Nur die mörderischen Schrammen halt. Ja, die gehen wohl auch mit dem allerbesten Rechtsanwalt nicht mehr heraus.

Am schlimmsten aber sieht es in der Säuferabteilung aus. Bei jenen Delinquenten, die das Lied nicht beherzigen konnten: »Trink, trink, Brüderlein, trink — lasse dein Auto zu Haus!« Der Aufstand des Eisenblechs gegen König Alkohol ist da zu sehen. Verkatert und verrostet wartet hier ein verwahrloster Pennbru-

der auf den Tag der Wiederinbetriebnahme. Einst waren sein Herr und er ein Herz und eine Seele. Denn auch er brauchte im Tag seine zwölf Liter, damit er lief. Nun sind die beiden getrennt von Tisch und Bett, denn im Vollrausch wollte der Mollen-Fangio, um den Heimweg abzukürzen, einfach die große Freitreppe hinauffahren. Aber die Funkstreife brachte ihn wieder auf den rechten Weg zurück, und jetzt ist er Ehrenmitglied beim Gehsportverein »Fürbaß fährt am längsten«.

Am ärgsten aber sieht es in den Boxen für Roller und Mopeds aus. Im Stall der Winsel-Mustangs. Und kein Konstrukteur kann sich wohl vorstellen, was man alles aus diesen Wimmerschinken machen kann, wenn man sie mit Hydranten, Telegraphenstangen, Verkehrspfosten und Lastwagen paart. Die meisten sehen aus wie der Alptraum eines Buntmetallhändlers. Dort in jenem Hinterrad hängt beispielsweise noch ein Teil eines Strumpfhalters. Und aus dem Rasenstück, das im zerbrochenen Scheinwerfer nistet, sprossen schüchtern die ersten Schlüsselblumen. Nebenan, auf dem Feierabend-Esel eines biederen Maurers, sind auf dem Sozius noch die zugeschnittenen Bretter für einen Hasenstall verschnürt. Doch der Zementmixer lernte in der Stammwirtschaft noch schnell einen anderen Hasen kennen. Und nach der sechsten Lage bekam dieses Mädchen plötzlich das Rennfieber und wollte selber einmal mit ihrem Mörtelbaron eine Runde drehen. »Leg dich nur hinein«, konnte sie gerade noch geistesgegenwärtig rufen, als sie die erste Kurve kratzte. Und dann lagen sie auch schon drin, alle zwei. Zuerst im Dreck und dann in Gips.

Achtzig gewesene Fuhrwerke und achtzig verschiedene Kurzgeschichten. Manche auch noch mit vielen Fortsetzungen. Das alles sollte man nicht nur jedem stolzen Fahrschüler einmal zeigen, bevor man ihn auf die gewöhnlichen Halbschuh-Beduinen und die übrigen Verkehrshindernisse losläßt: diesen Schrott auf Rädern. Den Salat der Gewalt. Dem frohen Zecher aber müßte man ins Stammbuch schreiben: »Wer sein Auto liebhat, der läßt es zu Hause.« Oder aber: »Gehe zu Fuß – und besaufe dich redlich.«

Luigi, komm bald wieder

Nun rollen sie wieder. Über die Weichen, übers Gebirg und über die Grenzen. Sie fahren in den Urlaub. Des deutschen Wirtschaftswunders liebste Kinder, die Gastarbeiter. Und es dampft der Mirko in seine geliebte Joghurt-Provinz, Carmencita, die rührige Knödelarchitektin vom Oberbräu, fährt in das Land der Oliven und Ölsardinen ohne Gräten. Der fleißige Zementmixer Luigi zu seiner sizilianischen Schönheit, um zu den bisherigen zehn Bambinos noch einen Torwart auf Band zu legen, damit er endlich seine eigene Fußballmannschaft hat. Und auch der fleißige Schaufler Haalef, der Untergrund-Spezialist, kehrt zurück zum Bosporus, um die ersparten tausendundeine Mark seiner halbverschleierten Suleika in den verwaisten Schoß zu legen. Der Zaungast aber steht an den Bahnsteigen, auf welchen die abgehenden Sonderzüge mit nervösen Vorderrädern und steinalten Lokomotiven ungeduldig auf den Pfiff des Mannes mit der rot entzündeten Schirmmütze warten, um ihre wunderliche Fracht über die Landesgrenzen zu ächzen. Es herrscht ein Stimmengewirr wie beim Turmbau von Babylon, wenn die Akkordlöhne ausgezahlt wurden. Und die Gegenstände auf dem Perron erinnern nachhaltig an den Tag, als die Arche Noah beladen wurde. Da die Vorschrift besagt, jeder Gastarbeiter dürfe soviel an Gepäck mit nach Hause nehmen, als er über und unter seinem Sitz verstauen könne, sind dem Güterverkehr eigentlich keine Grenzen mehr gesetzt. Hier zwängt ein freudestrahlender Serbensohn noch rasch einen Fensterstock aus irgendeinem Abbruch ins völlig überfüllte Coupé. Während dort drei grinsende Muselmänner an einem riesigen Kleiderständer, nußbaumpoliert, der sicher von der Hausunrat-Abfuhr stammt, herumzerren. Auch einen kräftig krähenden Dorfgockel entdeckt der Betrachter unter dem Weihnachtsgepäck. Wie ihm ein überglücklicher Dalmatiner in tadellosem Beutedeutsch erklärt, sei diese bayerische Eierstempel-Maschine zur Zucht mit balkanesischen Hühnerdamen bestimmt und würde an der Grenze zwecks müheloser Transferierung mit Sliwowitz-Semmeln gefüttert. »Schlaf, Kindlein, schlaf.«

Hurtigen Schrittes und sanft errötend naht auch noch schnell eine dankbare Chefin, um dem Mirko Lebewohl zu sagen. Immer war der brave Anstreicher als Aushilfe da, wenn es was zum Pinseln gab. Und keine Überstunde war ihm zuviel. Deshalb gibt ihm die stramme Prinzipalin auch noch einmal innig die gütige Hand. Und es ist sogar was drin in ihr. Ein Bildchen nämlich. Von jener Sorte eines, die Mirko ganz besonders schätzt. Das bekannte Porträt von Holbein »Der Mann mit dem Schlapphut«, unter dem die rote Zahl »Hundert« steht und das Wörtchen Deutsche Bundesbank.

Zwischen all dem Tohuwabohu türmen sich immer wieder die bekannten Koffer aus echtem Sunlicht-Leder und Persil-Boxcalf. Und es sinniert der Bahnsteiggast, was wohl alles drin sein könnte: Vielleicht für die liebe Oma eine bleiche Elfenbeinhand

mit langem Stiel von dem letzten Jahrmarkt. Damit sich das Ahndl auch an den entlegensten Stellen mühelos kraulen kann. Und für den überraschten Urgroßvater womöglich eine Eisenschere zum Beschneiden der Fußnägel, weil es sich dann auf dem harten Dorfpflaster wieder leichter läuft. Gewiß wird sich die Matka über die herrlichen Kunststoff-Harpunen für Cocktail-Kirschen und Sandwiches ganz besonders freuen. Wenn's auch gar keinen solchen Happen am Spieß im fernen Kroatien gibt. Macht nix. Dann steckt sich eben die überglückliche Mama die komischen Harpunen einfach ins Haar und ist für jeden Sonntag tadellos garniert. Bruder Achmed erhält ein halbes Dutzend preisgünstig erstandene Fahrradglocken. Zwar sind seine Ziegen bisher eigentlich nur der heimatlichen Hirtenflöte gefolgt. Aber da müssen sie eben umlernen auf »Bim bam«. Am glücklichsten jedoch ist sicher die züchtige Braut. Sie erhält eine Garnitur einbruchsicherer Unterwäsche und einen elektrischen Toaster, für den es zwar nirgends einen Steckkontakt geben wird, aber vielleicht kann man ihn auch an der Petroleumlampe anschließen. Ferner etwas für den Hals, nämlich ein Stück Kernseife und ein prächtiges Kopftuch, auf dem weithin sichtbar »Pfanni-Knödel« zu lesen ist. Zu guter Letzt wird sicher auch der Herr Bürgermeister nicht vergessen worden sein. Ihm bringt der Mirko eine ganze Dose Schappi mit. Als Festessen für die Feiertage.

Und wie der Mann am Bahnsteig mit seinen boshaften Gedanken hier angelangt ist, stellt ihm ein überaus freundlicher Janitschare wohl als Strafe einen zentnerschweren Koffer auf die Zehen, der vermutlich die gesamten Rheinischen Stahlwerke enthält. Und dann geht's ab. Mit viel Lärm. Aber der Zaungast möchte den Scheidenden nicht nur eine gute Fahrt nachrufen, sondern auch den dringenden Appell: Kommt bald wieder! Nicht nur wegen der U-Bahn und der Hochhäuser, die unvollendet sind. Sondern vor allem auch wegen der lieben, treusorgenden Frau Meisterin. Die sich selber auch gerne wieder in Auftrag geben möchte.

Marienplatz-Serenade: Das Glockenspiel im Rathausturm

Der erste kommt schon kurz nach zehn Uhr, plaziert ein kleines Fußschamerl mitten auf dem Bürgersteig und geht darauf in Stellung. Mit ein paar zurückgewürgten Freundlichkeiten umkurven die Einheimischen das winzige hölzerne Atoll. Denn der Herr ist ein Fremder und hat deshalb Anspruch auf die ortsübliche Höflichkeit. Dann naht ein malerischer Jungfernbund und wird von der Rädelsführerin energisch an die Wand gestellt. Als sollte die niederbayerische Tugend ausgerechnet auf dem Münchner Marienplatz hingerichtet werden. Die Hände auf dem Rücken, die Fußspitzen ausgewinkelt, die Augen zum weißblauen Himmel erhoben, so warten sie geduldig, bis ihnen die elfte Stunde schlägt. Auch eine Schulklasse kröpft die frischgewaschenen Spargelhälse. Ein Mann aus irgendeiner Ferne niest jedesmal so heftig, daß der frische Asphalt springt. Er kann halt nicht in die Sonne schauen.

Da, und besonders aber dort, richten sich die chromblitzenden Glotzaugen von Zeiß und Rodenstock auf das zu erwartende Schauspiel. Entfernungen und Lichtwinkel werden gemessen, und die Schmalfilm-Schützen zielen mit ihren flüsternden Maschinengewehren auf die güldene Hühnerbrust des Münchner Rathausgockels. Jeder sucht sich dabei die beste Abschußbasis. Nur ein alter Hirsch aus der Steiermark hat kein höheres Streben. Seine Augen äsen lieber auf dem hügeligen Voralpengelände lohnender Ausflugsziele. Ein kleiner Bub beginnt zu dirigieren. Er sieht nur den Rücken einer stattlichen Endfünfzigerin. »Schau nicht um, der Fuchs geht um«, singsangt er. Der verkümmerte Wildschütz aus dem Oberland mit grauen Parkuhr-Wadeln packt noch rasch ein Wurstbrot aus, dick wie ein Roman von Doderer. »Es gibt hoid nix Bessas, ois wia wos Guad's«, kichert er schmatzend und bröselnd.

Dann ist es elf Uhr. Die Köpfe der Menschen klappen nach hinten. Nun sind sie nackt und barfuß. Wie bei einer Angina-Reihenuntersuchung von Professor Neugier. Der fährt ihnen auch noch mit der Spachtel in den Hals, und brav sagen sie alle

»Aaah«. Die kühle, blonde Finnin, die ausschaut wie eine frischeingeschenkte Halbe, arbeitet mit einem uralten „Zuawiziaga«, durch den schon Marschall Mannerheim nach dem Iwan linste. Auch der dreimal rückversicherte Engländer – mit Trenchcoat und Regenschirm und einer Zellophantüte über dem ehrwürdigen Hut, damit die Krempe nicht verwelkt – zieht eine doppelläufige Spekuliermaschine blank. In einer Sprache, die er für gepflegtes Französisch hält, erklärt ein Amateurhistoriker, der gern eine Maß Freibier in sein witziges Explorerköpfchen schütten möchte, den luftigen Sachverhalt. Indessen tröpfeln die spärlichen Glockentöne in die Münder der Sensationshungrigen. Das meiste aber fällt daneben in den brodelnden Verkehrshafen. Jedoch die biedere Frau Gaul aus Zwischenahn enträtselt die Weise. Sie singt kopfwackelnd mit: »— – und weiche keinen Finger breiheit.« Da tritt sie über den Randstein. Das leise Knöchelknarzen hat gar niemand gehört. Trotzdem schaut sie scheu um, bis sie ihrem Gesicht die Erlaubnis erteilt, schmerzhaft zu werden.

»I woaß gor net, wos do zum Schaugn gibt«, schimpft eine Hausfrau, die vom Markt kommt. Ein Büschel Porree schaut ihr aus der Einkaufstasche. Die grünen Schwanzfedern eines Heimgartenfasans. »I hob des Glockngschpui no nia ogschaugt und bin trotzdem scho zwoarasechzg.« Auch andere Einwohner gehen rasch und ohne Aufwärtsblick vorbei. Damit man sie ja nicht für Fremde hält. Oben auf dem Ringelspiel fährt eine Taube im Kreis. Vielleicht hat sie Firmung und darf Karussell fahren. »Mama, legt da goidane Gockl aa goidane Oar?«, will ein Kniehosen-Zoologe aus Lalling wissen. »Erst'ns legt da Gockl überhaupt koane Oar. Und zwoatn's bist augenblicklich schtaad«, wird ihm zuteil. Als im Turm der getroffene Ritter nach hinten fällt, hebt eine zierliche Französin die Arme und protestiert errötend. Es klingt etwa wie »Ui, a soichas Trumm Mannsbuid.« Freudig schlägt sich dagegen ein Neuseeländer auf die schlaksigen Überseeschenkel. Er hat mit seiner Woman gewettet, welcher Ritter beim Glockenturnier siegt. Und gewonnen. Sein eigenes Geld.

»Bitt schön, wie alt ist denn das Glockenspiel eigentlich?« will ein flaches Fräulein artig wissen. »Wia oid?« sagt der Münch-

ner. »Ja, ja, ziemlich«, und geht schnell weiter. Jaulend fährt die Funkstreife über das »Ännchen von Tharau« und zwei Mopeds beginnen darob heftig zu wimmern. Der unverbildete Chamer Kleinbauer reißt den Mund gleich zum Auspinseln auf, wie der achtzehnkarätige Kikeriki kräht.
Allmählich leert sich die Trottoir-Mittelloge, und die durchgaffte Luft heilt langsam wieder zu. Die gesammelten Eindrücke werden abgeschleppt. Der Hahn hat seine Schuldigkeit getan, das Publikum kann gehen. Zwölfhundert Reisende mehr haben das berühmte Glockenspiel gesehen.
Nur Frau Melusine Riebele aus Graubünden nicht. Sie erhielt nämlich von ihrem Mann den klarumrissenen Auftrag, während der Vorstellung strikt auf seine hintere Hosentasche zu achten. Wegen der Taschendiebe. Drum sah sie eigentlich nichts, was sie nicht längst schon kannte. Trotzdem ist sie zufrieden. Ein braves Weib.

Flaucher-Freuden

Die Eingeweihten unterscheiden streng den großen und den kleinen Flaucher. Sie meinen damit die zwei sanftgrünen Wiesen droben am Gestade der leise vor sich hin brabbelnden Isar. Zwischen der sachlich kalten Brudermühlbrücke und dem hölzernen Steg, der bei den Alten immer noch die »Schinderbrükke« heißt. Weil doch in seiner Nähe noch jenes Holzhaus steht, in dem einst der städtische »Wasenmeister« der toten Kreatur das Fell über die erkalteten Ohren zog. Die Flaucher-Wiesen haben ihren Namen von dem hundertjährigen Jagdhaus, das an der Stelle stand, an der heute eine riegelsame, etwas altmodische Wirtin noch köstliche Fleischpflanzl macht oder bayerische Schmalznudeln nach uralter Sitte über dem Knie »auszieht«, wie die schmunzelnden Stammgäste wispernd berichten. Auf den zahmen Prärien jedoch, unter dem grünen Kastanienhimmel des »Pfahlbau-Services«, wie die Brotzeit-Tische und -Bänke, die direkt in die saftige Erde gerammt sind, genannt werden, und in den angrenzenden Heimgärten ist es immer gut sein. Hier kommen zufriedene Austragler, Großmütter mit geruhsamem Wackelgang, zockelnde Kinderscharen und junge Pärchen her, die an den kleinen Fingern eingehakelt sind und im Rhythmus eines sanften Liebeswahns mit den Armen eine unsichtbare Wiege schaukeln. Gerade ist in der hinteren Tannenbaum-Ekke ein größeres Fußballspiel im Gange. Beim Stande von vierundzwanzig zu vierundzwanzig wird es dem verzogenen Karl-Heinz Kleberle jedoch endlich zu dumm, daß ihn der Aufseher-Micherl schon zum dreißigsten Male mühelos überspielt und wie eine Parkuhr einfach stehenläßt. Und er stellt die verlegen blickende Mannschaft vor die Alternative, den lästigen »Dribbelhengst« auszuschließen oder aber auf seinen Ball zu verzichten. Charaktervoll, wie Vorstadt-Buben manchmal sind, wird der Micherl in echtem Sportlergeist mit der schäbigen Begründung, daß er zu große Füße hätte, einstimmig des Feldes verwiesen. Aber er tröstet sich schnell mit einer leeren Konservenbüchse, mit der er gekonnt zwei Alleebäume, einen stillen Spaziergänger und drei verlorene Pferdeäpfel vom altmodischen

Brauerei-Fuhrwerk auskurvt. In jeder Situation noch immer um Klassen besser als der lächerliche Kleberle.

Unter der rissigen Linde versucht sich ein Nachtschichtler schon seit einer halben Stunde an einem modernen Klappbett. Zuerst konstruiert er einmal eine Art Haus-Sauna daraus. Nachher wird aus dem stählernen Kreuzworträtsel ein Beichtstuhl und zu seiner Verblüffung bringt der schwitzende Freizeit-Ingenieur sogar noch das Kunststück fertig, einen Zweier-Bob zu formen. Leider aber liegt halt nirgends mehr ein Schnee. Und weil er nicht gerne bis zum Winter warten will, legt sich der Erschöpfte resigniert auf den blanken Boden. Dann sticht er mit der Vereinsnadel seines Naturfreunde-Abzeichens die zwei eingehandelten Blutblasen auf und beschließt endlich, das störrische Möbel gegen einen Hockey-Schläger und einen Eispickel im Sportgeschäft wieder umzutauschen. Allerdings wird er auf diesen Gegenständen auch nicht gerade weich liegen, sinniert er.

Indes hat ein kleiner, braver Bub sein Schwesterlein an den Brunnen mit dem dünnen Silberstrahl geführt und bröselt dem mäuschenstillen Elflein eine Schaufel dunkler Erde auf den Seidenscheitel. Mit zwei gut eingeschenkten Kübeln Wasser spült er nach. Er will nämlich einmal Friseur werden. Als seine Kundschaft ganz leise zu weinen beginnt, sagt er barsch: »Macht dlei Mark siebsich. Bitte, kommen's bald wieda.«

Ein Heimgartler jenseits des Fußweges beschneidet die Gammler-Köpfe mit den grünen Vitamin-Haaren, die sich Schnittlauch nennen. Dann fällt er beim Aufstehen rückwärts in die Glasscheiben des Winterbeetes und radelt schleunigst zum Verbinden.

Aus dem angelehnten Fenster des kleinen Wirtschafts-Anbaues, in dem die bierschaumblonde Kellnerin Sophie wohnt, tönt ein Schlager aus Urgroßmütterchens Maienzeit herüber. »Such die Blum' der Männertreu – kann sie nirgends finden«, trällert die Zehnprozent-Lorelei in den erstaunten Nachmittag hinein, während sie ihren Wigwam aufräumt. Es klingt manchmal recht verzweifelt, dieses Lied, besonders in den oberen Preislagen. Aber auf einmal endet die Folklore ganz stillos in einem kleinen, freudigen Gekicher. Ist vielleicht der Gasableser zur So-

phie gekommen? Oder der Limonaden-Heini? Oh nein. Nur ein winziges bißchen Glück. Sie hat nämlich in der abgelegten Schürzentasche zwar nicht die Blum' der Männertreu gefunden, dafür aber einen völlig vergessenen Fünfmarktaler. Und das ist ihr in ihrem Alter fast noch lieber.

Heiße Eiszeit

Ähnlich wie die Münchner Weißwurst, wurde auch das Speiseeis durch einen Zufall erfunden. Als nämlich, nach der italienischen Version, der Koch Gianini Benoventuro am Hofe des Karl Borromäus, Fürstbischofs von Mailand, eines Tages einen tiefgekühlten Fruchtsalat servierte, blieb im Gefäß nachher eine sulzige Flüssigkeit zurück. Diese band der findige Gourmet mit einem Eidotter und servierte sie als köstliche Creme dann dem hohen Herrn. Später konstruierte das Universalgenie Leonardo da Vinci auch noch die erste handgetriebene Eismaschine, und fertig war die Gelati-Industrie.

Erst lange nachher erfand man für die jungen Gecken auch das Eis am Stecken. Jenen kühlen Lippenhobel, dessen Urgroßvater ganz gewiß der gewöhnliche Eiszapfen war. Denn die unartigen Kinder, mit Ausnahme jener von Katanga und dem südlichen Indien, pflückten schon von jeher diese Früchte des Winters von Traufen und Dachrinnen. Um dann so lange daran zu lutschen, bis sie einen sanften Backenstreich von der Mutter und eine mittlere Angina bekamen. Soweit also die Historie.

Die neue Eiszeit hingegen kennt längst nur mehr die Eisdielen und die italienischen Frosterias, die an heißen Tagen direkt das kalte Herz der Großstädte bilden. Und es trifft sich dort alles, was Durst, Langeweile, schwarze Lederjacken, lange Locken und weiße Lippen mit sich herumträgt. Da sitzen sie dann auf den Stühlen, die wahrscheinlich aus übriggebliebenen, steinalten Makkaronis gebastelt wurden. Die Mädchen mit übergeschlagenen Beinen, welche stark an das große, seidene X einer unbekannten Gleichung erinnern. Und die Jungmannen versuchen, diese mit dringenden Rechenschieberaugen laufend zu lösen. »Bella Venezia«, »Freddo Giorno« oder »Bionda Ragazza« heißen die kühlen Stützpunkte. Und nicht etwa »Zum kalten Löffel«. Und auch die Eissorten haben abenteuerliche Namen, die wie teure Havanna-Sorten, Schlachtschiffe oder verheerende Wirbelstürme klingen. »La Cassate« zum Beispiel, »Coppa di Nona« oder »Testa del Nero«.

Auch vor dem Eisbecher scheiden sich wieder einmal die Gei-

ster. Manche Gäste schaben mit lüsternem Augenzahn so lange an ihrem kleinen Eisberg herum, bis in der Mitte nur noch ein schlagbolzengroßer Kern stehenbleibt. Den lassen sie dann langsam zerlaufen und schlürfen die süße Minus-Bouillon genießerisch aus der Schale wie den kalten Kaffee aus der Untertasse. Späte Mädchen löffeln das steife Wasser gerne so gierig in sich hinein, als gäbe es bei ihnen noch eine verborgene Glut zu löschen.

Aber auch beschauliche Stilleben sind zu beobachten. Alte Stummfilmdamen, die mit gehäkelten schwarzen Spitzenhandschuhen ganz zart zugreifen und ihr Gemischtes mit derselben stillen Freude verzehren, mit der sie auch den abendlichen Pfefferminztee schlürfen. Denn diese beiden Gemüse können sie halt noch am allerbesten beißen. Oder jener verstaubte Hagestolz, der Herr Hofrat Geiger. Er hat sich gewiß im Vorübergehen daran erinnert, daß er als Kind immer zu kurz kam beim Eisessen. Nun träumt er bei einem kleinen Vanille davon, wie einst lieb Mütterlein den süßen Seim selbst herstellte. Mit sechs Eidottern und einem Gewürzstangerl, das stark nach Indien und Ali Baba roch. Lange sinniert der alte Mann ins Vorgestern hinüber, indes es vom Löffel gar lustig auf die saubere Streifenhose tropft. Wie er das sieht, klopft er sich selber mit dem kleinen

Nickelspaten auf die leichtsinnigen müden Finger. So wie es die Mutter wohl auch getan hätte.
Eis, Eis macht die Liebe heiß. »Tschau, Tschau, Bambina«, sagen deshalb die lauernden Spezial-Dentisten zu den frechen, blonden Zähnen. Und auch »Machs gut, Baby«. Na, was meinen die wohl damit? Das Examen, die Minestrone oder das Schäferstündchen mit dem Musiklehrer? Und hin und wieder verirrt sich sogar irgendein Onkel mit seinem Patenkind in die Gelateria. Und der kleine Mann schaufelt und schaufelt und verwandelt seinen winzigen Magen schnell in einen niedlichen Eskimo-Iglu. Auf seinem Gesicht liegt immer noch strahlender Hochsommer, während im Namenstag-Bauch längst tiefer arktischer Winter herrscht. Als er dann geht, macht er lediglich einen artigen Knicks. »Danke schön« hätte er nämlich bestimmt nicht mehr sagen können. Sonst wäre ihm gewiß die steif gewordene Zunge abgebrochen.

Der Liebesbriefsteller

Vor fünfzig Jahren gab es unter den Büchern einen Bestseller, der mehr gekauft wurde als Gustav Freytags »Soll und Haben«. Das war der Liebesbriefsteller. In diesem Gefühlsknigge war für jede Situation im zärtlichen Verkehr eine genaue Gebrauchsanweisung enthalten. Die Kapitel hießen: Die Kunst der Anknüpfung von Bekanntschaften; Einladungen zum Theaterbesuch; Dank für einen schönen Abend; Aufforderung zu einer Landpartie; Malwine, ach, vertrau mir doch; Darf ich um die Hand Ihrer Tochter bitten? und Jung gefreit hat noch nie gereut. Das Vorwort führte in die Kunst des erfolgreichen Briefschreibens ein.

Nach diesem praktischen Leitfaden konnte der Austausch der gegenseitigen Liebesnoten mit der berechtigten Hoffnung auf Erfolg in Gang gesetzt werden. Kleine Betriebsunfälle gab es nur, wenn beide Liebesleute den gleichen Ratgeber benutzten, weil sie dann die Antwort schon immer im voraus wußten. Die Briefe selbst waren vielfach mit Aufklebebildchen in Gestalt von schnäbelnden Tauben oder Vergißmeinnicht-Girlanden geschmückt. Minderbemittelte Liebende kerbten den Briefrand mit einer Schere ein und malten mit Farbstiften rings um die Botschaften geheimnisvolle Zickzacklinien. Eine Art Elektrokardiogramm ihres Herzens.

Wenn man in einem alten Liebesbriefsteller blättert, kann man die vorgeschriebenen Geständnisse vergangener Tage jeweils mit den Mitteilungen vergleichen, wie sie heute etwa zu denselben Anlässen zwischen der Jackie und dem Harry gewechselt werden.

Anknüpfung 1902: »Gnädigstes Fräulein Jutta von Geldern! Ich sah den Abdruck Ihrer entzückenden Stiefeletten gestern früh am Schwanenteich. Lassen Sie meinen unwürdigen Fuß nächsten Sonntag um zehn Uhr neben ihm schreiten!« Und heute: »Hallo Blondy, ich steh auf Sie. Habe zwei Catcher-Karten. Treff morgen, 20 Uhr. Okay?«

War die Bekanntschaft schon etwas weiter fortgeschritten, so empfahl der alte Liebesberater: »Herzliebste mein!! Nimmer-

mehr kann ich jetzt einen Menschen sehen, denn meine Augensterne würden mich sogleich verraten. Tief in meinem Herzen trage ich eine heiße Flamme, die mich zu verzehren droht.« Und der Harry: »Kleines Schrapnell. Bist ehrlich eine steile Braut. Nur der Bostella haut noch nicht recht hin. Bis dann.« – »Wann, Geliebte, darf ich es wagen, Deiner hochgütigen Frau Mama und Deinem überaus geschätzten Herrn Vater unter die Augen zu treten, um ihn um das Teuerste zu bitten, das es für mich auf der Welt gibt – Deine weiße Lilienhand?« Der Harry läßt heute wissen: »Ich hab' schon ehrlich Bauchweh, wenn ich mit Deinem Alten reden soll. Aber schick ihn halt einmal bei mir vorbei.«
Naht die Eifersucht, so schlägt der Herzenskatalog ein Gedicht vor: »Leb wohl und laß mich still verbluten / Denk an mein Elend nie zurück / In meinen heißen Herzensfluten / Verberg ich still mein kurzes Glück.« Der moderne Liebhaber tut kund: »Du hast mich ja ganz schön verschenkt für diesen Nikolaus. Aber das macht nichts. Da lach' ich nur. Mach's gut, Baby.« Fürs Happy-End, das es auch schon damals gab, stehen gleich zehn Verse zur Auswahl im Leitfaden. Einer davon: »Du Diebin mit den Rosenwangen, / Du mit den blauen Augen Du / Dich mein ich, wird Dir noch nicht bange? . . .« usw. Der Romeo 1967: »Jackie, Du bist doch mein höchstes Faß, und ich bin jetzt für immer Dein Master.«

Die Einsamkeit eines Langstreckenläufers

Wo Licht ist, ist auch Schatten. Und links vom Sieg kommt gleich die Niederlage. Denn wie könnte denn sonst der erste wissen, daß er gewonnen hat, wenn es keinen letzten gäbe? Solche Betrachtungen stellt der Zeitgenosse manchmal an, wenn von Goldmedaillen, Triumphen und Siegen gesprochen wird. Weil man dabei doch die einsame Kreatur total vergißt, die hinten nachlaufen muß. Als allerallerletzter. Und drum sollte man sich auch einmal in die Lage eines total Abgeschlagenen hineinversetzen:

Wie zäher Kuchenteig klebt der tückische Schnee an den Spreizfußleisten des Langläufers Matthias Donnergang. Es ist ihm zumute, als würde das ganze Land Gallien an seinen Stiefeln hängen. Längst sind die anderen Teilnehmer an ihm vorbeigehuscht. Wie die Telegraphenstangen an einem Schnellzugfenster. Und der Hias ist sicherer Letzter. Hinter ihm läuft nur noch die Schande, der Spott und die Schadenfreude.

Dem verlassenen Schneepflüger fallen jetzt so allerlei Aussprüche ein, die er einmal gehört hat. Wie: »Der Letzte muß alles bezahlen.« O heiliger Sankt Ulrich, wenn das auch noch auf ihn zutrifft! Er hatte doch überall gehört, wie teuer diesmal das Anlegen der Langlaufstrecke war. Da würde ja nicht einmal sein Bausparvertrag ausreichen. Und auch ein zweites Sprichwort fällt ihm ein: »Den letzten beißen die Hunde.« Scheu und verstohlen schaut er sich um. Und in der Tat, am verwaisten Wegrand steht ein alter, verwitterter Dorfschnauzer. Ob er ihn, den Hias, wohl beißen will? Ach nein, der hebt nur verächtlich das Bein.

Schwarze Raben kreisen über seinem hängenden Haupt. Bald werden sie wohl auf ihn herunterstürzen. Und die dunkle, drohende Wolke am Himmel. Sieht die nicht direkt aus wie die geballte Faust eines Funktionärs? Dabei hat der Hias doch schöpflöffelweise Spinat gegessen vor dem Kampf. Weil der so eisenhaltig ist, sagten sie. Aber das grüne Gigantenmüsli ist ihm wohl etwas zu weit hinuntergerutscht. Bis in die Knie.

Freilich könnte seine heimatliche Presse vielleicht auch schrei-

ben: Der Läufer Donnergang ist eigentlich genaugenommen erster gewesen. Nur sind die anderen eben in der falschen Richtung gelaufen. Außerdem ließe sich womöglich die Entschuldigung noch einflechten, daß die Sportler der fremden Nationen alle viel zu große Schuhe angehabt hätten. Die waren mindestens um drei Zentimeter länger. Und das macht natürlich bei fünfzig Kilometern allerhand aus.

Ach, wenn er wenigstens nicht ausgerechnet Donnergang heißen würde, der Matthias. Sondern vielleicht Schleicherl oder Schlapp. »Goldjunge« hatten sie im heimatlichen Klein-Muckersdorf schon zu ihm gesagt. Und »Prachtkerl«.

Und der vernichtete Läufer sieht sich im Geiste am Ziel ankommen. Gewiß hatten die Pistenarbeiter längst das Einlauftor abgerissen, um Kaffee damit zu kochen. Und am Ende wurde gar der Schnee schon wieder weggetragen, weil man ihn doch für den Damenslalom nebenan brauchte.

Ach, und erst daheim in Klein-Muckersdorf. Was mußte beispielsweise der wackere Metzgermeister Wiegesanft von ihm denken! Der ihm immer blinzelnd ein Extrastück Wurst eingewickelt hatte mit den Worten: »Wir zwei schaffen das schon.« Obwohl Herr Wiegesanft natürlich daheim blieb, bei seiner Bizerta-Waage. Und der Bürgermeister Haberstroh hatte ihm zum Abschied noch fest die Hand gegeben. Die würde er womöglich jetzt auch wieder zurück haben wollen.

Da wäre es ja fast besser, wenn sich der Hias einfach vor die Lokomotive setzte. Denn am Ende sperren sie ihn zu Hause auch noch ein ins Spritzenhaus. Damit sie dem Geheimnis seiner miserablen Form auf die Spur kommen. Und dann finden sie vielleicht das französische Magazin, das er vor drei Monaten einmal gelesen hatte. Und wissen alles.
Visionen tauchen auf. Wo bleibt denn bloß das Ziel so unheimlich lange! Vielleicht hat sich der Langläufer Donnergang gar ein bißchen verlaufen und steht plötzlich vor einem Wegweiser: »Drei Kilometer nach Riccione.« Hat er nun eigentlich falsch gewachst oder doch den falschen Beruf ergriffen? Er sieht durch das Fenster eines einsamen Bauernhauses, wie die alte Bäuerin bereits nach dem Abreißkalender greift. Eine schöne Zeit werden sie da für ihn ausrechnen! Dabei wollte er ja gar nicht erster werden. Vorletzter wenigstens, wenn's ginge, lieber Gott. Aber der liebe Gott war bestimmt ein Handballer und hielt sicher nichts vom Langlauf.
Da, in der Stunde seiner höchsten Erniedrigung, fällt es ihm auf einer sanften Anhöhe wie Schuppen von den strapazierten Waden. Matthias Donnergang ist gerettet, nein, noch mehr. Er wird sogar gleich nach dem Eintreffen einen neuen Teilnahmeantrag für die nächsten Wettkämpfe ausfüllen. Denn wie ein weißer Blitz leuchtet trotz des erbärmlichen Endspurts der berühmte Ausspruch vor seinen rot umränderten Augen auf: »Der Sieg ist nichts – die Teilnahme alles.« Und der zu einem hohen Prozentsatz bereits ermattete Sportsmann stößt sofort ein dreifach donnerndes Hurra aus, das noch lange zwischen den einsamen Felsgipfeln hin- und herprallt. Das erste Chirio für die olympische Idee, die diesen Gedanken gebar. Den zweiten Hochruf für den wackeren Coubertin, der den Gedanken aussprach, und das dritte Hurra für den berühmten Langläufer Donnergang, der dieses große Wort so brav in die Tat umsetzte.

Blick durchs Fenster

Freilich soll man anderen Leuten nicht in die Töpfe gucken. Wie aber der einsame Wanderer an einem trüben Sonntagnachmittag so durch eine billige Vorstadtstraße schlendert, kann er gar nicht anders. Es ist schon um die Dämmerzeit, und bald geht der Tag zu Ende. Die gelben Fenster aber, die alt und müde auf das bucklige Trottoir blinzeln, fordern geradezu auf, ein bißchen Einblick zu nehmen.

Da sitzt an einem zerfaserten Küchentisch ein altes Ehepaar und stummt sich gegenseitig an. Gleichmäßig und sinnlos wedelt der Nußbaumregulator an der Wand mit seinem Messingschwanz. Zwei Bilder hängen daneben. Sie stellen junge Männer dar, mit den blechernen Hüten des Sterbenmüssens. Dunkle Bänder sind schräg über die Rahmenecken gebunden. Die Frau liest in einer verfalzten Zeitung die schwarzumrandeten Anzeigen derjenigen, die nicht mehr bei Woolworth einkaufen. Dann steht der Mann auf, die Hosenträger schleppen hinter ihm her wie die Zügel eines verbrauchten Rollfuhrgaules, und füllt heißes Wasser in eine uralte Wärmflasche. Grußlos verläßt er das Zimmer. Eine Zeitlang sitzt die Frau noch allein. Der Wasserhahn tröpfelt. Eine Tür im Haus schlägt zu. Jetzt löscht die Frau die widerwillige Armenhausbirne aus und geht auch ins Bett. Es ist halbsieben. Trauriger Sonntag.

Vier Schritte weiter ist das Fenster hinter den gefleckten Gardinen etwas geöffnet. Ein Hund, eine Katze, ein Vogel und ein Mensch sind in der grau gekalkten Zementschachtel. Der Mensch dreht am Radio. Ein Walzer erklingt, und mit filzenen Hausschuhen tanzt der einsame Gigolo nach der Melodie. Allein. Aber in seinen Armen hat er eine unsichtbare Traumgeliebte. Sie muß recht mollig sein, den gewaltig umfassenden Händen nach. Auf einmal hört er ohne jeden Grund auf, bricht ein Zündholz schief auseinander und bohrt lange in den Zähnen. Die Donauwellen verklingen im Sperrholzkäfig. Der Mann spuckt irgend etwas aus, sagt »bebbelebä« und legt sich dann auf das alte Sofa. Da liegt aber schon der Hund droben. Schön bequem in der Mitte. Sein Herr kuschelt sich bescheiden in den

Winkel. Drohend schaut ihn der versteuerte Wurstzipfel-Wolf an. Als er versucht, seinen rechten Fuß nachzuziehen, knurrt die Bellmaschine leise. Da läßt der Hundeherr sein Bein lieber herunterhängen und winkelt die Arme bittend in Brusthöhe an. Ein kleines Mädchen spielt nebenan mit einem Kochlöffel und

einer Fadenspule. Sie weiß aber nicht recht was. Da singt es lieber hell und ein bißchen blechern vor sich hin, die vergessene Strophe vom Mariechenlied: »Sie saß so still, so träumend, so einsam geisterbleich. Und dunkle Wolken zogen, und Wellen schlug der Teich.« Die Tür geht auf, und ein Bub tritt ein. An die Küchen-Ottomane hin. Da liegt jemand unter bauchigem Plümo. Die Mutter. Ein weißgraues Gesicht, das schon gar nicht mehr da ist, liegt in den Kissen. Da sagt der Bub: »Du, Mama, die Evi und ich, wir gehn noch hinauf zum Hasenberger Franz. Weil es bei dir so langweilig ist.« Kinder sind grausam. Aber die Mutter sagt: »Ja, geht nur, Biwi. Und nehmt den Schlüssel mit.« Es klingt, wie wenn sie sagen wollte: »Vielleicht bin ich dann schon nicht mehr da.« Aber sie sagt: »Vielleicht brauch ich noch was.«

Und der Lauscher muß an das wunderschöne Märchen denken von dem bösen Mädchen, das von seinem Liebhaber das Herz der Mutter fordert, und wo es dann heißt: »Da ging der Liebhaber hin, tötete seine Mutter und brachte seiner Geliebten das Herz auf einem Teller. Als er aber durch den Wald kam, stolperte er und fiel hin. Da fragte das gute, geschändete Mutterherz voller Liebe und Sorgen: Hast du dir weh getan, mein Kind?« Ganz am Ende der Via Mala bleibt der Mann noch einmal stehen. Gerade wird Licht gemacht in der Parterre-Küche. Und ein Pärchen erscheint im Türrahmen. Wie zwei spitzbübische Verschwörer schauen sich die beiden an. Und dann nimmt sie einen Deckelkrug aus dem neuen Rüsterbüfett, nickt fragend und holt ihrem Männchen in den Hausschuhen einen Krug voll Bier. Als Lohn. Wonniger Sonntag.

Die Wagerl-Wascher

»Vom Eise befreit sind Strom und Bäche«, sagt Goethe von der Osterzeit. Und wer naht dann sofort auf leisen Gummisohlen – das Plastikküberl und den Viskose-Schwamm in sicherer Hand, und das winterstarre Fensterleder energisch wutzelnd und reibend? Es sind die Wagerl-Wascher mit Kind und Kegel. Die sich anschicken, ihre fahrbaren Sparbüchsen, die wechselflachen Gasolin-Esel und ihre obengesteuerten Familien-Archen zu stöbern und zu befummeln.

Und sie scheuern und schuften mit den Resten alter Unterhosen, ausgedienten, baumwollenen Liebestötern und zerschlissenen Rheumatismusbinden. Und sie arbeiten mit Schrampolin, mit Bohnerwachs und Spucke und schmirgeln an jedem Lackflecken solange herum, bis das blanke Zinkblech der Karosserie freundlich durchschimmert. In ihrer fürsorglichen Stöberwut kitzeln manche sogar die kleinen Steinchen noch aus den Profilen der runden Gummihufe heraus. Was bedeuten dabei schon die drei abgerissenen Fingernägel der Oma, die ruinierte Kaltwelle der Frau Mutter oder der verlorene Füllfederhalter vom Onkel Max, von dem er ja noch gar nicht weiß, daß er lautlos in die kichernden Fluten des klaren Bächleins flutschte. Schließlich hat man ja auch mindestens fünf Mark am Garagenwart gespart und nunmehr ein Fuhrwerk, mit dem man getrost an der großen Autoausstellung teilnehmen könnte. Ganz genaugenommen würde der Papa den Wagen ja sowieso am liebsten zur nahen Lokalbahn tragen und ihn auf dem Schoß heimfahren, wenn sie ihn bloß in das Abteil hineinlassen würden.

Der Frühjahrsputz am Limousinchen ist für den Zuschauer immer ein entzückender Unterhaltungsfilm. Da ist zum Beispiel die Familie Rutsch, die ihren Abzahlungs-Cadillac mit fünf Paar fleißigen Händen und viel unerwiderter Liebe in Arbeit nimmt. Zuerst baut der Papa die Sitze aus, die von der Mama mit einem raschgeschnittenen Haselnußstock gnadenlos verprügelt werden, als trügen sie die Schuld an den hohen Wechselspesen. Tante Wally geht indes in die Ecken des entrümpelten »Schäserls«, weil sie anerkanntermaßen durch den ständigen Umgang

mit Winkeln und Ritzen die flachsten Fingerkuppen hat, die eindringlich an geräucherte Landjäger erinnern. Und Vetter Paul, der auch immer mitfährt, aber nie einen Pfennig Benzingeld zahlt, kriegt die minderen Fußmatten zur Behandlung anvertraut. Wütend haut er sie der verdutzten Ausflugs-Buche um die unschuldigen Knorpel-Ohren und verschwindet sekundenlang im aufsteigenden Staubpilz, wie Jungsiegfried unter der Tarnkappe.

Selbstverständlich werkelt auch das kleine Gnomenvolk fleißig mit. Gerade erhebt sich am Wagenheck ein schreckliches Jaulen und Winseln. Weil nämlich der kleine Michl versucht, den rußigen Auspuff mit dem haarigen Schwanzl vom Dackl Bürschi zu reinigen. Etwas abseits im Gebüsch sitzt dagegen sein Brüderlein Anton und angelt sich immer wieder zwei Finger voll Sauerkraut aus dem großen irdenen Topf, der in Mamas Einkaufstasche steht. Wie soll der unmündige Kostgänger denn auch wissen, daß das Kraut gar nicht zum Essen mitgenommen wurde, sondern als erprobtes Fleckenreinigungsmittel für die Sitzpolster? Still und schmunzelnd verschluckt mittlerweile das lammfromme Schwesterlein Muschi die kleine Standlichtlampe, die

sie aus dem Reservekasten entnommen hat, weil sie glaubt, es wäre eine rasierte Stachelbeere. Als das Lamperl glücklich im zarten Magen angelangt ist, leuchtet das Kind weithin, hell wie der lichte Tag.

Nun hat der Dackel endlich auch den Ersatzriemen für den Ventilator erwischt und mit schneeweißen, kerngesunden Zähnen in vier gleich große Stücke gebissen, die er schwanzwedelnd seinem Herrchen apportiert. Plötzlich jedoch erleidet das Betriebsklima einen heftigen Schock. Die Frau Mutter hat nämlich unter den Laufschienen der Sitze eine Haarklammer von völlig fremdem Baumuster gefunden. Nun bittet sie den Papa energisch und kurz hinter den nächsten Busch. Erst nach fünf Minuten erscheinen die zwei schließlich wieder auf der Bildfläche, und Mama hat einen schmalen, gefährlichen Mund wie der Bubi Scholz, wenn er angeschlagen ist. Immerhin gelang es dem Haushaltungsvorstand, seine Lebensgefährtin mangelhaft zu überzeugen, daß die beanstandete Spange höchstens vom Verteilerkopf heruntergefallen sein könnte.

Und auf einmal ist die Verschönerungskur dann doch glücklich beendet. Und die ganze Sippe steht ehrfürchtig, rotohrig und noch leise nachtranspirierend um das stolz glänzende Gefährt herum. Und im Lack der blanken Kotflügel spiegeln sich sechs zufriedene Eierköpfe. Genau in dem Augenblick aber, als der Papa seinem Spiegelbild rasch noch einmal in höchster Anerkennung zunickt, beginnt es zu regnen.

Auf kaltem Parkett

Der alte Mann am Rande des Kunsteisplatzes kommt ins Nachdenken. Wie war das doch damals zu seiner Zeit mit dem Schlittschuhlaufen? Ach ja, ein Weihnachtsmann mit Schnurrbart und den Filzstiefeln eines Straßenbahnschaffners hatte die Schlittschuhe gebracht. Die hatten hinten zum Anschrauben eine Flügelmutter, wie man sie bei alten Küchenuhren zum Aufziehen findet. Und ein stählernes Gebiß, das sich ausschließlich von den Absätzen der Sonntagsstiefel ernährte, hatten sie auch. Und deshalb sorgte ein gewitzter Eissportler damals rechtzeitig für die nötigen Polsterungen seines zarten, jungen Rückgebäudes. Denn mit dem verlorenen Absatz in der Hand kam man seinerzeit nicht durch das ganze Land, wie das Sprichwort sagt. Sondern lediglich übers väterliche Knie oder den Küchenhocker. Auch gab es natürlich nirgendwo so ein gepflegtes, sibirisches Linoleum wie heute auf den täglich gespritzten und gehobelten Kunsteisbahnen. Sondern da ging's halt im Zockelschritt über das mit einer gewalzten Schneerinde glasierte Kopfsteinpflaster. Bis dann unversehens ein runder Pferdeknödel auf dem Weg lag und man darüber zu Fall kam. Doch was tat's! Wenn ein Gassenbub stürzt, ist doch bekanntlich immer der Schutzengel vom Dienst in der Nähe. Und der schiebt dann schnell seinen Heiligenschein zwischen ihn und das harte Pflaster.

Hingegen der heutige Betrieb auf so einer zahmen Feierabend-Tundra! Schon die jüngsten Spargel, die einen Schlittschuh noch kaum von einem Handschuh unterscheiden können, tragen weiße, pelzgefütterte Saffian-Futterale mit schwedischem Silberstahl unten dran, die mindestens den Wochenlohn eines Hilfstrichinenbeschauers kosten. Die größeren Mädchen wiederum besitzen niedliche Rockkrausen, die bereits da aufhören, wo die Beine angehen. Und flaumige Pullis haben sie an, vermutlich aus den Brustfedern von Lohengrins Schwänen gewirkt. Und sie fahren allesamt eine ungemein kesse Kante. Oder legen einen perfekten Walzer aufs kalte Parkett. Aber sich selber leider nie.

Hallo, und erst die Boys! Wenn die mit wetzenden Scheren-

schritten über das Eis huschen! Mit Armen, die leise schaukelnd fast bis auf den Boden hängen, wie die gefrorenen Röhren einer Unterhose auf der Wäscheleine. Zum Wiehern des Cha-Cha-Cha tanzen sie einen seltsamen Kolchosen-Tango, zu sechst ineinander eingehängt, während ihre Schlittschuhe wie die zwölf Messer einer riesigen Zwiebel-Schneidemaschine arbeiten. Ritzen sie aber im Einzelgang die kühle Wasserschwarte, so werden die älteren Gesundheitsfahrer dabei als willkommene Slalomstangen benützt. Beim Bremsen schaben sie ihrer augenblicklichen blonden Dauerschraube schließlich eine schöne Portion Geriebenes vor die steilen Beine.

Beschaulich hingegen ist's beim Abendlauf. Wenn auf dem kleinen Schild an der Kasse zu lesen ist: »Nur für Erwachsene«. Gemächlich hoppeln die bemoosten Böcke über die gefrorene Prärie. Ein gut abgelagertes Fräulein gleitet vor ihnen her. Und man schleift nach. Doch der Kanzlei-Assistent Redlich mit seiner spätgotischen Knickerbockerhose, die von hinten ein bißchen an die Toreinfahrt des herrlichen Städtchens Rothenburg ob der Tauber erinnert, und mit seinen hausgemachten Rentier-Fäustlingen, der quietscht halt beim Übersetzen schon immer ein bißchen in den Gelenken. Auch der Hofrat Geiger ist mit von der Partie. Er fährt den streng wissenschaftlichen, englischen Gesundheits-Stil. Mit Schlittschuhen, die sich vorne ringeln wie das verchromte Schwänzlein eines mecklenburgischen Ferkels. Die Hände trägt der Herr Rat bei seiner Rutschpartie hinten auf dem Rücken. Und so erinnert er entfernt an den unglücklichen Andreas Hofer vor seiner Erschießung. Zu Mantua in Banden.

Und die Musi spielt dazu. Schnitzlers Reigen. »Heimlich und leise ziehn sie die Kreise ...«. Oder den alten melancholischen Walzer: »Still ruht der See, er ist gefroren. Die alte Jungfrau Schlittschuh läuft. Das Eis bricht ein, sie ist verloren ...«

Und dann legt plötzlich die Eisprinzessin in der Mitte ein Solo hin. Der Stern von Langnese. Heißa, wie das schwebt! Und bei der Pirouette sieht ihr rotes Röcklein genau wie ein Fliegenpilz aus. Auf gefährlichem Stengel. Jetzt reckt sie ihren rechten schönen Fuß vollkommen waagrecht in die Lüfte. Das schaut ja direkt aus wie ein Wegweiser nach Wonne-Eickel. Ein alter

Hagestolz in der Ecke will ihr das verstohlen nachmachen. Aber bei ihm erinnert dieselbe Geste mehr an einen verhärmten Polarwolf, der in der Arktis vergeblich nach einem Bedürfnis-Bäumchen sucht.
Etwas abseits am weichen Sulzgelee-Rand unterhalten sich zwei späte Sportler über den doppelten Rittberger, über Axelsprünge und Kreuzschritte. Bis der schwerschuftende Eislehrer den einen von ihnen abholt und wie einen Sack nasser Nußkohle in den Idiotenwinkel schleppt. Mit energischem Hohlkreuz fährt dort auch ein pensionierter Oberlehrer bescheidene Kurven. Mit mäßigem Charme versucht er immer wieder, die Anfangsbuchstaben seiner Jugendliebe Melanie Siebengeiß in den mürben Blätterteig zu gravieren. Bis er am eigenen aufgelösten Schnürsenkel hängen bleibt, stolpert und leise knarzend in die Knie bricht.
Still und mit vollgesaugtem Hosenboden schaukelt er dann dem Ausgang zu. Unterwegs aber verliert er noch ein kleines Verlegenheitslächeln. Vielleicht hat er gerade an das Sprichwort gedacht von dem Esel, dem es zu wohl ist.

Der Spitzwegerich-Expreß

Der kleine Bahnhof steht zögernd an der Fußabstreifer-Schwelle zur großen Stadt, als hätte er sich nicht ganz hineingewagt. Er ist aus roten Ziegelsteinen gebaut und schaut aus wie eine Kulisse zu dem rührenden Heimatfilm »Und ewig rauscht der Sellerie«. Der auch tatsächlich in der winzigen Suppengrünfarm der Frau Bahnhofsvorsteherin wächst. Zusammen mit viel Unkraut und jenem Sauerampfer, von dem der Dichter Ringelnatz erzählte: »Er sieht immer nur Eisenbahnzüge und nie einen Dampfer – der arme Sauerampfer.«

Es riecht immer ein wenig nach Ruß, nach Rehragout und Rückfahrkarten im verschlafenen Lokal-Bahnhof. Und die alte Zeit hat sichtlich vergessen umzusteigen. Sie ist dageblieben. In dem gußeisernen Schnörkel-Geäst der Hinweistafel »Fahrkarten hier« hängen handgewebte Spinnennetze und ein einfaches Vogelnest. Vom Muster sozialer Wohnungsbau. Der blaue Automat in einer Ecke des dahindösenden Wartesaals war vor vielen Jahren einmal die Tankstelle herrlicher Kinderseligkeiten. Gebrannte Mandeln kamen da heraus, Veilchen-Pastillen in Blechschachteln und saure Drops, denen verblaßte Filmbilder beilagen.

An der Wand hängt auch noch eine Landkarte. Grau und schäbig wie der Jahreszins. Auf einmal pfeift eine eiskalte Kartoffel aus dem Küchenfenster der Frau Stationsrat. Eine zarte Verwünschung folgt im Luftsog nach. Sie gilt dem heuchlerischen Angorakater Fernando, der ein fliehendes Suppenhuhn hart bedrängt, das im sonst so erfolgreichen Butterfly-Stil über die toten Geleise rudert. So ein Duckmäuser, dieser Kater. Wo er doch heute seinen Obsttag hat. Etwas später hängt die First Lady der »Haltestelle Kopfsalat« die Ehebetten in die Fenster zum Lüften. Züchtig bleich und bleischwer sind sie. Denn das Endstations-Ehepaar ist längst in den gemütlichen Teil übergegangen. Und schläft schon lange Ferse an Ferse.

Jetzt schrillt ein Wecker über die oxydierenden Schienenstränge. Der Kommandant der »Statione Bagatelle« setzt seine rote Dienstmütze auf, die von oben haargenau ausschaut wie

eine überhitzte Kochplatte. Schnaufend hält eine Lokomotive, an der wohl schon James Watt herumgebastelt hat. Ein Mann steigt aus dem Tender und klopft mit einem langen Hammer ein paarmal auf die Räder, als wollte er dem kleinen Feuerroß schnell noch die Hufe beschlagen. Und dann läßt der schienenmüde Dampfgaul auch noch einen langen Wasserstrahl. Ohne dabei allerdings das Hinterrad zu heben. Obwohl es ihm der Hund des Herrn Apothekers, der ebenfalls mitnässelt, doch dreimal ganz genau vorgemacht hat.
Die Fahrgäste des Spitzwegerich-FD sind keine direkten Reisenden. Ein alter Rechnungsrat, der immer gleich die Sperre umgeht, was verboten sein soll. Eine Frau, die zum Zahnarzt muß und ein kleines Kind dabei hat, das »Mokolotiv« sagt und »Ging-Gang«. Vertreter mit ungeduldigen Auftragsbüchern, mehrere höhere Töchter, drei Schrebergärtner und ein aufgeregtes Fräulein in Privat-Schwesterntracht. Die hat nämlich auf ein Heiratsinserat geschrieben, trägt tadellose Wäsche und ehebettelt verschämt über die Bahnhofssperre hinweg. Ferner ist da noch ein Mädchen, das ein Ringlein mit hellblauem Stein am Finger hat und an der Hand einen Jüngling, der schon zum fünfzehntenmal drängt: »Sag halt ja«. Es fällt ihr schwer, die Antwort solange hinauszuzögern, bis der Zug endlich abfährt. Dann aber sagt sie mit schwerem Vorwurf in der sanft errötenden Stimme: »So, jetzt hast du's. Der nächste Zug fährt erst wieder in zweiundzwanzig Minuten.«
Zuerst läuft eine Zeitlang eine grüne Hecke neben dem Bähnle her. Aber dann läßt sie es doch bald bleiben. Auf der hinteren Plattform stehen zwei Kinder und winken. Den Gänsen am Hang, der kühlen Ausflugskapelle, dem Transformatoren-Häuschen und dem schlafenden Mütterlein auf einer Bank, die so einsam ist, daß sie genausogut in Aserbeidschan stehen könnte. Staunend und voll grenzenloser Hochachtung schauen Brüderchen und Schwesterchen auf den Hals eines Mannes, der einen Korb voll frisch gepflückter Brennesseln mit sich führt und seinem Sitznachbarn erklärt, was das für ein gutes Gemüse gäbe. Sowas schluckt der also tatsächlich hinab. Dann geht es durch eine Gegend, in welcher die Häuser Villen heißen. Ein berühmter Marschall soll dort einmal gewohnt haben. Und die Bäume

der Hauptallee stehen in der Tat noch heute so schnurgerade und stramm, als hätte der Feldherr vergessen, »Rührt euch« zu ihnen zu sagen, bevor er starb. Später taucht eine Herde Lämmer auf, und eine Frau, die so ausschaut, als ob sie das genau wissen müßte, sagt: »Schafe zur Linken – wird Freude dir winken.« Und schließlich fährt der lächerliche Nachmittags-Pazifik in das kleine Städtchen ein, das sein Ziel ist. »Alles aussteigen, bitte«.

Ganz plötzlich steht dann auch ein Mann auf dem Perron, den vorher gar niemand bemerkte. Obwohl er doch dunkle, schwarze Hände hat. Aber nicht etwa, weil er vielleicht die Lokomotive streichelte, die seine Schwiegermutter fortbrachte. Nein, viel einfacher. Er kommt nämlich aus dem sonnigen New Orleans im lieblichen Louisiana. Und ist aus reiner Gewohnheit so dunkel. Nur so. Und in die kleine Stadt reist er lediglich deshalb, weil er dort einen schneeweißen Bungalow geerbt hat. Gell, was es nicht alles gibt!

Kantinen-Kantate

Zwar stimmt es nicht ganz, daß die Kantine eine Schwester des Philosophen Kant ist. Doch immerhin hätte der berühmte Feinspinner in einer modernen Betriebs-Kantine eine Menge Studien zum Thema »Menschliches, Allzumenschliches« machen können. Vor allen Dingen aus dem Blickwinkel: »Sage mir, wie du ißt, und ich sage dir, was du bist.«

Kantine kommt aus dem Lateinischen und heißt eigentlich Keller. In vornehmen Stehkragen-Trusts und Dünkel-Konzernen nennt sich die Kantine auch hochnäsig »Kasino«. So eine Tellerfleisch-Aula besteht grundsätzlich aus dem Hunger, dem Essensbon, mehreren halbfetten Magen-Fahrplänen unter Zellophan, vier Bedienungen, von denen mindestens eine Marie heißt, und fünf Blumenstöcken, die wie aufgeknüpfte Wohltaten von der Decke hängen und Betriebsrats-Orchideen genannt werden.

Kantinenbedienungen sind wie die meisten Servierdamen schwarz angezogen. Diese traurige Berufstracht ist wahrscheinlich darauf zurückzuführen, daß die Eisbein-Jongleusen doch pausenlos tote Lämmer, Ochsen oder Schweine zu Grabe tragen müssen. Ihre Gesichter sind fast immer vom Tagessuppen-Föhn zart gerötet, und die Finger vom Kleingeldzählen etwas nach oben geringelt. Nur ein Narr wird sich heute noch mit einer Kantinenbedienung anlegen. Indem er vielleicht mit dem Messerrücken an den Tellerrand klopft oder jenes Nachtisch-Mäuschen, das Marie heißt, auch tatsächlich so ruft. Nein, »Mary«, »Ria« oder »Maruschka« betitelt man so was. Das macht große Portionen. Und bei der Gans das Mittelstück.

Manchmal verirrt sich auch eine leckere Bouillon-Ekberg in einen Betriebs-Speisesaal. Aber eine solche wird entweder rasch geheiratet oder von den Kolleginnen mit bissigen Bemerkungen so lange zerstichelt, bis sie von selber wieder geht. »Wenn Sie Ihren Daumen suchen, Fräulein, den haben Sie in der Suppe«, heißt es da höhnisch, wenn die Kleine gerade dem maßgeblichen Prokuristen Kümmerlich serviert. Die männlichen Gäste aber nennen so eine Abwechslung heimlich »Miß Nachtisch«.

Und wenn sie bei ihr was bestellen, schauen sie gar nicht auf die Karte, sondern meistens ganz woanders hin.
Jede Kantinen-Kantate beginnt mit der Rappel-Symphonie. Mit dem Stühlerücken. Das klingt wie das Eröffnungsgeräusch bei einem Weltkongreß der Spiritisten. Und schon daran erkennt man das Temperament der einzelnen Kostgänger. Da ist einmal der Übervorsichtige und Gewissenhafte. Er visiert zuerst den Sesselsitz, hält ihn schräg gegen das Licht, richtet ihn haargenau aus und spannt dann seinen Hosenboden. Als sollte er übergelegt werden. Erst dann nimmt er mit den züchtig geschlossenen Knien einer lebenslänglichen Jungfrau Platz. Der Wurschtikus hingegen klemmt sich den kalt geleimten Sperrholzsattel mit wildem Schwung unter sein Hochparterre. Macht schmale Texas-Augen und beginnt im Schweinsgalopp zu schaukeln. Ein ewiger Zappelphilipp. Der Träumer hinwiederum geht versonnen und milde lächelnd in die Hocke. Und merkt erst beim dritten Teller Suppe, daß er auf dem Schoß des Bürovorstehers sitzt.
Und dann beim Schmausen scheiden sich die Geister endgültig. Da ist zuförderst der Systemler. Der Viereck-Esser. Er bevorzugt gerne symmetrische Speisen wie Goldbarschfilet, Schnitzel oder Rohrnudeln, die er in tadellos korrekte Würfel zerlegen kann. Sperrige Güter wie Spaghetti oder Geflügel verschmäht er. Der Viereck-Esser ist der Bürokrat unter den Löffelschwingern. Er teilt sich seine Beilage immer so ein, daß bei hundertvierundvierzig servierten Erbsen auf jeden Fleischbissen genau zwölf Stück kommen. Beim letzten Happen muß sich Null von Null heben. Ist die Menü-Gleichung aufgegangen, so ist er so stolz und zufrieden, als hätte er die Quadratur des Kreises gelöst. Ähnlich arbeitet auch der Rundherum-Esser, der Spiralgast. Er hat einen sanften Kreisfimmel und verzehrt die Bouillon grundsätzlich nur im Rechtsdrall, indem er sein Suppenruder handhabt wie ein Eskimo das Paddel. Langsam arbeitet er sich bei Gemüse und Püree im Schneckenhausstil vom Tellerrand zur Mitte hin. Am liebsten würde er dann wohl auch noch die Gabel auf dem verbliebenen Gipfelrest aufpflanzen. Und die Wacht am Rhein dazu singen.
Weniger beliebt am Mittagstisch sind dagegen die Schnipsler

und Hautabschneider. Die mit spitzer Gabel mißtrauisch das ganze Menü durchkämmen, als erwarteten sie, einen der verlorengegangenen vierzehn Punkte von Wilson im Rehragout zu finden. Für jedes Gericht haben sie eigene Spezialnamen. Krumme Teighörnchen heißen »Knieschützer«, die geraden »Pulswärmer«, Graupen nennen sie »Kälberzähne« und den Ochsenmaulsalat »Aufsichtsratslippen«.

Hingegen die Allesfresser. Die Transch-Hunnen. Sie nehmen Messer und Gabel, schneiden Fleisch, Kartoffeln und Gemüse kurz und klein, krümeln ein Brötchen hinein und würzen das Ganze mit Salz, Pfeffer, Zimt und Zucker und was sonst noch herumsteht. Dazu essen sie ein Stück mitgebrachten Streuselkuchen und lesen in einer alten Zeitung die Heiratsgesuche. Natürlich wissen sie nachher weder, was sie gegessen haben, noch ob sie überhaupt in der Kantine waren. Nur ihr Schlips, der vorübergehend in dieses Barbaren-Gulasch hing, ist ein schwacher Indizienbeweis, daß sie eigentlich satt sein müssen.

Der erste Ball

Der erste Ball, den die Schönen des Landes mitmachen dürfen, ist meistens noch kein Faschingsball, sondern er findet zum Abschluß der Handelsschule, des Lyzeums, oder auch als Finalefeier nach einem glücklich absolvierten Tanzkurs statt. Und langsam füllt sich der Prunksaal des Palasthotels mit einem leisen Hauch von höheren Töchtern, Uhuline, plissierten Röcken und Badedas-Geruch. Vermischt mit Gekicher und Getuschel, dem angedeuteten Hackenzusammenschlagen rotohriger Jünglinge, dem komischen Geräusper der Elternteile und einem Verlegenheits-Lachen, dessen Tonlage in keinem Notenbuch steht. Rasch drückt sich das kleine Slap-Talent Evelyn-Susan Kummerspeck noch einen frechen, winzigen Mitesser aus der minderjährigen Stirn und hilft anschließend ihrer Freundin bei der Montage des falschen Zopfes, der lange in einer blassen Schachtel in Großmutters Birnbaum-Schublade dahindämmerte. Die jungen Pärchen, wochenlang gedrillt in den bekannten Walzerschleifwerken und Tango-Werkstätten der Tanzschulen, werden nun zum erstenmal eine vollständig selbständige Sohle aufs Parkett legen. Viele der jungen Kavaliere haben ihrer Feierabend-Pawlowa, der sie in hundert Übungsstunden die Silberbronze von den Schneewittchen-Schuhen trampelten, heute einen kleinen Blumenstrauß mitgebracht. Sie halten diese Gebinde der Versöhnung lange in den feuchten Tapfere-Schneiderlein-Händen. Dann wird überall Platz genommen, wobei die Züchtigsten unter den Trotzköpfchen ihre knisternden Ballkleidchen hinten sittsam glatt streichen, als hätten sie noch etwas aus der ABC-Schützen-Zeit gut. Die Eltern indes, hocherfreut und teilweise auch hochrot, lassen sich etwas abseits auf ihr Altenteil nieder. In den Gesichtern den sanft zufriedenen Ausdruck erfolgreicher Produzenten.

Ein stilvoller Abschlußball beginnt selbstverständlich mit einer gepflegten Polonaise, die durch sämtliche Räume des Veranstaltungs-Lokals, die kalte Küche und die Besenkammer ausgenommen, führt. Köstliche Konversationsblüten begleiten die feierlich lustige Gesellschaftsschlange: »Ist es Ihnen auch so heiß, als

wenn man innen rösten tät'?« Oder »Fräulein Gerdi, Sie riechen heute narrisch scharf.« Natürlich ist auch eine stattliche Anzahl Frühvollendeter unter dem Nachwuchs. Dort die Blonde, deren toupierte Silberfrisur ausschaut wie ein verchromter Heuhaufen zum Beispiel. Die hat an ihrem blassen Hals gleich gar statt eines Amuletts oder Anhängers das sauber polierte Kugellager von einem Rennrad hängen. Sie wird damit unter der Jugend ganz erheblich notiert. Meint sie. Oder jener düstere Schurke mit seinem geheimnisvollen Emigranten-Bart. Schaut der dem Doktor Crippen nicht viel ähnlicher als dem Zweitletzten seiner Mittelschulklasse, der er in Wirklichkeit ist? Endlich geht es dann auf die frisch gewachste Hartholz-Wiese. Und die Herren gehen los. Zaghaft noch etwas. Besonders dann, wenn ihnen von den regieführenden Tanzlehrern ein ungewohntes Mariechen verpaßt wird. Aber schließlich offenbaren sich doch rasch die verschiedenen Temperamente. Und während ein resolutes Rautendelein ihren hocherfreuten Partner beim »Pigalle« mit sicherem Griff wie einen Parkett-Mop vor sich herschiebt, umkreist ein vielversprechender Gigolo zu den Klängen eines Hully-Gully die ihm zugeteilte Mollige mit einem Eifer, für den ihm zweifellos das bronzene Sportabzeichen gebühren würde. In den kurzen Pausen ergibt sich schließlich noch die Gelegenheit, die braven Elternteile kurz heimzusuchen und gegebenenfalls ein wenig zu brandschatzen. »Papi, gell, du schickst mir schon einen Pikkolo herüber? Weißt du, mein Heinzi hat auch so einen Durst!« Dafür erscheint dann der erwähnte Portokassen-Jüngling tatsächlich nach einiger Zeit, um mit der Frau Mutter, die ein winziges Erröten versucht, die von der Ball-Leitung eingelegte Anstandsrunde zu absolvieren. Und leise singt der Mann am Mikrophon das Lied aus den Postkutschentagen dazu: »Man steckt die Veilchen ans Kleid, die Röcke waren noch weit, ach Gott, war das eine Zeit...« Über zehn Prozent der Tanzstunden-Bekanntschaften enden in einer Ehe, behaupten die schmunzelnden Wechselschritt-Kapitäne. Der wasserwellige Un-Steil, der schon den ganzen Abend lang ein dorniges Organza-Röslein herumdirigiert, denkt natürlich nicht an solche Statistiken, als er ein mühsames Rendezvous zusammenstottert. Nein, im Gegenteil. In sei-

nem tiefsten Innern sagt er sich eigentlich ehrlich: »Schön ist sie gerade nicht, genaugenommen fast geschenkt zu teuer.« Da hat er sich aber arg geirrt. Denn gerade sie wird ihm noch einmal eine ganz schöne Stange Geld kosten. Indem ihm nämlich im rätselhaften Eiertanz des Schicksals ausgerechnet diese Maid schon nach drei Jahren an seinen stark entwicklungsfähigen Busen gedrückt wird. Um mit ihm in gemäßigtem Dreivierteltakt durch eine lebenslange Ehe zu walzen. »Links, zwei, drei ...«

Wulli, wulli, wulli . . .

»Und das wallet und würget und brauset und zischt. Wenn das Weißbrot mit Wasser sich mischt." So dichtet vielleicht frei nach Schillers »Taucher« gerade der blasse Primaner mit den verträumten Einmaleins-Augen vor sich hin. Und sein kleines Schwesterlein bemüht sich ganz umsonst, mit ihrem Puppen-Algebra die vielen »Endilein« und »Swäne« zu zählen, die sich um die feuchten Brocken balgen. Bei »zwölfundsiebzig« bleibt sie schließlich stecken und ist überzeugt, daß diese Zahl ganz genau stimmt. Doch auch in Wirklichkeit hat die gefiederten Kostgänger noch niemand zählen können. Die vielen, vielen tausend Wildenten, Graugänse, Möwen, Haubentaucher und die Exoten, die den weißblauen Amazonas vom See bis zur Brücke in Rudelschwärmen und lächerlichen Geleitzügen bevölkern. Denn sie gehören alle zu jenen Geschöpfen, von denen ihr großer Erschaffer sagt: »Seht nur, sie säen nicht und ernten doch.« Und sicher werden jährlich weit mehr als hunderttausend Eierweckerl, Kaisersemmeln, Laugenbrezen und vergessene Brotzeitscherzl aus den Führerhäusern der Bierlastwagen, alt gewordene Doppeldecker von ABC-Schützen, verpfuschte Rohrnudeln böser Schwiegermütter, zusammengesackte Dampfnudeln, spindige Reiberdatschi, aber auch mancher vom Mund abgesparte Bissen eines frischen Apfelkuchens oder Faschingskrapfens aufgebröselt und geopfert.

Der größte Futterplatz ist zweifellos die flache sandige Bucht bei der Brücke. Dort wo tagsüber auch noch vom nahen Tierpark eigenartige Tropenvögel herüberkommen, langbeinige Strandläufer aus fernen Märchenländern und schwere wuchtige Schwäne, die wie überladene Chartermaschinen hier notwassern. Freilich, von manchen dieser Kostgänger behaupten die alten Rentner am Brückengeländer auch noch fest und steif, sie wären bei dieser Mastkur längst so schwer geworden, daß sie den Zweimeterzaun vom Tierpark nicht mehr im Gleitflug bewältigen könnten und daß man sie deshalb sowieso mit dem Leiterwagerl in ihr städtisches Sanatorium zurückfahren müßte, wenn sie überhaupt jemals wieder heim wollten.

Die alten Feierabendgäste wissen überhaupt mehr als die anderen Gelegenheitsfütterer über die Vögel. Längst haben sie die besonders Auffälligen mit schönen Namen versehen und auf Adolar, Mata Hari, Jennerwein oder Schützenliesl getauft. Natürlich können sie auf Anfrage auch jedem erklären, um welche Sorte von Wasservögeln es sich bei den Hunderten von Exemplaren handelt. »Der da hinten, der Gefleckte, ja ja, das ist ein siamesischer Tempeltaucher und die zwei direkt daneben mit den weißen Ringerln um den Hals sind Holsteinische Hochzeitsvögel. O nein, bei den vorderen handelt es sich um ganz einfache niederbayerische Wurler.«
Verzaubert steht ein winziges Schneewittchen an der Wildenten-Bai, schaut die ungeheuerlich langhalsigen Schwäne an und sagt zur Mama immer wieder energisch: »Kalussell fah'n bitte, Kalussell fah'n!« Die Mama erklärt ihr zwar verzweifelt, daß die riesigen Wappentiere Lohengrins auf dem Rücken doch gar nicht ausgehöhlt seien, so daß kleine Kinder keinen Platz darin hätten. Aber das Schneeweißchen läßt sich nur unter Gewaltanwendung und sehr widerwillig von den herrlichen Ringelspiel-Figuren wegziehen. Da denkt sich die Mutter: »Wart nur, das nächste Mal auf dem Rummelplatz darfst nur mehr auf einem Kamel fahren, ein solches werden wir hoffentlich nicht auch noch auf der Straße treffen.« Manchmal aber, an frühwarmen Abenden, erscheint wohl dann auch ein verliebtes Pärchen am Entenstand. Und wenn sich dann vielleicht zwei der rudernden Schwimmer unbemerkt vom großen Schwarm lösen und lautlos ins nahe schützende Schilf paddeln, da kann es auch geschehen, daß der Franzl seine Franziska ganz heimlich und lieb ein bißchen in die zarten Rippen stößt und augenzwinkernd sagt: »Komm, Mädchen, machen wir's den Schwalben nach.« Und das leise Gekicher über die lustige Anspielung erstickt dann rasch in den kleinen dunklen Pfaden der verschwiegenen Anlagen in einem anderen tausendjährigen Frühjahrsgeräusch.

Ein Rolls-Royce redet

Manche Leute meinen vielleicht, ein Auto könnte nicht reden. Und sie halten die anfallenden Geräusche lediglich für Geschepper. Dabei ist es längst erwiesen, daß nichts auf der Welt zufällig ist oder ohne Absicht geschieht. Drum ist es wohl auch ziemlich klar, daß das Gequietsche einer alten Karosserie, das Nackeln der Türen, das Schnalzen eines Motors oder das Gerumpel von Stoßdämpfern nur eine ganz bestimmte Ausdrucksweise sind. Esperanto von Gottfried Daimlers Enkelkindern nämlich. Nur verstehen muß man diese Sprache halt. Der Chronist beherrscht sie. Und er hat deshalb einmal einem 35jährigen Rolls-Royce seine Lebensbeichte abgehört. Der Veteran erzählt:

»Als ich aus der Fabrik kam, nahm mich ein Mann mit weißem Mantel und einem Gesicht wie ein frisch gewaschenes Knie in Empfang. Er schiffte mich ein und brachte mich übers Wasser in ein Land, das stark nach Sauerkraut und Koppelwachs roch. Ich kam zu einem Makler, dessen Ehefrau meinen Fond fast ganz allein ausfüllte. Mein Fahrer hieß Johann. Eine Köchin namens Emma war auch da. Sie streichelte den Johann und mich sehr oft. Trotz meiner vielen Pferdestärken konnte ich jedoch zum Dank dafür nicht mit dem Schweife wedeln, weil ich ja nur einen Auspuffstutzen habe. Meine Herrschaft schaute sehr auf mich. Der Johann durfte nur erstklassige Luft in meine Reifen pumpen und mußte dem Gasolin stets ein paar Tropfen »Madame Rochas« beimischen, damit ich ja nicht schlecht röche. Wenn wir zu großen Gesellschaften fuhren, nannten mich meine Kollegen vom kleineren Baumuster wegen meiner zwei großen R am Kühler auch gerne den rasenden Roland. Nur einige Blätterteig-Porsche und Leukoplast-Bomber meinten manchmal verächtlich: »Aber geh', der schaut doch aus wie ein Sarg mit Scheibenwischern.«

Doch plötzlich wurde die Zukunft grau. Denn an einem schönen Augusttag entfremdete man mich zu einem schlimmen Zweck. »Räder müssen rollen«, sagte ein Mann mit Tapeziernägeln auf den Schultern geistreich und holte sein Blitzmädel

mit mir ab. Ich gesteh's, ich war ein Etappenhengst und hab's nie knallen gehört. Höchstens, wenn ich Marketendergetränke fuhr. Doch in einer Mondnacht im April war auch in unserer Garnison die Luft voll Kruppscher Mücken, und mein gestiefelter Besitzer bekam plötzlich das große Verlangen nach anderen Textilien und zog sich im Schutze der Dunkelheit und einer Flakkanone um. Mich aber ließ man einfach in meinem Tarnkleid und meiner Kollektivschuld stehen. Bis sich gutmütige Bauern meiner erbarmten und mir wenigstens Batterie und Reifen abnahmen.
Schließlich aber wurde ich mit tausend anderen Leidensgenossen in ein Lager eingewiesen, welches man Motorpool nannte. Ein lustiger Sergeant verwaltete es im Sitzen, zusammen mit einem deutschen Fräulein. Dieses wußte für uns bald ein gutes Plätzchen bei einem findigen Kauffahrer, der mich alsbald wieder in Betrieb setzte, um die hungernde Stadt mit dem Nötigsten zu versorgen. Dabei übersah er sich selbst natürlich auch nicht. Einmal hatte ich einen ganz besonders schaurigen Fahrgast hinten drin. Mein Besitzer hatte nämlich ein totes Kalb schwarz gekauft. Und wegen der vielen Kontrollen wußte er nicht recht, wie er diese Nachwuchs-Kuh ungeschoren in die Stadt bringen könnte. Da kam er auf den Gedanken, dem Kälbchen einfach einen alten Wintermantel anzuziehen. Auch setzte er ihm einen schwarzen Schlapphut auf, und so brachte ich den komischen Herrn »Schnitzlberger« auch tatsächlich bis zu den bereitgestellten Bratpfannen. Später verkaufte mich mein Herr mit Genehmigung der Militärregierung an einen Vertreter, der jede Anhalte-Dame mitnahm. Nicht immer hatte er dabei beide Hände am Lenkrad, wie's Vorschrift ist, sondern seine Rechte kam oft weit herum. Daher wohl auch der Name Reisender. Im letzten Sommer jedoch sollte ich ausrangiert, abgemeldet und aufgebockt werden. Da erwarb mich gerade noch ein aufstrebender Feinkosthändler. Der sagte sich: mit so einer aristokratischen Familienarche werde ich in Zukunft meine Quäkerspeisung für die Kaviar-Society transportieren. Das macht bestimmt eine Menge Wind und Umsatz. Und seit dieser Zeit riecht es halt in meinem Innern gar nicht mehr nach dem Duft der großen, weiten Welt. Sondern nach Matjes-Filet, Mayon-

naise und Malasol. Das einzig Englische in mir sind noch die Worcester- und Cumberland-Soße. Häufig bekomme ich dazu auch noch Tritte in die Seite, wenn die Köche beim Ausladen die Hände voll haben und mich deshalb einfach mit den Füßen in die Türen stoßen. Früher hätte ich solche Domestiken nicht einmal überfahren. Sic transit gloria.«

Das gefangene Christkindl

Und als das Weihnachtsfest nahte, sagte meine Schwester Molli zu mir: »Büdechen, jetzt müß mi aba bav sein.« Das fehlende »r« rutschte ihr wie immer durch die kleine Milchzahnlücke im Unterkiefer. Und dann schrieben wir ein jedes sein Brieflein und hingen es an langer Wollschnur vor das Parterrefenster, damit es das Christkindlein ja erwische. Es erwischten diese Wunschbotschaften aber nur ein paar neugierige Leute, die sie schnell lasen und dann mit leisem Lächeln wieder flattern ließen. Als dann der Tag gekommen war, an dem alle Menschen auf Erden für ihre Liebe und Güte belohnt werden sollten, wurden uns zuerst einmal die Hälse und Füße sauber gewaschen. An die Wand aber, wo unsere gemeinsame Bettstatt stand, hatte der Vater schon früh am Morgen mit dem Zeigefinger einen großen, schwebenden Engel gemalt. Denn die Wand war im Winter immer stark mit Reif beschlagen, weil es halt eine Brandmauer war und im Zimmer der Ofen fehlte. Der fliegende Himmelsbote war sehr schön, denn unser Vater konnte prächtig zeichnen. Und Flügel hatte er! Beinahe so groß wie das alte rumpelnde Flugzeug, das täglich über unsere Spielwiese flog. Und zu dem wir solange hinaufstarrten, bis wir niesen mußten.

Wir hatten alle zwei noch niemals schlafen können in der letzten Nacht vor der Heiligen. Weil wir erstens einmal furchtbar aufgeregt waren, ob das Christkind unsere Briefe auch nicht verfehlte in der Dunkelheit. Und zweitens, weil wir unter dem Kopfkissen die lächerlichen Geschenke für unsere Eltern versteckt hielten.

Zum Essen gab es am Heiligen Abend mittags jedesmal einen Fisch, den mein Vater von einem Freund bekam, der Tausende von Fischen ausfuhr an diesem Tag, denn er war Chauffeur. Aber ich mochte schon damals kein solches Flossentier, höchstens im Aquarium. Trotzdem war ich »bav« und aß, bis ich auf einmal zu husten begann, als hätte ich eine Gräte verschluckt. Dann klopfte mir die Mama fest auf den Rücken und sagte: »So, nun ist es genug.« Die Molli mußte dann aber meine Portion auch essen, damit nichts verlorenging.

Nachmittags kam der Vater eher heim als sonst, und er lachte, weil er uns so artig sitzen sah, und sagte: »Ihr kleinen, scheinheiligen Racker ihr!«. Dann setzte er sich hin zum Rasieren, und ich hielt ihm den Spiegel, in den er komische Grimassen schnitt. Die Molli schnürte ihm unterdessen die Stiefel auf und holte die »Schlappen«, ausgelatschte Filzpantoffeln. So »bav« waren wir alle zwei in der Nacht, die uns damals bestimmt noch eine heilige war.

Später ging mein Vater in den nahen Heimgarten und holte einen Hasen, den er am Tage vorher geschossen hatte, was wir aber nicht wußten. Der Papa sagte nämlich, Meister Lampe sei in ein Auto hineingelaufen, und da sehe man wieder einmal, wie weit es kommt, wenn man nicht aufpaßt beim Überqueren der Straße. Gegen die Dämmerung zu stellte meine Mutter einen großen Topf mit Brotsuppe aufs Feuer. Ein Gericht, das fast überall schon vergessen ist und das aus Wasser, Salz, Brot und köstlich abgebräunten Zwiebeln besteht. An diesem Tag kam aber auch noch Wurst hinein. Milzwurst hieß sie. Später verschwanden Vater und Mutter im Nebenzimmer, und wir mußten auf einem Schemel ganz stille sitzen. Vor allem aber durften wir nicht durchs Schlüsselloch schauen, weil ja das Christkindlein durch diese Öffnung hinein- und herausflog in den Bescherungsraum.

Und dann machte doch noch die alte Fahrradglocke bim-bam, und die Türe ging auf zu allen Herrlichkeiten dieser Welt. Sternwerfer blitzten, der kleine Tannenbaum roch schrecklich feierlich, und die Eltern standen da und hatten ein komisches Glitzern in den umsorgten Augen. Und dort im Lichte stand tatsächlich mein Schaukelpferd wieder, das an einem trüben Regentage geholt worden war, weil ich mit den Sonntagsstiefeln Fußball gespielt hatte. Nur war aus dem Schimmel ein glänzender, rotnüsterner Rappe geworden. Und die Molli stieß es gleich in ihrer dummen kleinen Kinderbrust, so weinte sie vor Freude über das Wiedersehen mit der Puppe Muschi, die vollkommen neu eingekleidet worden war. Aber auch die braven Eltern erhielten ihren Teil. Der Papa zwei selbstgeschnittene Einlegesohlen, und die Mama einen Gutschein für zehnmal Milchholen und sechs gefundene Wäscheklammern.

Das war so schön manches Jahr. Bis der letzte Heilige Abend für mich kam. Mißtrauisch geworden, hatten wir nämlich schon entdeckt, daß der Nikolaus genau denselben Mantel anhatte wie der Trambahnkontrolleur Meisinger vom ersten Stock. Und weil mein Kinderglaube nun schon einmal erschüttert war und auch aus Gründen der Habgier, hatte ich am Weihnachtsabend in das Schlüsselloch heimlich weiches Brot hineingedrückt, wie die Eltern drin waren, um mit dem Christkind zu verhandeln. Ich wollte es nämlich gerne fangen, damit wir es das ganze Jahr für uns hatten, die Molli und ich.

Und als wir dann im Zimmer standen und der Baum strahlte, war nirgends der heilige Himmelsbote zu sehen. Schnell sah ich zum Schlüsselloch hin. Das Brot war noch drin. Da wußte ich alles.

Und die Lichter auf dem Weihnachtsbaum erloschen für einen siebenjährigen Gassenbuben und ertranken in den aufsteigenden Tränen für immer.

Adios, Maria!

»Herr, der Sommer war sehr groß«, sagte Rainer Maria Rilke in seinem schönsten Gedicht. Doch kann er unmöglich den Sommer 1968 damit gemeint haben. Denn der war winzig, verweint und schäbig. Genaugenommen aber war er gar nicht. Denn am 21. März begann bereits der Herbst. Der grüne Kastanien-Himmel ist schon in großen Stücken zu Boden gefallen. Die gelben Tische in den Wirtsgärten sind aufgekippt, und es sieht aus, als hätten sie alle die Köpfe zum Enthaupten gesenkt. Das Jahr ist schon im Gehen und bereits am großen, hohen Tor angelangt. Doch da dreht es sich noch einmal ein bißchen um, und man sieht noch ein paar schemenhafte Gestalten auftauchen.
Da saß doch ein paar Tische weiter immer das Schneewittchen. Ein blutjunges Hängezopfmädchen, das der liebe Gott wohl in seiner besten Laune am Sonntagnachmittag erschaffen hatte. Immer war auch der Papa dabei, ein stiller gemütlicher Herr im Frühherbstalter. Er war allein, denn Schneewittchens Mutter war schon lange den großen Weg vorangegangen. »Gell, Papi, heute kommst du bald heim?« sagte das Märchenkind zu seinem Vater, der freundlich nickte und gar nicht hinsah. Als er dann nach zwei Stunden heimkam, war sein Töchterchen ganz still, ganz naß und ganz tot. Es hatte sich gebadet und war dann an einen Wackelkontakt der alten Stehlampe hingekommen. Herr, der Sommer war sehr tragisch.
Und da war auch der kleine, freundliche Zeitungsverkäufer. Ein Tscheche war er wohl und hieß Frantischek. Fast jeden Abend kam er. Den Gästen, die ihm besonders sympathisch waren, zeigte er auch eine Photographie seiner Familie. Mit Eltern und Bruder. Als dann die falschen Freunde in sein Land kamen, sah man in den Gazetten neben anderen auch ein Bild mit einem jungen Mann, der einem Panzer die nackte Brust bot. Die sich nachher schnell blutrot färbte. Nach Wochen kam Frantischek wieder. Er hatte eine schwarze Armbinde um und war sehr still. Nur den paar Gästen, die er sehr gern hatte, zeigte er einen Zeitungsausschnitt. Zusammen mit dem Photo seiner Familie. Der Jüngling mit der nackten Brust war sein Bruder gewesen.

Herr, der Sommer war sehr dreckig.
Dann kam eine Zeitlang auch ein junger, versponnener Träumer an den Wirtsgartentisch. Alle sagten Bubi zu ihm, weil er so unfertig aussah, als würde er nie etwas Ernstes zusammenbringen. Aber dann gelang ihm auf einmal doch etwas sehr Ernstes. Zuerst mit einem Messer, aber die Pulsader lag zu tief. Da tat er es mit Auspuffgas, und das ging auch dann tadellos. Nie aber hat jemand erfahren, warum er es tat.
Herr, der Sommer war sehr kurz.
Unter dem dunklen Schlehdornbusch saßen fast jeden Abend die »zwei Königskinder«. Sie war einfach viel zu schön. Etwa so, wie die Mädchen auf einer Seifenreklame oder auf einem Werbeprospekt von Bali und Bahia. Von ihm sagte die Bedienung: »Er ist Lionel der Löwenmensch«. Wirklich, er sah mit seiner sandblonden Mähne wie ein junger Wüstenkönig aus. Und er hatte »Schlummerpuppen-Augen«, sagten die Mädchen vom Stammtisch und drehten ihre Pupillen einwärts.
Genau am Tag der Sonnenwende nahm dann eine geheimnisvolle, fremde Schönheit neben den beiden Platz. Mit Haaren lang und bleich wie eine Polarnacht. Sie schaute kühl und lange zu dem jungen Pärchen hin, und Lionel klimperte sie mit seinen begehrlichen »Schläfst-du-schon-Augen« an. Dann regnete es ein paar Tage. Als die Sonne wieder kam, kam er allein. Sie stöckelte erst etwas später über den Kies und blieb vor seinem Stuhl stehen. »Setz dich doch«, sagte er. Doch sie tat es nicht. Da frug er sie: »Magst mich denn nimmer?« Langsam schüttelte sie den Kopf und begann leise zu weinen. »Magst du denn jemand anderen?«, frug er bang. Da nickte sie. Nachher machte sie auf steifen Beinen kehrt, und er sagte noch leise zu ihr: »Adios, Maria.« Dann ging das Mädchen für immer fort und schaute nicht einmal mehr um. Unter dem längst verblühten Fliederbusch stand die Fremde mit den Mitternachts-Haaren, und sie legte ihren Arm unendlich zart und innig um die Maria.
Der junge Löwe kam noch zwei-, dreimal, suchte mit der Fußspitze im Laub nach gefallenen Kastanien und ging dann auch endgültig in die letzten Monate hinein. Zum Rascheln der Blätter summte er noch leise das kleine, dumme Lied: »Melancholie im September — das war alles, was vom Sommer blieb.«

Schön sein tut not

Wir leben in der Zeit der Parties. Und wer »in« sein will, besucht sie auch. Den »Jour fix« zum Beispiel, der im Zwischendeck eines vornehmen Teakholz-Clubs abgehalten wird, vor dem zwei Porzellan-Leoparden mit sanft idiotischem Grinsen Wache halten. Oder die Swimming-pool-Party, bei der es »chic« ist, den Hausherrn im grauen Flanell versehentlich ins geheizte Becken zu stoßen, wo er dann zwei Runden »Brust« zu drehen hat. Auch die Bottle-Party ist sehr beliebt. Zu ihr haben die Gäste allerdings ihre Drinks selbst mitzubringen. Möglichst siebenzehntel Kupfervitriol-Öl, einen selbst angesetzten Blausäure-Cocktail oder etwas Nitroglyzerin in südvietnamesischen Feldflaschen.

Das Letzte und Verruchteste jedoch sind die sogenannten »Poverty-Abende«. Die Armutsparties. Zu denen versammeln sich die Großen dieser Welt in irgendeinem verlassenen, feuchten Großstadtkeller. Ohne Licht, ohne Getränke und ohne Musik. Es sind auch keine Stühle in dem Raum oder Liegestätten. Und es wird nicht einmal gesprochen bei diesen Maxim-Gorki-Gedächtnis-Stunden. Doch es darf gefroren werden. Und wen es dann am meisten schüttelt, der hat gewonnen. Er ist der Party-Löwe.

Erfreulicherweise werden aber auch noch andere recht originelle Treffen arrangiert. Dazu gehören zweifellos die sogenannten »Ultima-Parties«, was man etwa als »das Letzte« übersetzen könnte. Hier lautet die Parole jedoch nicht: »Jetzt ziehen wir uns alle nackt aus und passen auf die Kleider auf«, sondern es wird nur das »Allerletzte« auf dem Gebiete des modernen Make-up gezeigt. Und das sieht etwa so aus:

In einem eleganten Schönheitssalon sitzen an die vierzehn Damen um kleine silberne Schalen mit gerösteten Erdnüssen herum. Eine Baronin ist natürlich auch darunter. Die hat einen Kopfschmuck auf wie der große Häuptling Cin-gagock, als er das Eiland Manhattan für fünfzig Pfund Glasperlen an die Engländer verschacherte. Außerdem gehört auch noch ein echtes schottisches Schloßgespenst zu dieser Runde. Dessen Gesicht

mehr Plissée aufweist als der Faltenrock der unvergeßlichen Tennisspielerin Susanne Lenglen. Und alle warten sie mit gierig geöffneten Poren auf das berühmte Schönheitsschmalz, das ihnen die Besitzerin gleich gratis ins Gesicht streichen wird. Doch bei den meisten schluckt die Haut diese Verjüngungssalbe so schnell und rabiat wie ein altes Stück Klosterbrot die Margarine. Fast alle diese Madamen schauen schon vor der Prozedur so verdrossen, als hätten ihnen die Hühner das sprichwörtliche Brot genommen. Oder ein Fassadenkletterer, der nachts in ihre Wohnung kam, die eingemachten Preiselbeeren. Statt ihrer Unschuld.

Nun folgen die Erklärungen der Chefkosmetikerin über die Tiefenwirkung ihrer Elixiere, gewürzt mit ein bißchen neckischem Schabernack und kleinen, weinerlich vor sich hinnässelnden Sandwiches. Während die Ladies aufmerksam der eifrigen Mitesser-Psychologin zuhören, erwischt allerdings der blaublütige

Zwergpudel »Rüdiger von Knorpelschreck« die Krokodiltasche der Baronin, die einsam auf dem Boden stand, und beißt ihr sachlich den teuren Henkel durch. Dies erregt dezente Heiterkeit. Der kleine haarige Wärmflaschendiensttuer kommt aber für seine Missetat nicht etwa ins Tierasyl zum Einschläfern, sondern auf den Schoß der Geschädigten und wird dort von roten Krallen zärtlich gekrault. Dann hoppeln zwei Mannequins herein, die sich als Versuchspersonen zum doppelten Fliesenleger-Tarif gerne zur Verfügung stellen. Rasch werden sie farbenfroh lackiert wie jene Schaukelpferde, die das Christkind jedes Jahr den armen Kindern wieder aufs neue bringt. Und dann wird gezeigt, was sich eine Frau von Format heute alles ins Gesicht streichen muß. Vom synthetischen Gurkensalat bis zu den Rückständen, die eilige Weinbergschnecken beim Kriechen hinterlassen. Alle diese Essenzen sind selbstverständlich in güldene Töpfe und Fläschchen abgefüllt, und der naive Gast kommt unbedingt zu der Überzeugung, daß es mit diesen Alchimisten-Säftlein sogar möglich wäre, eine uralte Erbswurst zu einer Schönheitskönigin umzuquälen. Denn bei wem diese Mixturen nicht mehr helfen, bei dem hilft wohl überhaupt nur noch eine gnadenlose Enthauptung.
Augenblicklich scheinen die Augendeckel der wichtigste Blickfang im Gesicht einer modernen Frau zu sein. Man färbt sie beispielsweise vor dem Sündenfall mit Pariser Blau ein, während nach der Turnübung verschämtes Flamingo-Rot getragen wird. Abends aber sollen die Jalousien besonders festlich garniert werden. Zuerst eingetönt und dann paniert – wie Zwetschgenknödel für Millionäre. Oder auch mit silbernem Rauhreif bestreut. Dies und das und sonst noch was ließe sich durch entsprechendes Geblinzel ausdrücken, meinte die charmante Maskenbildnerin dazu. Und zum Schluß ist es auch dem simpelsten Gast nach so einer Party völlig klar, daß selbstverständlich nicht das Deutschlandlied das wichtigste Lied auf der Welt ist, sondern das Augenlid einer schönen Frau.

Die Quiz-Begrüßung

Gewiß war es ganz früher einmal so, daß die Bürger einer Stadt fast alle ihre Einwohner kannten. Oder wenigstens wußten, der da ist der Gevatter Zinngießer und jener der Hausknecht Matthias Eisenwurf. Auch befreundete Landsknechte und Söldner, Handwerksgesellen oder Pilgrime werden sich nach Jahr und Tag bei einem zufälligen Zusammentreffen wahrscheinlich mit Rang und Namen wieder begrüßt haben. Seit sich aber die Zahl der Personen, der Bekannten, Kameraden und Kumpels bei den heutigen Zeitgenossen vermehrte wie ein australisches Kaninchenrudel, vermag man sie einfach nicht mehr auf seiner Mattscheibe festzuhalten. Und deshalb entwickelt sich bei vielen flüchtigen Begegnungen meistens das neueste Gesellschaftsspiel. Nämlich die Quiz-Begrüßung. Und das sieht ungefähr so aus:

Irgend jemand aus dem Strome der Passanten lächelt, lüftet den Hut und bleibt schließlich stehen. »Hallo, wie geht's?« lautet dann die erste Anrede. Und der Angesprochene, der natürlich nicht weiß, wo er diesen hintun soll, kontert geschickt: »Und selber?«

Und jetzt beginnt die fieberhafte Suche in allen Gehirn-Schubladen nach der betreffenden Karteikarte. Ist man jetzt per Du mit seinem Visavis oder per Sie? Vergibt man sich was, wenn man sich mit ihm unterhält, oder wird er gesellschaftlich hoch notiert? Kennt man ihn vom Tanzkurs, vom Kommiß, vom Fußballplatz oder von einer Omnibusreise? Und deshalb erfolgt eine langsame Einkreisung. Und man fragt zum Beispiel:

»Na, wohin geht die Reise?« Und kriegt zur Antwort: »Naja, ein bisserl unter die Leut halt.« »Und wie geht's daheim?« »Soso, lala«. »Ist alles gesund?« »Naja, es geht.«

Soweit die erste Runde. Die glatt verloren ist. Also packt man den Gegner vielleicht von der Nordseite und von der Vergangenheit her. »Wann haben wir uns jetzt das letze Mal gesehen?« Antwort: »Is auch schon ein schönes Stück Zeit her.« »Und was macht denn übrigens der Dingsda? Naja, wie heißt er denn gleich?« »Da weiß ich jetzt wirklich nicht, wen Sie mei-

nen.« »Jetzt sowas, mir fällt der Name nämlich auch gerade nicht ein!«
Diesen Gang kann man glatt für sich buchen, denn nun weiß der Interviewer wenigstens, wir sind nicht per Du. Also hat man seinen Gesprächspartner nicht beim Barras, in der Untersuchungshaft oder beim Schweinehüten kennengelernt.
Jetzt also Ring frei zur nächsten Runde. Nun wird die Befragung schon aggressiver, und es folgt ein Frontalangriff: »Na, wieviel Kinder sind's denn jetzt daheim?« »Immer noch dieselben«. »Aber der Bub heißt doch hoffentlich auch Franzl wie Sie?« »Welcher Bub denn?« »Ach, bin ich ein Dussel, das Töchterlein mein' ich natürlich, die Franziska.« »Jaso, die Mariele, ja die ist auch schon groß jetzt.« »Tja, wie die Zeit vergeht, gell?« »Wie im Flug, und dabei weiß man nicht einmal, wo sie hingekommen ist – – .«
In diesem sanft idiotischen Stadium des gegenseitigen Abtastens hat man nur mehr den einen Wunsch: Wenn jetzt wenigstens ein Schutzmann käme wie früher manchmal und barsch sagen würde: »Schluß da, weitergehn, weitergehn«. Aber dann entschließt man sich doch noch zu einer neuen Finte. »Was macht denn eigentlich der Max Finkenzeller?«, frägt man ganz überraschend. Aber der andere läßt sich nicht überrumpeln und antwortet schlicht: »Ja, von dem hab ich auch schon lang nichts mehr gehört. Tja, wie die Zeit vergeht.«
Jetzt kann der Befrager endlich ehrlich frohlocken. Der andere weiß also auch nichts vom Max Finkenzeller. Den es ja gar nicht gibt. Denn der wurde gerade stehend freihändig erfunden. Nun kann der Fragesteller endlich zum erstenmal aufschnaufen. Und zum Endspurt ansetzen. Denn nun weiß er, klar und sicher, daß sein Gesprächspartner schwindelt.
»Übrigens, haben Sie vielleicht eine Visitenkarte dabei? Ich kann mir nämlich Adressen so schlecht merken«, wird der Ertappte nunmehr in die Enge getrieben. Das Kärtchen wechselt den Besitzer, und man versucht schnell mit einem schrägen Blick den Namen zu erhaschen. Und schnauft erleichtert auf. Denn da steht es schwarz auf weiß: »Ferdinand Haubensack, Immobilien«. Na endlich. Und jetzt wird der neue alte Bekannte pausenlos benamst. Herr Haubensack hin und Herr Hau-

bensack her. Und bei der Verabschiedung klopft man ihm auch noch in enger Verbundenheit kräftig auf die endlich wiedererkannte Schulter. »Wiederseh'n, Herr Haubensack, hat mich wirklich sehr gefreut. Schönen Gruß an die verehrte Frau Haubensack.«

Und man wendet sich, die Augen dankbar zum Himmel gehoben. Bis einem der andere schon halb im Gehen noch einen vernichtenden Genickschlag verpaßt:

»Übrigens, Fischer heiß ich. Franz Josef Fischer. Haubensack ist nur der Name meiner Firma, bei der ich beschäftigt bin. Auf Wiederseh'n, Herr – Herr – Herr – –.«

Der kleine Koffer

Bei manchen ist es eine Schublade. Auch eine Truhe oder nur eine alte Schachtel. Bei mir, dem Schreiber, ist es ein schäbiger, brauner Koffer von jener Sorte, wie ihn einst die Hausierer verwendeten, wenn sie von Tür zu Tür gingen und Fingerhüte, Teeseiher, Sicherheitsnadeln oder englisches Pflaster anboten. Ich fand den Koffer unlängst an einem kalten Sonntagnachmittag wieder, als ich oben im dunklen Speicher nach einem alten Bilderbuch suchte, das ich dem kleinen Kohlenträger-Edi schenken wollte. Und sinnend saß ich dann lange vor dem Inhalt dieses Pappendeckel-Tresors, der äußerlich brutal auf Krokodil gequält war und trotzdem die kostbare blaue Mauritius der Erinnerung enthielt. Die Kleinodien der frühen Kinderzeit, längst vergessene Zeugen des Vorgestern, zusammengetragene Schätze verblaßter Episoden und den sonstigen Abfall eines zu Zweidrittel abgespulten Daseins.

Als erstes kommt ein Jo-Jo zum Vorschein. Jene lächerliche Maschine gegen Langeweile, die in den zwanziger Jahren von Gassenbuben genauso wie von Generaldirektoren in sanfter Idiotie auf und ab bewegt wurde. Ich versuchte es mit ungeschickten, von der Gelenksteife schon leicht heimgesuchten Fingern, die kleine doppelte Blechscheibe an meterlanger Schnur noch einmal zum Bergwärtsklettern zu bewegen. Aber nein, aber nein, sprach sie. Ach, da schau her, das sind doch wohl noch ein paar Flaksplitter, die damals so reichlich vom Himmel fielen, als die Luft ständig eisenhaltig war. Aus derselben Ära stammt auch das blaue Band. Nein, es ist natürlich nicht das von der »Bremen«, sondern von der Brenner Susi. Als Pfand für zwei Küßchen gegeben, die ich aber niemals bekam. Sondern vermutlich ihr jetziger Mann, der Kaspar Hausleitner. Schade, daß er das Band nicht auch bekam. Sonst hätte er sich gewiß längst damit aufgehängt. Denn die Susi wurde als Eheweib böser als ein Furunkel. Jetzt finde ich das halb erblindete Vergrößerungsglas. Und betrachte dadurch meine linke Hand, auf welcher die Poren nunmehr ausschauen wie die Krater auf der dunklen Seite des Mondes. In den Tagen der letzten Mohi-

kaner war diese Linse ein gefürchtetes Marterinstrument. Denn die gefangenen Bleichgesichter von der Parallelstraße wurden seinerzeit an die alte Kastanie gefesselt und vom Häuptling Silberblick erbarmungslos mit der Lupe bestrahlt, bis der gebündelte Sonnenschein leise Rauchkringel auf der Haut der winselnden Memmen erzeugte. Der Delaware Silberblick bezog dafür einmal vom Schulmeister schwere Übergelegte, wobei er den halbamtlichen Vollstrecker bei der Exekution wütend in den Oberschenkel biß. Wahrlich ein großer Häuptling! Zwischen einem Batzen alten Glaserkitt, zahlreichen roten Gummischnüren, einer Steinschleuder, die beim ersten Probezug reißt, und einer Glasmurmel, die ausschaut wie die versteinerte Pupille einer Katze, findet sich auch noch ein Reklamespiel, bei dem zwei kleine Kügelchen unter einer Glasscheibe so lange herumgerollt werden müssen, bis sie einem Koch, der eine Patentsuppe anrührt, als Augen dienen. Immer wieder probiere ich es. Aber meine Hände haben halt vom Rhythmus der Zeit auch schon ein bißchen das »Zitherspielen« gelernt. Und der Koch bleibt leider blind. Jetzt da schau her, eine Münze. Sie stammt von einer verluderten Währung. Vorne drauf der Bürstenkopf eines betrogenen Marschalls. Und hinten das Unglückskreuz mit den geknickten Balken. Auch mein Gefrierfleischorden kommt mir wieder zwischen die Daumen. Wahrscheinlich heute keine drei Mark mehr wert. Folgen ein Herzober und die speckige Eichelsau – zwei Überlebende eines uralten Tarockspiels. Und schließlich eine Stecknadel mit einem blutroten Glaskopf. In einer Zeit, die längst vergangen ist, gehörte ich nämlich auch einer sogenannten Blase an. Die als Kennzeichen an der Reversspitze des Anzugs einen roten Stecknadelkopf trug. Der Boß, der »Bleiche Ossi«, so genannt wegen eines unheilbaren Lungenleidens, aber hatte als einziger eine goldene. Er war ungemein schön und wurde heiß geliebt von einem Mädchen, das heute manchmal noch auf den Photographien aus der High Society auftaucht. Doch Vater war dagegen sehr. Da versteckten sich die beiden zwei Nächte lang in der Turmstube einer ehrwürdigen Münchner Kirche. Und feierten dort wohl auch ihre eigene Hochzeit. Der schöne Ossi starb bald darauf. Und der Heini Weidinger, der trotz seines Studiums

auch zu uns gehörte, tröstete die weinende Räuberbraut, die heimlich kam, mit dem schönen Zitat: »Wen die Götter lieben, den holen sie früh zu sich.« Der bleiche Ossi aber, der ohne Schmerz hinübergegangen war, sollte als letztes nur ein einziges Wort gesagt haben, das ich jetzt beim Schließen des Koffers auch bald gesagt hätte, nämlich: »Schade«.

Sie lassen alle mal was liegen

Wer kennt ihn nicht, diesen Text, und wer kennt sie nicht, die Vergeßlichkeit, Zerstreutheit, Achtlosigkeit unserer gehetzten Zeitgenossen. Nach offiziellen Ermittlungen gibt es in Deutschland allein über fünfzehntausend Fundbüros und Vermittlungsstellen, die das herrenlos gewordene Gut und Eigentum den Verlierern wieder zuzustellen versuchen. Jede Polizeibehörde, die Landratsämter, die Bundesbahn, die Straßenbahn, Theater und Großgaststätten und zahlreiche Orte, an denen viele Menschen zusammenströmen, haben heutzutage ihr Fundbüro oder ihre Anschlagtafeln über abhanden gekommene und aufgefundene Gegenstände. Auch der Allgemeine Deutsche Automobil-Club hat so einen Fundnachweis, der jährlich etwa viertausend Meldungen über verlorene und vermißte Güter registriert. Interessant und amüsant ist dabei immer wieder, die Skala menschlicher Vergeßlichkeit auf Rädern durchzustudieren. Denn das dort verzeichnete Fundgut stammt durchwegs von Autofahrern, die ihre Habe entweder während eines rollenden Einsatzes oder aber in Raststätten, Parkbuchten und sonstigen kleinen Halteplätzen der großen »Stradas« verloren haben. Bei Durchsicht der Karteien gibt es eigentlich fast nichts, was nicht abhanden kommen könnte. Von Koffern, Aktentaschen, losgelösten Skis oder selbständig gewordenen Ersatzreifen sei hier gar nicht die Rede. Etwas anderes aber ist es wohl schon, wenn von den Regalen eines Fundbüros beispielsweise ein einsames, dunkelblaues Glasauge nimmermüde zur Eingangstüre hinblickt in der winzigen Hoffnung, daß es sein Herr, der es in der Nähe des Waginger Sees auf einer Aussichtsbank liegen ließ, vielleicht doch noch abholt. Auch das seltsame Sortiment von Beißkörben, Gießkannen, Sturzhelmen, falschen Zöpfen und erblindeten Trompeten sieht recht lustig aus. Sicher hoffen sie alle, daß ihnen noch einmal die Stunde des Wiedersehens schlägt. Wann aber wird wohl in dieser Hinsicht der mitten auf der Fahrbahn nach Salzburg aufgelesene Stundenzeiger einer Kirchturmuhr aus seiner Verbannung erlöst werden? Und die komplette Uniform eines Feuerwehrhauptmanns. Wie konnte diese ihr Besitzer einfach

am Gestade eines Autobahnweihers liegenlassen! Als ertrunken wurde er nämlich nicht gemeldet und als verbrannt ebensowenig. Vielleicht aber hat ihn irgendeine Maid so entflammt, daß er seinen halbamtlichen Helm und Harnisch abstreifte und später nach der Hitze des Gefechtes nicht mehr zurückfand an den Ort seiner Strip-tease-Vorstellung. Absonderlich liest sich auch die Meldung von drei gefundenen Badewannen, fünfzehn Pfund bayerischer Markenbutter und zwei unbekleideten Schaufensterpuppen. Bei letzteren wird es sich doch hoffentlich nicht um Maskottchen handeln, wie sie ebenso häufig wie sichtbehindernd an den Innenseiten der Windschutzscheiben baumeln.

In der Nähe von Rosenheim wurde vor einiger Zeit einmal ein Kälbchen eingefangen und dem ADAC-Suchdienst gemeldet. Bei dem Ausreißer wurde schnell festgestellt, daß es eine kleine Rast des Fahrers ausnutzte, um das grasgrüne Weite zu suchen. Dies kann man dem unschuldigen Schnitzel-Aspiranten auch kaum verdenken. Denn schließlich ist der Aufenthalt auf der saftigen Wiese doch weit angenehmer als jener in einer Weißwursthaut. Dasselbe gilt von zwei Schweinen, die ausnahmsweise einmal nicht so dumm waren, ohne Protest in einen Salamidarm zu zuckeln. Sie wählten ebenfalls vom haltmachenden Fuhrwerk herab die Freiheit. Die allerdings dann nur ein paar hundert Grunzer lang dauerte.

Auf einer Parkbucht bei Ansbach fanden sich im Frühjahr vier armlange Krokodile in einem kleinen Käfig. Erst nach Monaten wurden sie von einem Wanderzirkus reklamiert.

Viel Kopfzerbrechen machte den Sachbearbeitern auch ein Fund in einem Chausseegraben vor Würzburg. Es war ein ausgewachsener Schwan, sorgfältig in eine Transportkiste verpackt. Anscheinend war der Vogel von einem Lastwagen heruntergefallen. Und man überlegte schon, ob er etwa irgendeinem fahrenden Lohengrin-Darsteller gehörte, der dieses Wappentier womöglich für seinen Auftritt brauchte. Doch dann meldete sich der Eigentümer. Es war ein Artist, der mit dem Schwan allabendlich schwierige Rechenexempel durch entsprechendes Schnabelklopfen löste.

Einmal lief auch die Verlustmeldung einer ausgewachsenen, nur

spärlich bekleideten Braut mit genauester Beschreibung ein. Für solche Fälle ist ein Fundbüro allerdings nicht zuständig.

Angesichts eines solchen bunten Panoptikums kann man verstehen, daß der Leiter der Vergeßlichkeits-Zentrale lachend den Kopf schüttelt und feststellen muß: »Es gibt wohl manche Menschen, die sogar ihren Kopf irgendwo liegenlassen würden und es erst merkten, wenn es ihnen dann in den Hals hineinregnet.«

Saures für die Saurier

Seit den Zeiten des Maschinenmenschen Franckenstein und des Superaffen King-Kong wissen die Flimmer-Psychologen der ganzen Welt, daß viele Kinogeher den heimlichen Wunsch in ihrer schmalen Hefeteigbrust mit herumtragen: »Ach, wenn's mir doch gruselte!« Nun können die Produzenten natürlich nicht jedem Zuschauer einen Kübel kaltes Wasser mit kleinen Fischlein über den Bauch schütten, wie es jenem Mann passierte, der auszog, das Fürchten zu lernen. Das wäre wahrscheinlich zu umständlich und würde auch von der Selbstkontrolle nimmermehr genehmigt werden. Also ließen sie sich was Neues einfallen. Den milchglasäugigen Haftschalen-Schurken beispielsweise. Oder jenen Unhold mit dem harmlosen Linoleum-Namen Dragula, der dann dem gaffenden Twen mit seinen Vampirzähnen das letzte bißchen Verstand aus dem Gedächtnis saugt. Ein Nerventhriller jedoch, der immer wieder zieht, ist das Erlebnis mit dem Urwelt-Ungeheuer. Das schon zum Frühstück vierzehneinhalb Liter blaues Blut schlürft, wie andere Leute ihren Karottensaft. Und dann zum Mittagessen drei Dutzend sanftäugige Jungfrauen schmatzt, so daß die Schweizer Internate kaum mehr mit der Lieferung nachkommen. Wehe, wenn diese Pfui-Teufel kommen, die von 234 Mann des Studenten-Schnelldienstes mühsam betrieben werden. Da bleibt kein Kinoboden mehr trocken und kein Sperrsitz frei. Und die Story von Beelzebubs schuppigen Meldehunden verläuft ungefähr folgendermaßen:

Da arbeitet ein kleiner, stiller Forscher, der Beethoven liebt und Blätterteig, an geheimen Unterwasser-Uranspaltungen. Eines schönen, ungeraden Kalendertages nun bumst er wieder einmal in der Saragossa-See herum. Und zwei von den Mordsviechern, die vor zwanzig Millionen Jahren in den Tiefen des Pazifischen Ozeans über einer Handarbeit eingenickt waren, erwachen aus ihrem Dornröschen-Schlummer, und der eine fragt verwundert und seltsamerweise auf englisch: »Wo bin ich?« Worauf das andere Scheusal prompt erwidert: »Na, wo denn schon, bei Sir Arthur Rank halt.« Nun trägt eine hohe Woge die beiden garstigen Apparate ans nahe Gestade. Dortselbst entdeckt sie der For-

scher und teilt sie nach dem Lexikon sogleich in einen fleischfressenden Tyrannen-Saurier und einen vegetarischen Dinosaurier ein. Mittels gewaltiger Wechselströme, die er ihnen direkt in den Rachen leitet, erzeugt er rasch einen starken Kurzschluß bei den Viechern und beim Publikum. Gewaltiger Schwefeldampf qualmt nun aus den Mäulern der Riesenechsen, und von da ab rauchen sie keinen guten mehr.

Der Tyrannen-Saurier wedelt sofort mit dem Schweif und wischt dabei aus Versehen zwei Reiterstandbilder, das kalte Büfett für einen Ärztekongreß sowie das Gebiß eines Natogenerals, das gerade in einem Wasserglas übernachten wollte, von der Bildfläche. Nun setzt sich auch der fromme Dinosaurier in Bewegung. Das sieht etwa aus wie das Haus Neuerburg, wenn es auf Wanderschaft ginge. Der stille, blasse Gelehrte aber hat das Monstrum sofort in sein kleines, braves Herz geschlossen, und willig folgt nun der Saurier der winzigen Portion. Er ist dem Professorlein hörig. Denn der weiß nämlich ganz genau, wo man ihn aufzieht.

Er ölt auch den Giganten hin und wieder und atzt ihn manchmal mit ein paar Waggons angestoßener Williamsbirnen, die er preiswert und direkt vom Großhandel bezieht. In traulichen Stunden schäkern die beiden auch ein bißchen mitsammen, und der Meister kitzelt sein tolpatschiges Haustier mit einer geballten Ladung unter den Fußsohlen oder er krault ihn mit einem Preßluftbohrer hinterm Ohr. Auch manch anderes Idyll findet noch statt. Manchmal erklettert der greise, wenn auch mickrige Akademiker den dachziegelschuppigen Halsgrat des Dinos in halblangen Bermuda-Shorts. Dann sitzt er oben wie auf dem Giebel eines ehrwürdigen Nürnberger Patrizierhauses und liest dabei gemächlich ein Heftchen. Na, was denn wohl? Reader's Digest natürlich, Sie Hirnmann!

Und eins, zwei, drei im Sauseschritt, eilt das Tier, die Zeit eilt mit. Und so muß es denn bald zum Ende kommen, und dieses ist schrecklich, aber ungerecht. Denn der Tyrannosaurus geht durch die nahe Stadt. Und er schaufelt Passanten, Linkshänder, Gastritiker und Rheumatiker in sein riesiges Zerwirkgewölbe. Wie alte Kaffeetanten Linzer Schnitten schlucken.

Nur eine zähe, luftgeräucherte Zimmervermieterin spuckt er

wieder verächtlich aus. Da aber tritt ihm rasch der Held des Streifens vor das Schildpatt und droht mit gut manikürtem Zeigefinger zu dem grauslichen Müllschlucker empor: »Ja, darf man denn das tun? Das Großmütterchen mit den Zähnen zerbeißen!« Da geht der Moloch in sich und in den nahen Wald. Dort trifft er seinen bananenfressenden Artgenossen, der gerade einen Obsttag hat. Flugs beißt er nun diesem trotz des piepsenden Forscherprotestes seinen langen, dünnen Staubsaugerhals durch. Das Röcheln des sterbenden Ananas-Quetschwerkes hört man bis in die Vorverkaufskassen hinaus. Und der verwaiste Gelehrte? Was tut jener jetzt noch so mutterseelenallein auf dieser Erde? Stracks legt auch er sich hin. Und stirbt. An einer schäbigen Gürtelrose.
Dem Helden aber reicht es. Er bringt die ganze Stadtbevölkerung auf eine alte Burg in Sicherheit. Sogar seine Verlobte, die in diesem völlig unpassenden Augenblick auch noch von Liebe sprechen will, wird direkt von seinem Hals wegevakuiert. Dann wird in den Burggraben Öl gegossen und angezündet. Weil dieses die Saurier nicht mögen. Als das schützende Öl langsam verbrunnen ist, schüttet die teure Braut in ihrer Verirrung noch ihr letztes Fläschchen Flecken-Paula in die aufzischende Glut. Der kühne Retter aber schreitet zur Tat und kurz entschlossen auf einen Klöckner-Deutz-Diesel-Bagger zu. Aha, aha! Er gibt Gas und dann gibt es Saures für den Saurier. Zwei-, dreimal haut der Übermensch, obwohl im Besitze keinerlei Lizenz, dem angreifenden Ungeheuer den schwingenden Bagger um die prähistorischen Ohren. Und nicht einmal die zwei Schneidezähne von der Größe eines Hundertkilometersteines, welche sich die Echse an dem eisernen Urenkel ausbeißt, ändern noch das geringste. Klöckner-Deutz-Diesel bleibt Sieger. Was bei einem Börsenstand von 718 Punkten auch niemanden wundert.
Und die Stadt ist wieder einmal vom Tyrannen befreit. Die Brust des schwer schnaufenden Retters aber füllt fast die gesamte Breitleinwand aus, und man sieht sogar, wie sich viele, viele kleine Schweißbächlein durch die braune Schminke einen schnellen Weg abwärts bahnen. Der schäbige Rest des Biestes wird schließlich zu 14 000 entzückenden Feuerzeugen verarbeitet. Mit der schlichten Aufschrift: »Killing by Metro-Goldwyn-Mayer«.

Süßer Vogel der Jugend

Und auf einmal bleiben sie alle stehen. Der hastende Vertreter, der eben noch mit gesenktem Kopf leise vor sich hingerechnet hat. Die gemütlich dicke Hausfrau, die einen Korb badischer Zwetschgen in der Rechten schwang. Der feine Herr mit dem Hufeisen in der teuren Strickkrawatte und sogar der Radfahrer auf dem rasanten Dreigang-Vehikel nimmt den linken Fuß aus dem Rennhaken und blinzelt hinauf in den seidigen Himmel. Und dann stehen sie da, die Köpfe zurückgebeugt, wie beim Zahnarzt oder bei einer Reihenuntersuchung auf Scharlachverdacht. Sie schauen träumerisch hinauf zum süßen Vogel der Jugend. Zu dem kindischen roten Papierdrachen, der über den Baumwipfeln schaukelt und schließlich sanft hinabgleitet hinter die sieben Berge ihrer einstigen Kinderseligkeit. Wenn sie dann wieder weitergehen, hat der vornehme Privatier und auch der gehetzte Handlungsreisende ein kleines müdes Lächeln um den Mund, und die Zwetschgen-Walküre wischt sogar ein mattes Glitzern aus den Augen, das natürlich von der dummen Sonne kommt und nicht von der Rührung. Im Weitergehen aber steigen in der Erinnerung die Drachen aus der Einmaleins-Zeit wieder auf. Die bunten Herbstvögel, die einst kamen und gingen mit dem Wind des späten Sommers.

Ja, damals sah man sie noch überall aufsteigen, trudeln und stürzen. Beim Saubauern draußen, auf der Postwiese und den vielen grünen Oasen, die es in grauer Vorzeit überall im Stadtgebiet noch gab. Obwohl der Bau eines Papierdrachens für einen jungen Sportsmann seinerzeit fast noch so viel Probleme und Hindernisse mit sich brachte wie sie etwa Kapitän Hugo Eckener bei der Konstruktion seiner fliegenden Himmelszigarren, der berühmten Zeppeline, überwinden mußte.

Da war zuerst einmal die Beschaffung der notwendigen »Drachenlatteln«. Zahlreiche lauernde Vorstadtbuben belagerten aus diesem Grund die mürrischen, aber in Wirklichkeit herzensguten, mit Sägemehlstaub weiß bedeckten Schreinermeister. Und meistens schnitt dann der Herr der Kreis- und Bandsäge unter dem Gemurmel irgendwelcher sanfter Verwünschungen aus

einem Abfallbrettl die zehnerldicken »Schwebebalken« halt doch noch heraus und schob sie der liebedienerisch dankenden Meute zu.
Die gesamte Verwandtschaft mußte schließlich das notwendige Kleingeld für das farbige Pergamentpapier stiften. Denn nur die allerärmsten Luftpiraten verwendeten noch den selbstangerührten Mehlpapp und außenpolitische Zeitungskommentare zum Bau ihrer Herbstsegler. Die »Haspel« wurde selber geschnitzt oder aus Zigarrenkisteln zusammengenagelt. Das Allerschwierigste aber war die Beschaffung der Schnur, die bei manchen Buben umständehalber fast mehr Knöpfe als Spagat aufwies.
Und dann ging es hinaus mit dem »Sechseckigen« oder dem hühnerbrüstigen »Amerikaner« sowie zahlreichem Bodenpersonal auf die Prärien und Savannen, wo zwischen weidenden Schafen, ausgedienten Matratzen und einhundertzwanzig Maulwurfshaufen die schwierigen Startversuche erfolgten. Einer mußte den knisternden Aeroplan hinten sacht im Genick nehmen, der zweite legte den langen Schweif, der meistens aus zusammengeknüpften Unterhosenstreifen, Damenstrümpfen und einer abschließenden Sofaquaste bestand, vorsichtig aus, und der Pilot selbst bestimmte dann die Länge der Anlaufschnur. Und auf »Los« gings endlich »los«. Nämlich das Hindernisrennen zwischen Brennesseln und verstreuten Ziegelsteinen hindurch. Denn erst wenn der papierene Ikarus den nötigen Aufwind hatte, durfte er vom mithumpelnden Copiloten ausgelassen werden und dann stieg er steil empor. Oder auch nicht. Wenn jedoch der Wind und die Götter freundlich gesonnen waren, so schwebten die gelben, vierfarbigen oder phantasievoll bemalten Kindheits-Aeroplane bald neben der lächelnden Sonne, und zahlreiche Sachverständige grüßten laufend den »Zug« der Schnüre oder sie ließen sogar kleine »Hexen«, runde »Papiersatelliten«, auf den gestrafften Leinen zum König der Lüfte hinaufreiten. Bis dann die unverhoffte Bö kam. Und der erzitternde Pergament-Bussard entweder mit einem steilen Looping wie ein Bügelbrett zur Erde sauste oder sich selbständig machte, um irgendwo in einer fernen Telegraphenleitung oder einem Baumwipfel zu landen. Dort hing er dann, bis ihn die ersten naßkalten Schauer in seine Bestandteile auflösten.

Die Pelzmotten-Story

Ich heiße Seraphine Siebenbeiß und bin eine Pelzmotte. Die Wissenschaft nennt unsere Art »Tineola biselliella hum«. Die Gelehrten behaupten, wir seien Schädlinge. Sie schätzen, daß wir allein in Amerika jährlich für hundert Millionen Dollar Schaden anrichten. Wir selber glauben aber, daß wir durch unseren Appetit sehr zur Belebung der Wirtschaft beitragen.

Ich kann meinen Stammbaum bis in die Zeit der Reichs-Lumpensammlung nachweisen. Leider befand sich unter meinen Ahnen auch ein vaterloser Geselle, der sich an den gespendeten nationalen Bauchwärmern und Ohrenschützern einen Leistenbruch anfraß. Ein wohlverdientes Schicksal ereilte diesen Heimtücker in Warschau, wo ihn eine Stabshelferin beim Anprobieren verschiedener Pelzmäntel aufstöberte und mit dem Soldbuch eines zufällig anwesenden großdeutschen Zahlmeisters erschlug. Ich hatte aber auch einen Widerstandskämpfer unter meinen Vorfahren. Er hieß Wendelin Zapzerap und erkannte schon im Dezember 1944, daß der Krieg verloren war. Daraufhin zerstörte er mit nimmermüdem Gebiß einen Stapel von 154 Volkssturmarmbinden. Nur wer die Qualität der damaligen deutschen Textilerzeugnisse kennt, weiß, was er litt.

Ich selbst kam zusammen mit hundertneun Geschwistern in einem Reserve-Mantelkragen, wie ihn die Menschen so gerne aufheben, zur Welt. Ich erinnere mich noch so gut an meine Mutter – eine verhärmte Motte, die ihren Kindern immer die besten Bissen zuschob, während sie selbst nur die Löcher nachnagte. Meinen Vater habe ich nicht gekannt. Es hieß, er sei mit einer raffinierten Pelzmotte nach dem Osten durchgebrannt. Er habe in den Zeitungen gelesen, es gäbe dort viel mehr Lumpen als im Westen.

Meine reifere Jugend war fröhlich und wohlbehütet. Bis eines Tages die Schachtel, in der wir unser beschauliches Dasein führten, geöffnet wurde und mit dem Ruf »O diese Motten!« eine gewaltige Bartholomäusnacht anbrach. Siebenundsiebzig meiner Geschwister starben unter einem herniedersausenden Pantoffel. Zwölf Brüder vom neuesten Baumuster Motto X stiegen sofort

auf und vermochten den Angreifer durch ihre Loopings so zu verwirren, daß er mit seinem Schlappschuh zwei Küchenfenster einschlug und die Salatschüssel eines vierundzwanzigteiligen Speiseservices vom Tisch wischte. Ich nützte die allgemeine Panik aus und flüchtete in die Roßhaarfüllung des Kanapees. Dort lernte ich auch meinen Mann kennen. Er hieß Markus Nagetraum. Zum Hochzeitsmahl servierte er mir einen delikaten, gut durchwachsenen Pulswärmer, den er zwischen den Keilpolstern entdeckt hatte. Die Flitterwochen verbrachten wir unter dem Gurt drei. Später brachte der Sohn des Hauses das alte Kanapee in ein Gartenhäuschen. Dort wurde ich eines Tages durch ungewohnte Geräusche aufgeweckt. Ich schlüpfte vorsichtig hinaus und entdeckte einen seidigen Damenstrumpf, den ich gleich kräftig benagte. Aber es war Nylon, und ich biß mir daran einen Augenzahn aus. Das war ein großes Unglück, weil wir in keiner Kasse sind. Mein Mann war indes zu einem kurzen Erkundungsflug gestartet. Da rief das Mädchen, das auf dem Kanapee saß: »Ui, eine Motte!« Und machte Jagd auf meinen Gatten. Ich schrie laut: »Halt! Mottenmännchen sind doch unschädlich!« Aber wann hat schon je ein Mensch auf eine Motte gehört? Es war umsonst. Trotz einer gewagten Spitzkehre erwischte sie meinen Markus, und ich war Witwe.
Wir Motten sind keine bedeutenden Singvögel. Aber wir werden dafür von den Menschen besungen. Als Beispiel erwähne ich nur das Lied einer gewissen Marlene Dietrich: »Männer umschwirren mich wie Motten das Licht.« Doch sonst ist die Menschheit nicht sehr human zu uns. Früher, als sie uns noch mit Naphthalinkugeln zu Leibe rückte, ging es noch eher. Wir verwendeten diese weißen Globusse gern beim Geographieunterricht für unsere Kinder. Heute aber lassen sie uns durch vereidigte Kammerjäger besprühen. Das ist herb.
Nun sind meine Tage gezählt. Ich muß nur noch 120 Eier legen. Ich werde sie im Bettvorleger eines amerikanischen Sergeanten verstecken. Wie ich erfahren habe, soll dieser Herr in Florida die Bekleidungskammer einer ganzen Armee übernehmen. Und meine Kinder sollen es einmal besser haben als ich.

Die feine Straße

Die feine Straße befindet sich im Villenviertel. Sie heißt nicht etwa Moosbummerl-Straße oder Xaver-Denglhammer-Weg; der Name, nach dem sie benannt ist, steht in jedem besseren Lexikon. In der feinen Straße geht der Tag auf den Zehen. Die Häuser haben die Jalousien geschlossen und schauen geschmerzt, als hätten sie Migräne, nicht bloß Kopfweh. Aus den Kaminen kommt der gepflegte Rauch so zögernd, als würde er von einem livrierten Diener mit dem Strick herausgezogen. Die Häuser in der feinen Straße heißen Villen und stehen in einem Park. Um den Park läuft lautlos eine nimmermüde Mauer herum. Hinter dieser stehen alte Pappeln, Akazien und Ulmen, steif, hohl und eingebildet, wie ertappte Lakaien, die von ihrer Herrin in Bäume verzaubert wurden. Zwei Betonsäulen markieren den Herrschaftseingang. Auf den Säulen liegen Steinkugeln, wie sie der Münchhausen zum Reiten benutzte. »Kneese« verkündet das bronzene Namensschild. Sonst nichts. Wer Kneese nicht kennt, ist selber schuld. Darunter ist ein zahnloser Zementmund, von dem aus ein langer Gummikabelhals zum diensttuenden Domestiken führt. Aus diesem Kunststeinschlund röhrt eine Tobis-Klangfilm-Stimme den minderen Besucher an: »Lieferanten-Eingang um die Ecke«. Der Fußabstreifer vor dem Lieferanten-Eingang ist dreimal so groß wie der vor der Herrschaftspforte. Lieferanten haben größere Füße.

Manchmal geht der Herr des Hauses im Park spazieren. Der filmreife Kies knirscht unter seinen Kamelhaar-Hausschuhen. Aus einem angelehnten Fenster singt näselnd ein Hochfrequenz-Apparat, mit welchem die Gnädige ihre Nerven behandelt. Von zwei bis drei Uhr spielen zarte Kinder Tambourin zwischen den strengblickenden Edeltannen. Die Ohren der Knaben sind zerbrechlich wie die Henkel von teuren Teetassen. Sie sind durchsichtig und wenig strapazierfähig und für den Umgang mit rauhen Fluraufseher-Händen schlecht geeignet. Unvorstellbar, daß diese Kinder zur Strafe einmal auf einem Holzscheit knien müßten. Höchstens auf einem verchromten.

Die wenigen Hunde in der feinen Straße bellen hochdeutsch.

Sie heißen Edler von Knorpelbeiß, haben Adrian-Hoven-Frisuren und tragen in der kühlen Jahreszeit zweireihige Teddy-Ulster zu schottischen Gamaschen. Daher der Ausdruck »feiner Hund«. Von Russeln oder Schnauzern werden sie mit straffen Wildlederleinen ferngehalten; sie würden die Straßenbekanntschaft kaum überleben. Senkrecht gestreifte Kindermädchen fahren den Villen-Nachwuchs auf und nieder. Sie tragen steife Hauben mit Höhensteuerung, wodurch sie sich über die anderen Passanten erheben.

Am Ende der feinen Straße wohnen noch einzelne Büchselmadamen. Sie waren schon zu Lebzeiten ihres Mannes nur dreiviertelreich, und seit der Herr Ministerialrat tot ist, geht auch der elektrische Türöffner nicht mehr. Sie heißen Büchselmadamen, weil sie ihre Pension, gewissenhaft verteilt, in leeren Gewürzhäferln aufbewahren. »Fürs Gas«, »für den Lesezirkel«, »fürs Pelzwenden« und »fürs Bestrahlen«. Während vor den feinen Häusern in der feinen Straße käsgelbe Lebensmittellieferwagen halten, holt sich die Büchselmadam abends die Milch selbst in einem entfernten Geschäft. Sie hat einen Hut mit fransiger Reiherfeder auf und läßt anschreiben. Die Büchselmadam trägt nur wenig zum Ansehen der feinen Straße bei. Deshalb stirbt sie auch langsam freiwillig aus.

Es ist Siesta am See

Still ruht der kleine See im Stadtpark drunten. Die Trauerweiden haben ihre Köpfe tief gesenkt, als hätten sie jetzt erst erfahren, daß der Hindenburg gestorben ist. Einige von den Leichenbittertannen sehen aus, als würden sie den ganzen Tag »herzliches Beileid« zueinander sagen. Diejenigen aber an der kleinen Waschschüsselbucht gleichen alten Kaffeetanten, die ihre Haare zum Trocknen aufgelöst haben, weil sie den Friseur sparen wollen. Der junge Wichtelmann am Gestade, der den nassen Hund kämmen will, rollt jetzt einen Stein herbei, um damit den Schwanz des widerspenstigen Hydranten-Dobermann zu beschweren. Es gelingt ihm, und der Wurstzipfel-Wolf schaut ganz verdutzt. Da macht, mit schmalen Erfinderaugen rückwärts blikkend, Klein-Edison an der tätowierten Buche »wisi-wisi«.

Es ist Siesta am See. Auf den Bänken sitzen jene Hausfrauen, die dem Tag zehn Prozent Rabatt abgehandelt haben. Auch alte silbrige Herren, welche mit dem Hackelstecken wieder den Freund Heini mit Edamer-Käse-Kopf in den Wegsand zeichnen. Studenten gehen vorbei und sagen leise vor sich hin: »Kraft mal Kraftarm ist gleich Last mal Lastarm.« Ein bleicher Stummfilmkavalier tritt aus dem nahen Gebüsch. Er geht an die grüne Ruhebank und küßt der Miß Vergangenheit im schwarzen Spitzentuch die welke Lilienhand. Gleich wird Fox' nacktes Kameraauge glotzen. Aber nein. Nur ein Dackel kommt gewackelt und gibt ein nasses Inserat auf, am Holunderbusch. Dreizeilig. »Suche Dackeline zwecks tickel-tackel. Spätere Onkelehe nicht ausgeschlossen.«

Jener Mensch, der da halb auf dem grünen Lakenkanapee liegt, blinzelt dem Wasser zu. Der alte Mann und das winzige Meer sind miteinander im Bunde, denn sie wissen es längst: »Liegen ist besser als Laufen.« Jetzt hastet einer vorbei, und der Alte kichert und denkt sich: »Wie kann man auf der Rolltreppe zum Schlachthof auch noch mitlaufen!« Und dann denkt er sich auch noch: »Bei manchen Leuten reißt der liebe Gott von ihrem Lebenskalender immer gleich ein ganzes Packerl Tage ab, statt nur einen.« Weiter vorne nimmt jetzt ein ganz prächtiges

Mädchen Platz. Sie verpraßt ihre Reize verschwenderisch in den Tag hinein, jedoch an zwei Falsche. Denn das Jahr ist noch nicht erwachsen genug und der alte Mann schon viel zu sehr. Bei der seichten Bay findet ein schmutziger Krieg statt. Ein U-Boot unbekannter Nationalität naht. »Anna IV« steht darauf, und auf dem Bootsboden liegen zwei Abenteurer und rudern nur mit den Händen. Sie dürfen den Kopf nicht über den Bootsrand heben, denn sonst ist ihr U-Boot kein solches mehr, sondern nur noch ein gewöhnlicher Leihkahn. Von der Küste her wird der hölzerne Stunden-Kreuzer mit dunklen Lehmgranaten beschossen. Jedoch plötzlich fällt dem jungen Kanonier jemand in den Schleuderarm, und eine Mutterstimme sagt: »Bääh, Edgar, schau bloß deine Hände an!« Der aber deutet auf den nahen Schwan und meint: »Schau doch, Mutti, die Gans hat ja noch viel schwärzere Hufe.« Da erwidert die Mutter: »Erstens ist das keine Gans, sondern ein Schwan – aber du bist ein Schwein.« Zwei schwarze Korporalstreifen hat der Oberschwan am Flügelärmel und finstere Bismarck-Brauen. Mit Schaudern betrachtet ein halbartiger Bub den langen Fragezeichenhals und denkt an die morgendliche Waschlappenabreibung seines eigenen Verbindungsstückes. Dort, wo es ganz seicht ist, sticht vorsichtig ein heuchlerischer Spitz in die See. Aber nur bis zum lüsternen Brustbein. Dann bellt er sanft zu den jungen Entlein hin: »Kommt doch näher, liebe Kückelchen – euer guter Gevatter Spitz ist da und will euch ein bißchen kraulen.« Entsetzt schnattert die Entenmutter heran: »Weg-weg-weg.« Und sie erklärt ihren arglosen Kinderchen genau das Baumuster des fremden Onkels.

Ein minderjähriger Erpel gibt jetzt piepsend das Zeitzeichen für achtzehn Uhr. Die rare Stütze Sabine merkt ihr Buch »Graf Pfanni und die Nußkathi« mit einem Grashalm ein. Dort die alte Frau, die den Strumpf wirkt, sticht mit der Haarnadel in ihre warme Schneckenfrisur, als wollte sie probieren, ob sie auch ganz durchgebacken ist. Die Sonne rollt die Schatten auf und der Plüschwind streicht sie glatt. »Geh doch mit – geh doch mit«, ruft die kuppelnde Amsel dem leise sich sträubenden Mädchen zu, das der Jüngling zu den Büschen dirigiert.

Der letzte Gasmann

Durch den schlafenden, sockensanften Morgen knarzen die soliden Stiefel des städtischen Gebühreneinnehmers Melchior Wiegetritt. Er ist einer der letzten eines aussterbenden Stammes, denn in Zukunft soll der brave Strom- und Gasverbraucher seine Schuld mehr und mehr bargeldlos begleichen. Und dann wird der Gasmann Wiegetritt bald seine letzte Runde drehen. Viele Millionen Treppenstufen hat der wackere Münzensammler während seines langen Kleingeldlebens bestiegen. Elfmal wurde er von Hunden gebissen, siebenmal zu einer Josefs-Ehe ermuntert und einmal flog er sogar regelrecht die Stiegenhaustreppen, die ihm die Welt bedeuten, wieder hinunter. Denn ein Ami, der bei dem blonden Zimmerfräulein Mia Bittgesang zu Besuch war, hatte ihn wohl wegen seiner bescheidenen Schirmmütze für den gesuchten Martin Bormann gehalten. Nun betritt der geduldige Melchior wieder einmal jenes alte Mietshaus, das er auch ohne jede Hausnummer sofort an dem sanften Geruch nach Witwen, Wirsing und Wacholderbeeren als eines seiner liebsten Kinder erkannt hätte. Gleich Parterre wohnen die Haberls. Und als der Gasmann auf die kleine weiße Schwachstromwarze am Türstock drückt, erscheint wie immer der kleine Edi barfuß und brunnenwasserhaarig, und sein »Mamä-Ruf« klirrt den Gang entlang und prallt auf eine Frau mit einem versorgten Holzapostel-Kopf. Sie zählt den geforderten Betrag aus einer goldrandigen Kommuniontasse auf die flache Hand des Kassiers. Und den Rest von einundzwanzig Pfennig kitzelt der verwegene Sprößling mit einer Haarnadel noch aus seiner Patent-Sparkasse.

Dann läutet der Gasmann am nächsten Wohnungsdeckel. In der Türe erscheint der Spitzbart des Rentners Salzmann. Er ist hart und steif wie ein Mohnzöpfchen, weil er ihn seit Jahren beim Kaffeetrinken ein bißchen in die Tasse taucht. Das verlangte Geld fingert er aus einem Portemonnaie, das mehr Falten und Fächer hat als eine Ziehharmonika. Endlich hat er die bescheidene Summe zwischen geweihten Amuletten, mehreren Gummischnüren, einem Patenthosenknopf und dem Abzeichen

einer längst erloschenen Schützengesellschaft herausgefischt. Da freuen sich alle beide sehr und geben sich zum Abschied kräftig die Hand. Im ersten Stock antwortet auf das Glockengebimmel der Hund Jericho mit einem schrecklichen Ultraschall-Gewinsel. Nach einem längeren Hausschuh-Geschlürfe naht der ehemalige Buntmetallhändler Mager, dessen Gesicht so zerknittert ist wie eine weggeworfene Semmeltüte. Als er die Höhe des Betrags erfährt, beschimpft er im Rückwärtslatschen den völlig unschuldigen Gasometer auf dem Gang und droht ihm sogar mit spitzknöcheliger Faust. Zahlen tut er jedoch nichts. Das besorgt seine Ehefrau, die längst hinter ihm stand und dem Gebührenableser beschwichtigend zuwinkt.

Die nächste Kundschaft sind die zwei Rentnerinnen Amalie und Walburga, die hinter der Sperrkette flüsternd beraten, ob sie öffnen sollen oder nicht. Doch dann holt eine ihr altes Lorgnon, schaut durch den Spalt hinaus und kichert erkennend: »Ach, der Herr Gassekretär!« Bis vor drei Jahren versuchte die Walburga immer wieder, ihre Schuld mit einem alten Reichsmark-Zwanziger zu begleichen. Bis ihr der Gasmann endgültig klarmachen konnte, daß er nicht mehr gilt. Da sagte sie nur in maßlosem Erstaunen: »Jetzt sowas!« Drei Parteien sucht der Wiegetritt wie immer umsonst heim. Sie bekommen eine Zahlungsaufforderung durch den Briefkasten.

Im vierten Stock wohnen drei Einzel-Abnehmer. Die linke Pforte wird aufgetan, und einen Schuhschachteldeckel als Palette in der Linken, den kobaltnassen Pinsel in der rechten Hand, steht ein Maler im gähnenden Mansardenschlund. Geld hat er keines, aber einen unerschütterlichen Glauben an seine Zukunft. Trotzdem wird ihn wahrscheinlich in der nächsten Zeit ein gewisser Herr Zanglmeier besuchen und den Zählerhals mit einer sechskarätigen Bleiplombe schmücken.

Auch bei dem mittleren Besucher hat der Melchior kein Glück – wie immer. Es ist ein reicher, aber geiziger Makler, der sofort bei der Nennung des Betrages einen Ausdruck ins Gesicht bekommt wie ein Kabeljau, bei dem man eine Taschenpfändung vornehmen will. Dagegen bittet ihn das Fräulein Elvira in ihr geräumiges Wohnzimmer und nötigt ihn, auf einem strapazierten Sofa Platz zu nehmen. Dann sucht sie sämtliche Fächer

ihrer sieben Handtaschen durch und singt dazu ein bekanntes Hamburger Lied, das so endet: »Meine Ehre, die ist mir genommen...« Zwar zweifelt Herr Wiegetritt keinen Augenblick an diesem Geständnis, aber die lustige Elvira fördert einfach keinerlei gültiges Erz zutage. Einmal vor sieben Jahren hat sie auch versucht, den braven Gasmann mit einer Währung zu bezahlen, die zwar internationale Gültigkeit hat, aber leider vom städtischen Energiewerk nicht angenommen wird. Seufzend stellt sie schließlich die erfolglose Suche ein, lächelt weithin blitzend mit fünf herrlichen Goldplomben und meint: »Morgenstund ist aller Laster Anfang.«

Pilz-Piraten

»Tarü Tara Taralala, die Schwammerl-Zeit ist wieder da.« Mit ihren Familien-Safaris, Kreuzotter-Bissen, dem Jägerlatein, den überschweren Prachtburschen, die in die Zeitungsredaktionen geschleppt werden, aufgescheuchten Wildsäuen, Knollenblätterbeschreibungen, Rundfunkbelehrungen und Magenspülungen. Doch während die Pilz-Pirsch früher vornehmlich von Hungerleidern, Hinterhäuslern, Naturaposteln und Bauernkindern ausgeübt wurde, ist sie heute ähnlich wie das Eisstockschießen, das Federballspielen, das Pistenwedeln und der Campingsport zu einer Massenbewegung geworden, die alle Bevölkerungsschichten erfaßt hat. Vom verhutzelten Daxenweiberl bis zur neonblassen Barfrau und zum Zimmerherrn Kummerzahn, bis zum Bungalow-Bonzen Bernhard Benedikt Bums. Und so gibt es zwar heute noch immer den berühmten Täuberl-Expreß, der schon kurz nach Mitternacht über die halbverrosteten Geleise der Vorort-Bahn hinaushumpelt in das nahe Unterholz des dunklen Tannendschungels. Aber auch ganze Karawanen von »Karmännern« und »Kadetten«, die dem grünen Waldrand zustreben, dort das scheue Reh mit ihren Dreiklanghupen und heulenden Wankelmotoren verscheuchen und dann in die schattige Einsamkeit einfallen, wie einst die Türken in die Wachau.
Manche fahren mit ihrem Porsche auch gleich direkt bis zum gesprenkelten Fuße des Dickfuß-Röhrlings hin oder hinein in die kleinen gelben Rührei-Felder der Reherl. Junge Pärchen, die sich vielleicht gerade im tiefen Waldesfrieden »die Sache, die man Liebe nennt« zufügen wollen, tun deshalb gut daran, vor ihrem Kuschelnest ein Umleitungsschild aufzupflanzen mit der Beschriftung: »Vorsicht, Liebespaar!«
Was aber findet der Schwammerlfreund heute in erster Linie in den versteckten Schonungen und im dichten Jungholz? Seltsamerweise trifft er dort auf die Zeugen unserer fortschrittlichen Zivilisation. Und er sieht sich plötzlich einer rätselhaften Ansammlung von Zitronenschalen, Zigarettenschachteln, Zeitungsbeilagen, Zündkerzen, Zahnbürsten und alten Zahlungsbefehlen gegenüber. Denn irgendwelche Sport- und Naturfreunde

verwechseln den vielbesungenen deutschen Wald halt immer noch mit albanischen Latrinen und vertrauen ihm deshalb ihre gesamte kulturelle Notdurft an.
Leider durchqueren den dunklen Tann auch längst schon zahlreiche Trampelpfade, die eigentlich nach der Straßenverkehrszulassungsordnung eingeteilt sein müßten und auf blauen Emailschildern die Aufschrift tragen sollten: »Rotkappenweg«, »Steinpilz-Traverse«, »Morchel-Quergang« oder »Hallimasch-Avenue«. Zwischen ihnen ziehen sich dann die Spuren der schändlichen Pilz-Piraten hin. Und ähnlich wie bei Hänsel und Gretel, die ihren Weg mit Brotkrumen markierten, kann man haargenau feststellen, wo sie den wehrlosen Wald durchquerten. Umgestoßene Habichtschwammerl, mit der Gerte geköpfte Parasol-Pilze, zerstampfte Milchbrätlinge und jede Menge gemeuchelter Schwammerlkinder weisen eine Spur, die genau zur bösen Hexe führen müßte, welche diese Waldfrevler aber leider nie verbrennt. Manche Leute wühlen gleich gar das flaumige Moos und die Erde auf wie lüsterne Eber, denen man erzählt hat, köstliche Trüffel schlummerten darunter.
Nicht ganz so schlimm wie die Pilz-Piraten sind die vornehmen Champignon-Snobs. Sie nehmen fast immer ihren Chauffeur mit ins Dickicht, deuten dann mit einem Edelholz-Wanderstab jedesmal auf einen entdeckten Röhrling oder Blätterpilz und überlassen dem braven Domestiken das Bücken und Einsammeln. Sodann muß ihnen die vom Studentendienst engagierte Botanik-Studentin die lateinischen Namen der gesammelten Findlinge hersagen. Worauf schließlich die ganze Beute am letzten Baum des Wildparks wieder achtlos ins Gras geschüttet wird. Da haben es natürlich die echten Fichtenholz-Füchse und Tannenbaum-Travellers schwer, noch irgendwo eine Oase zu entdecken, wo der herrliche Reizker, die seltene Totentrompete oder das verrufene Judasohr wächst. Aber wenn sie häufig genug »Sankt Pfifferling«, den Schutzpatron aller Moospartisanen, anrufen, werden sie doch noch manchmal fündig. Und dann schrauben sie einen zarten Anis-Engerling oder den schmackhaften grauen Ritterling vorsichtig wie eine Glühbirne aus dem leise seufzenden Erdreich.
Voller Gottvertrauen und Bücherweisheit gehen in jeder neuen

Saison auch wieder neue Amateure auf die unblutige Pirsch. Sie stoßen zwar laufend schreckliche Orientierungsschreie aus, so daß sich am liebsten auch noch die allerletzte rote Ameise freiwillig in den Tierpark melden möchte. Aber sie sammeln meistens nur einen Sommer lang. Denn der rote lange Schlauch, den ihnen der Onkel Doktor spätestens nach vierundzwanzig Stunden in die entzündete Speiseröhre schieben wird, der schmeckt halt lange nicht so gut, wie der aromatische Fleischchampignon, den sie leider mit dem tückischen Pantherpilz verwechselt haben. Trotzdem besitzen sie manchmal auch noch den Mut zu einer kleinen satirischen Selbsterkenntnis. Denn wenn die junge Hausfrau ihrem Mann so ein selbstgepflücktes Pilzgericht zubereitet hat, so kann es sein, daß der treusorgende Gatte beim Heimkommen einen Zettel auf dem Tisch vorfindet, auf dem zu lesen ist: »Lieber Max, bin im Kino. Schwammerl stehen im Rohr. Kalte Milch, ein Krankenschein und der Rosenkranz sind im Eisschrank«.

Das Starlet-Aquarium

Jede Stadt, die ein bißchen was auf sich hält, hat neben ihren Familienbädern und öffentlichen Beamtenteichen auch noch einen vornehmen, größeren Swimming-pool, in dem sich die leicht angeliftete Society im laufend gefilterten zweiten Element benetzt und ergötzt. Die Stammkundschaft, die sich in so einem Modebad gerne trifft, setzt sich hauptsächlich aus den ewig notwendigen Endvierzigern, berufsmäßigen Söhnen reicher Eltern sowie aus älteren Mannequins, Fotomodellen und professionellen Freundinnen zusammen.

Und schon am frühen Morgen bedecken Dutzende von zweiten und dritten Schönheitsköniginnen und Starlets den getrimmten Rasen. Und abends, wenn sich dann die blauen Fluten zur Ruhe legen, duften sie noch lange nach Uralt Lavendel. Nachts aber träumen sie leise errötend. Zeitgenossen mit scharfer Zunge nennen diese sündhaften Lagunen auch gerne den »Midinetten-Grill« oder das »Starlet-Aquarium«.

Kaum hat die Sonne ihr erstes zaghaftes Angebot gemacht, nahen die Schönheiten mit Sonnenbrillen, die so groß und wichtig sind wie die Handschellen in einem Wildwestfilm. Hinter sich schleifen die meisten lässig einen Frottiermantel nach, als wollten sie alle Spuren verwischen. Im Falle, daß ihnen ihr Hausfreund folgen wollte.

Anschließend legen sie sich auf ihrem Stammplatz mit einem leisen Seufzer in die Horizontale. Es ist ja auch ein schweres Stück Arbeit, das ihnen bevorsteht. Sie müssen nämlich bräunen. Whiskyfarben bis wermutdunkel. Nur ganz selten trifft man hier auch ein paar verirrte, krankgeschriebene Friseusen. Doch die sind leicht an ihrem bleichen Andreaskreuz zu erkennen, welches die Badeanzugträger auf dem wunden Säuglingsrot ihres Rückens hinterlassen. Die echte Sirene trägt nämlich neuerdings wieder ein durchgehendes Kaltwasserkleid, das allerdings hinten bis zu den Kniekehlen ausgeschnitten ist. Und als Nachhilfe zum Grillen nimmt sie einen Spezial-Spray, der auch die blasseste Märchenfee sofort rostrot tönen würde: den Indianer in der Dose.

Dann liegen sie da und träumen. Von was wohl? Oder sie zupfen Augenbrauen, so wie die Hängekleid-Backfische einst die Margueriten zupften. Vielleicht denken sie dabei auch an den blonden Herrn von gestern abend im Scotch-Casino. »Er besucht mich, am Montag, am Dienstag, ein wenig oder gar nicht!« Auch müssen die Fingernägel dann und wann gefeilt werden. Jene Klauen, die viel gefährlicher sein können als die mordenden Fänge eines Kondors. Oder die fetzenden Greifer des sagenhaften Vogels Rock. Wenn sie einmal eine gewisse Sorte Männer sicher zwischen den Krallen haben.
Hin und wieder geht so eine Todsünde auch ein wenig unter die Brause und nimmt ein zaghaftes Stehbad. Oder sie riskiert sogar ein paar Takte im gepflegten Wasser. Mittags gibt es dann auf der Terrasse des kleinen Restaurants einen Strohhalm voll Cinzano. Manchmal aber auch, wenn die befreundete Bedienung Charlotte gerade Dienst hat, ein Personal-Essen. Spaghetti mit grünem Salat etwa. Hochnäsig und gnädig stochert da die Lastex-Lady ein wenig darin herum. Nur wenn niemand herschaut, schlingt sie hinter vorgehaltener Zeitung wie eine Wildente an einem viel zu großen Wurm.
Wenn die Dunkelheit kommt, wird es im kleinen Modebad langsam wieder ruhiger. Denn dann muß die gebräunte Nixe doch den kleinen Jochen abholen, den sie tagsüber bei der

Hausmeisterin eingestellt hat. Und der zwar erst drei Jahre alt ist und auch ein bißchen unehelich, aber immerhin so ungemein klug, daß er schon ganz allein telephonieren kann. Wenn Onkel Stefan anruft. Und vor allem längst mühelos den anfahrenden Ferrari Onkel Werners von dem Porsche des Onkels Klaus-Peter unterscheiden kann. Der kleine, süße Tausendsassa.

Wo die Aschentonnen lächeln

Als erster kommt in aller Frühe der Zug in den Hinterhof. Er steht vermutlich schon lange vor der Hoftüre, bis die ächzende Hausmeisterin, die den Paletot ihres Mannes umgehängt hat, aufsperrt. Ein wenig später erscheint zwischen den Aschentonnen die gurkenlange Hausratte Alwine; sie schnuppert etwas mürrisch, weil es schon den vierten Tag Bücklingsköpfe gibt. In der linken Parterrewohnung beginnen soeben die Sorgen. Durch das Oberlichtfenster tönt eine blechfeilende Frauenstimme: »Sind schon wieder keine Streichhölzer mehr da – freßt ihr sie denn?«
Die Hausinwohner öffnen mit einem letzten lustlosen Gähnen die Hoffenster. »Hansi – pff, pff, pff!« lockt ein Mann mit einseitigem Hosenträger. Er nimmt ein Zuckerstück zwischen die Lippen, aber der Mastkanarienvogel blickt verächtlich und herzkrank. »Haben Sie etwas für mich?«, fragt die Frau vom Parterre den Briefträger. Sie putzt den Kamm mit der Bürste aus. Der Kamm hat Zahnweh. Eine blasse Hand am Fensterbrett angelt nach dem Butterpapier. Eine Schüssel Kartoffelsalat steht daneben und außerdem ein Stück Rindfleisch auf einer Untertasse. Es ist grau wie ein Schieferbrocken.
Dann geht eine Frau ins Waschhaus. Rotgeflickte Gummistiefel hat sie an und eine alte Fallschirmjägerhose. Ein barfüßiger Bub schleppt ziemlich schräg einen Kohlenkübel hinterher, garniert mit Holzspänen. »Donnerwetter«, sagt der Bub, weil ihm der Kübel ans Schienbein schlägt. Nach einer halben Stunde steigen Sunlicht-Wolken aus dem Waschhaus auf. Das Bürsten der Taschentücher auf der nassen Waschbank klingt fast wie leises Winseln.
Im dritten Stock gießt ein ganz verbrauchtes Großmütterchen die Blumen. Das Wasser tropft herab, und der Bub vom Waschhaus, der jetzt im Hof spielt, probiert, ob er nicht einen Tropfen mit dem Mund auffangen kann. Im ersten Stock hängt eine Frau Windeln auf. Eine Wäscheklammer fällt herab. Der Bub zwickt sie auf seine Nase. Gleich darauf hört man die Windelfrau näselnd singen: »Schnibel, Schnabel, Schnebel, kommt der

Herbst mit Nebel.« Vor dem linken Parterrefenster ist ein hohes Gitter angebracht. Dahinter sitzt ein Kind und rupft die Geranien aus den Stöcken. Das Kind hat Kraushaare und eine eiserne Gehmaschine.
Um zehn Uhr kommt ein fliegender Händler mit Kopfsalat. Er schreit jubilierend an die Hauswände hin, denen die Haut abgeht wie den Menschen nach einem Sonnenbrand. Der Mann hat zwei Musterstauden in den Händen und hält sie beschwörend wie Opfergaben zu den Miethauskanzeln hinauf. Mehrere Hausfrauen mit Zweiflermienen schauen herab. Auch die Alwine kommt hervor. Im Nebenhof klopft jemand ein Federbett, das klingt dumpf wie Granatwerfereinschläge. In der Ferne wird das Störungsfeuer erwidert.
Ein Zehnjähriger leert seinen Vierfruchtmarmeladekübel in die Aschentonne, sehr gescheit, mit viermaligem Nachklopfen. Gleich darauf naht ein schlampiger Mensch mit einem Papiersack. Er stochert freudlos, wie ein Fleischesser in einem Reisauflauf, in den blechernen Unratschachteln herum, nimmt eine Weinessigflasche und eine leere Erbsenbüchse mit und spuckt auf den Boden. Die Frau hängt gegen Mittag die Wäsche auf. Die Unterhosen wedeln im Zugwind wie kraftlose Reckturner beim Bauchaufschwung. »Schneeweiß ist Ihre Wäsche, Frau Rampf«, lobt die Hausmeisterin. Aber ihr vorlautes Gesicht sagt: »Dunkelgrau ist sie.« Die Aschentonnen lächeln dazu wie die Fässer und Töpfe in Reklamefilmen.
Um zwölf Uhr ist im Hinterhof nur noch das Scheppern der Blechlöffel, Zinkgabeln und Rundfunkempfänger zu hören. »Sie hören jetzt alte und neue Schlager«, verkünden letztere, und aus ihren vielröhrigen Eingeweiden ertönt die nutzlose Mahnung: »Iß nix Fisch mit Messer.«

Die Rheuma-Farm

Durch einen glücklichen Zufall erhielten wir Einblick in das Tagebuch des eingeschriebenen Campenesiers Archibald Distelgier. Dieser Wandervogel hat seine Eindrücke, Freuden und Stimmungen, die er an einem trüben Sommertag im Feldquartier empfand, gewissenhaft aufgezeichnet. Wir legen Wert auf die Feststellung, daß es sich bei ihm um einen schwierigen Sonderling zu handeln scheint.

5.34 Uhr in korrekter Rückenlage erwacht. Sofort Satzungspunkt eins beherzigt: »Erwache und lache.« Zu lachen versucht, ging aber nur mäßig. Ursache nachgegangen. Zwei Wiesenzecken auf meiner Oberlippe beim Frühstück überrascht. Beide Säugetiere vorsichtig abgelöst und mit strengem Rüffel des Platzes verwiesen. Tierliebe = Satzungspunkt zwei. Nach Wetter gesehen. Sonne schaut aus Wolkengepäck wie schlecht ausgespülte Eierpfanne aus Rucksack.

Als Frühstück drei tiefe Züge Morgenluft und etwas »Gigantenspeise« aus Tube zur mir genommen. Aus Versehen Uhuline erwischt. Soll aber auch Gewebe stärken. Bei Morgentoilette am nahen Bach Seife, Autoschlüssel und Gleichgewicht verloren. Beim Rückweg über Zeltleine gefallen. War unvorschriftsmäßig. Genehmigtes Camping-Schimpfwort ausgestoßen. Unter Vordach gesetzt und zur Erholung gezwungen. Eine Biene kam geflogen – setzt sich nieder auf mein Knie. Stich ausgesaugt. In der Hocke Brief geschrieben. Wadenkrampf ausmassiert.

Regen klatscht an doppeltgummierte Nordwand. »Klatsche nur, Regen – ha, ha.« Buch in Lagerbibliothek geholt. War nur wenig Auswahl da. Zweiter Band »Die Gewinnung der Sisalfaser« genommen. Etwas später Buch umgetauscht. Und die »Gefährliche Nonne« erwischt. Pech gehabt. War Leitfaden für Schädlingsbekämpfung. Zum Mittagsmahl gerüstet. Packung Schildkrötensuppe gekocht. Bestens empfohlen von Camping-Zeitschrift »Nesselwacht«. Muß leider Rückenschild von Kröte erwischt haben, da ungenießbar (Leserbrief schreiben). Nachher unbedeutenden Brand des Vordachs infolge umgestürzten Spirituskochers gelöscht.

Nach dem Essen dem Wetter getrutzt und tausend Schritte getan. Patschnaß geworden. Trotzdem Grillen verscheucht und fideles Lied angestimmt. »Bald gras' ich am Neckar, bald gras' ich am Rhein.« Juchheißasasa. Sa, sa, sa. Zur inneren Festigung Vereinsstatuten durchgelesen. Langsam eindringendes Regenwasser ausgeschaufelt. In Zeltanweisung nachgelesen. Regenwasser dringt zweifellos unerlaubt ein, obwohl Regen aus dem Westen kommt. Unerklärlich.
Nachmittags vor mich hingedacht. Mir Sorge gemacht über den Familienhaushaltsplan von 1970, da Toilette zu weißeln und bis dahin fälliges neues Linoleum nicht einkalkuliert. Später mit Mückeline-Erdfloh-Salbe eingerieben. Mehrmals in Spiegel geschaut, Zähne gebleckt und Kopf gerollt. Fußnägel geschnitten und nachher Zehen eingebunden. Yoga-Übungen gemacht und dabei verschluckt. Bei Hustenanfall Zelt eingerissen.
Aus nasser Verpackung herausgekämpft. Klein wenig über Wanderleben gehadert. Dann wieder frischen Mut und Wasser geschöpft. Nach Wiederaufbau bekanntes Schlagerlied gesungen: »Abends dann beim Kerzenschimmer.« Trotzdem kam Schwermut ins Zelt gekrochen. Ameisen als Betthupferl. »Mückeline großer Mist – wenn du erst gebissen bist.« Von überschwerer Verzagtheit erfaßt und selbige niedergerungen. Glatten Schultersieg erzielt. Verschnüre Zelt und suche nahes Wirtshaus auf. Miete Doppelbett für mich und inneren Schweinehund. Schlafe schurkischen Schlaf der Abtrünnigen. Aber gut.

Das Schauspielhaus des kleinen Mannes

Jede größere oder kleinere Stadt im Bundesgebiet hat ein Marionettentheater. Wenn Vorstellung ist, parken im Sommer wulstige Roller und schiefachsige Vorstadt-Rutscher an der Wand, und im Winter sind am grünen Geländer allerhand Schlittenbastarde angebunden. Die meisten Theatergäste aber kommen zu Fuß und sind am Daumen des Onkels, der Nachbarin oder der Oma angekoppelt. Sie heißen Wuzi, Bibsi, Schwaiberl oder Rehlein und tragen Sieben-Zwerglein-Mützen. Häufig sind auch ein paar hochgeschossene Spargel aus Columbus' später Ernte darunter. Sie sagen »Helloh« zu der Frau am Eingang und werden sofort von einer butterteigblassen Nurse akzentfrei gerügt. Ihren bronzierten Spielzeug-Revolver geben sie aber an der Kasse nicht ab. Ganz wie die Urgroßväter.
Bevor sich der kleine Vorhang zur Märchenzone hebt, herrscht Lärm in C-Dur im Raum. Die verstreuten Gulliver-Mahnmale im Parkett arbeiten fleißig mit Zappelphilipp-Drohungen und verspäteten Nikolaus-Hinweisen. Schließlich bestechen sie die lauten Spruchkammern mit Pfefferminz und Drops. Ein großer Mann geht hin und her und sagt: »Der Rübezahl holt euch, wenn ihr schwätzt!« Ein mexikanischer Weidereiter läßt sich das übersetzen. Dann sagt er entschlossen: »Come on!« und tastet nach der Hüfte.
Als der Gong zum drittenmal schlägt, wird es dunkel, und das fadenlange Weinen einer Kleinen begleitet den ersten Auftritt der sieben »Deislein«. »Zwei, eins, vierzehn, sieben«, zählt sie ein besonders kluges Kind nach. »Das tleine muß in Uhrentasten«, entscheidet ein zartes Gisela-Püppchen, und ein dunkles Mohnzöpferl fragt an: »Kann man die ins Bett mitnehmen?«
Jubelnd wird der Kasperl begrüßt, der nach dem Willen des Chefdramaturgen als Geißleinwächter mitspielen muß, was jedoch ein junger Sachverständiger als Regiefehler energisch beanstandet. »Kasperl, geh' heim!«, schreit er, duckt sich aber gleich vor den blitzenden Scheinwerferblicken seiner Nachbarschaft. Und dann klopft der Wolf, und sogar der little Texas-Bill

wird blaß. »Biiitschöööön, nicht aufmachen!« »Holt's doch einen Schutzmann!« und »Du böser Hund« tönt's zur Bühne hinauf. Aus der vierten Reihe wächst eine drohende, winzige Faust empor. Fremde Mütter lächeln sich an.
»Herr Baron wünschen?«, dienert der Krämer, bei dem der Wolf die Kreide kauft, und der dicke Bäcker winselt: »Gnade, Euer Liebden, habt Erbarmen!«, bevor er dem Ungeheuer die Pfoten mit weißem Teig bestreichen darf. Verächtlich verzieht sich mancher Kindermund. Als aber die Katastrophe kommt und der gierige Vielfraß den entsetzt meckernden Geißlein ein haariges Grab bereitet, fallen salzige Diamanten aus mitleidigen Augen und vermischen sich mit dem schnell gereichten Marzipan-Stangerl. Nur ein herber Asphaltsprößling fragt nüchtern und laut: »Onkel, kann man denn die Schnur vom Wolf nicht abschneid'n?«
Doch das Glück schreitet schnell, weh, wenn es nur an einem dünnen Faden hängt. Mit mächtigem Säbelmesser macht sich die Geißlein-Mama über den schnarchenden Unhold her und schlitzt ihm das Ränzlein so rasch, daß der vorlaute Gassenpraktiker erneut wissen will: »Onkel, hat der einen Reißverschluß?« Stürmisch fordern die Klappsitzbeschwerer eine Wackersteinfüllung für den Räuber. 300 Kinderhände schieben gleichzeitig mit an, als er sich durstig über den Brunnenrand beugt. Unter dem heiseren »Plumps« des Hauptspielleiters stürzt der böse Wolf ins gerechte Verderben. Und der kleine Buffalo Bill versenkt mit knirschenden Milchzähnen seinen blankgezogenen Colt wieder im baumelnden Halfter.

Gute Nachbarschaft

Die meisten Menschen bekommen schon sehr früh einen Nachbarn. Im Kindergarten und in der Schule zum Beispiel den Banknachbarn. Später dann den Nachbarn auf dem Arbeitsplatz, neuerdings auch Kollege genannt, und in der Betriebskantine den Tischnachbarn. Wem der liebe Gott einen Heimgarten beschert oder gar ein Häuschen, dem gibt er dazu natürlich ebenfalls einen Nachbarn. Die ganz spezielle und eigentliche Nachbarschaft entwickelt sich aber nur in den Mietshäusern. Dort kommen sich die Menschen schon wegen der modernen Bauweise bis auf dreißig Zentimeter und weniger nahe. Eine richtige Wohnungsnachbarschaft gedeiht nur waagrecht, nicht senkrecht. Der Mieter einen Stock tiefer oder höher wird nämlich nicht als Nachbar bezeichnet, sondern als »der Drunta« oder »der Droba«. Und wenn deshalb die aufgehängten Unterhosen vom Dritten-Stock-Balkon auf den zum Abkühlen hingestellten Kartoffelsalat tropfen, so kann das zwar zu einem Prozeß führen, aber keineswegs zum Bruch einer Nachbarschaft, weil ja gar keine vorhanden ist.

Die Nachbarschaft wird in den Mietshäusern hauptsächlich aus dem Gleichklang des Tagesablaufes geboren. »Geh, Frau Raschbichler, möchten S' ma net a Tass' Salatöl leihen?« Die Frau Schmeer lispelt's leise im Grätschschritt, das Startbein mit dem Kamelhaarhausschuh im eigenen Türspalt. Und die Raschbichler tut's nicht ungern, denn bei der um winziges schlechter gestellten Nachbarin ist halt jeden Donnerstag Matthäi am letzten. Es ist Ehrensache, daß der Hilfsbereiten dafür alle anfallenden Schwarterln, Flachsen und Knöcherln bescheiden verpackt an den linken Türpfosten gelegt werden. Für den molligen Kater Vinzenz. Daß die Frau Raschbichler das Eingewickelte vorher visitiert und sich so mancherlei eigene Gedanken darüber macht, steht ihr zu.

Die gute Nachbarin nimmt ihrer Stockwerkgefährtin, die halt gerade im Waschhaus ist oder von einem Wehdam gezwickt wird, auch die Milch und das »Sach« mit herauf. Und sie stellt ihr bereitwillig den zehnjährigen Sprößling zur Verfügung,

damit er die Glupperl beim Wäscheaufhängen hält. Auch der Radio wird ausgelegt und das abonnierte Heftl »Der gestiefelte Ratgeber« entgegengenommen. Kritischer wird die Situation erst, wenn es darum geht, das Gas zu bezahlen. Oder wenn gleich gar einmal ein Packl mit einer Nachnahme kommt. Da kann es dann schon sein, daß die Nachbarin zweimal verleugnet wird, ehe der Briefträger dreimal schellt. »Wissen S' was, läuten S' doch daneben einmal. Ich hab's grad nicht bei der Hand, und die zwei sind sowieso sehr speziell miteinander.«

Ein wesentlicher Maßstab für die gegenseitige Zu- oder Abneigung der einzelnen Mietparteien ist zweifellos das Stiegenwischen. Während jede friedliche Hausfrau, die was auf ihren Ruf hält, selbstverständlich naß wischt und auch das Geländer und das Fensterbrettl nicht vergißt, läßt die Bißgurn vom dritten Stock klar erkennen, mit wem sie zur Zeit in Streit und Hader liegt. Denn wie käme sonst der zusammengekehrte Dreck ausgerechnet in den Türwinkel der Hacklin? Und warum ist bei der Witwe Besenzorn der Fußabstreifer mit einem trockenen Halbkreis ausgespart, als ob er krätzig wäre? Da soll sich dann noch jemand wundern, wenn es von so einer heißt: »Die ist ja so giftig, daß sie nicht einmal ihre eigenen Wanzen beißen mögen, weil sie Angst haben, daß sie daran eingehen.«

Eine gute Nachbarschaft beginnt meistens gleich beim Einzug. Aber sie endet unweigerlich an der Geruchszone der anderen Wohnung. Ein uralter Anstandskodex verbietet es auch einer lebenslangen Nachbarin, ihren Fuß über die Bohnerwachsgrenze hinter der Türschwelle zu setzen. Es hat deshalb auch nur symbolische Bedeutung, wenn in der Urlaubszeit die eine Partei sagt: »Gell, schaun S' doch hin und wieder nach bei uns, damit nichts fehlt.« Und die Nachbarin erwidert: »Da können S' ungeniert fahren, wir passen schon gut auf.« Der Wohnungsschlüssel wird weder abgegeben, noch würde er angenommen. Eine solide Nachbarschaft hält schon allerhand Belastungen aus, vorausgesetzt, daß es nicht ums Geld geht. Oder daß der Nachbar links dem Nachbarn rechts, wenn er gerade beim Frühstück sitzt, nicht direkt mit einem Bilderhaken den Hinterkopf annagelt.

Nur eins wird dem Nachbarn unweigerlich übelgenommen und nachgetragen. Wenn er nämlich von selber auszieht. Denn die innige Gemeinschaft einer richtigen Hinterhofburg zerreißt man nicht einfach kalt und herzlos. Da gibt es überhaupt nur einen mittelmäßigen Grund, der eine solche Fahnenflucht entschuldigt. Wenn man nämlich aus dem Haus herausstirbt.

Kaufhaus-Kantate

In der Imbiß-Ecke schiebt sich gerade ein hagerer Junggeselle eine Riesen-Bockwurst in den Suppenschlauch. Und vorsichtig, ohne anzustoßen, wie ein Schwertschlucker, versenkt er den heißen Frankfurter Degen in seiner Speiseröhre. Gänzlich anders wiederum verspeist die dicke, eilige Frau neben ihm ihren nahrhaften Krummstab. Denn sie fährt sich damit im zarten Schlund auf und ab, als ob sie sich den eigenen Flaschenhals säubern wollte. Grinsend schaut ihr der Lehrling aus der Lüster-Abteilung zu. Und zerbricht beim Auspacken rasch, aber unbemerkt, eine Schlafzimmerschale für achtzehn Mark sechzig. Denn zum Glück liegt der Warenhausdetektiv gerade auf dem Bauch. Er sucht mit scharfen Knatterton-Augen unter den Regalen herum. Aber nicht nach einem Dieb. Sondern weil ihm ein Markstück hinuntergefallen ist.

Innig schmiegt sich in der Tiefkühl-Abteilung ein verschmähtes Gänseklein an die eiskalte Mutterbrust einer Ente, der man es wohl unterschoben haben mag. Indes macht der Werbemann mit dem Elektro-Rasierer seinen neunten Versuch an dem Glasfiberbart eines markigen Südtirolers. Nein, selbst ein Rasenmäher wäre da wahrscheinlich machtlos. »Siemens, wo ist dein Sieg?« Bei solchen Grammophonnadel-Stoppeln hilft vermutlich überhaupt nur eine Enthauptung.

Auch die hübsche Gerda von der Freizeitkleidung hat gerade eine hoffnungslose Kundschaft in Arbeit: »Aber gerne zeige ich Ihnen noch was anderes, gnä' Frau«, sagt sie mit ihrem höflichsten Zyankali-Lächeln zu einem Litfaß-Säulchen auf hohen Stöckeln. Und zum siebzehntenmal füllt sie die ächzende Nudel in der Umkleidekabine in zwei Textilröhren mit dem Umfang einer Ferngasleitung. Jedes Gericht der Welt würde die geduldige Verkäuferin wegen seelischer Grausamkeit auf Anhieb freisprechen, wenn sie diese Kundschaft in ihrer Verzweiflung einfach an den Aufzugschacht hinführen würde. Wo der Lift gerade im Keller wäre. Und ihre Schlußbemerkung ist deshalb durchaus verständlich. Denn das Mädchen Gerda sagt: »Leider, gnä' Frau. Solche Übergrößen führt eigentlich nur die Firma Pic-

card.« Gemeint ist damit mit Sicherheit der berühmte Ballonfahrer.
An einem kleinen Extra-Stand neben der Rolltreppe steht ein Herr im weißen Mantel. Sieht aus wie Lord Kukirol persönlich. Er hält das präparierte Skelett eines menschlichen Vorderfußes in der Hand und weist mit einem zerbissenen Bleistift auf die einzelnen Knöchelchen hin. Vor ihm liegt ein Stapel Gummischwammsohlen. Leberkäsbraun erinnert er stark an die Abendkost für eine Gebirgsjäger- Kompanie. Nun beginnt der Weißkittel seinen Vortrag: »Wer, meine Damen und Herren, ist wohl Ihr treuester Begleiter durchs ganze Leben? Wer bringt Sie sicher zum Rendezvous, zum Friseur und aus jeder Gefahrenzone? Wer darf nimmermehr ermüden, ob er nun auf die Geliebte wartet, auf bessere Zeiten oder auf Godot? Ja, wer denn wohl? Na? Ihr Fuß natürlich! Wer trägt außerdem sein Geschick, ohne zu murren? Und wenn es hundert Kilo oder mehr haben sollte. Wiederum der Fuß. Und nun, meine Herrschaften, entscheiden Sie selber, ob Ihnen dieser treue, anhängliche Kamerad nicht die neunzig Pfennige wert ist, die so ein Ruhekissen kostet!« Und dazu fuchtelt der Wohltäter drohend mit den Einlegesohlen vor den verschüchterten Nasen seiner Zuhörer herum. Ganz neugierige Passanten allerdings können mühelos feststellen, daß der Gesundheitsapostel hinter seinem Verkaufsstand selber aus seinen zwei Boxcalf-Schatullen herausgestiegen ist und bequeme mollige Kamelhaar-Hausschuhe trägt.
Auch die nimmermüde Warenhaus-Kosmetikerin vollbringt wahre Wunder mit ihrem Runzel-Gelee, das vermutlich sogar einen verwitterten Bergstiefel glätten würde. Ergeben läßt sich ein stiefmütterliches Feinsliebchen das gepriesene Wangenschmalz auftragen. Doch ihre hungrige Haut schluckt den Aphroditen-Talg sofort wie ein Stück uraltes Klosterbrot die Butter. Nach einiger Zeit jedoch spannt sich dann doch das präparierte Fell wie die Bespannung einer Kesselpauke. Und die behandelte Fanni geht glückstrahlend, wenn auch im Gesicht leise knisternd, heim zu ihren Lieben. Und sie malt sich im Geiste gewiß schon aus, wie ihr der leibeigene Mann die Wohnungstüre öffnet und dann liebenswürdig fragt: »Zu wem wollen Sie denn, hübsches Fräulein?«

Reise in die Vergangenheit

Der Mann, der über die Brücke geht, schaut scheu um sich. Dann bleibt er am Geländer stehen, nimmt eine leere Zigarettenschachtel aus der Manteltasche und wirft sie ins fließende Wasser. Schnell läuft er auf die andere Seite, beugt sich weit vor, bis er das Schachterl heranschaukeln sieht, zielt genau und spuckt hinunter. Er trifft. Besser hat er es als Bub auch nicht gekonnt. Er lächelt zufrieden. Dann geht er auf der hölzernen Isarbrücke weiter und steigt hinunter zu Kies, Sand und Steinen. Hier sucht er ein gutes Stück seiner Vergangenheit.

Am Rande des Altwassers, wo es einmal die seltenen Molche mit den roten Bäuchen gab, stehen noch die schwankenden Weidenzeilen. Das lächerliche Rinnsal daneben nannten sie den »Rio Grande del Norte«. Mit einem einzigen Schritt steigt der Mann darüber hinweg. Die Weidenzweige reichen ihm kaum bis zur Krawatte. Damals schlugen sie leicht über seinem Zickzackscheitel zusammen. Von diesem Gebüsch aus hätten sie vor 30 Jahren beinahe Amerika für die letzten Mohikaner zurückerobert. Aber ihr Häuptling »Krumme Lanze« bekam den Zimmerstutzen von seinem Vater für diesen Zweck nicht geliehen. Auf diese Weise ist Arizona noch einmal davongekommen.

Jetzt bückt sich der Erwachsene und sucht lange im Kies, bis er drei zehnerlflache Steine findet. »Froschhüpfen«, sagt er und wirft die Kiesel, die vom Wasser abgelutscht sind wie saure Drops, ein bißchen ächzend flach übers Wasser. Aber sie hüpfen nicht, sondern machen verächtlich »pffu« und gehen senkrecht unter. Beim dritten Wurf knackst seine Wirbelsäule leise, und es steigt ihm siedendheiß in den Hinterkopf. Da sucht er lieber nach Feuersteinen. Ein Zipfel seines Lodenmantels hängt in den Rio Grande del Norte. Er sucht lange, denn er kennt sie nicht mehr recht. Als er glaubt, zwei gefunden zu haben, reibt er sie schnell aneinander und riecht daran. Ein Fischer, der auf der Staumauer steht, lacht lautlos und schüttelnd in sich hinein, daß der rote Schwimmer auf dem Wasser springt. Der Mann im Flußbett baut nun mit den Händen einen kleinen Damm, »um

die Strömung abzuleiten«, wie es im Busento-Gedicht heißt. Er murmelt es vor sich hin. Das Wasser dringt ihm mühelos in die Schnürstiefel. Nachdem er die moosige Uferböschung hinaufgestiegen ist – er kennt die Reihenfolge der Kletterschritte noch genau –, wirft er eine Handvoll kleiner Steinchen in die Luft, sagt rasch »Wia vui Kinda kriag i?« – und greift in den Kieselregen. Er greift ins Leere, und das stimmt. Am Ende des sandigen Uferpfades steht noch immer der alte Weidenbaum Emil, der die Rinde zum Schifferlschnitzen lieferte. Als ihm der Mann ein wenig in die kahlen Hüften greift, kommt eine Frau mit einem Karren voller Äste vorbei. Einer ist darunter, dessen prächtige Gabel als Schleuder dienen könnte. Der Mann will ihn vorsichtig herausziehen, aber die Frau schaut in diesem Augenblick um und hätte beinahe etwas gesagt.

Mit einem wuchtigen »Spitz«, der ihn fast auf den Rücken wirft, leitet er das Fußballspiel mit der Blechbüchse ein, die neben seinem Weg liegt. Aber er braucht bis zu der Anlagebank sieben Schuß, statt der drei, die er sich auferlegt hat. Ärgerlich will er die Büchse ins Wasser werfen, aber er stellt sie schließlich mitten auf die Bank; es könnte immerhin sein, daß sie ein Bub zum Fischerlfangen benötigt. Auf seiner weiteren Reise in die Vergangenheit bricht er ein Weidensteckerl ab und versucht, die jungen Brennesseln am Zaun damit zu köpfen. Die hölzerne Sichel aber pfeift immer daneben. Er geht tief in die Hocke, um nicht größer zu sein, als er damals war. Aber es nützt nicht viel. Ringsum sind Kies, Sand und Steine, und seine Phantasie ist zu schwach geworden, um die öde Fläche noch einmal zu beleben.

Auf einmal ruft ein Aufseher, der einen Wolfshund an der Leine führt: »Halt! Was machen Sie denn da?« Da hält der Mann seinen Trachtenhut fest und rennt davon. Und auf seiner Flucht hat er haargenau die gleiche Angst vor der Obrigkeit, wie er sie als kleiner Bub hatte. Plötzlich lacht er mitten im Laufen lang und befreiend vor sich hin.

Einsame Herzen

Das gibt es wohl in jeder Stadt: das Café Torschluß. Oder die Konditorei »Zur freudlosen Witwe«. Wie die Treffpunkte der einsamen Herzen im Volksmunde gerne genannt werden. Freilich, einige besonders boshafte Zeitgenossen sagen zu solchen Sammelstellen welker Jungfern auch gerne »Kartonagen-Fabriken«. Weil immer nur alte Schachteln herauskommen. Und trotzdem sind diese Spötter wohl nicht so gefühlsroh, beispielsweise auch jene alten Waberln zu verhöhnen, die ihre Witwen-Einsamkeit still und verborgen unter gestreiften Haushaltsschürzen herumtragen. Sondern sie meinen halt wahrscheinlich die Damen »Immergrün« und diejenigen Patina-Teenager, die schon nachmittags mit schmalen Knopflochaugen in den Kaffeehäusern lauern. Und manchmal schon zum drittenmal angreifen. Weil sie ihre Seligen leider allzufrüh geschultert haben. Und jetzt nach einem neuen Inhalt für ihr Dasein und den Wintermantel des Dahingegangenen suchen. Unter dem Motto: »Erst als Witwe beginnt das Leben«.

Es riecht immer ein bißchen nach Mottenkugeln und eingewecktem Gänseklein in diesen Lokalen. Und nach versäumten Gelegenheiten. Denn es sitzen dort alle jene Heideröslein, die früher allzu hastig riefen: »Knabe, wart, ich steche dich.« Und die deshalb auch niemals gepflückt wurden. Außerdem träumten sie doch alle davon, ein stolzer Königssohn würde kommen und ihnen, wie der Prinzessin auf der Erbse, einen fünfkarätigen Solitär unter den Ischiasnerv schieben. Und deshalb ließen sie ihr bißchen Obst unter malvenfarbigem Georgette in freudloser Einsiedelei verwelken. Was Wunder, daß sie nunmehr diese Früchte des Zögerns wie ein Hausierer seine letzten Äpfel fast umsonst verschleudern täten. Lautlos gleiten die Bedienungen in dem bräutelnden Notstandsgebiet hin und her. Mit den weißen, gestärkten Propellerschleifen an ihrem Heckteil sehen sie fast wie Hubschrauber zu Fuß aus. Sie haben alle Hände voll zu tun. Denn die einsamen Damen füllen ihr verwaistes Innere fast pausenlos mit Sahne und Süßigkeiten. Und schütten dann hastig das braune Süpplein hinterher. Als gäbe es bei ihnen

noch irgendeine Glut zu löschen. Trotzdem arbeiten die goldenen Gebisse so fleißig wie eine vollautomatische Singer-Nähmaschine. Und selbst, wenn sie das ganze Zerwirkgewölbe voll Sachertorte haben. Eine kleine Öffnung im Mundwinkel bleibt immer noch, aus dem sie dann im schnatternden Sacharindeutsch am Leumund der Rivalin herumknabbern können.
Schlagartig aber ändert sich dieses Bild, wenn ein Mann das »Café Tristesse« betritt. Sei es nun ein harmloser Irrläufer oder auch ein smarter Berufsbräutigam. Denn da zeigt sich selbst das hoffnungsloseste Rautendelein nur mehr von seiner Schokoladenseite. Schweigt verschämt, lächelt und pickt höchstens noch mit dem angefeuchteten Zeigefinger die schäbigen Reste der Holländer Kirschtorte vom Teller. Die vornehme Lady Windermere jedoch zückt sogleich ein dickes Scheckbuch und schreibt, in wichtige Privatgeschäfte vertieft, doch weithin sichtbar, eine siebenstellige Anweisung heraus. Wenn auch nur auf die grüne Bank vom Grunewald. Dabei versäumt sie jedoch keineswegs, den eventuellen Interessenten auf ihr Brachfeld schalkhaft mit dem haselnußgroßen Brillanten anzublitzen, der an ihrem kleinen Finger ein glänzendes Dasein führt.
Jeden möglichen Witwentröster, der ins Kreuzfeuer ihrer Scheinwerferblicke gerät, schätzen diese Blätterteigamazonen haargenau und richtig ein. Wie er denn wohl so wäre. Bei der Pflicht und auch bei der Kür. Und sie zerren ihn im Geiste hin und her. Wie die zwei Weiber im Kaukasischen Kreidekreis den unschuldigen Knaben. Und ist es manchmal auch nur ein harmloser Pensionist, der mit festlicher Weste noch einmal eine kleine Umschau hält unter diesen Herbstzeitlosen. Dann wird dieser mit milden Spätsommerblicken sanft beschossen. Und jenes wäßrige Treuäugelein, das zu solch einem Hagestolz dann flüchtig emporschaut, sagt ganz innig und warm: »Ach, Herr Karl. Vielleicht ist es auch Ihnen ein bißchen kalt um die Hosenträger herum. Wie wär's denn mit einem mütterlichen, braven Heizkissen. Das auch noch Strümpfe flicken kann. Und vier tadellose Anzüge vom Verblichenen wären doch auch noch da. Größe sechsundvierzig. Wenn's recht ist.«
Am begehrtesten aber sind solche Gestalten, wie beispielsweise der Herr Oberst a. D. Mit Wickelgamaschen und nachgezahltem

Ehrensold. Wie sowas bloß dasteht und über die Köpfe des verstummten Koffeingeschwaders hinwegschaut. Hinüber in unbekannte Fernen. Dort, wo er seine Armeen verloren hat. Ach, müßte das süß und herrlich sein, sich von so einem noch einmal erobern zu lassen! Invasionieren.

Aber der verhinderte Feldherr ist wohl viel zu geländekundig, um noch einmal in einen Hinterhalt zu geraten. Ach ja.

Kommt es aber wirklich einmal vor, daß einem einsamen Herzelein eine verspätete Stunde schlägt und aus irgendeinem rätselhaften Grunde ein verirrter Hecht angreift, dann sitzen die Verschmähten und Zurückgebliebenen mit dem bleichen Zahne des Neides da.

Und säumen damit der Glücklichen im giftigen Hohlsaumgeschnatter das Leichentuch für ihre Hochzeitsnacht.

Kleine Wiese auf vier Beinen

»Er grünt nicht nur zur Sommerzeit. Nein, auch im Winter, wenn es schneit«, summt der stille Betrachter vor sich hin. Doch er meint damit keineswegs den nadelhaarigen Tannenbaum. Sondern jene rechteckige Feierabend-Pampa, die man gemeinhin auch Billardtisch nennt. Die Spielwiese alter Kaffeehausbesucher, friedlicher Pensionisten, lächelnder Kindsköpfe, aber auch ehrgeiziger später Sportler und junger Nachwuchstalente. Früher waren diese Rollfelder fast in jedem größeren Kaffeehaus zu finden. Der Krieg und seine Hinterlassenschaft aber zwangen dann die begeisterten Picadores zu einer längeren Pause. Doch jetzt haben wieder ein paar Dutzend der kleinen Rasenflecke auf vier Beinen Aufstellung gefunden, und es wird fleißig gegickst, gekiebitzt und kritisiert.
Dabei ist es fast immer still im Billardraum. Denn die glänzenden Kugeln auf ihren rechteckigen Parzellen haben auch nicht das Aufregende der kleinen gefährlichen Roulette-Pillen. Oder gar das Verletzende der bleischweren Karabiner-Kirschen. Sondern viel eher die friedliche Reife von herrlichen Borstorfer Äpfeln oder von sonnenwarmen Pampelmusen. Aus richtigem Elfenbein sollen die sein, wird dem laienhaften Zaungast zugeflüstert. Dann sind sie also schon einmal im Urwald herumgetragen worden. Vielleicht in Borneo oder Sumatra oder im finsteren Java. Der träumende Zuschauer faßt sich womöglich sogar instinktiv an die eigenen wackeligen Weißwursthauer bei dieser Überlegung und denkt an schrecklich viel Zahnweh. Daß die weißen Kulleräpfel aus den gewaltigen Kieferstangen der grauen Zementhäuter stammen, mag ihm ja vielleicht noch eingehen. Woher aber kommen dann die roten? Womöglich vom kommunistischen Elefanten.
Friedlich lassen die gelben Messingmonde der Hängelampen ihr mildes Licht auf die eingezäunten Plüschanlagen fallen. Und wenn der Grand Master zu einem seiner gefürchteten Stöße ansetzt, da schnauft sogar die Spülerin Maruschka aus dem fernen Kroatien nur mehr durch ihr braunes Stupsnäschen. Und auch der defekte Wasserhahn hält einen Moment mit dem Tröpfeln

inne. Leise knarrt der große Champion in den Gelenken, wie er jetzt den schwierigen Ball durch ein anstrengendes Schaukelpferd-Hohlkreuz angeht. »Zuck, zuck, peng.« Wie ein Schlagbolzen zuckt die Spitze des langen Ruhestand-Speeres zwischen den gegabelten Fingern heraus. Und jetzt gleich gar noch senkrecht von oben. Das kann der Meister nur dem heiligen St. Georg abgeschaut haben. Wie der seinen Drachen erstach.

Und überall rollen die Kugeln der wieder entdeckten Kindheit. Eigentlich ist das Billardspiel doch nichts anderes wie ein verspätetes Schussern mit einem verlängerten Zeigefinger, überlegt der schmunzelnde Betrachter. »Gapfade« hieß diese Sportart wohl einst in den Vorstädten. Darum wird es gewiß auch von allen Beteiligten noch genauso ernst genommen wie damals das Murmelspiel. Einige tragen beim Spiel sogar eigens angefertigte schwarze Seidenwesten im Gegensatz zur Gassenbubenzeit, wo sie nur schwarze Finger mit nachhause trugen. Und wenn sie einen Fehler machen und pausieren müssen, dann sitzen sie auf ihrem Stuhl, halten den elfenbeinsüchtigen Langschaft zwischen den Knien und schauen träumend vor sich hin wie eingeschlafene Schildwachen.

Wahrscheinlich gibt es beim Billardspiel ebenso viele Kombinationsmöglichkeiten der drei Kugeln wie beim Zwölfer-Toto. Und genauso verschieden sind auch die einzelnen Sportler untereinander. Dort jener wandelnde Dunlop-Mann zum Beispiel. Sicher wäre er schon längst Weltmeister, wenn er nicht so gerne essen würde. So aber schaut er mit seinen roten Hummerbäckchen direkt aus, als würde er zwei Kugeln in den Maultaschen mit herumtragen. Als stille Reserve. Und vor jedem Stoß muß er zuerst dreimal tief ausschnaufen. Sonst kommt er mit seinem Kesselpauken-Bauch überhaupt nicht mehr ran an die Boulette. Oder der Rentner Hochgenuß. Er ist eine anerkannte Billard-Kapazität und soll schon einmal etwas in einer großen Zeitung veröffentlicht haben. Seine Widersacher aber tuscheln sich nach verlorenem Spiel gerne zu, es wäre nur ein Heiratsinserat gewesen. Laut wagen sie das jedoch niemals zu sagen. Sonst kämen sie überhaupt nicht mehr dran zum Spielen. Denn vom Vorhänder bis zum Rückenstoß und dem raffinierten seitlichen Zieher beherrscht der einfach alles. Und er trifft die ekelhaftesten Bälle

genauso sicher wie unglückliche Fremdgeher ihre Schwiegermutter mitten auf dem Oktoberfest.

Und nur einige Unselige wagen vielleicht verstohlen zu wispern, wenn der Weingeist Franzl eine Partie beginnt. Denn er kennt sich auf der schweinfurt-farbenen Savanna genauso gut aus wie einst als Hühnerfederhäuptling auf der kleinen Isarwiese beim Flaucher oben. Auf Zehenspitzen und mit angehaltenem Atem legt er sich fast mit der ganzen Figur auf die kleine Ersatzprärie, visiert lange und mit leise tränendem Falkenauge und trifft immer.

Hat er dann die drei Riesenerbsen in eine günstige Schuß-Position gebracht, dann beugt er sich mit seinem mattglänzenden Haupt, das ihm die Jahre und ein selbstgemachtes Haarwasser frühzeitig skalpiert haben, über die weiße Ausgangskugel und lächelt glücklich. Und auch die polierte Elfenbeinperle scheint direkt ein wenig zu schmunzeln. Wenn sie sich in der Glatze des Franziskus Weingeist ein bißchen verschämt widerspiegelt.

Osterhasen auf dem Kopf

Jedesmal, wenn der feine Herr in der vorösterlichen Zeit den alten vertrauten Bach entlanggeht und es überall grünen sieht, muß er unwillkürlich an seine Hasenfutterzeit denken. An jene Tage, in denen es zu den selbstverständlichen Pflichten eines Gassenbuben gehörte, beispielsweise mit Kübel und Schaufel hinter den Bierrössern herzutraben. Denn ihre dampfenden Auspuffkugeln waren nicht nur von den Spatzen heiß umkämpft, sondern sie stellten auch ein unentbehrliches Düngemittel für die Geranien auf dem Balkon dar. Abends mußte natürlich die Milch geholt werden, die Schuhe der ganzen Familie im Stiegenhaus auf Glanz gebracht, und beim Wirt am Eck die »Rahmerl-Maß« für den Papa in keuchendem Schweinsgalopp herangeschleppt werden. Und dann in den Schulferien an den Nachmittagen oder auch schnell in der Mittagszeit ging es mit dem selbstgebauten »Gigg«, der aus zwei Kinderwagenradeln und einem alten Seifenkistl bestand, hinüber zum nahen Bahndamm oder in die Kiesgrube um das Hasenfutter. Weil seinerzeit doch fast in jedem Heimgarten droben auf den Miethauskanzeln und sogar in langen Wohnungsgängen die braven haarigen Schnupperer einquartiert waren. Zur Belohnung für die regelmäßigen Zubringerdienste durften dann die braven Kinder bei jedem Wurf die kleinen zitternden Wollknäuel ein bißchen in den Händen oder im Schürzerl herumtragen. Und in der Kirchweihzeit, in welcher die belgischen Riesen oder die Albinos leider die Rolle der Gänse übernahmen, bekamen die Buben die begehrten Schwanzerl als Schmuck für ihre Indianergewänder.

Obwohl der feine Herr auch in seiner entschwundenen Jugendzeit nie genau erfahren konnte, was Ostern eigentlich mit einem Stallhasen zu tun hatte, waren dennoch alle Karnickel, die er kannte, ganz selbstverständlich Osterhasen. Und jedesmal, wenn dann die Zeit kam, daß einer der vertraut gewordenen Nager den Weg allen Fleisches gehen mußte, gab es ein großes Gezeter in der Familie. Denn trotz der kalorienarmen Inflationszeit hätte kein Kind im ganzen Hinterhaus jenen Meister

Lampe verzehrt, den es die ganze Saison über liebevoll gefüttert hatte. Also kam der Papa auf die geistreiche Idee, den liebgewonnenen Hektor einfach gegen den Wuzi des Herrn Stanglberger vom ersten Stock zu vertauschen. Und gegen den Verzehr eines Fremdlings hatten dann die hungrigen, naiven Kindermäulchen nichts mehr einzuwenden. Die Hasenfelle jedoch wurden immer sorgfältig gesammelt und beim Heimgartenverband abgeliefert, von dem es dann als Prämie für die Qualität ein schönes neues Zuchtpärchen oder einen Wurf langohriger Jungtiere gab. Dann kamen die Jahre, in denen es fast niemand mehr nötig hatte, Hühner, Enten oder gar Stallhasen im Mietgarten zu halten. Doch plötzlich nach dem großen Bankrott entsannen sich die zinspflichtigen Normalverbraucher wieder auf die Köstlichkeit eines Hasenjungs. Und weil der Nachschub an Silberfüchsen aus dem fernen Norwegen und die serbischen Lammfellmäntel als Urlaubermitbringsel gänzlich ausfielen, wurden die Hasenbälger wieder fleißig gesammelt. Zwar gelang es kaum einem Züchter, vierzig Felle für einen kompletten Pelzmantel zusammenzubekommen. Doch zahlten die Ankäufer auch recht gut für die haarigen Eigenheime.

Auch der noble Wanderer am Bach entlang besaß in dieser Vorära seines geschäftlichen Aufstieges zwei graue Zuchtpaare, die er mit altem Brot, amerikanischem Milchpulver und den grünen Grasspenden braver Gassenkinder über die Runden und schließlich in seine gierig geöffneten Emailtöpfe brachte. Und auf einmal hatte auch die bescheiden anlaufende Bekleidungsindustrie einen neuen Verwendungszweck für die Hasenfelle entdeckt. Bei Abgabe von zwölf ungegerbten Häuten erhielt man nämlich in vielen Geschäften einen schönen echten Filzhut im Tauschverfahren geliefert. Und fast alle Männer, die den Helm gegen einen zivilen Scheitelschoner vertauscht hatten, trugen solche Kopfbedeckungen. Auch der Herr Stanglberger vom ersten Stock, mit dem man früher doch so gern die belgischen Riesen getauscht hatte. Und wenn sich der feine Herr und sein Zuchtgenosse Stanglberger dann manchmal trafen, zogen sie immer mit großem Respekt, aber auch ein wenig lächelnd, die Hüte voreinander. Immerhin trugen sie doch zusammen vierundzwanzig Osterhasen auf den Köpfen.

Die Straße der Versuchung

Der Reisende bleibt stehen und liest das blaue Schild »Leopoldstraße«. Dann nickt er und geht schmunzelnd die Paradeallee zwischen den grünen Pappel-Soldaten hinab. Und denkt dabei ein bißchen an die Cannabière von Marseille, die immer ein wenig nach Bouillabaisse und Fremdenlegion riecht. Oder an die Croisette, den »Path of Glory« aller unbelehrbaren Starlets. Auch die Champs-Elysées fallen ihm ein. Die Hauptstraße sämtlicher kleiner Sünden. Und dann noch die Via Veneto. Lauter Traumstraßen der Welt. Doch dies ist also die berühmte Schlawiner-Avenue von Wahnmoching. Wie diese Traumstadt der Maler, Musen und Midinetten im blaß geschminkten Volksmund gerne genannt wird. Der Boulevard Leopold. Denn wenn er auch heute scheinbar hinter gierigen Baggern und gefräßigen Bohrern versteckt liegt, er lebt trotzdem. Sein Herz schlägt spürbar.

Vor dem Europa-Espresso sitzen zwei Mädchen. Das eine nickelhaarig, das andere rot wie die Bartholomäusnacht. Die Verchromte hat ihre Zehennägel abwechselnd weiß und schwarz lackiert. A la Courrèges. Die Erdbeerblonde raucht ein kleines niedliches Pfeifchen. Auf der Suche nach Laster kam sie wohl auf den Krüllschnitt. Auch ihre Nägel an den blanken Pedalen sind gefärbt. Veilchenblau. So blau, als hätte man ihre Zehen mit einem schweren Eisenhammer pedikürt.

Acht harte Stöckelschuhe klappern herausfordernd über das Pflaster. Wie Kastagnetten. Nach der weltbekannten Weise: »Auf in den Kampf, Torero«. Die Mädchen arbeiten in der nahen Bar. Als sie zu dem Maler kommen, der eine sanfte Schönheit auf den warmen Asphaltboden kritzelt, bleiben sie mit schrägen Singvögelköpfen stehen und schauen das Pastellgemälde lange an. Dann klimpern springende Silbermünzen auf den Boden. Die späten Mädchen haben das Porträt erkannt. Es ist die Büßerin Magdalena. Die Schutzpatronin der Nebenstraßen.

Weiter unten bei der Frosteria Cadore sind überhaupt nur noch Mädchenbeine zu sehen. Lange verweilt der Wanderer am jen-

seitigen Straßenufer mit fleißigen Pupillen. Da kommt ein blauer Omnibus und fährt ihm direkt über die geplante Hochzeitsnacht.

Über ein uraltes Auto hat sich ein junger Mann mit unverstandener Frisur gemacht. Er baut lange an der Maschine herum. Nachher bleiben ihm vier Schrauben übrig. Die schüttet er einfach unter die rostzerfressene Motorhaube, dreht an der Kurbel und ist garnicht einmal erstaunt, daß das Ding auch noch läuft. Die zwei alten Tanten auf der Bank, die schon lange keinen Tango mehr tanzen, wackeln dazu heftig mit den Köpfen. Da steigt auch noch ein Raubtier in die ratternde Carreta ein. Mit der schwarzen Sonnenbrille schaut das Mädchen aus wie ein Tiger, der auf blind macht. Vielleicht fahren sie sogar tatsächlich in den Dschungel zum Betteln. Hier ist kein Ding unmöglich.

Ein langhalsiger Kran schlägt sich den Bauch mit schwarzer Erde voll. Mit weitausholenden Gesten lernt ein magerer Schauspieler die Rolle seines Lebens: »Herr Baron, die Pferde sind gesattelt!« – »Bei mir ist Sense«, sagt der erzürnte Liebhaber, und zwei Tränen färben sich in den schwarzgesäumten Knopflochaugen der verlassenen Braut dunkel, bevor sie über die verwaschene Bluse abwärts kullern. Etwas ist aus. An der Straßenkreuzung weint ein kleines, weißes Mädchen. Die Jungfrau in der Parterrewohnung schließt Fenster und Vorhang, läßt auch die Jalousie noch herab und errötet trotzdem dabei. Ein sanfter Irrer murmelt mißverstandene Bibelworte leise vor sich hin. »Jehova, dir künd ich auf ewig Hohn. Ich bin der König von Schwabylon.« Schau aber, was tut denn bloß das kleine Waldbauernmädchen dort drüben? Ja, die mit dem züchtigen Binsenkörbchen. Ei, hat sie denn nicht Rotwein und Kuchen drinnen? Um damit zur kranken Großmutter zu gehen? Aber mit wem geht sie statt dessen weg? Mit einem Herrn, alt und lauernd, der die langen Zähne nur mühselig verbergen kann.

Ja, die Kleine merkt es nicht, daß jener nur Kreide gegessen hat. Aber es hat sich wohl nichts geändert seit den Gebrüdern Grimm. Denn diese Mädchen mit dem dunklen Blick haben immer noch eine schrecklich schaurige Liebe zu den bösen Räubern. Und sie folgen den Wölfen.

Moderne Stühle

Das Einladungsschreiben zur modernen Wohnkultur-Ausstellung ist blutrot, von der satten Farbe Robespierres. Wie die Aufforderung zu einer Revolution. Und in der Tat, was man da zu sehen und zu spüren bekommt, ist zweifellos auch sehr rebellisch. »Hermann heeßt er«, der fidele Möbel-Castro. Hermann Miller aus Michigan. Und dem Besucher wird wärmstens empfohlen, sich unbedingt von ihm zu gepflegten Preisen hin-, her- und einrichten zu lassen.

Die Gäste, die man in dieser Lack- und Leichtmetall-Collection trifft, sind dieselben, die auch häufig die Musica Viva oder Jazz-Conferencen besuchen und hartnäckig auf Godot warten. Zuerst suchen ihre Blicke wohl nach dem zauberhaften amerikanischen Superbett, von dem man in der High Society so gerne spricht. Es soll dem Vernehmen nach 38 000 Mark kosten und ist innen völlig mit Nerz gefüttert, mit eingebautem automatischen Zehnplatten-Traumwechsler. Auf Wunsch werden, so erzählt man sich, für ganz besonders extravagante Interessenten auch ein halbes Dutzend verchromte Edelflöhe mitgeliefert, die einen prima Stammbaum und einen kleinen verruchten Morphium-Stachel haben. Nun, dieser kostbare Schlummertresor ist allerdings nicht zu sehen. Aber immerhin allerhand andere kultivierte Wohnmaschinen.

Der unbefangene Banause, der noch die Neandertaler-Vorstellung von einem alten gemütlichen Kuschel-Sofa und einem krisenfesten Vespertisch mit sich herumträgt, kommt da aus dem Staunen nicht mehr heraus. Vielleicht vermutet er sogar in seiner Rückständigkeit, der berühmte Innenarchitekt sei auf dem Wege zu seinem Konstruktionsbüro in eine radioaktive Wolke hineingekommen. Jedenfalls aber ist es ratsam, daß er sein gewisses Lächeln unbedingt schon auf dem Vorplatz auf den raffinierten Kleidergalgen hängt. Denn er blickt auch so noch stumm auf dem Nierentisch herum. Also oben, von der Decke, hängen hochaktuelle Lüster herab. Sie sehen haargenau aus wie die Taschenlampen der Funkstreifenbeamten. Und sind sachlich und auffordernd auf den Eintretenden gerichtet: »Halt,

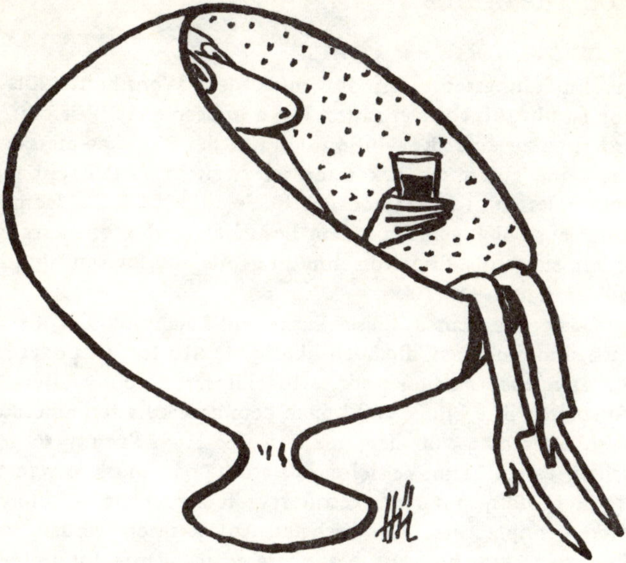

Polizei! Ihren Ausweis bitte.« Vielleicht läßt sich da mancher Gast gleich erschreckt in eine der herumstehenden Fondue-Pfannen fallen, die im Katalog ausdrücklich als Sessel bezeichnet werden. Allerdings kann es ihm dabei beim Aufstehen passieren, daß sich diese dem Popocatepetl hauteng nachempfundenen Haftschalen nicht mehr von seiner Rückenpartie lösen. Und daß er dann die Mamma um Hilfe rufen muß. So wie einst als kleiner Bub, wenn er sich aus Jux in einen Papierkorb setzte. Oder in den leeren Putzeimer der Hausmeisterin.

Doch sind natürlich auch andere Sitzgelegenheiten genug da. Wahrhafte Schaumgummi-Träume nach Maß. Nach Augenmaß nämlich. Und man kommt bei der Betrachtung nicht von der Vorstellung los, der Konstrukteur sei zu oft in einem Marylin-Monroe-Film gewesen und habe diesen zu sehr nachempfunden. Aber es finden sich auch wieder ganz besonders spartanische Steiß-Futterale darunter. Gitterförmig und aus dünnen Metallstäben geflochten. Sie hinterlassen beim ahnungslosen Benutzer

ein dezentes Muster. So daß er nicht beleidigt sein darf, wenn ihn ein alter Bekannter vielleicht daraufhin anspricht: »Aha, auch ohne Führerschein. Waren wohl auch ein wenig in Sankt Adelheim beim 5-Uhr-Tee.«

Und überall kauern seltsame Tische. »Picasso-Barock« mag dieser Stil wohl heißen. Denn sie sind so nieder, daß der Gast seine Suppe höchstens im Liegestütz löffeln kann. Cocktail-Tische heißt man sie. Möglicherweise hat sie der Hersteller deshalb so erdnah gemacht, weil er sich ganz einfach dachte, zur späten Stunde sind die Gäste einer herzhaften Party sowieso so betrunken, daß sie alle herumliegen. Dann werfen sie wenigstens den Tisch nicht immer um. Und auf diesen bresthaften Theken hat man reichlich Gläser, Flaschen und Vasen aus geschmolzenem Glas gruppiert. Sie schauen aus, als hätte sie der Vesuv bei seinem letzten Ausbruch ausgespuckt. Was man ihm jedoch nicht verübeln soll. Denn Gebrauchswert haben diese Gefäße nur einen sehr begrenzten. Wehe dem, der seinen Kaffee vielleicht in eine solche Flasche füllte! Er brächte ihn nur mit dem Hammer wieder heraus.

Hinten in der Speiseecke ist angerichtet. Auf einem bleichen Monstrum, das von anerkannten Professoren als Tisch nachdrücklich bestätigt wurde. Das Möbel erinnert sofort an einen dicken Manager, der im Nachthemd auf dem Boden herumkriecht, um seinen Kragenknopf zu suchen. Jedoch hat es nur zwei Füße. Zum Tischchenrücken wäre es kaum geeignet, denn es würde da sicher ein Geist mit zusammengewachsenen Beinen erscheinen. Trotz des verschwenderischen Materials aber ist dieser Tisch so geistreich konstruiert, daß der Hausherr auf der einen Seite dagegenhalten muß, wenn der Gast auf der anderen seinen Schinken schneidet. Geschirr steht auch darauf und Gläser. Trinkbecher für Nibelungen-Recken. Mit Stielen wie Olympia-Hanteln. Wer da an die geladenen Zecher denkt, zitiert sofort leise das Gedicht: »Doch bald ermattet sinkt die Hand. Sie hat der Gläser zarte Stiele, doch nie die Panzerfaust umspannt.«

Das Prunkstück der Ausstellung aber ist ein Stuhl. Der bequemste Sessel der Welt, wie er heißt. Er ist zweiteilig wie fast jedes Drama. Der erste Teil dient zur Erfassung und Aufnahme des

menschlichen Hecks. Das zweite Stück ist als Untersatz für die Füße gedacht. Jeder Besucher kann diesen Dividenden-Bob einmal benutzen. Und er tut es auch. Zweifellos, angenehm ist dieser Apparat schon. Doch kommt man sich ein bißchen arg aufgebahrt darin vor. So etwa wie auf einem Versuchsschlitten für den Weltraumflug. Und bang vor lauter Bequemlichkeit, wartet man auf das Zählen des Verkäufers: »Drei, zwei, eins, ab. Nächste Station Jenseits.« An die zwanzigmal wurde dieses Ischias-Katapult schon bestellt, obwohl es tausend Mark kostet. Aber das ist einem deutschen Wunderkind sein Hinterteil doch mindestens wert.

Pack die Badehose aus

Dort, wo der Fluß die vielen Windungen macht, als hätte er sich nur mühsam durch die Gegend hindurchfragen können, ist der Friseusen-Lido. Oder die Arbeitslosen-Riviera. Denn dort darf der Bürger mit ausdrücklicher Genehmigung der Behörden und ohne Eintritt zu bezahlen baden gehen. Allerdings weist eine große Tafel darauf hin, daß er dies auf eigene Gefahr tut. So mag es denn den paar Unglücklichen, die an diesen wilden Gewässern ertrinken, vielleicht noch eine Genugtuung sein, daß sie ganz und gar auf eigenes Risiko über den Jordan gingen.
Am Morgen blinzelt die Sonne noch ein wenig verschlafen über die grünen Büsche und die ersten Figuren, die sich bereits auf dem Faulenzer-Grill rekeln. Ein Kindermädchen vielleicht, das seinen freien Tag hat, ein nächtlicher Schichtarbeiter und ein junger Mann, der seinen Daumen zu nahe an die Arbeit brachte, so daß er ihn jetzt gegipst und steif in die Höhe halten muß wie eine Stearinkerze. Etwas später nahen dann mit langsam abgemessenen Schritten die letzten Söhne der aussterbenden Vorstadt-Dynastie. Unter ihrer glatten Haut wohnt die Arbeitsscheu. Und auf ihren zornigen Lippen kräuselt sich der blonde Flaum des Unwillens, wenn sie was von »Roboti« hören. Die Zigarettenschachtel und das Feuerzeug vorne in die Dreieckhose geklemmt, stolziert der echte Freiherr von Müßiggang daher. Wenn er sich legt, benützt er das Zwerchfell seiner folgsamen Squaw als Kopfkissen, und zwischen die Zehen geklemmt hält er eines der harten Nahkampfheftchen und nimmt sich hin und wieder ein Auge voll Text. Und die Kleine darf sich nicht rühren dabei. Denn ER ist der Chef, der Boß und der Master. Manchmal singt auch ein winziger Dosen-Caruso dazu. Denn ein Radio, das zählt, darf heute höchstens noch so groß sein wie früher eine Eintrittskarte in die Oper.
Um die Mittagszeit, wenn die mitgebrachten »Doppeldecker«, wie die Wurstbrote heißen, verzehrt sind, dann wagt das Mädchen vom Fluß zusammen mit ihrem Tarzan mit geringelten Zehen vielleicht schon einen kleinen Besuch bei der guten, nassen Tante. Doch obwohl beide schnell eine Gänsehaut bekom-

men, auf der man mühelos eine Muskatnuß reiben könnte, geht's doch schließlich mit Funkstreifengeheul hinein ins zweite Element. Aber nur einen Atemzug lang, und das hauptsächlich auch nur deshalb, weil einige schmunzelnde Spaziergänger von der Brücke aus schon lange auf diesen Augenblick warten, und man sich doch keinen „Schnapser" heißen lassen will. Später kommt dann ein Mann mit einem fransenhaarigen Hund daher und drangsaliert seinen Rintintin so lange, bis der endlich das immer wieder hingeworfene »Aporterl« aus dem knietiefen Wasser holt. Leider schüttelt er sich anschließend mit Gewißheit in dichter Nachbarschaft einer schlummernden Rothaut sein Fell aus, was der Nackedei mit dem Ausspruch registriert: »Sie, kann denn Ihr Hund seine Flöhe nicht irgendwo anders baden?«

Wenn der Planet schließlich auf die nächste warme Stufe schaltet, wird fleißig eingerieben. Mit Nußöl, Nivea oder einer Spezialtinktur, die manchmal verdächtig nach alter Streichwurst und Ziegenbock riecht. Aber angeblich schnell bräunt, wie eine Dose Erdal Rotfrosch. Es versteht sich von selbst, daß ein echter Kavalier dabei seinen Sonnenbrandzahn gehörig salbt. Nachher hält auch der »Schmiermaxe« seiner Schönheit den breiten Rücken hin, und diese bemüht sich mit Sachkenntnis, wenn auch viel zu langen Fingernägeln, die Schwarte des geschmeichelten Robinsons zu imprägnieren.

Anschließend geht's sachte wieder zurück auf die Schulterblätter, und einige der raffiniertesten Sonnenjünger öffnen beim Röstvorgang sogar auch noch den Mund und zeigen dem Zentralgestirn die Zähne, als ob sie es demnächst beißen wollten. Aber es hat ihnen nur irgendein Gaudibursch erzählt, daß die ultravioletten Strahlen gleichzeitig bräunen und bleichen können. Und deshalb erhoffen sie sich von ihrem lautlosen Gegrinse wohl auch noch ein suwaweißes Gebiß. Ach, es ist so schön, dort am Fluß entlang. An den Ufern der hängenden Weiden.

Und wenn dann die blaue Stunde naht und es still wird am Gestade, dann holt der junge Virtuose seine Mundharmonika hervor. Und dann klingt ein seltsamer Erziehungsheim-Blues, der mit dem traurigen Refrain endet: »Den schönsten Platz, den ich auf Erden hatt' — das war das Arbeitshaus bei Ingolstadt.«

Auch ich war ein Firmling

»Auch ich war ein Firmling mit lockigem Haar«, sagt der kahle Onkel Willi zum kleinen Tonerl und lächelt ein bisserl schief. Und weil doch der Anton Saladinger einer der fünfzehntausend kleinen Münchner Anwärter auf den feierlichen bischöflichen Backenstreich ist, erzählt er ihm, wie das seinerzeit so alles war, wenn dieser bedeutende Tag herannahte.

Da galt es zuerst einmal das Problem des Herrn Paten zu lösen. Freilich gab es in der Stadt damals eine Anzahl großer Wohltäter und Gönner. Zum Beispiel den Herrn Kaufhausbesitzer Uhlfelder. Oder einen hochangesehenen Brauereiinhaber. Diese Mäzene nahmen jedesmal gleich zwanzig Buben und mehr unter ihre gönnerhaften Fittiche. Aber meistens mußte sich ein Miethaus-Sprößling halt in seiner »eigenen Liga« einen »Göd« suchen. Höchstens, daß sich vielleicht der Kohlenhändler am Eck oder bei ganz artigen Kindern der Vorstand vom Mietgartenverein zur Verfügung stellte. Und bei der frommen Zeremonie seine schwere Hand auf die zarten Schlüsselbeine eines Gassenbuben legte. Beim Onkel Willi war's der Eisenbahner-Schorsch. Ein Stammtisch-Spezl vom eigenen Herrn Vater, der jedoch sehr viel schnupfte. Weshalb er vorher auch hoch und heilig versprechen mußte, am Vormittag des Festes seinem geliebten Laster restlos zu entsagen. Denn es konnte mit Recht befürchtet werden, daß der Pate Schorsch sonst womöglich gerade in dem Moment, in dem der Herr Bischof vor ihm stand, einen völlig ungeziemenden Nies-Reiz bekam. Ferner war da auch noch die problematische Geschichte mit der Firmungs-Uhr. Denn so ein Zeitmesser war in einer Mietskaserne des alten München gewiß so kostbar wie heute vielleicht ein Kreisel-Kompaß. Aber die Lösung war rasch gefunden. Der Onkel Willi bekam ganz einfach die Uhr vom eigenen Papa zu leihen. Aber nur für einen Tag. Sollte ihn dann später ein Schulspezl möglicherweise fragen, wo denn seine Festtagsuhr wäre, so hätte er zu antworten: »De is guad aufghob'n.«

Als passenden Anzug händigte man dem schmunzelnden Erzähler eine dunkelblaue Kammgarn-Kluft aus, mit Schinkenärmeln

und einer Hose, die eine Handbreit über dem Knie endete. Der Anzug stammte vom Verwalter Karli. Er war eine Art Leih- und Pachtgabe an die armen Kinder des Hauses. Dazu kamen selbstgestrickte schwarze Wollstrümpfe, die entsetzlich juckten. Doch ein junger Asphalt-Indianer kannte nicht nur keinen Schmerz, sondern auch kein Kitzeln. Aus dem tadellos weißen Schillerkragen ragte am feierlichen Tag ein viermal gewaschener Hals. Und auf dem schnurgeraden Wasserscheitel prangte der schwarze Sonntags- und Beerdigungshut vom Familienvorstand. Mit zahlreichen gefalzten Einlagen der Sonntagszeitung unter dem Hutband.

Dem zu erwartenden sanften Wangenstreich ging das Gerücht des sechzehnjährigen Hausierer-Micherls voraus, der Herr Bischof hätte in dieser Hinsicht eine ganz saftige Handschrift. Doch am betreffenden Tage ging's dann trotzdem mit knarzenden Schnürstiefeln, knurrendem Magen, aber unerschrockenen

Auges in das Gotteshaus Sankt Korbinian. Und das Ganze tat natürlich auch nicht weh, von dem Standbein des Paten Schorsch, das eine Zeitlang auf Willis jungen Zehen ruhte, abgesehen. Und als der leise Schauer der Frömmigkeit vorüber und verweht war, ging's zum nahen Stammwirt zum Weißwurst-Zuzzeln, wobei es rasch »vier zu eins« für den Herrn Schorsch stand, denn der war beim Essen selbstverständlich der Schnellere. Nachmittags durfte der Firmling unter Aufsicht des Paten zweimal die Uhr aufziehen und dann auf dem Hinterbrühler See eine Stunde Kahn fahren. Nachher waren beide vom Spritzen mit den Rudern so naß wie die Froschmänner.
Zum Abschluß des feierlichen Tages aber hatte die gute Mutter beim strengen Herrn Papa schließlich noch erwirkt, daß der Bub bis zum Anzünden der Gaslaterne auf der »Gassn« bleiben durfte. Allerdings mußte er dafür am andern Tag einen langen Schulaufsatz schreiben, und der hieß: »Die Firmung, der schönste Tag meines Lebens.«

Das Lied von der Wohnungsglocke

Das erstemal läutet die Wohnungsglocke genau dann, wenn man gerade seine Fleischmaschine bearbeitet und mit dem herausragenden Zahnbürstelstiel ausschaut wie ein sanfter Idiot am Steckerl. Rasch schiebt man dann den Plomben-Schrubber in seine linke untere Maultasche und fragt leicht nach vorn gebeugt in gepflegtem Pepsodent-Deutsch: »Jäng ging gauß?«

Und draußen vor der Tür fragt eine glockenhelle Unschuldsstimme zurück: »Sie, bitt scheen, wohnt bei Eahna da Herr Wadlkrampf?« Die fällige Antwort wird phonetisch leider etwas beeindruckt durch die röchelnd verschluckte Zahnpasta. Und bis die Baldriantropfen über die »Umpferschämtheit« hinweghelfen, ist der Irrläufer schon bei der vierten Partei angelangt. »Morgenstund ist aller Laster Anfang«, stöhnt der Mieter in einer modernen Großstadtarche. Freilich haben fast alle modernen Wohnmaschinen Haustelephone, damit sich der Besucher unten an dem vergitterten Zement-Ohr anmelden kann – aber die gewerbsmäßigen Klinkenputzer und Kleingeldsammler haben entweder einen stählernen Sperrhaken oder ebensolche Nerven. Denn sie läuten halt dann beim Zahnarzt und beim Rechtsanwalt und sagen einfach danke, wenn der mechanische Hausmeister schnarrt. Drum klingelt es mit großer Gewißheit zum zweitenmal, wenn die Badewasser rauschen. Ist's ein Telegramm? Sind's die Herren von der Totogesellschaft? Oder ist's die Blonde vom letzten Samstag? Wie der Hauptdarsteller in dem Sittenfilm »Die Nackten und die Bloßen« schleicht der nasse Adam an den Wohnungsdeckel. Seine Hufabdrücke, die jenen der Greta Garbo vor dem Chinesischen Theater in Hollywood an Deutlichkeit nicht nachstehen, zurücklassend. Nein, es ist nur der Hausmeister. Den Franzosen im Gewande. Und niemand bräuchte ihn zu fragen: »Was wolltest du mit der Zange, sprich?« Weil er gleich ganz von selber brummt: »S'Wasser absperrn werde ich.«

Ein Amateurstatistiker hat errechnet, daß es selbst beim Gerechtesten am Tag siebenmal schellt. Am Vormittag kommt neben dem Briefträger, der eine zweifelhafte Nachnahme für die Nach-

barin rechts hat, wahlweise noch der Gasableser, eine Frau mit handgepflanzten Gartenblumen, oder ein Herr von der Hausverwaltung mit einem Inspektor und schmutzigen Schuhen. Die zwei gehen durch alle unaufgeräumten Räume, das halbamtliche Auge zum weißgekalkten Wohnungshimmel erhoben und rätselhafte Zahlen murmelnd. Sie sagen dann beim Abschied: »Wir lassen ihnen den Vergleichsspiegel baldmöglichst zukommen, Frau Katz.« Worauf in Kürze eine saftige Heizungszulage eintrifft. Und kurz vor dem Essen bimmelt natürlich die Nachbarin links. Die heute lediglich das vierte Ei in dieser Woche ausleiht, als wäre man eine Hühnerfarm. Das mitgebrachte Reserl muß dazu mit schräggestelltem Kopf auf komisch machen und sagt zu dieser Brandschatzung mit herzigen Blauäuglein: »Gaga gaga Nest.«

Nachmittag ist die Zeit der günstigen Gelegenheiten. Ein dämmerlockiger Ehrenmann mit einem entschärften Bombenwerferkopf will dir feine englische Tuche verpassen und nimmt gleich energisch Maß. Dann naht ein Hausierermütterchen, das alle Schätze dieser Erde und noch ein paar vom Nachbarplaneten vor dir ausbreitet und mit dem unfehlbaren Trick arbeitet, ihren Kleinodienkoffer beim Aufklappen fallen zu lassen. Natürlich bist du dann mitschuldig und erstehst noch aus der Kauerstellung heraus zwei Stück Ochsengallenseife und einen Gasanzünder von älterem Baumuster. Dem Scherenschleifer, der dich anschließend beschallt, händigst du sowieso wortlos und auf Verdacht dein Hochzeitsbesteck aus. Denn er steht ja grinsend vor dir und demonstriert mit einem blitzenden Küchenschwert an einem Blatt Papier, wie mühelos er eigentlich auch deinen Hals durchschneiden könnte. »Gordo, du nix haben Sleif?«

Der Terror der Klingelmänner bringt oft ganze Familien zu den raffiniertesten Abwehrmethoden. Während dem Sohn Emmeran schon im zarten Kindesalter das Knurren und Bellen eines scharfen Dobermann-Rüden beigebracht wird, kleben ganz besonders gewiegte Psychologen ein drohend blickendes Papierauge von innen an ihren Türspion, so daß der Belagerer, der ebenfalls das Guckloch benutzt, entsetzt zurückprallt. Im übrigen wird in vielen Familien sofort eine kleine Schweigeminute eingelegt, wenn es läutet. Und alles wartet gespannt auf den

Zehen, bis das lauernde Stiefelknarzen vor der Tür in ein resigniertes Abwärtsschlürfen übergeht. Aber meistens ist halt die Neugier doch stärker als die dickste Sperrkette. Also öffnest du auch dem Mann, der in einer dringenden Versorgungsangelegenheit kommt und dich dann erfolgreich gegen den Kraillinger Beiß versichert. Und auch jenem, der dir gar nichts bringt als nur seine geöffnete Hand.

Wenn es aber gar zur mitternächtlichen Stunde noch einmal schrillen sollte und dir im wallenden Nachthemd am Haustelephon die Nachricht zuteil wird: »Ach bitt scheen, entschuidig'ns, i hob bloß am foisch'n Knopf druckt, i woid zum Dokta Pfusch«, dann sei ein Gaudibursch und erwidere: »Ach, wiss'ns, des macht fast gar nichts. I hob nämlich sowieso grad aufschteh miassn, weils gläut hod.«

Bei Durchsicht meiner Freunde

Der Mann weiß es noch ganz genau. Vierundsiebzig Kinder wohnten in jenem Armeleute-Silo, in dem er aufwuchs. Und sieben davon kennt er heute noch. Die anderen sind gegangen mit dem Wind. Verzogen, ausgewandert, gestorben, verdorben. Und von seiner Schulklasse, die sechsunddreißig Wasserscheitel zählte, leben noch sechs. Sechs von sechsunddreißig. Wie seltsam. So heißt doch auch ein bekanntes Lotteriespiel. Vielleicht ist auch das Leben so ein ähnlicher Glückshafen. Ob der gute Lehrer Gerber vor vierzig Jahren wohl erraten hätte, welche sechs das halbe Jahrhundert vollenden durften.

Das waren also die Gefährten seiner Jugend, muß er denken. Und ganze drei davon waren seine wirklichen Freunde. Der erste hieß Michael Seltsam. Eines Tages waren seine Eltern in die riesige Wohnmaschine zugezogen, und der Michael mußte sich zum Kampfe stellen, damit die Verhältnisse ein für allemal geklärt waren. Er unterlag durch einen tückischen Griff, den man »Mops« nannte. Von da ab war alles sauber geregelt. Wer beim Bäumeklettern als Untermann fungierte, wer auf dem Schulweg, der auf dem Randstein zurückgelegt wurde, die Lokomotive machen mußte, mit dem Schulranzen als Puffer vor der Brust, und wer von wem abschreiben durfte. Eine lange Bubenseligkeit begann. Aber mit zwölf Jahren sagte der Michael auf einmal zum Freund: »Schau her, ich kann rot spucken, das kann keiner in der ganzen Klasse«. Und er hustete helles Blut in den weißen Schnee. Der Mann gehörte zu den acht Buben, die später dann den kleinen Sarg tragen durften. Denn der Michael Seltsam wog um diese Zeit nur mehr achtundzwanzig Pfund, als er sein bißchen Leben verbellt hatte. Der Herr Lehrer aber sprach von der bösen, tückischen Tuberkulose, gegen die es nie ein Mittel geben würde.

Dann kam der Scherupp Hansi. Sohn des Bahnbeamten Adolf Scherupp. Der Hansi ließ den Kameraden jedesmal von der kalten Milch in ihrer Speisekammer trinken, weil sie doch ein bißchen mehr Geld hatten, und dann schüttete er genau bis zum verräterischen Rahmrand Wasser nach. Auch wenn er das Bier

holte, bekam er seinen Schluck. Schüler Scherupp korrigierte die fehlende Menge mit dem Hausschlüssel, mit dem er in der geschändeten Maß umrührte. Sein Vater hatte noch einen Bruder bei der Bahn mit genau demselben Dienstgrad, jedoch dem Vornamen Sebastian. Eines Tages kam eine Versetzungs-Verfügung aus Dresden, und zu spät bemerkte man, daß der Adolf versetzt worden war und nicht der Sebastian, weil der Beamte in der Kartei halt nach dem Alphabet ging, was jeder gute Beamte tut. Und so kam denn der Hansi in eine wildfremde Stadt hinein und dort nach Jahr und Tag auch noch in einen Bombenteppich, so daß der Witwe außer den Pensions-Ansprüchen nichts mehr von ihren Lieben blieb.

Der dritte Freund im Leben des Mannes war sein bester und letzter. Er schrieb sich Max Malachias Helfgott. Hieß aber nur der Biwi. Die Helfgotts waren eine ganz ungewöhnliche Familie. Denn sie besaßen zu viert nur fünf Augen. Dem Vater war sein Auge auf dem Felde der Ehre ausgelaufen. Die Mutter, mager wie eine Leiter und ebenfalls einäugig, hatte ihn in der Sehschule kennengelernt. Und der Biwi verlor sein linkes Licht bei der Geburt, als ihn die uralte und meistens besoffene Hebamme falsch erwischte. Wenn der junge Malachias den Hausmeister oder sonst jemanden erschrecken wollte, nahm er manchmal sein künstliches Auge heraus und setzte dafür einen großen, feuerroten Glas-Schusser ein. Seine schöne Schwester war die einzige Helfgott mit kompletten Scheinwerfern. An irgendeinem Maientag ging sie dann plötzlich ins Wasser, wegen eines unehelichen Kindes. Wie sich doch die Zeiten ändern, denkt der Schreiber. Heute gehen junge Mädchen nicht mehr ins Wasser, wenn sie keine Babys wollen. Heute gehen sie in die Apotheke.

Der Biwi war weitaus der härteste Nehmer im ganzen Viertel. Und wenn einer seiner Freunde etwas ausgefressen hatte, konnte es vorkommen, daß der Schüler Helfgott sich aus reinem Sportsgeist für den wahren Missetäter meldete und sich wortlos überlegen ließ.

Der Biwi und er hatten vieles miteinander. Einen gemeinsamen Pfiff, einen gemeinsamen Sonntagsanzug, eine gemeinsame Freundin und einmal sogar ein gemeinsames Anerkennungs-

Dokument beim Vormundschaftsgericht. Dann kam der Krieg, und der Schreiber mußte zum Gehsport-Verein des bekannten Ostmark-Napoleons. Kurz vor dem Endsieg aber mußte auch der Biwi noch zu den Helden. Obwohl er seinen roten Glas-Schusser bei der Musterung des letzten Aufgebotes gebrauchte. Zum Abschied pfiff er vor dem Fenster seines Freundes noch einmal das Signal aus ihrer Jugendzeit und dann fiel er schnell und ohne Aufhebens bei Wien, wo er nie hingewollt hatte. Der Volkssturmführer schrieb: durch Kopfschuß. Aber ein Heimkehrer sagte, der Max Malachias Helfgott sei in einen russischen Flammenwerfer gelaufen, und da konnte ihm überhaupt kein Gott mehr helfen. Er sei zusammengebraten gewesen wie ein vergessener Hefezopf in einem Backrohr. Seiner mageren Mutter brachte man das Eiserne Kreuz vom Biwi mit, das sie in ihrer Verwirrung zum Anstecken des Schlüsselbundes an ihrer Schürze verwendete, denn sie war selber Hausmeisterin geworden.

Stilles, feines Café

Es ist manchmal direkt, als wäre einfach der Ton abgestellt. Die Gestalten auf den alten feinen Teppichen aus Istanbul und Afghanistan bewegen sich lautlos. Stilmöbel aus der Plüsch- und Pleureusenzeit und der kostbare Gobelin an der Wand mit dem schäkernden Schäferknaben verschlucken jedes Geräusch. Und die Bedienungen gleiten über die Blumenmuster aus Tausendundeiner Nacht hinweg, als würden sie von der weißen, gestärkten Propellerschleife, die sie auf der Rückseite tragen, vorangetrieben. Beim Servieren beugen sie sich tief hinab zur Madame oder zu dem Herrn Rittmeister a. D., um ihnen jeden Wunsch von den Augen abzulesen. Im Schatten eines firnisschwarzen Ölbildes aus der Mathias-Grünewald-Schule sitzt die Chefin selbst. Blaß, dezent und einsam. Es soll eine Gräfin gewesen sein in ihrer Jugendmaienzeit. Eine fesselnde Schönheit, heißt es.

Alles ist vornehm, verschwiegen und stilvoll in dem feinen, dämmrigen Café. Und man hat das Gefühl, wenn irgend jemand plötzlich laut und kräftig lachen würde, träte bestimmt der Familienrat zusammen, um dem entarteten Störenfried auf silbernem Tablett eine Fahrkarte nach Amerika zu überreichen. So wie es früher bei verluderten Söhnen edler Sippen der Brauch war.

Im Café zum stummen Nachmittag gibt es nur Lehnsessel. Jeder einzelne so groß und anheimelnd wie ein mittlerer Kachelofen. Auf den kleinen Tischchen mit den geschnitzten, dackelkrummen Nußbaumbeinen stehen Blümchen. Seltsame blasse Zauberblüten, wie sie wohl die Märchengestalten Joringel und Jorinde in blauen Vollmondnächten fanden. Kleine Deckchen aus Brüsseler Spitzen verschieben sich pausenlos und werden von Serviermädchen immer wieder mit geduldigem Lächeln zurückgezupft. Diese Blätterteig-Mamsellchen sind ebenso vornehm wie die Umgebung, in der sie arbeiten. Gewiß heißt auch keine von ihnen Leni oder gar Minna. Sondern wahrscheinlich Dorothie, Maud und Chiquita. Alle tragen das zierliche, weiße Zichorie-Diadem mit derselben Würde und Selbstverständlich-

keit im mattschimmernden Henna-Haar wie die Königin Sirikit im fernen Südseeland ihre echte Krone.

Trinkgeld nehmen sie grundsätzlich keines. Aber sie akzeptieren es gnädig und scheu. Bei ganz besonders vornehmen Stammgästen lächeln sie eine Spur zur Begrüßung und machen eine winzige Sorte von Knicks dazu. Zum Abschied sagen sie den mageren Hagestolzen flüsternd ein paar Takte Französisch ins Ohr: »Merci, monsieur.« Und decken das auf dem Kaffeetablett zurückgelassene Wechselgeld schnell mit dem Unterteller zu. Ein zaghaftes Erröten versuchend.

Manchmal kommt auch ein kleineres Damenkränzchen in das stille Clubsessel-Sanatorium. Dann wird viel Schwarzwälder Kirschtorte verzehrt. Und mürber Biscuit. Aber soviel diese Tortenmutterschiffe auch in sich hineinschaufeln und so voll sie den Mund mit Schlagrahm und süßer Wonne haben, eine kleine Öffnung bleibt immer noch, aus der sie sich ungeheuer wichtige Nachrichten zutuscheln können. Beim Kaffeetrinken nehmen sie die zarten Porzellantassen mit Daumen und Zeigefinger am zerbrechlichen Henkel und spreizen den kleinen Rechtsaußen weit weg, als hätte er sich unanständig betragen und dürfe deshalb nicht Anteil nehmen. Golden blitzt es zwischen den fleißig arbeitenden Lippen immer wieder auf, und an den Fingern führen Karfunkelsteine ein lupenreines, glänzendes Dasein.

Man erzählt sich, daß in diesen stillen Räumen auch schon einmal die Großen dieser Welt verkehrt sind. Der magere, gutgläubige Lord mit dem gerollten Regenschirm. Eine Lady, die sich in ihrer verworrenen Liebe zu einem schlimmen Abenteurer das Leben nahm. Und die Enkel eines unglückseligen Kaisers, die fern von seinem Reich in eine Wunschtraum-Walhalla hinüberdämmern. Heute kommt noch manchmal ein vergessener alter Stummfilmstar mit einem lächerlich lieben Schoßhündchen. Vielleicht auch ein Exgeneral, den Blick müde und umsonst nach Osten gewandt, wo er seine Armeen verlor.

Gegen sieben Uhr wird es jedoch merklich stiller im leisen Café Vorgestern, und etwas später schließt die blasse Lady dann ganz. Denn nach ihrer Meinung gehört ein anständiger Mensch um diese Zeit in die Oper, ins Theater, oder aber ins Bett.

Das Unterhosen-Karussell

»Wir Wiener Wäschefrauen würden weiße Wäsche waschen, wenn wir wüßten, wo weiches, warmes Wasser wär'.« So sang man einst zur Ringelreihenzeit in den Hinterhöfen. Wenn dann allerdings Waschtag war und die Mutter, angetan mit Kolchosen-Kopftuch und den alten Weltkriegs-Knobelbechern des Vaters, um sechs Uhr früh schon weckte, dann verging einem gewitzigten Barfußläufer das Singen sehr rasch. Denn dann hieß es, drunten im zementfeuchten Waschhaus aus zähem Holz Späne machen und in dem betonierten Kessel mit viel Zeitung und Lungenkraft ein mittleres Höllenfeuer entfachen. Später dann schwere Waschkörbe schleppen und am Nachmittag mit der halbzerstörten Mutter schlangenlange und leise knirschende Bettücher auswringen. Schließlich kam auch noch das Waschstrickaufmachen und das Klammerreichen hinzu. Daß dann die schwer gezeichnete Hausfrau mit völlig ruinierter Frisur und laugenzerfressenen Fingern an einem solchen Tag nicht allerbester Laune war, versteht sich am Rande. Und daran mußte der Spaziergänger denken, als er neulich die kleine Notiz las, daß in jeder Stadt die automatischen Münz-Wäschereien sich immer größerer Beliebtheit erfreuten. Und er setzte sich einmal einen Nachmittag in so einen Salon, in dem die züchtige Wäscherin nicht mehr auf die Wurzelbürste zu drücken braucht, sondern nur noch auf einen Knopf.

Säuberlich ausgerichtet wie stramme Stabshelferinnen im Nachthemd, stehen die elektrischen Putzfrauen in einer Linie. Durch ein rundes Bullauge sieht man ihnen mühelos in den verchromten Magen, in dem sich die gebrauchten Taschentücher, Kopfkissen und Herrenhemden gar lustig drehen. Oben haben diese leicht schäumenden Domestiken eine Öffnung, in welche man Geldstücke werfen muß, damit sie sich bewegen. Und schon nach einer knappen Stunde kann man dann seine gereinigten Textilien wieder in Empfang nehmen. Vom Schmutz befreit, von dem die Waschsalon-Inhaber ziemlich sauber leben können. Und der Besucher sitzt da und betrachtet sich die Kundschaft. Da kommt ein passionierter Junggeselle zum

Beispiel. Der sein dunkelweißes Linnen in eine alte Wehrmachtsplane verpackt hat und das Bündel auf dem Rücken schleppt wie Knecht Ruprecht die bösen Kinder. Hemden hat dieser möblierte Selbstversorger darunter, bei denen es am Kragen nur noch ein kleines bißchen weiß durchschimmert. Und auch ein Mundtuch ist im Marschgepäck. Auf dem man mühelos den Speisezettel der vergangenen Woche erkennen kann. Es gab offenbar immer nur Spinat mit Rührei. Wahrscheinlich ist der Mann Vegetarier, denkt der Beobachter. Doch da entdeckt er auch ein bißchen Lippenstift. Also gab's auch mitunter Fleisch. Allerdings sind die Farbtöne dieser Mundsalbe sehr unterschiedlich. Aber vielleicht war es für den jungen Mann billiger, die Freundinnen zu wechseln, als die Servietten.
Brave Waschfrauen breiten mit ihrem Waschgut auch manche Familiengeheimnisse aus. So auch die ehrsamen Futterale lizenzierter ehelicher Pflichterfüllung. Während ein lustiges Filmsternchen eine Handvoll von jenen seidigen Wimpeln und Fähnchen bringt, die der Sünde gewöhnlich vorausflattern. Doch es nahen auch viele gesittete Frauen von Vertretern und Reisenden. Diese verbringen die Zeit der Säuberung größtenteils nebenan in der kleinen Konditorei, wo sie einen Torten-Umsatz von elf Mark vierzig tätigen. Damit die Wäscherei nicht gar zu billig wird. Während wieder andere schnell einen kleinen Hausbesuch machen. Bei der Freundin Franziskus.
Am amüsantesten jedoch sind die kleinen, männlichen Heimchen am Herd. Die braven Ehemänner, die nach des Tages Lust und Freud von ihren Suffragetten mit festumrissenem Auftrag in den Waschsalon entsandt werden, weil Madame selbst noch zur Schneiderin muß. Lächelnd schaut der Gast diesen Gestalten zu, die geschäftig die Arbeitsschürzen umbinden, und er denkt: Da fehlt eigentlich nur noch ein weißes Häubchen auf dem demütigen Haupt und fertig wäre die Minna. Denn er kennt die alte Weisheit sehr gut, nach der es heißt: Wenn ein Mann am Hochzeitstag die Hose abliefern muß, dann zieht so einem Pantoffelhelden sein holdes Eheweib kurze Zeit später meistens auch noch die Unterhose aus. Nur daß er sie dann auch noch selber waschen muß, das ist für den Spaziergänger neu.

Musik im Blut

Es beginnt damit, daß der Bub zu den Klängen der Blasmusik mit dem Kopf wackelt oder mit winzigem Finger, angeregt durch zwei Schlückerl Bier, den Takt schlägt. Da sagen dann die Tante Marie und der Onkel Wigg, die mit den Eltern des unentdeckten Wunderkindes beim populären Kellerkonzert sitzen, mit großer Überraschung: »Schaut' nur grad, wie musikalisch das Kind ist! Ewig schade wärs, wenn er kein Instrument lernen dürfte.« »Ja«, ergänzt dann die Mama, »es ist wahr, ewig schad wär es, wenn man so ein Talent verkümmern ließe.« Und nach der dritten Maß ist sogar der Vater überzeugt, daß sein Sprößling Musik im Blut hat. Und ein bißchen stolz ist er natürlich auch drauf, denn: »Wo hätt er's denn schließlich her? Oder?« Der Bechsteinflügel des kleinen Mannes aber ist die Zither. So wird denn von einem entfernten Bekannten nach längerer Handelsschaft so ein Instrument, das seit Jahren beleidigt und verstimmt auf dem Speicher liegt, erworben. Ein Musiklehrer vom alten Schlag und Tarif ist auch bald ausgemacht. Und säuerlich lächelnd schleppt der Micherl von nun an zweimal wöchentlich seinen schwarzen Melodiensarg an seinen grinsenden Freunden vorbei in die Stunde.

Und dort versucht der junge Künstler verzweifelt, mit seinen krummen Schusserfingern die ersten Akkorde anzuschlagen. Und die abgerissenen Saiten mehren sich. Doch haben Zitherstunden auch schöne Seiten. Weil nämlich so ein Instrumentenkasten zum Beispiel als Behelfsschlitten oder Bob einen hohen Gebrauchswert besitzt. Auch als Torpfosten beim Elfmeterschießen ist er ausgezeichnet, wenn auch fehl am Platze. Denn allzu viele Lattenschüsse hält er nicht aus. Die meisten Freuden aber birgt eine geschwänzte Stunde in sich. Denn außer der gewonnenen Zeit bleiben doch auch noch zwei Mark als Taschengeld. Allerdings lauert im Gewissenshintergrund dann auch ein väterliches Tremolo. Doch kann das durch die vorsorglich eingeschobenen Notenblätter »Abendstimmung am Hintersee« stark abgedämpft werden.

Die häuslichen Übungsstunden gehören ebenfalls zum Werde-

gang eines Wohnküchen-Paganinis. »Tu nur recht schön üben, Micherl, dann brauchst du heute keinen Wirsing essen«, ködert die gute Mama den jungen Musikus. Und mit dem Familienalbum als erhebender Unterlage auf dem Stuhle, krabbelt der Bub die Tonleiter auf und nieder. Im Laufe der Zeit aber verdichten sich dann die anfallenden Geräusche tatsächlich zu der vertonten Aufforderung in G-Dur: »Freut euch des Lebens«. Dies tut der zeitunglesende Vater jedoch nur eine begrenzte Zeit, dann meint er: »Es ist ja recht und schön, wenn der Bub so fleißig ist. Aber muß er denn ausgerechnet immer dann üben, wenn ich zu Hause bin? Komm' Frau, dreh' doch das Radio ein bisserl an, damit ich auch einmal etwas Musik hören kann.«
Doch eines Tages schlägt schließlich dem fleißigen Zitherer die Spezialstunde. Nämlich bei der Schulentlassungsfeier. Ganz deutlich steht dort unter dem angekündigten Klaviervortrag des Musterschülers Vigoleis-Heimito Schläfenbein als Programmpunkt Nummer sieben: »Zithersolo von Michael Zupf.« Und der stolze Vater im Parkett trappt in energischem Besitzerstolz mit dem rechten Sonntagsstiefel mit. Der Micherl zupft beim Tölzer Schützenmarsch nur zweimal daneben. Auf dem Heimweg trägt der Papa sogar das treue Instrument eine Weile, damit die strapazierten Künstlerfinger seines Sohnes etwas ausrasten können. Daheim aber sagt er zu seiner bejahend nickenden Frau: »Weißt du, ich habe nichts gegen den Schopin. Aber so ein Flügel ist doch recht unpraktisch, wenn es brennt.« Und er fügt überzeugend hinzu: »Aber so ein handliches Instrument, wenn man das kann, da kann es einem niemals mehr naß in die Schuhe gehen. Da kann kommen, was will.«
Seine Phantasie holt dabei gewaltig aus. Und er sieht den Micherl im Geiste schon, wie er in völlig verzweifelter Position, schiffbrüchig und verlassen, am weißen Strand von Tahiti angeschwemmt wird. Und was tut er dann? Er zieht seine Zither blank, und spielt den aufschluchzenden Wilden das »Elterngrab« vor. Und bald füllt sich der aufgehobene Hut des verunglückten Virtuosen mit dankbar gespendeten Kokosnüssen bis zum Überlaufen.

Das Lied vom stummen Fisch

»Alle Möpse bellen, nur der Rollmops, der bellt nicht«, heißt ein altes Liedlein, das in diesen Tagen gewiß manchmal vor den Auslagen und Bottichen der Fischgeschäfte geträllert wird. Die Betroffenen selbst allerdings werden wohl kaum in diese Karwochen-Hymne mit einstimmen. Höchstens vielleicht ein bißchen mitwinseln. Denn es geht ihnen ja zu Hunderttausenden an den gerollten Kragen. Ebenso wie den anderen Karfreitags-Haien. Dem duckmäuserischen Kabeljau und der schmalhüftigen Scholle. Den silberbäuchigen Weißfischen, die in den Fässern blitzen wie ertrunkene Eßlöffel, und den mürrischen Karpfen. Sie alle scheinen es auch irgendwie zu ahnen, daß ihnen bald die blaue Stunde schlägt. Nach Hausfrauenart. Und wenn es soweit ist, haben sie meistens gerade noch Zeit, sich im Unterwasser-Deutsch mit dem Gruß aller Fische zu empfehlen: »Reich mir zum Abschied noch einmal die Flosse, Genosse.«

Bummler und Passanten, Köchinnen und Käufer schauen indes sinnend in die kleinen Zement-Zuber, in denen die Bratpfannen-Aspiranten noch einige melancholische Trostrunden drehen. Und an ihren trüben Mienen und den nassen Augen ist unschwer abzulesen, was sie sich in diesen letzten Stunden gegenseitig noch erzählen und zuflüstern.

Mit fransigen Lippen redet ganz hinten in der Ecke ein zehnpfündiger Waller auf einen kleinen Portions-Barsch ein. Unaufhörlich, wie ein ganz schlechter Vertreter. Vielleicht will er dem Kollegen rasch noch eine Badehose verkaufen. Pausenlos geht sein hunnenbärtiges Maul auf und zu. Möglicherweise aber ist er auch nur ein Bariton in einem größeren Süßwasser-Orchester. Und er singt dem Leidensgenossen zum Abschied mehrere Strophen aus dem bekannten Lied vom stummen Fisch. Aber der Ton ist augenscheinlich abgeschaltet.

Im anderen Winkel mummelt ein uraltes Karpfen-Mutterl vor sich hin. Es ist so bemoost, daß es möglicherweise schon bei der biblischen Brotvermehrung dabei war, aber aus Mitleid wieder in den Jordan geworfen wurde. Offenbar schwimmt es auch nur Reklame für den deutschen Binnenfischhandel und hat wohl

von keinem Fangnetz mehr was zu befürchten. Doch für alle weiß sie ein tröstendes Wort. »Kinder, weint doch nicht«, meint sie mit moosgrünen Lippen. »Das erhöht doch nur den Pegelstand in unserem Bottich – und was nützt das schon!« Aber eine schlaue Schleie erwidert darauf: »Das kann sehr viel nützen. Wenn wir nämlich alle gleichzeitig flennen würden, könnte das Bassin überlaufen und dann käme man womöglich zu Fuß zum nahen Stadtbach.« Dazu meinen andererseits die Brachsen: »Was sind denn das für Faxen! Da kommt man doch bei dem heutigen Verkehr sicher unter die Räder und wird flach gewalzt. Und endet so auch noch als Flunder.«

Auch bei den Zandern herrscht ein verzweifelter Galgenhumor Und gerade erzählt ein molliges Bodensee-Mädchen den neuesten Sardinen-Witz: Da war also mal ein Matrose, der fiel ins Wasser und ging unter. Doch eine Meerjungfrau versprach ihm, wenn er sie heirate, bräuchte er nicht zu ertrinken. Gesagt, getan. Der blaue Junge lebte mit ihr vergnügt fünf Jahre auf dem Grunde des Meeres. Dann entkam er seinem Schuppenglück. Als er aber eines Tages in einem Hafenlokal ein Sardellenbrot verzehren wollte, hob sich eines der niedlichen Fischlein schnell noch von dem Brötchen empor und grüßte mit lieblicher Stimme: »Salut, Papa.«

Wäre die Situation nicht gar so trist gewesen, hätten wenigstens die lustigen Forellen ein bißchen gelacht zu dieser Story. Statt dessen beginnen nun sogar die Huchen leise zu fluchen. Nur der großmäulige Hecht, dieser Kinderfresser und Verwandtenwürger, meint, er müsse auch noch ein bißchen Fischerlatein zum besten geben. Und so berichtet er von seinem Bruder, der so stark und gewaltig war, daß er auch die dickste Angelschnur einfach abbiß. »Sein ganzer Bauch war zum Schluß voll stählerner Blinker. Wenn er über die Wasserfälle schwamm, so schepperte das, als hätte der Lieferwagen eines Haushaltwarengeschäftes umgeworfen. Aber letzten Endes hat ein besonders schlauer Fischer diesen Allesfresser doch noch gefangen und an Land gezogen. Nämlich mit einem Magneten.« So erzählt das Großmaul. Und es fügt auch noch leise hinzu: »Schmutziger Lorbeer.«

Mitten in diese Betrachtungen hinein greift jedoch immer wie-

der das grausame Schicksal. Es hat eine weiße Schürze an und schreibt sich »Matthias Mittenzwei«. Und dann spiegelt sich im Wasser des gezähmten Armensünderteiches ein haariger Arm, und der auserwählte Delinquent kann gerade noch japsen: »Lebt wohl, ihr Brüder! Und auf Wiedersehen auf der Speisekarte«.

Das alte Karpfen-Mütterchen indes tröstet die Hinterbliebenen mit dem Hinweis, in allen Büchern stehe immer wieder, ein Fisch verspüre überhaupt keinen Schmerz. Da frägt ein blaß gewordenes Rotäugelein die weise Muhme, warum denn dann der soeben abgerufene Kamerad bei jedem Schlag vom Meister Mittenzwei gar so zusammenzucke. Und darauf entgegnet ihm die weise Alte ohne Zögern: »Warum der so zuckt? Nun ja, wahrscheinlich hat er halt Angst, daß sich der Fischhändler auf seinen Daumen schlagen könnte«.

Kleines, teures Schusterladl

In der schmalbrüstigen Auslage, deren zeitblinde Glasscheibe so patiniert ist, daß man gerade noch die Musik durchspielen hören könnte, liegen immer dieselben Dinge. Ein Paar Schuhe mit der Sohle nach oben, ein Paar Halbschafter mit pfennigguten Gummiabsätzen, wie sie der elegante Leisetreter schon um die Jahrhundertwende bevorzugte. Und ein Paar uralte Sonntags-Mokassins. Die Sohlen gebogen und hart wie ein Tintenlöscher, aber bequeme Ausbuchtungen für ein paar ausgewachsene Frostbeulen eingebaut. An diesen ehrwürdigen Spreizfuß-Gehäusen lehnt ein mürbes Pappendeckelschild, auf dem in wackeliger Charakterschrift verkündet wird, daß die zwei einsamen Brüder einen neuen Lebensinhalt suchen und nur zweiundzwanzig Mark kosten würden. Ferner ist im Hintergrund auch noch ein mattschwarzer, orthopädischer Stiefel zu sehen. Der schaut ein bißchen aus, als hätte der Leibhaftige selbst in diesem stillen Laderl einmal seinen Klumpfuß besohlen lassen. Und ihn dann nicht mehr abgeholt.
Neben diesem Stilleben, das durch das zaghafte Geranke eines grünen Schlingpflanzentopfes ein wenig Optimismus vorzutäuschen versucht, liegt außerdem an schmeichelwarmen Tagen auch noch ein Kätzchen. Mager, zufrieden und langgestreckt. Und wenn man an die Scheiben klopft, blinzelt dieser Westentaschen-Tiger vom Meister Knieriem ungeheuer souverän auf den lächerlichen Störenfried.
»Üb immer Treu und Redlichkeit«, klingelt die Ladentüre beim Eintreten. Ehrsam über einen defekten Zehenbecher gebeugt, sitzt der Nachfahre von Hans Sachs auf dem berühmten Schemel mit den drei Beinen. Hinter ihm in einem langen hohen Regal rasten die Invaliden von Trottoir und Landstraße ein paar Tage aus, bis sie geflickt oder benagelt wieder über Sand und Asphalt knarzen müssen. Von der Frau Meisterin selig hängt noch ein alter Straminsegen an der Wand. Auf welchem in roten Kreuzelstichen das hoch achtbare Zunftmotto zu lesen ist: »Handwerk hat einen goldenen Boden.«
Spannleisten und Dreifüße stehen herum, unter dem Sitz des

nimmermüden Hammerschwingers quillt echtes Eichenlohleder in einem dunklen Bottich, und auf der schmalen Bank vor ihm liegen in vielen Abteilungen Stifte, Stahl- und Holznägel, sowie ein Sortiment Ahlen und frisch gewetzte Schuster-Kneipe.

Ach, was haben die rastlosen Hände des alten Zwirbelbartes wohl schon alles genäht, gedoppelt und angespitzelt. Vielleicht waren sogar Aschenbrödels geschnäbelte Ruckediguck-Pantoffeln darunter. Oder auch die Knobelbecher vom SA-Mann Brand. Ihm ist das sicher gleich. Er hat gewiß immer nur seinen altgewohnten Wahlspruch beherzigt: »Schuster, bleib bei deinem Leisten.« Und auf ganz besonderen Wunsch behandelt er auch heute noch die wasserdichten Kameraden irgendeines hartnäckigen Wandervogels mit gepechtem Schusterdraht und Schweinsborste. Und schabt die Sohle zum Schluß wie in der Pionierzeit der Sandalen-Chirurgen mit der Ecke einer gebrochenen Fensterscheibe glatt und gerade.

Immer wieder durchbimmelt die Türglocke die dämmrige Schusterstube. Und wenn der Meister aufschaut, dessen Gesicht selbst ein wenig an kostbares russisches Juchtenleder erinnert, steht gewiß eine riegelsame Hausfrau vor ihm und bringt die schwarzen oder braunen Patienten der lieben Familie zur Reparatur. Auch Buben kommen mit den treuen »Untermännern« des Herrn Papa und einem angehefteten Zettel auf den Schuhbandeln, auf dem zu lesen ist, was geschehen soll. Und immer wieder erscheinen hochnoble Damen unterm Türkreuz. Reifere Schönheiten und grasgrüner Nachwuchs, hochnäsige Augenweiden und flinkfüßige Espresso-Rehlein.

Manche humpeln etwas im unorthodoxen Zweitaktergang daher. Andere tragen gleich gar die schurkischen Pumps in der Hand, die sie mitten auf der Hauptstraße im Stiche ließen. Und dann sitzen sie dankbar seufzend im bequemen Polstersessel des winzigen Ausbesserungswerkes. Der Meister läßt sie da manchmal wohl auch ein bißchen beizen wie seine Lederflecke im eigenen Saft. Bis er nicht ohne bodenständiges, aber grundgutes Gebrumm ein Messingblatterl auf die verschandelten Schuhstöckl nagelt. Und runde drei Mark dafür nimmt. Daher der Name Pfennigabsätze.

Nini kauft Bikini

Was wäre wohl geschehen, wenn vor hundert Jahren solche Titelbomber, wie sie heute auf jeder Illustrierten fleißig explodieren, öffentlich gezeigt worden wären? Oder wenn sich ein Bikini-Mädchen in der jetzigen Aufmachung am Strand von Ostende gerekelt hätte. Zumindest wären diese Nackedeis in Acht und Bann getan, wenn nicht sogar öffentlich nach Art des Vatikans gegrillt worden. Wenn! Und da ist der Betrachter wieder einmal bei seiner Lieblings-Spinnerei und malt sich aus, wie wohl manches gekommen wäre, wenn beispielsweise der Läufer von Marathon ein Telephon gehabt hätte. Oder der Winnetou ein Moped. Oder die Kaiserin Maria Theresia mit ihren acht Kindern die Pille. Oder der Robinson einen Fernseher, Gutenberg eine Schreibmaschine und Jesus Christus ein Maschinengewehr. Aber es heißt doch so schön: »Wenn meine Großmutter Radl hätte, dann wär' sie ein Omnibus.«

Der Mann war nämlich nur in einem großen Warenhaus und hat zugeschaut, wie sich die Minni, die Nini und die Fini einen Bikini kauften. Jenes Kaltwasserkleid, das um so mehr kostet, je weniger an ihm dran ist, und das man kaum unter dem Betrag kriegt, für den man vor 50 Jahren noch eine Badereise nach Zoppot hätte machen können. Eigentlich sind doch diese Keuschheitsfutterale überhaupt nur große Löcher mit ein bißchen Rand drumherum. Und sie haben, zusammengelegt, bestimmt in einer Puderdose Platz.

In der Badeabteilung dieses großen Textilsilos geht es zu wie bei der Einkleidung einer Kompanie Froschmänner. Und wie der Besucher die vielen auffangbereiten Oberteile so herumliegen sieht, fällt ihm ein lustiges Bild aus Rußland ein. Dort hatte nämlich einmal irgendein Landser einen Posten BHs bei den Schönen der Ukraine gegen Sonnenblumenkerne eingetauscht. Weil aber die unverbildeten Töchter der Steppe nicht genau wußten, zu was diese Apparate eigentlich gehörten, trugen sie dieselben am Sonntagnachmittag stolz außen über ihren gesteppten Wattejacken. Wohl frei nach Bertolt Brecht: »Es geht zwar anders, doch so geht es auch.«

Mit tränenden Augen muß man feststellen, daß heuer die LSD-Töne sehr gefragt sind. Jene Farben, die man nach einem wuchtigen Kinnhaken sieht: Veilchen mit Buttermilch und Himbeer auf Stempelkissen. Dabei gleichen viele deutsche Frauen der mittleren Jahre, die sich hauptsächlich als Torten-Mutterschiffe betätigen, immer mehr jenen Zuckerhüten, von denen es heißt: »Oben spitz und unten breit, durch und durch voll Süßigkeit.« Viele haben Fundamente wie Tiefkühltruhen und wollen deshalb von dem einen Badeanzug nur das obere Teil und von dem anderen das untere. Was es jedoch nicht gibt. Andererseits sind auch wieder solche dabei, die sich eigentlich verirrt haben und in eine Säcklerei gehen sollten. Wenn sie die Badetextilien anprobieren und ihre Reize so hineinschaufeln, dann sieht das etwa so aus, als würde man versuchen, einen Eisberg in eine Waffeltüte umzufüllen. Vielleicht sollten diese Damen einmal versuchen, ein paar ausgediente Windsäcke zu bekommen, wie sie auf Sportflugplätzen auf langen Stangen zu sehen sind.

Und wie sie bloß alle die zierlichen Bäuchlein einziehen vor

dem Spiegel! Ohne zu bedenken, daß sie das doch niemals durchstehen werden. Und so tritt denn am Strand die Olga rasch über die Ufer wie die untere Wolga. Ein stadtbekanntes blondes Freizeitglück sieht man auch an den Wühltischen. Die sucht sich ein winziges, kopfwehfarbiges Nichts aus, das eigentlich nur mehr aus dem Preisetikett besteht. Als die Frau Mutter kopfschüttelnd dazu meint, das Ding da triebe ja sogar der blauen Adria die Farbe der Scham ins Gesicht, da erwidert die Kleine keß: »Na schön, dann fahren wir halt ans Rote Meer.« Und dann wollte sich der Mann auch noch so eine Wechselkabine von innen ansehen. Und er lief dabei in seiner Naivität direkt in ein völlig blankes Häslein hinein, das gerade von einem Modell in ein anderes umstieg. Scheu und schnell schlich er da wieder auf seinen Platz zurück, und dabei fiel ihm ein netter kleiner Witz ein, der zwar nichts mit Bikinis zu tun hat, aber immerhin auch von einem nackten Häslein und vom Baden handelt: Da war nämlich einmal ein Waidmann, der seiner Frau regelmäßig von der Pirsch, die allerdings nur an seinem Stammtisch stattfand, einen Fasan oder ein paar Rebhühner mitbrachte. Einmal aber wickelte ihm sein Wildbrethändler einen Hasen ohne Fell ein. Als ihn seine Frau verwundert zur Rede stellte, wo er denn diesen seltsamen nackten Meister Lampe geschossen habe, erwiderte er in schlagfertigstem Jägerlatein: »Ja weißt du, Weibi, den hab' ich beim Baden überrascht.«

Verblaßte Zeilen

Immer wieder benzt der kleine Tonerl mit seiner dünnen Laubsägestimme: »Gell, Oma, jetzt gehst nachher einmal in Speicher nauf und schaust wegen de Briefmark'n.« Der Anton hat nämlich bei dem Preisausschreiben »Wieviel Erbsen gehen auf ein Pfund«, das der örtliche Konsumverein veranstaltete, ein Briefmarkenalbum gewonnen und jetzt hetzt er die ganze Verwandtschaft auf die Jagd nach den kleinen, gezackten Plagegeistern. Nun ist gerade das Großmütterlein dran, das in einer leichtsinnigen Viertelstunde so beiläufig geäußert hatte, in der gelben Birnbaum-Kommode müßte noch ein Bündel mürbgelagerter Briefe von ihr sein. Also nimmt sie halt mit einem kleinen »Ingodsnam« den passenden »Eisenbart« vom Schlüsselbrett und schlappert mit ihren kamelhaarigen Leisetretern hinauf in den Rastplatz der Vergangenheit.

Als sie die Lattentüre der »anteilmäßigen Bodenbenützung«, wie ein Miethausspeicher im Vertragsdeutsch heißt, aufsperrt, kitzelt sie zuerst einmal ein Spinnfaden an der Nase. Sie schaut zwar gleich in die helle Kerzenflamme, damit sie »hatschi« machen kann. Doch kommt nur ein zweimaliges Kopfnicken heraus, das sich ausnimmt, als würde die alte Frau die Zeugen des Vorgestern, die Kinderschlitten, die Schneiderbüste und das dreibeinige Schaukelpferd in der dunklen Ecke freundlich grüßen.

Dann schlüsselt sie lange an der mattgelben Kommoden-Schublade herum, bis dieser Tresor der verflossenen Jahre schließlich unmutig knarzend nachgibt. Und neben einem Ridikül aus ihrer längst entschwundenen Ballsaison, der innen mit Papier ausgestopft ist, dem eingewickelten Hängezopf der Schwägerin Emely und einem Marmor-Schreibzeug mit eingetrocknetem Tintenfaß findet sie tatsächlich das gesuchte Papierbündel. Eine zerschlissene Schleife aus ihren eigenen Trotzköpfchentagen hält es zusammen. Leise Neugier unter der selbstgestrickten Wollweste tragend, geht sie nun mit ihren viereckigen Erinnerungen wieder hinab in die warme Küche. Dort wartet der Tonerl schon mit gezückter Schere wie das tapfere Schneiderlein.

Ganz obenauf als letzte Nachricht aus dem Gewesenen liegt ein Brief, auf dem anstelle der Marke nur ein Stempel mit dem verbogenen Kreuz des Unheils prangt. Die Oma weiß es schon, es sind die Zeilen eines Hauptmanns, die mit dem Satze schließen: »Es lebe Deutschland.« Und dabei meldet das unselige Dokument doch den Tod des Pflegesohnes Christian. Dann kommt ein Kuvert, dessen Postwertzeichen das Bild des Mannes zeigt, der den Christian auf dem Gewissen hatte. Auf grauem Kriegsbogen teilt darin der alten Frau ihre Jugendfreundin Sophie Wogengang mit, daß sie als einzige der ganzen Familie einen Bombenangriff auf Celle überlebt habe und sie deshalb mit diesen Zeilen gleichzeitig als Universalerbin ihrer verbliebenen Habe einsetze. Ansichts-Postkarten aus Wernigerode und Bad Heilbronn von der Firmpatin Marlen Siebenmaus folgen. Nachher hat sie ein winziges Brieflein in der Hand mit dem Lübecker Holstentor als Markenbild. Es stammt von der Nichte Marielou, die schon mit sechzehn Jahren ertrank. Schließlich strahlt der Tonerl über eine Riesenmarke aus dem fernen Somaliland. Viele sauber beschriebene Seiten mit komischen Schreibfehlern enthält das Kuvert. Und die Oma muß immer wieder lächeln über die spaßigen Sätze und die spitze Berg- und-Tal-Schrift. Es ist nämlich der Briefwechsel mit einer Missionsschülerin am sagenhaften Ulanga. Das war in der Jugendzeit der Großmutter einmal sehr modern, solche Bekanntschaften über Land und Meer hinweg zu pflegen. Ziemlich wertlos jedoch erscheint ein Gekritzel der Tante Erika, mit der sie der Empfängerin ein geheimes Rezept für Krautwickerl übermittelt hat.
Nun kommt noch ein eigener Umschlag, und die Frau mit dem Silberhelm der graugestrafften Haare schiebt den neugierigen Tonerl sanft etwas zur Seite. Die Marken mit dem arabischen Dreier und dem Wörtchen »franko« darunter kriegt er dann schon. Flache, unmoderne Fingernägel lösen eine rote Schleife, und gleich aus der ersten Hülle bröselt ein zerriebenes Kräutlein heraus. Ist das jetzt Majoran oder gedörrte Petersilie? Nein, die Oma weiß es noch ganz genau. Das war einmal ein Lavendelsträußchen. Verstohlen schnuppert sie sogar ein bißchen daran, aber es riecht einfach nach »gar nichts mit welk«. Über ein halbes Jahrhundert, so rechnet die Frau neben dem still geworde-

nen Buben, ist das also jetzt schon her. Das mit den verblaßten Treueschwüren, dem verschnörkelten Anfangsbuchstaben ihres Vornamens und den kringeligen Randmalereien außen herum, die ihr heute schon ein bißchen kindisch vorkommen. Und auf jedem Bogen immer derselbe Schluß. So wie man seinerzeit halt sagte und schrieb, entschuldigt die Großmutter und liest es doch mit nachformenden Lippen ein paarmal vor sich hin: »Ich möchte Dich auf Händen tragen und liege Dir zu Füßen. Dein Karl Albert.« Auf einmal beginnt das alte Mütterlein dann zu lachen. Ein wenig aus Resignation, ein bißchen aus Verlegenheit und einfach auch wegen der komischen Situation. Und als der kleine Neffe sein Ahndl so sieht, wie sie sich in später Lustigkeit über die Augen fährt, und sie fragt: »Omi, sag, was hast denn?«, da dreht sich die nur stumm um und deutet auf das gemütliche Kanapee hin. Denn dort liegt ja nun schon seit vier Uhr nachmittag und schläft mit dem kleinen Glück des Spätherbstes um die Nase herum: der Karl Albert.

Kamele im Schnee

Nachdenklich runzelt der kleine Teich gleich hinter dem Eingang zur Münchner Raubtier-Reservation Hellabrunn die eiskalte Wasserhaut. Als wollte er sich überlegen, soll ich nun ganz zufrieren oder nicht. Und an manchen Tagen taucht plötzlich ein seltsamer Bierdimpfl aus dem bleigrauen Mini-Minus-Meer auf. Ein Seehund mit einem fünfhaarigen Stricknadel-Bart. Er schwimmt lautlos und ganz dicht an die messerscharf auslaufende Eisrinde hin, als wollte er sich damit rasieren. Die Forellen aber sind so steif wie englische Butler. Man hat das Gefühl, wenn sie um die Ecke schwimmen, brechen sie in der Mitte ab wie Eiszapfen. Und die Enten gehen mit rotgefrorenen Rudern ganz vorsichtig auf dem kalten Parkett herum. Sie erinnern an barfüßige Ötztaler Gebirgsbauern, die zum erstenmal auf dem Großstadt-Asphalt marschieren müssen, aber immer wieder ausrutschen, weil sie vergessen haben, sich die Zehennägel zu schneiden.

»Der Wolf«, so steht auf der Tafel des großen Freigeländes, »ist der wilde Vorfahre aller Haushunde.« Zweifelnd schaut ein alter Mann, der das liest, auf seinen Mast-Dackel hinunter, den er wie einen Akja-Schlitten der Bergwacht hinter sich herzieht. Grau sind die unruhigen Tundra-Würger. Grau wie Volkswagen aus der Reichsmarkzeit. Doch sie laufen, laufen und laufen. Und der alten stillen Dame fällt bei ihrer Betrachtung eine traurige Fabel ein. Die muß sie jetzt gleich dem kleinen lächelnden Mädchen an ihrer Linken erzählen: »Da trank doch einst der Gevatter Wolf aus einem hellen, klaren Bach. Ein Stück abwärts aber labte sich auch ein Lämmchen an dem kühlen Naß. Als sich der Wolf satt getrunken hatte, ging er hinunter zum Lämmchen und fraß es auf. Gerade noch konnte das unschuldige Wollknäuel fragen: »Aber Onkel Isegrim, warum tust du denn das?« Da knurrte der Räuber höhnisch: »Warum wohl – du hast mir doch mein Wässerchen getrübt!«

»Du dummes Kamel!«, sagt ein Bub von ganzen acht Jahren und droht dem langbeinigen Wüstenschiff mit seinem bestrickten Zeigefinger. Der höckrige Beduinen-Mustang aber schüttelt

in größeren Abständen immer wieder den Kopf, wenn die vermummten Besucher vorübergehen, und denkt sich: »Da ist es ja dann kein Wunder mehr, daß es mich so friert, wenn die Leute alle mit unserer Wolle herumlaufen.«
Doch dann schaut er immer wieder auf das weiße kalte Mehl zu seinen Füßen hinunter. Und denkt und denkt und kommt einfach nicht darauf. Warum diese komischen Menschen in Europa auf einmal den ganzen Wüstensand weiß angestrichen haben. Jedes einzelne Körnchen rundherum. Und das alles in einer einzigen Nacht. Das muß doch eine entsetzliche Arbeit gewesen sein.
»Du dummes Kamel«, sagt später der Bub noch einmal beim Zurückgehen. Von dem ungeheuer schönen sibirischen Königstiger könnte selbst die Sofia Loren das Gehen noch lernen. Welche Majestät konnte schon so schreiten! Nicht Pippin der Kurze, nicht der gichtgeplagte Fridericus Rex, weder der winzige Prinz Eugen, noch der Fünfte Karl, denkt ein Primaner. Wie ein riesi-

ges gelbes Perpendikel schwingt der Tiger lautlos hin und her. Doch auch sinnlos, zeitlos und ausweglos. Als würde er zu einer Uhr gehören, die gar kein Zifferblatt hat. Wie Wachs tropft ihm die abgrundtiefe Verachtung aus den Augen, die manchmal aufleuchten wie das Gelb von Fahrradpedalen im Scheinwerferkegel.

»Wer hat denn hier bloß die Heizung abgestellt?«, blinzeln die Braunbären jeden Vorübergehenden fragend an. Nur ihre Vettern, die Eisbären, laufen natürlich wie immer hemdärmelig herum. Diese Angeber. Im Affengelände kreischt es wie in der Vorstandssitzung einer kleinen Partei, welche die Fünf-Prozent-Klausel nicht übersprungen hat. Und die Paviane gleichen von hinten haargenau kleineren Beamten, denen die Hose an jenem Stuhl kleben blieb, den man ihnen unter den fleißigen Hintern wegzog. Eine Affenschande. Die Auerochsen aber, denen es vor Jahrhunderten mit viel List und Mühe endlich gelungen war, aus dieser sinnlosen Welt auszusterben, hat man wieder zurückgezüchtet. Jetzt stehen sie da wie ein Denkmal für den Ausspruch: »Das kann doch nicht wahr sein.« Und sie stieren trostlos in das Jahr Zweitausend hinein. Und die Bisons warten auf Winnetou. Graubraun, uralt und verwittert wie friesische Fischerhütten stehen sie bewegungslos herum, als wären sie von unten angeschraubt. Nur aus ihren Nüstern raucht es wie aus kleinen Kamin-Öfen. Wahrscheinlich handelt es sich bei ihnen halt noch um ältere Modelle. Die eben noch keine Zentralheizung besitzen.

Die neue Wohnung

Ein bißchen arg verloren stehen diese neuen Familien-Silos noch da. Wie vergessene Schuhschachteln mitten in der Pampa. Aber überall dazwischen tummelt sich emsiges Volk. Es wird eingezogen. Obwohl noch vielfach die großen, grauen Hohlblocksteine herausschauen, so daß man die dunklen Löcher sehen kann. In die allerdings keine Pergamentrollen hineinkommen oder alte Münzen wie bei den Bauten der Antike, sondern der Baukostenzuschuß und die Mietvorauszahlungen.
Große dicke Frachter auf Rädern fahren vor. Und stolz beobachtet das glückliche Paar das Ausladen des gelben Abzahlungs-Schlafzimmers, von dem der Spediteur augenzwinkernd zur errötenden jungen Frau hin meint: »A schene Werkstatt kriagns da, Fraule, mit a prima Kurvenlage.« Abends im Schutz der Dämmerung werden dann auch einige verbrauchte Nachtkasteln angefahren und verschämt in die neue Wohnung eingeschmuggelt. Oder das Kellergerümpel. Mit einem großen alten Krautfaßl, das die Schwiegermutter selbst transportiert. Niemand weiß da ganz genau, was eigentlich drin ist. Vielleicht eingekalkte Leberknödel.
Der Vertreter einer alteingesessenen Strohhut-Gießerei gibt seinen nachfolgenden Kollegen vom Grießnockerl-Quetschwerk die warme Türklinke in die Hand. Und droben im fünften Stock schaut eine mollige Raumpflegerin aus dem Fenster und trällert in den halbfertigen Hof hinab: »Ach, das haben die Mädchen so gerne.« Und dann fängt sie verschämt zu kichern an. Vielleicht, weil sie der Parkettbodenleger ein wenig an den Fußsohlen kitzelt.
In der Hausmeisterwohnung schlägt ein Mann mit grimmigem Gesicht einen Haken in die Wand und hängt als allererstes Einrichtungsstück einen selbstgemalten Wandspruch auf, den er nach vollbrachter Tat zufrieden betrachtet und leise vorliest:
»Wia da Acka so d'Ruam,
wia da Vata so d'Buam,
wia d'Mutta so d'Töchta,
bloß no oiwei a bisserl schlechter.«

Die ersten Namensschilder sind auch schon angeschraubt: »Wieselstich«, »Kindermann« und »Zrbinsknzna«. Und drüben in der neuen Reihenhaussiedlung bereiten zwei zahme Asphaltwölfe bereits schnuppernd das Rezept für die nächste Promenademischung vor. Die Reihenhäuschen haben hier auch ein bißchen Gelände um sich. Nicht viel mehr zwar wie der Grasober auf seiner Spielkarte. Und so sehen sie alle aus wie die letzte Strophe des alten Gassenhauers: »Ja und wenn es nur ein Gärtchen hat, mit Spinat und Kopfsalat, zieh'n wir nie wieder weg.« Auch die Balkone sind recht witzig. Da kann der Hausherr wohl höchstens sein Knie zur Erfrischung hinaushalten. Oder abends die Hand, um nachzuprüfen, ob's schon dunkel ist draußen. In dem großen neuen Sandkasten spielt bereits der Nachwuchs. Ein früher Sauerbruch tranchiert gerade eine Puppe bis auf das bröselnde Sägemehl. Nebenan haut eine resolute Klein-Blondine ihrem stillen Spielgefährten die blecherne Kuchenform auf den zarten Scheitel. Zwanzig Jahre später wird es vielleicht eine Bratpfanne sein.
Überall ist Glaube, Hoffnung und Liebe unterwegs. Auch bei der jungen Mutter, die stolz das weiße Storchen-Kabriolett vor sich her schiebt und unter dem gewölbten Schürzchen bereits auf das nächste Glück wartet. Auf diesem Schürzchen aber ist die amerikanische Hausfrauenbitte zu lesen: »Küß mich jetzt nicht, ich habe zu tun.« Auf einem verbliebenen Grünfleckchen haben drei Buben einen sauber abgelutschten Aprikosenkern gepflanzt. Und damit das löbliche Werk auch gedeihe und bald Früchte trage, stehen sie mit gespreizten Beinen drum herum und tun, gemeinsam brausend, das erste gute Werk an ihm.
Da entdeckt sie auch schon der neue Hausmeister und vertreibt sie schnell unter Androhung eines gewaltigen »Ohrwaschlrennats«. Mürrisch trollen sich die drei Amateurgärtner. Doch der Anführer sagt zu seinen zwei Spezln mit grimmiger Entschlossenheit. »Aba des wißt's schon, daß der koa oanzige Aprikos'n von dem Baam net kriagt.« Und schweigend nicken dazu die beiden Kumpane.

Kleiner Wasserfall auf Rädern

Neben dem Eiswagerl mit den zwei vernickelten Schlafhauben, unter denen die süßen, kühlen Wonnen wohnten, gehörte für ein Vorstadtkind das Eintreffen seines großen Bruders, nämlich des Stangeneis-Fuhrwerks vor den dösenden Tafernwirtschaften und das Auftauchen des Spritzenwagens zu den kleinen Sensationen des Alltags. Die Eiswagen, von braven geduldigen Rössern gezogen, die gehäkelte rot-weiße Ohrenschützer gegen die Fliegenplage trugen und altes Brot ebenso gerne nahmen wie von Kinderhänden schüchtern hingehaltene Millidisteln, hielten gewöhnlich einmal wöchentlich vor der »Alten Zeit« oder dem »Letzten Pfennig«. Dann stiegen zwei Männer vom Bock, legten sich dicke Säcke auf die Schultern und öffneten die hintere Doppeltüre ihres Minus-Frachters. Mit spitzen Sticheln oder einem Elefantenhaken zogen sie nun die meterlangen eiskalten Burschen aus ihrem dämmrigen Verlies, schulterten die dreißig Pfund schweren Riegel und stapften – verfolgt von einem Rudel Gassenkinder – der Wirtschaft zu, unter deren Türe die Wickelschurz-Wirtin bereits mit dem großen Schlüsselbund schepperte. War einer der zwei Eisheiligen besonders gut aufgelegt, so kam es auch häufig vor, daß er die beim Ausladen anfallenden Splitter an das versammelte Gassenvolk verteilte. Und wer dann so einen Eiszapfen ergatterte, der schwor Stein und Bein, daß dieser viel, viel besser schmecke als das echte Speise-Eis, das ja übrigens meistens auch noch gefärbt war und deshalb stark ungesund. Mit dem tiefgekühlten Bolzen aber fuhren sich die glücklichen Besitzer so lange den zarten Schlund auf und nieder, bis der erstere total abgelutscht, der letztere aber ebenso entzündet war.

Die eigentliche Spezialstunde jedoch schlug der jungen Trottoir-Meute, wenn ein vorgeschobener Beobachter von der Straßenecke laut schreiend meldete: »Da Spritznwog'n kimmt!« Dann waren die barfüßigen Asphalt-Piraten einfach nicht mehr zu halten. Langsam kroch der grau gestrichene Saurier den Randstein entlang auf sie zu. Und ein glitzernder Perlvorhang strich über das sonnenwarme Pflaster. Manchmal, wenn das milde

Nachmittagsgestirn einen besonders günstigen Winkel hatte, zauberte es einen herrlichen Regenbogen über den kühlen Schleier. Und die Buben oder Zopflieseln und sogar die artigsten Mama-Kinder bemühten sich nun geschickt oder total eingeweicht, unter dem siebenfarbigen Portal hindurchzuschlüpfen. Fegte die Gratis-Dusche aber gar waagerecht über die nachdampfenden Klinkersteine, dann hielten die jubelnden Plattfußindianer ihre zernarbten, dunkelweißen Beine mit hochgerafften Kittelröcken und aufgerollten Kniehosen in die erfrischende Dusche. Und der Rädelsführer, irgendein sauerkrauthaariges Schlüsselkind, ließ sich unter dem achtungsvollen Erschauern seiner Mannschaft den Wasserstrahl direkt in seinen weit aufgerissenen Brotladen spritzen.

Wenn das durstige Großstadtschiff schließlich vorne an der Hydranten-Ecke seinen blechernen Bauch leise schmatzend wieder füllte und nachher langsam anfuhr, dann hetzte die falsche Freundin Emma Züngerl die gutgläubige Eisenreich Susi mit leise zischelnden Worten auf: »Schnoi, jetzt gehts.« Und die Susi hielt in der Tat ihre schöne neue Schlummerpuppe Nanni ausdauernd in den städtischen Wolkenbruch. Bis daß sich sanft die Haare ihres Lieblings lösten, und die dumme Susi in ihrem winzigen Herzen erkannte, daß man ihr einen bösen, tückischen Rat gegeben hatte. Da weinte sie selber auch noch ein paar Tränen. Die zusätzlich auf die mißhandelte Nanni fielen.

Die uneingeschränkte Bewunderung des hinterdrein zockelnden Volkes jedoch galt dem Mann auf dem hohen Bock, der mit seinen zwei Schalthebeln wie ein richtiger Kommandant seine hunderttausend Wassertropfen dirigieren konnte. Knapp vorbei am freundlich grüßenden Briefträger fegte die nasse Bürste. Hier sparte er ein paar ratschende Mütter millimeterscharf aus und dort fuhr er leise streichelnd über die zwei Steigen Kopfsalat, die der Kolonialwarenhändler eigens zwecks einer solchen Berieselung an den Randstein gestellt hatte. Präzise wurde ein dunkler Halbkreis um den Schutzmann gezogen oder ein scharfer Keil zwischen eine stöckelnde Vorstadt-Orchidee und einen notwendig nachsteigenden Galan getrieben. Wie ein Scherenschnitt sah nachher das Pflaster aus. Der Picasso hätte es teuer verkaufen können.

Und immer wieder Kinder. Plärrend, neue Tricks erfindend, tollkühn oder patschnaß. Und oft blieben wohl auch alte Leute stehen und wiegten sanft lächelnd die Köpfe. Manchmal mag es sie womöglich auch ein bißchen in den müde gewordenen Füßen gejuckt haben. Die sie vielleicht sogar in memoriam gerne unter die Dusche ihrer Kindheit gehalten hätten. Wenn sie nicht längst mit einer weichen Boxcalfhaut überzogen gewesen wären. Genauso wie ihre Erinnerung halt auch.

Verkehr tut not

Verkehr tut not, das wußte schon Abraham an seinem Wurstkessel. Auch Mister J. M. Roll, der Erfinder der Rollgerstensuppe und der Motorroller, sah das ein. Damit jedoch jedermann richtig und ohne schwerwiegende Folgen verkehren kann, ist auch ein Verkehrsunterricht notwendig. Dieser findet seit geraumer Zeit allwöchentlich einmal für Anfänger, Hineingefallene, Rückfällige und alle jene, die den Verkehr falsch gepflegt haben, im Saale statt. Im Polizeipräsidium nämlich.

Die erste, die kam, war ein erdbeerblondes Moped-Möpschen, das mindestens 1000 Watt unter dem Pullover und auch sonst einige bedeutende Stopp-Stellen hatte. Dann kam eine gewerbsmäßige Reifenpanne, vorgeführt von einem mitternachtsfarbigen Boy, der aber trotz seines Neonlächelns vor dem Saale warten mußte.

»Darf mein blonder Beiwagen auch mit hinein?«, erkundigte sich ein kühner Zweitakt-Cowboy beim Unterrichts-Leiter, auf seine windschlüpfige Vorstadtpracht deutend. Der Beiwagen durfte. Ferner trafen unter anderen ein: Ein Fräulein mit zartem Silberblick und rätselhaftem Tschu-en-lai-Schmunzeln, mehrere Jünglinge mit Zylinderkopffrisuren, zwei völlig verschüchterte, vielfach angefahrene Mütterchen, wohl unter dem zeitnahen Motto »Bereit sein ist alles« schon in züchtiges Bestattungsschwarz gekleidet, sowie ein hünenhafter Ausländer, der sich überall kratzte wie Stjenka Rasin vor seiner Entlausung. Außerdem kamen auch jene glücklich zufriedenen Allerweltszaungäste, die man immer wieder bei allen Versteigerungen, auf den Zuschauerbänken der kleinen Gerichtssäle und bei Unfällen auf der Straße sehen kann.

Und dann begann der von der Stadt mäßig gespeiste Schutzmann, die Zuhörer zu beschallen. Alle Achtung! Was der Mann sagte, hatte Hand und Fuß, wie das Moped-Mopserl, das in der ersten Bank saß. Der Kollege rechts vom Zuschauer war von geringer Kultur. Zunächst nahm er mit dem ausgebrochenen Zahn eines Kammes eine gründliche Maniküre vor, hielt dann einen tiefschürfenden Nasen-Appell und fahndete schließlich

mit der Bronzenadel seines Schnauferlzeichens nach etwaigen Leberkäsrestbeständen, bevor er seinen geplagten Kopf auf der Schulbank zur wohlverdienten Ruhe legte.

Und dabei gab der sympathische Schutzmann pausenlos gute Lehren, Ratschläge und Ermahnungen, für jede Halsweite passend, von sich: »Viele fahren morgens, aber nicht alle kehren abends heim.« Und: »Die Nichtbeachter der Vorfahrt sind die größten Gipsverbraucher.« Oder: »Jeder kann täglich ein Leben retten, nämlich das seine.«

Jawohl, ein übersprudelnder Hydrant an Wohlwollen war dieser Mann, und man hätte an ihm ruhig ein C-Rohr anschließen können, um damit den Unverstand im Straßenverkehr mit Güte zu bekämpfen. Doch was half's? »Die Botschaft hör' ich wohl – allein mir fehlt der Glaube«, schien das Leitmotiv der schwer erziehbaren Klasse zu sein. Nur die 50-Kubikzentimeter-Amazone schrieb fleißig mit. Wie der Besucher jedoch einen interes-

sierten Blick auf ihre Notizen warf, bekam er folgende Fragmente zu lesen: »Ich werde dich nie hergeben ... entzückende rosa Schuhe ... liebe Dich immer – weißt schon, den pastellblauen Pulli ... Man kann halt nur einmal lieben – Hausfrau drängt wegen Mietgeld ... mein ganzes junges Herz gehört dir, und alles dazu, wann immer du willst – aber ruf mich vorher an.«

Zwei Tische weiter vorne kritzelte ebenfalls einer gelangweilt mit. Unschwer konnte man viermal untereinandergeschrieben den sinnvollen Vers entziffern: »Jeder Depp – trägt Krepp.« Etwas später hörte man von hinten her folgenden Dialog: »Einen kleinen Silberblick, sagst du, hat sie? Nein, mein Lieber, die schielt ja derart, daß, wenn sie weinen muß, ihr die Tränen übern Rücken hinunterlaufen.«

Von der anderen Seite wiederum hört man folgenden Kommentar: »Wo das passiert ist? Ja, da am Hauptplatz bei der großen Kirche, wo sie einen Kirchturm bauen, den die Leute Martin Luthers Achterbahn nennen.«

Wie der aufgeschlossene Besucher dieses allgemeine Interesse so sah und hörte, wunderte ihn gar nichts mehr. Und beim Verlassen des Hörsaales hatten sich die gesammelten Eindrücke vom Asphaltdschungelkrieg zu der wenig tröstlichen Weisheit verdichtet: »Verkehr ist – wenn man trotzdem lebt.«

Zieht euch warm an

Winterzeit – Ulsterzeit. Auf den blankpolierten Schaufenstern der großen Textil-Silos und Kamelhaar-Mausoleen ist jetzt überall zu lesen: »Nicht später raufen, jetzt schon kaufen.« Oder »Bei Firma Bausch und Bogen – da bist du nie betrogen.« Auch die Inseratenteile der Zeitungen sind äußerst besorgt, daß keiner friert und fröstelt. Und die Karikaturen geschickter Werbepsychologen zeigen vielleicht ein zitterndes Eskimokind, das sich jedoch trotz seines Schüttelfrostes standhaft weigert, einen anderen Wintermantel als einen solchen der Firma Knitterberger anzuziehen. In den ehrenwerten Alt-Münchner Familien mit ihren riegelsamen Müttern und Hausfrauen jedoch geht schon lange die sorgende Flüsterparole um: »Da Pappa kriagt heier an neuen Mantel.« Und der leise gemurmelte Protest des Haushaltungsvorstandes Markus Meterstab verliert sich letzten Endes doch im Knarzen der Drehtüre, die zum großen Bekleidungshaus führt.

Zweitausendachthundertvierundsechzig Mäntel hängen hier auf hölzernen Schultern herum. »Und do soit i den richtigen findn«, stöhnt Herr Meterstab. Aber der Herr Verkäufer, ein psychologischer Freistilringer, nimmt den Kunden gleich in Empfang und in einen moralischen Doppelnelson. Herr Meterstab zieht gehorsam seine gewohnte Schlechtwetterhülse aus, die durch die atmosphärische Abnützung fast ein wenig ausschaut wie die abgeworfene Raketenstufe eines Erdsatelliten. Gewohnheitsmäßig knöpfelt er auch Sakko und Hemd noch auf, weil er meint, er wäre beim Doktor. Zum Spritzenempfang. Nur mühsam gelingt es der Frau Mutter, das herausquellende weiße Mitternachtssegel hinten am Heck wieder in die Hose zu stopfen. Dann beginnt die Auswahl. »Hier diesen herrlichen Raglan können Sie überall tragen«, meint der junge Bekleidungs-Kämmerer. »Zur Hochzeit, zur Kindstaufe, zum Standesamt, zu Ostern und auf Weihnachten.« »Und auf dem Arm«, meint der querköpfige Kunde leise. Doch dann werden dem Vorlauten die Ellenbogen zurückgedrückt wie einem verhafteten Schwerverbrecher, der gefesselt werden soll. Die liebende Gat-

tin, die längst mit dem Verkäufer einen Geheimbund abgeschlossen hat, fährt jetzt ihrem Ehemann von hintunten mit resolutem Griff ans Jackett und zieht ihm schieflächelnd den Kragen herab, daß der Meterstab mit Gleichgewichtsstörungen kämpfen muß. Dann tätschelt, klopft und zupft man ihn vor dem Spiegel. Herr Meterstab kommt sich darin so fremd vor, daß er sich mit sanfter Verbeugung selber grüßt. Artig dankt auch das Konterfei. Und scheppernd erzittert der Spiegel.
In das erste Dutzend Mäntel hat ihm der Verkäufer noch hineingeholfen. Doch ermattet sinkt nun die Hand. Frau Meterstab schreitet längst selber die Ehrenkompanie der Kleiderbügel-Grenadiere ab und wählt unter ihnen aus wie einst die Katharina von Rußland. Jetzt kommt der Herr Gemahl auch noch ans Tageslicht: »Wos moana S'? Entenschnabelblau is des? Bei uns dahoam hoaßt ma des geschossn, junger Mann.« Endlich hat die emsige Forscherin im hintersten Regal einen verzagten Ladenhüter aufgestöbert. Von den Motten verschmäht, doch von ihr entdeckt. »Paßt«, sagt sie mit entschlossener Feldwebelstimme, und Reservist Meterstab schlägt erinnerungstrunken die rheumatischen Hacken zusammen. Eine ganz kleine Änderung muß freilich noch gemacht werden. »Am Samstag liefern wir den Mantel ins Haus«, sagt der erschöpfte Ladendiener. »Er kommt mit Gewißheit, gnä Frau.« Die jedoch erwidert: »Mir ist's lieber, er kommt mit dem Lieferwagen.«
Nebenan kauft der Inspektor Zapf ein. Auch unter Assistenz seiner Büchselmadam. Mißtrauisch schaut die Frau Inspektor zuerst in jeden Ärmel. Ob nicht schon eine andere Kundschaft drinsteckt. Dann dreht sie das Taschenfutter um. Aber auch hier ist nicht das mindeste drin. Wie der Mantelwart nicht herschaut, sticht sie sogar mit einem spitzigen Bleistift durch das Gewebe und prüft dann, ob sich die Stichwunde durch Ziehen wieder schließen läßt. Das hat sie im »Illustrierten Hausfreund« gelesen. Indes der Herr Inspektor heftig das Tuch reibt und dann mit der Nase daran riecht. Ob es vielleicht ein karierter sein soll, meint der herbeigeeilte Abteilungschef persönlich. »Nein, ein solider«, entgegnet Frau Zapf mit vorsätzlichem Nachdruck. Die Frage nach Ersatzknöpfen und Reservestoff kann klar und positiv bejaht werden. Nach eineinhalb Stunden

sind sich die Zapfs einig. Und stellen fest, daß der alte Ulster eigentlich noch leicht einen Winter lang herhält. »Mir lassens«, sagt Frau Zapf zu dem soeben erschienenen Direktor. »Bitte, wie Sie meinen«, sagt dieser. »Wir meinen schon«, sagt sie. Und rasch verlassen sie den Schauplatz.
Ganz anders geht der Mantelverkauf jedoch beim Musikus Zupf vor sich. Der kommt allein im lustigen Dreiviertelschritt, fährt in das erstbeste Futteral hinein wie der Blitz in einen mürben Baumstumpf und witzelt: »Sitzt, paßt und hot Luft.« Das Personal strahlt. Und der jüngste Kommis dienert: »Das ist ja direkt wie ein seelisches Fußbad, mit so einer Kundschaft. Sagen Sie, sind Sie immer so rasch entschlossen?« Da erwidert der muntere Musikus: »Ja, wissen S', bei mir is des ganz gleich, wos i nimm. Am Montag kummt nämlich sowieso mei Frau mit mir wieda. Zum Umtausch.«

Glück im Sand

Das springende Mädchen mit den zwei dicken Bim-bam-Zöpfen ist ganz aus Wasserfarbe. Und es hüpft von einem städtischen Plakat direkt in einen der Kinderspielplätze hinein, die zu seinen Füßen aufnotiert sind. Dort kann es dann, wohlbehütet vor dem bösen Onkel, mit dem roten Luftballon an modernen Spielmaschinen und eisernen Bauchkitzelapparaten nach Herzenslust turnen und lachen. Oder Sandkuchen backen.

Ein riesiger knorriger Baumstamm, geschält und geschlängelt wie ein gewaltiges Reptil, rekelt sich im warmen Sand. Irgendein witziger Amateurbildhauer hat sein vorderes Ende zu einem Krokodilkopf geformt. Mit halboffenem Mund und hölzernen Sägezähnen. Und Klein Lisbeth gibt diesem Ungeheuer zu fressen. Blaßgelben Sand. Mit der blauen Blechschaufel. Und sie tröstet den Alligator dabei: »Tu nur bav essen. Lauter gute Sachen. Und sehr gesund. Die Oma sagt's auch.«

Am meisten umlagert ist ein eiserner Bomber zu Fuß. Das Röhrengerippe einer Flugmaschine, das ausschaut wie ein abgenagter Delphin. Er ist fest im Boden verankert. Zwei Struwwelpeter-Buben haben sich ganz vorne in der Bugkanzel eingenistet. Der eine lenkt und der andere ist der Motor: »brrr«. Wenn der Aeroplan nicht einzementiert wäre, müßten sie längst schon über dem Schlaraffenland sein. Aber soviel die zarten Bronchien auch Gas geben, sie kommen nicht vom Fleck. Unten steht noch immer der lächelnde Opa mit dem Schnauzer Murksi und winkt. Da stellt der Bordmonteur seinen Diesel ab und springt ganz einfach hinaus aus dem starrköpfigen Amüsierklipper. Dann sagt er zu dem Kinderbomber verächtlich: »So ein Glump«. Und der Murksi kommt gelaufen, hebt das Bein und bestätigt es.

An der Hosenbodenschleifmaschine geht es hoch her. Bäuchlings schlittert der rote Grollmus Heini den kleinen Toboggan hinab. Dann rücklings und schließlich mit dem Kaiser Erwin auf den Schultern. »Pfundig«, sagen die zwei, und der Heini greift sich hinten an die Textilien, ob sie es noch einmal aushalten würden.

Auch Prinz Hosenvoll und Prinzessin Naseweis dürfen rutschen. Ein feiner älterer Herr hebt sie hinauf auf den Startplatz, und eine längsgestreifte Nurse fängt die blassen Lieblinge mit der Schürze wieder auf. Sie muß sich weit vorbücken dabei. Den zwei Königskindern gefällt das und sie lächeln schwach. Der alte Hagestolz auf der Bank auch.

Und überall ist Juchzen und helles Messinglachen und manchmal wohl auch ein singendes kleines Weinen, das irgendwo im milchigen Nachmittag versickert.

Beim Fliegenpilz, einer lustigen kleinen Bauchkitzel-Apparatur, arbeiten die Herzkäferchen unter Einsatz all ihrer unwiderstehlichen Geheimwaffen. Mit bittenden Augensternen, zart gerollten Schmollmündchen und sogar mit feuchten Zuchtperlen aus ihren blauen Märchenteichen. Damit sie noch einmal hinaufgelupft werden an die schwebenden Haltegriffe, von den Hilfsmotoren schwer schnaufender Onkels angetrieben. Und dann drehen sie sich als baumelnde Früchte der Freude im Kreis.

Aber da, wo die kleine Insel des Friedens zu Ende geht, sitzen außerhalb der städtisch geregelten Kinderseligkeit Brüderchen und Schwesterchen aus der Mondstraße. Die Kleine mit dem Schmelzmargarinescheitel macht jetzt einen Kranz aus Gänseblümchen und setzt ihn auf. Dem jungen Stolz von der Vorstadt hängt der Hemdzipfel heraus. Im Froschkönigsitz schweigend und nasentröpfelnd schuftet er als Architekt. »Um die Strömung abzuleiten«, wie es im Busento-Gedicht heißt. Bis sich das Rinnsal der angebohrten Wasserlache schlängelnd im Spielplatz verliert.

Und dann stapfen die zwei barfuß durch den erdig weichen Pfannkuchenteig. Mit herrlichem Wonnegefühl füllt er die Zehenlücken aus und tritt oberhalb wieder zutage. Fein, geschliffen und geschmeidig. Mutter Erde kitzelt ihre patschenden und lachenden Lieblinge zärtlich an den Fußsohlen. Denn Brüderchen und Schwesterchen finden das höchste Glück der Welt noch im Sand.

Sandwich mit Gedankensplittern

In München gibt es nahezu fünfzig Literaten-Kränzchen, Dichterzirkel, schöngeistige Kreise und Diskussions-Gruppen, die sich in regelmäßigen Abständen in düsteren Schwabinger Hinterzimmern, in den schlecht geheizten Nebenräumen verschmierter Vorstadt-Wirtschaften, aber auch in den schwer gepolsterten »Halls« eleganter Bungalows treffen. Und zu diesen intellektuellen Happenings kommen dann anerkannte Aphorismen-Schmiede, Amateur-Philosophen, Träumer, Traumtänzer, alte Jungfrauen mit sorgfältig gepflegtem Herzeleid, Scharlatane und solche, die sich für größere Schriftsteller halten, weil sie schon einmal ein Kreuzworträtsel ganz aufgelöst haben. Diese bildungsbeflissenen Tafelrunden führen natürlich auch entsprechende Bezeichnungen und Namen. Sie nennen sich die »Gruppe 4712«, die »Freunde der Witwe Spinozas«, die »Nebulosen« oder auch nur »Joseph Maria Schläfengast-Kreis«. Selbstverständlich aber sind sie untereinander bitter verfeindet und bezichtigen sich abwechselnd der fürchterlichsten Plagiate, der Schizophrenie, der Abwerbung, sowie schlechter Umgangsformen und schlechter Zähne. Trotzdem grüßt man sich gegenseitig mit schiefen Absätzen, schiefen Köpfen, aber aufrechter Beteuerung grenzenloser Hochachtung.
Die einzelnen Gehirn-Trusts gleichen sich in ihrer Zusammensetzung meist verblüffend. Da sind einmal der Meister oder die Meisterin, die beileibe nicht nur im Spaß so angeredet werden. Sie tragen fast immer einen doppelten Vor- oder Nachnamen und heißen »Heimito Hasselbach-Haßfurt«, sowie »Cosima-Carmelia Wasserzahn«. Dann kommen die Stammjünger, die ihren strahlenden Stern mit der sanften Idiotie ausgebrannter Raketenstufen umkreisen. Und schließlich die Zahl der mühselig Geladenen. Bleiche Irrläufer, die sich mit den Gesten mondsüchtiger Klavierlehrer bewegen und dabei ständig die Nase etwas kräuseln, als müßten sie auf einem straff gespannten Drahtseil über die Kläranlage von Großlappen balancieren. Des weiteren gehören einige bedeutende Damen dazu, deren Hände sich beim Schütteln anfassen wie verschmähtes Heringsfilet in

Tomatensauce. Und schließlich eine winzige Opposition. Bestehend aus einem lächerlichen Männchen mit einem Hutzelkopf. An dem der vortragende Mini-Zarathustra zur geistigen Anregung jederzeit riechen könnte, wie Friedrich Schiller an seinem berühmten Schubladen-Apfel. Vor allem aber darf bei einer Dichterlesung oder Diskussion das kalte Buffet nicht fehlen, das hauptsächlich aus einer Pyramide nässelnder Brötchen besteht, einer Schüssel mit stark verdünnter Mayonnaise und einem Paket Zahnstocher. Damit die Schmausenden nicht genötigt sind, sich das faserige Corned beef nachher durch das Einziehen der miserablen Abendluft wieder aus den Zähnen zu räumen. In der Regel kündigt ein unterernährtes Hüsteln und das Scharren wackliger Stuhlbeine den Beginn der Vorlesung an. Und dann schaut der berühmte Schöngeist von einem zwanzig Zentimeter hohen Podest, aber doch einer so kolossalen Höhe auf die Anwesenden hernieder, als wäre er der Leuchtturm-Wächter von Helgoland und die anderen ein vorüberwimmelnder Heringsschwarm. Abwechselnd blickt er dazu düster umwölkt drein wie der Wendelstein bei Hochnebel und dann wieder gefährlich wie eine Starkstrom-Steckdose, so, wie er es daheim vor seinem halb erblindeten Spiegel manchen Nachmittag geübt hat. Indes geht eine der treuen Dienerinnen auf zaghaft knarzenden Boxcalf-Stiefeln zwischen den Lauschenden herum und schenkt ihnen immer wieder die freudig hingehaltenen Gläser voll mit der köstlichen Spätlese »Würzburger Würger« oder »Schleißheimer Schüttelfrost«. Zwischendurch streut der tiefschürfende Dozent auch schmackhafte Gedankensplitter unter das Volk und schließlich bricht er in den Kernsatz seiner Betrachtung aus, und der lautet: »Die luziden Sphären des Prokrustes-Bettes sind das eigentlich Sublime der Ägäis«. Da halten die verblüfften Zuhörer krampfhaft ihre Zeigefinger an die Schläfen, als wollten sie ihren Gehirnen drohen, ja prima mitzudenken. Doch dann wird der Maestro auf einmal ungeheuer traurig. Denn er hat bemerkt, daß sich die versammelten Anhänger schändlich und hinterrücks bereits den aufgetragenen Happen und Schrippen nähern. Mit mitgebrachten Kunststoff-Gabeln, kleinen Reklame-Messerchen und sogar mit unkeusch gespreizten Fingern streben sie, immer mehr zurückweichend, aber un-

aufhaltsam den kalten Platten zu. Und obwohl der Meister nun gleich drei Seiten von seinem Manuskript auf einmal umblättert und plötzlich in die Begründung eines Rentenantrages hineinkommt, der sich zwischen die Blätter verirrt haben muß, nützt ihm das gar nichts mehr. Denn wie die ägyptische Heuschrekkenplage oder jene Amazonas-Fische, die in drei Minuten eine ausgewachsene Sau bis zum Skelett abnagen, fällt der Schläfengast-Kreis über die wehrlosen Sandwiches her. Nur mit Mühe kann die Hausfrau gerade noch das Tischtuch in Sicherheit bringen. Und als der Autor schließlich mit müder Hand sein Werk sinken läßt, ist bereits alles vorüber. Und der Tisch ist so leer, als wäre er abgehobelt worden.

Nur die als Garnierung ausgedienten Plastikblumen bleiben vielleicht übrig. Denn die kann selbst der hungrige Magen eines Intellektuellen noch immer nicht verdauen.

Das verlorene Kirchlein

Das alte Kirchlein steht ratlos zwischen den glotzenden Betonklötzen. Als hätte es der liebe Gott an der Hand durch die große Stadt geführt und dann verloren. Ein mageres Türmchen hat es auch auf dem Dach. Das ist so dünn und schlank, daß die Leute sagen, man bräuchte da gar keinen Strick mehr für die Glocke. Da könnte man beim Läuten genauso gut gleich das Türmchen schütteln. Und wenn dann manchmal das schüchterne Bimbam ertönt, klingt das so verlassen wie bei einem verirrten Kälbchen in den Dolomiten.
Weiße Tauben warten auf dem Dach. Als müßten sie Modell sitzen für den Heiligen Geist. Wenn der berühmte Künstler nochmal kommt, der das Deckengemälde machte. An der Westseite des mürbgeregneten Gotteshauses wächst wilder Wein. Sogar das Bildnis des Gekreuzigten ist schon etwas überwuchert. Und an heißen Sommertagen beschatten die grünen Blätter mitleidig die gräßlichen Wunden. Daneben mündet ein Blitzableiter in die geweihte Erde. O ihr Kleingläubigen!
Drinnen ist das Kirchlein kühl wie ein Apfel. Und es riecht nach Weihrauch, Schlaf und Frieden. An den Wänden dämmern die Heiligen vor sich hin. Apostel, Evangelisten, Märtyrer. Opferstöcke bitten lautlos mit halboffenem Holzmunde um milde Gaben. Die dunklen Betbänke aus wertvollem Holz, das man heute nur noch zu dünnen Blättern schneidet und aufklebt, sind an den Stellen, wo die Gläubigen knien, hart ausgebuchtet. Denn die Sorgen der Menschen drücken sie schwer auf die Schemel. Klein und gebrechlich klebt die Kanzel an der Wand. Ein goldenes Schwalbennest. Und darunter steht der einzige Beichtstuhl. Er ist dunkel und erschöpft vom Vergeben der Sünden. Ein Müllschlucker der Ewigkeit. Wenn diese Beichtstühle Ohren hätten, wären sie sicher nicht abendfarbig, sondern rot vor Scham über die Menschheit.
Auf einmal geht ein kleiner Ministrant durch das kleine Kirchenschiff. Er schaut und sucht dann die Bänke ab. Aha, da hat wieder jemand sein Gebetbuch liegenlassen. Der knirpsige Meßdiener blättert es auf. Wegen der Adresse vielleicht. Zwei

Beichtzettel findet er, ein Lesezeichen mit gesticktem Kreuz, ein rotes Hauchbillett und einen beschriebenen Zettel. Es ist ein Kochrezept für Krautwickerl. Dann kommt rasch der Herr Pfarrer aus der Sakristei. Tief beugt er sein Haupt vor dem Allerheiligsten und verschwindet wieder. Seine Stiefel knarzen.

Droben auf dem winzigen Chor steht eine handgeschnitzte Orgel. An Sonntagen spielt der Oberlehrer manchmal drauf. Und der Klassenbeste darf den Balg treten. Weil er aber immer so keucht und nachher Kopfweh kriegt, tritt ihn der Stärkste.

Vor dem Heiligen am Portal brennt eine einsame Kerze. Sie beflackert den goldenen Heiligenschein und die Hände, die der Märtyrer von sich hält. »Sehet, ich bin unschuldig«, sagt die Geste. Der linke Daumen fehlt. Eine Frau stellt billige Blümchen zu seinen Füßen hin. Gibt nicht acht dabei und brennt sich am Licht. »Verflixt nochmal«, entfährt es ihr. Doch rasch macht sie das Kreuz. Es ist wieder gut.

Dann treten ein Mädchen und ein alter Onkel durch die Tür. Das Kind geht an den Kreuzwegstationen entlang und schaut. Und staunt. Da sieht es den Herrn im güldenen Gewand und silbernen Hemd. Und entziffert darunter: »Denn dein ist die Kraft und die Herrlichkeit.« Aber auf den Kreuzwegbildern sieht das doch ganz anders aus. In blutigem Linnen und barfuß wird der Menschensohn hinaufgetrieben auf den Berg der Opferung. Das Mädchen kriegt zuckende Mitleidslippen. Es sagt leise und schief: »Armer Jesusmann.« Und klopft sich dreimal auf die unschuldige Schürzerlbrust.

Indes der Onkel das Deckenbild lange betrachtet. Und buchstabiert: »Von dannen er kommen wird, sitzet er zur Rechten Gottes.« Und darunter fährt die Sünde in die Hölle. Feiste Weiber, Geizige, gierige Greise, Pharisäer, Wucherer, Metzen. Sie flehen verzweifelt zur Mitte hin und nach oben. Doch Gott schaut sie nicht mehr an. An der Wand hängt auch ein altes Votivtaferl. Gemalt und geschrieben zu einer Zeit, als die Sprache noch zu Fuß ging. Mit vielen Ypsilons und ai. Ein brennendes Haus ist zu sehen und mittendrin ein Kind in den Flammen. Sankt Florian schüttet vom Himmel ein großes Faß Wasser auf das Unglück. Und siehe, das Kind wird nicht angebrannt. Ja, nicht einmal naß.

Frauen kommen und gehen. Schwarz angezogen und scheu wie Dohlen. Ein Weihwasserflascherl füllt sich die eine auf. Ach, es ist wohl einmal eine Medizin drin gewesen, weil noch immer auf dem Schild steht: »Dreimal täglich zwanzig Tropfen.« Viel von dem Weichbrunn braucht diese Alte. Sie hats noch von der Mutter her, daß man auch ins Essen manchmal ein Spritzerl tut. Wird schon keine Sünde sein. Weil doch auch das tägliche Brot vom Herrgott kommt. Eine Hausfrau kramt in Gedanken in der tiefen Einkaufstasche. Dem heiligen Sankt Georg hat sie ein paar Blümchen gekauft. Denn ihr Seliger hieß doch auch so. »Mariandjosef«, jetzt hätte sie aber beinahe den Petersil erwischt. Immer wieder kommen Menschen, verbraucht und müde. Und solche, die schon lange wissen, daß alles eitel ist. Dort der Vertreter. Er setzt sich in die dunkle Bank und stützt sein Gesicht in die Hände. Die Aktentasche auf dem Boden klappt auf. Prospekte und ein rotes Auftragsbuch. Der Mann geht jetzt in den Herrgottswinkel. »Und die Stirne eine einzige Falte, ach kein Sieger trat da auf ihn zu«, hätte der Herr sagen können. Ja, aber was will denn der weinende Bub hier? Er kniet und flennt und es stößt ihn: »Himmelmamma«, schluchzt er. Sonst nichts. Und die Schusserfinger reiben das verweinte Gesicht. Ist's eine Fensterscheibe, sind's verlorene Schlüssel, ist's eine kranke Mutter? »Ach, liebe Frau, ich bitt, verlaß den Wolferl nit«. Nein, wegen so einem kleinen Häuferl Elend kann die Madonna natürlich nicht gleich ein Wunder wirken. Aber sie fährt dem Buben mit der blauen Hand der anhebenden Dämmerung übers Gesicht. Und da schläft er nach einem letzten Schluckauf friedlich ein.

Schnell kommt noch die gute fromme Frau Edelmann daher. Einen Rosenkranz ist sie noch schuldig. Sie hats versprochen. Und sie betet und betet. Und dann nimmt sie verstohlen zwei Perlen auf einmal von der heiligen Schnur. Weil doch daheim schon alles auf dem Gas steht, und der Mann und der Bub kommen auch gleich heim. Erschrocken schaut sie auf zur Madonna. Ob die wohl was gemerkt hat. Aber das Gesicht der Gebenedeiten verschwimmt schon im Zwielicht. Doch es ist fast, als ob die Gottesmutter lächeln würde.

Sie hatte ja selber einmal eine Familie daheim.

Vorstadtkino

Es hat sich nicht verändert seit der Zeit der Väter, das kleine Vorstadtkino. Eingeklemmt zwischen einem verbröselnden Spezereiwarengeschäft und den spinnenblinden Schaufenstern eines Schusterladens, döst es schmalbrüstig unter einer dicken Rinde hundertmal übereinandergeklebter Plakate vor sich hin. So gegen 14 Uhr herum kommt dann die wackelhüftige Besitzerin mit einem scheppernden Schlüsselbund und zwängt sich seufzend in das kleine Schilderhaus, über dem das wichtige Wort »Kassa« fast schon verblichen ist. Etwas später strampelt auch der Vorführer auf einem ehrwürdigen Drahtesel daher und sperrt seine Freiluftlimousine mit einem dicken Kettenkabel an das gußeiserne Abflußrohr.

Steht ein Heimatfilm auf den Plakaten wie etwa »Ewig rauschen die Bronchien« oder »Sennerin von der Rinnsal-Schlucht«, so ist ein gemäßigter Hausfrauennachmittag zu erwarten. Brave, vielfache Mütter von den nahen Rückgebäuden kommen da und legen mit zerschnittenen Blaukrautfingern ihr Scherflein auf den Altar der Kunst, der aus einem linoleumgrauen Zahlbrett besteht. Auch ein paar krankgeschriebene Fabrikmädchen, werdende Mütter, ein Besuch vom Land und die Kaltspeiserin Lore aus dem Automatenrestaurant wollen etwas für ihr verwaistes Innenleben tun und kaufen für eins siebzig etwas Rührung und ein kleines Seelen-Wehwehchen ein.

Innen, im dämmrigen Klappsitzdunkel, ist die Zeit ebenfalls stehengeblieben. Nur der magerbleiche Klavierspieler hinter der spanischen Wand fehlt. Er begleitete einst das hektische Geschehen auf dem senkrecht gespannten Linnen mit seinem gräßlich verstimmten Hammerwerk und den Standardweisen: »Der japanische Laternentanz« oder »Des Negers Traum«. Mittlerweile hat er wohl selber längst ausgeträumt. Und noch immer muß sich jeder Spätankömmling etwas bücken, um unter dem Geisterfinger des Vorführers hindurchzutauchen. Damit nicht die Silhouette seines Charakterkopfes vielleicht gerade den wogenden Busen der betrogenen Gütlerstochter verdeckt.-

Die Acht-Uhr-Vorstellung aber ist die eigentliche Spezialzeit der

kleinen Flimmermühle. Hauptsächlich dann, wenn der Wild-West-Reißer »Die eiskalte Hand des Samuel Bleibauch« gezeigt wird. Oder der Arizona-Schlager »Hängt mich nicht am Vormittag«. Denn dann kommen sie von den Hausecken und den Gaslaternen, an denen sie diskutierend standen. Und aus den Mietskasernen, den Rest des abendlichen Spinatgerichts noch im lächerlichen Bartflaum. Die Stifte und Stenze nämlich, Fortbildungsschüler, Lehrbuben, Mopedritter und die Söhne sorgender Witwen. Sie schleppen sich mühsam daher mit dem orthopädischen Gang ihrer Revolverhelden, die Daumen in den Rückwärtstaschen der verwaschenen Blue jeans, mürrisch, verschlossen und lässig. Sie wollen sich im Innern der kleinen Traumfiliale selbst davon überzeugen, daß der Vier-Finger-Cliff tatsächlich der dreckigste Desperado zwischen Old-Kentucky und Karlsruhe war.

Es beginnt. Und über die Prärie läuft ein Hund. Ohne Grund. Irrtum, mein Lieber, denn er rennt direkt in die Western-Bar zum »Schuftigen Schinken«. Jetzt weiß die whisky-blonde Lilly sofort, daß ihrem Bob ein Leid geschehen ist. Denn nimmermehr würde der treue Wurstzipfel-Puma sonst seinen Herrn alleingelassen haben. Hei, wie schnell vergißt sie da, daß sie eigentlich von ihren rauhbärtigen Kunden noch drei »Leberjodler« abkassieren soll. Wie ein ambulant gewordener Maurerschragen springt sie mit Anlauf auf den Rücken des leicht einknickenden Pferdchens, das direkt an der einzigen Bogenlampe von Bloody-Hill parkt. Und ab geht's mitten durch die Zuschauer hindurch.

Aber Klein-Lilly hat die Rechnung ohne den dreizahnigen Banditen Piff-Paff-Poltri gemacht, der es schon lange auf den Gold-Claim des schönen Bob und gleichzeitig auch auf die Liegenschaften der kessen Texas-Biene abgesehen hat. Prompt parforciert diese also in den gestellten Hinterhalt, doch gerade als sich der lüsterne Schurke über ihr hilfloses Dekolleté beugt, wird die Luft stark eisenhaltig. Hoch fährt der Ertappte, läßt den blonden Maltersack sofort in Frieden und entfleucht gerade noch in den blutroten Sonnenuntergang hinein.

Nun wird hin und her verfolgt. Beide Parteien kriegen Verstärkung, und hinter Büschen und Felsvorsprüngen wird gelauert,

gelauert und immer wieder frisch geladen. Volle zwei Stunden knistern die Gänsehäute im Parkett. Aber zum Schluß siegt sie eben doch. Nein, ihr erratet es nicht. Oder doch? Tatsächlich Die Gerechtigkeit macht wieder einmal das Rennen. Wenn auch in denkbar unreiner Gangart. »Jippi jai und jippi je!« Und durch den Leib des Bösewichts, der durchlöchert ist wie ein Emmentaler, heult der Nachtwind. Der schnurstracks von den Blauen Bergen kommt.

Die Vorstellung aber ist aus. Zweiundzwanzig Lehrlinge gingen um acht Uhr in das kleine Vorstadtkino. Um zehn Uhr schlürfen ebenso viele mürrische Rächer einsam und stumm nach Hause. Auch der alte Kinovorführer fährt heim. Auf seinem uralten Rad. Ohne besondere Zukunft. Und ohne Schlußlicht.

Ihr Kinderlein, kommet

Auf der schwarzen Gulaschtafel, auf der immer der Speiseplan für die Woche »von-bis« angeschlagen ist und ein weiterer Zettel verkündet, daß der Pförtner Hinderlich seine Wollhandschuhe verloren hat und die Packerin Sofie Biß den Schlüsselbund, ist in diesen Tagen noch eine andere Bekanntmachung zu lesen. »Betreffend Weihnachtsfeier«, heißt es darauf. Das DIN-A 4-Blatt ist mit botanisch nicht ganz einwandfreien Pastellstift-Zweiglein eingesäumt, der Beginn rot unterstrichen, und die hoffnungslos verknüpfte Unterschrift des Betriebsrats Hungerbiß durch einen Schreibmaschinen-Zusatz lesbar entflochten. Ein anonymer Schalk hat außerdem noch mit Kopierstift darunter gekritzelt: »Ihr Kinderlein kommet.«

Am Tage des kleinen Lametta-Kongresses geht mittags nur sehr wenig in der Kantine. Weil es abends auf Firmenkosten eine Gans gibt. Und lieber läßt sich doch ein braves Gefolgschaftsmitglied noch vorher den Magen auspumpen, als daß es so einen Gratisbraten wegen Überfüllung ausschlagen würde. Hausmeister Höflich bohrt bereits seit Vormittag an der Drei-Meter-Tanne herum und pfropft ihr sieben falsche Äste auf. Die allerdings von einer Fichte stammen. Aber wer hat bei der Firma »Angst und Bange Hochbau« schon Naturkunde studiert? Eine kleine Bühne entstand ebenfalls im Hintergrund, und der Kantinenwirt hat seinen Satthals mit einem nagelneuen Stehkragen eingezäunt. Hell erstrahlen dann die fünfundzwanzig Elektrokerzen am Abend zum stark ermäßigten Kraftstromtarif. Das Ende der Tanne mündet in einen blitzenden Kugelspitz, der ausschaut wie der Paradehelm eines königlich bayerischen Schutzmanns. Und aus dem hochgeschobenen Schalterfenster der Kantinenküche kommt der liebliche Duft von zweiundzwanzig polnischen Hafergänsen. Die allerdings so zäh sind, als hätten sie den weiten Weg aus Krakau zu Fuß zurückgelegt. Langsam naht dann die festliche Gefolgschaft. In den arbeitsamen Händen den etwas verschwitzten Essenbon krampfhaft vor sich hinhaltend. Freudig gerötet sind die meisten Gesichter. Doch kommt das beispielsweise beim Heizer Klagenfurt von

dem viel zu kleinen Streifenanzug, der noch aus der ersten Kopfgeldzeit stammt. Ein Stühlerücken und Begrüßen folgt, als hätten sich die braven Mitarbeiter zum letztenmal beim zwanzigjährigen Firmenjubiläum gesehen und nicht erst um fünf Uhr nachmittags. Leise bis unanständig knurren die Mägen. Der lange Tisch, an dem der Generalstab Platz nehmen wird, ist mit Extra-Kerzen bestückt, die gemütlich auf das neue Tischtuch tröpfeln, an dem noch das Preisetikett hängt.

Dann geht ein Raunen durch den Raum. Prokurist Severin Sattel schreitet durch die Tür und hält den rechten Flügel offen für den nachfolgenden Chef, dessen leutseliges Lächeln durch zwei rasch eingenommene Magenbitter noch bekräftigt wird. Sofort erheben sich die vorderen Tischreihen, um Platz zu machen. In Wirklichkeit aber aus Liebedienerei, wie der Kalkulator Katz bissig bemerkt. Aber der hat ja einen anerkannten Linksdrall. Gütig wie ein Vater spricht Seniorchef Angst zu seinen Lohn- und Gehaltsempfängern. Er redet von dem schönen Betriebsklima, reibt sich dazu die kleinen roten Hände, dankt allen »bis hinauf zum letzten Kranführer« und wünscht bereits nach einer Viertelstunde jedermann kurz und bündig gute Feiertage. Anschließend steht der Betriebsrat auf, wirft aus Versehen den Stuhl um und liest den Dank der Belegschaft flüssig vom Blatt ab. Hernach überreicht er die Gemeinschaftsgabe, ein herrliches Farbphoto, darstellend die gesamte Gefolgschaft auf dem letzten Betriebsausflug. Stehend, sitzend, kniend, und ganz im Vordergrund die drei Lehrlinge liegend, wie erschossene Kümmerlinge. Nun soll aber auch der Magen drankommen. Meint schließlich der leutselige Hochbaukapitän, und bald splittern die Röhrenknochen der Weihnachtsadler unter energischen Kinnbacken. Leider springt dem Überstunden-Kalkulator Schnitzler sein gebratener Gansschenkel beim Zustich mit der Gabel vom Teller und der Buchhalterin Zeisig direkt in den kunstseidenen Schoß. Doch die Bedienung Elise, die heute ein Tannenreis im Haar trägt, als wollte sie anschließend versteigert werden, bringt reichlich heißes Wasser.

Indes werden die kleinen Gratisgaben aufgetragen, ein Vierfarbendruck-Kalender und eine Flasche Wermut, Marke »Später Würger«. Und als besondere Überraschung folgt noch das Lied

der Sekretärinnen, die sanft errötend das Podium erklettern und aus sauber gewaschenen Hälsen die stimmungsvolle Weise zum besten geben: »Es ist ein Ros entsprungen.« Unglaublich, daß der fast hinter dem Vorhang versteckte Bürolehrling Kaspar Bum dazu kommentiert: »Dann fangt es wieder ein.« Aber der hat wohl schon von seinem Wermut genippt.

Zwischen erster und zweiter Strophe schreit zudem noch die Salatköchin Hermine, gebürtig in Furth im Walde, laut zur Essenausgabe hinaus: »Hirn und Herz ist aus.« Denn es gibt auch à la carte. Schließlich aber ist der stimmungsvolle Teil ganz vorüber, und eine wirkliche Familien-Atmosphäre bricht aus.

Gleich gar, als der Chef mit rauchgeröteten Augen, doch überall freundlich dazwischen grüßend, der Kantine schräggehend den halben Rücken zeigt.

Um neun Uhr abends spricht fast aus der ganzen Firma schon der Geist des genossenen Maurer-Aperitifs. Und auch der vorlaute Lehrling Bum hat die Hälfte des bittersüßen Kopfweh-Saftes in sein junges Innenleben gegossen. Als er dann beim Heimgehen die Flügeltüre aufschließt, singt er auch noch frech und übermütig: »Stille Nacht, heilige Nacht, 's Christkindl hat mir gar nichts gebracht.«

Da rutscht ihm die eingewickelte Flasche aus dem glatten Geschenkpapier und zerschellt. Und in diesem Sinne stimmt dann ja auch der Text des Liedes ganz genau.

Feierabend in der Einmaleinswerkstatt

Es sprudelt heraus wie warme Limonade aus dem Flaschenhals. Die gemischte Klasse 2b verläßt die Einmaleinswerkstatt, das alte Schulhaus. Und die Feierabendglocke kichert, als würde sie vom Schuloffizianten gekitzelt. Frühmorgens murrt sie immer. Aber jetzt schmeckt ihr Ton so köstlich wie Bratwürste und Erdbeereis. Bimilimibimdaratschkabas.

Der Käser Witschi gibt dem reifen Nachmittag sofort einen gewaltigen Spitz vor Freude. Weil er dabei seinen linken, auf Wachstum kalkulierten Halbschuh verliert, wirft er den rechten auch gleich hinterher. Ein echtes, ausgelassenes Wunderkind. Man könnte glauben, dem Witschi sein Vater wäre Fliesenleger. Dabei ist er doch nur Regierungsrat. Dann zieht der Schüler Käser seine zwei Spreizfußkähne verkehrt an. Und geht wie der Charlie Chaplin. Den er nie gesehen hat. Der Beifall seiner Freunde ist nur mäßig. Darum hüpft er anschließend rückwärts auf einem Bein. Direkt in die gußeiserne Straßenlaterne hinein. Die hat natürlich einmal wieder nicht aufgepaßt. Schnell wächst dem Witschi ein kleines Satanshorn am Hinterkopf. Die paar Tränen aber, die ihm der Schmerz über die zarten Wangen murmelt, fängt er sofort und geschickt mit hohler Zunge auf. Nicht viel besser ist der Martin Hunt. Kein einziges Wort ist von ihm herauszubringen beim Unterricht. Aber kaum schnuppert seine feuchte Nase die Vieruhrdreißig-Luft, plärrt er im hellsten Dur des Jungseins: »Die Welt ist schön, Mylord.« Sodann geht er sofort mit dem linken Fuß einwärts. Wie der Helmut Rahn. Zwar sagt die Mutter daheim immer: »Ich weiß nicht, warum unser Martin immer seine linke Schuhkappe heruntertritt. Ich kann die Schusterrechnungen schon bald nicht mehr zahlen.« Aber der Martin hat sich schon fest vorgenommen, wenn er einmal ein berühmter Flügelstürmer ist, kauft er seiner guten Mutti mindestens hundert Schuhe auf einmal. Lauter linke. Freilich, vorerst steht er wahrscheinlich noch nicht in Schöns Notizbuch. Aber dafür in dem vom Schuloffizianten.

Die ganz Kleinen werden auch noch häufig abgeholt. Der vornehme Herr Siebenzig zum Beispiel wartet gleich gar mit dem

Zweihundertvierziger auf Klein Sophie-Madeleine. Und die bringt heute zum ersten Mal auch ihre Freundin mit, die artig knickst, bevor sie an Bord der schwarzen Arche geht. Herrn Siebenzigs Lächeln fällt milde auf sie nieder. Es ist doch die Kleine vom Rangierer Hochgesang. Und sowas nimmt er doch gerne mit. Man muß schon auch ein bißchen sozial sein.

Die Klasse 4a ist wieder einmal die letzte. Artig trägt der treue Korbinian Immer den Geigenkasten des Herrn Musiklehrers. Er streift fast das Pflaster damit. Emil Weinzierl rattert an ihm vorbei, den Kopf rot wie ein Geheimratskäse und pausenlos Zündstörungen schnalzend. Er ist ein Zweitakter unbekannter Her-

kunft. Keinen Blick schenkt der Zwack Georg dem Schulhausverwalter. Denn der hat ihn neulich gebeutelt. Indem aber der Georg einmal Feuerwehrhauptmann wird und die Schule sowieso einmal abbrennt, hat er jetzt schon beschlossen, keinen Tropfen Wasser zu liefern. Höchstens, vielleicht . . .? Nein, nicht einmal das. Der Georg bleibt hart. Er ist ein Schlüsselkind. Das Schicksal des alten Schulhauses ist besiegelt.

Das weiße Laster

Bis vor wenigen Jahren war der Tennissport noch eine ausgesprochene Domäne der reichen und vornehmen Welt. Erst als das »Rasierpinsel-Tennis«, auch Federballspiel genannt, populär wurde, und die großen Sporthäuser jedwede Art von Freizeitgestaltung radikal in ihr Beglückungsprogramm aufnahmen, konnte auch der kleine Mann die ovale »Keule« schwingen. Heute schätzt man die Zahl der Tennissportler im Bundesgebiet bereits auf mehr als eine Million. Und noch ist die weitere Ausbreitung des »weißen Lasters« nicht abzusehen.

»Da muß doch glatt irgendwo ein Loch sein«, murmelt kopfschüttelnd der biedere Passant, wenn er schon in aller Morgenfrühe die zahlreichen weißen Bienen anschwirren sieht. Appetitlich und taufrisch sind diese Gestalten wie frisch geschälter Spargel. Und dort, wo die sehnsuchtslangen Beine enden, da haben diese Mädchen Röckchen an. Rüschelkrausen, die nicht recht viel größer sind als diejenigen, welche die appetitlichen Brathühner in den Auslagen der Delikatessengeschäfte um die saftigen Schenkel tragen.

Aber jede einzelne von ihnen ist rein optisch Wimbledon-verdächtig. Obwohl sie nachher beim Spiel mit ihren hölzernen Teeseihern lediglich ein paar Handvoll Sand über die Netze schaufeln. Und dazu mit einem entwaffnenden Lächeln auch noch kichern: »Bitte schauen Sie doch nach, der Ball muß schon dabei sein.«

Doch auch die Tennisherren stellen gerne ihre Figuren zur Debatte. Die Trainer sind durchwegs zäh und luftgetrocknet wie das teure Schweizer Bündnerfleisch. Braun gebeizt und unbegrenzt haltbar. Auch ist unter den Schülern und Fortgeschrittenen wohl mancher Adonis. Aber vielfach trifft man halt doch Gestalten mit den Hüften des Michelin-Reifen-Mannes. Sie alle hoffen verschämt, der Tennisplatz würde ihnen vielleicht ihre hingewucherten Pfunde wieder abnehmen. Als ob die überhaupt jemand wollte. Und weil sie nun wegen ihrer Hecklastigkeit nur einen sehr bescheidenen Aktionsradius haben, spielen sie fast alle aus dem Stand. Wie die Stehgeiger. Deshalb treffen

sie auf dem ziegelroten Brachfeld auch meistens mehr Bekannte als Bälle. Und darum sitzen sie am liebsten zusammen mit dem berühmten Altmeister. Auf der Clubterrasse beim Waldmeister. Doch auch sonst sind eine Menge interessanter Typen überall zu sehen. Zum Beispiel die zwei uralten Dauer-Rivalen. Sie spielen schon seit Jahrzehnten miteinander. Und jagen sich gegenseitig die haarigen Dunlop-Rettiche mit einer Verbissenheit um die Ohren, als würden sie sich scharfe Eierhandgranaten zuwerfen. Indes sitzen in den Korbstühlen kamelhaarhäutige Mamis, die denken, so ein Tennisplatz wäre wohl das ideale Rollfeld für einen Start in den Ehehimmel. Doch ihre unsteilen Töchterlein, die sie gerne an den Mann bringen wollen, bräuteln meistens ganz vergebens über das Netz hinweg. Und auch noch durch die Maschen. Dafür entschädigt andererseits der Anblick der

Miß Skandal, die auf keinem Clubplatz fehlen darf, wieder hinreichend. Sie tummelt sich mit großer Luftverdrängung auf dem Ziegelstaub-Parkett und hat zwar nicht die beste Rückhand, aber zweifellos die schönste Hinterhand. Und ihr Pullover sieht haargenau so aus, als hätten darin zwei verirrte Bälle in der wippenden Wolle eine warme Zuflucht gefunden. Am Spätnachmittag, bevor die »Hammelklasse« aus den Büros und Geschäftshäusern kommt, trainieren wohl auch manchmal ein paar ältere Militärs miteinander. Vielleicht sind die in später Stunde doch noch draufgekommen, daß die besten Kugeln diejenigen sind, die nicht pfeifen. Ein dritter Kamerad schiedsrichtert sie und pendelt dabei so schnell mit dem Kopf hin und her, als wäre er eine altmodische Wanduhr, die fünf Minuten nachgeht. Kein lautes Wort fällt bei diesem Turnier. Denn würde auf einem gepflegten Tennisplatz wirklich einmal ein anerkannter Spieler beispielsweise aus Versehen »Oha« schreien, so schickte man diesen Unglücklichen zweifellos sofort auf Vereinskosten zum Halsarzt.

O Tannenbaum

Es gibt seit jeher zahlreiche Schlager und Lieder, die sich mit Bäumen befassen. Da wäre beispielsweise die Rüdesheimer Linde oder Bertolt Brechts Ballade vom Pflaumenbaum. Ferner sind da die Pinien von Argentinien, die Palmen von Monte Carlo, die deutschen Eichen, unter denen junge Helden gerne hinabgesenkt wurden, und auch die blühenden Kastanien von Tarragona. Ganz abgesehen von den zahlreichen Fliederbüschen, Mandelbäumchen und Jasminstauden. Am meisten aber wird wohl der Tannenbaum besungen. Jener von Hermann Löns oder der von der Steiermark, wo »d' Leut groß und stark« sind.

Jedes Jahr zur Weihnachtszeit jedoch steigt aus Millionen stimmungsfeuchten Kehlen der Choral zum Winterhimmel empor. In dem man besonders die grünen Blätter und das nimmermüde Wachstum des Tannenbaums preist. Dabei hat sich in die löbliche Hymne allerdings ein kleiner botanischer Irrtum eingeschlichen. Denn rund achtzig Prozent der vielgepriesenen Tannenbäume sind schlichte Fichten. Und weil sich doch ein Christbaum gegen die einseitige Behauptung des Textdichters noch nie recht wehren konnte und auch sonst das ganze Jahr über ein stilles, bescheidenes Dasein führt, haben wir einen davon einmal zu Wort kommen lassen. Er berichtet: »Ich bin etwa fünf Jahre alt, völlig unbescholten und gebürtig im Bayerischen Wald. Dort stand ich in der Schonung IV/I G und rauschte schon ganz schön. Letzten Sommer durfte ich sogar mit meinen unteren Ästen einen kränklichen Steinpilz behüten. Aber mit seinem ewigen Gejammer, daß er Würmer habe, fiel er mir so auf die Nerven, daß ich mein Geäst ein bißchen anhob. So fand ihn denn ein bratwurstnasiger Mann, schnitt ihn ab, warf ihn weg und sagte: »Pfui Teufel!« Eigentlich wollte ich schon immer ganz hoch hinaus. Ich dachte etwa an einen Maibaum oder einen Fahnenmast. Aber eines Tages, im kühlen Dezember, kamen dann zwei ältere Herren, schauten mit schlechtem Gewissen über die Schulter, und dann sagte der eine: »Das Bäumerl nemma.« Worauf sich wieder einmal das Sprichwort be-

wahrheitet: Wen die Götter lieben – den hacken sie frühzeitig ab. Gebündelt und geschnürt kam ich dann auf der Pritsche eines klapprigen Lieferwagens bei Nacht und Nebel in die Stadt. Dort hängte man mich schließlich mit dem Kopf nach unten auf einem Hinterhaus-Balkon neben ein schweigsames Badewännchen, mit dem keinerlei Konversation möglich war. Und heute abend, zu jener Dämmerstunde, die von den Menschen »Die Heilige Nacht« genannt wird, bricht meine Spezialstunde an.

Sechs Köpfe werde ich rund um mich herum zählen, und diese Menschen werden mancherlei rührende Lieder aus ihren im Lauf des Nachmittags gründlich gewaschenen Hälsen singen. Dann wird mich gewiß großes Herzeleid übermannen, und ich werde heiße, rosarote Wachstränen auf das blütenweiße Tischtuch weinen. Und wenn mich ein Flämmchen versengt, dufte ich heftig nach Wald, und alle ziehen diesen Ruch mit ihren Nasen ein, und sogar die alte Tante schnüffelt mit und wird rufen: Ah! Schließlich nehmen sie dann ihre Geschenke zur Hand und sagen zueinander: »Geh, das hätte es doch nicht gebraucht.« Oder: »Siehst du, das hab ich notwendiger gebraucht wie das Haareschneiden.«

Aber nach den Feiertagen wird es still um mich werden. Ich stehe allein im Wohnzimmer und glitzere halt so vor mich hin. Nur die alte Tante kommt dann manchmal und ißt die Zuckerkringel von meinen Ästen. Einmal wird sie auch das Preisschild auf ihrem Geschenk entdecken, das immer noch unter mir liegt, und sagt dann böse: »Die geizige Gesellschaft wird sich wundern, wer von ihnen was erbt.« Und dann kommt ein Tag, da sagt der Herr des Hauses: »So, nach Neujahr räuma ab. Dann schlag i'n zamma.« Ich lasse im ersten Schreck gleich alle Nadeln fallen, und das Harz bricht mir aus allen Poren.

Ach, und dabei habe ich so innig einmal geträumt, etwas ganz Großes zu werden. Aber nein, auch für einen Christbaum gilt halt das alte Sprichwort: Träume sind Schäume – ach ja.«

Kleine Dreiquartel-Oase

Wenn vor den Randstein-Cafés auf dem Schwabinger Schlawiner-Boulevard wieder die farbenfrohen Stühle aufgestellt sind, auf denen sich dann die engerlingbleichen Schönheiten erster und dritter Wahl genüßlich rekeln. Wenn sie der schafhaarige Kellner Marion mit mafiascharfen Blicken lautlos unterwandert. Und wenn die steilen Eisdielen-Fannis ihre gestärkten weißen Diademe aufgesetzt haben und durch die riesigen Propeller-Schleifen ihrer lächerlich kleinen Schürzen unhörbar mit Heckantrieb über das Pflaster geschoben werden. Dann ist die Trottoir- und Freiluft-Saison in der City wieder einmal ausgebrochen.

Dann bauen aber auch draußen im stillen Thalkirchen, am Ufer des Auer Mühlbaches, im alten Haidhausen und sogar im Schatten des Domes vor dem berühmten Bratwurstglöckerl ein paar altmodische Münchner Wirte ihre winzigen Dreiquartel-Oasen wieder auf. Wilder Wein oder der nimmermüde Knöterich wuchern aus ein paar grünen Kästen, und manchmal leider auch ein abwaschbarer Plastik-Efeu. Den ganz dumme Vorstadtkinder nachher beim Bierholen mit dem Ausschwenk-Wasser auch noch begießen, weil sie ihn doch für echt halten. So hart ist die Kunststoff-Industrie dem lieben Gott schon auf den Fersen.

Die Gäste in so einem kleinen Pressack-Kral aber sind längst wenig und selten geworden. Am Sonntag vormittag kommen vielleicht ein paar heimkehrende Kirchgänger aus der Nachbarschaft vorbei zu einer kurzen »Rahmerl-Maß«, die ihren Namen davon hat, weil bei ihr der Schaum obendrauf fast so sämig sein muß wie ein Schlagrahm. Doch auch die können nicht lange verweilen, indem nämlich plötzlich atemlos der kleine Tonerl daherplatscht mit der ungeheuer wichtigen Meldung: »Bappa, du soist glei hoamkemma, d'Knedl san scho eing'legt.« Nachmittag geschieht es auch noch alle paar Schaltjahre, daß sich die Angehörigen vom Liederkranz »Loreley«, die sonst im Nebenzimmer üben, ins Wirtsgartl verlaufen, um dort »Viere« auszuwatten.

Hie und da verirrt sich allerdings auch ein stiller Rentner in die kleine Knöcherlsulz-Insel. Bis er seine Halbe mit Bierwärmer kriegt, trommelt er forsch und mit kurzgeschnittenen Fingernägeln den Alten-Kameraden-Marsch auf die Tischplatte und summt dazu mit viel zu dünner Stimme den vergessenen Text: »Doch mein Herz bleibt ewig jung – lang lebe die Erinnerung.« »Sooo, sehr zum Wohle«, sagt dann die Wirtin beim Servieren und fügt geschäftstüchtig hinzu: »Mia ham nämli grod frisch ozapft.« Doch das jahrzehntelang trainierte Bierdimpfl-Ohr des braven Pensionisten hat natürlich das heimliche Schnalzen beim Öffnen des Bierflaschl-Verschlusses ganz deutlich vernommen.

Zerstreut zupft der lautlose Frühlingswind ein bißchen an den sauberen Tischdecken herum, wie es alte Kellnerinnen manchmal noch tun, und der einschichtige Gast liest als gemütliche Lektüre immer wieder die handgeschriebene Speisenkarte durch, bei der das Ausstellungsdatum schon ein paarmal durchgestrichen und erneuert wurde. Dort stehen schräg untereinander so abwechslungsreiche Gerichte wie: »Regensburger mit Salat«, »Regensburger mit Senf« und »Regensburger mit Brot«. Die »Grimmiteigsuppe« – noch in der Schreibweise der Großmutter selig – wird nur noch ganz selten offeriert, ebenso wie »Saure Knödel« oder gleich gar »Fingernudeln mit Kraut«.

Die gefüllte Kalbsbrust vom Mittag aber ist chronisch gestrichen, und der Wirt kann einem Brotzeit-Spezialisten auch mühelos erklären, daß es das bei ihm nicht gibt, so was noch einmal aufzuwärmen.

Und doch ist es immer wieder urgemütlich in der kleinen Efeu-Haltestelle, wenn einer das »Ausrasten« und »'s Zeitlassen« noch kann. Zaghaft zittert die Margarine-Sonne ein paar Lichtkringel auf das frühwarme Pflaster. Und das kleine, spitzohrige Wirtshaus-Katzerl tappt immer wieder unbeholfen danach, weil es die gelben Scheiben wohl für ein paar Radl Hirnwurst hält. Der Sperling, der sich ungeniert nebenan auf die frisch gestrichene Stuhllehne setzt, erzählt dem, der ihn versteht, lange Geschichten von der unverschämten Bagasch auf dem obersten Kastanien-Ast. Dann fragt er ganz nebenbei auch noch, wie's denn mit ein paar Brotbrösl sei. Aber der bescheidene Zecher

hat meistens nichts in seiner Sackltasche wie ein paar Wollwuggerl, einen Fingernagel voll verdorrtem Krüllschnitt, ein rotes Gummischnürl und ein kleines Loch. Das alles zeigt er dem neugierigen Bittsteller und fügt dann ein bisserl verlegen und kichernd hinzu: »Entschuidigens scho, Herr Vogel, do segnses soiba, 's duat ma aufrichtig leid.« Dies meldet der brave Sperling dann hinauf ins Blättergewirr und fügt auch noch hinzu: »Is a net goidig, da Oid. Deats ma fei bloß nix auf eahm foin lass'n!«

So gegen neun Uhr, wenn die kleine Sechzig-Watt-Lampe milde aus den jungen Blättern leuchtet wie eine vergessene Bergamotte-Birne, kommt die Wirtin mit ihrem Sebastian und stellt das Inventar zusammen. Und mit einem kleinen Seufzer sagt sie dann zu ihrem Alten: »Wos moanst, Wastl, ob ma 's nächste Johr net doch a so dünne Schtui do reischtoin und unsre Kistl feierrot oschtreicha? Des wirkt vielleicht do bessa!«

Der Wirt aber entgegnet ihr mit leiser Resignation: »'s nächste Johr, Walli, dean mia ganz was anders. Denn die Wirtsgartlzeit is leida vorbei. Do wern ma des Fleckerl vor unsam Haus liaba als Parkplatz vermiet'n. Des bringt heit entschieden mehra ei.«

Rübezahl kann nicht sterben

Atemlose Stille herrscht in den drei Lesezimmern der Jugendbibliothek. Nur dort am Fensterbrett knistert die prickelnde Gänsehaut vom Enzinger Egon ein wenig. Und ein winzig banges Seufzerlein kommt aus der zarten Brust der kleinen Schleiferl-Marlene, wie sie mit dem Zeigefinger die Worte nachfährt: »Was macht mein Kind, was macht mein Reh — jetzt komm ich noch einmal, dann nimmermeeeh.« Dabei wimmelt es doch von Helden, Geistern, Wichtelmännern und Fabelwesen im traumvollen Raum. Dort in der Ecke lauert doch der grimme Hagen, und der Tiger Akbar schleicht um die Regale. Kalle Blomquist, der Meisterdetektiv, mißt, von Geheimnissen umwittert, die Kreppsohlenspur der Bibliothekarin nach, und Ganghofers wilde verwegene Jäger nehmen Druckpunkt bei fahlem Büchsenlicht. Uff, uff, schon sinkt die Sonne, und Old Surehand ist noch nicht da. Doch gleich wird Lügenbaron Münchhausen vom Kleiderständer aus auf den Mond fliegen.
Über tausend kleine Leseratten sind in den Karteien eingeschrieben: Sie können ihre Lieblingsbücher in der Bibliothek selber fressen oder auch nach Hause mitnehmen. Kosten tut beides nichts. Aber wenn ein Buch zu lange ausbleibt, muß es die Kundschaft verlängern lassen oder antelephonieren: »Bitt scheen, Freilein, i brauch den Untergang der Dakoda noch acht Dog, weil eahna da Shiting Bull scho wieda auskemma is. Goi, vaschteng as scho.« Das Leihbuchfräulein versteht. Auch durchs Telephon. Häufig aber kommen die viereckigen Phantasiekonserven auch ziemlich verschandelt zurück. Da ist zum Beispiel bei Winnetous Ende dreimal „Feigling" an den Rand geschrieben. Und dreimal mit Vogel-Vau. Oder es steht in junger Steilschrift dort »Rache«. Auch geschnäbelte Dolche werden von den ergrimmten Lesern gerne hingezeichnet. Solche, mit denen man kaum ein Scherzl Brot abschneiden könnte. Geschweige denn die Kehle eines schuftigen Gold-Diggers, der nicht teilen wollte. Und mit leisem Lächeln radiert das Fräulein diese Kommentare wieder weg.
Manchmal ist auch eine Kindergärtnerin da und liest den

Asphalt-Gänselieschen vor. Und die frischgewaschenen Ohren der Tausendpfund Rosie glühen ofenringrot. Die Wollstrumpfbeine aber spiralen sich wie Käsestangerl. Seit Seite 12 müßte die Rosemarie schon. Und jetzt auch noch. Schwupp den Daumen in den Mund. Nun lutscht sie die Worte der Märchentante wie saure Drops: »Mein Vöglein mit dem Ringlein rot singt leide, leide, leide«, orakelt die Frau auf dem Stuhl. »Ziküth« zirpen die verzauberten Nachtigallen. Ganz vorsichtig tappt die Rosie, ob ihr vielleicht auch schon Federn wachsen. Da sagt die Tante mit dunkler Stimme den Zauberspruch, der Jorinde verwandelt: »Grüß dich, Zachiel, wenns Möndel ins Körbel scheint. Bind los, Zachiel, zu guter Stund.«
Und dann aufschauend zum Tausendpfund-Mäderl: »Was is, Rosemarie, mußt du raus?« Aber die winkt schluckend ab und wispert: »Jetzt nimma.«
Nun kommen die drei Musketiere herein. Die Gassenkapperln in der Hand. Lange suchen sie in der Speisenkarte der Romantik. Den »Gepäckschein 606« fordert der Schleich Zipfi, weil er doch selbst einmal ein »Dekativ« werden will. Der Schlumpä packt mit energischen Alteisenfingern den »Lederstrumpf« am Genick, während sich der unmündige Neubürger Hans Dieter Kloos »Onkel Toms Hütte« unter den abgebissenen Nagel reißt. Bald hört man den Schlumpä mit den bei der Schulzahnpflege öfters beanstandeten Kaugummi-Hauern knirschen. Er liest im Stehen, denn eine Rothaut kennt keinen Stuhl. Dem Schleich Zipfi kann man beim Denken direkt zuhören. Auf der Suche nach dem Bösewicht verirrt sich sein Zeigefinger sogar in die Schnuferlnase. Jetzt wird die dunkelweiße Faust an den Knöcheln ganz weiß, und langsam nähern sich die tastenden Finger dem kühlen Hals der nahen Blumenvase. Kluckernd fällt sie um. Und der Manschetten-Charlie ist noch einmal davongekommen.
Auch Brüderlein und Schwesterlein sind da. Fräulein Wichtig liest ihnen leise, aber eindringlich, die Geschichte von der boshaften Ziege vor: »Ich bin so satt, ich mag kein Blatt, määh, määh.« Doch das Brüderchen gähnt und greint verdrossen: »Aber i hob Hunger.« Manche Bubenfaust krallt sich in der Tasche um einen Radiergummi, das Stopselziehermesser oder

ein zweifelhaftes Taschentuch: »Wiaso kummt jetzt der Schurken-Tscho wieda aus? Aha, Fortsetzung im Band zwei schteht do.« Aber der Fonse macht den Deckel des Buches zu und schaut trotzdem auf der Rückseite von Gerstäckers »Flußpiraten« nach, ob sie ihn vielleicht doch noch auf dem Einbanddekkel erwischen. Und dem Diddi sträuben sich vierzehn gezählte Milchbarthaare auf der Oberlippe, als er das Ende von Tekum-seh erfährt. »Psawh«, macht er dann, »und sowas soi ma glam.« Wenn er einmal groß ist, wird er selber Bücher schreiben. Aber die gehen dann anders hinaus wie die da.

Der stille Kemp Karli war im Riesengebirge beim großen Berggeist. Jetzt geht er heim. Es ist schon dunkel. Im dämmrigen Hausgang probiert er's selber auch einmal mit hohler Trichterhand: »Rüüübezahl, Rüüübezahl.« Schaurig werfen die Fliesen das Echo zurück. Und dann erscheint im zwielichtigen Flur ein riesiger Mann mit wehendem Lodenmantel. Japsend stottert der Karli: »Biitscheen, i hob ja bloß Gschpaß gmacht.« Aber der Mann hört ihn gar nicht. Jetzt greift er auch noch in die Tasche. Er zählt jedoch keine Rüben darin. Denn es ist ja bloß der Musiklehrer Nothaft. Der kontrolliert heimlich sein Trambahngeld. Und merkt, daß ihm ein Fünferl fehlt. Nun muß er zu Fuß nach Moosach gehen. Deshalb schaut er auch so grimmig.